本译著获陕西省国际法学科"三秦学者"科研创新团队专项资金、西北政法大学
学术著作出版基金、教育部人文社会科学研究青年基金项目（19YJC820070）、
中国政法大学新入校青年教师科研启动资助计划、西北工业大学特色文科发展项目
"建设航天强国背景下我国参与外空安全与治理法律问题研究"经费资助

航空法与空间法经典译丛

王瀚 主编

HANDBOOK OF SPACE LAW

空间法专论

（上册）

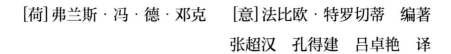

[荷]弗兰斯·冯·德·邓克　　[意]法比欧·特罗切蒂　编著

张超汉　孔得建　吕卓艳　译

知识产权出版社

全国百佳图书出版单位

—北京—

图书在版编目（CIP）数据

空间法专论. 上册／（荷）弗兰斯·冯·德·邓克，（意）法比欧·特罗切蒂编著；张超汉，孔得建，吕卓艳译. —北京：知识产权出版社，2020.7

（航空法与空间法经典译丛／王瀚主编）

书名原文：HANDBOOK OF SPACE LAW

ISBN 978-7-5130-6998-4

Ⅰ.①空… Ⅱ.①弗… ②法… ③张… ④孔… ⑤吕… Ⅲ.①空间法—研究 Ⅳ.①D999.1

中国版本图书馆 CIP 数据核字（2020）第 100351 号

责任编辑：唱学静	责任校对：谷 洋
封面设计：张新勇	责任印制：刘译文

空间法专论（上册）

[荷] 弗兰斯·冯·德·邓克　　[意] 法比欧·特罗切蒂　编著

张超汉　孔得建　吕卓艳　译

出版发行：	知识产权出版社有限责任公司	网　　址：	http://www.ipph.cn
社　　址：	北京市海淀区气象路 50 号院	邮　　编：	100081
责编电话：	010-82000860 转 8112	责编邮箱：	ruixue604@163.com
发行电话：	010-82000860 转 8101/8102	发行传真：	010-82000893/82005070/82000270
印　　刷：	北京建宏印刷有限公司	经　　销：	各大网上书店、新华书店及相关专业书店
开　　本：	700mm×1000mm　1/16	印　　张：	32.5
版　　次：	2020 年 7 月第 1 版	印　　次：	2020 年 7 月第 1 次印刷
字　　数：	534 千字	定　　价：	178.00 元

ISBN 978-7-5130-6998-4

京权图字：01-2020-3276

译 者 简 介

孔得建

中国政法大学国际法学院讲师，航空与空间  法研究中心研究员，中国航空航天法律网负责人。主要教学方向为国际私法，主要研究方向为航空航天法，重点关注卫星导航法律和政策。先后取得山东大学（威海）法学学士，北京航空航天大学法学硕士，荷兰莱顿大学法学博士，曾在意大利博洛尼亚大学、国际统一私法协会和欧洲空间政策研究所从事访问研究。主持和参与省部级横纵向课题10余项，发表中英文论文和译文20余篇，出版英文专著1部，参与编写和翻译教材和专著多部。曾获中国空间法学会论文特等奖，费宗祎国际私法青年研究成果一等奖；被中国法学会航空法学研究会推选为"中国法学会研究会青年推荐人才"。

吕卓艳

法学博士，国际空间大学讲师，国际商业空间  研究院研究员。研究方向为国际空间法、电信法和网络空间法。在《空间安全专论》(*Handbook of Space Security*)、《亚洲新航天》(*New Space in Asia*)、《外层空间法律论坛会议文集》(*Proceedings of Colloquium on the Law of Outer Space*)、《北京理工大学学报（社会科学版）》《研究生法学》等中英文图书、期刊发表论文10余篇。主持或参与国际宇航学会、空间一代咨询委员会、国际商业空间研究院、国家社科基金、中国空间法学会等的课题10余项。现为国际宇航联合会空间安全委员会会员，国际宇航学会会员，国际空间法学会会员，欧洲空间妇女组织斯特拉斯堡分会联合会长，欧洲空间法中心会员。

航空法与空间法经典译丛
编　委　会

航空法与空间法经典译丛
总　序

在人类的历史长河中，航空航天技术研发和产业活动才刚刚起航；

在法律的历史长河中，航空航天法治建设也只能算得上是新生儿。

2000 多年前，中国人发明了风筝，承载着人类自由飞翔的美好愿景。1903 年，美国莱特兄弟制造了世界上第一架飞机，人类的飞行梦想自此开始实现。1912 年，中国航空之父冯如正式成立广东飞行器公司，献身于新兴的航空事业。1919 年，包括当时的中国政府在内的 26 个国家在法国巴黎签署了《关于管理空中航行的公约》，确定了各国空气空间的国家主权地位，标志着人类飞行活动自此进入国际法治时代。1929 年，各缔约国在波兰华沙签署了《统一国际航空运输某些规则的公约》，并经过后续不断的现代化和一体化，正式形成了现代完善的国际航空运输责任体制。1944 年，各缔约国在芝加哥签署了《国际民用航空公约》（又称《芝加哥公约》）及其附件，据此国际民航组织于 1947 年正式成立，国际航空运输活动的国际管理体系逐渐形成，国际航空运输活动也因此越来越安全高效。另外，各主权国家的国内军用和民用航空立法体系也逐渐构建，与各国际公约相互配合，形成了比较完备的航空法律体系。

上古时代，中国人"嫦娥奔月"的美丽传说寄托了人类对浩瀚宇宙的无限遐想。1910 年，主题为无线电频率所有权的第一篇航天法文章问世，尽管此时人类仍处于仰望星空的冥思之中。1957 年，苏联成功发射了第一颗进入行星轨道的人造卫星，正式揭开了人类航天活动的序幕。1959 年，联合国和平利用外层空间委员会成立，人类的航天活动自此有了国际协调和监管机构。1960 年，国际空间法学会诞生，航天法学研究活动也正式有了国际学术组织依托。1966 年至 1979 年，

《外空条约》《营救协定》《责任公约》《登记公约》《月球协定》五大外空条约先后通过，构成了国际航天法的基本框架。苏联解体之后，外空军事竞赛告一段落，国际航天法的发展丧失了政治斗争需求，开始转入"软法"时代。基于航天产业发展要求，世界各国逐步颁布国内航天立法，充实了航天法律体系。外空商业化、外空军事化利用和外空资源开采等航天活动也给国际和国内航天法的发展带来新的推进剂。我们坚信，未来的航天法律体系将会更加丰富、繁荣。

在传统的法律体系中，"空"和"天"之间存在缝隙，前者为国家主权范围，未经允许不得入内；后者为人类公域，各国有权自由探索。然而，随着技术的进步，航空、航天活动之间的技术隔阂逐渐缩小，活动范围逐渐交叉，临近空间的作用逐步被发掘，空天一体化的趋势已不可避免。在该背景下，亚轨道飞行、空间交通运输、空间交通管理和航天科技在航空的应用等领域迅速交叉融合，这给传统的航空航天管理体制和法律体系带来严峻的挑战，航空法和航天法迫不得已且不可避免地走到了一起。幸运的是，国内外相关机构已经注意到这种趋势，并采取措施积极应对。对此，联合国和平利用外层空间委员会和国际民航组织早在 2015 年就已经开展合作，共同召开研讨会，商讨空天交叉领域相关活动的监管、政策和法律等前沿问题，加拿大麦吉尔大学和荷兰莱顿大学等世界知名学术研究机构也都将航空法与航天法并行研究和设计课程，取得了全球认可的成果。

中国人是最早仰望星空梦想飞行的民族之一，航空航天技术也逐步从之前的落后梯队追赶到如今的国际先进水平。1954 年，一架初教－5 军用初级教练机首飞冲天，结束了中华人民共和国不能自制飞机的历史。4 年后，我国第一次自己设计和制造的民航飞机"北京 1 号"在北京航空学院师生的见证下试飞成功，为我国航空航天技术和管理人才的培养奠定了基础。自此，中国的航空工业迅猛发展。1970 年，我国第一颗人造地球卫星"东方红一号"成功发射，开创了中国航天历史新纪元，中国航天立法自此有了产业基础。改革开放 40 多年来，我国航空航天产业实现了腾飞。2003 年，神舟飞船载着航天英雄杨利伟一飞冲天，中华民族千年飞天梦圆。2011 年，我国首个自主研制的载人空间试验平台"天宫一号"成功入轨，成为外空中屈指可数的空间站之一。2017 年，我国具有自主知识产权的 C919 大飞机在上海浦东国际机场圆满首飞，打破了欧美国家在大飞机研制领域的垄断格局。

在航空航天技术、产业和管理领域不断取得成就的同时，我国的航空航天法治建设也经历了从无到有的艰辛历程。自 1978 年十一届三中全会将中国的法治建设提上重要议事日程之后，我国逐步形成了以 1995 年《民用航空法》为基本法，以适航管理、飞行规则、运输规则、航空安保、机场建设和管理等民航各领域法规、规章为主体，以管理程序、咨询通告、管理文件、工作手册和信息公告等规范性文件为补充的航空法律体系。然而，不可否认，该航空法律体系仍有很多不完善之处，比如我国在通用航空法治体系建设方面存在明显不足，我国航空运输产品赔偿责任标准尚未与国际社会实现良好对接，我国对亚轨道商业飞行和邻近空间活动等空天交叉领域的管理还没有明确的组织架构和法律依据。另外，我国目前仍是少数几个欠缺航天基本法的航天大国之一，航天法律体系建设仍然任重道远，并且艰辛之路还将持续一段时间。

因此，我们联合知识产权出版社，组织并策划了"航空法与空间法经典译丛"，通过对国外航空航天领域的经典法学著作的介绍、翻译和深入研究，为国内法学研究人员提供基础理论资料，激发相关领域研究灵感，取长补短，洋为中用，以期在我国航空航天法学理论体系和法治实施体系建设中能有所裨益，推动全面依法治国基本方略在航空航天领域的有效实施。

西北政法大学国际法研究中心主任
西北政法大学郑斌航空与空间法研究所所长

2020 年 1 月 5 日于西安

《空间法专论》编著者简介

凯瑟琳·多琳蒂娜（Catherine Doldirina）在联合研究中心（Joint Research Center，JRC）从事获取与使用地理和地球观测数据的法律及政策方面的工作。自2005年以来，她一直从事与获取卫星遥感数据和空间活动有关的法律研究。其专长是知识产权法领域、欧洲法的一些领域、地理数据政策和条例以及空间法的一般问题。2011年，她在加拿大麦吉尔大学航空与航天法研究所完成了博士论文《遥感数据与共同利益》的答辩。她曾在加拿大和欧洲的多所大学讲授欧洲竞争法、欧洲版权法和空间法，从事空间法各领域的工作，是国际空间法学会的成员。过去两年来，她一直参与地球观测小组的工作，是地球观测数据共享工作组及其法律交互操作性小组的联合主席，该小组负责分析与提出最佳政策和法律选择，以便不受限制地获取和使用通过全球对地观测系统共享的资源。

塞西尔·高贝尔（Cécile Gaubert）是法国马什航空航天部的副总裁兼法律事务主管。在2000年6月加入马什航空航天部之前，她在欧洲空间法中心与欧洲空间局研究了统一私法协会的《空间资产议定书草案》，并担任空间小组的法律顾问。自2007年5月以来，她一直负责管理一个由5名航空航天法专业人士组成的团队，处理航空航天活动的诉讼业务。

她拥有巴黎第十一大学的欧洲法和商法学位，以及欧洲空间法中心暑期课程的证书。近几年，发表了多篇与空间保险有关的文章，并就空间保险的具体专题，如全球导航卫星系统信号责任、空间旅游和空间碎片等，在学术讨论会上作过一些发言和介绍。同时，她还是国际空间法学会和国际空间法与电信法发展研究中心的成员，被邀请到法国的一些大学进行与航空航天保险相关的讲座。

彼得·扬科维奇（Peter Jankowitsch）博士是奥地利外交部常驻联合国（纽约）、经济合作与发展组织和欧洲空间局代表，奥地利联邦政府外交部部长和奥地利议会成员。在担任联合国和平利用外层空间委员会主席期间（1972—1991年），通过了若干联合国空间条约以及一些国家空间活动原则。

他在联合国外空会议（UNISPACE）第82次和第99次会议上担任职务，还代表奥地利参加了一些国际空间会议和组织。曾任欧洲空间局理事会代表团团长（1993—1998年），也是欧空局长期空间政策小组成员。2004年，他被任命为欧空局与欧盟高级别空间政策小组成员，与在国际空间年成立的欧洲协会（EURISY）的创始人之一休伯特·库林（Hubert Curien）一起，启动了欧洲空间政策研究所，后来加入该研究所的咨询委员会。从1998年起，他担任奥地利航空航天局各监督机构的主席，并在许多国际机构中代表奥地利航空航天局。

他是国际宇航学会董事会成员，担任该学会社会科学学科的主席，也是《航天学报》的副主编。他授权发表关于空间法和国际空间合作的各种文章和出版物，在各种会议、讲习班和学术研讨会上作了许多主旨发言和专题介绍，还为《科隆空间法评论》科学咨询委员会提供咨询。

作为国际空间法学会的名誉理事，他于1981年获得了艾伦·艾米尔国际宇航合作纪念奖，并于2001年获得了国际宇航学会社会科学奖。作为荣誉军团（Legion d'Honneur）的指挥官，他还拥有许多其他奖项。

伊玛加德·马伯（Irmgard Marboe）博士是维也纳大学法学院欧洲、国际和比较法系的国际法教授。自2009年以来，她一直担任欧洲空间法中心奥地利国家空间法联络点的负责人。

2009—2011年，她参与起草了于2011年12月28日生效的《奥地利外层空间法》。2008—2012年，她担任联合国和平利用外层空间委员会法律小组委员会国家空间立法工作组主席，促成了联合国大会于2013年12月11日以A/AC.105/RES/68/74号决议的形式通过了《关于和平探索和利用外层空间的国家立法的建议》。

她是《外层空间软法——国际空间法中不具约束力规范的作用》（2012年出版）一书的主编。还在空间法领域发表了涉及空间与电信、国家空间立法、空间物体的返回以及宇航员的营救和返回等论文。其他研究领域还包括国际投资法、国际仲裁、国际法中的文化和宗教以及伊斯兰教和国际法。她应邀作为发言人参加了许多国际专题研讨和讲习班，并在维也纳大学和其他大学教授国际法和空间法。

拉塞尔·路易斯·施威卡特（Russell Louis 'Rusty' Schweickart）曾是美国宇航员，是科研人员、美国空军战斗机飞行员、商界高管和政府官员。他分别于1956年和1963年在麻省理工学院获得航空航天学学士学位和硕士学位。

他曾入选美国宇航局第三航天员组，其最为人知的是担任"阿波罗9号"的登月舱飞行员，这是登月舱的第一次载人飞行试验，在这次试验中，他对登月的阿波罗航天员使用的便携式生命保障系统进行了首次太空试验。作为第一次太空实验室任务的后备指挥官，他负责开发太空实验室工作人员用于对太空实验室空间站进行关键飞行维修的硬件和程序。在太空实验室之后，他曾在美国宇航局应用办公室担任客户事务部主任。

1977年，他离开美国宇航局，担任加州州长杰里·布朗的科技助理两年，随后被布朗任命为加州能源委员会委员，任期五年半，其间担任主席三年。1984年，在其他几名宇航员的支持下，他组织成立了太空探险家协会，还发起了太空探险家协会近地天体委员会，并担任该委员会最初七年的主席。此外，他还是B612基金会的联合创始人，现任董事会名誉主席，该基金会旨在保护地球免受小行星撞击。

此外，他还担任CTA商业系统公司执行副总裁兼近地轨道系统主任，领导CTA努力开发第二代低轨通信卫星星座，旨在全球范围内提供常规商业电子信息服务。在开始CTA工作之前，他曾创建并担任全球卫星通信公司"卫星快递服务"的总裁，该公司负责开发近地轨道卫星以提供用户可负担得起的全球数据服务。

他在卫星和电信行业的经历使他参与了一些国际通信条例和政策的发展工作，包括参加1992年和1995年国际电信联盟世界无线电通信会议。他还曾作为美国代表在1995年世界资源委员会任职。此外，他曾在俄罗斯和苏联从事科学与电信方面的工作。

卡拉·夏普（Carla Sharpe）毕业于开普敦大学商学院和国际空间大学管理学项目。她目前正在攻读空间科学经济学博士学位。卡拉是南非空间协会的创始成员，空间妇女联合会非洲分会的创始成员，皇家航空航天学会和国际空间法学会的会员。她的研究和论文侧重从经济和政策的角度看发展中国家空间活动的可持续发展。目前，她负责"非洲平方千米阵列项目"办公室的商业和经济发展，曾联合组织了几次在南非的专题讨论会和会议，包括 2011 年在开普敦主办的国际宇航大会。

莱斯利·简·史密斯（Lesley Jane Smith）教授自 1996 年以来一直是位于德国吕内堡的卢芬纳大学国际和欧洲经济法的全职教授，也是苏格兰斯特拉斯克莱德大学空间法的客座教授。她是英国和德国律师协会的会员，也是位于不来梅的韦伯·斯坦豪斯和史密斯律师事务所的合伙人。2007 年至 2009 年，她曾任拉脱维亚大学里加法学院院长，任期两年。

她就国际空间法，特别是商业空间法和知识产权问题写了大量文章，同时也是有关欧盟内新兴空间计划和政策的专家，并担任荷兰布里尔出版社出版的《空间法研究》编辑委员会委员，是国际宇航学会会员、国际空间法学会理事会成员会员，也是空间妇女联合会欧洲分会的理事会（法律）成员。

马克·桑达尔（Mark Sundahl）教授是克利夫兰州立大学克利夫兰·马歇尔法学院的行政副院长兼法学教授，负责教授空间法和国际商事交易。

他在空间法领域发表了大量文章并做了许多讲座，主要研究由商业空间活动产生的商事、法律和政策问题。他最近出版了《开普敦公约：具体操作及其与外层空间法的关系》（布里尔出版社 2013 年出版）。他是美国商业空间运输咨询委员会的成员，该委员会就管理私人空间活动的新规则向美国联邦航空管理局提供咨询。他还是国际空间法学会的会员（前助理秘书），并担任炯·P. 优米克律师事务所的法律顾问，负责航空和辩护业务。

法比奥·特隆凯蒂（Fabio Tronchetti）博士是中国哈尔滨工业大学法学院法学副教授，美国密西西比大学法学院国际空间法兼职教授。此前，他是荷兰莱顿大学国际航空航天法研究所的讲师和学术协调员，拥有国际空间法博士学位（莱顿大学）和国际关系高级法学硕士学位（意大利博洛尼亚大学）。他以发言人的身份参加了几次关于空间法和国际公法事项的国际会议，并在空间法律与政策、欧洲法和国际公法领域发表了许多文章。他是马丁努斯·尼霍夫与布里尔出版社出版的《月球和其他天体自然资源的开发：法律倡议》和斯普林格出版社出版的《空间法律和政策原理》的作者，并兼任国际空间法学会、欧洲空间法中心和亚洲国际法学会的会员。

彼得·范·费内马（Peter van Fenema）博士是加拿大麦吉尔大学航空航天法研究所的副教授，本科毕业于荷兰莱顿大学，1973 年获得麦吉尔大学法学硕士学位，并发表了一篇关于 1972 年联合国《责任公约》的论文。近 25 年来，他在荷兰皇家航空公司工作，主要从事（谈判）双边航空运输协议。在过去的 7 年里，他担任荷兰皇家航空公司政府和行业事务副总裁。1999 年 9 月，在离开荷兰皇家航空公司两年后，获得莱顿大学法学博士学位，并发表了一篇关于空间运输法、政策和出口管制的论文，题为《发射服务的国际贸易——美国法律、政策和实践对其发展的影响》。

目前，他在麦吉尔大学（兼职）任教，并经常在全球其他机构讲授航空法和（或）空间法律与政策。他是克鲁维国际法律出版社出版的双月刊《航空和空间法》编委员会的委员。他代表荷兰民航局被任命为航空运输专家，负责在蒙特利尔的国际民航组织进行争端的调解和解决。他是欧洲航空俱乐部、欧洲航空法协会、国际空间法学会和欧洲空间法中心的会员，撰写了一些关于航空和空间法律与政策的文章，并担任这些领域的顾问。

洛塔·维嘉利（Lotta Viikari）博士（法学博士和行政科学在职博士）自 2008 年起，担任拉普兰大学法学院国际公法教授和拉普兰大学航空航天法研究所所长（自 2009 年起）。此前，她曾在多个研究项目和机构担任研究员。她还曾任宪法和国际法助理教授（约恩苏大学）和国际私法代理教授（拉普兰大学）。

她在空间法律与政策、国际环境法和海洋法领域发表过文章。她的出版物包括三本专著，其中《空间法的环境因素：评估现状和描绘未来》（布里尔出版社出版）于 2009 年获得国际宇航学会社会科学图书奖，于 2007 年获得芬兰律师协会颁发的芬兰最佳法律博士论文奖。

弗兰斯·冯·德·邓克（Frans von der Dunk）博士自 2008 年 1 月起担任内布拉斯加州立大学林肯分校空间、网络和远程通信法法学硕士项目的哈维和苏珊·帕尔曼校友以及奥斯曼主席。他还是位于莱顿的黑洞公司空间法律和政策咨询部主任。他于 2004 年 10 月在温哥华获得国际空间法学会杰出服务奖，2006 年 10 月在瓦伦西亚获得国际宇航学会社会科学奖。1998 年通过了莱顿大学博士学位论文《欧洲"太空景观"中的私营企业和公共利益》答辩。

他撰写了 130 多篇论文和文章，在国际会议上作了 140 多次演讲，并在世界

30多所大学和其他学术机构担任国际和国家空间法律与政策、国际航空法和国际公法等学科的客座教授。他（共同）组织了大约20次国际研讨会、讲习班和其他活动，并（共同）编辑了一些出版物和会议记录。截至2006年，他是布里尔出版社出版的《空间法研究》丛书的编辑。

他在90多个项目中担任法律顾问或法律事务负责人，就空间法律与政策问题，包括卫星导航、遥感和私人商业航天等主要空间应用，向各政府机构和国际组织以及一些非政府组织和产业的利益攸关方提供咨询。

莫琳·威廉姆斯（Maureen Williams）博士曾在布宜诺斯艾利斯、巴黎、牛津和伦敦大学学院就读，并曾在劳特帕赫特国际法中心（剑桥）、杜兰大学（新奥尔良）和马克斯·普朗克研究所（海德堡）担任客座教授。她有关通信卫星的博士论文获得了一等荣誉。她在布宜诺斯艾利斯大学和贝尔格拉诺大学担任阿根廷国际法主席，现任阿根廷国家科学研究委员会高级职业科学家和国际法研究项目主任。

她是国际法协会空间法委员会主席和理事会成员，国际空间法学会和位于马德里的伊比利亚—美洲航空航天法研究所董事会成员，国际宇航学会和伦敦皇家国际事务研究所的成员，同时也是常设仲裁法院起草空间法争端解决规则专家组的成员。

她曾任联合国外层空间事务办公厅的空间法教学和专家组成员。2013年6月，她代表法律人士参加了外空委纪念空间妇女50周年的专家组。她在英国、阿根廷、美国、德国、西班牙和巴西等国撰写了有关国际法和空间法的书籍和大约250篇文章。

《空间法专论》中译本序言

非常高兴地欢迎您阅读我的《空间法专论》的中文译本，该书收集了世界上主要空间法专家的相关理论研究成果。我特别感谢张超汉、孔得建和吕卓艳三位博士主动承担翻译约千页书稿的任务，感谢中国西北政法大学的大力资助，感谢爱德华·埃尔加出版社的凯伦·普劳曼的努力。

我也很自豪，该书在原版英文本之外的第一个翻译版本是中文！过去几十年来，中国对外层空间的作用在空间活动的各个领域都有了巨大的提高，这已经不是什么秘密了。中国成为世界上第三个将人类送入外层空间并将其安全送回地球的国家，同时它也成为第三个具有击落卫星能力的国家，并可能成为历史上第二个载人登月的国家。不久，它将拥有自己完善的卫星导航系统，也可能会拥有自己的独立空间站。

这些伟大的活动和雄心壮志也带来了巨大的责任。探索和利用外层空间是全人类的事务，它不是任何一个国家的专属领域，应本着国际合作的精神，尽可能多地用于和平活动。这一领域的真正领导不仅限于领导科学、技术和业务成就，它还表现在促进和捍卫这种价值观，即使这有时意味着牺牲某些民族主义利益。

当然，这就是"法律"的由来。空间法，特别是为所有其他空间规范提供基础的 1967 年《外空条约》，体现了适用于那些活跃于外层空间活动主体的主要原则、权利和义务。一个国家在外层空间发挥的作用越大，就越重要的是，它在不引起冲突和造成环境退化的前提下，在外层空间平衡其自身合法利益和全人类更广泛的利益方面提供良好的范例。因此，书中的法律研究、读者对本书的兴趣以及促进适用和遵守空间法是对真正负责任的领导的重大贡献。

孔子曾说过："知者不惑，仁者不忧，勇者不惧。"我希望这本书能让每一位对促进全人类和平利用和探索外层空间感兴趣的读者受益，并使他们相信，国际和国内的空间法都有助于维护、保护和进一步发展这种和平利用和探索。这种信任是外层空间继续维持和平的最大希望。

同时，空间法并不是一套完整且有限的规则，它是一个始终在建设中的工程，我也衷心希望这本书能激励年轻一代为之做出贡献。新的事态发展需要新的解决办法，尽管《外空条约》迄今为止经受了时间的考验，但在许多领域，其一般原则需要加以完善、重新评估和（或）进一步阐述。因此，最后，我希望读者能够在本书的基础上，对这些问题进行进一步的思考和讨论。毕竟，孔子也曾说过："知之为知之，不知为不知，是知也。"

美国内布拉斯加大学林肯分校外空法教授

弗兰斯·冯·德·邓克

2019 年 12 月于莱顿

《空间法专论》序言

　　自 1957 年 10 月 4 日苏联发射人类历史上第一颗人造地球卫星（Sputnik 1）以来，人类探索和利用外层空间的脚步就从未停止过。空间活动的范围不断向外延伸——从地球轨道，到月球，到火星，再到更广阔的深空；外层空间活动的形式更为丰富——从火箭发射，卫星应用，到外空旅行和外空采矿等；空间活动的主体也呈现多元化，从国家作为唯一主体，到国际组织和非政府实体地广泛参与。

　　众所周知，现行国际空间法律制度是在冷战背景下形成的，其主要价值目标就是规范人类空间活动，保障空间活动安全，防止外空军事利用，防止外空武器化。随着空间活动的发展，人类空间活动呈现军事化利用和商业化利用并行发展的态势。然而，国际法律制度在规范和促进外空商业化利用方面显然是滞后的。例如，人类对外空自然资源的开发与利用、巨型小卫星星座的建设和应用、载人航天飞行等科技的发展等活动，对人类空间活动提出了严峻的挑战，国际社会亟待加强相关法律问题的研究，推进相关问题的国际造法进程。

　　知名空间法学者弗兰斯·冯·德·邓克（Frans von der Dunk）教授组织编写的这部《空间法专论》瞄准外空军事化利用、发射服务和航天运输、卫星通信、卫星遥感、卫星导航、国际空间站运营、私营载人航天飞行、外空资源的开发、航天保险、外空活动争端解决等当前空间法发展的前沿和热点问题，从国际空间法发展和完善的角度做了很好的研究，对于应对人类空间技术和空间活动的飞速发展做了很好的法律思考。该书 2015 年由英国爱德华·艾尔加（Edward Elgar）出版社出版发行，并荣获了国际宇航科学院 2015 年度社会科学图书奖。

　　近年来，随着中国空间技术和空间活动的发展，中国的航天整体国力不断提升，中国学者对空间法研究的热情也不断提高，越来越多的青年学者开始关注并致力于空间法的研究工作。张超汉博士、孔得建博士和吕卓艳博士三位青年学者热心翻译《空间法专论》，对及时传播国际空间法的研究成果和了解国际空间法的研究态势，具有重要意义。我对他们空间法研究的热忱表示赞赏，并对他们的辛勤付出表示鼓励。空间法事业的持续发展当然需要更多、更优秀的青年学者的广泛参与。我也希望该书中译本的出版对我国空间法学者的研究有所启迪。

北京理工大学法学院院长

国际宇航科学院社会科学学部通讯院士

2019 年 12 月 17 日于北京

《空间法专论》（英文版）序言

作为一名宇航员，在我还不是倡议人之前，我从来没有想过会对空间法感兴趣，更不用说参与其中了。而空间法当然是本书的全部内容。20世纪70年代，我进入遥感领域并开始尝试接触图像分辨率、访问和所有权等允许与禁止的界限问题；最近，我在保护地球免受小行星撞击方面所做的工作使我进入了联合国和平利用外层空间委员会（以下简称外空委），并全身心地投入国际空间法的工作中。然而，移动地球表面撞击带过程中的漂移问题，偏转发生故障时的责任问题，使用大规模毁灭性武器以避免全球灾难的问题，以及相关国家在地缘政治上的利益之争简直让我抓狂，急着寻找一个法律救生圈！

通过共同的朋友，我结识了弗兰斯·冯·德·邓克（Frans von der Dunk），他冷静且具有荷兰人的庄重，他就站在法律的海岸线上，向我抛来了明亮的橙色救生圈。我们成了亲密的朋友，而且弗兰斯凭借他深思熟虑的见解和对空间法的深刻理解，成为我们行星防御小组中一名必不可少且颇有建树的成员。

我们的"小组"可能有点太油嘴滑舌了。早在2001年，一些科学家、工程师和宇航员们聚集在约翰逊航天中心（Johnson Space Center）共同应对一个可怕的事实，即天文学家们发现越来越多小行星的地球穿越轨道存在潜在的撞击威胁。然而，没有人讨论过当在撞击轨道上发现不可避免的威胁时，我们是否能做些什么。在断定目前的空间技术确实能够在充分预警的情况下使小行星偏离这种撞击后，我们成立了一个非营利性的公共慈善机构——B612基金会，以探讨所涉及的技术问题，并希望可以发展实现这一能力的概念和技术。

当我们的研究显示小行星偏转的物理（特别是地理）影响时，很显然在这一过程中不可避免地存在着巨大的地缘政治影响。社会的和政治的选择是困难的，包括制定涉及公共安全、责任和费用的门槛标准等问题都需要解决。那么如何确保各个国家甚至私营空间企业家的利益在这一过程中得到适当的协调？大多数选择都在技术领域之外。对我们这些参与其中的人来说，防止小行星撞击确实是一项全球集体行动，这一点已经显而易见。最终我明白了，这一史无前例但又不可避免的行动将是人类集体重新排列（非常微小地）太阳系的结构以提高人类生存能力的首次尝试。这使得摆在联合国面前的艰难抉择变成了强制性的。

2005 年，我意识到，要想引起国际社会对发起偏转行动所必需的棘手决定的必要注意，最好的办法是让空间探险家协会（Association of Space Explorers）加入，从而获得高级别的政治关注。虽然宇航员是打开紧锁的政治之门的好钥匙，但同时要准备好令人印象深刻的东西，以防止那些大门不久后又（礼貌地）砰然关上。因此，2006 年我们迎来了彼得·扬科维奇（Peter Jankowitsch）、弗兰斯·冯·德·杜克和其他杰出的国际外交和法律专家，他们负责组织和阐明当撞击威胁出现时国际社会将面临的地缘政治选择和决定。

当时我们正在书写递交至外空委近地天体行动小组（Team on Near Earth Objects）的报告（www. space-explorers. org/ATACGR. pdf），我对这一问题涉及的国际法律挑战的深度，以及小行星威胁缓解小组（Panel on Asteroid Threat Mitigation）的集体智慧和经验表示赞赏，我们齐心协力在外空委"吹响了号角"。这份报告于 2009 年提交至外空委科学和技术小组委员会，后来提交给了联合国大会（2013 年 12 月），现在又回到了外空委，以便在已经形成的文件基础上继续补充。

科幻小说在早期预警方面有着很好的记录，或许不久的将来可以在太空事业中实现。尽管阿瑟·克拉克（Arthur Clarke）等人的早期见解和观点可能被大大地简化，但还是打开了未来科学家、工程师甚至是律师的思路。对律师来说，至少在他们理解并能够与科学家和工程师交流的程度上，了解了人类当前和未来对空间环境的利用情况。到目前为止，空间在为许多国家提供军事利益的同时，也被证实为是一个放置武器的可疑场所。"幽灵总是潜伏于附近"，我在行星防御（防止小行星撞击）方面的工作就停在这个门槛上。小行星在人类的尺度上，是巨大的物体，调整它们的轨道以保护地球上的生命需要利用空间中的能量，否则就有可能威胁到生命。而这可能需要核爆炸和定向能装置来转移一颗飞往地球的小行星，确保明智和审慎地使用这种强大的装置是对国际政治和法律制度的挑战。

　　行星防御并不是这个领域的唯一挑战，小行星已经成为"太空呼啦圈"的一部分。美国目前正在发起一项倡议，将一颗小行星（或一颗较大的小行星上的一块巨石）带回地球或月球空间，供宇航员和研究人员处理，这相当于把"此山带到穆罕默德身边"的太空缩微版。美国国家航空航天局这次小行星移轨任务，可能涉及国际合作，这将惠及人类探索、科学、行星防御和空间资源利用等方面。它们中除科学外的每一项，都充满了法律上的未知。尽管没有一本书能够在无论是法律还是其他方面，全面地阐述所有这些问题，但我希望至少这本书能够成为"法律工具包"中的一个重要工具，并为律师以及科学家、工程师或政治家指明正确的方向。

　　除了官方（政府）计划外，初创的私人空间事业也如火如荼，并且发展速度相当快！私人运载火箭和各种各样的载人和货运航天器数量正在激增。同样多样化和具创新性的是：人类的发明、资金和所有这些事业的参与者。未来的空间物体类目丰富：从单程载人火星任务，到在太空边缘的国际乘客；从太阳轨道上的私人深空望远镜，到监视地下的众多微型望远镜，甚至是由大学生控制的皮卫星（pico-sats）群。极度活跃的创业者们的想法带来了这种波列罗式（Bolero-like）的高潮，国际空间法似乎注定要走向激动人心的时代！

　　为了向使我乘坐的阿波罗9号得以升空的集体致敬，1969年的春天，我随身携带了《外空条约》《联合国人权宣言》和《营救协定》（略带自助性的）。我对在空间发展的早期，为达成这些开创性协议而进行的密集的集体努力知之甚少。在我的宇航员生涯结束后的几年里，我开始意识到富有创造力的法律工作所产生的微妙且强有力的影响，这些影响深深印在我们对人类"共同遗产"（我们来自和生存的空间环境）的集体理解上。但是，就像过去所有的前沿一样，这将充满惊喜。

　　毫无疑问，《空间法专论》的读者们将会成为在这一新领域即将发生的知识前沿的交锋中的一员。正如这本书对涉及的各种主要问题提供了多维范式，新兴空间领域企业家的日益多样化和大刀阔斧的干劲将需要一个可以匹配的多维空间律师阵容。希望他们能比律师统计学家们（lawyer-statistician）更可靠地准备好迎接未来的挑战，律师统计学家会建议客户在飞行时时刻携带炸弹，因为在任何一次飞行中遇到两枚炸弹的可能性都非常小。睿智而体贴，有时是开箱即用，但务实的想法肯定会是恰当且受欢迎的。

　　站在这场争论的哲学立场上，可以肯定的是，向具有创造性思维的年轻人开放太空探索，将不可避免地导致戏剧性的前进和后退。毫无疑问，人类的未来将被强有力的塑造，也许是因为在这个过程中处理有限利益不可避免的交叉的方式。在其核心，包括空间法在内的法律实践，为人类进化带来了集体的经验智慧。在这里，我们彼此相连。很显然地，当我们进入宇宙环境时，我们的未来将由我们行动的集体性和完整性决定。我的信念是，以法律为代表的对人类历史行为的洞察的本质，以想象力应用至今，将使令人激动和开放的人类进化成为可能。

阿波罗 9 号宇航员

拉塞尔·施威卡特（Rusty Schweickart）

《空间法专论》（英文版）前言

关于本书

在获得多重授权之后，《空间法专论》一书横空出世。该书旨在以一种全面且易于理解的方式，为那些对人类在外空的活动或受益于外空的活动相关法律问题感兴趣的人员提供最基本的指引。

在我开始撰写此前言之时，手臂备感笨拙，加上计算机自动校正功能的过早介入，导致标题的词语显示为"前景"，我将此种情形视为"弗洛伊德式错误"。《空间法专论》并没有仅仅聚焦于外空活动的法律现状，与任何其他法律体系相比，空间法的发展可能都非常超前。外空活动持续不断的发展似乎在不断地改造、废除和创新现行空间法。任何一本具有权威性的专论著作，都应当不仅对法的实然状态进行概括，还应当对底层结构和方法进行研究，以使人们能够真正理解法的应然状态、法应解决的问题及其解决问题的方式。

《空间法专论》的潜在读者首先是法学院的研究生，包括将空间法作为一门综合性学科予以研究和学习的博士生，他们对法律，尤其对国际公法有着非常深入的理解。其次，《空间法专论》还旨在为学术机构、政府、产业和律所的工作人员在空间法及其特定领域的研究提供最基本的支撑。空间法这一学科如此新颖且复杂，要求我们必须进一步解释：为什么要启动《空间法专论》的编写，它具体涉及哪些内容，以及它是如何处理这些问题的。

为什么（WHY）

三年前，爱德华·艾尔加（Edward Elgar）出版社与我联系，考虑编辑一本空间法专论的研究成果。我当时考虑的最基本问题是该书的编写是否具有必要性或可行性。对于每天活跃在全球的数以百万计的律师、法学专业学生和其他法律工作人员来讲，空间法并非特别重要的领域。因此，目前世界上也并没有多少法学院在讲授空间法的课程，也没有多少研究机构在开展空间法的研究。然而，在某种程度上，人们认为空间法在高等教育和学术研究中应当具有某种特殊地位，而且应当通过某些高质量的出版物对该种特殊地位予以体现。

目前，确实有一些文献直接或间接地系统介绍了空间法的主要内容。然而，其中大多数都是很久之前撰写而成的，比如曼弗雷德·拉赫斯（Manfred Lachs）具有划时代意义且相当简洁的论文，迈尔斯·麦克杜格尔（Myres McDougal）、哈罗德·拉斯韦尔（Harold Lasswell）和伊万·弗拉西奇（Ivan Vlasic）共同完成的著作，以及威尔弗雷德·詹克斯（Wilfred Jenks）和卡尔·克里斯托尔（Carl Christol）的著作。另外，还有一些书籍仅以某种单一语言出版，比如金纳迪·朱可夫（Gennadi Zhukov）和尤里·科洛索夫（Yuri Kolosov）用俄语撰写的概论，卡尔·海因茨·博克斯蒂格尔（Karl-Heinz Böckstiegel）主编的德语丛书，分别由杰奎琳·杜赛尔·德拉罗谢尔（Jacqueline Dutheil de laRochère）编辑和皮埃尔·玛丽·马丁（Pierre-Marie Martin）撰写的法语书籍以及伊丽莎白·巴克（Elisabeth Back-Impallomeni）撰写的意大利语书籍。目前，空间法的基本模式已经发生了重大变化，从原来的由战略部署和科学研究为主导的国家外空活动，走向了某些特定类型的日常地面应用，私营和商业主体也逐步介入外空领域，但上述书籍的撰写都早于此。

除此之外，之前的很多学者只是从某一个特别具体的角度来论述空间法，比如：南达西里·杰森吉里亚娜（Nandasiri Jasentuliyana）曾经在联合国工作，其从联合国的角度出发论述空间法；尼古拉斯·马特（Nicholas Matte）曾是一家领先的航空法与空间法研究所的主任，其将空间法视为与航空法相邻的法律部门；亨利·瓦森伯格（Henri Wassenbergh）希望从自己的哲学角度探讨并改革空间法；郑斌（Bin Cheng）非常关注联合国五大外空条约和一些政府间组织的情况。另外，郑斌的关注焦点对《科隆空间法评论》也同样适用，但科隆大学在其"2001 年项目"和"2001 年项目 +"两个项目中曾深度聚焦于外空活动的商业化和私营化。尽管上述两个项目的很多文献都没有公开发表且很难获得，但其对国际空间法理论的发展带来众多历史资料和信息。

多年来，唯一真正接近手册性质的书籍是伊莎贝拉·迪德里克斯－范思赫（Isabella Diederiks-Verschoor）撰写的《空间法概论》，该书经过了多次修订，其中上一次修订由弗拉基米尔·科帕尔（Vladimir Kopal）负责。然而，对空间法概论或手册的更新必须紧密结合外空活动和技术的发展。而且在某些时候，有必要对其进行根本性的修订，甚至需要对其研究方法予以重新考虑。

当然，在我决定接受爱德华·艾尔加出版社抛出的挑战之时，逐步出现了更多空间法相关的书籍，这些书很多都是由年轻学者撰写，至少在原则上涉及了空间法的主要内容。尽管这些书在本质上过于精简而称不上是一个手册，但对空间法的内容和结构安排都采用了崭新的视角。另外，最近出版的书籍参差不齐，有的将空间法与更广泛意义上的空间政治、政策和经济一起讨论，有的着重于将外空条约作为未来空间法的全部渊源予以探索，有的被谦虚但刻意地称为"专题论文"。

简而言之，正如出版社所提议的那样，我认为有必要组织出版一本空间法专论的研究性手册。但我也同时认为，该书也可以作为空间法高等教育阶段学生（主要指处于大学学习生活的后期阶段及其后续学习阶段的学生）的资料手册。因此，这本书最终呈现在了您面前。

是什么（WHAT）

这本专题成果讨论的是"空间法"，其最主要的一个问题是：什么是"空间法"？鉴于空间法的多维特点，尽管任何一本手册都很难在细节上全面涵盖"空间法"，但其自始至终就需要一个非常广泛的定义。"空间法"是指"对各外空活动及其关键应用产生重大影响的法律或监管制度，即使这种影响是隐藏式地或间接地"，其原则上既包括国际法又包括国内法，也包括相关的地区制度安排。以上述定义为基础，这本手册具有多维性，其由若干部分构成，每个部分都从某些不同但又相互交叉的视角予以强调。

第一，第一章对空间法的历史和背景作了一般性概述，接下来的四章"正式"地介绍了空间法律法规的主要领域：第二章介绍了国际空间法，侧重于讨论联合国外空条约，因为这些条约仍然是空间活动最基本的法律文件；第三章介绍了国内法，侧重于讨论各国非政府实体对国际法文件的执行情况；第四章介绍了欧洲空间活动有关的特定"法律秩序"；第五章介绍了政府间国际组织及其在国际空间法中的角色。

第二，第六章论述了外空活动在军事、国防和安全利益方面的体现，这也意味着本书其他章节法律分析的重点都将聚焦于非军事、民用和商业用途上，尽管其中某些章节也涉及某些外空活动领域的特定军事用途。

第三，接下来六个章节从全球视角分析当前空间活动及其应用领域中的几个重要类别，并依次对每一个类别进行分析：第七章为发射活动，第八章为卫星通信，第九章为卫星遥感，第十章为卫星导航（中文版下册第一章），第十一章（中文版下册第二章）和第十二章（中文版下册第三章）为载人航天，分别涉及公共载人航天和私营载人航天。

第四，第十三章（中文版下册第四章）论述的内容与上述领域都相互关联，即人类对外空环境影响的日益关注及相关解决方案。与此同时，第十四章（中文版下册第五章）讨论了未来对外空环境利益的主要威胁，即外空天体资源开采的可行性、模式和后果。随后，本书跨领域分析了空间活动的商业化和私营主体的参与：第十五章（中文版下册第六章）为国际贸易，第十六章（中文版下册第七章）为航天企业，第十七章（中文版下册第八章）为保险，第十八章（中文版下册第九章）为知识产权。

第五，作为在总体上进行法律分析的概念上的逻辑终点，第十九章（中文版下册第十章）论述了空间活动及关键应用在程序方面的争端解决机制，而且对未来进行了展望，讨论了如何通过法律解决上述各领域的纠纷。

怎么做（HOW）

基于"空间法"的定义，至少在我看来，《空间法专论》在将内容细分为上述五个部分的同时，其从本质上通过如下三个层次对"空间法"予以论述，这也是为什么这本书如此厚重的原因：

第一层次致力于论述、分析和解释某些特定领域的问题，以适应"空间法"作为多维学科的如此庞大的"结构"。空间法的内容包括外空领域特有的若干制度，尤其是指联合国五大外空条约。在当前的外空时代中，我们的生活都或多或少与某些空间活动或空间应用密切相关，即使我们主观上并没有如此意愿。

因此，读者应当对各外空制度之间的相互作用的方式有所了解，包括：外空条约、国际电联制度、世贸组织相关制度是如何对卫星通信产生重要作用的；发射活动是如何适用外空条约以及安全敏感技术或军事应用一般性条约和法律的，以及发射活动是如何根据国家法律获得许可的；遥感活动需要如何遵守外空条约和联合国有关遥感的决议，而且还需要像国际空间站的运营一样，适当地运用知识产权相关法律法规，尽管两者本身存在着很大的不同；空间活动的国际责任和保险是如何相互联系的；环境问题和外空探索是如何相互影响的；等等。

第一层次的内容体现在各个章节的导言和结论中，其总结了各个制度之间的彼此关系。另外，第一层次的内容的体现还包括书中针对某一特定问题，经常对其他章节的交叉引用上。希望通过针对这些结构的分析，能够使读者比较容易地理解一般性法律的未来发展和空间活动及应用的未来法律制度是如何适应"空间法"多维学科属性的。

第二层次是指某一制度或某一系列制度（此处指各国国内空间立法的情形）的具体内容。尽管需要对某些内容进行取舍，但总体上讲，当前与空间活动及应用相关的重要制度不仅已经被囊括在本书之内，而且各制度的内容丰富且细致，可以使读者对制度本身及相关内容有相当全面的了解。由于无法对这些制度的所有细节都予以强调，因此我们只能挑选出最显著或最重要的内容或案例予以阐述。

第三层次更具有前瞻性：我和编委会成员都敢于迎接挑战，展望了空间法的未来，敢于对未来的问题及其解决方案做出预测。毫无疑问，在未来的几年内，其中一些"预测"将被证明是错误的，而某些几乎未能预料到的"预测"也将变为现实。但在对这些"前瞻性分析"做出选择之时，我们也努力地分析并解释，它们将如何与"空间法"的各种制度的现有结构和内容产生最广泛意义上的联系。

希望第三层面的前瞻性分析能够帮助读者思考人类空间活动的未来发展趋势及其对空间法的影响和意义，以及空间法的未来发展趋势及其对人类空间活动的影响和意义。

致谢

鉴于此项工作的广泛参与性，我自然而然地想到了"宇宙"这个术语。如果没有如此多人的帮助，这个项目将毫无疑问以失败告终。鉴于可能会遗漏对某些人的感谢，我想借此机会对参与该项目的所有人员表示感谢。

作为主编，我对这本专题研究成果的任何瑕疵都负有不可推卸的责任。这本手册的实际贡献大都由空间法框架下各个特定领域的专家提供，他们既具有权威性，又能打开年轻学者的思维。在我喋喋不休提出修改要求之时，他们能够及时予以回应；但当他们向我这边提出要求之时，他们又发现我这边回复的时间远远长于他们的预期。我真心希望我没有让他们失望。

具体而言，我要感谢助理主编法比欧·特隆凯蒂（Fabio Tronchetti）博士，其不仅自己撰写了多个章节，而且还仔细检查了我对其他章节以及我自己章节的评论和建议，也审查了我所确定基本研究方法和框架结构。另外，我在内布拉斯加大学林肯分校的研究助理也为资料的收集提供了宝贵的支持，包括罗宾·斯科特（Robin Scott）和达米·奥卢约（Dammy Oluyole），尤其是桑德拉·泰歇特（Sandra Teichert），谢谢你们！总体而言，内布拉斯加大学林肯分校法学院提供的良好氛围为本项工作提供了极大支持，尽管这种氛围在当今学术界已不常见。

作为外空活动的终极"实践者"，拉斯蒂·施威卡特（Rusty Schweickart）愿意在本书的前言中表达其对空间法和空间活动的独特见解，我感到非常自豪。我认为，这再次证明了空间法和空间法律工作者在实践中具有一席之地，尽管很多法律工作者对此不以为然。

最后，我当然要感谢爱德华·艾尔加出版社，其允许我坚守我自己的思路和方法，并最终形成一本几乎是原计划两倍页数的书籍；很明显，本·布斯（Ben Booth）、梅根·巴兰坦（Megan Ballantyne）和戴维·费尔克拉夫（David Fairclough）一直在坚持质量优先于速度的原则。我希望他们也对整体过程感到满意，并认为这项工作是对全人类，至少对空间法律工作者而言所迈出的重要一步。

美国内布拉斯加大学林肯分校外空法教授

弗兰斯·冯·德·邓克

2014 年 4 月于林肯/莱顿

目　录

第一章　空间法的历史与背景

彼得·扬科维奇（Peter Jankowitsch）　著◇

一、空间法的政治分析

同其他国际法分支一样，空间法旨在通过简明的国际规则构建维系国际社会成员间，尤其是国家间的秩序。以此为纲，国际法律与条约从陆地、海洋最终扩展到航空并进入人道主义领域。

尽管人类思想、科学的发展，以及早期科幻小说都将人类的视线带到地表空间以及外层空间领域，但当时的外层空间尚无法律制度予以规范。直至最新的技术发展，尤其是火箭技术在第二次世界大战中首次得到应用，与此相关的法律问题才逐渐进入法律界的视野。正如瓦尔德米尔·考博尔（Vladimir Kopal）所指出的，许多早期空间法图书的作者，包括第一部空间法概览著作的作者瓦尔德米尔·曼德尔（Vladimir Mandl），都有着航空法的背景。[①] 早在1932年，曼德尔在其发表的一份研究中就指出，火箭进入外层空间将引起一系列新的问题，而航空法并不能解决这些问题，需要建立新的法律制度加以规范。[②]

19世纪50年代，特别是在1958年"国际地球物理年"之际，相关文章大量

---

① See V. Kopal, Origins of Space Law and the role of the United Nations, in *Outer Space in Society, Politics and Law* (Eds. C. Brünner & A. Soucek) (2011), 221 ff. *Cf.* also S. E. Doyle, *Origins of International Space Law and the International Institute of Space Law of the International Astronautical Federa-tion* (2002), 1-20.

② See V. Mandl, *Das Weltraum - Recht: Ein Problem der Raumfahrt* (1932), 48 ff.; see further e. g. V. Kopal & M. Hofmann, Vladimír Mandl (20.3.1899 - 8.1.1941), in *Pioneers of Space Law* (Ed. S. Hobe) (2013), 57 ff.; N. Jasentuli - yana, *Space Law: Development and Scope* (1992), 18-9.

涌现，许多学者如约翰·考博·考博尔（John Cobb Cooper）③、罗兰德·卡德瑞（Rolando Quadri）④、查理斯·肖孟德（Charles Chaumont）⑤、尼古拉斯·马特（Nicolas Matte）⑥ 和奥真·贝庞（Eugene Pépin）⑦ 等均主张对该问题做出法律规范。尽管他们并未阐明所谓的新的国际规则，但已经在某种程度上就亟须确立该法的属性和内容达成了一致。

建立这样一个新的国际法分支，最大的驱动力源于地缘政治。具体来说，外层空间开放了一个新的竞争领域，当时，该领域的两个超级大国——美国与苏联，在此能够形成对抗局面。随着它们之间的对抗变得越来越危险且日益全球化，加之欧洲铁幕的拉开，对抗迅速扩张至全世界。（铁幕指的是冷战时期将欧洲分为两个受不同政治影响区域的界线——译者注）对抗的主要参与者不断地寻求新领域中军事、政治或技术上的优势以压制对手，其中军事技术是它们参与竞争与对抗的最主要领域。

核武器的快速发展也表明了对抗的无处不在，而设限却不被遵守。无休止的

---

③ See e. g. J. C. Cooper, The Boundary between Territorial Airspace and International Outer Space, in *Explorations in Aerospace Law: Selected Essays by John Cobb Cooper*, 1946 – 1966（Ed. I. A. Vlasic）(1968), 298; J. C. Cooper, Legal Problems of Spacecraft in Airspace, in *ibid.*, 308.

④ See e. g. R. Quadri, *Diritto Internazionale Pubblico*（5th edn., 1968), 685 – 7; R. Quadri, Droit international cosmique, in 98 *Recueil des Cours*（1959), 505 – 98; further e. g. S. Marchisio, Rolando Quadri（22. 12. 1907 – 2. 4. 1976), in *Pioneers of Space Law*（Ed. S. Hobe）(2013), 151 ff.

⑤ See e. g. C. Chaumont, Les problèmes du droit international de l'espace extra – atmosphérique, in *Institut des Hautes Études Internationales de l'Université de Paris*（1958), 3 ff.; C. Chaumont, Les perspectives que doit adopter le droit de l'espace', in 7 – 2 *Revue de Droit Contemporain*（1960), 5 – 12; C. Chaumont, Die Brüsseler Entschließung des Institut de Droit International zum Weltraumrecht, in 15 *Zeitschrift für Luft – und Weltraumrecht*（1966), 20 – 35.

⑥ See e. g. N. M. Matte, *Aerospace Law*（1969); also N. M. Matte, The Law of the Sea and Outer Space: A Comparative Survey of Specific Issues, in 3 *Ocean Yearbook*（1982), 13 – 37; N. M. Matte, *Deux Frontières Invisibles: De la Mer Territoriale à l'Air 'Territorial'*（1965), 157 – 240; N. M. Matte, Aerospace Law: Telecommunications Satellites, in 166 *Recueil des Cours*（1980), 119 – 249.

⑦ See e. g. E. Pépin, Legal Problems Created by the Sputnik, Lecture given on 6 November 1957 to the Canadian Bar Association（Quebec Maritime and Air Law Section), reprinted in *Legal Problems of Space Exploration, A Symposium*（1961), 187 ff.; also E. Pépin, Introduction to Space Law, 4 *New York Law Forum*（1958), 258 – 61; E. Pépin, The Legal Status of the Airspace in the Light of Progress in Aviation and Astronautics, 3 *McGill Law Journal*（1956), 70 – 7; E. Pépin, Les Problèmes Juridiques De L'Espace, 6 *McGill Law Journal*（1959), 30 – 42; E. Pépin, Legal Problems Created by the Sputnik, 4 *McGill Law Journal*（1957), 66 – 72. Further e. g. A. Kerrest de Rozavel, Eugène Pépin（27. 06. 1887 – 27. 04. 1988), in *Pioneers of Space Law*（Ed. S. Hobe）(2013), 21 ff.

军备竞赛在陆地、航空和海洋领域内展开，这种对抗与竞争在新的领域内会达到何种程度却不得而知。"二战"结束前，孤注一掷的纳粹德国的早期弹道武器将对抗指向了一个危险的新领域。1957 年 10 月，苏联成功发射第一颗人造卫星，两个超级大国在新领域内的竞争硝烟再起。由于美国对苏联此举措手不及，必然会以某种方式予以回击。

当时两个超级大国没有选择军备竞赛，而是选择了一个全然不同的竞争方式——看哪方能够率先将人类送入外层空间，以及实现和平登月。这些活动绝大程度上具有民事性，时至今日也难以揣度双方竞争转向的动机和根本原因。倘若假定当时竞争和平转折的主要原因是政治因素，那么强有力的经济因素，如成本的考虑也必在其中。相较今日，当时将大规模的军事设施移至外层空间并进行维护，其高昂成本更加令人望而却步。总之，当时的空间技术仍处于初期发展阶段，尚缺乏有力的发射装置、精密的通信与情报手段。

因此，早在 1963 年，也就是第一个主要的外层空间条约⑧达成之前，美国和苏联已达成"禁止在外层空间部署核武器和其他大规模杀伤性武器"的意向。起初双方达成双边协议，后联合国大会接受该协议，并于 1963 年 10 月 17 日一致通过了 1884（ⅩⅧ）号决议。⑨ 此举为在更广的范围内确立规范各国探索与和平利用外层空间活动的原则开辟了路径。1963 年 12 月 13 日，联合国大会通过了具有重大历史意义的第 1962（ⅩⅧ）号决议，并将上述原则纳入了该决议。⑩ 这使外

---

⑧ 这是《禁止在大气层、外层空间和水下进行核武器试验条约》（Treaty Banning Nuclear Weapon Tests in the Atmosphere, in Outer Space and Under Water），以下简称《部分禁止核试验条约》（Partial Test Ban Treaty），1963 年 8 月 5 日于莫斯科签署，1963 年 10 月 10 日生效；480 UNTS 43；TIAS No. 5433；14 UST 1313；UKTS 1964 No. 3；ATS 1963 No. 26。

⑨ 《普遍和全面裁军问题》（Question of general and complete disarmament），UNGA Res. 1884（ⅩⅧ），17 of October 1963；UN Doc. A/RES/18/1884. 进一步参见 M. Dauses, Bestehen und Inhalt von Weltraumgewohnheitsrecht – Ein Beitrag zur Lehre von den Rechtsquellen des Weltraumrechts, in 20 Zeitschrift für Luft – und Weltraumrecht（1971），267 – 79；A. E. Gotlieb, Nuclear Weapons in Outer Space, 3 Canadian Yearbook of International Law（1965），3 – 35。

⑩ 《各国探索和利用外层空间活动的法律原则宣言》（Declaration of Legal Principles Governing the Activities of States in the Exploration and Use of Outer Space），UNGA Res. 1962（ⅩⅧ），13 of December 1963；UN Doc. A/AC. 105/572/Rev. 1, at 37。

层空间条约于 1967 年 1 月在伦敦、莫斯科和华盛顿正式签订。⑪

虽然地缘政治强有力地促进了国际社会在高度争议和冲突纷扰的年代达成广泛一致，但不能忽略其他因素对这一革命性进程的推动作用。

航空法的起源与技术发展紧密相连，航天法在这一点与航空法有某些相似之处。因此，伊莎贝拉·迪戴瑞克－菲舒尔（Isabella Diederiks – Verschoor）在其经典著作《空间法导论》⑫ 中指出：1903 年莱特兄弟的发动机动能飞行推动了首次国际系列会议的召开，促进了航空交通规则与规范协议，尤其是 1919 年《巴黎公约》⑬ 和 1944 年《芝加哥公约》的诞生。⑭

同样，航天领域亟须建立以 Sputnik 为代表的人造物体进入外层空间的法律规范，而这一点学界早已提出。与航空法不同的是，应对科技发展而确立法律规范的时间跨度在航天法这里缩减了一半。正如航空航天法的杰出专家郑斌（Bin Cheng）在一篇纪念《外空条约》30 周年的文章中指出："该条约的起草不仅在 12 个月以内完成，而且距第一颗人造地球卫星的发射不到 10 年时间。"⑮

《关于各国探索和利用外层空间包括月球与其他天体活动所应遵守原则的条约》（简称《外空条约》）的签订与生效，标志着国际公法领域内一个新的分支——外层空间法的诞生。该法在多个方面拥有独特性与创新性。

在外层空间行使国家主权有了新的规则，而这些规则在传统的国际法中鲜少涉及。《现实政治》（Realpolitik）着力指出：《外空条约》确立了冷战期间各

---

⑪ 《关于各国探索和利用外层空间包括月球和其他天体活动所应遵守原则的条约》（Treaty on Principles Governing the Activities of States in the Exploration and Use of Outer Space, including the Moon and Other Celestial Bodies），以下简称《外空条约》，1967 年 1 月 27 日于伦敦、莫斯科、华盛顿签署，1967 年 10 月 10 日生效；610 UNTS 205；TIAS 6347；18 UST 2410；UKTS 1968 No. 10；Cmnd. 3198；ATS 1967 No. 24；6 ILM 386（1967）。

⑫ See I. H. P. Diederiks – Verschoor & V. Kopal, *Introduction to Space Law*（3rd edn., 2008），2.

⑬ 《关于管理空中航行的公约》（通称《巴黎公约》），1919 年 10 月 13 日于巴黎签署，1922 年 7 月 11 日生效；11 LNTS 173；UKTS 1922 No. 2；ATS 1922 No. 6。

⑭ 《国际民用航空公约》（通称《芝加哥公约》），1944 年 12 月 7 日签署，1947 年 4 月 4 日生效；15 UNTS 295；TIAS 1591；61 Stat. 1180；Cmd. 6614；UKTS 1953 No. 8；ATS 1957 No. 5；ICAO Doc. 7300。

⑮ B. Cheng, Space Objects and Their Various Connecting Factors, in *Outlook on Space Law over the Next 30 Years*（Eds. G. Lafferranderie & D. Crowther）（1997），203.

国关系的崭新准则和全新精神。与几个世纪前欧洲帝国及其远洋舰队发现新大陆和新大洋不同，外层空间包括月球和其他天体在内，不得由国家据为己有。⑯ 公海从萨拉米斯海战（Salamis）和亚克兴海战（Actium）（指公元前的两次海上交战——译者注）开始就一直成为军事、战争和海战的偏爱之所，而外层空间的探索和利用仅为和平目的。⑰ 它的创新性还表现在：直至今日仍在不断尝试先于技术发展为未来科学与经济的发展创造一个稳定的法律环境。

这一雄韬伟略在诸如 1979 年的《月球协定》⑱ 等颇具前瞻性的条约中表露无遗。《月球协定》第 11 条规定：月球本身及其自然资源均为"全人类的共同财产"（重复了新的海洋法中深海海床自然资源的类似规定⑲），这为未来规范这类资源的管理机制开了先河。由于《月球协定》条款适用于太阳系内除地球以外的其他天体，未来适用范围可能更为宽泛。⑳ 尽管联合国大会一致通过了该条约，但如今只有少数几个国家愿意遵守并认可该条约中的原则。

在 1967 年《外空条约》所有新的开创性规则中，第 6 条规定需特别注意。第 6 条规定各缔约国对本国在外层空间的活动应负国际责任，而不论这类活动是由政府机构还是由非政府团体进行的，同时还规定各国的外空活动要符合《外空条约》的相关规则。这一表述是当时严重敌对的两个国家相互妥协的产物，比如，苏联意图将航天活动限定为国家，而美国和其他西方势力集团则意图倡导并允许非政府团体参与外空的相关活动。

在《外空条约》1967 年生效后的 12 年内，其他四个主要的外层空间条约在联合国逐一达成。《外空条约》签订当天的一次航天事故甚至直接加速了 1968 年

---

⑯ 参见《外空条约》第 2 条，上文脚注 11。

⑰ 参见《外空条约》第 3 条，上文脚注 11。

⑱ 《关于各国在月球和其他天体上活动的协定》（以下简称《月球协定》），1979 年 12 月 18 日于纽约签署，1984 年 7 月 11 日生效；1363 UNTS 3；ATS 1986 No. 14；18 ILM 1434 (1979)。

⑲ 参见《联合国海洋法公约》第 136 条，1982 年 12 月 10 日于蒙特哥湾签署，1994 年 11 月 16 日生效；1833 UNTS 3 & 1835 UNTS 261；UKTS 1999 No. 81；Cmnd. 8941；ATS 1994 No. 31；21 ILM 1261 (1982)；S. Treaty Doc. No. 103 - 39。

⑳ 参见《月球协定》第 1 条第 1 款，上文脚注 18。

《营救宇宙航行员、送回宇宙航行员和归还发射到外层空间的物体的协定》㉑（简称《营救协定》）的签署进程。㉒

如果单纯从法律角度来看，1972 年，联合国制定的第三项外层空间《责任公约》㉓ 则是饶有趣味的法律规定。《责任公约》建立在两个不同的法律原则基础之上：一是发射国的绝对责任原则，即发射国对其空间物体在地球表面或对飞行中的飞机造成损害，应负有赔偿的绝对责任；㉔ 二是过失责任原则，即对在地球表面以外的其他地方造成的损害负有过失责任。㉕

第四项联合国条约——1975 年《登记公约》㉖ 主要目的在于具体实施《外空条约》第 8 条中的一般性规定。㉗

在 20 世纪 70 年代末起草的第五项法律条约——1979 年《月球协定》，再一次阐述了 1967 年《外空条约》中已经确立的一些原则。但在条约谈判期间，在月球自然资源的法律地位问题上，起草者并未遵循《外空条约》对该问题缺乏规范的做法。

针对这一问题，各方最终达成一个妥协方案——确定了可以自由进行科学研究的原则，并承认对月球的探索和利用是各国共有的权利。同时，当月球的开发变得可行时，再共同建立一个国际机制以规范开发活动。㉘

㉑ 《营救宇宙航行员、送回宇宙航行员和归还发射到外层空间的物体的协定》（以下简称《营救协定》），1968 年 4 月 22 日于伦敦、莫斯科、华盛顿签署，1968 年 12 月 3 日生效；672 UNTS 119；TIAS 6599；19 UST 7570；UKTS 1969 No. 56；Cmnd. 3786；ATS 1986 No. 8；7 ILM 151（1968）。

㉒ 1967 年 1 月 27 日，阿波罗 1 号机组成员罗杰·查菲、爱德华·怀特、维吉尔·格里森在一次机舱内"不连电测试"的大火中遇难。

㉓ 《空间物体所造成损害的国际责任公约》（以下简称《责任公约》），1972 年 3 月 29 日于伦敦、莫斯科、华盛顿签署，1972 年 9 月 1 日生效；961 UNTS 187；TIAS 7762；24 UST 2389；UKTS 1974 No. 16；Cmnd. 5068；ATS 1975 No. 5；10 ILM 965（1971）。

㉔ 参见《责任公约》第 2 条、第 4 条第 1 款第 1 项，上文脚注 23。

㉕ 参见《责任公约》第 3 条、第 4 条第 1 款第 2 项，上文脚注 23。

㉖ 《关于登记射入外层空间物体的公约》（以下简称《登记公约》），1975 年 1 月 14 日于纽约签署，1976 年 9 月 15 日生效；1023 UNTS 15；TIAS 8480；28 UST 695；UKTS 1978 No. 70；Cmnd. 6256；ATS 1986 No. 5；14 ILM 43（1975）。

㉗ 《外空条约》，见上文脚注 11，第 8 条规定："凡本条约缔约国为射入外层空间物体的登记国者，对于该物体及其所载人员，当其在外层空间或在某一天体上时，应保有管辖权和控制权……这类物体或组成部分如果在其所登记的缔约国境外发现，应交还该缔约国。如经请求，该缔约国应在交还前提供认证资料。"

㉘ 参见《月球协定》第 6 条第 1 款、第 11 条第 5 款，上文脚注 18。

随着《月球协定》的缔结，联合国通过缔结条约对外空领域进行立法的早期活跃状态也随之终结。但这并不意味着国际组织对这一新领域开展多边协议的努力宣告停止。㉙ 联合国转为（或回归到）通过联合国大会决议来宣布外层空间法律原则，这一实践在五项外层空间条约通过之前就已使用。

尽管早期的决议，尤其是 1963 年 12 月 13 日第 1962（XVIII）号决议，意图为发起国际合作进程，并为推进后续外空立法作铺垫，但联大决议构建的一系列原则却不得不规范更为具体和技术性的外层空间活动。联合国大会通过并阐明的一系列原则涉及电视广播（1982 年）、㉚ 外层空间对地遥感（1986 年）、㉛ 在外层空间使用核动力源（1992 年）㉜ 以及《关于开展探索和利用外层空间的国际合作，促进所有国家的福利和利益，并特别要考虑到发展中国家的需要的宣言》（1996 年）㉝。

这些原则很大程度上是基于早前的各项外层空间条约，尤其是《外空条约》而订立的。但这些原则本身并不具有法律约束力，仅作为对各成员的建议。㉞ 然而，这些原则大多是各成员一致通过的，具有行为规范的属性，并反映了当前国际外空群体对特定外空活动的普遍法律确信。

以上这些大会决议，若能被各国和国际组织长期实践，或可在国际习惯法㉟的形成中起到重要作用，或为未来进行相关具有法律约束力的国际条约谈判奠定基础。

㉙ 进一步参见"上册第一章三"部分内容。

㉚ 《各国利用人造地球卫星进行国际直接电视广播所应遵守的原则》，UNGA Res. 37/92, of 10 December 1982；UN Doc. A/AC. 105/572/Rev. 1, at 39。

㉛ 《关于从外层空间遥感地球的原则》，UNGA Res. 41/65, of 3 December 1986；UN Doc. A/AC. 105/572/Rev. 1, at 43；25 ILM 1334（1986）。

㉜ 《关于在外层空间利用核动力源的原则》，UNGA Res. 47/68, of 14 December 1992；UN Doc. A/AC. 105/572/Rev. 1, at 47。

㉝ 《关于开展探索和利用外层空间的国际合作，促进所有国家的福利和利益，并特别要考虑到发展中国家的需要的宣言》，UNGA Res. 51/122, of 13 December 1996；UN Doc. A/RES/51/122。

㉞ See A. D. Terekhov, UN General Assembly Resolutions and Space Law, in *Proceedings of the Fortieth Colloquium on the Law of Outer Space*（1998），14；V. Kopal, The Role of United Nations Declarations of Principles in the Progressive Development of Space Law, 16 *Journal of Space Law*（1988），5 ff.

㉟ See V. Vereshchetin & G. M. Davilenko, Custom as a Source of International Law of Outer Space, 13 *Journal of Space Law*（1985），113；A. Cassese, *International Law*（2005），168。

二、空间法与联合国内新兴多数阵营

出于自身安全考虑，早先主要的空间大国影响着空间法的发展。然而，从 20 世纪 60 年代开始，来自非洲、亚洲和拉丁美洲的发展中国家组成的"新兴多数阵营"逐步成为联合国的显著力量，并对外层空间问题产生不同的见解。为了促进经济和社会进步，发展中国家已逐渐意识到使用这一新技术的益处。它们担忧这种外空利益将持续被少数发达的工业化国家垄断。当时的联合国秘书长尤·坦特（U Thant）在向 1968 年"探索与和平利用外层空间维也纳会议"提交的一份备忘录中向与会者警示道："空间时代正以惊人的速度加剧着发达国家与发展中国家的差距"。[36]

因此，旨在通过空间法或空间法的基本原则使发展中国家受益的活动就此展开。其中最具代表性的是 1996 年通过的一项宣言，其名称以某些法律术语进行表达，呼吁就探索和利用外层空间"促进所有国家的福利和利益，并特别要考虑到发展中国家的需要"。[37] 宣言无疑反映了南北国家就空间合作和空间角色的进一步争论，然而如某些学者所指出的，[38] 关于空间合作的争议并未就此终结。

然而，宣言在强调探索和利用外层空间自由原则的同时，也要求各空间大国在开展这些活动时，履行使所有国家均能受益的义务。[39] 各空间大国应在平等互利的基础上促进国际合作。对空间活动感兴趣的发展中国家可因此受到激励，联合建立与外层空间相关的共同战略，也包括通过共同努力建构更好的法律规范。

三、空间法与联合国

与其他早期国际法的形成截然不同，联合国这一宽泛的、无所不包的、为"保持国际和平与安全"并为"鼓励国际法及其编纂的逐步发展"而成立的国际

---

　　[36]　P. Jankowitsch, The Role of the United Nations in Outer Space Law Development: Past Achievements and New Challenges, 26 *Journal of Space Law* (1998), 105.

　　[37]　联合国大会第 51/122 号决议，序言第 10 段，见上文脚注 33；同时参见附件，第 1 条。

　　[38]　*Cf. e. g.* V. Liebig & K. U. Schrogl, *Space Applications and Policies for the New Century* (2000), 137.

　　[39]　参见《外空条约》第 1 条，上文脚注 11。

组织是空间法首要且主要的渊源。⑩ 很显然，空间活动的全球覆盖从一开始就需要高度的国际合作，而这只能在联合国这样的全球性组织中展开实践。

因此，早在 1958 年第一颗人造卫星发射不久，联合国大会就创立了和平利用外层空间特设委员会。该委员会由 18 名成员组成，负责研究第一颗卫星引发的技术、法律和其他问题。⑪ 特设委员会于 1959 年 5 月 6 日召开了第一次会议，组建了两个小组委员会——科学与技术小组委员会和法律小组委员会，并提交了一份报告，该报告成为 1959 年 6 月 25 日特设委员会通过的最终报告的一部分。⑫

特设委员会通过联合国大会 1959 年 12 月 12 日第 1472（ⅩⅣ）号决议成为永久机构，⑬ 但起初它遭到了冷战敌对双方的破坏。苏联率先抵制委员会，认为其不具有足够的代表性。它主张特设委员会的决定需要通过协商一致而达成，而不是西方发达国家多数主张一致达成决议。最终，特设委员会达成了一项协议，成立了由 24 个成员方组成的附属于联合国大会的委员会，委员会直接向联合国大会汇报工作。这也凸显了其极强的政治性。

"冷战政治"在委员会领导权的决定上也小心地平衡着东西方之间的利害关系。奥地利作为中立国被选为主委员会主席，主委员会即现在的和平利用外层空间委员会（COPUOS，简称外空委）。此外，罗马尼亚获得副主席席位，巴西获得报告员席位。⑭ 同样，东西方之间的平衡也体现在外空委两个小组委员会的主席任命中，法律小组委员会的主席长期以来由东方国家的代表担当，而科学与技术小组委员会的主席之职则掌控在西方国家手中。

中国有些特殊，在中华人民共和国恢复其在联合国的成员国席位后很长一段

---

⑩ 《联合国宪章》第 1 条第 1 款、第 13 条第 1 款第 1 项，1945 年 6 月 26 日于旧金山签署，1945 年 10 月 24 日生效；USTS 993；24 UST 2225；59 Stat. 1031；145 UKTS 805；UKTS 1946 No. 67；Cmd. 6666 & 6711；CTS 1945 No. 7；ATS 1945 No. 1。

⑪ 参见《和平利用外层空间问题》，UNGA Res. 1348（ⅩⅢ），of 13 December 1958，联合国大会第一委员会第十三次会议报告通过的决议，第 5 页。

⑫ 参见《和平利用外层空间特设委员会报告》，1959 年 7 月 14 日，Document A/4141，www. oosa. unvienna. org/pdf/gadocs/A_4141E. pdf，last accessed 12 April 2014。

⑬ 《和平利用外层空间的国际合作》，UNGA Res. 1472（ⅩⅣ）A，of 12 December 1959，联合国大会第一委员会第十四次会议报告通过的决议，第 5 页。

⑭ See e. g. I. Seidl-Hohenveldern & G. Hafner, *Liber Amicorum Professor Ignaz Seidl - Hohenveldern: In Honour of His 80th Birthday* (1998), 73.

时间内，中国拒绝加入委员会，因为中国认为当时委员会由苏联与美国过度掌控。然而，随着后期中国空间项目的开展以及越来越多的联合国成员国加入委员会并参与工作，中国也随之申请加入了该委员会。

冷战时期塑造的外空委组织架构在冷战结束后依旧保持，直至委员会通过了轮换主席制。委员会经过多次旷日持久的谈判，最终协商一致通过了该实践规则。1962 年外空委主席——奥地利弗兰茨·麦什（Franz Matsch）大使，在其陈述中表示：

"我很高兴通过非正式磋商，外空委各成员国达成一致。当前，外空委及其两个小组委员会所有成员的目标应当是：在履行委员会的工作时，无须投票即可达成协议。"⑤

联合国外空委是第一个完全使用这一程序的联合国常设机构。事实上，法律小组委员会起草的所有外层空间协议也是全员协商一致通过，由于需要广泛的国际认可，这一方式有时会减缓磋商进程，但主要的空间大国间也可因此找到折中方案。事实上，现今大多数的外空条约都有众多成员国参与其中（唯有一个条约例外），这也表明了该程序的优势。

《外空条约》至今已有 102 个缔约国，另有 26 个国家已签署了该条约⑥（截至 2019 年 1 月 1 日，《外空条约》已有 109 个缔约国，另有 23 个签署国——译者注）；《营救协定》有 92 个缔约国，另有 24 个国家签署了该协定，2 个国际组织宣布接受协定确立的权利与义务⑦（截至 2019 年 1 月 1 日，《营救协定》已有 98 个缔约国，23 个签署国，另有 3 个国际组织宣布接受协定确立的权利与义务——译者注）；89 个国家现为《责任公约》的缔约国，60 个国家为《登记公约》的缔约国⑧（截至 2019 年 1 月 1 日，《责任公约》有 96 个缔约国，《登记公约》有 69 个缔约国——译者注）。上述两个公约都有很多签署国，以及宣布接受公约确立的权利与义务的国际组织（截至 2019 年 1 月 1 日，《责任公约》有 19 个签署国，《登

---

⑤ UN Doc. A/AC. 105/OR. 2, of 19 March 1962, at 5. See also UN Doc. A/5181, of 27 September 1962, at 3 – 4.

⑥ See www. unoosa. org/oosa/en/SpaceLaw/treatystatus/index. html, last accessed 2 January 2014.

⑦ 同上。

⑧ 同上。

记公约》有 3 个签署国——译者注），唯一的例外是《月球协定》，目前仅有 15 个缔约国和 4 个签署国[49]（截至 2019 年 1 月 1 日，《月球协定》有 18 个缔约国，4 个签署国——译者注）。

外空委立法工作，尤其是法律小组委员会工作的重要性也可以从下述事实得以印证，即委员会从成立直至 1985 年的会议均被一字不差地予以记录，而享有此特权的仅有联合国大会及其第一委员会。

近年来，采用"协商一致规则及相关实践"并非委员会及其法律小组委员会立法功能停滞的主要原因。新意识形态的崛起，起初普及到一些主要的西方发达国家，引起了大规模政治运动，随后更多国家加入其中。不同的称号与类似"供应经济学"的主要目的是解放本国和国际市场，同时撤销管制，减少国家和政府对经济和社会问题的影响。这些政策被普遍援引为"华盛顿共识"。[50]

这样的氛围无助于新的外层空间法律与规则的通过。与此同时，受到高速增长与快速经济利益驱动，外层空间吸引了大规模私营实体。这些新兴主体与各国政府如出一辙，大都拒绝新法律框架的推行，并对新的多边协议的达成极不情愿。

说明这一政治氛围变化的典型案例即《月球协定》。尽管联合国大会最初于 1979 年 12 月 5 日一致通过了第 34/68 号决议，[51] 美国和所有其他西方国家协商一致，但是政治氛围的转变为条约的批准带来了新的阻碍。因为协定中的许多条款与当时世界的市场化要求相悖。

随着经济哲学的转变，更为确信的国家利益也甚嚣尘上：更多强大的国家空间机构，尤其那些科技发达国家，显然不愿意接受新的国际法律义务，仅偏爱以双边形式建构其国际关系的规范。如支持发展中国家成为空间科技的使用者等。对新的多边条约最为突出的反对声来自美国。在 2006 年通过的《美国国家空间

---

[49] See www.unoosa.org/oosa/en/SpaceLaw/treatystatus/index.html, last accessed 2 January 2014.

[50] See http://en.wikipedia.org/wiki/Washington_Consensus, last accessed 12 April 2014.

[51] 《关于各国在月球和其他天体上活动的协定》，UNGA Res. 34/68, of 5 December 1979；UN Doc. A/34/20。

政策》指出："美国反对制定新的法律或其他限制美国进入或利用外层空间的规定。"㊷

与此同时，技术的发展与对外层空间的多方面利用仍在持续，涌现出了一些新的问题与挑战，应对这些问题的法律方案与科技方案同等重要。尤其在经历了最近一次大的经济危机之后，如果没有一定的规范，经济全球化将不能安全和成功地运转，空间合作的全球化发展必然要求在最低程度上接受普遍性规则，避免外层空间因目无法纪和无章可循而引发冲突。

四、空间法与空间军备控制㊼

1963 年通过的《禁止在大气层、外层空间和水下进行核武器试验条约》（另一名称是《局部禁止试验条约》）㊽ 至今已有 126 个缔约国。㊾ 该条约首次以具有法律约束力的国际条约形式，明确指出外层空间是保障国际安全的新领域，与其他领域，尤其是与各国领土主权相比，应当给予同等重视。

1967 年订立的《外空条约》更进一步阐明了这一点。该条约禁止在环绕地球的轨道上放置任何载有核武器或其他种类的大规模杀伤性武器，并禁止在天体上装置这种武器，也严禁以任何其他方式在外层空间放置这种武器。㊿ 这与外层空间的法律地位一致，外层空间受新的军备控制措施的约束，以防止核武器及其他大规模毁灭性武器的使用。

虽然这些条约的规定有助于明确外层空间的特殊地位，并且可以被视为是建立一个新的、至少是无核武器的"庇护所"的第一要素，但这只不过是那些为更为传统的战争而设计的军备控制措施在地球外的延伸。因此，条约仅粗略阐述了

㊷　参见 2006 年 8 月 31 日通过的《美国国家空间政策》第二部分（基本原则）第 7 段，available at www. whitehouse. gov/sites/default/files/microsites/ostp/national － space － policy － 2006. pdf, last accessed 2 January 2014。

㊼　本部分实质上源于作者于 1983 年 9 月 21 至 23 日在斯德哥尔摩举办的 SIPRI 论坛"外层空间：军事化是否能够被检视"上发表的文章：Arms Control in Outer Space: The Need for New Legal Action，参见 Space Weapons － The Arms Control Dilemma（Ed. B. Jasani）（1984），173 ff.

㊽　《局部禁止试验条约》，见上文脚注 8。

㊾　See http://en. wikipedia. org/wiki/List_of_parties_to_the_Partial_Test_Ban_Treaty, last accessed 2 January 2014.

㊿　参见《外空条约》第 4 条，上文脚注 11。

由此可能引发的一些新问题。

1967 年《外空条约》在第 4 条中进一步规定："禁止在天体上建立军事基地、军事设施和工事，试验任何类型的武器和进行军事演习。"这些规定虽然仅限于天体，特别是月球，却在某种程度上将外层空间置于地面战场之外，并组建了一个更具希望的初步设计。而《月球协定》有关军备管制的条款则进一步加强了这些规定。其不仅重申了《外空条约》第 4 条对核武器以及其他种类大规模毁灭性武器的禁止规定，同时还禁止"在月球上使用武力或以武力相威胁，或从事任何其他敌对行为或敌对威胁行为"。(57) 规定同时禁止"利用月球对地球、月球、宇宙飞行器、宇宙飞行器或人造外空物体的人员实施任何此类行为或从事任何此类威胁"。(58) 这些规定的重要性也因 1967 年《外空条约》与 1979 年《月球协定》是国际立法发展的成果而得到强化。这些条约经联合国大会一致通过，是外空委孕育多边构想与协商的结果。

与此相反，美国与苏联之间的双边军备控制谈判促成了两项国际协定，这些协定进一步开启了外空军备控制规定。这两项协定是 1972 年《苏美关于限制反弹道导弹防御系统的条约》（简称《反弹道导弹条约》），(59) 该条约限制在外层空间部署反弹道导弹；另一项是《战略武器限制协定》。(60) 两项协定均确立了不干涉所谓"国家技术核查手段"的原则。(61)

上述两项双边协定的通过，进一步构建了外层空间军备控制。因为它们首次将地球上与武器相关的议题扩展到外层空间，而且还扩展到特别适用于空间的技术保护方面——假定国家技术验证手段包含卫星。虽然由于上述两项协定在通过之时，仅有两个国家有能力部署这类空间物体，因此其适用范围有限，加上美国

(57) 《月球协定》第 3 条第 2 款，见上文脚注 18。

(58) 同上。

(59) 《苏美关于限制反弹道导弹防御系统的条约》（下文简称《反弹道导弹条约》），1972 年 5 月 26 日于莫斯科签署，1972 年 10 月 3 日生效，2002 年 6 月 13 日失效；944 UNTS 13；TIAS No. 7503；23 UST 3435。

(60) 《关于限制战略武器某些措施的临时协定》（以下简称《战略武器限制协定》），1972 年 5 月 26 日于莫斯科签署，1972 年 10 月 3 日生效；TIAS 7504；23 UST 3462。

(61) 参见《反弹道导弹条约》第 12 条第 2 款，上文脚注 59；《战略武器限制协定》第 5 条第 2 款，见上文脚注 60。

后期退出了《反弹道导弹条约》,⑫ 但是，它们提供了有关构建更为完备的外层空间军备控制方向的重要启示。

事实上，"不妨碍国家技术验证手段原则"⑬ 不仅纳入了另一项美国与苏联间有关军备控制的双边条约——1987 年的《美苏中导条约》⑭；也纳入了《削减战略武器条约》⑮ 及《全面禁止核试验条约》⑯ 的后续议事日程中。

综观现行的空间军备控制条款，它们显然是不完善且欠缺一致性的。考虑到上述条约中没有一个是明确针对外层空间的军备控制，这一概念仅仅以附属形式包含在其他概念中，那么上述弊端更显而易见。此外，分析现行法律时需要关注这些规定背后的理念与动机。因此，达成概念统一显得尤为困难。

正如上文所指，这些规定的要素表明，可能已对非军事化的"避难所"这一概念做出规定，并远远超出了地面军备控制、威慑或军事平衡的概念。尽管月球和其他天体的相关规定还不够完善，并存在一些不可避免的漏洞，但它们却是最接近"避难所"相关内涵的。⑰ 然而，其他规定却表明，外层空间正被视为是地

---

⑫　2001 年 12 月 13 日美国总统乔治·W. 布什就美国退出《反弹道导弹条约》一事通知了俄罗斯，根据规定终止该协定需提前六个月通知。小布什总统说："我已得出结论，《反弹道导弹条约》阻碍了我们的政府保护我们人民免受未来恐怖主义或流氓国家导弹袭击的能力"，参见 http://articles. cnn. com/ 2001 – 12 –13/politics/rec. bush. abm_1_abm – treaty – rogue – state – missile – attacks – anti – ballistic – missile – treaty? _s = PM：ALLPOLITICS, last accessed 2 January 2014。美国的退出于 2002 年 6 月生效。

⑬　Cf. http://en. wikipedia. org/wiki/National_technical_means_of_verification, last accessed 2 January 2014；进一步参见"上册第六章四"部分内容。

⑭　《美利坚合众国与苏维埃社会主义共和国联盟关于消除中程和短程导弹条约》（以下简称《美苏中导条约》）1987 年 12 月 8 日于华盛顿签署，1988 年 6 月 1 日生效；UST LEXIS 211；27 ILM 90（1988）；S. Treaty Doc. No. 100 – 11。

⑮　《削减和限制战略进攻性武器条约》（以下简称《削减战略武器条约》）1991 年 7 月 31 日于莫斯科签署，未生效；S. Treaty Doc. No. 102 – 20。（1991 年的《削减战略武器条约》又称第一阶段条约，于 1994 年 12 月生效，有效期 15 年；1993 年美俄罗签署了第二阶段《削减战略武器条约》，但之后两国关系急剧恶化，两国未交换条约的批准文件，2002 年 6 月美国正式退出《反弹道导弹条约》，俄罗斯随即宣布不再接受第二阶段条约的约束。因此，作者这里的未生效应该意指如是。——译者注）

⑯　《全面禁止核试验条约》，1996 年 9 月 24 日于纽约签署，尚未生效；Cm. 3665；35 ILM 1439（1996）；S. Treaty Doc. No. 105 – 28（1997）。（作者这里对条约名称的援引有遗漏，仅作 Comprehensive Test Ban Treaty，但是按照作者此处所援引的法律文件编号，应该是 Comprehensive Nuclear Test Ban Treaty，即《全面禁止核试验条约》。——译者注）

⑰　如《外空条约》第 4 条第 2 款，见上文脚注 11；《月球协定》第 3 条，见上文脚注 18。

球上军事活动（当然也是民用的）的支持区，但至少一些特定的规则和条例应当用于规范其使用。

考虑到有关各方的多样性，这种概念上的模糊并不令人惊讶。最为明显的多样性可能并不在多边条约的架构中，而在于当时的两个主要空间大国之间国家利益和政策上的巨大差异。虽然很难在这些不同的规定背后寻找到某种连贯一致的概念或哲学，但在对这些问题做出判断时，必须十分谨慎。这些规定都提出了对外层空间的军事利用采取何种限制措施，即使最初措施并不完善，我们应当避免将外层空间变成未来的战场。然而，旨在维持空间法的和平属性以及限制军事利用而设计的新举措，与空间法基本规则的其他领域一样，进展也是缓慢而迟疑的，新的协议也因此无法达成。特别是 1978 年 6 月到 1979 年 6 月，美国和苏联就反卫星武器问题共开展了三次对话，尽管当时期望达成《反卫星武器条约》与《战略武器限制协定》⑥⑧，但双方的谈判最终没有成功，议题也被搁置。虽然中止这些谈判可能更多地出于当时的世界政治形势——特别是苏联入侵阿富汗后东西方关系的冻结，而不是出于议题本身，但事实上在接下来的几年里，双方并没有为重新开启谈判做出切实努力。

外层空间军备控制问题的多边协议缺乏进展，特别是联合国大会最初针对裁军召开的 1978 年和 1982 年的两次特别会议，虽然认识到了外层空间军备竞赛的潜在危险，并呼吁采取进一步措施和国际谈判来阻止这种发展趋势，但是并没有就此问题达成任何新的协议。⑥⑨

由于许多相关方极不情愿严肃处理外层空间军备控制问题，直到 1982 年，在经过长期谈判后，联合国裁军委员会，即现在的联合国裁军谈判会议（UN Conference on Disarmament，简称裁谈会）的前身，才最终将防止外层空间军备竞赛纳入其议程⑦⑩。联合国和平利用外层空间委员会虽然因权限所限，不处理外

---

⑥⑧ 《美利坚合众国与苏维埃社会主义共和国联盟关于限制战略进攻性武器协定》（以下简称《战略武器限制协定》）于 1979 年 6 月 18 日签署，未生效；UST LEXIS 220；18 ILM 1112（1979）；S. Exec. Doc. Y, 96 - 1。

⑥⑨ 参见《联合国大会裁军问题特别会议最终文件》，17 ILM 4，July 1978，1016 - 37。

⑦⑩ 参见《联合国大会裁军委员会第三十六次会议官方记录报告——补充文件第 42 号》，UN Doc. A/36/42），第 19 段。

层空间军备控制事宜，但因此成为对威胁和平而利用外层空间的发展给予关注的主要论坛之一。

同样，1982 年 8 月在维也纳举行了"第二届联合国探索与和平利用外层空间会议"，该会议报告敦促"所有国家，特别是具有主要空间能力的国家……要防止外层空间的军备竞赛，避免采取任何违反规定的行动"。⑦ 然而，所有这些呼吁，包括联合国大会通过的防止外层空间军备竞赛的各项决议，也没能促成在联合国——这一唯一拥有裁军与军备控制法律制定权的机构，达成新的条约。尽管最终达成就防止外层空间军备竞赛问题进行谈判，即"帕罗斯（PAROS）"。⑦这些谈判虽然有所进展，但在中美之间发生分歧后于 1995 年谈判破裂。当时，裁谈会正在谈判一项《裂变材料禁产条约》（Fissile Material Cut – off Treaty, FMCT），⑦（全称为《禁止生产核武器和其他核爆炸装置用裂变材料条约》——译者注）且谈判已近尾声，其中，美国对条约表现出极大兴趣，中国则主张只有同时考虑"帕罗斯问题"，才会支持该条约。然而当时，美国在布什政府领导下，坚持主张外层空间没有军备竞赛，因此没有必要就防止外层空间军备竞赛展开谈判。⑦

这场冲突一直延续到 21 世纪，裁谈会被这一问题阻断，而且也无法在日内瓦举行的年度会议中达成一致。⑦

---

⑦ 《1982 年 UNISPACE 报告》，UN Doc. A/CONF. 101/10, of 31 August 1982, para. 15, at 5.

⑦ PAROS（帕罗斯）全称是 Prevention of an Arms Race in Outer Space（防止外层空间军备竞赛）。

⑦ 对此参见 T. Hitchens, Saving Space：Threat Proliferation and Mitigation, Paper commissioned by the International Commission on Nuclear Non-Proliferation and Disarmament, http://icnnd. org/Documents/Hitchens_Saving_Space. pdf, last accessed 2 January 2014. See for the text of the 2009 draft plus explanations http://fissilematerials. org/library/2009/02/draft_fissile_material_cutoff_. html, last accessed 2 January 2014。

⑦ See N. L. Remuss, Space and Security, in *Outer Space in Society, Politics and Law* (Eds. C. Brünner & A. Soucek)（2011）, 524.

⑦ 参见"上册第六章七"部分内容。在过去的几年里，对外层空间武器化和对空间物体攻击的关切不断增加，促成了裁谈会和外空委的谈判，以及一些法律提案，如俄罗斯和中国缔结的《防止外空武器部署条约草案》（Draft PPWT Treaty）（全称为《防止在外层空间放置武器、对外层空间物体使用或威胁使用武力条约草案》，2008 年 2 月 12 日递交裁谈会），www. cfr. org/space/treaty – prevention – placement – weapons – outer – space – threat – use – force – against – outer – space – objects – ppwt/p26678, last accessed 18 March 2014。

正如这段短暂的历史所表明，利用空间法和多边条约，如《月球协定》来创造安全的外层空间环境、防止外层空间军备竞赛，并为外层空间提供一个特殊地位的初步努力，早期就已夭折，且空间军备控制条款至今尚未完成。虽然地球大陆的这类区域确实是"无核区"，但为避免发生非核性质的武装冲突的相关措施鲜少完成。

各国在很大程度上不愿探讨和接受涵盖外层空间军备控制条约的主要原因在于：它们不情愿放弃利用外层空间产生的技术和军事优势，尤其是先进的空间军事技术，而这些优势通常是以巨额资金为代价获得的。这显然使一项全球性协议的达成变得复杂。

在空间利用与空间技术活跃发展的时期，以早期军备控制条款形式存在的规范，早已显得过时或近于退化。

五、空间法的新分支：待续的历史

空间法的发展史和规范空间活动的新规则以及新旧空间活动参与者间的关系，在 1979 年最后一项空间条约达成之后并未停止，原因是空间及空间技术在全球事务中的重要性不断增强，以及政府与国际组织对空间事务兴趣不断增长。这些促成了由新的参与者达成的新规则。当然，这些新规则以不同于传统空间法渊源的形式出现。空间法最初主要出于经济与军事考量，仅规范国家间关系，而不包括其他空间参与者，这使得新规则的发展尤为必要。[76]

国家最初将外层空间应用于政治或军事，而后逐步拓展到其他领域，因此，制定新的规则与规范体系显得尤为必要。很多技术和科学相关的规则并没有在空间条约中予以体现，这些新的规则引出了一系列法律责任，其中最重要的规则是国家与政府空间机构之间合作的各项双边条约。据艾琳·盖洛韦（Eileen Galloway）的计算[77]，仅就美国而言，在 20 世纪 90 年代末，其就与 100 多个国家和国际组织签订了超过 1000 项的技术与科学协议，目前这一数字还在不断增加。

---

[76] 进一步参见"上册第二章二（二）2"部分内容。

[77] As per P. Jankowitsch, A Historical Perspective of the Outer Space Treaties, www.iip.at/publications/ps/0303jankowitsch. htm, last accessed 12 April 2014.

这类规则也源于各种新的空间合作，如国际通信卫星组织（INTELSAT）[78]
或国际移动卫星组织（INMARSAT）[79]，它们最初为公共卫星运营商，现已私有
化；或者国际卫星空间通信组织（INTERSPUTNIK）[80]，这些组织从 20 世纪 70 年
代开始，签署的协议不仅为其成员国间设定法律义务，也制定了具体的空间利用
与空间合作细则。类似的空间利用与合作的具体细则从国际电信联盟（ITU）[81]
也可窥见一斑。

其中尤需提及的是欧洲空间局（European Space Agency，以下简称欧空
局——译者注）的创立，《欧空局公约》于 1980 年生效。[82] 欧空局负责指导欧洲
国家在空间事务中的活动，特别是 "在空间研究、技术和空间应用上，完全为和
平目的的寻求和加强欧洲合作"。[83] 欧空局建立在对现行空间法律框架，特别是和
平利用外层空间原则的基础上，理所当然成为新的参与者中最具影响力和最为强
大的一员，不仅表现在执行方面，也表现在不断推动各国及非国家成员就空间事
务合作的新规则制定上。

《欧空局公约》确立了欧空局的法人资格[84]，授权欧空局 "与其他国际组织

---

[78]　国际通信卫星组织成立之初为政府间卫星运营组织，直至 21 世纪初期私有化运营为止。进
一步参见 "上册第五章四" 部分内容。

[79]　国际移动卫星组织成立之初为政府间卫星运营组织，直至 21 世纪初期私有化运营为止。进
一步参见 "上册第五章五" 部分内容。

[80]　国际卫星空间通信组织根据《关于建立 "国际卫星空间通信组织" 国际体系和空间通信组织
协议》（以下简称《国际卫星空间通信组织协定》），成立于 1971 年，《国际卫星空间通信组织协议》
1971 年 11 月 15 日于莫斯科签署，1972 年 7 月 12 日生效；862 UNTS 3；TIAS 859（1973）
No. 12343；*Space Law – Basic Legal Documents*，C. Ⅷ. 1 进一步参见 "上册第五章七" 部分内容。

[81]　国际电信联盟基于《国际电信联盟组织法》（Constitution of the International Telecommunication
Union）成立，《国际电信联盟组织法》1992 年 12 月 22 日于日内瓦签署，1994 年 7 月 1 日生效；1825
UNTS 1；UKTS 1996 No. 24；Cm. 2539；ATS 1994 No. 28；《补充全权代表会议的最终法案》（Final Acts
of the Additional Plenipotentiary Conference），Geneva，1992（1993），at 1；《国际电信联盟公约》
（Convention of the International Telecommunication Union）1992 年 12 月 22 日于日内瓦签署，1994 年 7
月 1 日生效；1825 UNTS 1；UKTS 1996 No. 24；Cm. 2539；ATS 1994 No. 28；《补充全权代表会议的
最终法案》，Geneva，1992（1993），at 71。进一步参见 "上册第八章二" 部分内容。

[82]　《建立欧洲空间局公约》（Convention for the Establishment of a European Space Agency），简称
《欧空局公约》，1975 年 5 月 30 日于巴黎签署，1980 年 10 月 30 日生效；UKTS 1981 No. 30；
Cmnd. 8200；14 ILM 864（1975）；*Space Law – Basic Legal Documents*，C. I. 1。进一步参见 "上册第
四章二（二）" 部分内容。

[83]　《欧空局公约》序言第 3 段，见上文脚注 82。

[84]　参见《欧空局公约》第 15 条，见上文脚注 82。

和机构、政府以及非成员国的组织和机构合作，并就此与之签订协议"。⑧⑤ 尽管这些规范欧空局与其成员国间法律义务的宽泛且松散的协议，以及其与各国政府及其空间机构达成的众多协议能否被称为"空间法"尚存争议，但它们却对构建一个能够为各种空间运营提供稳定且透明的法律体系做出了重大贡献。

伴随《里斯本条约》⑧⑥ 的生效，欧盟获得了空间事务的共享权，⑧⑦ 成为这一领域潜在的主要参与者。欧盟提议通过《外层空间活动国际行为准则》（以下简称《行为准则》——译者注）⑧⑧ 来阐述各项空间保障安全与可持续性问题，尽管该准则起初不具有法律约束力，但欧盟却凭借该准则进入了空间规则制定的领域，并凭借《行为准则》使人们认识到欧盟对空间法发展的潜在影响。

在空间法的领域内，正如一些学者指出的：类似欧空局、国际电信联盟以及欧盟这样的政府间国际组织，在国际层面上都有着重要的规范管理及法律制定作用。⑧⑨ 他们也进一步指出：国际法的发展已延伸到了私营的非政府实体甚至个人，这一发展势必将延伸到空间法。⑨⓪

空间法发展的另一新篇章是促成严格意义上的国家空间立法，美国于 1958 年 7 月 29 日颁布的《国家航空航天法》在这方面起到了引领和开创作用。⑨① 这一立法创举的政治动因在于，当时美国参议院负责空间事务的机构是参议院航空

---

⑧⑤　参见《欧空局公约》第 16 条第 1 款，见上文脚注 82。

⑧⑥　《修正欧洲联盟条约和建立欧洲共同体条约的里斯本条约》，以下简称《里斯本条约》，2007 年 12 月 13 日于里斯本签署，2009 年 12 月 1 日生效；OJ C 306/1（2007）。

⑧⑦　See further e. g. Protocol on the Exercise of Shared Competence, Treaty of Lisbon, *supra* n. 86; Arts. 2（2），4（3），189, Treaty establishing the European Community as amended by the Treaty of Lisbon amending the Treaty on European Union and the Treaty establishing the European Community（hereafter Treaty on the Functioning of the European Union），Lisbon, done 13 December 2007, entered into force 1 December 2009；OJ C 115/47（2009）.

⑧⑧　《外层空间活动行为准则欧洲联盟草案》（European Union Draft Code of Conduct for Outer Space Activities），最初由欧洲理事会于 2008 年 12 月 3 日背书，随后分别于 2010 年 9 月 27 日和 2013 年 9 月 26 日修订并背书，http://eeas. europa. eu/non - proliferation - and - disarmament/pdf/space_code_conduct_draft_vers_16_sept_2013_en. pdf，最后访问日期为 2014 年 1 月 2 日。

⑧⑨　S. Freeland, The Role of 'Soft Law' in Public International Law and its Relevance to the International Legal Regulation of Outer Space, in *Soft Law in Outer Space*（Ed. I. Marboe）（2012），11.

⑨⓪　同上。

⑨①　《国家航空航天法》，Public Law 85 - 568, 85th Congress, H. R. 12575, 29 July 1958；as amended through 1983；72 Stat. 426；*Space Law – Basic Legal Documents*, E. Ⅲ. 1（original instalment）.

航天特别委员会（Senate Special Committee on Space and Aeronautics），^⑫而负责该特别委员会事务的不是别人，正是林顿·B. 约翰逊（Lyndon B. Johnson）。

如今，随着越来越多的国家在本国制定"国家空间法"，国家空间立法已成为空间法的一个快速发展的分支，国家设定的一些规则多以国际空间法为基础，为本国政府的许可活动以及私营实体的空间活动提供法律框架。^⑬

国家空间立法作为推动空间法原则的新途径，其重要性已被联合国大会第63/90号决议认可。^⑭外空委法律小组委员会的一个工作小组根据长期工作计划，就和平探索和利用外层空间的国家立法开展了卓有成效的信息交流。^⑮尽管国家空间立法不能被完全视为空间法的一个分支体系，但正如一些学者所指出的，"它对许可程序的透明度做出了较大贡献，即使这类立法并非《外空条约》所授权，但它是确保各国非政府实体开展空间活动承担权利义务的重要方式"^⑯。

综观新的空间法的分支与类型，许多学者得出的结论：由于空间法编纂进程的放缓及处于近乎停滞的状态，现阶段出现了"一种出台不具有约束力的原则、规则、标准或其他以建议、规章、参考术语、指南或行为准则等形式对预期行为进行规范的国际文件的趋势"。^⑰用该学者的话说，"这一现象被称为'软法'"，"指所有由国家或其他国际法主体制定的，不具有法律约束力但却有着特殊法律关联的社会规范"^⑱。

---

⑫　See United States National Aeronautics and Space Administration History Office, *From Engineering Science to Big Science: The NACA and NASA Collier Trophy Research Project Winners*, Government Printing Office, 1998, 173; also S. J. Dick, Why We Explore（2008）, www. nasa. gov/exploration/whyweexplore/Why_We_29. html, last accessed 12 April 2014.

⑬　进一步参见"上册第三章"和"上册第四章"。

⑭　《和平利用外层空间的国际合作》，UNGA Res. 63/90, of 18 December 2008; UN Doc. A/RES/63/90。

⑮　参见《与和平探索和利用外层空间相关的国家立法工作小组报告草案》，和平利用外层空间委员会法律小组委员会第五十次会议，UN Doc. A/AC. 105/C. 2/2011/CRP. 4, of 24 March 2011。

⑯　I. Marboe & F. Hafner, Brief Overview over National Authorization Mechanisms in Implementation of the UN International Space Treaties, in *National Space Legislation in Europe*（Ed. F. G. von der Dunk）（2011）, 68.

⑰　M. Ferrazzani, Soft Law in Space Activities – An Updated View, in *Soft Law in Outer Space*（Ed. I. Marboe）（2012）, 100.

⑱　*Ibid.*, *i. a.* quoting D. Thürer, Soft Law, in *Encyclopedia of Public International Law*（Ed. R. Wolfrum）, Vol. IX（2012）, 271.

国际社会没有完全忽视这些新的发展与挑战。1999 年 7 月在维也纳召开的联合国探索与和平利用外层空间会议（UN Conference on the Exploration and Peaceful Uses of Outer Space），就许多问题展开讨论，会议建议采取若干措施，如审查现有条约及其解释，以阐明相关问题，使条约在更大范围获得批准。[99] 大会同时建议解决由空间活动商业化和私有化带来的诸多问题，并提出涵盖空间活动新领域的提案，以应对进一步的监管挑战。此外，大会还呼吁通过新的方法来规范复杂的技术问题。

目前许多问题仍在联合国和平利用外层空间委员会及其法律小组委员会的议程上，就此可以强烈地感受到许多空间大国不愿受到法律义务的约束。在过去几年，外空委试图在一些重要的法律问题上制定新的规则，但未取得任何成果。

这些问题将继续由空间领域内一些重要的非政府组织进行处理，如国际空间法学会（International Institute of Space Law，IISL）、[100] 国际法协会空间法委员会（Space Law Committee of the International Law Association）、[101] 欧洲空间法中心（European Centre for Space Law，ECSL）[102]。

国际空间法在制定之初只是为了规范国家之间的关系，但随着越来越多的私营参与者加入其中，并加快推动空间活动的商业化发展，这对国际空间法产生了持久的影响。与私营空间活动相关的许多问题，如财产权、知识产权、非政府实体的责任、保险、空间旅行者的法律地位以及其他问题都需要适当的规范，特别是在未来空间科技可能取得进展的情况下。这些新的问题在一定程度上已促成国际私法中将某些要素引入新的空间制度，如国际统一私法协会（UNIDROIT）的《空间资产议定书》[103]，常设仲裁法院（Permanent Court of Arbitration，PCA）的《外层空间争端规则》[104]。在这一条件下，一些学者也主张在国际私法领域内开辟

---

[99] 参见《联合国第三次探索与和平利用外层空间会议报告》，1999，A/CONF./184/6，3。

[100] 参见 www.iislweb.org，最后访问日期为 2014 年 4 月 12 日。

[101] 参见 www.ila-hq.org/en/committees/index.cfm/cid/29，最后访问日期为 2014 年 4 月 12 日。

[102] 参见 www.esa.int/SPECIALS/ECSL/，最后访问日期为 2014 年 4 月 12 日。

[103] 进一步参见"下册第七章四"部分内容。

[104] 进一步参见"下册第十章三"部分内容。

一个新的法律分支——"国际空间私法"。⑩⑤

六、空间法的未来

空间法的学者大都认为，空间法的逐步发展和编纂经历了几个阶段，其中只有第一阶段以"五项空间"条约的形式产生许多具有约束力的法律文件，除此以外，诸如1963年《局部禁止试验条约》等相关法律文件，虽然只有部分内容涉及外层空间法，也可以被视为空间法典（corpus juris spatialis）的一部分。

接下来的阶段中，空间法的历史显示出越来越多的来源不同且约束力较低的规范，仅有很少一部分像联合国大会决议这样更具普遍性，其中绝大部分是从其他来源进入该领域的。

正如一些学者所说，仅从这些规则的共同渊源看，这两个阶段构成了统一的发展过程，虽然这些规则有着多样性和不同目的，但都是以1963年联合国大会的决议和1967年《外空条约》所确立的空间法主要原则为基础的。⑩⑥ 然而，空间法当前发展趋势主要在"软法"领域，这一事实很少存在争议。随着各种不具有约束力的规则的增加，许多规则呈现向习惯法发展的趋势。⑩⑦ 这一进程被许多案例印证，最具代表性的是空间碎片减缓规则的缓慢发展，从最初主要空间机构间基本的非法律性协议，演变为联合国大会于2007年决议确立的"软法"规则。⑩⑧

与此相反，一些学者仍主张国际空间法不仅仅停留在"软法"领域。他们提出许多令人信服和切实的理由，主要是需要长期持续保证空间运营安全。他们认

---

⑩⑤ *Cf.* e. g. M. Yuzbashyan, Potential Uniform International Legal Framework for Regulation of Private Space Activities, in *Proceedings of the International Institute of Space Law* 2010（2011）, 39 ff.

⑩⑥ See e. g. J. H. Castro Villalobos, The Legal Categories in Outer Space, in *Proceedings of the International Institute of Space Law* 2010（2011）, 265.

⑩⑦ 国际公法学者的著作中有关"软法"的探讨，参见 A. Boyle, Soft Law in International Law – Making, in *Inter – national Law*（Ed. M. D. Evans）（2006）; O. Schachter, The Twilight Existence of Non – Binding International Agreements, 71 *American Journal of International Law*（1977）; H. Hillgenberg, A Fresh Look at Soft Law, 10 *European Journal of International Law*（1999）, 499。

⑩⑧ See F. G. von der Dunk, *Contradictio in terminis* or *Realpolitik*? A Qualified Plea for a Role of 'Soft Law' in the Context of Space Activities, in *Soft Law in Outer Space*（Ed. I. Marboe）（2012）, 54.

为"硬法"在法律确定性、可预见性和责任的相关领域更为适当和有效。[109] 所有这些都表明,空间法的发展历程远未终结,新的发展阶段不仅由国家和国际组织主导,还将包括越来越多的非政府主体。

归根结底,新的外层空间规则和规范的出现仍需要合法性和普适性,而只有联合国这样的全球性国际组织才能胜任。1963 年 12 月,在向联合国大会介绍《各国探索和利用外层空间活动的法律原则宣言》的初稿时,空间法最重要的建构者之一曼弗雷德·拉克斯(Manfred Lachs)指出:

"应当明确的是,原则并不是一个章节的终结。我们需要肯定所有已经取得的成果并努力达成进一步协议。外层空间法尚处于形成阶段。我们必须谨慎行事,充分利用已达成的协议……让它们成为鲜活的现实,并持续不断地为达成进一步的共识努力。"[110]

更具启发性的是他对第一个空间条约做出的评议:

"从现有的法律体系来看,已经通过的规则尚未达到所有既定的目标……其中的一些需要进一步地完善,而另一些还需要更加精确并改进。其他一些规则较为粗浅,有待日后法律进一步完善。尽管如此,平衡的艺术还是令人印象深刻。相关原则、规则与法律文件在适用范围和本质上已经具备了普遍性,而且在许多问题上是明确且毫不含糊的。"[111]

这些评议在空间法步入 21 世纪之际依然有效。

---

[109] See e. g. J. Montserrat Filho & A. Fabricio dos Santos, Is There a Future for Space Law Beyond 'Soft Law'?, in *Proceedings of the International Institute of Space Law* 2010 (2011), 234.

[110] M. Lachs, The Law of Outer Space: An Experience in Contemporary Law – making (reissue 2010), 128.

[111] 同上,第 130 页。

第二章　国际空间法

弗兰斯·冯·德·邓克（Frans von der Dunk）　著◇

一、引言

（一）国际空间法作为国际公法的分支

国际空间法通常被认为是一般国际（公）法的分支，它是调整当事国在其领域内或与其领域有关的外层空间及其活动的规则、权利和义务的总称。① 反过

---

① See M. Lachs, *The Law of Outer Space* (reprint 2010), 11–25; P. Malanczuk, Space Law as a Branch of International Law, 25 *Netherlands International Law Yearbook* (1994), 143–80; N. M. Matte, Space Law, *in Encyclopedia of Public International Law* (Ed. R. Bernhardt) Vol. 4 (2000), 552–7; G. Zhukov & Y. Kolosov, *International Space Law* (1984), 1–17; G. Gál, *Space Law* (1969), 38–46, 129–39; B. Cheng, *Studies in International Space Law* (1997), esp. 70–87; V. Kopal, Evolution of the Doctrine of Space Law, *in Space Law – Development and Scope* (Ed. N. Jasentuliyana) (1992), 17–32; N. Jasentuliyana, *International Space Law and The United Nations* (1999), 1–32; M. J. Kleiman, J. K. Lamie & M. V. Carminati, *The Laws of Spaceflight* (2012), 57 ff.; T. Neger & E. Walter, Space Law – An Independent Branch of the Legal System, in *Outer Space in Society, Politics and Law* (Eds. C. Brünner & A. Soucek) (2011), 234–9; early on C. W. Jenks, *International Law and Activities in Space*, 5 International and Comparative Law Quarterly (1956), 99–114; *cf.* also M. N. Shaw, International Law (6th edn., 2008), 541 ff.; P. Malanczuk, *Akehurst's Modern Introduction to International Law* (7th edn., 1997), 201–8.

与《外空条约》[1967年1月27日在伦敦、莫斯科、华盛顿签署，并于1967年10月10日生效；610 UNTS 205；TIAS 6347；18 UST 2410；UKTS 1968 No. 10；Cmnd. 3198；ATS 1967 No. 24；6 ILM 386 (1967)] 第3条的精神相一致，该条已规定了一般国际法实质上可适用于外层空间活动，并遵从"特别法优于一般法"原则，尤其在空间法自身根本上存在公开冲突的情况。*cf.* also Resolution 2222 (XXI), of 19 December 1966.

来，国际公法通常参照《国际法院规约》的规定，[②] 包括第一层级的条约和习惯国际法，第二层级的法的一般原则、权威法学家的著作以及源自国际组织的法规（这类通常被称为"软法"）。[③]

当然，国际公法最显著的特点是国家扮演着法律的"制定者"与"违反者"的双重角色，即国家不仅是这些规则、权利和义务的主要制定者，而且是这些规则的主体。[④] 这一特点在本质上与国际空间法并无区别。[⑤]

一方面，各国共同起草并同意条约文本，并在各自主权范围内投票决定是否

[②] 参见《国际法院规约》第 38 条第 1 款（规约于 1945 年 6 月 26 日签署于旧金山，并于 1945 年 10 月 24 日生效 156 UNTS 77；USTS 993；59 Stat. 1031；UKTS 1946 No. 67；ATS 1945 No. 1）；further R. Wolfrum, Sources of International Law, in *Encyclopedia of Public International Law* (Ed. R. Wolfrum) Vol. IX (2012), 299 – 313；H. Thirlway, The Sources of International Law, in *International Law* (Ed. M. D. Evans) (2003), 117 – 44；J. Crawford, *Brownlie's Principles of Public International Law* (8th edn., 2012), 20 – 47；Shaw, *supra* n. 1, 69 – 128. 特别适用于空间领域的文献包括：Malanczuk, Space Law, *supra* n. 1, 158 – 63；S. Gorove, Sources and Principles of Space Law, in *Space Law – Development and Scope* (Ed. N. Jasentuliyana) (1992), 45 – 58；E. Galloway, *Consensus Decisionmaking by the United Nations Committee on the Peaceful Uses of Outer Space*, 7 Journal of Space Law (1979), 3 – 13；V. Kopal, *The Role of United Nations Declarations of Principles in the Progressive Development of Space Law*, 16 Journal of Space Law (1988), 5 – 20；V. S. Vereshchetin & G. M. Danilenko, *Custom as a Source of International Law of Outer Space*, 13 *Journal of Space Law* (1985), 22 – 35；F. Lyall & P. B. Larsen, *Space Law – A Treatise* (2009), 31 – 52, esp. 39 – 43。

[③] 近来在空间法领域对这一概念的全面探讨，参见 *Soft Law in Outer Space – The Function of Non – binding Norms in International Space Law* (Ed. I. Marboe) (2012)；M. Ferrazzani, Soft Law in Space Activities, in *Outlook on Space Law over the Next 30 Years* (Eds. G. Lafferranderie & D. Crowther) (1997), 429 – 47；and broader e. g. D. Thürer, Soft Law, in Encyclopedia of Public International Law (Ed. R. Wolfrum) Vol. IX (2012), 269 – 87；D. Shelton, International Law and 'Relative Normativity', in *International Law* (Ed. M. D. Evans) (2003), 145 – 50, 166 – 70。

[④] See further e. g. Crawford, *supra* n. 2, 115 ff.；Shaw, *supra* n. 1, 195 ff.；A. Cassese, *International Law* (2001), esp. 117 ff.；C. Warbrick, States and Recognition in International Law, in *International Law* (Ed. M. D. Evans) (2003), 205 ff.；C. Walter, Subjects of International Law, in *Encyclopedia of Public International Law* (Ed. R. Wolfrum) Vol. IX (2012), 634 ff.

[⑤] See in particular P. Malanczuk, Actors：States, International Organisations, Private Entities, in *Outlook on Space Law over the Next 30 Years* (Eds. G. Lafferranderie & D. Crowther) (1997), 23 – 36. Also e. g. Gál, *supra* n. 1, 37；Zhukov & Kolosov, *supra* n. 1, 64 – 8 ["国家责任"这一主要概念反映了空间法以"国家"为主导趋向的特点；另进一步参见"上册第二章三（一）"部分内容]；A. Soucek, International Law, in *Outer Space in Society*, *Politics and Law* (Eds. C. Brünner & A. Soucek) (2011), 294 – 6。

同意条约的内容，或批准或放弃批准条约。⑥ 同样，各国还通过其行为和相应的法律意见以考虑习惯国际法的存在和对其具有约束力的结论。⑦

另一方面，国际公法领域中的大量权利和义务规范的编纂与发展几乎由各国排他直接处理，甚至在某种程度上，他们也被授权担任其他角色，并通过替代方式对其活动承担国际责任。⑧

随着这种偶然但却渐增的情况，尤其是在过去的半个世纪中，政府间的国际组织，仍然是一具有公共性质的国家团体，并取得共同创造者和一般国际公法主体的类似地位。当然，在空间法领域，这种法律地位以特别的方式形成，⑨ 即通常在危害人类罪和战争罪的例外情况下，个人或实体在国际法律范围内直接承担

---

⑥ 其中，有关强行法生成是国际法立法的一个例外，参见 F. G. von der Dunk, *Jus Cogens Sive Lex Ferenda*, in Air and Space Law: De Lege Ferenda (Eds. T. L. Masson – Zwaan & P. M. J. Mendes de Leon) (1992), 219 – 39; C. Q. Christol, The *Jus Cogens* Principles and International Space Law, in *Proceedings of the Twenty – Sixth Colloquium on the Law of Outer Space* (1984), 1 – 9; more in general J. A. Frowein, *Jus Cogens*, in Encyclopedia of Public International Law (Ed. R. Wolfrum) Vol. Ⅵ (2012), 443 – 6; F. A. Mann, *Further Studies in International Law* (1990), 84 – 102; Shelton, *supra* n. 3, 150 – 9; Shaw, *supra* n. 1, 123 – 7。

⑦ 在空间法领域，有关习惯国际法的探讨，参见 Vereshchetin & Danilenko, *supra* n. 2, 22 – 35; in general terms Shaw, *supra* n. 1, 72 – 93; Thirlway, *supra* n. 2, 124 – 30; Crawford, *supra* n. 2, 23 – 30, 33 – 4; Malanczuk, Akehurst, *supra* n. 1, 39 – 46; T. Treves, Customary International Law, in *Encyclopedia of Public International Law* (Ed. R. Wolfrum) Vol. Ⅱ (2012), 937 ff.。这些关键概念包括 "默许" （默示同意）和 "一贯反对者" （主要指明确或持续反对习惯国际法规范，从而逃避其约束的国家）。与一般习惯法有关的问题，参见 B. D. Lepard, *Customary International Law: A New Theory with Practical Applications* (2010)。

⑧ 关于 "替代的" "间接的" 或 "适当关注的" 责任问题，参见 A. Kees, Responsibility of States for Private Actors, in *Encyclopedia of Public International Law* (Ed. R. Wolfrum) Vol. Ⅷ (2012), 959 – 65; as applied to space Cheng, *supra* n. 1, 606 – 7; Malanczuk, Space Law, *supra* n. 1, 164; Malanczuk, Akehurst, *supra* n. 1, 257 ff.; A. Kerrest de Rozavel, Remarks on the Responsibility and Liability, in *Proceedings of the Fortieth Colloquium on the Law of Outer Space* (1998), 138; S. Bhat & P. I. Bhat, Legal Framework of State Responsibility and Liability for Private Space Activities, in *Space Law in the Era of Commercialization* (Ed. S. Bhat) (2010), 138。

⑨ *Cf. e. g.* D. Akande, International Organizations, in *International Law* (Ed. M. D. Evans) (2003), 272 – 86; Crawford, *supra* n. 2, 166 – 99; Shaw, *supra* n. 1, 1295 ff.; Walter, *supra* n. 4, 636; G. Lafferranderie, The European Space Agency (ESA) and International Space Law, in *International Organisations and Space Law* (1999), ESA, SP – 442, 19 – 24. 对此，最为深远的发展表现为欧洲经济共同体的出现，即当时的欧共体，现在的欧盟，这一单一法律秩序常被认为是介于国际公法与国内法之间形成的中间法律。进一步参见 "上册第四章三" 部分内容。

责任。⑩ 但后者的主体法律地位在国际空间法领域并未发展到任何明显的程度。

（二）国际空间法与国内空间法的关系

以国家为主导概念的国际公法与包括国际组织在内的国内法之间具有复杂的互动作用。该国内法通常可进一步划分为公法或行政法⑪（主要调整国家的地位、能力、权利、义务以及国家机构）和私法⑫（主要调整本国公民之间，有时包括外国人之间的关系）。⑬ 这种互动作用，特别在涉及空间法时，可分为两个方面：

一方面，单个国家的国家主权过去是、现在仍是一切问题的出发点。各国不仅可以制定本国的法律，而且在国际法律义务缺失的情况下，他们可以自由决定现行法律制度（强行法除外⑭）。从地理上讲，该国家主权可延伸至一国的领土、内陆水域和领水⑮，并已得到许多条约的明确承认；⑯ 在司法领域，各国有权实

⑩　See e. g. R. McCorquodale, The Individual and the International Legal System, in *International Law* (Ed. M. D. Evans) (2003), 299 – 325; also Crawford, *supra* n. 2, 671 ff.; Shaw, *supra* n. 1, 397 – 443; *cf.* further Malanczuk, Akehurst, *supra* n. 1, 353 – 61.

⑪　准确来说，"公法"通常指"宪法、刑法和行政法"，参见 *Garner's Dictionary of Legal Usage* (3rd edn., 2011), 729; *cf. also Nolo's Plain - English Law Dictionary* (2009), 342（该字典将"公"与"私"相对进行定义）。"刑法"通常被理解为调整有关司法行政管理的公法的一个特别分支（*Garner's Dictionary of Legal Usage*, 236）或是调整有关犯罪或惩治犯罪的法（*Bouvier Law Dictionary* (2012) Vol. Ⅰ, 1554）。"行政法"是调整各类行政关系的法律规范的总称 [*Bouvier Law Dictionary*, Vol. Ⅰ, 1546] 也有将之定义为"由行政机构（政府机关）制定的程序规范"（*Nolo's Plain - English Law Dictionary*, 12）。

⑫　"私法"的定义几乎与"公法"定义相对，参见 *Garner's Dictionary of Legal Usage*, 729。

⑬　总体上，国际法与国内法是互动的，参见 Crawford, *supra* n. 2, 48 ff.; Shaw, *supra* n. 1, 129 – 94; E. Denza, The Relationship between International and National Law, in International Law (Ed. M. D. Evans) (2003), 415 – 42。

⑭　参见上文脚注6。

⑮　参见《联合国海洋法公约》第2条。公约1982年12月10日签署于牙买加蒙特哥贝，并于1994年11月16日生效；1833 UNTS 3 & 1835 UNTS 261；UKTS 1999 No. 81；Cmnd. 8941；ATS 1994 No. 31；21 ILM 1261 (1982)；S. Treaty Doc. No. 103 – 39。

⑯　参见《联合国宪章》第2条第1款。公约1945年6月26日签署于旧金山，并于1945年10月24日生效；USTS 993；24 UST 2225；59 Stat. 1031；145 UKTS 805；UKTS 1946 No. 67；Cmd. 6666 & 6711；CTS 1945 No. 7；ATS 1945 No. 1；又见《国际民用航空公约》（以下简称《芝加哥公约》）第1条。公约1944年12月7日签署于芝加哥，并于1947年4月4日生效；15 UNTS 295；TIAS 1591；61 Stat. 1180；Cmd. 6614；UKTS 1953 No. 8；ATS 1957 No. 5；ICAO Doc. 7300。

施排他管辖，不管是立法、判决，还是强制执行。[17]

另一方面，一旦国家签署某一条约或接受习惯国际法的规则，那么，其主权的自由裁量将在一定程度内受到限制。毕竟，条约必须得以遵守。[18] 任一当事国不得借以国内法的规定作为违反条约的正当理由。[19] 此外，国家对其领土和公民（包括法人，如公司或协会）行使主权以尊重他国主权为必要。[20] 该国在违反他国权利控制范围内的基本义务的情况下，应承担由此产生的相应的赔偿。[21]

（三）国际空间法的起源

从历史来看，国际公法（常被称为"国家间的法"）概念的形成大体可追溯至 17 世纪。随着 1648 年《威斯特伐利亚系列和约》[22] 的诞生，"国家"作为现

---

[17] See e. g. B. H. Oxman, Jurisdiction of States, in *Encyclopedia of Public International Law* (Ed. R. Wolfrum) Vol. Ⅵ (2012), 546 – 57; V. Lowe, Jurisdiction, in *International Law* (Ed. M. D. Evans) (2003), 329 – 55; Shaw, *supra* n. 1, 645 ff., esp. 649 – 51; Crawford, *supra* n. 2, 456 ff.; Malanczuk, Akehurst, *supra* n. 1, 109 – 17; 特别是在空间法领域，见上文脚注 1, Cheng, 437 – 41。

[18] 参见《维也纳条约法公约》第 26 条。公约 1969 年 5 月 23 日签署于维也纳，并于 1980 年 1 月 27 日生效；1155 UNTS 331；UKTS 1980 No. 58；Cmnd. 4818；ATS 1974 No. 2；8 ILM 679 (1969)。《维也纳条约法公约》一般被视为习惯国际法，至少大部分内容对非公约当事国也同样适用，参见 A. Aust, Vienna Convention on the Law of Treaties (1969), in *Encyclopedia of Public International Law* (Ed. R. Wolfrum) Vol. Ⅹ (2012), 712 – 3; Thirlway, *supra* n. 2, 122; Crawford, *supra* n. 2, 377 – 8; Shaw, *supra* n. 1, 902 – 7; M. Fitzmaurice, The Practical Working of the Law of Treaties, in *International Law* (Ed. M. D. Evans) (2003), 176。

[19] 《维也纳条约法公约》第 27 条，见上文脚注 18；又见《国家权利义务宣言草案》附件，UNGA Resolution 375 (Ⅳ), 6 of December 1949。

[20] 参见《联合国宪章》第 2 条第 4 款和第 7 款。进一步参见 Shaw, *supra* n. 1, 489 – 92; Crawford, *supra* n. 2, 447 – 9, 453 – 5。

[21] 参见联合国国际法委员会（ILC）草案第一部分第 1 条，2 条，4 ~ 6 条，8 条，11 条，12 条，31 条关于国家对其国际不法行为的责任。UN Doc A/56/10 (2001)；另参见"霍茹夫工厂案"（Chorzów Factory Case）。案情详见 Chorzów (Merits) (Germany v. Poland), Permanent Court of International Justice, 13 September 1928, P. C. I. J., Ser. A, No. 17, esp. 29; further e. g. Crawford, *supra* n. 2, 539 ff., esp. 569 – 80; Malanczuk, Akehurst, *supra* n. 1, esp. 269 – 71; Shaw, *supra* n. 1, 800 – 6。

[22] 事实上，同一时间制定了许多条约。例如：《西班牙与荷兰联合省之间的和平条约》（又称《明斯特和平条约》），1648 年 1 月 30 日签署于明斯特，并于 1648 年 5 月 14 日生效；《法国与神圣罗马帝国之间的和平条约》（又称《明斯特条约》），1648 年 10 月 24 日签署于明斯特，并于 1649 年 1 月生效；《神圣罗马帝国与瑞典之间的和平条约》（又称《奥斯纳布吕克的条约》），1648 年 10 月 24 日签署于明斯特，并于 1649 年 1 月生效。参见 B. Fassbender, Westphalia, Peace of (1648), in *Encyclopedia of Public International Law* (Ed. R. Wolfrum) Vol. Ⅹ (2012), 865 – 9。

代概念，与根植于西欧国家的主权君主属性区别开来，并迅速在全球蔓延。㉓

1957年，人类首次借助"斯普特尼克1号"（Sputnik-1）人造地球卫星这一代理工具进入外层空间，尽管不是亲自进入，但是其发射范围及其活动清晰的国际性特征，使人们即刻意识到一个有效、公平和透明的法律制度应原则上在这些国家（空间法的具体主体）这一国际层面形成。

随着20世纪50年代地缘政治和人类科技的发展，国际空间法的核心主体从人造地球卫星继续向前发展。㉔但有趣且在一定程度上不同的是，由于冷战的较量，美国和苏联这两大对立的超级大国不仅导致了外层空间活动的发展，而且事实上还达成了一般谅解，即外层空间应尽可能排除军备竞赛，应保持自由和开放地进行科学探索，国际法最终应在保证这种结果上起到至关重要的作用。㉕

除了在其他地方讨论其他因素外，这也是一个相当独特和幸运的地缘政治结果。㉖毕竟，为了某种特定理由，某一超级大国所青睐的一套法律权利与义务对其他超级大国来说看起来可能存有疑惑。然而，在人类首次探索外层空间的背景下，超级大国已明显意识到正在讨论的法律约束力将限制对手以免超过本国。

从美国一方讲，随着国内政治的震荡，Sputnik-1号人造地球卫星进入外空以及苏联从20世纪60年代中期㉗首次进行一系列外空活动，美国感受到"导弹差距"的威胁。因而任何限制外空军事利用，且有可能延缓苏联对外空中长期霸

㉓ 在一般国际法中，对《威斯特伐利亚和平条约》地位的总体评述，参见 Grote, Westphalian System, in *Encyclopedia of Public International Law*（Ed. R. Wolfrum）Vol. Ⅹ（2012），870-4；S. C. Neff, A Short History of International Law, in *International Law*（Ed. M. D. Evans）（2003），37 ff.；Cassese, *supra* n. 4, esp. 19-30；Shaw, *supra* n. 1, 22-31；further Malanczuk, Akehurst, *supra* n. 1, 9-12。

㉔ 关于早期历史以及国际空间法的形式过程，参见 Lachs, *supra* n. 1, 27-39；Gál, *supra* n. 1, 23-30；S. E. Doyle, Origins of International Space Law and the International Institute of Space Law of the International Astronautical Federation（2002），1-93；Lyall & Larsen, *supra* n. 2, 1-22；S. Hobe, Historical Background, in Cologne Commentary on Space Law（Eds. S. Hobe, B. Schmidt-Tedd & K. U. Schrogl）Vol. Ⅰ（2009），2-12。

㉕ 对该历史的进一步探讨，参见"上册第一章"。

㉖ 参见"上册第一章一"和"上册第一章四"部分内容。

㉗ 继 Sputnik-1号第一颗轨道人造地球卫星后，1957年在莱卡，苏联是第一个把活的生命物体发送至外太空的国家；1961年，把男宇航员尤里·加加林送入外太空；1962年，在轨道上会合两个航天器；1963年，把女宇航员瓦伦蒂娜·捷列什科娃送入外太空；1964年把载有三名男宇航员的飞船送入轨道；1965年，阿列克谢·列昂诺夫成功进行了首次外太空行走。

主地位进程的条约的制定都是值得和有意义的。基于对这些理由的认知，从现实角度来讲，此类条约对苏联自由行动的限制已远超美国。

然而，从苏联一方来讲，比起战略现实，它肯定早已意识到导弹差距更多是一个宣传炒作。㉘虽然这没有阻止它最大限度地利用对手的缺陷成为头号大国，但是可以理解的是，苏联担心某一天美国将达到同样的科技水平，到时将会赶超它，㉙并且也希望到时最好有一个国际法律体系来阻止美国取得在外空的长期军事优势。

这种特有的对自身限制性的相互认知，以及紧随 Sputnik - 1 号卫星进入外空的优越感，使得美国和苏联产生共同合作的意愿，并制定对其进行实质性限制的法律制度。当然，其主要是对外空军事活动的限制。因而，成立了作为联合国大会主体之一的"和平利用外层空间委员会"（COPUOS），其主要进行编纂和发展国际空间法的工作。该委员会起初为"临行委员会"，一年后改为"常设委员会"。㉚

COPUOS 由 1993 年起设在维也纳的联合国外层空间事务厅支持（OOSA）。该委员会包括科学技术小组委员会和法律小组委员会，多年来主要是为发展和编纂有关调整人类外层空间活动法律文件的一个平台。此类活动包括这些"遥控"行为，其主要是通过无线电波从地球控制无人空间物体。COPUOS 大体上包括所有实质上对空间利益感兴趣的国家，其成员从 18 个增

㉘ *Cf.* also M. H. Hersch, *Inventing the American Astronaut* (2012), 36 - 7. 在这方面，该文指出美国与苏联航天活动的不同用意。W. A. McDougall, *... the Heavens, and the Earth* (1985), 237 - 75; further J. M. Logsdon, *John F. Kennedy and the Race to the Moon* (2010), 6 - 8, 71 ff., 239.

㉙ 事实上，从1965年开始，大部分有影响的载人外空活动通常由美国实施。例如，在1965年，列昂诺夫首次太空行走不久后，双子座 - 5 号第一次创造了美国最长的飞行纪录；1966年，美国在太空首次进行成功对接；1968年，阿波罗 - 8 号绕月球运行；1969年，阿波罗 - 9 号（施韦卡特）在外空首次进行月球设备测试，同年，阿波罗 - 11 号（阿姆斯特朗和奥尔德林）首次在月球着陆。

㉚ 见1958年12月13日联合国大会第1348（XIII）号关于和平利用外层空间问题的决议；该决议于第十三届联大第一委员会的报告上通过，见决议第5页。另见1959年12月12日联合国在会第1472（XIV）A 号关于和平利用外层空间的国际合作的决议；该决议于第十四届联大第一委员会的报告上通过，见决议第5页。参见 E. Galloway, Patterns of Space Law in the 21st Century, in *Air and Space Law in the 21st Century* (Eds. M. Benkö & W. Kröll) (2001), 328 - 30; 更多参见"上册第一章三"部分内容。

加到目前的 74 个。[31]

二、国际空间法的主要特征

（一）空间法最初发展的三个阶段

通常而言，COPUOS 的发展历史普遍被认为是国际空间法发展的三个阶段，其可以通过作为空间法发展主要平台的角色简单区分开来。[32] 具体来讲，现在还可以看出第四阶段的端倪，从时间上不一定与其他阶段明确区分开，但已提供了一种根本的范式转变。该第四阶段将在下文单独探讨。[33]

1. 第一阶段

在第一阶段，COUOS 起草了一系列具有相当于政治和道义力量的联大宣言、决议，但不具有法律约束力，尽管该类文件部分或全部被认为是习惯国际法规则。[34]

---

[31] See www. unoosa. org/oosa/en/COPUOS/copuos. html, last accessed 5 January 2014. 关于和平利用外层空间委员会的历史和作用的评述，参见 Jasentuliyana, *supra* n. 1, 23 ff.; Zhukov & Kolosov, *supra* n. 1, 17 – 29; V. Kopal, Origins of Space Law and the Role of the United Nations, in *Outer Space in Society*, *Politics and Law* (Eds. C. Brünner & A. Soucek) (2011), 224 – 32; N. Jasentuliyana, The Lawmaking Process in the United Nations, in *Space Law – Development and Scope*, (Ed. N. Jasentuliyana) (1992), 33 – 44; C. Q. Christol, *The Modern International Law of Outer Space* (1984), 12 – 20.

[32] 随着时间的推移，上册第一章已探讨了联合国发展的空间法在性质发生根本性变化的一些主要因素。参见"上册第一章一"和"上册第一章五"部分内容。进一步参见 V. S. Vereshchetin, The Law of Outer Space in the General Legal Field (Commonality and Particularities), in *Proceedings of the International Institute of Space Law 2009* (2010), 3 – 14; S. Hobe, The Relevance of Current International Space Treaties in the 21st Century, 27 *Annals of Air and Space Law* (2002), 335 – 46; S. Hobe, Space Law – An Analysis of its Development and its Future, in *Outer Space in Society*, *Politics and Law* (Eds. C. Brünner & A. Soucek) (2011), 476 – 89; P. Jankowitsch, The Role of the United Nations in Outer Space Law Development: Past Achievements and New Challenges, 26 *Journal of Space Law* (1998), 101 – 10; Malanczuk, Space Law, *supra* n. 1, 151 – 4; *cf.* Jasentuliyana, *supra* n. 1, 22 – 66; also F. G. von der Dunk, The Undeniably Necessary Cradle – Out of Principle and Ultimately Out of Sense, in *Outlook on Space Law over the Next 30 Years* (Eds. G. Lafferranderie & D. Crowther) (1997), 402 ff.

[33] 参见"上册第二章四（一）"部分内容。

[34] See e. g. Cheng, *supra* n. 1, 125 – 49; A. D. Terekhov, UN General Assembly Resolutions and Outer Space Law, in *Proceedings of the Fortieth Colloquium on the Law of Outer Space* (1998), 97 – 107; C. Q. Christol, *Space Law – Past*, *Present and Future* (1991), 311 – 28.

其中，最重要的是 1961 年 1721（ⅩⅥ）B 号决议㉟（该决议规定了射入外层空间的任何空间物体应向联合国进行登记的原则）和 1963 年 1962（ⅩⅧ）号决议㊱（该决议被誉为《原则宣言》，因为它实现了对外层空间进行全面法律规制的蓝图）。

这一阶段主要是历史利益问题。第二阶段大体对这些决议是否反映习惯国际法以及登记决议的主要例外进行探讨，并继续关注原本未批准该公约但后来又规定此问题的有关国家。㊲

2. 第二阶段

在短短几年内，《原则宣言》实质上变为具有约束力的条约，即 1967 年《外空条约》，㊳ 这预示着国际空间法发展的第二阶段。该阶段在全球空间领域具有领导力的两个超级大国的指导下，对外空活动实施怎样的限制达成一般谅解，并以条约形成确立其作为具有约束力的法律。

《外空条约》包含的几个不同方面的条文很快被认为需要在其主要原则和法律规则之外规定详细的内容。因此，《外空条约》第 5 条和第 8 条关于外国宇航员和外国航天器的内容不久在 1968 年通过的《营救协定》作了详细规定。㊴《外

㉟　UNGA Res. 1721（ⅩⅥ）B, of 20 December 1961；General Assembly – Sixteenth Session, Resolutions adopted on reports of the First Committee, at 6. See further e. g. Christol, *supra* n. 31, 215 – 7；Lyall & Larsen, *supra* n. 2, 84 – 5；B. Schmidt – Tedd & L. I. Tennen, The 1975 Convention on Registration of Objects Launched into Outer Space, in *Cologne Commentary on Space Law*（Eds. S. Hobe, B. Schmidt – Tedd & K. U. Schrogl）Vol. Ⅱ（2013）, 234 – 8.

㊱　见 1963 年 12 月 13 日联合国大会第 1962（ⅩⅧ）号《各国探索和利用外层空间活动的法律原则宣言》的决议。UN Doc. A/AC. 105/572/Rev. 1, at 37. See further e. g. Cheng, *supra* n. 1, 153 – 5；Terekhov, *supra* n. 34, 98 – 9；Kopal, *supra* n. 2, 7 – 9.

㊲　进一步参见"上册第二章三（四）"部分内容。

㊳　《外空条约》，见上文脚注 1。参见 K. Traunmüller, The 'Declaration of Legal Principles Governing the Activities of States in the Exploration of Outer Space'：The Starting Point for the United Nations' Law of Outer Space, in *Soft Law in Outer Space*（Ed. I. Marboe）（2012）, 145 – 60；关于《外空条约》，更多参见"上册第二章三（一）"部分内容。

㊴　《营救宇宙航行员、送回宇宙航行员和归还发射到外层空间的物体的协定》（以下简称《营救协定》），1968 年 4 月 22 日在伦敦、莫斯科、华盛顿开放签署，并于 1968 年 12 月 3 日生效；672 UNTS 119；TIAS 6599；19 UST 7570；UKTS 1969 No. 56；Cmnd. 3786；ATS 1986 No. 8；7 ILM 151（1968）；又见 1967 年 12 月 19 日联大第 2345（ⅩⅫ）号决议。进一步参见"上册第二章三（二）"部分内容。

空条约》第 7 条关于责任概念的内容产生了 1972 年的《责任公约》。⑩ 此外，联大第 1721（ⅩⅥ）B 号决议和《外空条约》第 5 条和第 8 条的内容，导致了对登记事项进行详细规定的 1975 年《登记公约》。㊶

到目前为止，以上四公约已广泛获得接受。《外空条约》的接受范围已有 102 个当事方和 26 个签署国；《营救协定》有 92 个当事方和 24 个签署国，另外包括 2 个政府间国际组织；《责任公约》包括 89 个当事方和 22 个签署国，外加 3 个政府间国际组织；㊷《登记公约》也至少有 60 个当事方和 4 个签署国，另外包括 2 个政府间国际组织。㊸ 就广泛的接受程度而言，这一范围至少在理论上㊹可被认为是准全球性接受，但实际上由这些登记国接受。㊺

然而，在 COPUOS 的努力和支持下，随着作为其起草的最后一个条约，即 1979 年《月球协定》㊻的制定，有关空间法律条约制定的"黄金期"已逐渐进

---

⑩ 《空间物体所造成损害的国际责任公约》（以下简称《责任公约》），1972 年 3 月 29 日在伦敦、莫斯科、华盛顿开放签署，并于 1972 年 9 月 1 日生效；961 UNTS 187；TIAS 7762；24 UST 2389；UKTS 1974 No. 16；Cmnd. 5068；ATS 1975 No. 5；10 ILM 965（1971）；又见 1971 年 11 月 29 日联大第 2777（ⅩⅩⅥ）号决议。进一步参见"上册第二章三（三）"部分内容。

㊶ 《关于登记射入外层空间物体的公约》（以下简称《登记公约》），1975 年 1 月 14 日在纽约签署，并于 1976 年 9 月 15 日生效；1023 UNTS 15；TIAS 8480；28 UST 695；UKTS 1978 No. 70；Cmnd. 6256；ATS 1986 No. 5；14 ILM 43（1975）；又见 1974 年 11 月 12 日联大 3235（ⅩⅩⅨ）号决议。进一步参见"上册第二章三（四）"部分内容。

㊷ 这一数字为 2013 年 1 月 1 日的情况。参见 www. unoosa. org/oosa/SpaceLaw/treatystatus/index. html，最后访问日期为 2014 年 1 月 5 日。《营救协定》第 6 条（见上文脚注 39）和《责任公约》第 22 条（见上文脚注 40）允许在特定条件下，政府间的国际组织可以成为事实上的条约的当事方。分别参见"上册第二章三（二）2"和"上册第二章三（三）7"部分内容。

㊸ 这一数字为 2013 年 1 月 1 日的情况。参见 www. unoosa. org/oosa/SpaceLaw/treatystatus/index. html，最后访问日期为 2014 年 1 月 5 日。《登记公约》第 7 条规定，在特定条件下，政府间国际组织可以成为事实上的公约的当事方。进一步参见"上册第二章三（四）3"部分内容。

㊹ As e. g. Y. Lee, Registration of Space Objects: ESA Member States' Practice, 22 Space Policy (2006), 42 – 51，该文认为明确而又事实上的这种承诺代表了一种相当不利的情形。另参见 Lyall & Larsen, *supra* n. 2, 89 – 96；Y. Zhao, Revisiting the 1975 Registration Convention: Time for Revision?, in *United Nations Treaties on Outer Space: Actions at the National Level, Proceedings of the United Nations/Republic of Korea Workshop on Space Law*（2004），ST/SPACE/22, 127 – 34.

㊺ See e. g. F. G. von der Dunk, The Registration Convention: Background and Historical Context, in *Proceedings of the Forty – Sixth Colloquium on the Law of Outer Space*（2004），450 – 3；另进一步参见"上册第二章三（四）2"部分内容。

㊻ 《关于各国在月球和其他天体上活动的协定》（以下简称《月球协定》），1979 年 12 月 18 日在纽约签署，并于 1984 年 7 月 11 日生效；1363 UNTS 3；ATS 1986 No. 14；18 ILM 1434（1979）；又见 1979 年 12 月 5 日联大 34/68 号决议。进一步参见"上册第二章三（五）"部分内容。

入尾声。为了详细制定《外空条约》关于各类天体（相对于周围的真空空间）活动的规则，从而使人们卷入到对月球作为"人类共同遗产"的主张和未来对矿产资源开发造成后果的进一步讨论中。㊼ 由此造成的结果是，该条约最终仅由 15 个国家批准，且没有一个国家是主要的空间利益国家，另外，也只有 4 个签署国。㊽

3. 第三阶段

由于越来越多的国家对航天活动感兴趣并成为 COPUOS 的成员国，可以推测，伴随着作为最后证明的《月球协定》会议的召开，达成或多或少具有约束力的国际空间法律文件的全球协议的时期已成为过去式。在第三阶段，COPUOS 再次通过实际上没有约束力的联合国决议的形式进一步发展国际空间法。因为它将希望通过实践和经历使其主要部分成为习惯国际法。这也是目前讨论的主要议题，这些决议的实质内容之外的事项将在下文探讨。

基于这一精神，1982 年关于直接广播卫星的第一个主要决议得以起草，㊾ 该决议并未达成一致同意，因为富国与穷国关于在他国进行自由广播问题上存在分歧。㊿

㊼ See e. g. L. Viikari, From Manganese Nodules to Lunar Regolith (2002), esp. 90 – 124; F. Tronchetti, The Exploitation of Natural Resources of the Moon and Other Celestial Bodies (2010), esp. 9 – 130; also F. G. von der Dunk, The Moon Agreement and the Prospect of Commercial Exploitation of Lunar Resources, 32 Annals of Air and Space Law (2007), 91 – 113; S. Hobe, Adequacy of the Current Legal and Regulatory Framework Relating to the Extraction and Appropriation of Natural Resources in Outer Space, 32 Annals of Air and Space Law (2007), 115 – 30; S. Hobe, P. Stubbe & F. Tronchetti, Historical Background and Context, in *Cologne Commentary on Space Law* (Eds. S. Hobe, B. Schmidt – Tedd & K. U. Schrogl) Vol. Ⅱ (2013), 336 – 7; Lyall & Larsen, *supra* n. 2, 183 – 97.

㊽ 这一数字为 2013 年 1 月 1 日的情况，参见 www. unoosa. org/oosa/SpaceLaw/treatystatus/ index. html, 最后访问日期为 2014 年 1 月 5 日。近年来，《月球协定》又引起各国关注，但这并不会对部分具有空间利益的国家产生任何可期待利益，从而使其考虑批准该协议，即使对其规定进行彻底修改。

㊾ 《各国利用人造地球卫星进行国际直接电视广播所应遵守的原则》，见 1982 年 12 月 10 日联合国大会第 37/92 号决议；UN Doc. A/AC. 105/572/Rev. 1, at 39。

㊿ See F. Koppensteiner, The 1982 UN Principles Governing the Use by States of Artificial Earth Satellites for International Direct Television Broadcasting, in Soft Law in Outer Space (Ed. I. Marboe) (2012), 161 – 81; D. I. Fisher, *Prior Consent to International Direct Satellite Broadcasting* (1990), esp. 45 – 54; Cheng, *supra* n. 1, 154 – 5; Lyall & Larsen, *supra* n. 2, 263 – 8; Christol, *supra* n. 34, 115 ff. ; Jasentuliyana, *supra* n. 1, 42; S. Courteix, International Legal Aspects of Television Broadcasting, in *Legal Aspects of Space Commercialization* (Ed. K. Tatsuzawa) (1992), 109 – 10. 另进一步参见"上册第八章三"部分内容。

另外一个关于遥感的决议,(51) 情况相对较好，该决议一般被认为包括了习惯国际法规则，因而获得了一致同意。(52) 在此背景下，第三个关于在外空利用核动力源的决议(53)，因其本质上是一个技术性指南(54)而获得大会通过。之后，又起草了两个重要决议。第一个决议称为“福利宣言”(55)，该宣言规定了在外空进行国际合作的一般原则，《外空条约》第 1 条和第 3 条也对该原则做了规定。另一个为 2007 年《关于批准联合国和平利用外层空间委员会空间碎片缓减指南的决议》,(56) 该决议源自《机构间空间碎片协调委员会空间碎片缓减指南》（IADC）。(57)

就本质而言，国际空间法发展的第三阶段仍持续延伸，因为以 COPUOS 主导发展的空间法仍处于不具有约束力的宣言和决议的水平，中俄提出的有关外空

(51) 《关于从外层空间遥感地球的原则》，见 1986 年 12 月 3 日联大第 41/65 号决议；UN Doc. A/AC. 105/572/Rev. 1，at 43；25 ILM 1334（1986）。

(52) See A. Ito，*Legal Aspects of Satellite Remote Sensing*（2011），45 – 66；J. I. Gabrynowicz，The UN Principles Relating to Remote Sensing of the Earth from Outer Space and Soft Law，in *Soft Law in Outer Space*（Ed. I. Marboe）（2012），183 – 93；Cheng，*supra* n. 1，589 – 97；Lyall & Larsen，*supra* n. 2，420 – 9；Jasentuliyana，*supra* n. 1，43 – 4，also 314 – 20 focused on security issues. 另进一步参见“上册第九章四（一）2”部分内容。

(53) 《关于在外层空间使用核动力源的原则》，见 1992 年 12 月 14 日联大第 47/68 号决议；UN Doc. A/AC. 105/572/Rev. 1，at 47。

(54) See L. Viikari，*The Environmental Element in Space Law*（2008），83 – 5，173 – 4；Lyall & Larsen，*supra* n. 2，289 – 5；Jasentuliyana，*supra* n. 1，44 – 6；D. A. Porras，The United Nations Principles Relevant to the Use of Nuclear Power Sources in Outer Space，in *Soft Law in Outer Space*（Ed. I. Marboe）（2012），205 – 32. 另进一步参见“下册第四章三（一）4”部分内容。

(55) 《关于开展探索和利用外层空间的国际合作，促进所有国家的福利和利益，并特别要考虑到发展中国家的需要的宣言》，见 1996 年 12 月 13 日联大第 51/122 号决议；UN Doc. A/RES/51/122。另参见 M. Benkö & K. U. Schrogl，Article I of the Outer Space Treaty Reconsidered After 30 Years，in Outlook on Space Law over the Next 30 Years（Eds. G. Lafferranderie & D. Crowther）（1997），67 – 79；Tronchetti，*supra* n. 47，61 – 81；Jasentuliyana，*supra* n. 1，46 – 50；G. Hafner，The Declaration on International Cooperation in the Exploration and Use of Outer Space for the Benefit and in the Interest of all States，in Soft Law in Outer Space（Ed. I. Marboe）（2012），267 – 87；B. D. Lepard，The Legal Status of the 1996 Declaration on Space Benefits：Are Its Norms Now Part of Customary International Law?，in Soft Law in Outer Space（Ed. I. Marboe）（2012），289 – 313。

(56) 《联合国和平利用外层空间委员会空间碎片缓减指南》，该指南于 2007 年 12 月 21 日联大第 62/217 号决议批准；A/RES/62/217，p. 6，at 26。另进一步参见“下册第四章三（二）1”部分内容。

(57) See IADC Space Debris Mitigation Guidelines，IADC – 02 – 01，Revision 1，September 2007. *Cf.* C. Wiedemann，Space Debris Mitigation，in *Soft Law in Outer Space*（Ed. I. Marboe）（2012），315 – 24；关于 IADC 指南与 COPUOS 地位的讨论，参见 Viikari，*supra* n. 54，246 – 56。

非军事化条约⑱提议面临的命运再次证明，全球大多数具有空间利益的国家在外空事务中不可能达成一项重要条约。对许多观察员来说，COPUOS 对空间法进一步发展的主要贡献似乎将继续以这种方式前行：希望一系列正式的、不具有约束力的原则和指南不久将具有习惯国际法的地位。

（二）国际空间法的性质

1. 国际空间法的主要决定因素和范式

通过大量详尽文献，分析构成国际空间法核心的五大条约的重要内容，在此，将对其再次做出概括。当前的目的是对国际空间法的主要因素、范式，以及影响和指引所有实体问题和空间法发展的要点进行提炼。由此，可理解该法律体系的实质特征和在该背景中发生的根本变化。

此外，许多决定因素和范式都值得以一个新的视角重新审视，因为在过去十多年间，由范式变化发展的空间活动和空间法已出现了许多必要情形。这首先适用于空间条约本身，在一定程度上，还包括一些具有法律概念的，以联合国不同决议形式出现的其他重要文件，甚至还包括对空间活动和国际电信联盟发展的制度产生重要影响的条约。但无可厚非的是这些决定因素或范式并未全面涵盖范围事项，因为他们基本上未通过委员会开展所有的空间活动。因而，其他相关内容将在本书具体章节中进行讨论。⑲

2. 外层空间科学和军事利用

外层空间从一开始，多年来既非是进行科学活动的场所，亦非是进行军事性质活动的场所，包括冷战时期美苏两国进行政治实力因素较量的场所。Sputnik - 1 号人造地球卫星的发射最初只是苏联的一种国家战略，但由此导致了各国在月球上竞赛角逐。⑳ 而宇航员通常被认为是进行外空活动最适格的工程师，此外，还包括空军或海军优秀的飞行员或杰出的科学家。但事实上，与后者相比，前者

---

⑱ 《防止在外空放置武器、对外空物体使用或威胁使用武力条约草案》（以下简称《防止外空放置武器条约草案》）；该草案由 2008 年 2 月 12 日中俄裁军会议上提出，参见 http://www.cfr.org/space/treaty - prevention - placement - weapons - outer - space - threat - useforce - against - outer - space - objects - ppwt/ p26678，最后访问日期为 2014 年 3 月 18 日。进一步参见"上册第六章七"部分内容。

⑲ 进一步参见"上册第二章四"部分内容。

⑳ See in extenso McDougall, *supra* n. 28, esp. 307 ff.；Logsdon, *supra* n. 28, e. g. 18 - 22.

更为频繁。就美国而言，登上月球的 12 人中，确定地说只有一人是受过教育的科学家。一场盛大的角逐战必须获胜，以使科学家们在最后的阿波罗登月计划中成功到达，而不是一个非传统的试点宇航员从一开始就被安置在那个位子上。⑥

在卫星更多被用于正常的通信目的这一特殊领域之外，从 20 世纪 60 年代末，该领域正缓慢向前发展，除了证明极其昂贵和充满风险外，在外空和外空活动中并未发现有可图收益。因此，为了公共利益着想，只有少数国家才对外空感兴趣；另外，为了科学或军事目的，对外空和外空活动的巨额资金投入，也只有少数国家才能担负得起。⑥

空间活动成本高昂，风险极大。事实上，很少有国家能够或愿意承担这些成本和风险。而大多数国家或借助空间大国的雄厚实力或在特有的政府间组织，如国际通信卫星组织（INTELSAT）⑥、国际海事卫星组织（INMARSAT）⑥、欧洲空间局（ESA）⑥ 中出资或提供技术以从事外空活动。

---

⑥ 这主要指地质学家杰克·哈里森·施密特，他将最终取代约瑟夫·恩格斯作为阿波罗斯-17 号任务的登月舱飞行员，以抵制来自该任务指挥官基因塞尔南和其他许多来自国家航空航天局人员的巨大阻力。参见 Hersch, *supra* n. 28, 96－8；A. Chaikin, *A Man on the Moon* (2007), 449－51, 503；M. Croft, One More Time, in *Footprints in the Dust* (Ed. C. Burgess) (2010), 317－9；另外，关于美国宇航局对待科学家作为宇航员的态度，参见 Hersch, e. g. 75－102。

⑥ See S. Chaddha, U. S. Commercial Space Sector: Matured and Successful, 36 *Journal of Space Law* (2010), 20 ff. （该观点有显偏激）S. H. Bromberg, Public Space Travel－2005: A Legal Odyssey into the Current Regulatory Environment for United States Space Adventurers Pioneering the Final Frontier, 70 *Journal of Air Law & Commerce* (2005), 640 ff. （都针对美国）；K. Kasturirangan, Space Technology for Humanity: A Profile for the Coming 50 Years, 23 *Space Policy* (2007), 159－60 ff. （针对印度）；more generally, F. G. von der Dunk, As Space Law comes to Nebraska, Space comes down to Earth, 87 *Nebraska Law Review* (2008), 500－2；J. I. Gabrynowicz, Space Law: Its Cold War Origins and Challenges in the Era of Globalization, 37 *Suffolk University Law Review* (2004), 1051－7；D. M. Gray, Space as a Frontier－The Role of Human Motivation, 15 *Space Policy* (1999), 161－3.

⑥ 国际通信卫星组织在 21 世纪初私有化，原来作为政府间财团代表成员国开发和经营固定卫生通信基础设施。进一步参见"上册第二章四（二）1"部分内容及下文脚注 299。

⑥ 国际海事卫星组织也于 21 世纪初私有化，但过去一直是为海事活动提供卫星服务的政府间组织，现已成为一个（为海、陆、空）提供所有移动卫星通信的组织。进一步参见"上册第二章四（二）1"部分内容及下文脚注 302。

⑥ 欧洲空间局通过提供资源，包括显著的资金和科学资源，以使更多欧洲国家进行空间研究和空间开发，甚至更广的范围。进一步参见"上册第二章四（二）2"部分内容及下文脚注 319；另参见"第四章二（二）至（四）"部分内容。

3. 空间法的"国家中心论"：科学和军事利用的法律维度

人类在外层空间活动传统的"国家中心论"几乎反映在法律领域的每个方面，在《外空条约》中更为凸显，而其他四个条约实质上是对这一特性的具体阐述。[66]

因此，在一般国际公法中，国家责任的传统概念直接适用于一国对另一国违反国际法律义务的行为，这一概念在空间法领域扩大适用，包括所有空间活动，只要被认为是"外层空间的国家活动"。[67] 因此，《外空条约》第6条使用"国际责任"术语来代替更为常见的"国家责任"，但是第6条中的这一责任由国家承担，事实上，前者是对后者内涵的扩张，目的是包括各国和其非政府团体的活动产生的责任以及国际组织的责任。[68]

与此相似，国家将对其在外空发射的空间物体造成的损害承担（国际）责任，甚至包括该国私人团体建造、发射和运营的物体造成的损害。[69] 因此，与较为传统的国际公法相比，《外空条约》第7条和《责任公约》成为国家中心论的更大延伸，对此，国家责任的概念可在相关具体问题的系列条约中

---

[66] *Cf.* Jasentuliyana, *supra* n. 1, 32 – 40；Gorove, *supra* n. 2, 46 – 8；Lyall & Larsen, *supra* n. 2, 65 – 8.

[67] 《外空条约》第6条，见上文脚注1。如果这一活动由非政府团体实施，相关国家事实上必须对其授权，并对这一活动进行不断监督，以确保与《外空条约》的规则相一致。参见 M. Gerhard, Article Ⅵ, in *Cologne Commentary on Space Law*（Eds. S. Hobe, B. Schmidt – Tedd & K. U. Schrogl）Vol. Ⅰ（2009），111 – 22；F. G. von der Dunk, *Private Enterprise and Public Interest in the European 'Spacescape'*（1998），17 – 22；F. G. von der Dunk, The Origins of Authorisation：Article Ⅵ of the Outer Space Treaty and International Space Law, in *National Space Legislation in Europe*（Ed. F. G. von der Dunk）（2011），3 – 28；P. G. Dembling & D. M Arons, The Evolution of the Outer Space Treaty, 33 *Journal of Air Law and Commerce*（1967），436 – 8；Cheng, *supra* n. 1, 237 – 9, 608 – 9.

[68] 由于与一般国际公法不同，在空间法领域，私人团体与国家从事空间活动所承担的国际或国家责任完全平等；进一步参见"上册第二章一（一）和上文脚注8"部分内容。关于美国与苏联对这一问题相互妥协的背景，参见 B. Perlman, Grounding U. S. Commercial Space Regulation in the Constitution, 100 *The Georgetown Law Journal*（2012），954；J. Hermida, *Legal Basis for a National Space Legislation*（2004），30；also V. S. Vereshchetin & G. V. Silvestrov, Space Commercialization in the Soviet Union：Facts, Policy and Legal Issues, in *Legal Aspects of Space Commercialization*（Ed. K. Tatsuzawa）（1992），32 – 40；Malanczuk, *supra* n. 5, 31 – 2.

[69] 参见《外空条约》第7条，上文脚注1和《责任公约》第1条c款以及第2条第5款，上文脚注40。在此，国际责任分配至有资格的发射国承担，而不管任何私人参与空间物体的发射或运营。

找到。⑦

此外，如前所述，国际空间法律责任不仅由缔约国承担（包括政府间组织，以及具有公法属性的"非政府团体"⑦），而且空间活动的大部分责任由政治、军事和科学有关方面的活动造成。

和平利用空间的目的贯穿在整个《空间条约》中，而其中一个显著成就是降低利用空间进行核战的风险、⑦ 事先规定月球的非军事化利用、⑦ 建立信任与透明的措施。⑦《联合国宪章》明确提及，作为适用于外层空间国际法的一般主体，在很大程度上，有理由禁止威胁或使用武力侵犯他国的主权和领域完整，这一禁止性要求完全可以扩展到外空领域。⑦

同样，自由探索和利用外层空间，作为适用于外层空间的最根本的实体性原则，已根植于《外空条约》第1条当中。这一原则已成为保护科学探索外空利益的愿望的主要部分。⑦ 下文将探讨外层空间是否有效地"利用"或还应包括对其自然资源

---

⑦ 关于此问题，进一步参见"上册第二章三（三）4"部分内容，尤其是下文脚注220。

⑦ 《外空条约》第6条，见上文脚注1。

⑦ 参见《外空条约》第4条第1段，上文脚注1；另见该条约第3条规定的一般义务和对国际合作的关注。对第4条的具体探讨，参见 K. U. Schrogl & J. Neumann, Article IV, in *Cologne Commentary on Space Law*（Eds. S. Hobe, B. Schmidt – Tedd & K. U. Schrogl）Vol. I（2009），70 – 85 ff.；Christol, *supra* n. 31, 20 – 37; also P. S. Dempsey, Overview of the U. S. Space Policy and Law, in National Regulation of Space Activities（Ed. R. S. Jakhu）（2010），374 – 85. 进一步参见"上册第一章四"与"上册第六章三（三）"部分内容。

⑦ 参见《外空条约》第4条，第2段，上文脚注1；另见《月球协定》第2条、第3条，上文脚注46。

⑦ 参见《外空条约》第10条，上文脚注1；该条目标允许缔约国出席由其他缔约国进行的空间发射活动，尽管双方有互惠协议，而且还应有具体的协定做出规定。参见 A. Kapustin, Article X, in *Cologne Commentary on Space Law*（Eds. S. Hobe, B. Schmidt – Tedd & K. U. Schrogl）Vol. I（2009），183 – 8. 另外可参见《月球协定》，上文脚注41，从这一角度来讲，作为一个整体其应被视为是一种信任和透明措施。

⑦ 参见《外空条约》第3条，上文脚注1和《联合国宪章》第2条第4款，上文脚注16。O. M. Ribbelink, Article III, in *Cologne Commentary on Space Law*（Eds. S. Hobe, B. Schmidt – Tedd & K. U. Schrogl）Vol. I（2009），67 – 9；P. Jankowitsch, Legal Aspects of Military Space Activities, in *Space Law – Development and Scope*（Ed. N. Jasentuliyana）（1992），145 – 8；Lyall & Larsen, *supra* n. 2, 501 – 25 ff.；Lachs, *supra* n. 1, 98.

⑦ 参见《外空条约》序言第3与第4段，上文脚注1。进一步参见 S. Hobe, Article I, in *Cologne Commentary on Space Law*（Eds. S. Hobe, B. Schmidt – Tedd & K. U. Schrogl）Vol. I（2009），34 – 6.

的"探索"，特别是对矿物资源的探索，⑦ 从而构成这一原则的证据。

另外，《责任公约》下作为责任索赔基础的"损害"的定义只是物理上的损害，而不是干扰操作、收入减少等方面的伤害。从商业角度来讲，至少可以说是非常重要的损害。⑧

但是，在国际空间法的核心内容之外，国际社会看到了许多有关军事问题的重要条约和与条约相似协定得以起草的曙光，例如，《部分禁止核试验条约》⑦⑨和《反弹道导弹条约》⑧⑩，或有关科学问题，例如，国际空间站起初只是作为一个科学活动的低轨道实验室，⑧⑴ 以及根据《欧空局公约》建立的欧空局的目的是使

---

⑦ Hobe, *supra* n. 47, 116 – 20. 该文明确认为外空的"利用"应包括"探索"的情形。同时，《月球协定》也通过"人类共同遗产"原则规定对外空的探索。在此情形下，利用和探索仍是对稀有资源或公共用地开发的一个方面。*cf.* Arts. 11（1）（5）resp. 4（1）; also von der Dunk, *supra* n. 47, 101 – 3. Further S. E. Doyle, Issues of Sovereignty and Private Property, in *Air and Space Law in the 21st Century*（Eds. M. Benkö & W. Kröll）（2001），315; P. G. Dembling, Principles Governing the Activities of States in the Exploration and Use of Outer Space Including the Moon and Other Celestial Bodies, in *Manual on Space Law*（Eds. N. Jasentuliyana & R. S. K. Lee）Vol. Ⅰ（1979），11; Cheng, *supra* n. 1, 374 ff.; S. R. Freeland, Space Tourism and the International Law of Outer Space, in *Space Law in the Era of Commercialization*（Ed. S. Bhat）（2010），26; Christol, *supra* n. 31, 42, 375 ff.; Tronchetti, *supra* n. 47, 22; Hobe, *supra* n. 76, 35. 另参见"下册第五章四（二）1"和"下册第五章四（二）2"部分内容。

⑧ 《责任公约》第1条第1款对"损害"的定义，见上文脚注40，系指"生命丧失，身体受伤或健康的其他损害；国家、自然人、法人的财产或国际政府间组织的财产受损失或损害"，而第2条和第3条原则上把此损害视为由"空间物体造成"的。进一步参见 L. J. Smith & A. Kerrest de Rozavel, The 1972 Convention on International Liability for Damage Caused by Space Objects, in *Cologne Commentary on Space Law*（Eds. S. Hobe, B. Schmidt – Tedd & K. U. Schrogl）Vol. Ⅱ（2013），111 – 3; Christol, *supra* n. 31, 91 – 105; Cheng, *supra* n. 1, 323 – 4; C. Q. Christol, International Liability for Damage Caused by Space Objects, 74 *American Journal of International Law*（1980），355 – 68; B. A. Hurwitz, *State Liability for Outer Space Activities in Accordance with the 1972 Convention on International Liability for Damage caused by Space Objects*（1992），12 – 20.

⑦⑨ 这主要指《禁止在大气层、外层空间和水下进行核武器试验的条约》（以下简称《部分禁止核试验条约》），条约1963年8月5日签署于莫斯科，1963年10月10日生效；480 UNTS 43; TIAS No. 5433; 14 UST 1313; UKTS 1964 No. 3; ATS 1963 No. 26。另外《全面禁止核试验条约》1996年9月24日签署于纽约，但目前尚未生效；Cm. 3665; 35 ILM 1439（1996）; S. Treaty Doc. No. 105 – 28（1997）. *Cf.* also Cheng, *supra* n. 1, 526 – 7; Lyall & Larsen, *supra* n. 2, 510 – 4; Dembling & Arons, *supra* n. 67, 423 – 4.

⑧⑩ 《苏美关于限制反弹道导弹防御系统的条约》（以下简称《反弹道导弹条约》），条约1972年5月26日签署于莫斯科，1972年10月3日生效，并于2002年6月13日失效；944 UNTS 13; TIAS No. 7503; 23 UST 3435. See also e. g. Jankowitsch, *supra* n. 75, 150 – 3.

⑧⑴ 进一步参见"上册第二章四（三）1"部分内容。

欧洲对空间活动进行研究并在空间活动方面进行更有效、低成本的合作。[82]

(三) 国际空间法的本体：联合国空间条约

1. 《外空条约》

《外空条约》[83] 代表了所有空间条约最根本和无所不包的内容，因此也是所有空间法的基础。然而，如上所述，国际社会并未能解决所有的实体内容和法律后果。在一定程度上，这些问题事实上关系到国际空间法的关键内容，这将在相关章节中进行探讨。[84] 另外，在此将再次评估《外空条约》中制定和指导空间法其他内容的主要原则和条款，当然，部分原因在于这些原则或条款为空间法提供了争论的主要内容。

其中，国际责任和国家赔偿责任这两个关键概念，在空间法以国家为主导特点的背景下有所触及，[85] 但从法律角度来讲，他们最重要的方面仍有待进一步探讨。

另一主要问题是，在很多方面以国家为中心的国际赔偿责任和国家责任问题关系到外层空间作为一个"物理"领域的定义与法律地位以及空间法适用范围的划定问题。由此，其他概念也随之得以确定。这一问题贯穿《外空条约》及其后的大部分内容，并确定了外空活动所有法律规范的基本内容。此外，这也引起人们对外层空间（最低）法律边界和"无害通过权"更为具体和长期的辩论。

(1) 国际责任与国际赔偿责任

关于国际责任（responsibility）与赔偿责任（liability）的概念，在绝对国家

---

[82] 进一步参见"上册第二章四（二）2"部分内容。

[83] 关于《外空条约》（见上文脚注 1）内容的研究，参见 *Cologne Commentary on Space Law* (Eds. S. Hobe, B. Schmidt‐Tedd & K. U. Schrogl) Vol. Ⅰ (2009); Dembling & Arons, *supra* n. 67, 419‐56; J. F. McMahon, Legal Aspects of Outer Space: Recent Developments, *British Yearbook of International Law* (1965), 417‐30; Christol, *supra* n. 31, 20‐58; Cheng, *supra* n. 1, 215‐64; Lyall & Larsen, *supra* n. 2, 53‐80; Dembling, *supra* n. 77, 1‐51; also Lachs, *supra* n. 1, esp. 11‐64; Zhukov & Kolosov, *supra* n. 1, 33‐88。

[84] 例如，《外空条约》第 4 条关于外层空间的军事利用，参见"上册第六章三（一）"部分内容；第 5 条关于宇航员的内容由《营救协定》做出详细规定，进一步参见"上册第二章三（二）"部分内容。另参见"下册第二章四（三）2"和"下册第三章五（一）"部分内容；第 9 条关于环境问题，进一步参见"下册第四章三（一）1"部分内容。另外，该条约还适用于国际合作和政府间组织的地位等问题（参见"上册第五章"），对天体资源的探索（参见"下册第五章"）以及条约作为整体适用于空间的不同民事利用活动，进一步参见"上册第七章四（一）、上册第八章三（一）、上册第九章四（一）1 和下册第一章三（一）"部分内容。

[85] 进一步参见"上册第二章二（二）3"部分内容。

中心论主导的《外空条约》和《责任公约》之外，我们注意到在外层空间语境下，在相同公约中同时使用这两个责任概念造成了非常大的、潜在的困惑。⑧ 另外，我们还注意到，《外空条约》的俄罗斯、西班牙、法国文本具有同等效力，⑧ 而只有一个词可通用"responsibility"和"liability"。在此，因部分重叠使用将产生四个相关联的问题。

第一，国际责任通常关注与国际法的一致性（在此情况下，《外空条约》及其扩展内容作为外空活动总体法律框架的基础，从本质上讲，可作为所有空间法的基础⑧），而国家赔偿责任，在空间法语境下，用以赔偿由此导致的损害。这两个概念的重叠之处在于国际不法行为需与损害之间具有因果关系。⑧

由《责任公约》规定的国家赔偿责任方面的具体内容将在下文简要讨论。⑨ 另外，当赔偿责任概念不能提供特别救济的情况下，比较笼统的国家责任

---

⑧ 对该问题的进一步分析，参见 F. G. von der Dunk, Liability versus Responsibility in Space Law: Misconception or Misconstruction?, in *Proceedings of the Thirty - Fourth Colloquium on the Law of Outer Space* (1992), 363 - 71. Also Bhat & Bhat, *supra* n. 8, 131 - 49; Smith & Kerrest de Rozavel, *supra* n. 78, 123 - 5; Cheng, *supra* n. 1, 603 - 20, 632 - 8; M. Pedrazzi, Outer Space, Liability for Damage, in *Encyclopedia of Public International Law* (Ed. R. Wolfrum) Vol. VII (2012), 1109 ff.; Christol, *supra* n. 34, 236 - 48; S. Gorove, Liability in Space Law: An Overview, 8 *Annals of Air and Space Law* (1984), 373 ff.; Jasentuliyana, International Space Law, *supra*, n. 1, 200 - 3; V. Kayser, *Launching Space Objects: Issues of Liability and Future Prospects* (2001), 31 - 44; more insightfully still N. Horbach, The Confusion about State Responsibility and Liability, 4 *Leiden Journal of International Law* (1991), 47 ff.

⑧ 参见《外空条约》第 17 条，上文脚注 1。

⑧ 参见《外空条约》第 3 条，上文脚注 1，该条规定一般国际法原则上也应适用于外空活动。进一步参见 Cheng, *supra* n. 1, 618; Lachs, *supra* n. 1, 113 - 4; Gál, *supra* n. 1, 129 - 39; Bhat & Bhat, *supra* n. 8, 139。

⑧ 参见对联合国国际法委员会主导起草的《关于国家对国际不法行为的责任条款草案》[草案于 2001 年通过) 和《国际法委员会第 53 届会议工作报告》的讨论，UN Doc A/56/10 (2001), 26 ff. 该讨论认为，受损国可要求对国际不法行为造成的损害进行赔偿。另外，参见《关于国际法不加禁止的行为引起损害结果的国际责任条款草案》第 34 条和 36 条，草案终止了对《关于预防危险活动造成跨界损害的条款草案》[参见 UN GA Resolution 62/68, of 8 January 2008; UN Doc A/RES/62/68 (2008)] 和《关于危险活动造成环境损害案件中损失分配原则草案》[参见 UN GA Resolution 61/36, of 18 December 2006; UN Doc A/RES/61/36 (2006)] 的进一步划分，参见 the Chorzów Factory Case, *supra* n. 21, at 29; see Mann, *supra* n. 6, 124 ff.; R. M. M. Wallace, *International Law* (3rd edn., 1997), 173 - 80; Cassese, *supra* n. 4, 182 - 212; *cf.* also e. g. Christol, *supra* n. 34, 212; Bhat & Bhat, *supra* n. 8, 135 ff。

⑨ 参见"上册第二章三（三）"部分内容。

（responsibility）概念并不适用于获得损害赔偿这一问题⑨，且无原则性理由。

因此，至少在理论上，一国作为不法行为致损的受害者（或本身作为构成某一不法行为因果关系损害的受害国），可以选择寻求损害赔偿。即不依《外空条约》第7条和《责任公约》的规定从技术上承担责任的国家获得赔偿，而是依《外空条约》第6条的规定从技术上承担国际责任的国家寻求赔偿。

在此，出现第二个问题，即在空间法语境下，尽管 responsibility 与 liability 具有相似性和重叠之处，但两者也不完全相同。根据《外空条约》第6条的规定，一国应对其在外层空间的活动负责。空间物体的"发射国"对其造成的损害，应在《外空条约》第7条和《责任公约》下承担损害赔偿责任。尤其在私人空间活动的情况下，不同国家应对该国私人实体造成的损害承担责任。⑫

例如，一国正在发射的通信卫星，当在进入轨道时卖至与发射活动无任何关系的第三国时，该第三国则没有资格作为卫星的"发射国"。如果该卫星造成《责任公约》下的损害，该卫星原始发射国将仍承担损害赔偿责任，即便该国不再对卫星行使任何管辖和控制，该发射国也仍是持续的责任承担者。然而，卫星发射国及其所遭受的损害也可以由第三国代替该国承担空间活动造成的责任。由此，另一赔偿请求则来自第三国对该国私人实体造成损害的责任。

针对这一问题的复杂性，许多学者并未意识到《外空条约》第6条规定的国际责任对选择获得损害赔偿所具有的潜在可行性，这对以一个透明、有效和全面的法律框架来处理外层空间活动造成的损害并无助益。除非通过制定一个普遍认可和具有权威性的文件以排除适用公约第6条的规定以获得损害赔偿，或者通过

---

⑨　同时，也有许多学者认为作为空间活动结果的损害赔偿（当然，这是"空间物体"造成损害的概念，参见《责任公约》第1条第3款，第2条至第5条）被排除在《外空条约》第7条和《责任公约》之外（参见 Lachs, *supra* n. 1, 113 ff. ; Jasentuliyana, *supra* n. 1, 35 - 6 ; Christol, *supra* n. 31, 91, 104 ff. ; Cheng, *supra* n. 1, e. g. 305 - 6 ; Lyall & Larsen, *supra* n. 2, 66 - 7 ; Zhukov & Kolosov, *supra* n. 1, 64 - 8）。另外，《责任公约》也并不是唯一的补救依据。

有趣的是，《责任公约》第11条确实已提出了一种具体的可选择的争议解决方案：利用发射国的司法程序解决争议。与此相似，《责任公约》第23条第1款规定，"对现行其他国际协定的缔约国之间的关系，不发生影响。"第23条第2款规定，"不妨碍各国缔结国际协定，重申、补充或推广本公约各条款。"

⑫　关于"发射国"的界定，进一步参见"上册第二章三（三）1"部分内容。

国际法院或法庭的相当权威的判决来解决这一争议，否则，这一问题将一直存在。

第三，受《责任公约》有限损害赔偿范围的影响，这一问题的关联性得以扩大，可能是公约排除了其他主要因电子干扰、间接或收入减少类型损害的分类。㊽ 既然《外空条约》第 6 条下的国家责任不受损害赔偿的限制，那么，缔约国完全愿意以此为基础提出索赔，而不受《责任公约》的限制。

第四，此问题仍因不确定性而变得更为复杂，特别是在条约第 6 条下，"国家活动"是指什么？对此问题，大体有三种不同观点。第一种观点认为把"国家活动"等同于"该国国民的活动"。㊾ 第二种观点认为，一国进行"外空活动"意味着该国有资格成为损害赔偿责任国（根据《外空条约》第 7 条）卫星登记国（根据《外空条约》第 8 条），这样能够消除归属问题上的不一致。㊿

第三种观点以一种重要的逻辑方法认为，国家活动本质上应与一国有权行使某种形式的普遍管辖，并能够对其负责的活动相一致。也就是说，《外空条约》第 6 条下的责任，应包括在相关国家领土内实施的活动（不仅包括发射活动，还包括卫星通信、卫星遥感、卫星导航等活动）和该国国民实施的活动，以及涉及

㊽ 关于此问题，进一步参见"上册第二章三（三）1"部分内容。

㊾ 这一观点主要基于《外空条约》第 9 条的规定，该条明确规定一国应对其国民的活动承担一定的责任。但也有保留的情况，参见 K. H. Böckstiegel, The Terms 'Appropriate State' and 'Launching State' in the Space Treaties – Indicators of State Responsibility and Liability for State and Private Activities, in *Proceedings of the Thirty – Fourth Colloquium on the Law of Outer Space* (1992), 13 – 4; Gorove, *supra* n. 86, 377; Kerrest de Rozavel, *supra* n. 8, 139; P. Nesgos, International and Domestic Law Applicable to Commercial Launch Vehicle Transportation, in *Proceedings of the Twenty – Seventh Colloquium on the Law of Outer Space* (1985), 100; Lyall & Larsen, *supra* n. 2, 66; Christol, *supra* n. 34, 247. 然而，这种解释并没有解决为什么第 6 条当时没有以与第 9 条相同的标准来表述其归属的问题。参见上文脚注 1, Cheng, 659, 郑斌教授甚至认为，在制定公约第 9 条时使用"国民"这一术语是一个"笔误"。

㊿ *Cf.* e. g. V. Kayser, An Achievement of Domestic Law: U. S. Regulation of Private Commercial Launch Services, 17 Annals of Air and Space Law (1991), 341 – 3; H. A. Wassenbergh, Public Law Aspects of Private Space Activities and Space Transportation in the Future, in Proceedings of the Thirty – Eighth Colloquium on the Law of Outer Space (1996), 246.

这一解释并未回答公约第 6 条和第 7 条为什么适用不同的概念和术语，或者第 8 条实际上为什么提及"管辖"而不是"国籍"。另外，最为根本的是，公约忽视了这样一个事实，即"外层空间活动"不仅包括《外空条约》第 7 条和《责任公约》所关注的发射活动。

在该国登记的空间物体的相关活动。⑯

最后，需要注意的是，在国际责任背景下，关于政府间国际组织的地位问题。从某个角度来讲，尽管国际组织在空间领域被视为合法的行为者，但是"国际组织在外层空间实施的活动应遵守条约所规定的责任"，该责任由"国际组织和参加该国际组织的本条约的缔约国共同承担"。⑰另外，根据《外空条约》第13条⑱的规定，苏联拒绝承认政府间组织作为享有独立国际法人格实体的后果是，这一类政府间组织实质上被视为主权国家合作的平台，而非空间领域的行为者。

（2）外层空间作为"全球公共资源"及其自由探索和利用

如前所述，国际责任（responsibility）和国家责任（liability）的概念⑲实际上构成了外层空间作为"全球公共领域"基本特征的对应物。在某种意义上，明确"responsibility"和"liability"两者的概念，可为全球公共资源战略提供保障。通过全球公域这个定义，所有人都感受到享有这种资源的权利，但并无一人

---

⑯　See e. g. Cheng, *supra* n. 1, 658 – 63，该文阐述了一些由此解释相关的实践问题。V. S. Vereshchetin, Space Activities of 'Non – Governmental Entities': Issues of International and Domestic Legislation, in *Proceedings of the Twenty – Sixth Colloquium on the Law of Outer Space* (1984), 263; Lachs, *supra* n. 1, 114; Gerhard, *supra* n. 63, 112 – 4; von der Dunk, Private Enterprise, *supra* n. 67, 18 – 9; implicitly (by referring to a 1963 resolution of the Institute of International Law) Zhukov & Kolosov, *supra* n. 1, 66 – 7.

⑰　《外空条约》第6条，见上文脚注1。另参见 A. Kerrest de Rozavel, International Organisations as Active Subjects of International Law of Outer Space, in *International Organisations and Space Law* (Ed. R. A. Harris) (1999), 259。

⑱　《外空条约》第13条，见上文脚注1，在此情况下，"因国际政府间组织在进行探索和利用外层空间，包括月球与其他天体在内的活动时所产生的任何实际问题，应由本条约各缔约国与有关国际组织或与该国际组织内本条约一个或一个以上的缔约国成员解决"。进一步参见 U. M. Bohlmann & G. Suess, Article XIII, in *Cologne Commentary on Space Law* (Eds. S. Hobe, B. Schmidt – Tedd & K. U. Schrogl) Vol. I (2009), 215 – 22; Dembling & Arons, *supra* n. 67, 437 – 8。

⑲　这两个概念在外层空间领域适用的情况，进一步参见 Cheng, *supra* n. 1, 434 – 44; F. G. von der Dunk, The Dark Side of the Moon – The Status of the Moon: Public Concepts and Private Enterprise, in *Proceedings of the Fortieth Colloquium on the Law of Outer Space* (1998), 119 – 24; S. R. Freeland & R. Jakhu, Article II, in Cologne Commentary on Space Law (Eds. S. Hobe, B. Schmidt – Tedd & K. U. Schrogl) Vol. I (2009), 48 – 55; Viikari, *supra* n. 47, 17 – 21; Hobe, *supra* n. 47, 120 ff. ; Gál, *supra* n. 1, 122 – 9, 139 ff. ; Lachs, *supra* n. 1, 44 – 5; Tronchetti, *supra* n. 47, 26 – 33, 41 – 5; V. Pop, Who Owns the Moon? (2009), 73 – 97; in general Crawford, *supra* n. 2, 203 ff. ; Shaw, *supra* n. 1, 487 ff. ; also Malanczuk, Akehurst, *supra* n. 1, 147 ff.

真正感受到责任——这种悲剧可在外层空间背景下避免。[⑩]

确立外层空间总体法律地位的基本条款是《外空条约》第 2 条，该条规定：“外层空间，包括月球与其他天体在内，不得由国家通过提出主权主张，通过使用或占领，或以任何其他方法，据为己有。”该条确立了外层空间作为国家领土管辖之外的领域，其本质与公海的法律地位相似。[⑩] 由此产生一个法律后果，即没有任何一个国家可以扩大其领土管辖的范围。例如，个人如何获得进入外层空间或任何天体，以及获得在外空发现矿物质和考古宝物的权利。反之，为了在此领域修建公路或铁路，一国政府有何权利国有化该不动产。[⑩]

当然，这并不意味着国家对外空不能行使管辖权。非载人航天活动早期通常由国家主权领土管辖范围内对其进行控制，因此，也就自然适用于在此范围内从事此类活动的任何人。就载人航天活动而言，国家对其国民，以及在该国登记的空间物体和空间物体上的人员仍可行使属人管辖权。[⑩]

在国家对外空活动进行地域管辖之外，外层空间的性质通过各国的自由利用得以进一步确认：

探索和利用外层空间，包括月球与其他天体在内，应本着为所有国家谋福利与利益的精神，不论其经济或科学发展的程度如何，这种探索和利用都应是全人类的事情。

外层空间，包括月球与其他天体在内，应由各国在平等基础上并按国际法自

---

⑩ Cf. also V. Pop, Planetary Resources in the Era of Commercialisation, in *Space Law in the Era of Commercialization*（Ed. S. Bhat）（2010），60 – 5。

⑩ 参见《联合国海洋法公约》第 86 条至第 120 条，上文脚注 15。参见《外空条约》第 2 条，上文脚注 1，Freeland & Jakhu, *supra* n. 99，44 – 63；Christol, *supra* n. 31，46 – 8；Dembling & Arons, *supra* n. 67，429 – 32；Tronchetti, *supra* n. 47，26 – 33。

⑩ 参见 2004 年至 2009 年《国际空间法研究所董事会声明》，www. iislweb. org/docs/IISL_Outer_Space_Treaty_Statement. pdf and www. iislweb. org/docs/Statement% 20BoD. pdf，最后访问日期为 2014 年 4 月 12 日。另外，关于月球上动产或不动产的讨论，参见 P. M. Sterns & L. I. Tennen, Privateering and Profiteering on the Moon and Other Celestial Bodies：Debunking the Myth of Property Rights in Space, in *Proceedings of the Forty – Fifth Colloquium on the Law of Outer Space*（2003），56 – 67；F. G. von der Dunk et al. , Surreal Estate：Addressing the Issue of 'Immovable Property Rights on the Moon', 20 *Space Policy*（2004），149 – 56；Tronchetti, *supra* n. 47，197 – 211；Lyall & Larsen, *supra* n. 2，183 – 5；and for a comprehensive background analysis Pop, *supra* n. 99，1 – 156。

⑩ 根据《外空条约》第 3 条，上文脚注 1，和《登记公约》，见上文脚注 1。进一步参见"上册第二章三（四）1"部分内容。

由探索和利用，不得有任何歧视，天体的所有地区均得自由进入。

对外层空间，包括月球与其他天体在内，应有科学调查的自由，各国应在这类调查方面提供便利并鼓励国际合作。[104]

在起草《外空条约》时，外层空间而非"真空"空间的（商业）探索活动，如利用卫星进行通信活动，并未实质性地予以考虑。条约在通过时，大多数国家认为此语境下对外空的"利用"还包括对"探索"在内。[105] 如前对"responsibility"和"liability"概念的探讨。根据国际法，以上条款[106]中提到的国际合作原则和所有国家的福利应作为一国在外空单边的自由利用是否对其他国家产生损害的一项检验标准（或者至少有创设此标准的可能）。

同时，特别在使用"全人类的事情"[107]这一用语时，我们不应该错误地认为，外层空间作为一个整体，是由海洋法[108]和《月球协定》[109]发展而来的"全人类的共同遗产"。

"全球公共资源""全人类的事情""共有物"以及"人类共同遗产"之间的主要区别关系到如前文所述各国对外层空间探索和利用的基本自由，除非像《外空条约》和《责任公约》等国际协定一样，各缔约国之间对外空的自由利用或探索问题已达成了具体国际义务。

---

⑩⑭ 《外空条约》第1条，见上文脚注1。进一步参见 Dembling & Arons，*supra* n. 67，429 – 32；Hobe，*supra* n. 76，25 – 43；Tronchetti，*supra* n. 47，20 – 3；Christol，*supra* n. 31，38 – 46。

⑩⑮ 另参见"上册第二章二（二）3"部分内容。

⑩⑯ 参见《外空条约》第1条、第3条，上文脚注1。

⑩⑰ 关于《外空条约》的这一创新概念，参见 Christol，*supra* n. 31，44 – 6；Lachs，*supra* n. 1，43 ff. ；Hobe，*supra* n. 76，38 – 9；Zhukov & Kolosov，*supra* n. 1，41 ff. ；von der Dunk，Private Enterprise，*supra* n. 67，68 – 9；N. M. Matte，Legal Principles Relating to the Moon，in Manual on Space Law（Eds. N. Jasentuliyana & R. S. K. Lee）Vol. Ⅰ（1979），259。

⑩⑱ 参见《联合国海洋法公约》第136条，上文脚注15。进一步参见 Shaw，*supra* n. 1，533 – 4，628 – 35；Crawford，*supra* n. 2，326 – 30；Malanczuk，Akehurst，*supra* n. 1，207 – 8，233 – 4.

⑩⑲ 参见《月球协定》第11条，上文脚注46。相关讨论参见"上册第二章三（五）2"部分内容。进一步参见 Tronchetti，*supra* n. 47，38 – 61，85 – 130；Hobe，*supra* n. 47，124 ff. ；von der Dunk，*supra* n. 47，101 – 3；Report of the Sixty – Ninth Conference，ILA（2000），576，586 ff. ；Resolution 1/2002，Space Law，Seventieth ILA Conference，and Report of the Seventieth Conference，ILA（2002），accessible via www. ila – hq. org/en/committees/index. cfm/cid/29，last accessed 12 April 2014；Pop，*supra* n. 99，121 – 34（labelling the concept 'reaping without sowing'）；Lyall & Larsen，*supra* n. 2，193 – 7；Cheng，*supra* n. 1，365 – 74；Shaw，*supra* n. 1，548 – 9；Malanczuk，*supra* n. 1，208；Matte，*supra* n. 107，265 – 70。

　　相比之下，就全人类共同遗产而言，特别是在对外层空间进行探索之前，如果国际法对自由探索活动已有规定，则该基本自由探索权有可能会被剥夺，并在这一国际法律体制内受到限制。⑩ 此外，参照海洋法中对"全人类共同遗产"概念的解释，不论相关国家是否实际参与月球和其他天体的开采活动，都应将相应的技术和所开采的资源与之分享。⑪

　　当然，作为一个整体，"全人类共同遗产"概念在外层空间的非适用性，并不意味着这一自由活动不受任何限制。相反，此自由将由一般国际共识和或多或少适用于全球的国际条约加以限制。《外空条约》自身即作为该类国际共识最为直接的例证。当然，还包括习惯国际法，而一国或国家集团单独并不阻止这一国际体制共识的达成。

　　具体而言，在"全球公共资源"特征下，《外空条约》对各国在外层空间进行的任何潜在的、不受限制的自由行为规定了限制措施，并要求各国遵守一般国际法的规定开展所有空间活动，⑫ 要求对外空军事利用活动施加某种限制，⑬ 要求在潜在的、有害的空间活动发生时进行一定的协调和磋商，⑭ 并允许"条约其他缔约国的代表在互惠的基础上"，可以"进入月球和其他天体上的所有站所、设施、设备和宇宙飞行器"。⑮ 而其他一些重要条款，最显著的是《外空条约》

---

　　⑩　Cf. for a balanced discussion Lyall & Larsen, *supra* n. 2, 190 ff., esp. 195 – 6; further e. g. Jasentuliyana, *supra* n. 1, 139 – 44; Hobe, *supra* n. 47, 124 – 5. 另参见"下册第五章四（二）2"和"下册第五章四（三）"部分内容。

　　⑪　See further e. g. Tronchetti, *supra* n. 47, 99 – 108; Lyall & Larsen, *supra* n. 2, 195 – 6. 《联合国海洋法公约》第 140 条和第 140 条第 2 款这两个重要条款分别对海洋法领域中的"全人类共同遗产"原则进行了解释，见上文脚注 15。进一步参见 Viikari, *supra* n. 47, 52 – 8; Shaw, *supra* n. 1, 629 – 31; Malanczuk, *Akehurst*, *supra* n. 1, 193 – 5; Crawford, *supra* n. 2, 327 – 9。

　　⑫　参见《外空条约》第 3 条，上文脚注 1。

　　⑬　根据《外空条约》第 4 条，见上文脚注 1；进一步参见"上册第二章二（二）2"和"上册第六章三（一）"部分内容。

　　⑭　参见《外空条约》第 9 条，上文脚注 1；进一步参见"下册第四章三（三）1"部分内容。进一步参见 S. Marchisio, Article IX, in Cologne Commentary on Space Law（Eds. S. Hobe, B. Schmidt – Tedd & K. U. Schrogl）Vol. I（2009），169 – 82; Dembling & Arons, *supra* n. 67, 440 – 2; Zhukov & Kolosov, *supra* n. 1, 69 – 73; Jasentuliyana, *supra* n. 1, 205 – 8。

　　⑮　《外空条约》第 12 条，见上文脚注 1。进一步参见 L. J. Smith, Article XII, in Cologne Commentary on Space Law（Eds. S. Hobe, B. Schmidt – Tedd & K. U. Schrogl）Vol. I（2009），207 – 14; Dembling & Arons, *supra* n. 67, 447 – 51; Cheng, *supra* n. 1, 248 – 50, 文章指出此条内容实质上与军事或安全背景有关。

第 5 条和第 8 条，将在下文详细论述。

将外层空间确定为"全球公共资源"的结果是，《外空条约》将获得更高的法律地位，因为该条约不仅在一系列国家间构成一个具有约束力的国际协定，而且在特定领域确立了广泛的法律框架。[116] 如果未达至强行法这样的状态，那么将不影响条约"不得约束第三方"原则的正常适用以及各国根据国际法原则在法律地位上一律平等。

此观点显然也适用于南极洲的法律。[117]《外空条约》规定的一般原则和法律规则同样也不得适用于非条约缔约国。或者至少可以这样说，为何这些原则和规则对他们没有约束力的举证责任取决于这些非缔约国。

至目前为止，许多非缔约小国对外空活动并没有显示出任何兴趣。一旦他们对外层空间感兴趣的话，可否允许他们无视 20 世纪 60 年代由主要空间大国（美国、苏联以及在冷战对抗时期双方各自的同盟国）制定，并由新的空间大国（如中国、印度、印度尼西亚、巴西、尼日利亚以及其他许多具有地缘政治的国家）通过的《外空条约》法律体制？此外，需要注意的是，如果允许《外空条约》的非缔约国从根本上忽视该公约体制的话，最终是否会导致整个国际空间法律体制土崩瓦解？最后，如果《外空条约》法律体制被批准具有习惯法的地位，并使不具有异议的缔约国默认这一体制的话，那么，这会明确承认甚至保护全人类的主要利益，包括由该条约第 1 条规定的发展中国家的利益吗？

（3）边界问题

外层空间作为一种全球公共资源，在此领域进行自由活动是一项基本规则，

---

[116] "条约法"与"合同法"相对。参见 Crawford, *supra* n. 2, 31 – 2；Wallace, *supra* n. 89；Thirlway, *supra*, n. 2, 122 – 3；M. Fitzmaurice, Treaties, in Encyclopedia of Public International Law (Ed. R. Wolfrum) Vol. IX (2012), 1062。

[117]《南极条约》(1959 年 12 月 1 日签订于华盛顿，并于 1961 年 6 月 23 日生效；402 UNTS 71；TIAS 4780；12 UST 794；UKTS 1961 No. 97；Cmnd. 913；ATS 1961 No. 12)，根本上承认缔约国需要在该领域实质出资从而有资格成为"协商缔约国"，并在促成该法律体制适用于南极方面具有正式的话语权；参见《南极条约》第 9 条、第 10 条、第 12 条，特别是第 13 条的规定。由缔约国集体决定南极法律地位的这一有效主张已基本获得通过，另外，还包括一些有抱负的国家，他们一旦对该洲产生兴趣，就不会意图忽视该体制，而是努力尝试成功，并成为条约的缔约国，参加到该俱乐部中。进一步参见 Vöneky & S. Addison – Agyei, Antarctica, in Encyclopedia of Public International Law (Ed. R. Wolfrum) Vol. I (2012), 420 ff., esp. 433 – 4。

而对自由行为的限制仅基于强行法、国际条约和习惯国际法的规定。国际社会至少在原则上，有必要在空气空间范围的边界问题上达成一致。⑱ 毕竟，各主权国家对其领空享有最高权力（公海和南极的领空除外）。⑲

空间划界的部分问题在历史发展过程中已逐渐显现出来，并继续保留在外层空间委员会法律小组委员会多年来的议程当中。其中一个问题是，适用地球静止轨道最常见的空间活动是卫星通信活动。⑳ 然而，这一轨道正好位于赤道上空，关于"地球静止"的特点，它是指赤道国家或多或少面临卫星永久静止于这些国家的领土之上，即便在 35786 千米的高度。

由此产生的结果是，这些国家于 1976 年主张在他们各自领土之上的这部分地球静止轨道应属于他们各自的主权。㉑ 尽管没人将这一高度卫星使用的地球静止轨道从逻辑上视为外层空间的一部分提出抗议，但是由于在外层空间和空气空间之间缺乏确定的边界，相关国家根据静止轨道特别的物理特性观点的例外方式更容易主张主权权利。

事实上，引人关注的是，外层空间委员会法律小组委员会议程上长期存在的这一事项常与界定外空问题的静止轨道的法律地位联系在一起。例如，2001 年法律小组委员会第 40 届会议讨论的议程事项有"第一，外层空间的定义与划界；第二，地球静止轨道的特性和利用，包括考虑采取一定的方式和方法以确保合理

---

⑱　See further in detail M. Benkö & E. Plescher, *Space Law – Reconsidering the Definition/Delimitation Question and the Passage of Spacecraft through Foreign Airspace* (2013), 3 – 48; Cheng, *supra* n. 1, 425 – 56, 645 – 8; Gál, *supra* n. 1, 59 ff.; G. Oduntan, The Never Ending Dispute: Legal Theories on the Spatial Demarcation Boundary Plane between Airspace and Outer Space, 1 (2) *Hertfordshire Law Journal* (2013), 64 ff.; Christol, *supra* n. 31, 435 ff.; Galloway, *supra* n. 30, 333 – 5; Lachs, *supra* n. 1, 53 – 6; Zhukov & Kolosov, *supra* n. 1, 153 – 66; Lyall & Larsen, *supra* n. 2; Hobe, *supra* n. 76, 31.

⑲　参见《芝加哥公约》第 1 条，上文脚注 16。

⑳　进一步参见"上册第八章二（一）"部分内容。

㉑　这涉及 1976 年 12 月 3 日制定的著名的《波哥大宣言》第 2 部分结论。另外第 3 部分结论第 4 项认为赤道国家提出的这一主张是"永久放置于赤道国家的地球静止轨道之上的任何装置应事先要求获得相关国家的明确授权"，这一设备就如同一架飞机穿越该主权国家的领空。另参见 M. L. Smith, *International Regulation of Satellite Communication* (1990), 201 – 18; S. Gorove, *Developments in Space Law – Issues and Policies* (1991), 41 – 6; Freeland & Jakhu, *supra* n. 99, 55; Oduntan, *supra* n. 118, 75 – 8; S. R. Freeland, The Impact of Space Tourism on the International Law, in *Proceedings of the Forty – Eighth Colloquium on the Law of Outer Space* (2006), 187, at n. 17; Benkö & Plescher, *supra* n. 118, 41。

与公平地使用静止轨道，而不妨碍国际电信联盟的作用"。⑫

最后，特别是由于地缘政治的事实，在所有赤道国家中，很少有国家对静止轨道感兴趣，从而使得部分国家提出的主权要求未获得成功。其中，上文提及的"公平使用"到目前为止，是指赤道国家达到一种特权地位的任何努力均可实现。⑫ 很显然，哥伦比亚（该国宪法规定"地球静止轨道段、电磁频谱以及它作用的区域均属于哥伦比亚的主权管辖部分"）尽管承认"国际社会倡议在静止轨道所在地建立外层空间不得据为己有的原则"，但是，仍然坚持"哥伦比亚并不放弃行使与其对应的静止轨道部分的主权"。⑫

近来，除了关于静地轨道这个命运多舛的命题外，航空法和空间法各自适用的地理边界问题或多或少成为考虑的一个理论问题。这也引起"观望"态度或"功能主义方法"适用的空间。就前者而言，认为确立一个合适的边界没必要或过早，这一态度尤其受到美国当局的拥护。⑫ 就后者而言，航空法与空间法各自适用的边界主要根据空间活动的类型或此类活动适用的技术——当然不涉及可能的混合活动（假设航空运输与空间活动两者存在明显不同⑫），或技术设计来确

---

⑫ 对外层空间定义与划界问题审议的历史概要，参见 UN Doc A/AC.105/769，18 of January 2002.另参见 Benkö & Plescher, *supra* n.118, 3, 31 ff.。

⑫ Oduntan, *supra* n.118, 76, 作者认为赤道国家面临的"最大的障碍来自包括共产主义国家在内的工业强国在技术建设和法律框架的驳斥"，此外，还包括许多非赤道发展中国家的反对。

⑫ 《哥伦比亚宪法》第101条第4款；参见 UN Doc A/AC.105/865/Add.13, 6 of March 2013, at 2, 3.哥伦比亚认为这些主张"符合国际法"；第101条第4款内容。

⑫ 参见外层空间委员会法律小组委员会美国代表团的陈述。Unedited Transcript of its 644th Mtg., 4 April 2011, COPUOS/LEGAL/T.644, at 2, as quoted by V. Nase, Delimitation and the Suborbital Passenger: Time to End Prevarication, 77 *Journal of Air Law & Commerce* (2012), 754; see also 754-6; Further e.g. D.N.Reinhardt, The Vertical Limit of State Sovereignty, 72 *Journal of Air Law & Commerce* (2007), 84-8, 113; Oduntan, *supra* n.118, 66-9; V.J.Vissepó, Legal Aspects of Reusable Launch Vehicles, 31 *Journal of Space Law* (2005), 175-6.

⑫ 基本假设是"航空运输"是关于乘客与货物的运输，通常以商业关系或私人关系为基础，从地球一点到另一点的运输活动；而"空间活动"是关于发射某些有效运载工具进入外层空间的活动，或者有时被人类称为航天员或宇航员（两者是不同的概念）。显而易见，两者通过使用航空器或航天器使其有所不同。见下文脚注127。另参见 Oduntan, *supra* n.118, 69-72; Nase, *supra* n.125, 752-3。然而，伴随着商业亚轨道太空飞行（"太空旅游"）旨在运输乘客从地球的A点到B点，以及发射小型卫星或其他运载工具进入外空较低地区活动的出现，这一差别，目前确实成为一个严肃的问题。更多参见"下册第三章二（二）"部分内容。

定（假设航空器与航天器存在明显不同㉜）。许多专家认为，在以上任何一种情况下，航空法与空间法两者间适用的"空间"边界的定义都是不恰当的。

航空器运营和某些商业航空运输以及航空法的主要对象都基于国家主权观念，航空飞行活动很少发生在 12 或 13 千米之上，然而卫星运行的最低轨道在较高的高度（卫星短暂穿过空气空间，通常为发射国的空气空间或公海上空）。㉝ 直到最近，美国的载人航天飞机返回时才使用一个几乎水平的飞行路径，且仅仅穿越了公海上空或美国上空的空气空间。㉞ 然而，苏联的非载人航天测试飞机，在返回时穿越了土耳其空气空间的上层空域，但土耳其当时并未发觉，且当时土耳其也未提出苏联在通过其空气空间时是否应该获得许可这一问题（并不是其他一些作者提出该问题㉟）。㊱

然而，随着私人商业亚轨道飞行活动的出现，也即众所周知的，在名称上有点不太准确的"太空旅游"㊲ 现在正把划界问题提上谈判桌，这不可避免会呼吁对航空法和空间法各自适用的空域进行划界，也就是说对空气空间和外层空间的

㉜ 基本假设是由《芝加哥公约》（见上文脚注 16）定义的"航空器"（"指在大气中，任何依靠空气的反作用力而不是靠空气对地面反作用力做支撑而飞行的任何工具。"例如 Annex 7 to the Chicago Convention, Aircraft nationality and registration marks, 5th edition, July 2003, Definitions; Annex 8, Airworthiness of aircraft, 10th edition, April 2005, Definitions）和由部分空间条约（参见"上册第二章三（三）2"部分内容）定义的"空间物体"在水平面起飞与着陆在垂直面起飞和着陆方面存在明显差异。然而，这种差异与私人亚轨道运载工具所提议的各种各样的技术在根本上达成妥协，这种私人亚轨道运载工具通过两个阶段到达某一空域，包括垂直起飞和着陆与水平起飞和着陆。参见 F. G. von der Dunk, The Integrated Approach – Regulating Private Human Spaceflight as Space Activity, Aircraft Operation, and High – Risk Adventurism, 92 Acta Astronautica (2013), 200 – 3; Reinhardt, *supra* n. 125, 68, 119 – 20。

㉝ *Cf.* Benkö & Plescher, *supra* n. 118, 8, 文章指出，"航空器不可能飞至 60 千米高的空气空间"。进一步参见 Lyall & Larsen, *supra* n. 2, esp. 167 – 9; Lachs, *supra* n. 1, 56 – 8; Zhukov & Kolosov, *supra* n. 1, 153 – 4; Gál, *supra* n. 1, esp. 79 – 82。

㉞ See in detail Benkö & Plescher, *supra* n. 118, 17 – 25.

㉟ 因此，出现一国的航天器在进入外层空间和从外层空间返回时，穿越他国空气空间的"无害通过权"这一问题。进一步参见"上册第二章三（一）4"部分内容。另参见 Gál, *supra* n. 1, 102 – 4; Christol, *supra* n. 34, 329 – 40; Cheng, *supra* n. 1, 648 – 9; Lyall & Larsen, *supra* n. 2, 171 – 2; Reinhardt, *supra* n. 125, 103. 海洋法中关于"无害通过"这一概念起源的论述，参见 Shaw, *supra* n. 1, 570 – 7; Crawford, *supra* n. 2, 317 – 9; Malanczuk, Akehurst, *supra* n. 1, 176 – 7; Wallace, *supra* n. 89, 143 – 6。

㊱ See in detail Benkö & Plescher, *supra* n. 118, 19 – 27, 34 – 5.

㊲ 关于此问题，进一步参见"下册第三章二（一）"部分内容。

"地理"边界划界。⑬

毕竟，准运营商销售的这些作为航天活动的飞行器，都会参考地球上空100千米的高度——同时，某些运载工作看起来更像航空器而非火箭，从操作角度来看，最好把这些飞行器视为已经开发出来的实验飞机。由此类推，从法律视角来看，通过边界问题可以很好地洞察到外层空间和空间活动的主要特点，并了解到空间法中的相关定义与概念如何与这些具有科学、技术和操作性的定义和概念复杂地联系在一起，但前提是后者是明确的、全面的和普遍一致的。

然而，这一问题引发更多的困惑，在某种程度上，相关专家和其他人已做出努力对外空进行地理划界。他们使用许多理论来确定一个特定数字，相应的数字源自："事实上，仅在1957年到1960年，相关提议的界限范围从20千米到1500000千米。"⑭如前所提及的功能主义理论，两种划界方法最具意义，因为在航空法体制下，包括航天飞机并不适当，反之亦然，在空间法体制下，包括航空器也不适当。这两种方法分别基于航空器从可用的空气中能够上升的最高高度和航天飞船可以绕地球运行的最低高度为划界基础。然而，不难看出，这两种方法也并非没有问题，难道这些实际上或潜在的最大或最小高度就应该被使用？此外，他们也常被错误或困惑地视为同一种方法。

外空划界100千米的高度（相当于62英里⑮）最后源自著名科学家冯·卡曼（Von Karman）的理论，他通过计算指出，在一定的高度之下，"考虑到航空目的，地球大气变得非常稀薄，因为在此高度，比起轨道速度来说，任何飞行工具将会运行得更快，目的是从大气中获得足够支持其上升的空气动力"。⑯也就是

---

⑬　See e. g. Nase, *supra* n. 125, 749 – 67; broader Reinhardt, *supra* n. 125, 66 ff., esp. 76 – 7, also 88 – 100, 120 – 2.

⑭　Oduntan, *supra* n. 118, 81, 对其中一些提议的好评，可参见第72~81页; Benkö & Plescher, *supra* n. 118, 31 – 40; also Reinhardt, *supra* n. 125, 66 – 7, 112 – 9; 作者2007年提出一个12纳米/22千米/72912英尺的边界高度，见第127页。

⑮　需要进一步指出的是，当在本文中使用"英里"时，根据规定，通常法定1英里可换算为5280英尺，即1.609千米；然而，常常令人疑惑的是，在此频繁使用海里，相当于6076英尺或1852千米。参见https://en. wikipedia. org/wiki/Mile，最后访问日期为2014年1月6日。

⑯　As per http://en. wikipedia. org/wiki/Kármán _line, last accessed 6 January 2014; see also www. fai. org/icare – records/100km – altitude – boundary – for – astronautics, last accessed 6 January 2014. See further e. g. Benkö & Plescher, *supra* n. 118, 7 – 9.

说，以冯·卡曼线为基础，这一高度可作为航空活动的最高高度。

当时，不少作者认为这一高度为 83/84 千米，因为冯·卡曼线显然包括空间法律师倡议的第一个"主要管辖线"。[137] 然而，从一开始，这些观点就不大一致，[138] 而进一步的混乱则源于不同出版物中适用的英里的不同类型。[139] 最后，哈利（Haley）本人也主张不应完全确定 275000 英尺的高度。

这是一个非常重要的管辖线，标识了航空飞行的理论界限，我将此线称为"卡曼线"。但必须注意的是，确定主要管辖线的确切位置并不代表清楚地解决了此问题。卡曼管辖线最终可能保留下来，或者随着冷却技术的提高和发现更具抗

---

[137] 这涉及当时的国际宇航联合会（IAF）主席，通常是指 27.5 万英尺（等于 83.82 千米）。参见 A. G. Haley, Space Age Presents Immediate Legal Problems, in *Proceedings of the First Colloquium on the Law of Outer Space* (1959), 9; A. G. Haley, Space Exploration – the Problems of Today, Tomorrow and in the Future, in *Proceedings of the Second Colloquium on the Law of Outer Space* (1960), 50; A. G. Haley, Survey of Legal Opinion on Extraterrestrial Jurisdiction, in *Proceedings of the Third Colloquium on the Law of Outer Space* (1961), 40。

另外，近来关于相同高度的论述，还可参见以下学者的著作：S. Hobe, Legal Aspects of Space Tourism, in 86 *Nebraska Law Review* (2007), 442; M. Gerhard, Space Tourism – The Authorisation of Suborbital Space Transportation, in *National Space Legislation in Europe* (Ed. F. G. von der Dunk) (2011), 280; cf. also Reinhardt, *supra* n. 125, 113 – 4。

[138] *Cf.* as for Haley himself: Space Exploration, *supra* n. 137, 49, Haley 指出，"在大气中，自由氧分子出现在 90 千米（295000 英尺）的高空"。它只存在于这一高度之上（被称为冯·卡曼线）。Survey, *supra* n. 137, 41, 他主张"美国和苏联的代表与国际宇航联合会达成的协议已相联系，认为有关空中飞行和太空飞行的记录已同意把太空飞行的高度确定为 62 英里（100 千米）之上。在此高度之上，航空飞行必须结束，太空飞行开始。这一协议恰好与卡曼线的理论相吻合。"

[139] 见上文脚注 135. E. g. M. S. McDougal, H. D. Lasswell & I. A. Vlasic, Law and Public Order in Space (1963), 334。作者指出美国空军主力接受"53 英里的卡曼线"，鉴于哈利（Haley）和卡曼（Karman）主张 275000 英尺，那么就此可建议为"法定英里"（53 法定英里相当于 85.28 千米），如果这一主张不是与 1958 年美国空军战争学院的一个上校的主张混杂在一起的话，确切地说是"50 海里"，那么美国空军主力的使用标准仍是海里。此外，这又被 McDougal, Lasswell & Vlasic 的文章内容进一步强化，认为"为支持这一高度，文章再次强调在国际宇航联合会下已达成保持飞行高度超过 62 英里（100 千米）记录的协议，它将被视为'航天飞行'"。另外参见 G. H. Reynolds & R. P. Merges, Outer Space – Problems of Law and Policy (1989), 11, 该文指出在同时有效适用两者时，甚至已有意或无意地忽视了两者的区别："在 53~62 英里（所谓的'冯·卡曼线'）的高度之上，以空气为动力的升力几乎不存在。"该文指出 53 海里等于 98.15 千米；62 法定英里等于 99.75 千米——两者非常接近 100 千米。另外更为不精确的情况，可参见 J. B. Marciacq et al., Accommodating Sub-Orbital Flights into the EASA Regulatory System, in Safety Regulations and Standards (Eds. J. N. Pelton, R. S. Jakhu & T. Sgobba) (2010), 193。该文认为："冯·卡曼线的计算是不同的，这是因为一些人认为该线为 54 英里（相当于 83 千米），而其他人则认为该线为 60 英里（将近 100 千米）"。

热性的材料，在对这些发展适当考虑之后，这一界线有可能发生重大变化。但是，这些变化将在卡曼线的确切位置上，这一界线的存在是确定的，最后划定的位置将是"空气空间"终结的地方。⑭

在经过和其他科学家的深入讨论之后，由国际宇航联合会主张的100千米的边界线，获得了美国、苏联以及冯·卡曼的同意。事实上，正如所建议的发展前景的驱使，100千米将成为可供参考的逻辑高度。⑭ 换句话说，从航空活动的视角来看，100千米高度的边界线将具有相当重要的意义。

从空间活动的视角来看，与此同时，合乎逻辑的做法是确定空间活动可行轨道的最低高度，从而确定一个划分"轨道速度"和"非轨道速度"的线⑭——在此，出现的问题是此界线随后将如何与航空活动可行的最高高度相对接。以此视角，人们意识到似乎很少有卫星"下降"到想象中100千米的高度界线之下。⑭ 因此，从某种程度上说（如前所说，太空旅游的出现），在法律或外层空间委员会背景下讨论边界问题，从总体上来说，这些讨论都聚集于一个"最低近地规则"上，"近地点"是指在通常为椭圆地球轨道上最接近于地球的一点。⑭

当然，"最低近地规则"本身也充满困难。有人推测围绕地球轨道的最低高度是可持续的："尽管随着空间技术的快速发展，但是空间物体仍然能持续有效地围绕地球长期运行的这一最低近地点满足这些要求，并作为界定外层空间的一

---

⑭ Haley, Space Exploration, *supra* n. 137, 50.

⑭ As per http://en. wikipedia. org/wiki/Kármán _ line, last accessed 6 January 2014, and www. fai. org/icare – records/100km – altitude – boundary – for – astronautics, last accessed 6 January 2014; see also *supra*, text at n. 136. 对早期可选择提议的深入讨论和分析，参见 McDougal, Lasswell & Vlasic, *supra* n. 139, 323 – 49。

⑭ *Cf.* also Oduntan, *supra* n. 118, 71; Reinhardt, *supra* n. 125, 116. 这还与"亚轨道"的定义有关的问题联系在一起，重点参见 F. G. von der Dunk, Beyond What? Beyond Earth Orbit? …! The Applicability of the Registration Convention to Private Commercial Manned Sub – Orbital Spaceflight, 43 California Western International Law Journal (2013), 285 – 9; also e. g. Nase, *supra* n. 125, 748 – 9.

⑭ 对此问题的总体评论，参见 Oduntan, *supra* n. 118, 79 – 80. E. g. Cheng, *supra* n. 1, 450, 该文提到，在1974年，英国发射的一颗卫星［Skynes – Ⅱ（A）］的近地点为96千米（下一个最低的卫星位于104千米的近地点上）；而在联合国登记的空间物体中，发现1990年的一颗COSPAR卫星的近地点为78千米，参见 ST/SG/SER. E/258, of 7 January 1993, at 5. Oduntan, 79, 在引用其他作者提及最低为50英里的高度后，作者初步建议55千米为空气空间的最高边界（at 82）。进一步参见 Benkö & Plescher, *supra* n. 118, 8 ff. , 31 ff.

⑭ *Cf.* http://en. wikipedia. org/wiki/Apsis, last accessed 6 January 2014.

个有效基础。"⑭ 然而，这仅仅将问题转移为"可持续"实际上指什么，而不是提供一个自我理解的标准。换句话说，很少有卫星降入100千米界线下的空域则是这一规则的例外，而不是把这一规则推向问题的极限。

在某种程度上，撇开以上科学的、技术的或以实际为基础的讨论，在许多情况下，很多国家都在寻找一个主权性的领空以让位于作为全球公共资源的外层空间的离奇高度。事实上，"确定外层空间的界线具有重要的法律意义。为达到一个具体和具有合理基础的适当的法律划界，科学考虑很有必要，且围绕划界，各国应协商一致"。⑭ 因此可以认为：

让有能力的科学家在未来解决此问题的观点不具有说服力，也是不可行的。科学家就像律师一样，对此问题并未有定论。在任何情况下，单独以科学为基础取得的任何共识不可避免受未来科学和技术发展的影响。此外，更为现实的观点是，就此导致的问题和冲突而言，划界的缺失基本上是一个法律和政治性的问题。⑭

与国家的自然本能紧密相关，通过寻找明确的、地理上定义的边界来确定各自的主权领土管辖权以让位于缺乏此类管辖权的范围⑭——例如，在海洋法的扩展过程中，以相当精确的术语确定了领海、毗连区、专属经济区和大陆架的范围⑭——假定有大量的国家实践和法律上的确信，首先，某一边界线的存在确实必要，其次，以此角度对冯·卡曼线提出的100千米的讨论就确实很有意义了。⑮

---

⑭ V. Kopal, Issues Involved in Defining Outer Space, Space Object and Space Debris, in *Proceedings of the Thirty-Fourth Colloquium on the Law of Outer Space* (1992), 38.

⑭ Oduntan, *supra* n. 118, 65.

⑭ Oduntan, *supra* n. 118, 81-2. *Cf.* also Benkö & Plescher, *supra* n. 118, 4, quoting UN Doc. A/AC. 105. 39, of 6 September 1967, at 7, 该文件指出："并未发现对外层空间进行精确和持续的定义以及可供所有国家接受的科学和技术标准。"

⑭ See e. g. Cassese, *supra* n. 4, 55 ff. ; Reinhardt, *supra* n. 125, 69 ff. ; Oduntan, *supra* n. 118, 64-8, incl. authors quoted.

⑭ *Cf.* e. g. Reinhardt, *supra* n. 125, 77-81, 124-6; Oduntan, *supra* n. 118, 83; Wallace, *supra* n. 89, 134-72;《联合国海洋法公约》第3条、第33条第2款、第56至57条、第76条，见上文脚注15。

⑮ 对此观点的更多讨论，参见 Benkö & Plescher, *supra* n. 118, 32-5; von der Dunk, *supra* n. 142, 328-34; further also e. g. Freeland, *supra* n. 77, 20-4; Neger & Walter, *supra* n. 1, 239-41; Hobe, *supra* n. 137, 441-2; M. Chatzipanagiotis, *The Legal Status of Space Tourists in the Framework of Commercial Suborbital Flights* (2011), 6-17; Gerhard, *supra* n. 137, 280-2; Cheng, *supra* n. 1, 450 ff. ; *cf.* also Reinhardt, *supra* n. 125, 123; Nase, *supra* n. 125, 764; Lyall & Larsen, *supra* n. 2, 167-9; earlier Christol, *supra* n. 31, 502-11.

多年来，由苏/俄向外空委员会提出的确立外空边界的各种提议[51]，巴基斯坦[52]、德国[53]以及俄罗斯自身[54]对此做出了一个俄罗斯风格的外空委员会问卷答案，2002 年《澳大利亚空间法修正案》，[55] 2012 年《哈萨克斯坦空间活动法》，[56]《马恩岛财产条例》关于"空间物体"的定义，[57] 2008 年《中俄关于禁止在外空放置武器提议的条约》[58] 以及欧盟关于限定"太空技术"的文件，[59] 事实上都明确参考了冯·卡曼线提出的 100 千米的高度。

此外，不同国家的空间法，包括美国[60]和南非[61]，分别提及大气层和各自的卫星在空气空间之下的轨道运行的高度。如果一方无视提及的仅有少数例外情况，如前所述，这将会至少接近 100 千米的高度。例如，联邦航空局——这一美国政府机构具有调整特别是私人亚轨道飞行的任务——奖励飞行高度在 100 千米

---

⑤① *Cf.* e. g. V. Kopal，The Question of Defining Outer Space，8 *Journal of Space Law*（1980），148；Cheng，*supra* n. 1，452 - 5；Lyall & Larsen，*supra* n. 2，172；Reinhardt，*supra* n. 125，115 - 6；further Zhukov & Kolosov，*supra* n. 1，160 - 71.

⑤② See A/AC. 105/635，of 15 January 1996，p. 6；A/AC. 105/C. 2/L. 204，of 18 February 1997.

⑤③ See A/AC. 105/635，of 15 January 1996，pp. 4 - 5. 然而，在此需要指出的是，目前德国仍未明确表明该边界在法律上得到认可。参见 A/AC. 105/865，of 27 January 2006，p. 2。

⑤④ See A/AC. 105/C. 2/L. 204，of 18 February 1997；A/AC. 105/635/Add. 1，of 15 March 1996，p. 6.

⑤⑤ See Sec. 8，sub 16th，21st，33rd & 35th bullet，该法案关于外空活动和相关目的，1998 年 12 月 21 日，第 123 号文通过，并于 2002 年第 100 号文对其修订，参见 www. austlii. edu. au/au/legis/cth/num_act/saaa2002247/，最后访问日期为 2014 年 1 月 6 日。

⑤⑥ 参见 2012 年 1 月 6 日，第 No. 528 - Ⅳ号总统令签署批准的《哈萨克斯坦共和国关于空间活动的法律》第 1 条第 6 款，参见 www. oosa. unvienna. org/pdf/spacelaw/national/kazakhstan/528 - Ⅳ_2012 - 01 - 06E. pdf，last accessed 12 April 2014。

⑤⑦ As mentioned by Freeland，*supra* n. 121，187，n. 18.

⑤⑧ 参见《防止外空放置武器条约草案》第 1 条第 a 款，上文脚注 58。

⑤⑨ 参见附件 I，欧盟 2009 年 5 月 5 日第 428 号条例关于《理事会成立共同体控制出口、转让、代理和两用物品过境的条例》，本条例第 3 条所列清单，OJ L 134/1（2009），at 134/28。需要注意的是，欧盟包括了法国、德国、英国、意大利和西班牙等主要空间大国。

⑥⓪ *Cf.* Sec. 103（1）（A），National Aeronautics and Space Act，Public Law 85 - 568，85th Congress，H. R. 12575，29 July 1958；as amended through 1983；72 Stat. 426；*Space Law - Basic Legal Documents*，E. Ⅲ. 1.

⑥① 参见 1993 年 9 月 6 日《南非空间事务法》第 1 节第 15 段，该法于 1993 年 6 月 23 日第 84 号文通过，《南非共和国—贸易与工业法》，Issue No. 27，21 - 44；*National Space Legislation of the World*，Vol. Ⅰ（2001），at 413. Also Nase，*supra* n. 125，762，作者想当然地认为此划界为 100 千米。

之上的宇航员。⑯ 另外，至少有美国的一个州，如弗吉尼亚州，在同一时间正考虑将此高度列入州立法当中。⑯

最后，正如国际宇航联合会所指出的在私人层面，⑯ 全球航空体育运动组织遵行冯·卡曼线的标准。国际宇航学会的近期研究，以及其中一个由个别专家组成的有关外层空间事项最权威的机构，都参考100千米的高度作为进入一国空气空间的界点。⑯ 同时，这些私人机构的宣言（就像私人航天员在100千米之外的地方旅行就坚持认为自己是一个太空旅行者）并不能创制习惯国际法，不久他们有可能会促使相关国家提出此种或其他立场。

由此造成的结果是，在空气空间和外层空间的边界问题上似乎应达成一个更为正式的协议，假定将以100千米为界——如果此限界未形成习惯国际法规则，那么，在此高度之上，将至少被认为在达成这一规则的协议上具有明确的倾向。⑯

即使未成定局，那么对"近地规则"这一最初科学的或技术的或具有操作性的概念的法律或实践修订也将确实很有必要。否则，从空间角度来看，根据任何卫

---

⑯　See R. D. Launius & D. R. Jenkins, Is It Finally Time for Space Tourism?, 4 *Astropolitics* (2006), 279 at n. 63; Nase, *supra* n. 125, 762. 相比之下，美国空军、海军和航空航天局日常都会让一些能达到50英里或之上的宇航员进行航天活动，而就美国这些军事分支部门所适用的标准而言，必须达到92.6千米。参见 United States Naval Aviation 1910 - 1995, Appendix 20, Evolution of Naval Wings (Breast Insignia), 662; Launius & Jenkins, ibid.; Reinhardt, *supra* n. 125, 88。

⑯　House Bill No. 3184，2007年2月2日众议院内务委员会提出一个替代性质的修正案，该法将"空间活动"定义为，以一对一方式进行的亚轨道飞行，然后根据倒置的"地理"方法，定义亚轨道为"离地球平均海平面62.5英里或在之上的地点"；《航天责任与豁免法》第24条，§8.01 - 227.8，然而，在弗吉尼亚州从事空间活动的法律效力有可能不被新墨西哥州的法律认可。后者将空间界定为"在地球平均海平面60000英尺之外的所在地"，见新墨西哥州《总收入和补偿税法》，§7 - 9 - 54；当发展私人商业空间飞行活动时，美国这两个州的表现最为积极（更多参见"下册第三章三（四）4"部分内容）。因此，很显然他们也很希望在垂直层面明确划分各自的管辖范围。参见 Reinhardt, *supra* n. 125, 118 - 9，该文进一步指出，2002年，在美国联邦层面出现了一个把外层空间划分为37英里／60千米更低划界的失败提议。

⑯　See Launius & Jenkins, *supra* n. 162, 279 at n. 63; Nase, *supra* n. 125, 763; Lyall & Larsen, *supra* n. 2, 168.

⑯　See IAA Cosmic Study on Space Traffic Management, *International Academy of Astronautics* (2006), 39.

⑯　Cf. M. Lachs, Freedoms of the Air - The Way to Outer Space, in *Air and Space Law*: *De Lege Ferenda* (Eds. T. L. Masson - Zwaan & P. M. J. Mendes de Leon) (1992), 245 （当确定两个空间维度边界线的决定被采纳时，该时间正在迫近）；另见 H. P. van Fenema, Suborbital Flights and ICAO, 30 *Air and Space Law* (2005), 398; S. R. Freeland, Fly Me to the Moon: How Will International Law Cope with Commercial Space Tourism, 11 *Melbourne Journal of International Law* (2010), 101 - 2。

星到达的近地点的高度或在此高度之下确定的任何边界，很可能意味着该边界高度为 78 千米或更低的高度，从而覆盖目前为止被证明的事实上所有可能的卫星轨道。然而，"相反"的结果是，某些实验类航空器现在已能够进入当时可能达到的外层空间的高度，由此将产生当前对"外层空间"和"空气空间"、"航空器"和"航天器"法律定义和概念的混乱，从而确保了许多随之而来的法律义务的可适用性。[167] 按此情况，此类航空器将能够以 80 千米的高度飞越他国主权领土范围，并激起各种政治和军事的敏感性，因为根据定义，与卫星相比，航空器更具机动性。

（4）外国空气空间的"无害通过权"问题

确立外层空间 100 千米较低边界的协议或实际上以其相似高度确立边界，使得世界上大部分国家潜在的领空主权得到划分，这将解决当前许多管辖问题或困惑之处——当然，它肯定不能解决此类所有问题。例如，某些实验类航空器飞行得越来越高，在未来，它们的飞行路径可能会穿越某些卫星在此高度之下运行的空域——因为通过"近地规则"来决定外层空间的较低边界现在很容易被或多或少固定的 100 千米的高度所取代。目前更为重要的讨论是，没有任何一个有关划界的协议事实上能够解决"无害通过"外国领空的难题。[168]

因此，100 千米的边界确实引发了卫星在这些椭圆轨道短距离穿越现在被称为空气空间上层区域的"无害通过权"的问题。毕竟，就相关可运行的轨道而言，卫星根本不可能在 75～100 千米之外的领域运行；禁止它们进入该领域意味着一并禁止它们在该领域的运行轨道。另外，对卫星来说，这将是一种相当特殊和有限的情形。此外，任何空气空间的上层部分，一般情况并没有商业航空活动

---

⑯ 需要注意的是，这些航空器，就其飞行部分而言，主要飞行在全球公共领域，因而仅仅受国际空间法规则的调整，而比起国际航空法或国内航空法来说，这类规则相当不完备或不精确。

⑱ 关于穿越外国领空的"无害通过权"的问题，进一步参见 Benkö & Plescher, *supra* n. 118, 17 - 29, 47 - 8；Reinhardt, *supra* n. 125, 71 - 5, 100 ff., 116 - 8；B. Schmidt - Tedd & S. Mick, Article Ⅷ, in *Cologne Commentary on Space Law*（Eds. S. Hobe, B. Schmidt - Tedd & K. U. Schrogl）Vol. Ⅰ（2009），160 - 1（作者质疑这一权利的存在，但大多都是基于假设，即穿越一国领空的每一个工具都是具有《芝加哥公约》意义上的航空器，见上文脚注 16；关于此问题，进一步参见"下册第三章三（二）2"部分内容）；Oduntan, *supra* n. 118, 68 - 9；T. L. Masson - Zwaan, The Aerospace Plane：An Object at the Cross - Roads Between Air and Space Law, in *Air and Space Law：De Lege Ferenda*（Eds. T. L. Masson - Zwaan & P. M. J. Mendes de Leon）（1992），253，257 - 8；Lachs, *supra* n. 1, 56 - 8。

在此领域发生，而仅有的也只是实验类或接近实验类的航空活动——但是，如果有私人载人亚轨道太空飞行活动的话，那么，这将有何不同？⑩

针对此问题，具有讽刺意味的是，美国某一州的私人商业航天飞行很可能促使其以某一高度达成边界协议，由此将开展航天活动，并逐渐成为唯一坚持的州，特别是基于上述难题，至少是提前（也可能是完全不可取的）绘制这一在空气空间和外层空间之间的法律界限。然而，不管是否是一个难题，可以发现的是，世界上其他大部分国家都有强烈的倾向，并在法律上习惯将100千米视为两者的界线，因为已经存在各国的实践和将其作为一种习惯国际法规则的事实。

如果各国确实接受这一边界，且未强烈抗议某些卫星进入其领土之上75～100千米高度范围的话，那么仅对卫星的无害通过权很可能获得各国默许同意，因为人造航天飞行活动除了其他事项外，鉴于其机动性，它完全是一个不同的问题。相比之下，如果各国抗议使用其上空空域，并禁止这些卫星在这些空域飞行的话，那么作为一个法律上的解决方案，它将直面《外空条约》第1条规定的探索和利用外层空间自由的约束。⑩

因而，这需要对私人载人亚轨道航天飞行活动进行不同分析。在可预见的未来，亚轨道飞行将不存在太多问题：他们将根据航空法的规定兼容地开展飞行活动，特别是为了飞机的需要而清理周围的空域——但这是一个国内航空法的问题，而不是国际航空法的问题（正如为了"东方号"和"阿波罗号"卫星的发射，对空间进行清理只是苏联和美国各自的事务）。然而，一旦其他一些有影响的小国在亚轨道开展航天飞行或开始在世界不同地点运送乘客，那么该问题很可能要被重新考虑。⑩

另外，需要注意的是，当讨论空间法的新规则时，海洋法是通常提到的三大

---

⑩ 进一步参见"下册第三章二、第三章三和第三章五（二）"部分内容。另参见 Benkö & Plescher, *supra* n. 118, e. g. 10 - 3。

⑩ So e. g. Lachs, *supra* n. 166, 244 - 5.

⑦ 例如，这将不得不在太空交通管理制度的范围内处理（参见"上册第七章四"部分内容）或者在与航空运输服务有关的国际贸易体制内处理（参见"下册第六章五（四）"部分内容）。

法律领域之一⑰——对"内陆国"而言，修订过的具体规则允许他们从公海自由中受益，甚至进一步允许他们行使国际法中的无害通过权。后者假定仅在一定条件范围内利用其他国家的领海，而前者实际上可利用另一国的港口以及可行的与地面连接的部分。对此，《联合国海洋法公约》规定：为行使本公约所规定的各项权利，包括行使与公海自由和人类共同继承财产有关的权利的目的，内陆国应有权出入海洋。为此目的，内陆国应享有利用一切运输工具通过过境国领土的过境自由。⑱

作为一个类比的先例⑲，内陆国可利用这一权利进入国际水域。应当指出的是，各国对卫星穿越其上层空域（100 千米为界线），又从其近地点上升的抗议是合法的，但在某种程度上，这种通过将不是"无害的"。另外，海洋法对何为"无害通过"提供了有益的具体判断标准。

首先，通过是指为了下列目的，通过领海的航行：

（a）穿过领海但不进入内水或停靠内水以外的泊船处或港口设施；

（b）驶往或驶出内水或停靠这种泊船处或港口设施。

其次，通过应继续不停和迅速进行。通过包括停船和下锚在内，但以通常航行所附带发生的或由于不可抗力或遇难所必要的或为救助遇险或遭难的人员、船舶或飞机的目的为限。⑳

转换到外层空间环境下，如果进入外层空间的路径以一种不停和迅速的方式，且实际并未从有领空主权的国家的领土上登陆或出发，那么这种通过仅以无害通过权为限，除非发生不可抗力，遭难或救助遇险的情况。关于"无害"的判断因素，可参考《联合国海洋法公约》的规定：

第一，通过只要不损害沿海国的和平、良好秩序或安全，就是无害的。这种

---

⑰ 这种比较主要集中在公海作为全球公共资源，如同外层空间一样，或者海洋法中一系列具体的规则，如关于船上管辖权，非生物资源的开采或船员和船舶的认证。另外提及的两个法律体制一是南极洲，因为它（作为例外，仍有少数国家对其主张领土权利，参见《南极条约》第 4 条，见上文脚注 117）也被认为是全球公地，南极洲在许多方面呈现与外层空间非常相似的情况；另一个体制是航空法，其实质是基于历史的、技术的或操作性的原因。对后者批判性的评论，参见 F. G. von der Dunk, A New 'Star' in the Firmament, 6 *The Korean Journal of Air and Space Law* (2011), 409–13。

⑱ 《联合国海洋法公约》第 125 条第 1 款，见上文脚注 15。

⑲ See also Neger & Walter, *supra* n. 1, 252–3 on this analogy.

⑳ 《联合国海洋法公约》第 18 条，见上文脚注 15。

通过的进行应符合本公约和其他国际法规则。

第二，如果外国船舶在领海内进行下列任何一种活动，其通过即应视为损害沿海国的和平、良好秩序或安全：

（a）对沿海国的主权、领土完整或政治独立进行任何武力威胁或使用武力，或以任何其他违反《联合国宪章》所体现的国际法原则的方式进行武力威胁或使用武力；

（b）以任何种类的武器进行任何操练或演习；

（c）任何目的在于搜集情报使沿海国的防务或安全受损害的行为；

（d）任何目的在于影响沿海国防务或安全的宣传行为；

（e）在船上起落或接载任何飞机；

（f）在船上发射、降落或接载任何军事装置；

（g）违反沿海国海关、财政、移民或卫生的法律和规章，上下任何商品、货币或人员；

（h）违反本公约规定的任何故意和严重的污染行为；

（i）任何捕鱼活动；

（j）进行研究或测量活动；

（k）任何目的在于干扰沿海国任何通信系统或任何其他设施或设备的行为；

（l）与通过没有直接关系的任何其他活动。⑩

把上述判断"无害"的要求恰当转化适用于空间法和空间物体背景下并不困难；其中（a），（b），（h）和（k）已或多或少被现有的外层空间法直接禁止，⑰ 而其他一些情况或者无相关性［例如（i）］或者参照"与通过没有直接关系的任何其他活动"的情况已被包含在（k）当中。

当谈及作为指导空间法的其他法律制度时，人们可根据航空法的规定，指出对在航空器上的犯罪活动进行处置的关键构成要件：

非登记国的缔约国除下列情况外，不得对飞行中的航空器进行干预以对航空

---

⑩ 《联合国海洋法公约》第19条，见上文脚注15。

⑰ 参见《外空条约》第3条，上文脚注1，该条包括一般国际法在内，禁止来自外空的侵略行为和没有合理由对其他国家意欲造成实质性损害的其他行为。进一步参见 Benkö & Plescher, *supra* n. 118, 32 – 4。

器内的犯罪行使其刑事管辖权：

（a）该犯罪行为在该国领土上发生后果；

（b）罪犯或受害人为该国国民或在该国有永久居所；

（c）该犯罪行为危及该国的安全；

（d）该犯罪行为违反该国现行的有关航空器飞行或驾驶的规定或规则；

（e）该国必须行使管辖权，以确保该国根据某项多边国际协定，遵守其所承担的义务。[178]

换句话说，在他国登记的航空器飞越一国主权领空在航空器内实施犯罪行为时，正如以上《东京公约》规定的五种可选择的情形之一，该国不得对此犯罪行为行使领土主权管辖权，除非犯罪行为与该国有明显的联系。

将此一般概念转换在空间法领域，可知，只要卫星短暂运行于一国上空轨道，而不是运行在 100 千米之下而需承担国际责任的国家，卫星的运行符合可适用的国际空间法规定，且没有开展具体活动而直接影响到潜在国家的领土主权范围时（更不用说在一定高度穿越外国领空，威胁到正常的航空飞行），那么这种飞行就被认为是一种"无害通过权"。

应当指出的，为了行使"无害通过权"，《联合国海洋法公约》并未要求使用该权利的国家履行通知的义务，更不用说提前通知了。当然，领海存在争议的国家可以利用这一权利。

然而，与空间物体相比，船舶的移动速度在空间维度较小，所以在此方面，空间物体不能类推适用海洋法的规则进行调整。而坚持一些机械信息条款的目的是确保穿越上层空间的国家完全意识到这一过境情况。因此，最低要求就是与《登记公约》的要求相一致，相关国家应提供相关信息，尤其是在"每一登记国得随时向联合国秘书长提供有关登记册内所载外空物体的其他情报"[179] 要求下，要求相关国家确定各自的空域信息可能存在问题。在电子环境下，包括外层空间事务厅在线注册空间物体，这对相关国家自动转发这些信息来说并不存在太大困难。

---

⑰ 《在航空器内犯罪和犯有某些其他行为的公约》第 4 条（以下简称《东京公约》），1963 年 9 月 14 日签署于东京，并于 1969 年 12 月 4 日生效；704 UNTS 219；TIAS 6768；UKTS 1969 No. 126；Cmnd. 2261；ATS 1970 No. 14；2 ILM 1042（1963）；ICAO Doc. 8364。

⑲ 《登记公约》第 4 条第 2 款，见上文脚注 41。

　　另外，目前唯一的警告还适用于直接广播卫星，在此领域，全球大部分国家已表明，他们在法律上强烈支持联合国关于卫星直接广播原则这一事先同意的规则⑱——因此，在通过这些国家的上层领空时，他们将有权要求暂停进入其领土的任何广播的传输。这似乎是一个纯粹的理论问题，因为如此低的卫星运行轨道对广播来说，几乎没有用处，且到目前为止，也仅用于双向通信、遥感和科学研究活动。

　　从逻辑上看，第一次真正对"无害通过权"的考验即将来临，它是载人和亚轨道飞行工具穿越其他国家空域上空而无须承担此类国际责任的飞行活动。⑱ 到时，很可能需要一个更深入分析和法律体制，准确地说，可能会涉及"无害通过"问题。

　　2. 《营救协定》

　　如前所述，《外空条约》第 5 条和第 8 条分别是关于宇航员地位和返还空间物体给发射国的基本要求的规定，由此产生了 1968 年的《营救协定》，⑱ 该协定在《外空条约》通过后迅速发展起来，并在该条约通过后不到 12 月生效。

　　该条约基本上是一揽子交易的一部分，保留了主要空间国家的核心利益，而《责任公约》和《登记公约》随后得以缔结，显然是为了维护所有其他国家的主要利益。⑱ 从《外空条约》中两个潜在条款的内容可知，《营救协定》的实质性

---

　　⑱　UNGA Res. 37/92，*supra* n. 49；另参见"上册第八章三（一）"部分内容。

　　⑱　进一步参见"下册第三章二"部分内容。另参见 Benkö & Plescher，*supra* n. 118，28 – 9，42 – 6。

　　⑱　参见《营救协定》总则，上文脚注 39。Marboe, J. Neumann & K. U. Schrogl, The 1968 Agreement on the Rescue of Astronauts, the Return of Astronauts and the Return of Objects Launched into Outer Space, in Cologne Commentary on Space Law（Eds. S. Hobe, B. Schmidt – Tedd & K. U. Schrogl）Vol. Ⅱ（2013），1 – 82；J. M. de Faramiñan Gilbert & M. C. Muñoz Rodríguez, The Return of Objects Launched into Outer Space: Some Legal Questions, in The Astronauts and Rescue Agreement – Lessons Learned（Eds. G. Lafferranderie & S. Marchisio）（2011），35 – 54；Cheng, *supra* n. 1，265 – 86；P. G. Dembling & D. M. Arons, The Treaty on Rescue and Return of Astronauts and Space Objects, 9 William and Mary Law Review（1968），630 – 3；F. G. von der Dunk, A Sleeping Beauty Awakens: The 1968 Rescue Agreement after Forty Years, 34 *Journal of Space Law*（2008），411 – 34；Lachs, *supra* n. 1，75 – 88；Christol, *supra* n. 31，152 – 212；R. S. K. Lee, Assistance to and Return of Astronauts and Space Objects, in Manual on Space Law（Eds. N. Jasentuliyana & R. S. K. Lee）Vol. Ⅰ（1979），53 – 81.

　　⑱　涉及的这类特别需被确保的利益主要指由其他国家空间活动造成的任何损害，一般根据无过错责任体制进行赔偿。进一步参见 Marboe, Neumann & Schrogl, *supra* n. 182，9 – 10；Smith & Kerrest de Rozavel, *supra* n. 78，95；Schmidt – Tedd & Tennen, *supra* n. 35，236 – 7；Lyall & Larsen, *supra* n. 2，81 – 3。

条款主要集中在两个问题上。

（1）宇航员

《营救协定》所指的"宇航员"如果发现遇到灾难状态，应由另一国而非发射国进行营救、援助和安全迅速的返还。[⑱] 对此，这类第三国确切义务的范围取决于有关人员在其管辖范围之外的领土被发现，主要是在公海，但也包括外空本身。

总体而言，这类营救的义务源自《外空条约》第5条，该条规定把宇航员作为"人类在外层空间的使者"。当然，这不是一个表达正式的外交地位的术语，而是表明把宇航员视为人类在危险的外层空间环境下的"代表"，在危难情况下，在正常的人道主义考虑之外，他们有权获得一定程度的支持。[⑱]

其中一个有关《营救协定》条文的问题是"人员"这一术语的确切含义，《外空条约》第5条是指"航天员"（俄罗斯版本译为"宇航员"），而《营救协定》在其全称以及序言当中是指"航行员"，这两个术语通常被认为是同义语，而使用"人员"一词也许是为了指出在具体从事操作义务的空间机构进行服务的雇员的更为准确的角色。[⑱]

对"宇宙飞船"的"航行员"和"人员"的精确定义问题，不管他们是同义词抑或是略微不同的概念，近年来，这一问题变得更为重要。不论是在国际空间站背景下，还是在美国商业空间发射法背景下，都可以参照提出"航天飞行参与者"这一新的概念，[⑱] 这表明越来越多的观点认为并不是所有的人都能冒险进入外层空间——当然不是"外空旅游者"——而是有资格获得"人类使者"称

[⑱] 《营救协定》第2条至第4条，见上文脚注39。进一步参见 Marboe，Neumann & Schrogl，*supra* n. 182，48 – 62；Christol，*supra* n. 31，171 – 6；Lee，*supra* n. 182，65 – 9。

[⑱] See Lyall & Larsen，*supra* n. 2，129 – 34；F. G. von der Dunk & G. M. Goh，Article V，in *Cologne Commentary on Space Law*（Eds. S. Hobe，B. Schmidt – Tedd & K. U. Schrogl）Vol. Ⅰ（2009），98；Cheng，*supra* n. 1，259，460；*cf.* further Jasentuliyana，*supra* n. 1，187 – 8；M. J. Sundahl，The Duty to Rescue Space Tourists and Return Private Spacecraft，35 *Journal of Space Law*（2009），167 – 71；*cf.* also Dembling & Arons，*supra* n. 67，436。

[⑱] *Cf.* e. g. Lachs，*supra* n. 1，76 – 7，83；Jasentuliyana，*supra* n. 1，190 – 1。

[⑱] 参见《关于国际空间站（探险与访问）成员的选择、转让、培训与认证程序与标准的原则》，国际空间站多边成员操作委员会，2001年11月28日，修订版A，第4页；p. 4；参见 http://esamultimedia. esa. int/docs/isscrewcriteria. pdf，last accessed 12 April 2014；and Sec. 50902，*sub* 17，51 U. S. C. 509 respectively。分别参见"下册第二章四（三）2"和"下册第三章三（四）3"部分内容。

号，且能够得到如上所指国家支持的人员。⑱

（2）空间物体及其发射当局

根据《营救协定》规定，在对发射行为承担责任的国家领土之外发现空间物体，⑲相关国家应保护和归还该空间物体，并由"发射当局"支付其所花费的费用。⑳然而，到目前为止，还没有涉及《营救协定》关于营救宇航员和归还空间物体或其组成部件被记录的事例。㉑

前面提到的"发射当局"，是指"对发射负责的国家，或对发射负责的国际政府间组织"。根据《营救协定》的规定，其享有的权利和承担的义务需符合一定的条件，包括由该组织做出的正式宣言。㉒

这不仅代表了在空间法领域的一种创新，而且总体上在国际公法领域，政府间国际组织至少有资格成为某一条约实体义务的当事方，并或多或少与主权国家的地位平等。㉓目前，欧洲空间局（ESA）和欧洲气象卫星开发组织（EUMESAT）事实上已发出必要声明，并因此而接受了《营救协定》下"发射

---

⑱　进一步参见"下册第二章四（三）2"和"下册第三章五（一）"部分内容。另关于这一问题的深入分析，请见 Sundahl, *supra* n. 185, 174 – 89; further Lyall & Larsen, *supra* n. 2, 129 – 34; Freeland, *supra* n. 77, 24 – 6; Freeland, *supra* n. 166, 103 – 4; A. Farand, Space Tourism: Legal Considerations Pertaining to Suborbital Flights, in *The Astronauts and Rescue Agreement – Lessons Learned* (Eds. G. Lafferranderie & S. Marchisio) (2011), 55 – 69; S. Hobe, Space Tourism as a Challenge to the Astronaut Concept, *The Astronauts and Rescue Agreement – Lessons Learned* (Eds. G. Lafferranderie & S. Marchisio) (2011), 71 – 82; Hobe, *supra* n. 137, 454 – 8; also, however rather equivocally, Chatzipanagiotis, *supra* n. 150, 29 – 38.

⑲　对"空间物体"定义的讨论，参见"上册第二章三（三）2"部分内容。

⑳　参见《营救协定》第5条，上文脚注39。进一步参见 Marboe, Neumann & Schrogl, *supra* n. 182, 63 – 70; Christol, *supra* n. 31, 176 – 81; Lee, *supra* n. 182, 69 – 73。

㉑　K. Hodgkins, Procedures for Return of Space Objects under the Agreement on the Rescue of Astronauts, the Return of Astronauts and the Return of Objects Launched into Outer Space, in Proceedings United Nations/International Institute of Air and Space Law Workshop on Capacity Building in Space Law, 2003, 61 – 6; also Lyall & Larsen, *supra* n. 2, 100 – 2, esp. fn. references; von der Dunk, *supra* n. 182, 425 – 31.

㉒　《营救协定》第6条，见上文脚注39。进一步参见 Marboe, Neumann & Schrogl, *supra* n. 182, 71 – 4; Kerrest de Rozavel, *supra* n. 97, 260; Christol, *supra* n. 31, 200 – 2; Dembling & Arons, *supra* n. 182, 658 – 9; Cheng, *supra* n. 1, 279 – 80; also B. Cheng, Space Objects and their Various Connecting Factors, in *Outlook on Space Law over the Next 30 Years* (Eds. G. Lafferranderie & D. Crowther) (1997), 205 – 8。

㉓　例如，修正或退出公约的程序性权利（《营救协定》第8条和第9条，见上文脚注39）仍保留于主权缔约国。

当局"的全部权利和义务。⑭

3. 《责任公约》

虽然《外空条约》第 7 条介绍了缔约国对其发射的空间物体或在其领土或设施上发射空间物体造成损害时承担责任的基本原则，但是《责任公约》⑮ 正式将此国家视为"发射国"，⑯ 并事实上详细地规定了适用于此类损害的责任体制。⑰《外空条约》生效后，《责任公约》花了将近五年时间才得以通过。从本质上讲，根据公约内容可知，该体制涉及八个方面的问题；另外，在实践中还应考虑评估该公约适用的重要性。

（1）"发射国"的定义

不同于特定国家缺乏对"外空国家活动"的定义和根据《外空条约》第 6 条私人活动国际责任结果的不确定性，⑱ 而《责任公约》下国际责任的确定（《外空条约》第 6 条已明确规定）似乎相当简单。《责任公约》第 1 条第 c 项明确规定"发射国"指：①发射或促使发射空间物体的国家；②从其领土或设施发射空间物体的国家。

因此，可使用以上四种可选择的标准确定承担责任的国家。在《责任公约》下最清楚和最不具有争议的标准显然是从其领土发射空间物体的国家作为发射国，因为在国际法下"领土"的概念是非常明确的，基于《责任公约》的目的，即便从

---

⑭ 参见 2013 年 1 月 1 日有关外层空间活动的国际协定的现状，A/AC. 105/C. 2/2013/CRP. 5, of 28 March 2013, p. 10。

⑮ 参见《责任公约》总则，上文脚注 40。例如，L. J. Smith, A. Kerrest de Rozavel & F. Tronchetti, The 1972 Convention on International Liability for Damage Caused by Space Objects, in *Cologne Commentary on Space Law*（Eds. S. Hobe, B. Schmidt – Tedd & K. U. Schrogl）Vol. Ⅱ （2013）, 83 – 226；Christol, *supra* n. 31, 59 – 128；Cheng, *supra* n. 1, 286 – 356；Christol, *supra* n. 78, 346 – 71；Hurwitz, *supra* n. 78, 9 – 109；Lyall & Larsen, *supra* n. 2, 105 – 14；Bhat & Bhat, *supra* n. 8, 141 – 4；in a broader context also R. Bender, *Space Transport Liability – National and International Aspects* （1995）, esp. 279 – 335。

⑯ 参见《责任公约》第 1 条第 c 款，上文脚注 40。更多评论参见 Smith & Kerrest de Rozavel, *supra* n. 78, 107 – 9；Cheng, *supra* n. 1, 309 – 10；Christol, *supra* n. 31, 107 – 8；Kayser, *supra* n. 86, 35 – 6；Hurwitz, *supra* n. 78, 21 – 3。

⑰ 对此类责任与国际责任关系的探讨，参见《外空条约》第 6 条，上文脚注 1。另参见"上册第二章三（一）1"部分内容。

⑱ 参见"上册第二章三（一）1"部分内容。

其领空进行的发射活动也通常被认为是构成一国"领土"发射的一部分。[19]

然而，关于其他三种标准，它们将如何适用于非国家机构，即由私人公司"发射"或"促进"发射，或在其私人设施而非国家所有的设施上发射空间物体的活动？例如，对"一国的发射行为"[20] 进行广义解读，可否参照《外空条约》第6条的规定，只要非政府实体实施的发射与有关国家最为密切，那么可否把非政府实体的发射活动等同于政府的活动？包括"非国家实体实施的发射"。事实上，不少国家认为他们在此情况下仍可能对私人公司的发射活动承担责任，而且还会扩及私人促使的发射或从私人设施上的发射活动，因此，在允许实施此类活动之前，这类公司需获得授权。进而，这些国家在很大程度上忽视了后者在国家中立法工作中的努力。[201]

或者，如果对此进行狭义解读，即意味着没有国家"促使"发射活动（除了私人卫星运营商），在此情况下将不存在发射国，因此，将不会有承担责任的国家？事实上，其他国家已明显认可了这种方式。在其国内空间法中，许可制度不要求私人实体在其他地方从事发射活动，从而使其获得一个包括适当责任减损安排的许可。[202]

此外，对"促使"这一术语有不同的解释，从各国对有关授权要求的适用（从而使私人空间活动先行）到资助相关发射活动，各国对各自空间立法的实际做法也存在很大差异。[203]

---

[19] See e. g. Cheng, *supra* n. 1, 330; Hobe, *supra* n. 24, 7.

[20] 《责任公约》第1条第c款i项，见上文脚注40。

[201] See in general e. g. I. Marboe & F. Hafner, Brief Overview over National Authorization Mechanisms in Implementation of the UN International Space Treaties, in *National Space Legislation in Europe* (Ed. F. G. von der Dunk) (2011), 51 – 7; von der Dunk, Private Enterprise, *supra* n. 67, 107 – 64; also infra, §3. 3.

[202] 在此，明确的例外情况包括如下国家的国内空间立法: the UK Outer Space Act, 18 July 1986, 1986 Chapter 38; *National Space Legislation of the World*, Vol. I (2001), at 293; *Space Law – Basic Legal Documents*, E. I; 36 *Zeitschrift für Luft – und Weltraumrecht* (1987), 12, *cf.* Sec. 1 (a); and the French Law on Space Operations (*Loi relative aux opérations spatiales*); Loi n° 2008 –518 du 3 juin 2008; unofficial English version 34 *Journal of Space Law* (2008), 453, *cf.* Art. 2 (3)。

[203] 就《英国外层空间法》而言，曾一度对银行是否资助卫星发射进行讨论。因而，从广义上说，"促使"一词实际上还需要获得根据该法的许可。参见 Von Der Dunk, Private Enterprise, *supra* n. 67, 134。

最后，由国际空间条约提出的两个责任问题，即国际责任"responsibility"和国家责任"liability"，一个是通过"国家活动"概念的方式归于私人企业；另一个是通过"发射国"概念的方式归于私人企业。这两个复杂问题还会继续产生更多困惑。其中，《外空条约》第6条规定的国际责任（International Responsibility）要求授权和持续监督，国内空间法则成为最全面和最透明的依据。然而，《外空条约》第7条和《责任公约》规定的国际责任（International Liability）与各国直接有关，他们将为私人行为导致的任何损害买单，并规定发生此类国际索赔情况时的国家赔偿，从而为制定国家空间法提供了主要的推动力。[204]

（2）"损害"和"赔偿"的定义

在《责任公约》的体制下，一方面，可考虑给予赔偿的损害是指"生命丧失，身体受伤或健康的其他损害；国家、自然人、法人的财产，或国际政府间组织的财产受到损失或损害"。[205] 因此，比如说，公海环境下的损害或间接性损害不包括在内。[206]

另一方面，《责任公约》在以下条款中还规定了本质上等同于无限责任的内容：

发射国根据本公约负责偿付的损害赔偿额，应按国际法、公正合理的原则来确定，以使对损害所做的赔偿，能保证提出赔偿要求的自然人或法人、国家或国际组织把损害恢复到发生前的原有状态。[207]

该条表明，如果有此要求的公平、合理原则，那么间接和连续性损害可能要考虑在内。其他一些学者认为，这实际上取决于手头案件的具体案情是什么，以及由谁来裁定此类案件所涉损害是否能够得到赔偿。

通过以上对损害概念的界定可知，公约的适用范围是指《责任公约》第2条和第3条规定的"由空间物体造成的损害"，该范围一般包括源自空间物体物理

---

[204] 进一步参见"上册第二章三（三）2"和"第三章二（三）"部分内容。

[205] 《责任公约》第1条第a款，见上文脚注40。

[206] Smith & Kerrest de Rozavel, *supra* n. 78, 113, 175；Kayser, *supra* n. 86, 47–50.

[207] 《责任公约》第12条，见上文脚注40。进一步参见 Smith & Kerrest de Rozavel, *supra* n. 78, 172–5；Cheng, *supra* n. 1, 332–42；Christol, *supra* n. 31, 92–3, ff. ；Hurwitz, *supra* n. 78, 50, 53–4。

碰撞并伴随物品损坏的所有损害。

此外，一些学者认为还应包括不存在直接物理碰撞的空间物体导致的损害，例如，通常由电子或激光干扰方式造成的损害，[208] 而间接或结果性损害也应是该公约下责任赔偿的情形。另外，由卫星发出的错误信号造成的损害也将属于公约损害的定义范畴。[209] 由于将公约适用于一个广泛的损害赔偿范围的努力并未受到欢迎，因此这仍将成为当今空间领域与责任有关的较为突出的问题之一。人们正呼吁通过其他方式达成一个全球性的协议。

（3）"空间物体"和"发射"的定义

这两个未澄清的概念因未解决定义问题在实践中更加复杂。因为空间物体的运行如果造成损害将涉及责任公约，其定义通常参照空间物体射入外层空间来做出（或者至少做出这样的努力）；[210] 而承担责任的实体作为"发射国"通过其参与发射活动来确定。"空间物体"和"发射"这两个概念构成《责任公约》第二个存在异议的内容。《责任公约》仅规定"空间物体"包括其"组成部分"，[211]

---

[208] Smith & Kerrest de Rozavel, *supra* n. 78, 111, 114－5, esp. 126－9, 174－5; Hurwitz, *supra* n. 78, 12－20; authors quoted in Christol, *supra* n. 31, e. g. 96－7.

[209] 这主要涉及由故障卫星导航指引引发航空器坠毁造成的损害（参见 B. D. K. Henaku, *The Law on Global Air Navigation by Satellite: An Analysis of Legal Aspects of the ICAO CNS/ATM System*, 1998, 221）和由遥感卫星运营商不转发可能有助于减轻 2004 年印度洋海啸后果的信息造成的损害。关于针对国家海洋和大气管理局提出的几项主张，参见上文脚注 52，第 191－194 页。另参见 www. theage. com. au/news/asia-tsunami/european-victims-file-first-lawsuit/2005/03/06/1110044254434. html, last accessed 6 January 2014; www. news24. com/SciTech/News/Tsunami-lawsuit-unfounded-20050308，最后访问日期为 2014 年 1 月 6 日。

[210] 《责任公约》第 1 条 d 款，见上文脚注 40，以及对"空间物体"的定义，特别参见 Lachs, *supra* n. 1, 65－7; Smith & Kerrest de Rozavel, *supra* n. 78, 114－5; Chatzipanagiotis, *supra* n. 150, 20－1; Hurwitz, *supra* n. 78, 23－6; Cheng, *supra* n. 1, 324－6, 493－507; Zhukov & Kolosov, *supra* n. 1, 85 ff.; Hobe, *supra* n. 137, 443－4; Kayser, *supra* n. 86, 44－5; S. Gorove, Issues Pertaining to the Legal Definition 'Space Object', 2 *Telecommunications and Space Journal* (1995), 136－45; V. Kopal, The 1975 Convention on Registration of Objects Launched into Outer Space in View of the Growth of Commercial Space Activities, in *Air and Space Law in the 21st Century* (Eds. M. Benkö & W. Kröll) (2001), 377; also Christol, *supra* n. 78, 348－50（在此，作者讨论了航天飞机）; Gál, *supra* n. 1, 207 ff.（关注《外空条约》的问题）。这还反映在一系列国内空间法当中，如 2007 年 1 月 24 日通过的《荷兰空间法》，第 1 条第 c 款［该法包括有关空间活动和进行空间物体登记的规则; 80 *Staatsblad* (2007), at 1; *National Space Law* (2008), at 201］，该法将"空间物体"定义为"任何被发射或注定要被射入外层空间的物体"。

[211] 《责任公约》第 1 条第 d 款，见上文脚注 40。进一步参见 Vissepó, *supra* n. 125, 198。

"发射"明确包括"尝试性发射"。㉒

虽然基本假设认为某一发射活动是以陆基发射设施为基础，旨在使用以火箭为引擎进入外空的一种垂直分离活动（至少是在初期），但是现在任何这样的假设已被像"飞马座"（Pegasus）火箭这样的空间发射活动所"冲击"。在此情况下，宇宙飞船在半空中从飞行器下方释放，其飞行轨道的第一部分实质上是水平的——该类活动至少在空间法意义上仍被定义为"发射"行为。近来，这一问题在亚轨道飞行背景下已变得越发重要，有些空间物体是水平起飞，有些则是垂直起飞，甚至有些是从空中飞行的航空器的机翼下方起飞。㉓

目前，许多学者之间形成的一个基本共识是，人造空间物体至少试图以物理方式进入外空。这也是对"空间主义"与"功能主义"作为最恰当的方法适用于空间法进行长期讨论的一个有趣结果。㉔ "空间主义"建议有关地球表面之上活动的准据法的选择应以直接的方式取决于物体发现自身地方的法律。相比之下，"功能主义"则倡议空间法应适用于寻找一种特定操作的功能，这本质上如同卫星一样的"空间物体"，由此将会否定建立在空气空间与外层空间之间明确边界的必要。

然而，当参照进入外层空间的意图对一个空间物体做出定义时，仍将需要对后者做出界定。如果只是为了区分不打算进入外层空间飞行得非常高的物体和打算进入外层空间的物体，即使只是其在亚轨道轨迹的上弧部分，任何飞行高度达到 90 千米的物体或气球将不会、也不应该称为空间物体（假定以 100 千米为边界），而任何飞行高度达到 110 千米的宇宙飞船或卫星在同样的前提下将有资格

㉒ 《责任公约》第 1 条第 b 款，见上文脚注 40。进一步参见 Smith & Kerrest de Rozavel, *supra* n. 78, 113 – 14；Hurwitz, *supra* n. 78, 20 – 1；on what constitutes a launch also Gál, *supra* n. 1, 207 – 9.

㉓ 进一步参见"下册第三章一"部分内容；关于空中发射活动，参见"上册第七章二（一）1"和"上册第七章二（三）"部分内容。

㉔ See e. g. in extenso Kopal, *supra* n. 151, 154 ff.；also Neger & Walter, *supra* n. 1, 237 – 41；earlier already B. Cheng, The Legal Regime of Airspace and Outer Space；The Boundary Problem, Functionalism versus Spatialism；The Major Premises, 5 *Annals of Air and Space Law* (1980), 323 – 61；C. Q. Christol, Legal Aspects of Aerospace Planes, in *The Highways of Air and Outer Space Over Asia* (Eds. C. J. Cheng & P. M. J. Mendes de Leon) (1992), 77 – 90；F. G. von der Dunk, Space for Space Law？Spatialism and Functionalism Revisited, in *Perspectives of Air Law*, *Space Law and International Business Law for the Next Century* (Ed. K. H. Böckstiegel) (1996), 63 – 71.

称为空间物体。

（4）绝对责任抑或过错责任

《责任公约》对一国"空间物体对地球表面或飞行中的飞机造成的损害"[215]应承担绝对责任和一发射国"空间物体对地球表面以外的地方造成损害或对其所载人员或财产造成损害"[216]的情况下承担的过错责任做出了根本区别。然而，公约对"过错"未做进一步定义，这可能引发更多讨论，正如 2009 年发生的宇宙 - 2251 号卫星和铱 - 33 号卫星之间发生的碰撞事件。[217]

绝对责任和过错责任原则适用于以下两种情形：首先，在发射的空间物体共同造成损害的情况下，适用连带责任；其次，在空间物体碰撞产生空间碎片对第三国空间物体或其地球表面的物体共同造成损害的情况。[218]绝对责任可在一定程度下予以免除，即发射国若证明损害是因"要求赔偿国的重大疏忽，或部分因该国或其代表的自然人或法人所采取行动或不采取行动蓄意造成损害的情况"。[219]

---

[215] 《责任公约》第2条，见上文脚注40。进一步参见 Smith & Kerrest de Rozavel, *supra* n. 78, 116 – 30; Cheng, *supra* n. 1, 326 – 8; Hurwitz, *supra* n. 78, 27 – 32; Kayser, *supra* n. 86, 50 – 1; Lyall & Larsen, *supra* n. 2, 108 – 9; Zhukov & Kolosov, *supra* n. 1, 104。

[216] 《责任公约》第3条，见上文脚注40。进一步参见 Smith & Kerrest de Rozavel, *supra* n. 78, 131 – 6; Cheng, *supra* n. 1, 326 – 8; Hurwitz, *supra* n. 78, 32 – 6; Kayser, *supra* n. 86, 51; Lyall & Larsen, *supra* n. 2, 109。

[217] See F. G. von der Dunk, Too – Close Encounters of the Third – Party Kind: Will the Liability Convention Stand the Test of the Cosmos 2251 – Iridium 33 Collision?, in *Proceedings of the International Institute of Space Law 2009* (2010), 199 – 209; M. Mejia – Kaiser, Collision Course: 2009 Iridium – Cosmos Crash, in *Proceedings of the International Institute of Space Law 2009* (2010), 274 – 84; A. K. Dhan & K. Mohan, 'Hit and Run' in the Sky: International Liability for Damage Caused by Collision Between Space Objects in the Light of Recent Iridium – Cosmos Incident, in *Space Law in the Era of Commercialization* (Ed. S. Bhat) (2010), 151 – 66; R. S. Jakhu, Iridium – Cosmos Collision and its Implications for Space Operations, in Yearbook on Space Policy 2008/2009 (Eds. K. U. Schrogl et al.) (2010), 254 – 75; in general also Lachs, *supra* n. 1, 115 – 7; Smith & Kerrest de Rozavel, *supra* n. 78, 133 – 4, (esp.) 225; Hurwitz, *supra* n. 78, 33 – 4; Lyall & Larsen, *supra* n. 2, 108 – 9.

[218] 分别参见《责任公约》第4条和第5条，上文脚注40；也为各承担责任的发射国之间规定了共同连带责任的默认原则。进一步参见 Smith & Kerrest de Rozavel, *supra* n. 78, 137 – 47; Cheng, *supra* n. 1, 328 – 31; Hurwitz, *supra* n. 78, 37 – 9; Zhukov & Kolosov, *supra* n. 1, 103 – 4; Lyall & Larsen, *supra* n. 2, 109 – 10。在此特定背景下，对过错责任可能改革的讨论，参见 H. Hertzfeld, Fault Liability for 3rd Party Damage in Space: Is Article IV (1) (B) of the Liability Convention Useful Today?, in Proceedings of the International Institute of Space Law 2010 (2011), 215 – 23。

[219] 《责任公约》第6条第1款，见上文脚注40。进一步参见 Smith & Kerrest de Rozavel, *supra* n. 78, 148 – 50; Hurwitz, *supra* n. 78, 40 – 3; Lyall & Larsen, *supra* n. 2, 110。

这些条款与一般情形相一致，即在国际社会，绝对责任只是一个例外，它要求缔约国接受具体的国际条约，且该责任仅适用于高风险甚至是极端危险的活动。[20]

（5）国际责任与国家责任

《责任公约》特别强调"国际责任"，即存在于双方主体都是一个或多个国家之间的责任。因此，它不适用于空间物体对发射国公民或是主动或应邀参加发射的外国公民造成的损害，而对发射国公民的损害则适用专门的国内法。[21] 后面的条款与公约保护对相关活动不知情的第三方而非知情方的利益的公约的总体目标相一致。公约第 3 条显然在排除同一空间物体发射国之间请求赔偿的情形。[22] 此外，公约并不排斥个人寻求其他途径来获得赔偿，如可以诉诸发射国的法院。[23] 如果受害人选择通过国家援引《责任公约》，那么他们就不需要首先用尽

---

[20] 在国际层面，缔约国承担绝对责任的其他一些例子，如有关油污染和核损害的情况，其主要根据是《国际油污损害民事责任公约》，公约 1969 年 11 月 29 日签署于布鲁塞尔，并于 1975 年 6 月 19 日生效；973 UNTS 3；UKTS 1975 No. 106；Cmnd. 4403；ATS 1984 No. 3；9 ILM 45（1970）；64 AJIL 481（1970）。《设立国际油污损害赔偿基金的国际公约》，1971 年 12 月 18 日签署于布鲁塞尔，并于 1978 年 10 月 16 日生效；1110 UNTS 57；UKTS 1978 No. 95；Cmnd. 5061；ATS 1995 No. 2；11 ILM 284（1972）。国际海事组织《修订 1969 年 11 月 29 日签署的〈国际油污损害民事责任公约〉的 1992 年议定书》，1992 年 11 月 27 日签订于伦敦，并于 1996 年 5 月 30 日生效；1956 UNTS 255；UKTS 1996 No. 86；Cm. 2658；ATS 1996 No. 2。国际海事组织《修订 1971 年 12 月 18 日签署的〈设立国际油污损害赔偿基金的国际公约〉的 1992 年议定书》，1992 年 11 月 27 日签署于伦敦，并于 1996 年 5 月 30 日生效；UKTS 1996 No. 87；Cm 2657；ATS 1996 No. 3。《核能领域第三方责任公约》，1960 年 7 月 29 日签署于巴黎，并于 1968 年 4 月 1 日生效；956 UNTS 251；UKTS 1968 No. 69；Cmnd. 1211；55 AJIL 1082（1961）。《补充 1960 年 7 月 29 日〈核能领域第三方责任巴黎公约〉的公约》，1963 年 1 月 31 日签署于布鲁塞尔，并于 1974 年 12 月 4 日生效；UKTS 1975 No. 44；Cmnd. 5948；2 ILM 685（1963）。《核损害民事责任维也纳公约》，1963 年 5 月 21 日签署于维也纳，并于 1977 年 11 月 12 日生效；1063 UNTS 265；Cmnd. 2333；2 ILM 727（1963）。

[21] 参见《责任公约》第 7 条，上文脚注 40。进一步参见 Smith & Kerrest de Rozavel, *supra* n. 78, 154 – 61；Cheng, *supra* n. 1, 308 – 9；Hurwitz, *supra* n. 78, 44 – 8；Lyall & Larsen, *supra* n. 2, 111；Kayser, *supra* n. 86, 52 – 3；Bender, *supra* n. 195, 307 – 9。

[22] 《责任公约》第 3 条，见上文脚注 40，如下："任一发射国的空间物体在地球表面以外的其他地方，对另一发射国的空间物体，或其所载人员或财产造成损害，并因此对第三国，或第三国的自然人或法人造成损害时，前两国应在下述范围内共同和单独对第三国负责任。"另见 Hurwitz, *supra* n. 78, 33. 参见《责任公约》第 4 条与第 5 条。这两条规定了在多个发射国的情况下，如何解决连带责任的一些内容，但并不讨论同一空间物体的发射国之间的债权关系。另见 Cheng, *supra* n. 1, 305 – 20, 344。

[23] 参见《责任公约》第 11 条第 2 款，上文脚注 40。进一步参见 Smith & Kerrest de Rozavel, *supra* n. 78, 167 – 8；Hurwitz, *supra* n. 78, 52 – 3；Lyall & Larsen, *supra* n. 2, 111。

当地救济措施，否则这即是国际公法规则下的有关私人权利、义务或损害赔偿实现的默认途径。㉔

（6）索赔权

这引起了对公约第六大内容的讨论，即确定国家有权在《责任公约》下主张索赔。遭受损害的国家或任一国家的自然人或法人拥有索赔的基本权利，领土遭受损害的国家可行使索赔的权利。若永久居民在其境内遭受损害，则所在国在这方面可提出赔偿要求。㉕

这些条款表明，在以国家为中心的责任制度的"既定"范围内和仅作用于国家的公约规定的行动权的作用下，努力使受害者最大限度地利用公约的补偿机制，即私人受害者将至少有三个选择来说服有关国家采纳他们的索赔主张。当这些条款适用于法人时，产生一个有趣的问题，即严格来讲，其中的"永久居留"作为一个术语并不合适，但可做必要的修改，可解释为公司的总部和/或主要营业地。

（7）程序方面：外交谈判和赔偿委员会

该公约第七个主要内容涉及赔偿纠纷处理程序方面的问题。第一阶段是外交谈判，只有在一年内没有成功赔偿的情况下，才可能引起第二阶段，即引发公约明确规定的争端解决机制。㉖ 在第一阶段，损害与索赔之间有一定的时间限制，适用明确的期限。㉗

《责任公约》确立的争端解决机制等同于建立一个赔偿委员会，委员会的细

㉔ 参见《责任公约》第11条第1款，上文脚注40。进一步参见 Lachs, *supra* n. 1, 118；Smith & Kerrest de Rozavel, *supra* n. 78, 166 – 8；Cheng, *supra* n. 1, 345 – 6；Hurwitz, *supra* n. 78, 52；Lyall & Larsen, *supra* n. 2, 111。

㉕ 参见《责任公约》第8条，上文脚注40。另见 Smith & Kerrest de Rozavel, *supra* n. 78, 154 – 8；Cheng, *supra* n. 1, 306 – 8；Christol, *supra* n. 31, 113 – 4；Hurwitz, *supra* n. 78, 49 – 50；Lyall & Larsen, *supra* n. 2, 110 – 1。

㉖ 分别参见《责任公约》第9条和第14条，上文脚注40。进一步参见 Smith & Kerrest de Rozavel, *supra* n. 78, 159 – 61；178 – 80；Hurwitz, *supra* n. 78, 50 – 5；Cheng, *supra* n. 1, 344 – 5；Lyall & Larsen, *supra* n. 2, 110 – 2。

㉗ 参见《责任公约》第10条，上文脚注40。特别需要考虑的是，合理鉴定损害和责任状态的时间可能与损害实际发生的时间存在较大差异。参见 Smith & Kerrest de Rozavel, *supra* n. 78, 162 – 5；Hurwitz, *supra* n. 78, 51 – 2；Cheng, *supra* n. 1, 345；Lyall & Larsen, *supra* n. 2, 111；G. M. Goh, Dispute Settlement in International Space Law（2007），36 – 7。

则框架构成了委员会的默认和备份程序以及其他程序性事项。㉘ 从本质上讲，除了其决定没有约束力之外（除非事先双方另有约定），该争端解决机制与标准的国际仲裁程序非常相似。㉙ 这是常设仲裁法院为外层空间活动而发起特定可选仲裁制度的原因之一。㉚

（8）国际政府间组织的组织关系

《责任公约》最后一个非常重要的内容提到，在明确声明以及假定国际政府间组织的大多数成员既是《责任公约》又是《外空条约》的缔约方之后，国际政府间组织成为该公约事实上的缔约方的可能性甚至比成为《营救协定》缔约方的可能性还高。㉛ 到目前为止，欧洲空间局、欧洲通信卫星组织（依新"章程"维持其旧国际政府间组织的地位㉜）和欧洲气象卫星应用组织已交存了这样一份声明。㉝

然而，这样的组织关系在本质上仍然是次要的。第一，它不涉及如修订和撤回这样的程序性权利的条款。㉞ 第二，如果该组织基于《责任公约》的目的而负有作为"发射国"的责任，如果没有提出令人满意的解决措施，六个月后赔偿国

㉘ 参见《责任公约》第 15 至第 20 条，上文脚注 40。详见 Smith & Kerrest de Rozavel, *supra* n. 78，181 - 93；F. Tronchetti, L. J. Smith & A. Kerrest de Rozavel, The 1972 Convention on International Liability for Damage Caused by Space Objects, in *Cologne Commentary on Space Law* （Eds. S. Hobe, B. Schmidt - Tedd & K. U. Schrogl）Vol. Ⅱ （2013），194 - 9；Hurwitz, *supra* n. 78，55 - 62；Cheng, *supra* n. 1，346 - 54；Goh, *supra* n. 227，33 - 9；Kayser, *supra* n. 86，55 - 8；Lyall & Larsen, *supra* n. 2，112 - 3。

㉙ 参见《责任公约》第 19 条第 2 款，上文脚注 40。当然，该说法还有其他方式，但本质上仍然是一个原意的一方可以避开自己做出的任何具有法律约束力的决定。另参见 Goh, *supra* n. 227，32 - 3，35；Hurwitz, *supra* n. 78，59 - 61；Tronchetti, Smith & Kerrest de Rozavel, *supra* n. 228，194 - 7；Cheng, *supra* n. 1，351 - 4；Lyall & Larsen, *supra* n. 2，113. See further on dispute settlement infra, § 19. 1. 3。

㉚ 这涉及外层空间争议的规则，进一步参见"下册第十章三"部分内容。

㉛ 参见《责任公约》第 22 条第 1 款，上文脚注 40；关于第 22 条的分析，进一步参见 Cheng, *supra* n. 1，310 - 20；also Hurwitz, *supra* n. 78，70 - 4；Kerrest de Rozavel, *supra* n. 97，260 - 1；Tronchetti, Smith & Kerrest de Rozavel, *supra* n. 228，202 - 6；Lyall & Larsen, *supra* n. 2，112。

㉜ 关于国际公共卫星运营商的私有化，请参见"上册第五章二（六）"部分内容。

㉝ 截至 2013 年 1 月 1 日，与外层空间活动有关的国际协定的现况，请参见 A/AC. 105/C. 2/ 2013/CRP. 5, of 28 March 2013, p. 10。

㉞ 参见《责任公约》第 22 条以及第 25 条和第 27 条，上文脚注 40。进一步参见 Tronchetti, Smith & Kerrest de Rozavel, *supra* n. 228，213 - 4，218 - 20；Hurwitz, *supra* n. 78，76 - 7。

将有权与该组织的个别成员联系提出赔偿要求。[23] 第三，国际组织在遭受损害时则无权根据《责任公约》提出赔偿；当然，这取决于该组织的一个或多个成员是否提出索赔。[24]

(9)《责任公约》的应用

幸运的是，迄今并没有出现空间物体在当地造成重大死亡和破坏的案件，以及要求根据《责任公约》的条款解决赔偿责任的情况。另外，到目前也没有因各种原因产生的许多较小的空间冲突正式援引《责任公约》的情况。[25]《责任公约》在实践中是否能被适用，可参照 1978 年发生的一起重大事件进行探讨。

当年，苏联核动力卫星宇宙－954 号卫星重新进入加拿大上空的大气层，将小块放射性碎片散布在加拿大一块很大的无人居住区。两国关于苏联责任的讨论，特别是关于赔偿金的范围，最终以双边协商解决告终，即苏联没有正式承认其赔偿责任，但却支付了大约 300 万加元的赔偿款。[26]

这是因为，一方面，可以声明的是，最终解决文件并没有提及《责任公约》，也没有设立赔偿委员会使其充当公约规定下的司法解决制度。所以该索赔从该公约外部进行解决，也不涉及对公约的援引及其含义解释的问题。

另一方面，可以指出的是，加拿大的索赔不仅明确提及《责任公约》，而且《责任公约》第 9 条和第 14 条也提到外交谈判，在第 14 条至第 20 条所提供的争端解决机制真正启动之前，需要一年时间才能成功。由此可知，《责任公约》在

---

[23] 参见《责任公约》第 22 条第 3 款，上文脚注 40。特别参见 Cheng, *supra* n. 1, 317 – 20；Tronchetti, Smith & Kerrest de Rozavel, *supra* n. 228, 205 – 6。

[24] 参见《责任公约》第 22 条第 4 款，上文脚注 40。参见 Cheng, *supra* n. 1, 318 – 9；Goh, *supra* n. 227, 36。

[25] *Cf.* e. g. Lyall & Larsen, *supra* n. 2, 116 – 20；Cheng, *supra* n. 1, 286 – 8；Smith & Kerrest de Rozavel, *supra* n. 78, 222 – 3.

[26] 参见《加拿大政府与苏维埃社会主义共和国联盟政府议定书》（1981 年 4 月 2 日签署，并于 1981 年 4 月 2 日生效）。20 ILM 689（1981）；Space Law – Basic Legal Documents, A. IX. 2. 2. 2. See in more detail Hurwitz, *supra* n. 78, 113 – 40；also B. A. Hurwitz, Reflections on the Cosmos 954 Incident, Proceedings of the Thirty – Second Colloquium on the Law of Outer Space（1990），350 – 3；Viikari, *supra* n. 54, 40, 45 – 8；Lyall & Larsen, *supra* n. 2, 117 – 8；Christol, *supra* n. 31, 178 – 80；Christol, *supra* n. 34, 205 – 7；K. H. Böckstiegel, Case Law on Space Activities, in Space Law – Development and Scope（Ed. N. Jasentuliyana）（1992），206.

这一范围内得以适用。^⑳ 至少，该公约似乎是加拿大诱使苏联认真对待索赔的背后推手，否则可能会援引争端解决程序，而这对世界第一大空间强国来说是非常尴尬的。

4.《登记公约》

《外空条约》生效 9 年后，《登记公约》通过前述一揽子协议中的第三要素，深化了早期公约的规定，^⑳而早期公约只提出登记的概念，并将其同管辖权和控制权联系起来，但没有说明有关细节：

> 凡本条约缔约国为射入外层空间物体的登记国者，对于该物体及其所载人员，当其在外层空间或在某一天体上时，应保有管辖权和控制权。向外层空间发射的物体包括在某一天体上着陆或建筑物的物体及其组成部分的所有权，不因其在外层空间或在某一天体上或因其返回地球而受影响。这类物体或组成部分如果在其所登记的缔约国境外发现，应交还该缔约国，如经请求，该缔约国应在交还前提供认证资料。^⑳

此外，《外空条约》还提及被困宇航员有返回"他们飞行器登记国"的义务。^⑳在具体制定《外空条约》第 5 条和第 8 条时，《登记公约》实现了两套实质性义务。

（1）国家登记

一方面，该公约要求各国建立国家登记册，用来登记他们认定为发射状态的

---

⑳ 关于加拿大索赔的依据，参见 Space Law – Basic Legal Documents，A. IX. 2. 2。

⑳ 关于《登记公约》，见上文脚注 41。另参见 B Schmidt – Tedd et al. , The 1975 Convention on Registration of Objects Launched into Outer Space, in Cologne Commentary on Space Law（Eds. S. Hobe, B. Schmidt – Tedd & K. U. Schrogl）Vol. Ⅱ（2013），227 – 324；Christol, *supra* n. 31, 213 – 45；Lyall & Larsen, *supra* n. 2, 84 – 96；A. A. Cocca, Registration of Space Objects, in Manual on Space Law（Eds. N. Jasentuliyana & R. S. K. Lee）Vol. Ⅰ（1979），173 – 93；Kopal, *supra* n. 210, 372 – 85；Y. Lee, *supra* n. 44, 42 – 4。

⑳ 《外空条约》第 8 条，见上文脚注 1。参见 Jasentuliyana, *supra* n. 1, 204 – 5（指出"对空间物体的管辖权、控制权和所有权是永久性的"）；《外空条约》第 8 条；Schmidt – Tedd & Mick, *supra* n. 167, 146 – 68；Dembling & Arons, *supra* n. 67, 439 – 40；Cheng, *supra* n. 1, 231 – 3；Lachs, *supra* n. 1, 66 – 9。

⑳ 《外空条约》第 5 条，见上文脚注 1；另参见 von der Dunk & Goh, *supra* n. 185, 94 – 102。

任何空间物体。^㉓"发射国"的定义与《责任公约》的规定相同。^㉔每一发射国应将其登记册的事情通知联合国秘书长，每一登记册的内容项目和保持登记册的条件应由有关登记国决定。^㉕

任何此种外空物体有两个以上的发射国时，各发射国应共同决定由哪一国登记该外空物体，并且不妨碍各发射国间就外空物体及外空物体上任何人员的管辖和控制问题所缔结的或日后缔结的适当协定。^㉖换句话说，一登记国在《责任公约》下总是要承担责任，反之情况未必真实。

针对即将到来的商业亚轨道飞行，最近提出了一个问题，即不进入轨道但至少短暂进入通常被认为是"外空"的地方，不同于"发射到外空"的物体，该观点关注发射到地球轨道或轨道之外的空间物体。^㉗使用亚轨道飞行工具的目的是为几十甚至几百人的飞行活动提出关于空间物体登记制度的焦点问题，而不是个人外空飞行。任何单亚轨道飞行现在可持续数小时（即达到 100 千米以上），即使任何单个飞行也要花费几分钟。而且，一旦这种飞行变成亚轨道飞行活动，如从纽约到东京，其参数将发生根本性变化。^㉘

另外，在使用过程中产生的一个混乱问题是，"亚轨道"并不是实现围绕地

㉓　参见《登记公约》第 2 条第 1 款，上文脚注 41。关于第 2 条，进一步参见 Schmidt – Tedd et al. *supra* n. 240, 249 – 97; Cocca, *supra* n. 240, 180 – 1; Lyall & Larsen, *supra* n. 2, 86 – 7; Cheng, *supra* n. 1, 484 – 5, 626 – 30。

㉔　参见《登记公约》第 1 条第 a 款，上文脚注 41。进一步参见 B. Schmidt – Tedd, The 1975 Convention on Registration of Objects Launched into Outer Space, in Cologne Commentary on Space Law (Eds. S. Hobe, B. schmidt – Tedd & K. U. Schrogl) Vol. Ⅱ (2013), 244 – 7; Cocca, *supra* n. 240, 180。

㉕　分别参见《登记公约》第 2 条第 1 款和第 3 款，上文脚注 41。在实践中，它对国家具有重要的意义，至少它包含公约规定的国际登记事项的内容。参见《登记公约》第 4 条第 1 款；进一步参见"上册第二章三（四）2"部分内容。

㉖　《登记公约》第 2 条第 2 款，见上文脚注 41。进一步参见 Christol, *supra* n. 31, 228; Lyall & Larsen, *supra* n. 2, 86 – 7; Schmidt – Tedd et al., *supra* n. 240, 255 – 9。

㉗　关于此问题，进一步参见 von der Dunk, *supra* n. 142, 271 – 80; further e. g. Hobe, *supra* n. 137, 446 – 8; Gerhard, *supra* n. 137, 282 – 3; Soucek, *supra* n. 5, 349; Schmidt – Tedd & Mick, *supra* n. 167, 151; Kopal, *supra* n. 210, 377.

㉘　进一步参见"下册第三章三（二）1"部分内容。

球全轨道的技术/运营标准,㉙而认为"亚"意味着"低",一个"地理""空间""没有到达外层空间"的代名词。㉚虽然"地球轨道"也指技术/运营标准(完成绕地球至少一个轨道),但是《登记公约》第2条中提及的"超越"只意味着它实际上被视为一个"地理""空间"标准。即只有该区域超过"地球轨道"本身时,"超越地球轨道"才说得通。因此,"进入和超越地球轨道"最好与"外空"等同为一个区域,同时应注意前文讨论的"最低近地点规则"和关于100千米高空边界的一致观点。㉛

迄今为止,实施的包括一次性探空火箭、一次性深空探测仪和一次性军事导弹实践,都未成功实现完整的绕地球轨道飞行的目的。这就产生了一个假设,即在公约系统下这样亚轨道飞行根本不需要登记,但是只要他们达到标有"地球轨道或更远"的特定高度,那么该系统并不会从本质上排除空间物体的登记。亚轨道飞船必将很快在外层空间较低区域内频繁进出,下一步可能会延长进出的时间,对此类飞行适用《登记公约》是适当的。㉜

(2)国际登记

在联合国秘书长的支持下,《登记公约》规定建立一种国际登记制度。㉝该

㉙ 应当注意的是,实际上只有能够更加清楚地说明这一点时,才使用"非轨道"代替"亚轨道"的术语。参见 Freeland, *supra* n. 77, 20。例如,将"次轨道空间飞行"定义为"未达到轨道速度的空间飞行"。然而,虽然深空飞行可以飞出数百万英里,但它并不能完成绕地球轨道飞行,因为它的逃逸速度大大超过了进入轨道所必需的速度。

㉚ 参见《南非空间事务法》第1条第10款,见上文脚注161;该法以进入"亚轨道"而非"进入外空"的方式对"发射"做出界定。参见 http://en. wikipedia. org/wiki/Suborbital_spaceflight,最后访问日期为2014年1月6日。相反,它也被等同视为已到达外层空间(替代地或明确地规定为已达到100千米的高度),但没有围绕地球实现一个完整的轨道飞行。参照美国立法,因为它构成了空间飞行,所以将商业空间发射法适用于私人亚轨道飞行。参见 Sections 50902 (4) & (13), 50904 (a), 50905, 50906, 51 U. S. C. 509; see further von der Dunk, *supra* n. 142, esp. 287 – 9, further 303 – 15; also e. g. Kleiman, Lamie & Carminati, *supra* n. 1, 83 – 6; Hobe, *supra* n. 137, 444 – 6。

㉛ 参见"上册第二章三(一)3"部分内容。关于这一争论更详细的内容,请参见 von der Dunk, *supra* n. 142, 322 – 5; also Nase, *supra* n. 125, 762 – 4; Chatzipanagiotis, *supra* n. 150, 21; *cf.* further Reinhardt, *supra* n. 125, 115 – 6。

㉜ So esp. von der Dunk, *supra* n. 142, 334 – 40。

㉝ 参见《登记公约》第3条,上文脚注41。联合国秘书长已将责任委托给设在维也纳的外层空间事务厅(外空司)负责,www. unoosa. org/oosa/en/SORegister/index. html, 最后访问日期为2014年4月12日。参见 Lyall & Larsen, *supra* n. 2, 89. Further Schmidt – Tedd, *supra* n. 244, 298 – 9; Christol, *supra* n. 31, 232 ff. ; Cocca, *supra* n. 240, 181。

登记内容包含联合国的正式但不具有约束力的决议要求各国登记和规定空间物体的信息［联合国1721号第（XVI）B项规定］。㉔

首先，《登记公约》规定在切实可行的范围内提供发射空间物体的数据情报：（a）发射国或相关国家的国名；（b）空间物体的适当指示符或其注册号；（c）发射日期和地域或地点；（d）基本轨道参数包括交点周期、倾斜角、远地点、近地点；（e）外空物体的基本功能。㉕ 尽管这是一个有约束力的义务，但不幸的是，切实可行的资格要求为大量的，甚至是不断增加的非登记措施打开了大门。㉖

其次，每一登记国随时应提供国家登记要求所载的外空物体的其他情报。㉗ 类似的，每一登记国应在切实可行的最大限度内，尽快将其曾提送情报的原在地球轨道内但现已不在地球轨道内的外空物体通知联合国秘书长。㉘

从许多国家多次登记"失败"以及登记义务存在的诸多法律漏洞中得出这样一个结论，即当前的制度远未达到全面性和透明性。例如，与飞机登记的国际制度相比，国际社会产生了改善《登记公约》适用性的尝试和努力。㉙ 另外，在即将到来的私人商业太空飞行活动的推动下，这很可能在很大程度上受空间法体制的约束。㉚

（3）剩余的关键条款

另外，《责任公约》相关条款还规定了一些协助性义务，即获得通过使用追

㉔　参见"第二章二（一）1"部分内容。

㉕　《登记公约》第4条第1款，见上文脚注41。特别参见 Christol, *supra* n. 31, 232; also more generally on Art. Ⅳ: B. Schmidt – Tedd, N. Malysheva & O. Stelmakh, The 1975 Convention on Registration of Objects Launched into Outer Space, in Cologne Commentary on Space Law (Eds. S. Hobe, B. Schmidt – Tedd & K. U. Schrogl) Vol. Ⅱ (2013), 300 – 4; Lyall & Larsen, *supra* n. 2, 87 – 8; Cocca, *supra* n. 240, 181 – 4。

㉖　See Christol, *supra* n. 31, 235 – 9; Y. Lee, *supra* n. 44, 43 – 4, 50; Schmidt – Tedd et al., *supra* n. 240, 261 – 2; Kopal, *supra* n. 210, 380 – 1; also Lyall & Larsen, *supra* n. 2, 93 – 6.

㉗　《登记公约》第4条第2款，见上文脚注41。根据国家实践，这可能特别指与空间物体私人所有者和运营者相关的信息，改变轨道参数或者静地位置，甚至是实际管控卫星的变化，尽管在法律上没有重新登记的可能性。参见 Lyall & Larsen, *supra* n. 2, 92 – 3. *Cf.* further Christol, *supra* n. 31, 235 – 6; more in general on Art. Ⅳ (2) e. g. Schmidt – Tedd, Malysheva & Stelmakh, *supra* n. 255, 302 – 3。

㉘　《登记公约》第4条第3款，见上文脚注41。

㉙　进一步参见"第二章三（六）"部分内容。

㉚　进一步参见"下册第三章"。

踪和监视设备来辨认具有显著潜在危险或有毒空间物体的支持，并指出大多数国家不具备技术和/或经济能力对其进行跟踪和监视。[260] 该条款超越了《登记公约》和《责任公约》有关"发射国"定义的范围，反映了两公约最大限度确认发射国责任的基本意图。

最后，《登记公约》与《责任公约》还有相似的条款，如允许政府间组织成为法律上公约规定的权利和义务的承担者，成为事实上公约的缔约国。[262] 例如，欧洲空间局和欧洲气象卫星应用组织迄今都是这样做的。[263]

5. 《月球协定》

《月球协定》[264] 详细规定关于对月球等天体资源的开发与利用的外层空间制度。对本协定的深入分析，将进一步发挥其在国际空间立法中不可或缺的关键作用。但由于缔约国数量有限，现从以下两部分展开分析。[265]

(1) 没有争议的部分——《外空条约》的阐述

《月球协定》没有争议的部分占较大部分，该协定基本上重申了月球和其他天体特定背景下《外空条约》规定的一般规则和原则，同时为特定目的对其进行了细化。

因此，《月球协定》重申了《外空条约》关于天体作为外层空间全球公域中

---

[260] 参见《登记公约》第6条，上文脚注41。进一步参见 Schmidt – Tedd Malysheva & Stelmakh, *supra* n. 255, 307 – 9；Lyall & Larsen, *supra* n. 2, 89 – 90；Cocca, *supra* n. 240, 186。

[262] 参见《登记公约》第6条，上文脚注41。进一步参见 Lyall & Larsen, *supra* n. 2, 90 – 1；U. Bohlmann, The 1975 Convention on Registration of Objects Launched into Outer Space, in Cologne Commentary on Space Law（Eds. S. Hobe, B. Schmidt – Tedd & K. U. Schrogl）Vol. Ⅱ（2013），310 – 4；Cocca, *supra* n. 240, 187。

[263] See Status of International Agreements relating to activities in outer space as at 1 January 2013, A/AC. 105/C. 2/2013/CRP. 5, of 28 March 2013, p. 10.

[264] 参见《月球协定》总则，上文脚注46。例如，S. Hobe et al. , The 1979 Agreement Governing the Activities of States on the Moon and Other Celestial Bodies, in *Cologne Commentary on Space Law*（Eds. S. Hobe, B. Schmidt – Tedd & K. U. Schrogl）Vol. Ⅱ（2013），325 – 426；Cheng, *supra* n. 1, 357 – 80；Christol, *supra* n. 31, 246 – 363；Tronchetti, *supra* n. 47, 38 – 61；Jasentuliyana, *supra* n. 1, 224 – 49；H. Bashor, Interpretation of the Moon Treaty: Recourse to Working Papers and Related International Documents, 32 *Annals of Air and Space Law*（2007），149 – 200；C. Q. Christol, The 1979 Moon Agreement: Where is it Today?, 27 *Journal of Space Law*（1999），1 – 33；Lyall & Larsen, *supra* n. 2, 181 – 97；*cf.* also Matte, *supra* n. 107, 253 – 82；Doyle, *supra* n. 77, 316 – 24。

[265] 《月球协定》对国际空间法有关"人类共同遗产"概念的主要贡献，将在后面做简要概述。重点参见"下册第五章四（二）2"部分内容。

的"全球公域"的特征和"全人类领域"的角色，这里特指适用于人类探索和使用的领域。⑳ 然而，该协定第 1 条规定的特定规则除了适用于月球外，也适用于太阳系的其他天体。事实上，协定排除了"通过自然方式到达地球表面的地球外物质"，因为后者与小行星和其他近地物体（NEOs）相关。㉗

此外，《月球协定》基本上是对《外空条约》包括《联合国宪章》这一国际法规则适用情况的重复，仅出于和平目的对天体的使用以及国际合作和信息交流的需要。该协定规定了协助宇航员，对宇航员和空间物体进行管辖和控制的义务，缔约国的国际义务和国际责任（还要通过未来协议进一步阐述），以及在月球区域对装备、站所的开放。㉘ 最后，该协定也允许政府间组织成为事实上公约的缔约国。㉙

（2）有争议的部分——人类共同遗产

《月球协定》的争议部分仅涉及月球和天体资源潜在的（商业）开发问题，该问题通过"人类共同遗产"的概念反映出来。㉚《月球协定》未能重要地达到批准程度，主要是因为要求大多数主要航天利益国家投入巨额资金以对外空资源

---

⑳ 参见《月球协定》第 4 条，第 6 条，第 8 条和第 9 条，上文脚注 46。具体包括建立载人空间站；《外空条约》序言中对其他做了说明，见上文脚注 1。参见《月球协定》第 11 条第 2 款与第 3 款；在人类共同遗产原则的背景下，这基本上是指外层空间的全球公域性质，但与人类共同遗产原则并列。进一步参见 S. Hobe & F. Tronchetti, The 1979 Agreement Governing the Activities of States on the Moon and Other Celestial Bodies, in *Cologne Commentary on Space Law* (Eds. S. Hobe, B. Schmidt – Tedd & K. U. Schrogl) Vol. II (2013), 364 – 6; S. R. Freeland, The 1979 Agreement Governing the Activities of States on the Moon and Other Celestial Bodies, in *Cologne Commentary on Space Law* (Eds. S. Hobe, B. Schmidt – Tedd & K. U. Schrogl) Vol. II (2013), 372 – 84.

㉗ 参见《月球协定》第 1 条第 1 款与第 3 款，上文脚注 46。后一项提出了一个天体之间的分界线的问题，如月亮，一定是最小尺寸的岩石和近地物体，在此体积之下将有资格作为"外星物质"而不是天体。参见 Lyall & Larsen, *supra* n. 2, 175 – 7; Hobe & Tronchetti, *supra* n. 266, 352 – 4; Matte, *supra* n. 107, 258。

㉘ 参见《月球协定》第 2 条，第 3 条，第 10 条，第 12 条和第 15 条，上文脚注 46。进一步参见 Hobe et al., *supra* n. 264, 355 – 63, 385 – 7, 400 – 2, 407 – 10; Cheng, *supra* n. 1, 367 – 71。

㉙ 参见《月球协定》第 16 条，上文脚注 46。到目前为止，尚未有国际组织这样做。参见 Status of International Agreements relating to activities in outer space as at 1 January 2013, A/AC. 105/C. 2/2013/CRP. 5, of 28 March 2013, p. 10. *Cf. further* e. g. Freeland, *supra* n. 266, 411 – 3。

㉚ 请注意《月球协定》确立的二分法，见上文脚注 46。该协定第 4 条第 1 款强调指出"月球的探索和利用应是全体人类的事情"；而第 11 条第 1 款强调"月球和自然资源是人类的共同遗产"。第 11 条第 5 款强调了"应建立国际制度管理月球自然资源的开发"。参见"下册第五章"对天体资源开发问题的分析。

进行开采，并以某种方式分享用于此类活动的技术，这使得对这些活动感兴趣的国家感到不安。㉑

该协定第 11 条第 1 款的价值在于适用于月球和其他天体，但是《月球协定》除了关注环境外，并未对其做详细阐述。㉒ 第 11 条的其余内容仅提出了这样的阐述，但"协定"同时要求举行审查会议，这大概也主要是为了规定这样的细节。㉓ 然而更加具体的是"当自然资源的开发即将变得可行时，缔约国之间应建立指导此种开发的国际制度，包括适当的程序以管理月球自然资源的开发。"㉔

这些建议的即将"建立的国际制度的主要宗旨"应包括：

（a）有秩序地和安全地开发月球的自然资源；

（b）对这些资源做合理的管理；

（c）扩大使用这些资源的机会；

（d）所有缔约国应公平分享这些资源所带来的惠益，而且应当对发展中国家的利益和需要，以及各个直接或间接对探索月球做出贡献的国家所做的努力，给予特别的照顾。㉕

尽管前三项内容被认为是无争议的，但在广泛签署与批准方面，尤其是对主要航天国家而言，第四项内容却被禁止采用。这主要是因为在《联合国海洋法公约》背景下，也有同样的法律原则确定了相当详细的内容，同样强制要求主要贡

㉑ Cf. Viikari, *supra* n. 47, esp. 68 – 72；73 – 8，1994 年《纽约协定》[《关于执行 1982 年 12 月 10 日〈联合国海洋法公约〉第 11 部分的协定》，1994 年 7 月 28 日在纽约签署，并于 1996 年 7 月 28 日生效 t；1836 UNTS 3；33 ILM 1309（1994）；UKTS 1999 No. 82；Cm. 2705；ATS 1994 No. 32]。该协定从根本上淡化了许多发达国家不能接受的事项，从而挽救了该公约。进一步参见 Malanczuk, Akehurst, *supra* n. 1, 173 – 5；Lyall & Larsen, *supra* n. 2, 196。

㉒ 参见《月球协定》第 7 条，上文脚注 46。进一步参见 Freeland, *supra* n. 266, 372 – 7。

㉓ 参见《月球协定》第 18 条，上文脚注 46；然而，这样的审查会议从来没有发生过。进一步参见 Freeland, *supra* n. 266, 415 – 6；Cheng, *supra* n. 1, 373 – 4；also Christol, *supra* n. 34, 403 – 26, on the background。

㉔ 《月球协定》第 11 条第 5 款，见上文脚注 46，具体内容涉及第 18 条。参见 R. S. Jakhu et al., The 1979 Agreement Governing the Activities of States on the Moon and Other Celestial Bodies, in *Cologne Commentary on Space Law*（Eds. S. Hobe, B. Schmidt – Tedd & K. U. Schrogl）Vol. Ⅱ（2013），396 – 7；Cheng, *supra* n. 1, 365 – 7；in extenso Christol, *supra* n. 31 342 – 63, and at 364 – 434，该文非常详细地讨论了这样一个未来的体制应该包括什么内容。

㉕ 《月球协定》第 11 条第 7 款，见上文脚注 46；进一步参见 Jakhu et al., *supra* n. 274, 397 – 9。

献国与非贡献国分享利益与转让技术。㉖

然而，《月球协定》规定的这一条内容引起了进一步混乱，该协定规定"月球表面或表面下层或其任何部分或其中的自然资源均不应成为任何国家、政府间或非政府国际组织、国家组织或非政府实体或任何自然人的财产。"㉗ 相反，一旦资源被获取就应当被认为是（私人或其他）侵占。㉘

与目前有 165 个缔约国的《联合国海洋法公约》相比，1994 年《纽约协定》的成员国也包含了许多发达国家㉙。另外，《月球协定》的相关条款复杂矛盾，它未被国际社会广泛认可的原因在于月球的法律地位以及设想在月球开展活动的不确定性。就目前设想活动的范围而言，该协定已经从实际采矿方面延伸到机器人活动领域。

对于个别国家而言，在法律范围内采取单边行动的诱惑是相当大的。例如，许可某些特定活动或试图保护载人登月等历史遗址，即使全球对月球的法律地位缺乏共同的理解，但其中某些特定区域以及矿藏一旦被开采就可能使善意的企业家开始重新思考投资的意义。

6. 五个外空条约之外的"和平利用外层空间委员会"的工作

如前所述，《月球协定》预示着制定空间法时代的终结，而在这一时代或多或少能够达成全球普遍接受以及适用的条约。和平利用外层空间委员会（以下称外空委）的成员国数量越来越多且更加多样，这反映出越来越多的国家对空间活动感兴趣且积极参与进来。进一步，苏联于 1991 年的解体和冷战时期世界两极格局的消退，很可能是发生这一现象的主要原因。

但是，这并不意味着外空委失去了它与空间法发展的关联性。相反，这些发

㉖ 参见《联合国海洋法公约》第 133 条至第 191 条，上文脚注 15；参见 Jasentuliyana, *supra* n. 1, 39；Christol, *supra* n. 34, 341 – 8. Further von der Dunk, *supra* n. 47, 98 – 105；also Tronchetti, *supra* n. 47, 56 – 61, esp. 116 – 23；Viikari, *supra* n. 47, 52 ff.；S. Hobe, *supra* n. 47, esp. 125；Christol, *supra* n. 31, e. g. 315 – 24；Cheng, *supra* n. 1, 374 – 80；进一步参见"下册第五章五"部分内容。

㉗ 《月球协定》第 11 条第 3 款，见上文脚注 46。

㉘ See e. g. Cheng, *supra* n. 1, 369；Kleiman, Lamie & Carminati, *supra* n. 1, 226 – 7；more carefully Lyall & Larsen, *supra* n. 2, 185.

㉙ See www. un. org/Depts/los/reference_files/chronological_lists_of_ratifications. htm, last accessed 6 January 2014.

展承担起了与现有法律制度合作的责任，并在合适时继续细化现有制度，而这在很大程度上通过联合国的权威决议来实现。上述关于卫星直播、卫星遥感、使用核动力，以及关于减缓空间碎片的决议是最典型的例子。[280] 特别是经协商一致的决议，如关于卫星遥感的决议，通过习惯国际法为其具有约束力提供了明确的前景，而其他类型的决议却不能。

最有意思的是 2007 年批准的联合国外空委《关于空间碎片减缓的指南》。[281] 在大多数主要的政府卫星运营商之间，它最初作为一种空间机构层面的自愿承诺而存在，随后由于得到联合国决议的承认，上升到了一个更高的政治层面，即使在这一阶段其仍然不具有法律约束力。[282] 截至今天（捐本书原英文版成稿时——译者注），越来越多的主要航天国家都把那些相同的、从国际上来讲仍是自愿性质的准则作为国内许可方案的重要参考内容，从而在国内法层面将其转化为具有约束力（"硬"）的法律。[283] 不久之后，由于某些国家否认国家实践以及法律确信，因而在一定程度上产生习惯法律义务将会变得较为困难。[284]

最新起草的关于澄清"发射国"概念的决议，旨在促进涉及私人空间活动的

---

[280] 参见"上册第二章二（一）3"部分内容。另本书后文更详细地讨论了这些制度的实质内容。参见上册第八章关于卫星通信、上册第九章关于卫星遥感、下册第四章关于环境以及上册第五章关于政府间组织国际合作的讨论。

[281] 另参见上文脚注 56 和 57。对此文件更详细地评述，参见 Viikari, *supra* n. 54，93 – 102。

[282] See specifically on the 2007 Resolution W. Balogh, The Role of Bindingand Non – Binding Norms in the Implementation of Small Satellite Programmes, in *Soft Law in Outer Space*（Ed. I. Marboe）（2012），325 – 42。关于外层空间和空间法背景下"软法"问题的深入讨论参见 S. Aoki, The Function of 'Soft Law' in the Development of International Space Law, in *Soft Law in Outer Space*（Ed. I. Marboe）（2012），57 – 85；M. Ferrazzani, Soft Law in Space Activities – An Updated View, in *Soft Law in Outer Space*（Ed. I. Marboe）（2012），99 – 117。

[283] *Cf.* also Viikari, *supra* n. 54，106 – 11（esp. on licensing by the US FCC）；R. Tremayne – Smith, Environmental Protection and Space Debris Issues in the Context of Authorisation, in *National Space Legislation in Europe*（Ed. F. G. Von der Dunk）（2011），179 – 88（esp. on licensing in the UK case）；S. Mosteshar, Regulation of Space Activities in the United Kingdom, in *National Regulation of Space Activities*（Ed. R. S. Jakhu）（2010），361（also on the UK case）；P. Achilleas, Regulation of Space Activities in France, in *National Regulation of Space Activities*（Ed. R. S. Jakhu）（2010），111（on the case of France）；more generally Lyall & Larsen, *supra* n. 2，301 – 11；Kleiman, Lamie & Carminati, *supra* n. 1，218 – 21. 另参见"上册第三章二（一）部分内容。

[284] 另参见"下册第四章三（二）1"和"上册第五章九（二）"部分内容。

国家空间法和许可制度的进一步发展，[280] 同时也为了建立联合国灾害管理与应急反应天基信息平台，[286] 并通过自愿地向联合国外空司提供更多的国际登记信息来提高《登记公约》的效力。[287]

最后，外空委及其两个小组委员会，特别是现在的法律小组委员会，将继续提供持续的平台用以讨论意见和交换信息。例如，对私人空间活动进行国家管理与立法的需求与措施。[288]

还需要指出的是，前述《俄中防止在外空放置武器、对外空物体使用或威胁使用武力条约》（草案）被广泛采纳的可能性很小，其中对于核心争议的讨论，即尽可能把外层空间保持为军事冲突之外的领域，而对这一概念的理解也存在差异。其中许多成果虽然不具法律约束力，但却成为各国和其他参与者在外层空间条约规定的范围内适当开展外层空间活动的重要指南。

（四）国际空间法的边缘性问题

1. 第四阶段：广义的空间法

在过去几十年间，外空委在立法和法典编纂方面的作用不断发生变化，并与空间法的"第四阶段"密切相关，这基本上可以认为其已超越了上文讨论的核心内容。无论是在法理上还是在实践中，其职权范围都发生了重大变化，有时甚至会威胁到其相关性。

简言之，第四阶段是指空间活动开始从其纯粹的冷战时期，政府中心主义、政治军事主义与科学起源主义中摆脱出来，并与空间法结合，并逐渐包含如下内

---

⑳ 这主要指 Resolution A/RES/59/115, 10 of December 2004，关于"发射国"概念的应用参见 K. U. Schrogl, The Launching State and the Registration Practice Resolutions as 'Kick Off' for a New Phase in Space（Soft）Law Development, in *Soft Law in Outer Space*（Ed. I. Marboe）（2012），195 – 203。

⑳ 这主要指 Resolution A/RES/61/110, of 14 December 2006, United Nations Platform for Space-based Information for Disaster Management and Emergency Response. *Cf.* e. g. Lyall & Larsen, *supra* n. 2, 436。

⑳ 这涉及 2007 年 12 月 17 日关于加强空间物体登记国和国际政府间组织的做法的建议，A/RES/62/101 号决议。另参见 Schrogl, *supra* n. 285, 195 – 203。

⑳ 关于这一问题的具体工作主要由联合国和平利用外层空间委员会法律小组委员会负责实施。I. Marboe, National Space Legislation – The Work of the Legal Subcommittee of UNCOPUOS 2008 – 2011, in *Proceedings of the International Institute of Space Law 2011*（2012），101 – 6；*cf. also* e. g. Marboe & Hafner, *supra* n. 210, 29 – 71；von der Dunk, Private Enterprise, *supra* n. 67, 1 – 163；进一步参见"上册第三章"部分内容。

容：首先，更加关注特定行业和部门的制度；其次，由于陆地性质的实际应用日益增加，其空间进一步被扩大，在此，空间在一定程度上变得无关紧要但是仍然是不可或缺的要素。[28]

显而易见，所有有关国际空间法的统一性整体在下降。因此，今天的空间法应该注重全面性而不能只顾那些全球性条约、决议和其他法律、准法律或软法的发展。这些都源于外空委的接受，或者更确切地说，源于主要航空国家间的合作。

因为在一定程度上，该过程第一部分在 20 世纪 60 年代末就已开始，并与第二部分重叠，这一过程是空间法制定的黄金阶段。而第四阶段也被贴上第四"阶层"的标签，但特别在近几十年，它发展缓慢却明显超越了第三阶段的结果，至少就实际关联性而言，该阶段引起了外空委作为发展国际空间法的中心平台的可行性讨论。[29]

前三个阶段都有一个共同点，即国家往往是占主导地位的外层空间参与者，并且这些国家在发展空间法律制度方面目标明确，无论是具有法律约束力的条约或是通过联合国决议，抑或是其他在一定程度上引起习惯国际法的发展，但至少在原则上它们要建立全球适用的规则。[30]

相比之下，第四个阶段出现了一些运营性质的国际组织，它们于 20 世纪 70 年代初成立，[31] 不仅汇集准监管资源，汇集资金和技术资源，而且还扩大了私人实体的参与范围，使其能够参与为某些地面应用带来潜在商业利益的空间活动，[32] 而这些最初的几个国际组织主要进入到电信领域。[33]

现在广义上的空间法已经逐步包含许多其他法律制度，在知名度和对国际空间法的直接影响方面，它们大致可以按降序分类：①国际空间组织的内部章程、规章和习惯法；②为特定空间项目特别制定的具体制度；③志趣相投的国家就空

---

[28]　卫星通信即是一个很好的例子，"自下而上"以应用为导向的卫星只是网络中的一个技术要件，如果从商业或其他实际利益方面考虑，那么它很容易被地面无线、有线或光纤网络所取代。因此，卫星通信只是作为电信的一个子集受到监管。

[29]　Cf. e. g. von der Dunk, *supra* n. 32, 409 – 14.

[30]　对此，参见"上册第二章二（一）"部分内容。

[31]　对其历史回顾，参见 F. Lyall, Law and Space Telecommunica – Tions（1989），74 – 130；Cheng, *supra* n. 1, 511 – 71；more succinctly Smith, *supra* n. 121。

[32]　这些详细的发展情况，参见 von der Dunk, *supra* n. 62, 498 – 515。

[33]　进一步参见 Lyall & Larsen, *supra* n. 2, 378 – 9。

间活动的具体范围所签订的多边或双边条约；④一系列双边协议，涉及地面基站托管安排到长期合作的内容；⑤更多在空间范围之外制定的制度，这些制度现在至少对空间活动中的一个领域产生重大影响。㉘

从形式上讲，第六类是可以增加的国家法律和法规，虽然根据定义它并不属于国际法范畴，但是它可能对作为代表国家实践和法律确信的习惯国际法的形成产生影响。㉙ 除了这一作用外，下文将分别讨论这一主题。㉚

从一个如此广的角度去理解空间法所有内容的实质和分析在下文其他章节被讨论的重要内容，这显然超出了本章的范围，但至少要为这些问题进行概述，以便阐明它们与上文提及的核心内容的复杂关系。

2. 国际组织的特别法律制度㉛

（1）国际卫星运营商

第一个真正意义上的国际运营空间组织是成立于 1971 年的国际通信卫星组织（INTELSAT）㉜ 和国际卫星空间通信组织（INTERSPUTNIK）㉝。随后于 1976

㉘ 就这一概览而言，以条约法为重点，将更复杂的习惯国际法和软法问题排除在外，如由遥感卫星系统主要运营商设立的《在发生自然或技术灾害时协调使用空间设施的合作宪章》。另参见"上册第九章四（三）4"部分内容。

㉙ 关于国内法在习惯国际法形成中的作用，参见 Shaw, *supra* n. 1, 72 ff., esp. 82 - 3; Crawford, *supra* n. 2, 23 - 7; Malanczuk, Akehurst, *supra* n. 1, 39 - 43。

㉚ 参见"上册第三章"。

㉛ 下文提到的年份指第一个宪章性条约开放签署的年份，而不是这些文件生效的年份。参见上册"第五章国际组织及其对空间法的贡献"以及上册第四章"欧洲有关国际组织"的内容。

㉜ 国际通信卫星组织是根据《国际通信卫星组织协定》设立的，它于 1971 年 8 月 20 日在华盛顿签署，并于 1973 年 2 月 12 日生效；1220 UNTS 21；TIAS 7532；23 UST 3813；UKTS 1973 No. 80；Cmnd. 4799；ATS 1973 No. 6；10 ILM 909（1971）。与国际通信卫星组织有关的业务协定（以下简称《国际通信卫星组织业务协定》），它于 1971 年 8 月 20 日在华盛顿签署，并于 1973 年 2 月 12 日生效；1220 UNTS 149；TIAS 7532；23 UST 4091；UKTS 1973 No. 80；Cmnd. 4799；ATS 1973 No. 6；10 ILM 946（1971）. 关于私有化之前的国际通信卫星组织，参见"上册第五章四（一）"部分内容；另参见 Lyall, *supra* n. 292, 74 - 208; briefly R. S. Jakhu, International Regulation of Satellite Telecommunications, in *Legal Aspects of Space Commercialization*（Ed. K. Tatsuzawa）（1992），92 - 4; Courteix, *supra* n. 50, 105 - 6; Cheng, *supra* n. 1, 545 - 8, 550 - 63。

㉝ 国际卫星空间通信组织是根据《关于成立宇宙通信组织国际系统和宇宙通信组织的协定》（以下简称《国际卫星空间通信组织协定》）设立的，它于 1971 年 11 月 15 日在莫斯科签署，并于 1972 年 7 月 12 日生效；862 UNTS 3；TIAS 859（1973）No. 12343；Space Law - Basic Legal Documents, C. Ⅷ. 1. 进一步参见"上册第五章七"部分内容；另参见 Lyall, *supra* n. 292, 296 - 303; Cheng, *supra* n. 1, 548 - 50。

年阿拉伯卫星通信组织（ARABSAT）[301] 和国际海事卫星组织（INMARSAT）[302]
相继成立，1982 年成立欧洲通信卫星组织（EUTELSAT）[303][304]。尽管上述组织的侧
重点不同，但他们在如固定卫星、移动卫星或卫星广播服务等供给方面，为达成
通信目的均联合成员国的资源，共同开发、发射或运营一个卫星系统（包括地面
基站），并为成员国的通信实体提供转发器容量。

国际通信卫星组织、国际海事卫星组织和欧洲通信卫星组织从一开始便被建
立为混合公共联合体，各成员国以公约或协定的形式为组织运营设立基本的法律
规范。与此同时，各相关通信实体通过单项运营协定的形式，对组织机构的重点
运营业务负责。三个组织在 2000 年初期进行了私有化改制，产生了私有化运营
的国际通信卫星组织、国际海事卫星组织和欧洲通信卫星组织，其在有限的范围
内受既存的政府间监管机构的监管。这些最初的政府间运营组织也已转型——国

---

[301] 阿拉伯卫星通信组织是根据《阿拉伯空间通信合作协定》设立的，它于 1976 年 4 月 14 日在
开罗签署，并于 1976 年 7 月 15 日生效；*Space Law – Basic Legal Documents*，C. Ⅶ.1；44
Telecommunications Journal（Ⅸ/1977），422. 进一步参见"上册第五章八"部分内容；另参见 Lyall，
supra n. 292，303 – 8；Lyall & Larsen，*supra* n. 2，375 – 7。

[302] 国际海事卫星组织是根据《国际海事卫星组织公约》设立的，它于 1976 年 9 月 3 日在伦敦签
署，并于 1979 年 7 月 16 日生效；1143 UNTS 105；TIAS 9605；31 UST 1；UKTS 1979 No. 94；
Cmnd. 6822；ATS 1979 No. 10；15 ILM 1052（1976）。《国际海事卫星组织运营协定》（以下简称
INMARSAT 业务协定），它于 1976 年 9 月 3 日在伦敦签署，并于 1979 年 7 月 16 日生效；1143 UNTS
213；TIAS 9605；31 UST 1；UKTS 1979 No. 94；Cmnd. 6822；ATS 1979 No. 10；15 ILM 233，1075
（1976）。关于私有化之前的国际海事卫星组织，进一步参见"上册第五章五（一）"部分内容；另参见
Lyall，*supra* n. 292，209 – 43；Jakhu，*supra* n. 299，94 – 5。

[303] 欧洲通信卫星组织是根据《确立欧洲通信卫星组织的公约》（以下简称《欧洲通信卫星公
约》）设立的，它于 1982 年 7 月 15 日在巴黎签署，并于 1985 年 9 月 1 日生效；UKTS 1990 No. 15；
Cm. 956；Cmnd. 9069；*Space Law – Basic Legal Documents*，C. Ⅱ.1。《欧洲通信卫星组织运营协定》
（以下简称 EVTELSAT 运营协定）），它于 1982 年 7 月 15 日在巴黎签署，并于 1985 年 9 月 1 日生效；
UKTS 1990 No. 15；Cm. 956；Cmnd. 9154；*Space Law – Basic Legal Documents*，C. Ⅱ.2。关于私有化
之前的欧洲通信卫星组织，进一步参见"上册第四章二（六）2"和"上册第五章六（一）"部分内
容；另参见 Lyall，*supra* n. 292，264 – 095；Jakhu，*supra* n. 299，95 – 6；Courteix，*supra* n. 50，
106 – 7。

[304] 有关这些组织及其作用和法律制度的详细信息，请参见"上册第五章"。另关于欧洲通信卫
星组织，参见"上册第四章二（六）2"部分内容。

际通信卫星组织（INTELSAT）转变为国际电信卫星组织（ITSO）；⑤ 国际海事卫星组织（INMARSAT）转变为国际移动卫星组织（IMSO）；⑥ 欧洲通信卫星组织（EUTELSAT）转变为欧洲通信卫星组织政府间组织（EUTELSAT IGO）。⑦

在此期间，国际卫星空间通信组织（INTERSPUTNIK）与最初的国际通信卫星组织、国际海事卫星组织和欧洲通信卫星组织的模式一起实现了部分转型；⑧然而阿拉伯卫星通信组织（ARABSAT）保留了政府间组织的传统，仅认可各国政府作为其创立的管理体制语境下的参与者。⑨

这些组织的宪章性条约为各成员国的权利与义务，以及与此相对的组织本身、组织各机构、并以合作方式参与到组织的各成员国、各相关成员国在大会和理事会等关键机构的组织管理结构等问题上提供了最为重要的依据。⑩

另一方面，这些组织合作的属性、宗旨和精神使得三分之二的绝大多数成员

---

⑤ See in detail P. K. McCormick, Intelsat: Pre and Post – Private Equity Ownership, in *The Transformation of Intergovernmental Satellite Organisations* (Eds. P. K. McCormick & M. J. Mechanick) (2013), 81 – 117; M. J. Mechanick, The Role and Function of Residual International Intergovernmental Satellite Organ – isations Following Privatisation, in *The Transformation of Intergovernmental Satellite Organisations* (Eds. P. K. McCormick & M. J. Mechanick) (2013), 175 – 221; also e. g. Lyall & Larsen, *supra* n. 2, 325 – 43；进一步参见"上册第五章四（二）"和"上册第五章十"部分内容。更多参见"下册第六章四"部分内容。

⑥ See in detail D. Sagar & P. K. McCormick, Inmarsat: In the Forefront of Mobile Satellite Communications, in *The Transformation of Intergovernmental Satellite Organisations* (Eds. P. K. McCormick & M. J. Mechanick) (2013), 35 – 79; Mechanick, *supra* n. 305, 175 – 221; also e. g. Lyall & Larsen, *supra* n. 2, 344 – 55；进一步参见"上册第五章五（二）"和"上册第五章十"部分内容。更多参见"下册第六章四"部分内容。

⑦ See C. Roisse, The Evolution of EUTELSAT: A Challenge Successfully Met, in *The Transformation of Intergovernmental Satellite Organisations* (Eds. P. K. McCormick & M. J. Mechanick) (2013), 119 – 73; Mechanick, *supra* n. 305, 175 – 221; also e. g. Lyall & Larsen, *supra* n. 2, 356 – 64；进一步参见"上册第五章六（二）"和"上册第五章十"部分内容；更多参见"下册第六章四"部分内容。

⑧ See e. g. Lyall & Larsen, *supra* n. 2, 364 – 75；进一步参见"上册第五章七"部分内容。

⑨ 同上，第375 – 377页；进一步参见"上册第五章八"部分内容。

⑩ 参见《国际通信卫星组织协定》第6条第a款，第7条（缔约方大会）和第9条（理事会成员），上文脚注299；《国际海事卫星组织公约》第9条，第10条（大会）和第13条（理事会），上文脚注302；《欧洲通信卫星公约》第6条第a款，第7条（缔约方大会），上文脚注303；《国际卫星空间通信组织协定》第11条第1款，第12条（理事会），上文脚注300；《阿拉伯卫星通信组织协定》第9条，第10条（常设机构），上文脚注301。所有这些组织仍然具有基本的政府间性质，组织及其机构对成员国的权限在宪章性条约中有详细的描述。

同意修正组织的宪章性文件，而这些修正案对所有成员国，包括那些潜在的反对国也有约束力。[311] 但这与通常的国际公法实践是相背离的，因为条约的修正文本仅对那些同时批准了修正案的缔约国生效。

然而，将这些实践定性为习惯法是不合适的，因为其他非成员国也可能受到约束，这些机构的管理体制可以视为是对相关国家（这当然适用于国际通信卫星组织、国际卫星空间通信组织和国际海事卫星组织，这三个包含主要空间大国的、并或多或少具有全球性的组织）构成法律确信的国家实践，尤其这些组织以同样的形式运作。

因此，上述国际组织为在履行"利用外层空间……为所有国家谋福利与利益"[312] 和"为了维护国际和平与安全及增进国际合作"[313] 这两项基本原则上提供了示范。这显然包括国家间公平的妥协，例如在许多与主权相关的方面"一个国家，一个投票权"的程序和在商业实践中反映到投资共享系统上，谁投资多即收获多，谁利用系统多即支付多。[314] 国际通信卫星组织在许多方面设立了标准，国际海事卫星组织和欧洲通信卫星组织也沿袭其做法，其后即便是早前的国际卫星空间通信组织也以同样的方式调整了主要内容。

（2）两大非卫星通信的政府间组织

在空间通信领域以外，成立了两个设在欧洲的真正意义上的政府间组织，其为持续的空间项目利益而联合相关成员国的经济与技术资源。[315]

其中之一是在气象领域，如欧洲国家于1983年成立的欧洲气象卫星应用组

---

[311] 参见《国际通信卫星组织协定》第17条，上文脚注299（通过增加涵盖三分之二投资份额的批准要求而变得复杂，另一种选择是占85%的绝大多数）；《国际海事卫星组织公约》第34条，上文脚注302；《国际卫星空间通信组织协定》第24条，上文脚注300；《欧洲通信卫星公约》第19条，上文脚注303；《阿拉伯卫星通信组织协定》第18条，上文脚注301。

[312] 《外空条约》第1条，见上文脚注1。

[313] 《外空条约》第3条，见上文脚注1。

[314] 关于国际卫星组织的这些运作方式的更多详情，参见"上册第五章四（一）""上册第五章五（二）"和"上册第五章六（二）"部分内容。另一方面，随着时间和全球卫星通信环境的变化，这些运作方式中的要素与国际卫星运营商也一样不断遭受争议。参见"上册第六章四"部分内容，另参见"上册第五章四（二）""上册第五章五（二）"及"上册第五章六（二）"部分内容。

[315] 参见"上册第五章"。其中还进一步概述了这里没有提及的欧洲共同体/欧洲联盟在法律和技术上的独特作用。

织（EUMETSAT）。㉖ 欧洲气象卫星应用组织保留了传统的政府机构运营模式——各成员国是其国内气象服务系统产生的气象与环境变化数据的最终受益方，而这些国家在欧洲气象卫星应用组织结构内并非正式代表。㉗ 欧洲气象卫星应用组织的一个有意思的特点是"强制项目"概念，即成员国有义务就组织内的基础空间项目进行财政资助。㉘

上述政府间组织都侧重于空间活动的某一特定领域，如卫星通信和卫星遥感。在此，另外一个重要的欧洲空间组织涵盖了所有重大空间活动，这些活动在某种程度上与研究、发展和开发相关。㉙ 这就是 1975 年成立的欧洲空间局（ESA），该组织的前身是两个早期的欧洲空间组织——发射领域的欧洲发射发展组织（ELDO）和空间研究领域的欧洲空间研究组织（ESRO）。㉚

实质上欧洲气象卫星应用组织是通过欧洲空间局的先例，即在其空间活动中引入强制项目和可选项目㉛，这也许是这些欧洲空间组织最有意思的法律或机构特征，其既引发了法律争论㉜，也引起了世界上其他正努力促成区域性空间事业融合地区的持续关注。㉝

3. 大型项目开发的特殊法律制度

通常意义上，任何包含两个或两个以上的国家重要的权利与义务的国际条约

㉖ 欧洲气象卫星应用组织是根据《建立欧洲气象卫星应用组织公约》设立的（以下简称《欧洲气象卫星应用组织公约》），它于 1983 年 5 月 24 日在日内瓦签署，并于 1986 年 6 月 19 日生效；于 1994 年 7 月 14 日修正，并于 1994 年 7 月 27 日生效；UKTS 1999 No. 32；Cm. 1067；Cmnd. 9483；*Space Law – Basic Legal Documents*，C. Ⅲ. 1；44 *Zeitschrift für Luft – und Weltraumrecht* 68（1995）. 进一步参见"上册第四章二（六）3"部分内容。

㉗ 参见《欧洲气象卫星应用组织公约》第 1 条第 2 款和第 4 款，第 4 条（特别是第 1 款），第 5 条，上文脚注 316。

㉘ 参见《欧洲气象卫星应用组织公约》第 2 条第 7 款和第 10 条第 2 款，上文脚注 316。

㉙ 参见《关于建立欧洲空间局的公约》第 2 条（以下简称《欧洲空间局公约》），它于 1975 年 5 月 30 日在巴黎签署，并于 1980 年 10 月 30 日生效；UKTS 1981 No. 30；Cmnd. 8200；14 ILM 864（1975）；*Space Law – Basic Legal Documents*，C. I. 1。

㉚ 进一步参见"上册第四章二（一）"和"上册第四章二（二）"部分内容。

㉛ 参见《欧洲空间局公约》第 5 条第 1 款，上文脚注 319。

㉜ 关于此类计划采购制度与欧盟竞争制度兼容性的进一步讨论，参见"上册第四章四（五）"部分内容。

㉝ 参见"上册第二章三（二）2""上册第二章三（三）7"和"上册第二章三（四）3"部分内容；另进一步参见"上册第四章二（五）1"部分内容。

都构成国际法，如果一项条约汇集了一系列与空间项目相关的规定，则构成广泛意义上的国际空间法的一部分。在这一前提下，仅有一部分国际条约可以被简要地认定为未来国际空间法发展的杰出范本，即在某方面超越了现有有限的成员国集团。

（1）国际空间站政府间组织协定

在国际层面上最重要的范例是《国际空间站发展、建设、发射与运营政府间协定》。该协定最初在美国的领导下，进一步联合日本、加拿大和欧洲空间局的一些欧洲空间大国，于 1988 年签订。[24] 冷战结束后该协定被再次协商，政治现实使得俄罗斯加入，随后达成 1998 年的协定版本（现行有效版本），其适用于 15 个主要空间大国。[25]

这项政府间协定，鉴于其在各空间大国中的重要作用，[26] 为广义上的国际空间法的发展做出了一些有意义的、同时也是相当不同的贡献，并为未来世界空间组织抑或其他大规模和复杂的长期空间项目提供了可能的参照。[27]

首先，和《欧空局公约》一样，政府间协定的两个版本都确定了其临时性，以便国际空间站开发和建造进程的开始，而非必须等到该协定正式生效。[28] 空间合作不像其他国际领域的合作，它既需要长期无收益的协议，也需要合作国家之间的绝对信任，即需要各方在没有正式条约生效的情况下达成一致合意。

其次，协定还有一系列的谅解备忘录（MOUs）和一些国际空间站具体合作

---

[24] 《美利坚合众国政府、欧洲空间局成员国政府、日本政府和加拿大政府关于在永久载人民用空间的详细设计、开发、运行和利用方面进行合作的协定》，于 1988 年 9 月 29 日在华盛顿签署，并于 1992 年 1 月 30 日生效；Cm. 705；*Space Law – Basic Legal Documents*，D. Ⅱ.4.2。

[25] 《加拿大政府、欧洲空间局成员国政府、日本政府、俄罗斯联邦政府和美利坚合众国政府关于民用国际空间站合作的协定》（以下简称《政府间协定》），于 1988 年 1 月 29 日在华盛顿签署，并于 2001 年 3 月 27 日生效；TIAS No. 12927；Cm. 4552；*Space Law – Basic Legal Documents*，D. Ⅱ.4。关于国际空间站法律制度的进一步分析，参见"下册第二章三至五"部分内容。

[26] 由于德国、法国、英国和意大利是仅次于美国、俄罗斯、日本和加拿大的欧洲缔约国，中国、印度和巴西可能被视为未加入《协定》的最大航天国家。

[27] 另进一步参见"下册第二章六"部分内容。

[28] "游戏规则"是在具体的安排中制定的，《关于在空间站政府间协定生效之前适用该协定的协定》，于 1998 年 1 月 29 日在华盛顿签署，并于 1998 年 1 月 29 日生效。进一步参见 F. G. von der Dunk，Legal Aspects of the International Space Station，in *The Highways of Air and Outer Space Over Asia* (Eds. C. J. Cheng & P. M. J. Mendes de Leon) (1992)，113 – 4。

细节的次级文件，即严格意义上不具有法律约束力的文件。㉙ 它们构成了过渡期的核心，也是日常使用的灵活文件。

再次，在国际语境下，协定为履行标准的空间法条款提供了不同范例。例如，对国际空间站组成部分的注册的空间物体适用准领土管辖权（与在法律角度上将国际空间站视为空间物体相反），㉚ 抑或设立与（第三方）空间法制度（与《责任公约》宽泛的责任制度不同，该空间法制度免除责任）不同的单独的责任制度。㉛ 协定再次证明在这样一个高度创新却又极具风险的领域开展合作的必要性，因为空间站的运行不存在任何有损合作的诉讼机会。

最后，协定认可了欧洲空间局作为代表其 20 个成员国中 11 国的空间机构的特殊情况。谅解备忘录将欧洲空间局视为最高水准的"合作方"，㉜ 协定本身允许欧洲空间局注册国际空间站中的欧洲部件，㉝ 同时允许其就可能产生的知识产权行使国际管辖权（但实质上不能，因为欧洲空间局不是国家，不具有政府制定法律的权力）。㉞

（2）全球卫星搜救系统（COSPAS – SARSAT）协定

在此，需要提及 1988 年的《全球卫星搜救系统协定》，这一协定为用于搜救的卫星系统提供了机构管理和相关法律制度。㉟ 它体现了条约的分层特征，并认识到各国之间可获得的卫星技术不足以成为这种搜救系统的一部分。

加拿大、法国、俄罗斯和美国这四个国家是该协定最高层级的当事国，这四

㉙ 进一步参见 F. G. von der Dunk, The International Legal Framework for European Activities on Board the ISS, in *The International Space Station*（Eds. F. G. von der Dunk & M. M. T. A. Brus）（2006），20 – 5。

㉚ 参见《政府间协定》第 5 条和第 6 条，上文脚注 325；根据第 21 条也产生了对专利发明特定的管辖权。参见《外空条约》第 8 条，上文脚注 1；《登记公约》第 2 条，见上文脚注 41。

㉛ 参见《政府间协定》第 16 条，上文脚注 325；在国际空间站合作框架之外，第 17 条继续承认《责任公约》的有效性。参见《责任公约》第 3 条，上文脚注 40。

㉜ 参见《政府间协定》第 3 条第 b 款，第 4 条，上文脚注 325。

㉝ 参见《政府间协定》第 5 条第 1 款，上文脚注 325，欧洲空间局根据《登记公约》第 7（1）条提交了接受权利和义务的声明，上文脚注 41。

㉞ 参见《政府间协定》第 21 条第 2 款，上文脚注 325，规定"对于欧洲空间局登记的要素，任何欧盟成员国都可认为该活动发生在其领土内"。另进一步参见"下册第二章三（二）3"部分内容。

㉟ 《国际全球卫星搜救系统计划协定》（以下简称《全球卫星搜救系统协定》），它于 1988 年 7 月 1 日在巴黎签署，并于 1988 年 8 月 30 日生效；*Space Law – Basic Legal Documents*，D. Ⅱ. 6。

国提供构成该系统的核心卫星。㊱ 此外，各国可以成为地面部分的成员，提供和运营地面基础设施部分㊲或者使用国基本上只遵循与有权使用卫星的紧急信标有关的技术规范。㊳

因此，《全球卫星搜救系统协定》表现了空间法务实性的一面，其不同于国际公法那种将所有条约的缔约国都视为法律平等主体的做法，而是反映了经济与技术能力上的实质差异。这种做法丝毫不会损害在法律上属于"次等级"的国家，因为这些国家同样在现实中能够享受协定带来的利益。基于这一立场，《全球卫星搜救系统协定》是践行《外空条约》第 1 条"为所有国家谋福利与利益的精神，不论其经济或科学发展的程度如何"的有力例证。

（3）三个特别的双边协定

如果说《国际空间站政府间协定》和《全球卫星搜救系统协定》是主要的以全面的形式解决复杂空间项目的多边协定，那么不得不提及另外三个为国际空间法的发展做出贡献的双边协定。

第一个是中国和巴西于 1988 达成的就遥感领域合作的中巴地球资源卫星计划。㊳ 该协定特别规定由巴西遥感系统产生的数据是开放且可获取的。这一新的举措预示着发展中国家将采取新的办法，鼓励私营企业使用这些数据并生产新的产品、服务和市场，而不是将信息完全掌握在政府手中。㊵

第二个是乌克兰和巴西于 2003 签订的长期合作协定，其规定乌克兰的火箭技术与巴西的阿尔坎塔拉发射场结合，以此开发一个可行的商业发射服务。㊶ 根

㊱ 参见《全球卫星搜救系统协定》第 1 条，第 5 条，第 20 条，上文脚注 335（指苏联，其法律地位由现在的俄罗斯联邦承继）。

㊲ 参见《全球卫星搜救系统协定》第 1 条，第 11 条，上文脚注 335。

㊳ 参见《全球卫星搜救系统协定》第 1 条，第 12 条，上文脚注 335。

㊳ See J. Monserrat, Brazilian – Chinese Space Cooperation: An Analysis of its Legal Performance, in *Proceedings of the Thirty – Ninth Colloquium on the Law of Outer Space* (1997), 164 – 75; Y. Zhao, Evaluation of Space Cooperation between China and Brazil: An Excellent Example of South – South Cooperation, in *Proceedings of the Forty – Seventh Colloquium on the Law of Outer Space* (2005), 215 – 23; Y. Zhao, *Space Commercialization and the Development of Space Law from a Chinese Legal Perspective* (2009), 178 – 87.

㊵ *Cf.* J. Monserrat, Regulation of Space Activities in Brazil, in *National Regulation of Space Activities* (Ed. R. S. Jakhu) (2010), 69; J. Monserrat, Commentary Paper, in *Proceedings of the ISRO – IISL Space Law Conference* 2005 (2006), 5 * 35 – 6; Zhao, *supra* n. 339, 179.

㊶ 这里的主要文件是《巴西联邦共和国和乌克兰关于在阿尔坎塔拉发射中心利用旋风 – 4 号运载火箭进行长期合作的条约》，它于 2003 年 10 月 21 日在巴西利亚签署，并于 2004 年生效。

据这一协定还成立了阿尔坎塔拉旋风空间公司（Alcantara Cyclone Space）来开展和运行上述业务。⑫

第三个协定是关于苏联所有的载人航天和最重要的非载人航天活动的拜科努尔航天发射场（Baikonur Cosmodrome）的运营问题。在苏联解体后，发射场在哈萨克斯坦境内，而俄罗斯意欲为其空间计划的实施而继续运营这一基地。因此，哈萨克斯坦与俄罗斯之间达成了双边协定，⑬ 并特别考虑了在拜科努尔进行发射活动的潜在国际责任问题。因为根据《责任公约》的规定，哈萨克斯坦（通过使用其领土）与俄罗斯（其持续占有、控制与运营那里的发射设施）都是"发射国"。⑭

上述协定均调整双边关系，其相关国家均是主要的空间大国（巴西、中国、哈萨克斯坦、俄罗斯和乌克兰）⑮，并涉及新的以及相对具体的合作形式。因此，这些条约可作为未来各国希望将其发射装置技术和发射场运营或发射作业及其遥感技术结合起来的蓝本。

4. 特定空间活动领域的多边协定

一些国际多边协定也进一步在相关集团间达成，其与区域相关，并主要表现在各国空间活动的特定领域。它们与前面提到的各项协定有着本质的不同，尤其对五项联合国协定而言（或仅仅最初的四项），因为要么它们的目标从未实现过，要么它们仅涉及空间活动中十分具体的方面，要么两者同时兼具。

基于上述原因，对这类多边协定不再赘述，但是这些协定为空间法的发展做出了相当大的贡献，故后续章节将进一步讨论。从一般国际空间法的角度来看，

---

⑫　See J. Monserrat, Brazil – Ukraine Partnership for the Use of the Alcantara Launch Center, in *Proceedings of the Forty – Fifth Colloquium on the Law of Outer Space*（2003），302 – 9；J. Monserrat, Brazilian – Ukrainian Agreement on Launching Cyclone – 4 from Alcantara：Impact on Brazilian Legislation, in *Proceedings of the Forty – Seventh Colloquium on the Law of Outer Space*（2005），37 – 46.

⑬　《俄罗斯联邦和哈萨克斯坦共和国关于使用拜科努尔发射场的基本原则和条件的协定》，于1994年3月28日在莫斯科签署，并于1994年12月10日生效；30 *Journal of Space Law*（2004），at 26；参见《俄罗斯联邦和哈萨克斯坦共和国关于合作有效利用阿斯塔纳拜科努尔设施的协定》，2004年1月9日在阿斯塔纳签署；30 *Journal of Space Law*（2004），at 32。

⑭　参见《责任公约》第1条第c款"发射国"的定义，上文脚注40。关于拜科努尔发射场中哈萨克斯坦与俄罗斯的关系的具体情况，参见 M. Hosková, The 1994 Baikonur Agreements in Operation, in *Proceedings of the Forty – Second Colloquium on the Law of Outer Space*（2000），263 – 72。

⑮　此外，请注意除俄罗斯外，这些国家不是《国际空间站政府间协定》的缔约国，该协定是前面讨论过的其他主要国际合作特设制度之一。

这些协定的执行和适用通常应当因其属物管辖和属人管辖的有限范围而受到限制。与一般的国际空间法相比，特别法仅对其相关缔约国有优先适用的效力，且规定的问题更为具体与特别。

这本身就极大地鼓励这些特别条约的缔约国继续保持国际空间条约和其他有国际适用效力的空间法的一致性，以免面临两种不同或冲突的法律体系。最后，普通法下的责任对特别法的非成员国的适用效力不因特别法而改变。

基此，可以归入此类的空间条约范例有1974年关于发送卫星传输节目信号的《布鲁塞尔公约》、[946] 1989年欧洲委员会的《跨境电视公约》[947] 以及1978年关于卫星遥感数据的《莫斯科公约》。[948] 此外，在欧洲空间法的范围内一系列与在法属圭亚那领土运营的阿丽亚娜航天公司相关的法律文件，将在后续欧洲空间法的章节中详细阐述。[949]

5. 关于空间及与空间合作的双边（和多边）协定

在形式上，与有限的缔约国签订的关于空间和空间合作相关的双边协定或多边协定也构成国际法的组成部分，尽管只对这些缔约国具有约束力。此处，侧重点不在于为特定领域或类别的空间活动制定规则，而是为特定的合作计划提供法律框架。

这些计划的范围可能包括为卫星提供地面接收站，[950] 在空间站接待宇航员进

---

⑭⑥ 《关于播送人造卫星传输节目信号公约》，1974年5月21日在布鲁塞尔签署，并于1979年8月25日生效；1144 UNTS 3；TIAS 11078；ATS 1990 No. 30；13 ILM 1444（1974）. It enjoyed the partisanship of 28 states as of November 2006；see *Space Law – Basic Legal Documents*, B. I. 2. 2。

⑭⑦ 《欧洲跨界电视公约》，1989年5月5日在斯特拉斯堡签署，并于1993年5月1日生效；ETS No. 132；经《公约议定书》修正，1998年9月9日在斯特拉斯堡签署，并于2002年3月1日生效；ETS No. 171；*Space Law – Basic Legal Documents*, B. 1. 5. 1. Its membership was restricted to Europe, read member states of the Council of Europe；cf. *Space Law – Basic Legal Documents*, B. I. 5. 2。

⑭⑧ 《关于从外层空间转移和使用地球遥感数据的公约》，1978年5月19日在莫斯科签署，并于1979年5月19日生效；*Space Law – Basic Legal Documents*, B. Ⅱ. 1. Its membership remained restricted to the Soviet Union and some of its then – communist allies。

⑭⑨ 参见"上册第四章二（六）1"部分内容。

⑤⓪ 参见《澳大利亚政府与美利坚合众国政府关于空间飞行器追踪和通信协定的换文》，1960年2月26日在塔培拉签署，并于1960年2月26日生效；354 UNTS 95；TIAS 4435；ATS 1960 No. 2；每十年更新一次。

站，(351) 发射特定火箭，(352) 为国外卫星提供发射服务，(353) 特定卫星计划的合作，(354) 以及合作使用特定卫星基础设施的终端等。(355)

在《外层条约》第1条和第3条争取这种国家间合作的一般性倡议之下，这类协定往往深入探讨国际空间合作的复杂细节，包括技术细节，用以提供有益的线索，进而说明如何将空间活动特有的技术、运营、政治和经济问题转化为法律文本下的权利和义务。这不仅大幅提高了效率，也提升了人类的最终福祉。

经过进一步研究可知，人类进入外层空间的活动既有国际性，又有高度技术性，这一极具吸引力的探险活动促使大量的双边协定产生，同时，国家之间彼此互为效法又可能最终促成国际习惯法在国际范围内的形成。其中一个具体和重要的例子便是20世纪90年代为在全球发射服务领域达成的一系列双边协定。(356)

6. 严格意义上非为空间活动确立却与之相关的法律制度

外层空间和空间活动领域内人类的利益，不仅需要国际法，也需要这些空间活动为地面活动带来切实利益。在国际安全与先进科学发展的同时，这两大主要阵营的国际空间活动给人类带来可观的利益，然而这些利益通常很难被量化甚或具化。《外空条约》被称为外层空间的“大宪章”，同样也经常因其不精确、模糊和不切实际的愿望而受到批评，这些负面评价归纳起来人们给该条约起了一个

---

(351) 参见《美利坚合众国政府和巴西联邦共和国政府关于设计、开发、操作和使用国际空间站方案飞行设备和有效载荷的安排》，1997年10月14日在巴西利亚签署，并于1997年10月14日生效，www. state. gov/documents/organization/106612. pdf，最后访问日期为2014年4月12日。

(352) 参见《澳大利亚联邦政府与欧洲空间研究组织于1970年1月/2月在伍默拉提供和运行试验设施以便发射SKYLARK火箭的协定》，1970年1月10日在巴黎签署，并于1970年1月10日生效；ATS 1970，No. 1。

(353) 参见《澳大利亚政府与美利坚合众国政府关于为澳大利亚国家卫星系统提供发射和相关服务的协定》，1985年3月7日在华盛顿签署，并于1985年3月7日生效；ATS 1985 No. 7。

(354) 参见《澳大利亚政府与日本政府之间关于对地球静止气象卫星-3系统项目合作协定的换文》，1985年5月1日在堪培拉签署，并于1985年5月1日生效，ATS 1985 No. 14；《加拿大政府与美利坚合众国政府关于商业遥感卫星系统运行的协定》，2000年6月16日在华盛顿签署，并于2000年6月16日生效；2000 CTS No. 2000/14。

(355) 参见《关于在领海和港口内使用国际海事卫星组织船舶地面站的国际协定》，1985年10月16日在伦敦签署，并于1993年9月12日生效；ATS 1993 No. 42。

(356) 进一步参见“上册第七章五（四）”和“下册第六章三（二）”部分内容。

绰号——"原则性条约"。㊶

因此，特别是由于出现了人类从空间探险中获得其他更实际和可直接量化的利益的可能性，这种空间探险已经从根本上改变了空间法的前景。"空间法"也不再被视为一套本质上被孤立的国际空间条约和其他文件。基于国内实践，它也不能再被限定为"专门针对外层空间的所有法律文件"。此外，从通信到气象学，从导航到旅游业，空间法日益增加的重要性要求将空间法定义为至少与空间活动的某个特定分支有关的原则、规范和规则的总称，而不论这些原则、规范和规则的具体来源。㊸

根据定义，所有这些规则首先并不涉及空间领域，许多规则甚至在人造卫星1号发射之前就已经起草、达成，抑或在人们搞清楚这些具体规则可能某一天会对空间活动的一个方面产生重大影响之前就已存在。这些已然成为条约或其他重要的国际法律文件的重要性会在本书随后的其他章节中做出详细阐述，此处仅做简要说明。

以空间活动应用延伸的现实与经济的重要性为开始，卫星通信领域不仅受上述各条约建立的各政府间卫星运营主体的管辖，㊾ 当然，涉及直播的问题还受联合国一系列原则的管辖，㏿ 而且最重要的是受 1865 年成立的国际电信联盟建立的制度的管辖。㊿ 最近，由最初 1947 年《关税与贸易总协定》（GATT）㊽ 发展而

㊶ *Cf.* also Hobe, *supra* n. 24, 12 ff. ; S. Hobe & N. Hedman, Preamble, in *Cologne Commentary on Space Law*（Eds. S. Hobe, B. Schmidt－Tedd & K. U. Schrogl）Vol. Ⅰ（2009），19－24.

㊸ 关于此问题的更多分析，参见 von der Dunk, *supra* n. 62，505 ff。

㊾ 参见"上册第二章四（二）1"部分内容；另参见"上册第五章四至八"部分内容。

㏿ 参见"上册第二章二（一）3"部分内容；另参见"上册第八章三（一）"部分内容。

㊿ 就国际电联而言，目前的国际卫星通信制度是以 1992 年《国际电联章程》［1992 年 12 月 22 日在日内瓦签署，并于 1994 年 7 月 1 日生效；1825 UNTS 1；UKTS 1996 No. 24；Cm. 2539；ATS 1994 No. 28；《额外全权代表会议的最后文件》，Geneva, 1992（1993），at 1］以及《国际电信联盟公约》（1992 年 12 月 22 日在日内瓦签署，并于 1994 年 7 月 1 日生效；1825 UNTS 1；UKTS 1996 No. 24；Cm. 2539；ATS 1994 No. 28）为基础的。《额外全权代表会议的最后文件》，Geneva, 1992（1993），at 71，1994 年和 1998 年修订的《无线电条例》（根据《国际电信联盟章程》第四条）；进一步参见"上册第八章二"部分内容。

㊽ 《关税及贸易总协定》，1947 年 10 月 30 日在日内瓦签订，并于 1948 年 1 月 1 日生效；55 UNTS 194；TIAS 1700；ATS 1948 No. 23。

来的国际贸易自由化体制，开始阐明卫星通信服务具体跨境条款。⑥ 在欧洲，欧洲共同体即随后的欧洲联盟⑥开始在卫星通信贸易自由化上取得进展，并于 1994 年达成《卫星法令》。⑥

遥感卫星领域，早于几个世纪前就已经发展出来的知识产权中著作权的概念，首次与 1886 年的《伯尔尼公约》相协调，⑥ 成为起草与保护卫星数据投资的特殊知识产权的起点。⑥ 正如早在 1883 年《巴黎公约》中国际化了的专利法工具一样，⑥ 最终特别适用于国际空间站邻域的发明。⑥

近年来，另一项取得进展的卫星应用是利用空间基础设施提供卫星定位、授时和导航服务。这些服务经常被用于各种交通（民航、海运、铁路和公路）和非交通（银行和电信）领域，相关卫星服务供应商将频繁地面对这些领域的具体规则。⑦ 例如，

---

⑥ 根据《建立世界贸易组织协定》（《世贸协定》），关贸总协定在 1994 年世界贸易组织（WTO）成立后进行制度化，1994 年 4 月 15 日在马拉喀什签署，并于 1995 年 1 月 1 日生效；1867 UNTS；UKTS 1996 No. 57；ATS 1995 No. 8；33 ILM 1125，1144（1994）；并通过《服务贸易总协定》扩大到服务领域（《服务贸易总协定》，1994 年 4 月 15 日在马拉喀什签署，并于 1995 年 1 月 1 日生效；UKTS 1996 No. 58；Cm. 3276；ATS 1995 No. 8）。《服务贸易总协定》随后提出了处理卫星通信服务国际贸易问题的平台。进一步参见"下册第六章四"部分内容。

⑥ 目前，欧盟的法律框架基本上以《里斯本条约》修正的《欧盟条约》为基础。该条约修正了《欧洲联盟条约》和《建立欧洲共同体条约》。《里斯本条约》于 2007 年 12 月 13 日在里斯本签署，并于 2009 年 12 月 1 日生效；OJ C 115/1（2009）以及经《里斯本条约》修正的《建立欧洲共同体条约》修正了《欧洲联盟条约》和《建立欧洲共同体条约》，于 2007 年 12 月 13 日在里斯本签署，并于 2009 年 12 月 1 日生效；OJ C 115/47（2009）。

⑥ 委员指令修改指令 88/301/EEC 以及指令 90/388/EEC，特别是卫星通信方面，94/46/EC，1994 年 10 月 13 日；OJ L 268/15（1994）。进一步参见"上册第四章三（二）2"部分内容。

⑥ 《伯尔尼保护文学和艺术作品公约》，1886 年 9 月 9 日在伯尔尼签署，并于 1887 年 12 月 5 日生效；828 UNTS 221；331 UNTS 217；ATS 1901 No. 126。

⑥ 进一步参见"下册第九章二（二）"部分内容。

⑥ 由 1900 年 12 月 14 日的附加法令和最终议定书修正的《保护工业产权公约》，于 1883 年 3 月 20 日在巴黎签署，并于 1884 年 7 月 6 日生效；828 UNTS 305；USTS 379；UKTS 1907 No. 21；ATS 1907 No. 6。

⑥ 参见《政府间协议》第 21 条，上文脚注 325。关于国际空间站制度，另参见"下册第二章四（二）"和"下册第九章三"部分内容。

⑦ 进一步参见"下册第一章六至九"部分内容。

民航领域的责任相较海运或铁路运输领域有很大不同。[⑦①]

这些空间卫星应用要求私有运营商在进行基于资产的融资时，不能使用现有设施或非空间资产作为抵押。为此，在国际统一私法协会的支持下，国际社会起草了《议定书》以执行《开普敦公约》，并将相关概括性的规则适用于空间资产的融资上。[⑦②]

另外，随着海上发射企业寻求将公海当作发射场，海洋法的具体规定在这一活动中也显得重要起来。[⑦③] 同时，随着亚轨道商业飞行的出现，航空法的规定也得到了空间法领域律师的关注。[⑦④] 与许多空间科技军民两用属性相关，国际

---

⑦① 对于航空法而言，可能还会勉强涉及第三人责任问题——《关于外国航空器对地面第三方造成损害的公约》（Rome Convention），于 1952 年 10 月 7 日在罗马签署，并于 1958 年 2 月 4 日生效；310 UNTS 181；ATS 1959 No. 1；ICAO Doc. 7364；修订 1952 年 10 月 7 日在罗马签署的《关于外国航空器对地面第三方造成损害的公约的议定书》（Montreal Protocol），于 1978 年 12 月 23 日在蒙特利尔签署，因此，并于 2002 年 7 月 25 日生效；ICAO Doc. 9257。由于该领域最近的国际努力尚未获得足够的批准，《航空器致第三方损害赔偿责任公约》（2009 年 5 月 2 日在蒙特利尔签署）至今还未生效，ICAO Doc. 9919；《关于因涉及航空器的非法干扰行为而导致对第三方造成损害的赔偿的公约》，于 2009 年 5 月 2 日在蒙特利尔签署，至今还未生效；ICAO Doc. 9920. 航空合同责任目前主要由《统一国际航空运输某些规则的公约》规定，于 1999 年 5 月 28 日签署，并于 2003 年 11 月 4 日生效；2242 UNTS 350；ICAO Doc. 9740；48 *Zeitschrift für Luft – und Weltraumrecht* 326（1999）。

相比之下，在海运中，只有合同责任在国际上还会受到相关公约的调整，如《海上旅客及其行李运输的雅典公约》，于 1974 年 12 月 13 日在雅典签署，并于 1987 年 4 月 28 日生效；UKTS 1987 No. 40；Cmnd. 6326；International Transport Treaties，Suppl. 1 – 10（Jan. 1986），I – 229；以及《联合国海上货物运输公约》，于 1978 年 3 月 31 日在汉堡签署，并于 1992 年 11 月 1 日生效；International Transport Treaties，Suppl. 1 – 10（Jan. 1986），I – 278。

根据《国际铁路运输国际公约》，铁路运输也只在运输合同范围内对责任规则进行国际统一，该公约于 1980 年 5 月 9 日在伯尔尼签署，并于 1985 年 5 月 1 日生效；International Transport Treaties，Suppl. 1 – 10（Jan. 1986），V – 183。

关于这些制度及其与卫星导航活动关系的比较分析，请参见 F. G. von der Dunk, The European Equation：GNSS = Multimodality + Liability, in *Air and Space Law in the 21st Century*（2001），esp. 236 – 43.

⑦② 分别是：《〈移动设备国际利益公约〉关于空间资产特定问题的议定书》于 2012 年 3 月 9 日在柏林签署，至今未生效；UNIDROIT Doc.，DCME – SP – Doc. 43；《移动设备国际利益公约》，于 2001 年 11 月 16 日在开普敦签署，并于 2004 年 4 月 1 日生效；ICAO Doc. 9793. 进一步参见 "下册第七章四" 部分内容。

⑦③ 进一步参见 "上册第七章二" 部分内容。

⑦④ 更多探讨，请详见 "下册第三章三（二）" 部分内容。

（《导弹技术控制制度》^⑥和《瓦森纳协定》^⑥）和美国（美国《国际武器贸易条例》^⑦）关于出口这类技术的规定则成为空间产业的关键。^⑥

当然上述清单仅是触及了这一领域的皮毛……

三、结语

综上，太空已开始容纳各种人类活动，在军事、科学、行政、打击犯罪和反恐怖主义、商业以及人道主义等方面发挥着重要作用，因此应制定规范上述行为的规则。空间旅行者包括人类的骨灰已进入外层空间；我们也许不久会看到广告商们在那里到处张贴巨幅广告牌，采矿者们在那里开采矿物资源，而（一些人认为）犯罪者不久甚至会成为体面的殖民者。当然，不论人走到哪里，征税者就会跟到哪里。

因此，太空已成为人类对这个世界陆地、海洋、航空空间探险后的第四个、也许是最后一个领域，除非有人认为"网络"也构成一个领域。并非偶然，美国军队已开始认真考虑建立武装力量的第四个组成部分——即继陆军、海军和空军之后的太空军。

为了正确理解包括国家立法在国际空间法框架内对各种空间活动或对空间活动中重要因素的影响，在对空间活动进一步发展做出提议或分析时，我们应充分考虑空间法所涉及范围的广泛性。尽管各种不同的法律制度相互交织，且存在很多重叠、不一致和遗漏之处（本章乃至整本书也只能强调有限的几个最重要问题），但是这些内容已足够帮助我们理解该领域的基本框架。

考虑到大部分活动的主体都是小国家和雇员不多的小型私营企业，它们更倾向于一系列明确的权利和义务，而不是那些仅适用于特殊活动领域的若干制度的简单列表，因为这些列表并不能说明相关制度如何相互作用，或者哪些制度具有优先性。因此，空间法作为国际公法的重要领域，还有很多工作需要开展。

---

⑥ 《与导弹有关的设备和技术转让指南协定》的原始文本于 1987 年 4 月 14 日签订；26 ILM 599 (1987)。

⑥ 《关于常规武器和两用物品及技术出口控制的瓦森纳安排》，于 1995 年 12 月 19 日在瓦森纳签署，并于 1996 年 7 月 12 日生效，www. wassenaar. org/。

⑦ 美国《国际武器贸易条例》是 1976 年《武器出口管制法》的执行条例，22 U. S. C. 2751。

⑥ 进一步参见"上册第六章六"部分内容。

第三章　国家空间法

伊玛加德·马伯（Irmgard Marboe）　著◇

一、概述

近年来，国家空间法在理论和实践方面引发广泛关注。由于私营活动在开发和利用外层空间方面日益增长，国家制定空间法律法规的需求也随之产生。传统的外层空间法仅仅关注国家和国际组织相关活动，并不适用于私营外空活动。[①]

在很长一段时间内，国际公法中国家和国际组织是外层空间的唯一参与者。发射物体进入外太空所必需的先进技术起源于军事领域，几乎全部被国家所控制。但是，自冷战结束后，对外层空间的民用和私营利用，开始发挥越来越重要的作用。当国家出于维护重大公共利益的目的，继续将卫星应用于天气预报、地球观测、通信、航海、科学和调查研究时，私营企业已经发现外空商业化尤其在电信服务领域的潜能。持续增长的外空商业化已经导致一些与空间有关的政府间国际组织的私有化，如国际通信卫星组织（INTELSAT）、国际海事卫星组织（INMARSAT）、欧洲通信卫星组织（EUTELSAT），这些组织已经成为某一特定国家的公司团体，具备了国内法上的私营法人地位，而不再适用国际公法。[②] 此外，高校和研究机构也在开展一些不太复杂且不太昂贵的空间活动，包括小型卫星相关活动，如所谓的"立方体卫星"。

如今的外层空间，有许多不同种类的非政府实体积极活动。它们的共同点是并不直接受国际条约和其他国际公法的规则约束。为了保障现行国际公法法

[①]　关于此问题，进一步参见"上册第二章二（二）3"部分内容。

[②]　关于这些卫星组织及其私有化的更多探讨，参见"上册第五章四（二）、五（二）和六（二）"部分内容。

律体制所建立的原则和目标，有必要适用国内法律规范其空间活动。由于这类活动的危险性较高，适用国内法符合相关参与主体的利益，也符合公共利益。

国内法律规范的优势在于直接适用性和可执行性，国际公法并非必然如此；而其劣势在于并非所有国家都有相关国内法律。遗憾的是，只有极少数国家出台空间法。一些国家的空间法律制度完善且先进，但是其他国家却未必如此。这对于在航天业中创造一个公平的竞争环境来说是一大障碍。在开展空间活动的过程中，如果所遵循的规则相近且公平，则所有主体都将会长期受益。与之相比，在许多不同国家的法律框架下，海洋法中"国籍规划"③ 或选择"方便旗"④ 的现象也将成为外空法律中的潜在问题。

在理论和实践中，相关团体一直在努力提高人们对于国家空间立法的认识，并明确其中最重要的内容。许多已出版的著作汇集了国家空间立法，并探讨了相关问题。⑤ 德国"2001 项目"和"2001 + 项目"界定了可作为任何空间法基础的

---

③ See M. Feldman, Setting Limits on Corporate Nationality Planning in Investment Treaty Arbitration, 27 *ICSID Review – Foreign Investment Law Journal* (2012), 281 – 302; E. Schlemmer, Investment, Investor, Nationality, and Shareholders, in *The Oxford Handbook of International Investment Law* (Eds. P. Muchlinsky, F. Ortino & C. Schreuer) (2008), 49 – 88; C. Schreuer, Nationality of Investors: Legitimate Restrictions vs. Business Interests, 24 *ICSID Review – Foreign Investment Law Journal* (2009), 521 – 7.

④ See Y. Tanaka, *The International Law of the Sea* (2012), 157 – 9; D. König, Flags of Convenience, in *Encyclopedia of Public International Law* (Ed. Rüdiger Wolfrum) Vol. IV (2012), 118 – 26; T. Treves, Flags of Convenience before the Law of the Sea Tribunal, 6 *San Diego International Law Journal* (2004), 179 – 89; H. E. Anderson, The Nationality of Ships and Flags of Convenience: Economics, Politics, and Alternatives, 21 *Tulane Maritime Law Journal* (1996), 139 – 70; OECD Study on Flags of Convenience, 4 Journal of Maritime Law and Commerce (1973), 231 – 54.

⑤ Such as *National Space Legislation in Europe* (Ed. F. G. von der Dunk) (2011); *National Regulation of Space Activities* (Ed. R. S. Jakhu) (2010); *Nationales Weltraumrecht/National Space Law* (Eds. C. Brünner & E. Walter) (2008); *Le Cadre Institutionnel des Activités Spatiales des États* (Ed. S. Courteix) (1997); J. Hermida, *Legal Basis for a National Space Legislation* (2004); *cf.* also '*Project 2001 Plus*' – *Global and European Challenges for Air and Space Law at the Edge of the 21st Century* (Eds. S. Hobe, B. Schmidt – Tedd & K. U. Schrogl) (2006), 65 – 92; M. Bourély, Quelques réflexions au sujet des legislations spatiales nationales, 16 *Annals of Air and Space Law* (1991), 245 ff.; A. Kerrest de Rozavel, The Need to Implement the Outer Space Treaty through National Law in the Light of the Current and Foreseeable Space Activity, in *Proceedings of the International Institute of Space Law* 2010 (2011), 551 – 9.

五块"基石"。⑥ 国际法协会（ILA）已经积极开展这一课题的研究，并且草拟了国家空间法的示范法，该法案最终在 2012 年得以通过。⑦ 根据联合国和平利用外层空间委员会法律小组委员会所提出的关于和平利用外层空间的议案，联合国大会于 2013 年通过了一项关于和平探索和利用外层空间立法建议的决议。⑧ 上述所有的倡议和法案都反映了对国家空间立法的诉求及用于指导实践的尝试。

本章将介绍一些现行的空间法，并分类概述不同国家的空间法律制度。此外，也将介绍联合国在国家空间立法和国际法协会国家空间立法示范法方面的工作和成果。

二、国际法的要求

国际法，特别是与外层空间相关的五个联合国条约，⑨ 旨在规范国际公法主

---

⑥ See further M. Gerhard & K. U. Schrogl, Report of the 'Project 2001' Working Group on National Space Legislation, in 'Project 2001' - Legal Framework for the Commercial Use of Outer Space (Ed. K. H. Böckstiegel) (2002), 552 - 8; M. Gerhard & K. Moll, The Gradual Change from 'Building Blocks' to a Common Shape of National Space Legislation in Europe - Summary of Findings and Conclusions, in Project 2001 Plus - Towards a Harmonised Approach for National Space Legislation in Europe (Eds. S. Hobe, B. Schmidt - Tedd & K. U. Schrogl) (2004), 48 - 9.

⑦ 参见 2012 年在保加利亚索菲亚召开的国际法协会会议上通过的《关于国家空间立法示范法的索菲亚准则》的第 6 号决议，http：www. ila - hq. org/en/committees/index. cfm/cid/29，最后访问日期为 2014 年 1 月 12 日。

⑧ 参见联合国《关于国家有关和平探索和利用外层空间的立法建议》的决议，UNGA Res 68/74 of 11 December 2013，UN Doc. A/68/74；另见《联合国有关和平探索和利用外层空间的工作组报告》，UN Doc. A/AC. 105/C. 2/101，3 April 2012。

⑨ 《关于各国探索和利用外层空间包括月球与其他天体活动所应遵守原则的条约》（以下简称《外空条约》），1967 年 1 月 27 日签署于伦敦、莫斯科、华盛顿，并于 1967 年 10 月 10 日生效；610 UNTS 205；TIAS 6347；18 UST 2410；UKTS 1968 No. 10；Cmnd. 3198；ATS 1967 No. 24；6 ILM 386 (1967)。《营救宇宙航行员、送回宇宙航行员和归还发射到外层空间的物体的协定》（以下简称《营救协定》），1968 年 4 月 22 日签署于伦敦、莫斯科、华盛顿，并于 1968 年 12 月 3 日生效；672 UNTS 119；TIAS 6599；19 UST 7570；UKTS 1969 No. 56；Cmnd. 3786；ATS 1986 No. 8；7 ILM 151 (1968)。《空间物体所造成损害的国际责任公约》（以下简称《责任公约》），1972 年 3 月 29 日签署于伦敦、莫斯科、华盛顿，并于 1972 年 9 月 1 日生效；961 UNTS 187；TIAS 7762；24 UST 2389；UKTS 1974 No. 16；Cmnd. 5068；ATS 1975 No. 5；10 ILM 965 (1971)。《关于登记射入外层空间物体的公约》（以下简称《登记公约》），1975 年 1 月 14 日签署于纽约，并于 1976 年 9 月 15 日生效；1023 UNTS 15；TIAS 8480；28 UST 695；UKTS 1978 No. 70；Cmnd. 6256；ATS 1986 No. 5；14 ILM 43 (1975)。《关于各国在月球和其他天体上活动的协定》（以下简称《月球协定》），1979 年 12 月 18 日签署于纽约，并于 1984 年 7 月 11 日生效；1363 UNTS 3；ATS 1986 No. 14；18 ILM 1434 (1979)。对此国际法律框架文件探讨，更多内容参见"上册第二章三"部分内容。

体的行为，以确立国家在探索和利用外层空间方面享有的权利和应承担的义务。⑩ 为了确保安全和可持续地利用外空资源，这些法律原则应当用于调整所有的外空活动，⑪ 而不论行为主体是公共性质还是私人性质。所以，条约的缔约国应接受这些法律规则，同意保证不论政府机构还是非政府团体都应遵守这些义务。这在《外空条约》第 6 条中规定如下：

"各缔约国对其（不论是政府部门，还是非政府的团体组织）在外层空间（包括月球和其他天体）所从事的活动，要承担国际责任（responsibility）。并应负责保证本国活动的实施，符合本条约的规定。"

在《外空条约》起草过程中，对非政府活动承担国家责任（responsibility）的原则是苏联和美国之间妥协的结果。苏联试图完全禁止私人在外空进行活动，但美国并不认同。⑫ 经过妥协，最终允许在外空从事私人活动，但必须由国家承担最终责任（responsibility）。条约第 6 条第 2 句对此更加明确地规定："非政府团体在外层空间（包括月球和其他天体）的活动，应由有关的缔约国批准，并连续加以监督。"

因此，国家有授权批准和持续监督非政府空间活动的义务。文中所提及的"责任（responsibility）"与一般法中的"国家责任（responsibility）"的含义略微不同。⑬ 这并非指所有的国家空间活动都由国家直接实施，而是国家有义务确保

---

⑩ 除联合国空间条约外，还有其他一些国际法的渊源，例如，在国际法其他领域的条约、习惯国际法和一般法律原则等在探索和利用外层空间活动时都应得以尊重。参见《外空条约》第 3 条，以及《国际法院规约》（1945 年 6 月 26 日签署于旧金山，1945 年 10 月 24 日生效）第 38 条对国际法渊源的"分类"；156 UNTS 77；USTS 993；59 Stat. 1031；UKTS 1946 No. 67；ATS 1945 No. 1. 对此主题，更多探讨可参见 the Various Papers in the Session on the International Legal Regulation of Outer Space within the Scope of Public International Law', *Proceedings of the International Institute of Space Law 2012* (2013)，299 - 423。

⑪ 参见早期的联合国大会决议：《各国探索和利用外层空间活动的法律原则宣言》，UNGA Res. 1962（XVIII），of 13 December 1963；UN Doc. A/AC. 105/572/Rev. 1，at 37。

⑫ See F. G. von der Dunk, The Origins of Authorisation：Article VI of the Outer Space Treaty and International Space Law, in *National Space Legislation in Europe*（Ed. F. G. von der Dunk）（2011），3；M. Gerhard, Article VI, in *Cologne Commentary on Space Law*（Eds. S. Hobe, B. Schmidt - Tedd & K. U. Schrogl）Vol. I（2009），105 - 6。

⑬ 根据国际法委员会起草的《国家对国际不法行为的国际责任条款》第 2 条［UN Doc A/56/10（2001）］，一国应对其构成作为或不作为的行为承担责任：（a）该行为依国际法归于该国；并且（b）该行为构成对该国国际义务的违背。参见 J. Crawford, *The International Law Commission's Articles on State Responsibility：Introduction, Text and Commentaries*（2002），81。

这些活动遵守《外空条约》所规定的义务。⑭ 第 6 条虽然没有强制要求国家实施某一特定的国家空间立法，⑮ 但是要求国家必须具备相关法律机制来批准和监督非政府空间活动。⑯

尽管《外空条约》第 6 条是国家空间立法的最重要法律依据，但是还有很多其他方面的义务需要国家予以遵守，而这些义务一般通过国内法的方式予以实施。⑰ 此外，还有许多与外空活动行为相关的无约束力的准则规范。⑱ 这些规则，通常称为"软法"，虽不能确立一个国家的法律义务，但被视为负责且充分地利用外层空间的各种建议。⑲为实现外层空间可持续地安全利用，国家可能需要私营团体遵守这些建议，并选择在其本国法中将这些建议转化为具有约束力的法律义务。下文将探讨国际法义务和无约束力建议向国内法转化过程中一些比较重要的问题。

---

⑭ 这是对《外空条约》第 6 条的"文本解释"，应根据《维也纳条约法公约》（1969 年 5 月 23 日签署于维也纳，并于 1980 年 1 月 27 日生效）第 31 条第 1 款的规定做出；1155 UNTS 331；UKTS 1980 No. 58；Cmnd. 4818；ATS 1974 No. 2；8 ILM 679（1969）。借此，条约"应依其用语按其上下文并参照条约之目的及宗旨所具有之通常意义，善意解释之"。在此，相应的文本是《外空条约》第 6 条第 2 句，该条要求国家对非政府团体实施的空间活动进行批准，并接受持续的监督。

⑮ Cf. Hermida, supra n. 5, 29 – 32；V. Kayser, Commercial Exploitation of Space: Developing Domestic Regulation, 17 – Ⅱ Annals of Air and Space Law (1992), 190；Bourély, supra n. 5, 247.

⑯ See F. G. von der Dunk, Private Enterprise and Public Interest in the European 'Spacescape' (1998), 19；Gerhard, supra n. 12, 117.

⑰ 例如，登记义务也需要某种形式的国家立法，特别是对私人团体实施的空间发射活动。"发射国"对其空间物体造成的损害进行赔偿的义务是进行国家空间立法的另一种刺激。

⑱ 《各国利用人造地球卫星进行国际直接电视广播所应遵守的原则》，UNGA Res. 37/92, of 10 December 1982；UN Doc. A/AC. 105/572/Rev. 1, at 39。《关于从外层空间遥感地球的原则》，UNGA Res. 41/65, of 3 December 1986；UN Doc. A/AC. 105/572/Rev. 1, at 43；25 ILM 1334 (1986)。《关于在外层空间使用核动力源的原则》，UNGA Res. 47/68, of 14 December 1992；UN Doc. A/AC. 105/572/Rev. 1, at 47。《关于开展探索和利用外层空间的国际合作，促进所有国家的福利和利益，并特别要考虑到发展中国家的需要的宣言》，UNGA Res. 51/122, of 13 December 1996；UN Doc. A/RES/51/122。《联合国关于适用"发射国"概念的决议》，UNGA Res. 59/115, of 10 December 2004；UN Doc. A/RES/59/115。《关于加强国家和国际政府间组织登记空间物体的做法的建议》，UNGA Res. 62/101, of 17 December 2007；UN Doc. A/RES/62/101。此外，有关减缓空间碎片的指南也非常重要，例如《2002 年机构间空间碎片协调委员会空间碎片减缓指南》和《2007 年联合国和平利用外层空间委员会空间碎片减缓指南》。

⑲ See I. Marboe, The Importance of Guidelines and Codes of Conduct for Liability of States and Private Actors, in Soft Law in Outer Space. The Function of Non – Binding Norms under International Space Law (Ed. I. Marboe) (2012), 135.

（一）"有关国家"的批准和监督

《外空条约》第 6 条要求作为条约缔约国的"有关国家"进行"批准"和"持续的监督"。然而，究竟哪一国家是"有关"国家还尚未明确。一些学者主张，根据《外空条约》第 7 条，当某一空间物体对他人造成伤害，应由发射国对此承担法律责任，因此"有关国家"应当是"发射国"。[20] 另一些学者则更倾向于"登记国"这种观点，认为根据《外空条约》第 8 条，登记国能够对空间物体行使有效管辖和控制。[21]

"发射国"理论的劣势在于后续无法摆脱"发射国"的身份。在联合国有关外层空间的条约中，并没有允许转变发射国地位的规定。由此导致"曾经是发射国，永远是发射国"。特别是如今在轨空间物体经常存在买卖行为，使得该问题尤其突出。[22] 这也是制定《外空条约》时，未曾预料的。

所以，"发射国"的概念过于严苛，不适用于解释"有关国家"这一更为灵活的概念。的确，在实践中，"有关国家"的概念在各国有着多种多样的解释。当我们分析现有空间法的不同适用范围时，可以看出各国所采用的解释方式也存在明显不同。

原则上，各国空间法对空间活动的适用范围取决于行使管辖权的权力和可能性。根据一般国际法，有两种获得普遍认可的对某种活动行使管辖权的方式：属地管辖权和属人管辖权。[23] 这意味着如果某一活动发生在一国领土之上，或由拥有该国国籍的当事人进行，则该活动可由该国予以规制。现有的空间法如何使用"有关国家"这一术语，将在下文中进一步分析。

"批准"这项要求在国家管理外空活动过程中是最重要的。这不仅涉及允许

---

[20] *Cf.* e. g. H. L. van Traa – Engelman, *Commercial Utilization of Outer Space* (1993), 62 – 3.

[21] See e. g. G. C. M. Reijnen, *The United Nations Space Treaties Analysed* (1992), 114.

[22] 例如，新天空卫星公司在荷兰注册成立，该公司获得国际通信卫星组织赠予的许多卫星。参见 F. G. von der Dunk, Regulation of Space Activities in The Netherlands, in *National Regulation of Space Activities* (Ed. R. S. Jakhu) (2010), 233 ff. ; see on transfer of ownership in general B. Schmidt – Tedd & M. Gerhard, Registration of Space Objects：Which are the Advantages for States Resulting from Registration? in *Space Law*：*Current Problems and Perspectives for Future Regulation* (Eds. M. Benkö & K. U. Schrogl) (2005), 121, 131 – 2；A. Ito, Legal Aspects of Satellite Remote Sensing (2011), 72 ff.

[23] See J. Crawford, Brownlie's Principles of Public International Law (2012), 456, 486；M. N. Shaw, International Law (6th edn. , 2008), 645 – 96.

或禁止一个特定的空间活动,并对其进行持续监督,而且也涉及其他目的,如确保私营空间活动满足一定的安全标准和某些作为"软法"的指导方针,如减缓空间碎片等。㉔ 此外,国家能够确保私营空间活动不能违背其国家安全和外交政策利益。㉕ 因此,"批准的条件"对私营空间活动的管理是极为重要的。同样,在现有国家空间法的例子中也将对此予以进一步分析。

(二)登记

国际法中,从国家层面和国际层面来看,均需要对空间物体进行登记。㉖ 在空间物体的登记方面,《外空条约》的规定并不十分具体明确。事实上,《外空条约》仅暗示了空间物体应被登记㉗——而 1975 年的《登记公约》详细规定了联合国秘书长应当建立空间物体的国际登记簿,㉘ 并要求各国分别建立本国的空间物体登记簿。㉙

登记义务是"发射国"义不容辞的责任。根据《登记公约》所做的定义,这一术语(发射国)的含义可以解释为:"(1)一个发射或促使发射外空物体的

㉔ 参见上文脚注 10。

㉕ See Gerhard & Schrogl, *supra* n. 6, 530; S. Hobe, Harmonization of National Laws as an Answer to the Phenomenon of Globalization, in 'Project 2001' – *Legal Framework for the Commercial Use of Outer Space* (Ed. K. H. Böckstiegel)(2002), 639 – 40; K. U. Schrogl, Annex to the Working Group Report: Responsibility and Liability – Need for National Regulation (incl. Harmonisation), in 'Project 2001' – *Legal Framework for the Commercial Use of Outer Space* (Ed. K. H. Böckstiegel)(2002), 109 – 12; A. Kerrest de Rozavel, Sharing the Risk of Space Activities: Three Questions, Three Solutions, in 'Project 2001' – *Legal Framework for the Commercial Use of Outer Space* (Ed. K. H. Böckstiegel)(2002), 135 – 9.

㉖ 甚至在对《外空条约》进行详细解释之前,联合国 1721(XVI)号决议就要求发射物体进入轨道或在轨道之外的国家迅速提供信息以便对发射情况进行登记。UNGA Res. 1721(XVI)B, of 20 December 1961; General Assembly – Sixteenth Session, Resolutions adopted on reports of the First Committee, at 6.

㉗ 参见《外空条约》第 8 条,上文脚注 9;B. Schmidt – Tedd & S. Mick, Article Ⅷ, in *Cologne Commentary on Space Law* (Eds. S. Hobe, B. Schmidt – Tedd & K. U. Schrogl)Vol. Ⅰ(2009), 147 – 8.

㉘ 参见《登记公约》第 3 条第 1 款,上文脚注 9。目前,位于维也纳的联合国外层空间事务办公厅代表联合国秘书长保持和管理联合国的登记事务。参见 http://www.oosa.unvienna.org/en/SORegister/index.html,最后访问日期为 2014 年 1 月 12 日。鉴于许多国家仍旧不愿意批准《登记公约》,办公厅保持两个登记簿:一是基于公约进行登记;二是基于第 1721(XVI)B 号决议进行登记。See Schmidt – Tedd & Mick, *supra* n. 27, 150; Schmidt – Tedd & Gerhard, *supra* n. 22, 122 – 3.

㉙ 参见《登记公约》第 2 条第 1 款,见上文脚注 9。

国家；（2）一个从其领土或设备上发射外空物体的国家。"㉚ 空间物体发射经常涉及多个国家，为完成一次发射活动，能有四种发射方式成为具有资格的"发射国"。㉛ 而管辖权仅能被一国行使，应当只在一国登记空间物体。㉜

关于最适合登记的国家，已经引起多数发射国的讨论。联合国大会决议"关于加强国家和国际政府间组织登记空间物体的做法的建议"，㉝ 建议由对空间物体负有责任的国家统一行使管辖权和控制权。㉞ 这一观点与《外空条约》第 6 条和第 8 条相吻合。这意味着最适合登记的国家将是对其负有责任（responsibility）的国家。将"发射国"与"责任国"等同是因为：如果国家不具备管辖权或行使管辖权的可能性，要求其对空间物体负责是不公平的。然而，将二者等同的观点尚未被普遍接受，特别是由私营实体促成发射时。在这种情况下，一些国家认为其与空间物体之间不存在充分联系，且否认由其"促成"发射行为。这意味着这些国家会对空间活动总体负责（responsibility），但不会对空间物体所造成的损害承担（潜在的绝对）责任（liability）。

国家空间法应当明确规定，为登记之目的，在哪些情况下国家被视为发射国。随后国家可要求私营运营人报告必要的信息，这些信息可被转发到联合国登

㉚ 《登记公约》第 1 条第 a 款，见上文脚注 9。"发射国"同样的定义也规定在《责任公约》第 1 条第 c 款中，见上文脚注 9。进一步参见 V. Kayser, *Launching Space Objects*: *Issues of Liability and Future Prospects* (2001), 301; Schmidt – Tedd & Gerhard, *supra* n. 22, 124。

㉛ 关于"发射国"概念的探讨，可参见 A. Kerrest de Rozavel, Remarks on the notion of launching State, in *Proceedings of the Forty – Second Colloquium on the Law of Outer Space* (2000), 308; M. Gerhard, *Nationale Weltraumgesetzgebung. Völkerrechtliche Voraussetzungen und Handlungserfordernisse* (2001), 125 – 6; Schmidt – Tedd & Mick, *supra* n. 27, 152; for further information see M. Benkö & K. U. Schrogl, The UN Committee on the Peaceful Uses of Outer Space: Adoption of a Resolution on Application of the Concept of the 'Launching State' and Other Recent Developments, 54 *Zeitschrift für Luft – und Weltraumrecht* (2005), 57 – 67。关于"发射国"与"促使"发射活动国家的区别，参见 B. Schmidt – Tedd & M. Gerhard, How to adapt the present regime for registration of space objects to new developments in space applications?, in *Proceedings of the Forty – Eighth Colloquium on the Law of Outer Space* (2006), 359; Schmidt – Tedd & Gerhard, *supra* n. 22, 132 – 3。

㉜ 参见《外空条约》第 8 条，上文脚注 9。正如前面所讨论的，这对于共同确定哪一国应该登记物体来说较为必要。进一步参见《登记公约》第 2 条第 2 款，上文脚注 9。

㉝ 参见联合国大会 2007 年 12 月 17 日第 62/101 号决议：《关于加强国家和国际政府间组织登记空间物体的做法的建议》，UN Doc A/AC. 105/RES/62/101。

㉞ See A. Kerrest de Rozavel & L. J. Smith, Article Ⅶ, in *Cologne Commentary on Space Law* (Eds. S. Hobe, B. Schmidt – Tedd & K. U. Schrogl) Vol. Ⅰ (2009), 128 ff.

记处。㉟ 国家通常会规定一定的程序，来明确空间物体的运营人如何以及何时提供该信息。

至于国家登记簿，《登记公约》第 2 条第 3 款规定，每一登记簿的内容项目和保持登记簿的条件应由有关的国家决定。这些规定经常体现在国家空间法中，有时为了完成国内登记，需要运营人提供一些包括在国际登记簿中的额外信息。

（三）责任承担

空间物体所造成损害的国家责任，是国际空间法最为显著的特性之一。㊱ 根据《外空条约》第 7 条，发射或促使发射某一物体进入外层空间的每一个国家，以及从其领土或设施上发射物体的每一个国家，对这些物体或其零部件对另一个国家或国民（包括自然人和法人）所造成的损害应承担国际责任。㊲ 国家责任对赔偿额无上限，且在时间或领土上没有限制，㊳ 有利于国家采取适当措施降低损害的风险，并避免承担相应的责任。由于关乎国家重大利益，国家会因此确保所使用的技术是安全的，以及运营人有能力且值得信赖。只有通过国家空间法，这些要求才能最好得以实现。

《责任公约》更详尽地阐释了责任制度。它规定了当空间物体对地球表面或飞行中的飞机造成损害时"发射国"的绝对责任，㊴ 但是除此之外也要承担过错责任。㊵ 这种责任制度不允许被国家空间法所更改。然而，国家可以通过制定某些程序和认证要求使损害风险和其所应承担的责任降到最小值。对于非政府运营的空间物体所造成的损害，有几个国家已经建立了追索权。为了确保实践中赔偿

㉟ 《登记公约》第 4 条，见上文脚注 9，规定了哪种类型的信息应包括在联合国登记簿中，即包括如下情形：（a）"发射国"或多数发射国的国名；（b）空间物体的适当标志或其登记号码；（c）发射日期和地域或地点；（d）基本的轨道参数，包括交点周期、倾斜角、远地点、近地点；（e）外空物体的一般功能。

㊱ 参见"上册第二章三（三）"部分内容。

㊲ See also Kerrest de Rozavel & Smith, *supra* n. 34, 135 – 6.

㊳ *Cf.* also Kerrest de Rozavel, *supra* n. 25, 135 – 9, esp. 136.

㊴ 参见《责任公约》第 2 条，上文脚注 9；进一步参见 V. Kayser, *supra* n. 30, 50；A. Kerrest de Rozavel, Liability for Damage caused by Space Activities, in *Space Law: Current Problems and Perspectives for Future Regulation* (Eds. M. Benkö & K. U. Schrogl) (2005), 96。

㊵ 参见《责任公约》第 3 条，上文脚注 9。到目前为止，还没有一起承担过错责任的争议。其主要是因为，空间活动中的"过错"行为较难确定。对其批判性的讨论，参见 Kerrest de Rozavel, *supra* n. 39, 102。

可获得追索，国家通常要求运营人购买保险。㊶

正如上述对国际法的简要概述中所展现的那样，国家空间法的颁布是有必要的，至少对允许私营企业参与空间活动的国家而言是明智的，这是因为国际法要求其对空间活动进行"批准"和"持续监督"。如果没有私营部门参与其中，国家空间法就不是迫切需要的。然而，即使空间活动仍然由政府主导，这些国家也偏重于制定和颁布国家空间法。国家空间法可以提供一个实际法律框架，有助于在对外层空间进行探索和利用时制定目标以及确立优先权。此外，这些国家也将因此为私营主体参与空间活动做好准备。例如，中国正准备起草全面系统的国家空间法，尽管其空间活动仅由国有企业实施。㊷ 另外，为了促进具有重大意义的商业性空间发射产业的发展，澳大利亚也开展了空间法的制定工作。㊸

三、国家空间法实例

下文笔者将介绍国家空间法的多种不同类型，包括综合性的空间法、基本的空间法、传统航天国家的空间法以及小国或新兴国家所制定的法律。首先从传统的航天大国开始，包括美国、俄罗斯以及一些苏联的其他承继国。然后，进一步探讨欧洲的航天立法，包括空间法先驱，以及最近在制定综合性空间法和一些基本法律的趋势。在欧洲之外也有少数综合性的空间法，主要是指国家空间政策和/或国家空间机构的设立。上述部分法律的概况附于本章附录中。㊹

㊶ *Cf.* Kerrest de Rozavel, *supra* n. 39, 109; for further examples see Gerhard, *supra* n. 31, 150 ff.

㊷ See Y. Zhao, Regulation of Space Activities in the People's Republic of China, in *National Regulation of Space Activities* (Ed. R. S. Jakhu) (2010), 247 – 65; F. Lyall & P. B. Larsen, *Space Law: A Treatise* (2009), 479 – 81.

㊸ 然而，这的确没有发生所期望的情况。《关于空间活动及相关目标的法》（以下简称《澳大利亚空间活动法》），于 1998 年 12 月 21 日第 123 号文件获得通过。*National Space Legislation of the World*, Vol. Ⅰ (2001), 197 (as amended), see *Space Law – Basic Legal Documents*, E. Ⅶ. 1; see also www. comlaw. gov. au/Details/C2010C00193, last accessed 12 April 2014. See further N. Siemon & S. R. Freeland, Regulation of Space Activities in Australia, in *National Regulation of Space Activities* (Ed. R. S. Jakhu) (2010), 40.

㊹ 作者忠心感谢维也纳大学的两个研究助理（Ms. Karin Traunmüller and Ms. Cordula Steinkogler）对整理本章所附表格内容所做的莫大帮助。

（一）航天先驱

1. 美国

在美国，随着空间科学技术和地理政治事件的发展，与政府和商业化的空间活动相关的法律规则已经有50多年的发展历程，[45] 因此，美国的空间法分散在多个不同的法律中，显得非常复杂。然而，2010年12月18日通过的H. R. 3237法案，将《美国法典》增加了新的一编，即第51编"国家和商业空间项目"，为现行法律提供了一个新的组织构架，以尝试消除规定的模糊之处。[46]

首先，新的一编取代了《1958年航空航天法》，该法案曾设立美国航空航天局（NASA）这一机构以执行美国民用空间计划。[47] 新编纂的第201章也被引用为美国《国家航空航天法》，其包含了一项纲领性的政策声明，[48] 并明确定义了美国国家航空航天局的职责和权限。[49] 此外，该法还包括一些调整保险、赔偿、合同、知识产权等问题一般的行政性条款内容。[50] 其他章节主要调整有关预算和

[45] *Cf.* J. I. Gabrynowicz, One Half Century and Counting: The Evolution of U. S. National Space Law and Three Long – Term Emerging Issues, 4 *Harvard Law and Policy Review*（2010），405. See further e. g. I. Marboe & F. Hafner, Brief Overview over National Authorization Mechanisms in Implementation of the UN International Space Treaties, in *National Space Legislation in Europe*（Ed. F. G. von der Dunk）（2011），40 – 2；P. G. Dembling, The National Aeronautics and Space Act of 1958: Revisited, 34 *Journal of Space Law*（2008），203 – 20；S. Gorove, The Growth of Domestic Space Law: a U. S. Example, 18 *Journal of Space Law*（1990），99 ff.；V. Kayser, An Achievement of Domestic Space Law: US Legislation of Private Commercial Launch Services, 16 *Annals of Air and Space Law*（1991），341 ff.；M. J. Kleiman, J. K. Lamie & M. V. Carminati, *The Laws of Spaceflight*（2012），71 ff.；P. A. Salin, An Overview of US Commercial Space Legislation and Policies – Present and Future, 27 *Air and Space Law*（2002），209 – 36；P. A. Salin, US Space – Related Rules Adopted in 2005 – 2006, 32 *Air and Space Law*（2007），179 – 94；P. A. Salin, An Illustration of the Privatisation Process of Outer Space, 50 *Zeitschrift für Luft – und Weltraumrecht*（2001），217 – 36；P. A. Salin, Impact of Recent US Legislation and Regulations on International Satellite Communication Regulations, 48 *Zeitschrift für Luft – und Weltraumrecht*（1999），52 – 5.

[46] See J. I. Gabrynowicz, United States. Introduction, in *Space Law – Basic Legal Documents*（Eds. K. H. Böckstiegel, M. Benkö & K. U. Schrogl），E. Ⅲ. 1.

[47] 《国家航空和空间法》，Public Law 85 – 568, 85th Congress, H. R. 12575, 29 July 1958；as amended through 1983；72 Stat. 426；*Space Law – Basic Legal Documents*, E. Ⅲ. 1（original instalment）.

[48] 参见《美国法典》第51编第20102部分。

[49] 参见《美国法典》第51编第20101至20117部分。

[50] 参见《美国法典》第51编第20131至20147部分。

会计、承包和采购、㊑ 管理和审核、㊒ 国际合作与竞争㊓以及其他问题。

第 601 章取代了《1992 年陆地遥感政策法》,㊔ 并规定了陆地卫星（Landsat）项目和私营遥感空间系统的许可制度。㊕ 这反映了在空间活动领域，政府的资金资助仍有必要，空间商业化在可预见的期限内仍无法实现。㊖ 与《外空条约》第 6 条的规定相一致，没有美国政府的许可，在美国的管辖和控制之下的任何主体，运营私营空间遥感系统都被认为是非法的。㊗ 同时，该条也鼓励提高遥感数据的可获得性，以及加强商业与科学合作。㊘

《美国法典》第 51 编 "国家和商业空间项目" 通过第 509 章，吸收了《1984年商业空间发射法》的内容，后者经过 1988 年、1998 年和 2004 年三次修订。㊙该结果鼓励、帮助和促进私营主体的商业空间发射活动。该章还规定了为私营空间发射的许可制度，以及发射和再入许可证的颁发和转让制度。签发相关许可证的部门是美国运输部联邦航空管理局商业航天运输办公室。㊀

㊑ 参见《美国法典》第 51 编第 310 章；第 51 编第 303 章。

㊒ 参见《美国法典》第 51 编第 305 章。

㊓ 参见《美国法典》第 51 编第 307 章。

㊔ 《陆地遥感政策法》, Public Law 102 - 555, 102nd Congress, H. R. 6133, 28 October 1992; 15 U. S. C. 5601; 106 Stat. 4163。

㊕ 第 601 章——陆地遥感政策，主要处理由美国政府遥感卫星陆地计划 - 7 产生的数据，尽管陆地卫星计划由美国航空航天局和国防部部长统一管理，但是私人遥感空间系统的许可则由商务部秘书负责。参见 Sec. 60101 (11), in conjunction with Sec. 60121, in contrast to Sec. 60111, 51 U. S. C。

㊖ *Cf.* Gabrynowicz, *supra* n. 45, 414.

㊗ 参见美国空间活动法律概述, UN Doc. A/AC. 105/C. 2/2008/CRP. 9, 7。

㊘ 参见美国调整空间活动法律的总体评价，上文脚注 57；另见 E. Sadeh, Politics and Regulation of Earth Observation Services in the United States, in *National Regulation of Space Activities* (Ed. R. S. Jakhu) (2010), 452 ff。

㊙ Commercial Space Launch Act, Public Law 98 - 575, 98th Congress, H. R. 3942, 30 October 1984; 98 Stat. 3055; *Space Law – Basic Legal Documents*, E. Ⅲ. 3; as amended in 1988 by the Commercial Space Launch Act Amendments, Public Law 100 - 657, 100th Congress, H. R. 4399, 15 November 1988; 49 U. S. C. App. 2615; 102 Stat. 3900; *Space Law – Basic Legal Documents*, E. Ⅲ. 3, 13 ff.; in 1998 by the Commercial Space Act, Public Law 105 - 303, 105th Congress, H. R. 1702, 27 January 1998; 42 U. S. C. 14731; and in 2004 by the Commercial Space Launch Amendments Act, Public Law 108 - 492, 108th Congress, H. R. 3752, 23 December 2004, 49 U. S. C. ; 118 Stat. 3974. See *Space Law – Basic Legal Documents* (Eds. K. H. Böckstiegel, M. Benkö & K. U. Schrogl), E. Ⅲ. 3. 1 - 4. 另参见 "下册第三章三 (四) 2" 部分内容。

㊀ See Kayser, *supra* n. 30, 79 - 86, 94 - 6; P. Vorwig, Regulation of Private Launch Service in the United States, in *National Regulation of Space Activities* (Ed. R. S. Jakhu) (2010), 405.

在美国，运载火箭的发射、发射场所或者再入场所的运营，或者重返大气层飞行器的再入活动都需要获得许可证。根据美国法律的规定，美国公民、法人或其他实体在其领土范围外实施的上述活动也同样需要获得许可证。对在美国国境之外，由美国公民控股或合作的法人或其他实体实施的上述活动，只有该国与美国政府签订相关协议，才能由美国法律调整。[61]

许可证申请者必须从联邦航空局获得政策和安全方面的批准。[62] 此外，要求申请者购买保险或采取其他方式以证明其具有向第三方当事人或美国政府提供损害赔偿的能力。需要覆盖的赔偿额是由美国联邦航空局决定的"最大可能损失"。对于第三方索赔，这一数额不过 5 亿美元或"在世界市场可根据合理成本获得的数额最大的责任保险"。[63] 而对于政府索赔，赔偿额限制在 1 亿美元或可根据合理成本获得的最大数额保险。[64] 此种情况下，倘若第三方成功提起了超过被许可人保险额的诉讼，美国政府将针对超出保险额的额外赔偿部分向该第三方提供最高为 1.5 亿美元的赔偿（1989 年 1 月 1 日后根据通货膨胀做了调整）。[65] 许可持有人、保险业以及国家担保的有限责任制度，以及"最大可能损失"的概念都代表了其他几个国家立法时所遵循的模式。

《2004 年商业空间发射修正法》增加了许多有关"太空旅游"新发展的条款。[66] 该法要求商业性亚轨道飞行运营人进行书面信息披露，以获得消费者，即所谓的"空间飞行参与者"的"知情同意"。[67] 这一制度确立了空间飞行参与者而非运营人，需要承担风险且无权享受责任保险承保的利益。[68]

至于登记，每个许可证持有者都应向商业空间运输办公室提供必要的信息，以使美国政府履行《登记公约》第 6 条规定的义务，除非该空间物体由外国实体

---

[61] 参见《美国法典》第 51 编第 50904 章第 a 款第 4 项。

[62] See Vorwig, *supra* n. 60, 405, 409 – 10.

[63] See 14 C. F. R. § 440.9 (c).

[64] See 14 C. F. R. § 440.9 (e).

[65] See 14 C. F. R. § 440.19 (a).

[66] See e. g. Gabrynowicz, *supra* n. 45, 418; T. R. Hughes & E. Rosenberg, Space Travel Law (and Politics): The Evolution of the Commercial Space Launch Amendments Act of 2004, 31 *Journal of Space Law* (2005), 3 ff. 另进一步参见"下册第三章三（四）3"部分内容。

[67] See 14 C. F. R. § 460.45 (2009).

[68] 关于这一问题的讨论，进一步参见"下册第三章三（四）3"部分内容。

所有和注册。⑥⑨

除了这些调整空间活动的特别法案，其他领域的一些现有法律也适用于外空活动。一个典型的例子就是《1934 年通信法》，⑦⑩ 1970 年该法被公开声明适用于实施空间通信活动的私营运营人。⑦① 联邦通信委员会负责管理美国无线电频谱的使用以及为空间站和地球站分配许可证。⑦② 联邦通信委员会发放许可证的依据在于：提交申请的空间活动或运营是便利且必要的，并将为公共利益服务。⑦③ 该委员会也可能通过制定规则以贯彻执行《1934 年通信法》。除其他事项外，联邦通信委员会已致力于处理空间碎片问题，目前要求提交一个轨道碎片减缓计划。⑦④

正如以上论述，美国国家空间法包含了一系列适用于空间活动的法律法规，法律体制非常复杂，尽管《美国法典》第 51 编的创设和编纂，已经有效地改善了此种情形。

2. 俄罗斯

尽管苏维埃社会主义共和国联盟（苏联）是世界上两个空间活动先驱之一，曾于 1957 年发射首个人造地球卫星 Sputnik - 1 号，1961 年发射世界第一艘载人宇宙飞船，但并没有制定规范空间活动的国家法律，而主要由国家和政治机构的特别决议和决定来调整。⑦⑤ 1991 年苏联解体后，才开始为空间活动建立适当的法律框架。

---

⑥⑨ See 14 C. F. R. , § 417. 19；see also Vorwig, *supra* n. 60，413.

⑦⑩ 1934 年 6 月 19 日《通信法》；47 U. S. C. 151（1988）；48 Stat. 1064；see also Federal Communications Commission（FCC），www. fcc. gov/Reports/1934new. pdf, last accessed 12 April 2014。除其他事项外，美国 1934 年《通信法》的目的还在于保持对美国所有无线传输频道的控制。至目前为止，该法已有多个修正案。无线通信领域的空间活动由联邦通信委员会授权。

⑦① Communications Satellite Facilities, First Report and Order, 22 FCC 2d 86（1970），Appendix C，p. 1；see further P. Meredith, Licensing of Private Space Activities in the United States, 22 *Annals of Air and Space Law*（1997），414.

⑦② 参见《美国法典》第 47 编第 151 章；另参见 Vorwig, *supra* n. 60，405，421。

⑦③ 参见美国空间活动法律概述，上文脚注 57。

⑦④ 参见美国空间活动法律概述，上文脚注 57。

⑦⑤ See S. P. Malkov & C. Doldirina, Regulation of Space Activities in the Russian Federation, in *National Regulation of Space Activities*（Ed. R. S. Jakhu）（2010），315.

第一步是根据总统令创建俄罗斯航天局,[76] 后来转变成负责空间活动总体实施的俄罗斯联邦航天局（Roskosmos）[77]。它的任务一方面是起草并实施联邦空间政策，另一方面负责组织、协调和实施商业空间项目，包括对各类空间活动许可证的发放。俄罗斯联邦航天局也是负责确保空间活动安全和设备与技术认证的主管机构，并承担政府分配的许多其他任务。[78]

俄罗斯空间立法的关键在于 1993 年 8 月 20 日颁布的《联邦空间活动法》。[79] 该法是一个总的框架，虽然不是关于空间活动各方面的详细规定，但也涉及许多方面的专门法律和政府规章。[80] 该法主要规定俄罗斯联邦航天计划、长期规划措施，以及国家基于科学和社会经济目的发展和利用外层空间技术的各项基础性要求。[81]

"空间活动"这一概念在《联邦空间活动法》中含义十分广泛。它涵盖了"探索和利用包括月球和天体在内的外层空间的任何直接性的运营活动"。[82] 主要

---

[76] 1992 年 2 月 25 日，俄罗斯联邦关于空间活动管理结构的第 185 号的法令。1999 年，它被联邦权力机构的执行机构通过第 651 号法令转化成俄罗斯航空航天局。

[77] 2004 年 3 月 9 日第 314 号法令。

[78] 2004 年 6 月 26 日第 314 号政府条例，联邦航天局宪章对该组织与俄罗斯航天局的职能进行了详细的规范。参见 Malkov & Doldirina, *supra* n. 75, 320。

[79] 1993 年 8 月 20 日第 5663 – 1 号俄罗斯联邦空间活动法（此后为《俄罗斯空间法》）于 1993 年 10 月 6 日生效。National Space Legislation of the World, Vol. Ⅰ (2001), at 101; *Space Law – Basic Legal Documents*, E. Ⅳ. 1; see also www. oosa. unvienna. org/oosa/en/SpaceLaw/national/russian _ federation/decree_5663 – 1_E. html, last accessed 12 April 2014.

[80] See D. Marenkov & B. Schmidt – Tedd, Russian Federation. Introduction, in *Space Law – Basic Legal Documents* (Eds. K. H. Böckstiegel, M. Benkö & K. U. Schrogl), E. Ⅳ, 1. Further e. g. H. J. Heintze, Das russische Weltraumgesetz vom 20. August 1993, 44 *Zeitschrift für Luft-und Weltraumrecht* (1995), 35 – 7; E. Kamenetskaya, V. S. Vereshchetin & E. Zhukova, Legal Regulation of Space Activities in Russia, 9 *Space Policy* (1993), e. g. 121; Marboe & Hafner, *supra* n. 45, 42 – 3; A. Fassakhova, Russian Space Legislation, in *Proceedings of the United Nations/International Institute of Air and Space Law Workshop: Capacity Building in Space Law* (2003), 192 ff.; M. Gerhard & D. Marenkov, Zur Lizenzierung von Weltraumaktivitäten in Russland, 56 *Zeitschrift für Luft – und Weltraumrecht* (2007), 211 – 29; D. Marenkov, Zum Russischen Weltraumgesetz in seiner aktualisierten Fassung vom 2. Februar 2006, 56 *Zeitschrift für Luft – und Weltraumrecht* (2007), 58 – 86; F. Tesselkin & D. Marenkov, Änderungen im Gesetz der Russischen Föderation über Weltraumaktivitäten vom 20. August 1993, 51 *Zeitschrift für Luft – und Weltraumrecht* (2002), 25 – 47.

[81] 参见《俄罗斯空间活动法》第 8 条第 1 款，上文脚注 79。目前 2005 年 10 月 25 日第 635 号联邦政府决议通过了联邦空间方案，有效期从 2006 年至 2015 年。参见 Malkov & Doldirina, *supra* n. 75, 320。

[82] 参见《俄罗斯空间活动法》第 2 条，上文脚注 79。

领域包括空间科学研究，基于通信、电视和无线电广播空间应用技术，外空对地球环境和气象遥感，导航的使用，大地测量卫星系统，载人航天飞行任务，利用空间科技、材料和技能确保俄罗斯的国防和安全，对外层空间物体的观测，外层空间材料和其他产品的生产制造，以及通过空间技术实施其他类型的活动。[83]

关于《外空条约》第 6 条所要求的批准程序，《俄罗斯空间活动法》规定空间活动需要许可证。[84] 适用范围为俄罗斯联邦公民和组织以及在俄罗斯联邦管辖下的外国公民和组织所从事的空间活动。[85]

关于空间活动的许可程序，《若干活动许可法》[86] 和《空间活动许可条例》[87] 做出了更详细的规定。关于许可的要求和条件，《空间活动许可条例》做出了详细的规定，包括安全标准和技术质量控制，基地、设施和设备的所有权和使用权，合格和受过专业教育专家的储备，俄罗斯联邦国际义务的遵守。[88] 至于安全标准的遵守，《俄罗斯空间活动法》规定，执行空间活动时要注意将对环境和近地空间的人为污染控制在可允许的程度内。[89] 俄罗斯联邦航天局和国防部是主要的管控机构，必须将空间活动所引起的任何安全威胁及时通知有关政府机构和公民。[90]

关于注册，《俄罗斯空间活动法》规定，俄罗斯联邦的空间物体须经注册，并须有标识证明其由俄罗斯联邦所有。[91] 关于私营主体所拥有的空间物体，法律并无规定。如果一个空间物体由俄罗斯的组织和公民与外国组织和公民或国际组织共同设计和制造，这种物体的登记、管辖权、控制权和所有权等问题应根据有

---

[83] 参见《俄罗斯空间活动法》第 2 条，上文脚注 79。

[84] 参见《俄罗斯空间活动法》第 9 条，上文脚注 79。

[85] 参见《俄罗斯空间活动法》第 9 条第 2 款，上文脚注 79；另参见 Schematic Overview of National Regulatory Frameworks for Space Activities, UN Doc. A/AC. 105/C. 2/2012/CRP. 8, 36 − 7。

[86] 《若干活动许可法》，第 128 − FZ 号，于 2001 年 8 月 8 日修正。参见 Malkov & Doldirina, *supra* n. 75, 328。

[87] 《空间活动许可条例》，由 2006 年 6 月 30 日第 403 号俄罗斯联邦政府管理条例批准（以下简称《俄罗斯许可法》），Space Law – Basic Legal Documents, E. Ⅳ. 2。

[88] 参见《俄罗斯许可法》第 4 条，上文脚注 87。

[89] 参见《俄罗斯空间活动法》第 22 条，上文脚注 79。

[90] 参见《俄罗斯空间活动法》第 22 条第 1 款，上文脚注 79；另参见 Malkov & Doldirina, *supra* n. 75, 327.

[91] 参见《俄罗斯空间活动法》第 17 条第 1 款，上文脚注 79。

关国际条约确定。㉒

关于责任，《俄罗斯空间活动法》明确规定俄罗斯联邦对空间物体在其境内或境外造成的损害承担无过错责任，而在外层空间中引起的损害除外。㉓ 由于该法适用于在俄罗斯境内引起的损害，这超越了《责任公约》第 7 条所规定的范围。㉔ 然而，该法还规定了政府对造成空间物体损害的组织和公民拥有追索权。如果对地球表面之外的另一个空间物体造成损害，应按照《俄罗斯联邦民法典》规定的一般规则来确定补偿事宜。㉕

关于保险，《俄罗斯空间活动法》规定了空间活动保险缴纳采取自愿与强制并行的方式。㉖ 对宇航员、空间人员的生命和健康，以及第三方生命、健康、财产造成的损失，必须是强制性保险。强制保险费应当被转账到俄罗斯航天基金或者已经取得空间活动保险资格的其他保险公司，并应该用于补偿相关组织或者公民在遵守保险合同的基础上开展空间活动发生事故而造成的损失。自愿保险的适用范围是空间设备及其损害或损失风险。㉗

尽管俄罗斯联邦立法较晚，但目前的法律框架已非常复杂。除了《俄罗斯空间活动法》，还颁布了很多决议和法令以规范不同类型的空间活动，包括俄罗斯联邦参与的国际空间站的活动。㉘ 根据现行法律法规，私营部门参与空间活动是被允许的，但细节还未确定。特别是，"太空游客"的规定仍在根据个案单独制定。㉙

3. 苏联的其他继任者：乌克兰和哈萨克斯坦

乌克兰从苏联继承了现代工业基础和先进的技术。㉚ 独立以后，乌克兰在

㉒ 参见《俄罗斯空间活动法》第 17 条第 4 款，上文脚注 79。

㉓ 参见《俄罗斯空间活动法》第 30 条第 1 款，上文脚注 79。

㉔ 《责任公约》第 7 条，见上文脚注 9，它排除了在俄罗斯领土范围内由俄罗斯公民或发射受邀人提起的所有索赔。

㉕ 参见《俄罗斯空间活动法》第 30 条第 2 款，上文脚注 79。

㉖ 参见《俄罗斯空间活动法》第 25 条，上文脚注 79；另参见 Malkov & Doldirina, *supra* n. 75, 327。

㉗ 参见《俄罗斯空间活动法》第 25 条第 2 款，上文脚注 79。

㉘ 关于国际空间站，详见"下册第二章二至七"部分内容。

㉙ 进一步参见"下册第二章四（三）"部分内容。

㉚ See A. Grigorow, Ukraine. Introduction, in *Space Law – Basic Legal Documents* (Eds. K. H. Böckstiegel, M. Benkö & K. U. Schrogl), E. Ⅷ, 1.

此领域的第一步就是根据总统令成立了乌克兰国家航天局。[101] 随后，在 1996 年颁布了《乌克兰空间活动法》[102]。这一立法的主要动机是为乌克兰航天工业建立可靠的监管框架。[103] 该法规定了国家航天局的权限和空间活动所适用的一般原则。

在乌克兰境内或者在受乌克兰管辖的境外实施的空间活动，必须取得许可。[104] 这可能不包括乌克兰公民在乌克兰境外实施空间活动的属人管辖权。[105] "空间活动"的定义相当广泛，是指"空间科学研究、空间技术的开发和利用，以及外层空间的使用"。[106] 出于安全及保护人口和环境的目的，国家航天局负责签发许可证，并监管空间活动的安全标准，以及对公众和环境进行保护。[107] 值得注意的是，该法规定的许可条件中包括了联合国各外空条约明确规定的诸多义务，如禁止通过任何手段将核武器或者大规模杀伤性武器置于外空和放置于外空轨道上。[108] 除了澳大利亚和南非，国家空间法并不包含与此类似的规定。[109]

《乌克兰空间活动法》明确规定了登记职责，并详细制定了"乌克兰空间设施国家登记册"的规定，以及根据《乌克兰空间设施登记管理条例》使登记生效

---

[101] Decree No. 117 of 29 February 1991 on the Creation of the Ukrainian National Space Agency.

[102] 《乌克兰空间活动法》, No. 502/96 – VR, 15 November 1996; *National Space Legislation of the World*, Vol. I (2001), at 36; www. oosa. unvienna. org/oosa/en/SpaceLaw/national/ukraine/ordinance_on_space_activity_1996E. html, last accessed 13 April 2014; see also *Space Law – Basic Legal Documents*, E. Ⅷ. 1. *Cf.* further e. g. Marboe & Hafner, *supra* n. 45, 43 – 4; F. G. von der Dunk & S. A. Negoda, Ukrainian National Space Law from an International Perspective, 18 *Space Policy* (2002), 15 – 23.

[103] See M. Gerhard, The Law of Ukraine on Space Activities, in 51 *Zeitschrift für Luft – und Weltraumrecht* (2002), 57.

[104] 参见《乌克兰空间活动法》第 10 条，上文脚注 102。

[105] *Cf.* Gerhard, *supra* n. 103, 58.

[106] 参见《乌克兰空间活动法》第 1 条，上文脚注 102。

[107] 参见《乌克兰空间活动法》第 20 条至 25 条，上文脚注 102。

[108] 参见《乌克兰空间活动法》第 9 条，上文脚注 102。在空间法领域大规模杀伤性武器的问题，参见"上册第六章三（一）"部分内容。

[109] 参见《澳大利亚空间法》第 26 条第 3 款 f 项和第 29 条 b 项，上文脚注 43，分别是在空间和许可政策背景下关于引用两用技术和大规模杀伤性武器的规定。《空间事务法》（《南非空间事务法》）第 1 章第 6 条和第 29 条以及第 2 条第 1 款 b 项，于 1993 年 6 月 23 日获得批准，并于 1993 年 9 月 6 日生效，No. 84 of 1993；《南非共和国贸易与工业法》, Issue No. 27, 21 – 44；*National Space Legislation of the World*, Vol. I (2001), at 413; as amended 1995, see *Basic Legal Documents*, E. V, see also, http://www. oosa. unvienna. org/oosa/en/SpaceLaw/national/south _ africa/space _ affairs _ act _ 1993E. html, 最后访问日期为 2014 年 4 月 13 日。

的条件。⑩ 此外还包括从国家登记册中除去空间设施登记的规定。⑪

　　关于责任，《乌克兰空间活动法》并未规定特别制度，但是规定应当依据现行乌克兰法律使得损害赔偿得以实现。⑫ 同样，空间活动的强制保险类型，应当由乌克兰现行法律确立。⑬ 关于强制保险的具体程序，应当由内阁部长来确定。⑭ 这使得一些重要问题无法得到确定，因而很难说乌克兰的法律状况是否有利于私营空间活动的发展。⑮

　　哈萨克斯坦最近颁布了国家空间法。⑯ 由于位于哈萨克斯坦拜科努尔的发射场是苏联时期主要的发射设施之一，哈萨克斯坦在苏联的重要外空任务中扮演重要角色。第一颗卫星在这里发射，人类从这里第一次被送入外层空间。新颁布的《哈萨克斯坦空间活动法》制定了一个全面的法律框架来管理哈萨克斯坦管辖下的空间活动。此处是由多个单独的法令、条例以及双边和多边协议来规范空间活动。⑰ 特别是俄罗斯联邦和哈萨克斯坦之间关于使用拜科努尔发射基地的双边协议，发挥了核心作用。⑱ 新的法律也重点规定了对发射服务的监管。值得

---

⑩　参见《乌克兰空间活动法》第 13 条，上文脚注 102。

⑪　参见《乌克兰空间活动法》第 14 条，上文脚注 102。

⑫　参见《乌克兰空间活动法》第 25 条，上文脚注 102。

⑬　参见《乌克兰空间活动法》第 24 条，上文脚注 102。

⑭　同上。

⑮　See also Gerhard, *supra* n. 103, 59.

⑯　2012 年 1 月 6 日《哈萨克斯坦空间活动法》，其简要评述，参见 B. Schmidt-Tedd & O. Stelmakh, Einführung in das Gesetz der Republik Kasachstan über Weltraumaktivitäten, 61 *Zeitschrift für Luft – und Weltraumrecht* (2012), 426 – 50; *cf.* also G. Omarova, Perspectives for National Space Legislation in Kazakhstan, in ' *Project* 2001 *Plus* ' – *Global and European Challenges for Air and Space Law at the Edge of the* 21*st Century* (Eds. S. Hobe, B. Schmidt – Tedd & K. U. Schrogl) (2006), 93 – 8.

⑰　*Cf.* B. Schmidt – Tedd & O. Stelmakh, Capacity – Building of the National Space Legislation in Post – Soviet Countries: The Recent Contribution of Kazakhstan, Abstract; www. iafastro. net/iac/archive/tree/ IAC – 12/E7/5/IAC – 12, E7, 5, 4, x13037. brief. pdf, last accessed 13 April 2014.

⑱　参见《俄罗斯联邦和哈萨克斯坦之间关于使用拜科努尔发射基地的基本原则与条款的协议》，1994 年 3 月 28 日签署于莫斯科，并于 1994 年 12 月 10 日生效；30 *Journal of Space Law* (2004), 26。另见《俄罗斯联邦和哈萨克斯坦之间关于有效合作使用拜科努尔设施的协议》，2004 年 1 月 9 日签署于阿斯塔纳；30 *Journal of Space Law* (2004), 32; also M. Bjornerud, Baikonur Continues: The New Lease Agreement Between Russia and Kazakhstan, 30 *Journal of Space Law* (2004), 18 (with agreements appended). *Cf.* further M. Hosková, The 1994 Baikonur Agreements in Operation, in *Proceedings of the Forty – Second Colloquium on the Law of Outer Space* (2000), 263 – 72.

注意的是，该法明确排除了拜科努尔发射设施私有化的可能性。⑪

《哈萨克斯坦空间活动法》规定自然人或者法人实施空间活动要取得许可证。⑫ 国家航天局颁发该许可证，并负责实施国家空间政策，确保空间活动符合技术安全标准和环保要求。⑫ 就登记而言，该法对哈萨克斯坦共和国的自然人和法人发射的空间物体与外国自然人和法人发射的空间物体予以区分。⑫ 前者对必须提供的信息和注册程序有详细的规定，后者注册只需要基本信息。⑫

责任损害和保险问题只有相对模糊的规定，基本上涉及的是技术性立法。⑫ 然而，值得注意的是，《哈萨克斯坦空间活动法》规定，该法与哈萨克斯坦批准的国际条约相矛盾之时，以后者为准。⑫ 与俄罗斯联邦和乌克兰的空间法相反，新颁布的《哈萨克斯坦空间活动法》的焦点集中在一个特定的空间活动，即拜科努尔航天发射场的开发和使用。这是向国外公共或私营潜在客户提供法律确定性方面非常重要的一步。

（二）欧洲空间法先驱

欧洲第一个颁布国家空间法的是挪威，早在 1969 年就颁布了《关于空间发射国家法》。另一个是瑞典，于 1982 年颁布了《1982 年空间活动法》。最后一个是英国，于 1986 年颁布了《1986 年外层空间法》。

1. 挪威

挪威在颁布《关于从挪威领土发射物体进入外空的法案》（下称《挪威发射法》）时，⑫ 只缔结了《外空条约》，而后续相关的空间条约尚未制定。其在 1969

---

⑪　参见《哈萨克斯坦空间活动法》第 23 条，上文脚注 116。

⑳　参见《哈萨克斯坦空间活动法》第 13 条，上文脚注 116。

㉑　参见《哈萨克斯坦空间活动法》第 9 条，上文脚注 116。

㉒　参见《哈萨克斯坦空间活动法》第 11 条，上文脚注 116。

㉓　See Schmidt – Tedd & Stelmakh, *supra* n. 117, n. 47 and accompanying text.

㉔　*Cf.* Schmidt – Tedd & Stelmakh, *supra* n. 117, n. 52 and accompanying text.

㉕　参见《哈萨克斯坦空间活动法》第 2 条第 2 款，上文脚注 116。

㉖　《关于从挪威领土发射物体进入外空的法案》（以下简称《挪威发射法》），No. 38，13 June 1969；*National Space Legislation of the World*, Vol. Ⅰ (2001)，at 286；*Space Law – Basic Legal Documents*, E. XⅦ；see also www. oosa. unvienna. org/oosa/en/SpaceLaw/national/norway/act_38_1969E. html, last accessed 13 April 2014. *Cf.* further e. g. Marboe & Hafner, *supra* n. 45, 33 – 4；F. G von der Dunk & A. Nikolaisen, Vikings First in National Space Law: Other Europeans to Follow – The Continuing Story of National Implementation of International Responsibility and Liability, in Proceedings of the Forty – Fourth Colloquium on the Law of Outer Space (2002), 111 – 21.

年 7 月 1 日颁布《外空条约》之前就已制定了国家空间法。⑫

《挪威发射法》非常简短，只有三个条款。它规定未经挪威政府相关部门批准，禁止从挪威领土、船舶、航空器等相关物体上向外空发射任何物体，这满足了《外空条约》第 6 条关于"批准"的规定。然而，该法仅适用属地管辖，而不适用属人管辖。此外，该法的适用范围仅限于"发射"，不包括其他的空间活动。该法并没有详细说明获得许可的要求或条件，因此，挪威主管部门——贸易和工业部享有较大的自由裁量权。⑫ 此外，该法不包括登记、责任和保险方面的任何条款。

由此可见，《挪威发射法》只包括空间活动和相关法律问题的一部分。就目前而言，该法似乎对国家实际需求有响应，适用于该法的案件是从安多亚（Andoya）火箭发射场实施的发射活动。⑫

2. 瑞典

瑞典是继挪威之后颁布国家空间法的欧洲国家。1982 年先后颁布了《瑞典空间活动法》⑬ 和《瑞典空间活动法令》⑬。《瑞典空间活动法》规定：在瑞典领土或由瑞典的自然人或法人实施的非政府空间活动需要取得许可证。⑬ 因此，该

---

⑫ *Cf.* F. G. von der Dunk, Current and Future Development of National Space Law and Policy, in *Disseminating and Developing International and National Space Law*: *The Latin America and Caribbean Perspective* (2005), 41.

⑫ See further von der Dunk, *supra* n. 127, 42.

⑫ *Cf.* F. G. von der Dunk, The Legal Basis for National Space Legislation – With Special Reference to the Old/New Norwegian Act on Launching Objects from Norwegian Territory into Outer Space, in 'Project 2001' – *Legal Framework for the Commercial Use of Outer Space* (Ed. K. H. Böckstiegel) (2002), 578.

⑬ 《瑞典空间活动法》，1982：963，18 November 1982；*National Space Legislation of the World*, Vol. Ⅰ (2001), 398；Space Law – Basic Legal Documents, E. Ⅱ.1；36 *Zeitschrift für Luftund Weltraumrecht* (1987), 11；also www. oosa. unvienna. org/oosa/en/SpaceLaw/national/sweden/act_on_space_activities_1982E. html, last accessed 13 April 2014。

⑬ 《瑞典空间活动法令》，1982：1069；*National Space Legislation of the World*, Vol. Ⅰ (2001), 399；*Space Law – Basic Legal Documents*, E. Ⅱ.2；36 *Zeitschrift für Luft – und Weltraumrecht* (1987), 11；also www. oosa. unvienna. org/oosa/en/SpaceLaw/national/sweden/decree_on_space_activities_1982E. html, last accessed 13 April 2014。

⑬ See N. Hedman, Swedish Legislation on Space Activities, in *Nationales Weltraumrecht/National Space Law* (Eds. C. Brünner & E. Walter) (2008), 74；N. Hedman, Vertices of an Administrative Procedure/Costs：The Swedish Experience, in *Project 2001 Plus – Towards a Harmonised Approach for National Space Legislation in Europe* (Eds. S. Hobe, B. Schmidt – Tedd & K. U. Schrogl) (2004), 75；Marboe & Hafner, *supra* n. 45, 34.

法既规定了属地管辖又规定了属人管辖。其中，需要取得许可证的空间活动，包括向外空发射空间物体，以及所有的操作措施，或者对发射外空物体造成影响的其他活动。该法的适用范围明确排除了从外空物体接收信号或接收其他方面信息的行为，以及探测火箭的发射行为。[133] 与此同时，许可证申请需要提交[134]其负责对空间活动许可行使监管权的相关文件。[135] 由于《瑞典空间活动法》没有详细规定"批准"的条件，因此瑞典国家航天委员会享有广泛的自由裁量权（瑞典国家航天委员会是工业和通信部下属的一个中央政府机构）。

《登记公约》中对空间物体的国家登记，规定在《瑞典空间活动法令》中。[136] 该法令提交的信息与《登记公约》第4条的要求相当。[137] 关于损害责任问题，《瑞典空间活动法》规定，如果瑞典政府根据国际协定对特定空间活动引起的损害承担责任，那么实施空间活动的主体应当向国家承担赔偿责任，除非基于特殊原因做出抗辩。[138] 值得注意的是，《瑞典空间活动法令》与《责任公约》的表述存在差异，后者规定的是"空间物体"而非"空间活动"造成损害的责任。这种差异可被认为是补偿责任的延伸，不仅是《责任公约》第7条规定的责任，而且还是《外空条约》第6条规定的国家赔偿责任。最后，瑞典的空间立法不包含保险条款，但保险可以被包含在"批准"的条件中。

3. 英国

英国制定国家空间立法是对英国公司从事发射、运营卫星活动的约束与保护。[139]

---

⑬　参见《瑞典空间活动法》第1条，上文脚注130。

⑭　*Cf.* Hedman, Vertices, *supra* n. 132, 77.

⑮　参见《瑞典空间活动法》第3条，上文脚注130；《瑞典空间活动法令》第1条，上文脚注131。

⑯　参见《瑞典空间活动法令》第4条，上文脚注131。

⑰　参见"上册第三章二（二）"部分内容。

⑱　参见《瑞典空间活动法》第6条，上文脚注130。

⑲　See R. Close, UK Outer Space Act 1986; Scope and Implementation, in ' *Project 2001* ' – *Legal Framework for the Commercial Use of Outer Space* (Ed. K. H. Böckstiegel) (2002), 579; M. Sánchez Aranzamendi, *Economic and Policy Aspects of Space Regulations in Europe*, *ESPI Report* (2009), 17. *Cf.* further e. g. Marboe & Hafner, *supra* n. 45, 35 – 6; T. Ballard, United Kingdom Outer Space Act, in *Proceedings of the United Nations/International Institute of Air and Space Law Workshop*: *Capacity Building in Space Law* (2003), 206 ff.

因此，1986 年颁布的《英国外层空间法》[140] 是启动空间活动商业化的结果。

英国主要关注的是国际空间法规定的国家义务。[141]《英国外层空间法》将空间活动许可及其他权能，授予了负责改革的国务大臣，其通过英国国家航天中心（BNSC）履行职责。[142] 2010 年 4 月 1 日，根据英国民用空间活动的资助与管理方面的公共咨询结果，以及《空间改革与战略发展报告》的公共咨询意见与建议，成立新的英国航天局以取代英国国家空间中心，其目的是对民用空间活动实行统一管理。[143]

《英国外层空间法》的核心是许可促使空间物体的发射、运营，以及"外层空间任何其他活动"的制度。[144] 在英国境内，英国的公民和根据英国法律成立的公司，包括苏格兰的公司，在其境外任何地方实施空间活动都必须取得许可证。[145]《英国外层空间法》对"许可"有较为详细的规定，且在许可证中还可以规定附加条件。[146] 这些条件涉及公众健康和安全，外层空间的污染或地球环境的不利变化，以及英国的国际义务和国家安全。

空间物体的登记应当由国务大臣来负责，登记簿中应当注明空间物体的各方面内容，以确保完整、全面地履行国际义务。[147] 然而，在私人实体发射空间物体

---

[140] 《英国外层空间法》, 18 July 1986, 1986 Chapter 38; National Space Legislation of the World, Vol. I（2001）, at 293; Space Law – Basic Legal Documents, E. I; 36 *Zeitschrift für Luft – und Weltraumrecht*（1987）, 12; also www. legislation. gov. uk/ukpga/1986/38/introduction, last accessed 13 April 2014. 至于该法对皇权所属领域及英国海外领土的适用性，参见 S. Mosteshar, Regulation of Space Activities in the United Kingdom, in National Regulation of Space Activities（Ed. R. S. Jakhu）（2010）, 359 – 60. 关于卫星通信进一步论述，参见 P. J. Dann, Law and Regulation of Satellite Communications in the United Kingdom, 20 *Journal of Space Law*（1992）, 17 – 21. 与空间碎片有关问题的规制，参见 R. Tremayne – Smith, Environmental Protection and Space Debris Issues in the Context of Authorisation, in National Space Legislation in Europe（Ed. F. G. von der Dunk）（2011）, 185 – 7.

[141] See R. Crowther & R. Tremayne – Smith, Safety Evaluation within the United Kingdom's Outer Space Act, in *Project 2001 Plus – Towards a Harmonised Approach for National Space Legislation in Europe*（Eds. S. Hobe, B. Schmidt – Tedd & K. U. Schrogl）（2004）, 79.

[142] 参见《英国外层空间法》第 4 条，上文脚注 140; Mosteshar, *supra* n. 140, 360.

[143] See S. Mosteshar, *supra* n. 140, 358.

[144] 参见《英国外层空间法》第 1 条，上文脚注 140。

[145] 参见《英国外层空间法》第 2 条，上文脚注 140。"苏格兰公司"是一种根据苏格兰法律成立的特殊类型的公司。

[146] 参见《英国外层空间法》第 4 条和第 5 条，上文脚注 140。

[147] 参见《英国外层空间法》第 7 条，上文脚注 140。

的情况下，英国不认为自己是"发射国",[148] 这是对《英国外层空间法》规定"促使（procurement）"这一概念较为有限的解释，这似乎有悖于统一管辖与管控空间物体方面的规定。[149]

1986 年《英国外层空间法》的适用主体，因其开展的活动对他人造成损害或损失时，其应当承担损害赔偿责任。[150] 此外，适用于空间活动的侵权合同法，在许可条件中可能包含购买第三方损害险的要求。[151]

1986 年《英国外层空间法》是一种综合性国家立法，它回应了上述国际法的所有要求，并确保空间活动符合国家应履行的国际义务和国家安全。然而，它并未包含有利于空间运营人，以及促进国家航天事业发展的条款。其特别之处在于在国家承担责任的情况下，政府的追索权缺乏最高上限，可承保的赔偿最高数额仅达到 6000 万欧元，且持续变化。

（三）欧洲综合性国家空间法

在 21 世纪的第一个十年中，一些欧洲国家开始积极讨论国家空间立法的发展，主要是由于私人和商业实体越来越多地参与到空间活动中。这些私人商业实体既包括大型商业公司，也包括承担小型研究项目的大学和科研机构。与其相关的欧盟法律有一个共同点，即它们打算为国家空间活动构建一个综合性的法律框架，并重点强调特定国家中当前特定类型的私营空间活动。

---

[148] See R. Tremayne – Smith, UK Registration Policy and Practice, in *Proceedings of the Project* 2001 *Plus Workshop: Current Issues in the Registration of Space Objects* (Eds. S. Hobe, B. Schmidt – Tedd & K. U. Schrogl) (2005), 59.

[149] *Cf.* Schmidt – Tedd & Mick, *supra* n. 27, 137；另外，对最适当登记国家的探讨，参见"上册第三章二（二）"部分内容。

[150] 参见《英国外层空间法》第 1 条第 1 款，上文脚注 140。

[151] 参见《英国外层空间法》第 5 条第 2 款 f 项，上文脚注 140。2011 年 7 月 4 日，该保险要求从 1 亿英镑减少到 6000 万英镑。据此变化，政府开始对《英国外层空间法》关于是否引入一个 6000 万英镑的无限责任的提议变化启动一个咨询程序。参见 UK Space Agency, *Reform of the Outer Space Act 1986*, Consultation Document, of 31 May 2012；www. bis. gov. uk/assets/ukspaceagency/docs/osa/consultationreform – of – the – outer – space – act. pdf, last accessed 13 April 2014；also UK Space Agency, *Reform of the Outer Space Act 1986: Summary of responses and Government response to consultation*, UKSA/13/1326, of 6 December 2013, www. bis. gov. uk/assets/ukspaceagency/docs – 2013/gov – response – osa – consultation. pdf, last accessed 13 April 2014。

1. 法国

法国是欧洲重要的空间法国家之一，但其在很长一段时间内没有制定相应的国家空间法。[152] 2008 年 6 月以前，该国空间活动的监管框架主要包括一般性民法、行政法和刑事法，以及适用于电信和广播等特定领域的特别法及行政惯例（administrative practices）。[153] 当 2008 年 6 月《法国空间活动法》生效时，这种状况发生了改变。[154] 该法的主要目的是建立空间活动许可与管控方面的国家制度，履行法国政府的国际义务。[155] 随后，法国又制定了多部法令，为《法国空间活动法》的执行制定了详细规定。[156]

《法国空间活动法》适用于包括向外层空间发射或尝试发射物体，或者确保空间物体进入外层空间或返回地球的全部相关空间活动。[157] 该法根据主体需要申请许可证：在法国领土内实施空间活动，或者通过法国管辖的设施从事的空间活动的任何国家的公民；通过外国领土或设施实施空间活动的法国运营主体；在法国拥有经营场所的任何自然人或法人，包括意欲促成空间活动的参与者。[158] 它从

---

[152]　See Sánchez Aranzamendi, *supra* n. 139, 20，作者强调了法国作为全球第三大空间利益国家和欧洲主要的发射国的重要性。

[153]　See P. Achilleas, Regulation of Space Activities in France, in *National Regulation of Space Activities* (Ed. R. S. Jakhu) (2010), 111.

[154]　《法国空间活动法》；Loi n° 2008 – 518 du 3 juin 2008；Journal Officiel de la République Française du 4 juni 2008；see also *Légifrance, service public de la diffusion du droit par l' internet*, http://www. legifrance. gouv. fr/affichTexte. do? cidTexte = JORFTEXT000018931380, last accessed 13 April 2014；unofficial English version 34 *Journal of Space Law* (2008), 453；*Space Law – Basic Legal Documents*, E. XVI. See further e. g. Marboe & Hafner, *supra* n. 45, 39 – 40；M. Couston, La loi française sur les opérations spatiales, 58 *Zeitschrift für Luft – und Weltraumrecht* (2009), 253 – 82；A. Kerrest de Rozavel, *La responsabilité des États du fait des activités spatiales nationales: Quel environnement juridique pour les activités spatiales en France?* (2003)；L. Rapp, When France Puts Its Own Stamp on the Space Law Landscape: Comments on Act no. 2008 – 518 of 3 June 2008 Relative to Space Operations, 34 *Air and Space Law* (2009), 87 – 103。

[155]　See M. Couston, France. Introduction, in *Space Law – Basic Legal Documents* (Eds. K. H. Böckstiegel, M. Benkö & K. U. Schrogl), E. XVI, 1.

[156]　Décret no 2009 – 640 du 9 juin 2009 portant application des disposition prévues au titre VII de la loi no 2008 – 518 du 3 juin 2008 relative aux operations spatiales；décret no 2009 – 643 du 9 juin 2009 relatif aux autorisations délivrées en application de la loi no 2008 – 518 du 3 juin 2008 relative aux operations spatiales；décret no 2009 – 644 du 9 juin 2009 modifiant le décret no 84 – 510 du 28 juin 1984 relatif au Centre national d' études spatiales, Journal Officiel de la République Française, of 10 June 2009.

[157]　参见《法国空间活动法》第 1 条，上文脚注 154。

[158]　参见《法国空间活动法》第 2 条，上文脚注 154。

广义上结合了属地管辖权和属人管辖权。

同时，该法规定只有符合下述条件时才可对空间活动予以批准：国家权能部门对申请人进行了道义和专业资格方面的审查；系统和程序符合人员和财产安全，以及公共健康和环境保护方面的技术规章。[159] 此外，当计划中的活动可能危及国家安全或国际义务时，则不能予以批准。[160] 批准可以附带上面提到的相关内容及防止空间碎片等条件。[161]

2008 年《法国空间活动法》还规定了登记事宜。该法参考《登记公约》第 2 条，规定法国根据国际协议负有登记义务时，该发射的空间物体应当被登记在法国国家空间研究中心（CNES）保管的登记册上。[162] 具体的条件和程序应当有执行法令另行规定。

与此同时，2008 年《法国空间活动法》还制定关于责任的规定：运营人应当对空间活动给第三方在地球表面或空气空间所造成的损害承担绝对赔偿责任。[163] 如果损害是在其他地方造成的，它只对其在过错程度范围内承担责任。[164] 另外，在证明受害人过错的基础上，这种责任可被减轻或免除。尽管这条规定似乎是受到《责任公约》第 2 条和第 3 条的启发，但更进一步说明其不仅规定了空间物体的责任，还规定了空间活动的责任。

2008 年《法国空间活动法》的一个特点是，国家为获得空间活动许可，使得提供担保成为一种可能。然而，运营人必须根据空间活动的批准要求，购买相应数额的保险，[165] 超过的数额由国家承担损害赔偿责任。[166] 启动政府担保金额应根据个案予以确定是否批准，并取决于该案所涉及的风险。[167]

---

[159] 参见《法国空间活动法》第 4 条，上文脚注 154。

[160] 同上。

[161] 参见《法国空间活动法》第 5 条，上文脚注 154。

[162] 参见《法国空间活动法》第 12 条，上文脚注 154。《登记公约》第 2 条，见上文脚注 9，两部法律均确立了国家登记的义务。

[163] 参见《法国空间活动法》第 13 条，上文脚注 154。

[164] 同上。

[165] 参见《法国空间活动法》第 6 条，上文脚注 154。

[166] 国家担保目前有 6000 万欧元。这可能被视为违反竞争法的公共补贴。然而，欧盟委员会致函法国法律起草者认为《法国空间活动法》不应视为与欧盟法律不相容。进一步参见 Achilleas, *supra* n. 153，111 - 2。

[167] 参见《法国空间活动法》第 17 条，上文脚注 154。

国家担保（其自阿里安航天公司设立以来，就已经被应用于该公司）应当根据《法国空间活动法》平等地适用于发射阶段中造成损害的非第三方主体。[168] 国家担保可能被视为一种违反了欧洲竞争法的公共补贴，但欧盟委员会致函法国法律起草者，认为《法国空间活动法》不应视为与欧盟法相冲突。[169] 当法国政府根据它的国际责任支付赔偿时，可以向运营人追索。[170] 然而，该追索权一般由各类保险予以实现。但若运营人提供了另一种形式的财产担保，则可以不再购买保险。[171]

2008 年《法国空间活动法》为法国空间领域、国家安全愿景的实施与国际义务和外交政策的优先考量提供了综合性的法律基础。它与《美国商业空间发射法》相似，[172] 但应用范围比美国模式更为广泛，其不仅包括发射，还包括其他各种空间活动及登记事宜。该法可以作为其他欧洲国家未来国家空间立法的范本。但并非所有的欧洲国家对法国的做法持相同态度。例如，它们一般不愿意提供国家担保，但在实践中，这种方法可为法国在欧洲航天工业领域提供竞争优势。

2. 比利时

近年来，比利时一直特别关注空间活动法，即使它不是一个主要的航天国家。2005 年 6 月 28 日，比利时出台《关于空间物体的发射、飞行操作或指导空间物体的比利时法》（下称《比利时空间法》），使所有的努力成为现实。[173] 出台《比利时空间法》的主要原因是要为比利时的公民和公司在比利时开展的空间活动提供法律

---

[168] *Cf.* Couston, *supra* n. 155, 6；《法国空间活动法》第 15 条，见上文脚注 154。该担保规定在《金融法》中。

[169] See Achilleas, *supra* n. 153, 111 - 2. 经《里斯本条约》修正后的《建立欧洲共同体条约》第 107 条至 109 条规定了欧盟竞争法的有关内容，这些条款禁止会员国通过国家资源的方式提供任何形式的援助，也禁止向企业及产品生产提供有利于其竞争的援助。《里斯本条约》于 2007 年 12 月 13 日在里斯本签署，并于 2009 年 12 月 1 日生效，OJC 115/47 (2009)。

[170] 参见《法国空间活动法》第 14 条，上文脚注 154。

[171] 参见《法国空间活动法》第 6 条，上文脚注 154。

[172] 进一步参见"上册第三章三（一）1"部分内容。

[173] 《关于空间物体的发射、飞行操作或指导空间物体的比利时法》（以下简称《比利时空间法》），于 2005 年 6 月 28 日通过，并于 2005 年 9 月 17 日生效；Nationales Weltraumrecht/National Space Law（Eds. C. Brünner & E. Walter）(2008), 183; Space Law - Basic Legal Documents, E. X. 1; see also www. belspo. be/belspo/space/doc/beLaw/Loi_en. pdf, last accessed 13 April 2014。

依据。《比利时空间法》的目的是确保履行国际法中比利时的国家义务。[174] 另外，作为欧空局成员国，比利时还是欧空局发射空间物体的共同"发射国"。[175]

《比利时空间法》规定了对比利时管辖下的空间活动进行批准和监督的法律制度，[176] 建立了空间物体的国家登记制度，[177] 以及规避了根据《外空条约》第7条规定所需承担的责任。[178] 同时，通过皇家法令实施特定的法律条款使其得到补充。[179] 该法赋予比利时国王[180]和总理在国际合作框架下行使关于空间研究及其利用方面的许多权能。[181]

为了促进在外空研究和利用方面的最新发展，特别是小型卫星，如微纳卫星、亚轨道飞行的深入研究，比利时对《比利时空间法》开始修订，做出若干修

---

[174] See J. F. Mayence, Belgium. Introduction, in *Space Law – Basic Legal Documents* (Eds. K. H. Böckstiegel, M. Benkö & K. U. Schrogl), E. X, 1; J. F. Mayence, Towards a Legal Framework for Space Activities and Applications: Belgian, Comparative and European Perspectives, The Belgian Law on the Activities of Launching, Operating and Monitoring of Space Objects, http://www.belspo. be/belspo/eisc/pdf/docu1law/mayence. pdf, last accessed 13 April 2014; M. Gerhard, Samples of National (Draft) Legislation and Harmonisation – Contributions by State Representatives, in *Project 2001 Plus – Towards a Harmonised Approach for National Space Legislation in Europe* (Eds. S. Hobe, B. Schmidt – Tedd & K. U. Schrogl) (2004), 155; also J. F. Mayence, Implementing the United Nations Outer Space Treaties – The Belgian Space Act in the Making, in *Proceedings of the Forty – Seventh Colloquium on the Law of Outer Space* (2005), 134 – 8; Sánchez Aranzamendi, *supra* n. 139, 18; Marboe & Hafner, *supra* n. 45, 36 – 7.

[175] *Cf.* Mayence, Belgium, *supra* n. 174, 1. 关于欧洲空间局，进一步参见"上册第四章二"部分内容。

[176] 参见《比利时空间法》第4条至第13条，上文脚注173。

[177] 参见《比利时空间法》第14条，上文脚注173。

[178] 参见《比利时空间法》第15条至第17条，上文脚注173。

[179] Royal Decree implementing certain provisions of the law of 17 September 2005 on the activities of launching, flight operations and guidance of space objects of 19 March 2008 (English translation); see *Space Law – Basic Legal Documents*, E. X. 2.

[180] 例如，国王可以确定授权的条件、适用于控制和监督的条件以及经营者赔偿责任的限制。参见《比利时空间法》第5条第1款和第2款；第15条第3款，见上文脚注173；另参见 J. F. Mayence, The Belgian Space Law, Presentation at the 48th session of the Legal Sub – Committee of the Committee on the Peaceful Uses of Outer Space, www. oosa. unvienna. org/pdf/pres/lsc2009/pres – 08. pdf, last accessed 13 April 2014。

[181] 除其他外，部长可根据具体情况，在任何授权中附加他认为有用的具体条件，或根据授权所涵盖的活动，在特定期限内给予授权。参见《比利时空间法》第5条第2款至第6款，上文脚注173。

改，最终于 2014 年 1 月 15 日生效。[182]

《比利时空间法》修订后，明确规定了非机动型小型卫星的运营活动属于该法的适用范围。与此相反，亚轨道飞行并不适用于该法，因为在空间物体新的定义中，仅指发射的或拟被发射的，绕地球轨道轨迹运行的或目的地在地球轨道上空的空间物体（以及它的发射设备和组成部件）。[183]

3. 荷兰

荷兰《规定空间活动相关规则和建立空间物体登记制度的法律》（下称《荷兰空间法》）于 2007 年 1 月 25 日经议会通过，[184] 并于 2008 年 1 月 1 日生效。[185] 当荷兰公司开始参加空间活动，空间立法需求变得更加明显。[186] 该法只适用于荷兰

[182] See *Projet de loi relative aux operations spatiales. Examen des articles*, of 10 November 2012, http://www. senat. fr/rap/l07－161/l07－1613. html, last accessed 13 April 2014. See also I. Marboe & K. Traunmüller, Small Satellites and Small States: New Incentives for National Space Legislation, 38 *Journal of Space Law* (2012), 289－320. The consolidated text of the Belgian Space Law as revised by the Law of 1 December 2013 is published in the Belgian Official Journal of 15 January 2014; for the English translation see www. belspo. be/belspo/space/doc/beLaw/Loi_en. pdf, last accessed 13 April 2014.

[183] 参见 2013 年 12 月 1 日修订的《比利时空间法》第 3 条第 1 款 a 项，上文脚注 182；关于"地球轨道以外的目的地"可能指的是什么的进一步讨论，参见"上册第二章三（一）3"和"下册第三章二（二）"部分内容。

[184] 《规定空间活动相关规则和建立空间物体登记制度的法律》（以下简称《荷兰空间法》），2007 年 1 月 24 日通过；80 Staatsblad（2007），at 1；Nationales Weltraumrecht/National Space Law（Eds. C. Brünner & E. Walter）（2008），201；Space Law－Basic Legal Documents, E. XIV; also www. oosa. unvienna. org/oosa/en/SpaceLaw/national/netherlands/space_activities_act E. html, last accessed 13 April 2014。

[185] See H. den Brabander－Ypes, The Netherlands. Introduction, in *Space Law－Basic Legal Documents*（Eds. K. H. Böckstiegel, M. Benkö & K. U. Schrogl）, E. XIV, 1；Marboe & Hafner, *supra* n. 45, 37－8.

[186] See F. G. von der Dunk, Implementing the United Nations Outer Space Treaties－The Case of the Netherlands, in *National Space Law*（Eds. C. Brünner & E. Walter）（2008），81, 92；F. G. von der Dunk, Recent Developments and Status of National Space Legislation, in *Project 2001 Plus－Towards a Harmonised Approach for National Space Legislation in Europe*（Eds. S. Hobe, B. Schmidt－Tedd & K. U. Schrogl）（2004），67－8；H. den Brabander－Ypes, The Netherlands Space Law－An Introduction to Contents and Dilemmas, Presentation at the 47th Session of the Legal Sub－Committee of the Committee on the Peaceful Uses of Outer Space, www. oosa. unvienna. org/pdf/pres/lsc2008/pres－02. pdf, last accessed 13 April 2014；see also Sánchez Aranzamendi, *supra* n. 139, 19；关于荷兰空间活动和参与国际空间法的总体情况，参见 von der Dunk, *supra* n. 22, 225－35。

本土，而不适用于其海外领土。⑱

《荷兰空间法》规定了登记、批准和监督事宜，并为国家因空间活动所致损害承担责任时进行追索提供可能。⑱ 该法适用范围包括：外层空间物体的发射，飞行操作或引导。⑱ 在实践中，小卫星，如非机动性的微纳卫星，并不适用于《荷兰空间法》，因为这些卫星不需要被运营人员操作或引导。目前，这一现象即将通过法律的修订得以改变。⑲

关于登记制度，《荷兰空间法》规定了"由一个或多个部长负责实施空间活动"相关空间物体的登记程序。⑲ 有人担心这种提法未包括荷兰国民在荷兰境外发射的空间物体。⑫ 但从其领土或者设施发射空间物体方面来看，一些国家通常也不对空间物体进行登记。由此出现了因空间物体未登记在册而造成危险的后果。⑲

如果根据《外空条约》第7条或《责任公约》的有关规定，国家承担了赔偿责任后，那么，国家有权对造成空间活动损害的一方追偿全部或部分赔偿

---

⑱ 荷兰王国也包括加勒比地区，荷属安的列斯群岛的六个岛。截至2010年10月10日，阿鲁巴岛（始于1985年），库拉索岛和圣马丁岛这三个岛在英国境内处于自治领土的隔离现状。这些领土最终希望就空间活动的监管方面保留其自主性。阿鲁巴岛宣布，将禁止所有空间活动和荷属安的列斯在荷兰空间法的基础上起草自己的空间立法。参见 Den Brabander – Ypes, *supra* n. 185, 'Introduction', 4。在另一方面，博内尔岛、萨巴和圣尤斯特歇斯现在已经成为荷兰的"直辖市"。参见 von der Dunk, *supra* n. 22, 237。

⑱ See von der Dunk, Implementing, *supra* n. 186, 99.

⑱ 参见《荷兰空间法》第1条第b款，上文脚注184。

⑲ See N. Palkovitz & T. L. Masson – Zwaan, Orbiting under the Radar: Nano – Satellites, International Obligations and National Space Laws, in *Proceedings of the International Institute of Space Law 2012* (2013), 566 –78; see also Marboe & Traunmüller, *supra* n. 182, 309.

⑲ 《荷兰空间法》第11条，见上文脚注184。

⑫ *Cf.* e. g. D. Howard, A Comparative Look at National Space Laws and Their International Implications. Report of the 6th Eileen Galloway Space Symposium on Critical Issues in Space Law, in *Proceedings of the International Institute of Space Law 2011* (2012), 525, 528; Palkovitz & Masson – Zwaan, *supra* n. 190, 4; Schmidt – Tedd & Mick, *supra* n. 27, 153. 在《荷兰空间法》生效之前，基于登记目标，荷兰对"发射国"这一术语的解释就已存在。参见 O. M. Ribbelink, The Registration Policy of the Netherlands, in *Proceedings of the Project 2001 Plus Workshop: Current Issues in the Registration of Space Objects* (Eds. S. Hobe, B. Schmidt – Tedd, K. U. Schrogl) (2005), 53, 56.

⑲ 因此，这种方法被评论员所批评。参见 Schmidt – Tedd & Mick, *supra* n. 27, 153.

金。⑭ 然而，《荷兰空间法》将空间活动的强制保险作为获得许可的条件。⑮ 许可证持有者对其空间活动引起的损害承担赔偿责任的上限为保险的数额，⑯ 并由经济事务部长综合考量空间活动引起损害的最大责任数额，以及保险所能承担责任的合理数额后，再决定保险赔偿数额。⑰

4. 奥地利

目前，欧洲最新制定的综合性空间法是 2011 年 12 月 28 日生效的《奥地利空间活动法》。⑱ 相较于前两个国家的空间法，新颁布的《奥地利空间活动法》适用于小卫星。该法在解释性报告中强调，颁布该法的主要原因是基于两个奥地利大学研制的两颗微纳卫星的发射。⑲

《奥地利空间活动法》规定的批准制度适用于在奥地利领土、在奥地利注册的船舶或飞机上，以及拥有奥地利国籍的公民或法人在奥地利实施的空间活动。⑳ 该法规定所有空间物体的发射、操作或控制，以及发射设施的运营需要获得运输、创新和技术部长的批准。㉑ 批准条件涉及运营人的资格、操作的安全性、奥地利国际与国家利益以及环境保护，同时这些标准还强调应遵守"减少空间碎片"的国际准则。㉒

与此同时，《奥地利空间活动法》还规定了登记制度，所有根据《登记公

⑭ 参见《荷兰空间法》第 12 条第 1 款，上文脚注 184。
⑮ 参见《荷兰空间法》第 3 条第 4 款，上文脚注 184。
⑯ 参见《荷兰空间法》第 12 条第 2 款，上文脚注 184。
⑰ 参见《荷兰空间法》第 3 条第 4 款，上文脚注 184。
⑱ 2011 年 12 月 28 日制定的《奥地利关于授权开展空间活动和建立国家空间登记处的联邦法律》，以下简称《奥地利空间活动法》，Federal Law Gazette of 27 December 2011；published in English and German also in 61 *Zeitschrift für Luft – und Weltraumrecht*（2012），37 – 42，56 – 61；see also www. oosa. unvienna. org/pdf/spacelaw/national/austria/austrian – outer – space – actE. pdf, last accessed 13 April 2014. *Cf.* further E. Walter, The Constitutional Basis for an Austrian Space Law, in *Nationales Weltraumrecht/National Space Law*（Eds. C. Brünner & E. Walter）（2008），157 – 65；I. Marboe, Culmination of Efforts in the Area of National Space Legislation in 2012, in *Proceedings of the International Institute of Space Law 2012*（2013），524 – 6；F. G. von der Dunk, Another Addition to National Space Legislation：The Austrian Outer Space Act, Adopted 6 December 2011, in *Proceedings of the International Institute of Space Law 2012*（2013），643 –54。
⑲ See Explanatory Report, 61 *Zeitschrift für Luft – und Weltraumrecht*（2012），42.
⑳ 参见《奥地利空间活动法》第 1 条，上文脚注 198。
㉑ 参见《奥地利空间活动法》第 2 条，第 3 条，上文脚注 198。
㉒ 参见《奥地利空间活动法》第 4 条，第 5 条，上文脚注 198。

约》将奥地利认定为"发射国"的空间物体都需要在奥地利登记。[203] 这为纯粹私营的空间物体登记留下了解释空间。然而，解释报告明确指出，奥地利接受《外空条约》第6条规定的国家责任，将根据《奥地利空间活动法》的规定对需要"许可"的空间物体进行登记。[204]

如果奥地利共和国根据国际法对空间活动造成的损害进行了赔偿，那么，联邦政府对运营人享有追索权。[205] 为了承担人身和财产损害的赔偿责任，运营人有购买保险的义务。[206] 然而，如果空间活动基于公共利益，考虑到空间活动风险和运营人的经济能力，交通、创新和技术部长可以减少运营人的保险金额或者免除其保险义务。[207] 免除保险义务是交通、创新和技术部长的一项自由裁量权，该权力为支持奥地利新兴空间技术研究与产业化发展提供支持。

（四）欧洲之外的综合性空间法

在欧洲之外，只有少数几个国家的空间法是综合性的，即规定了批准、登记、责任和保险等方面的内容以规范空间活动。最典型的是澳大利亚，其为了在领土内实施发展商业发射服务的雄伟计划，[208] 于1998年颁布了《澳大利亚空间活动法》。[209] 为了确保澳大利亚国际义务和国家利益安全，《澳大利亚空间活动法》规定了较为详细的许可和安全条款。该法由2001年颁布的《澳大利亚空间活动

---

[203] 参见《奥地利空间活动法》第9条，上文脚注198。

[204] See Explanatory Report, *supra* n. 199, 51.

[205] 参见《奥地利空间活动法》第11条，上文脚注198。关于责任和追索权制度复杂的起草过程，参见 I. Marboe, The New Austrian Outer Space Act, in 61 *Zeitschrift für Luft – und Weltraumrecht* (2012), 26, 33 –5。

[206] 参见《奥地利空间活动法》第4条第4款，上文脚注198。保险的最低限额为6000万欧元。

[207] 如果空间活动服务于科学、研究和教育，那它是为了公共利益。如果联邦国家本身是操作者，那么购买保险是没有必要的。参见《奥地利空间活动法》第4条第4款，上文脚注198，and the Explanatory Report, 48 –9 *supra* n. 199。

[208] *Cf.* also Siemon & Freeland, *supra* n. 43, 37；V. Nase, Australia. Introduction, in *Space Law – Basic Legal Documents* (Eds. K. H. Böckstiegel, M. Benkö & K. U. Schrogl), E. Ⅶ, 1；M. E. Davis, The Regulation of the Australian Space Launch Industry, 49 *Zeitschrift für Luft – und Weltraumrecht* (2000), 65 –73；S. R. Freeland, Difficulties of Implementing National Space Legislation Exemplified by the Australian Approach, in '*Project 2001 Plus*' -*Global and European Challenges for Air and Space Law at the Edge of the 21st Century* (Eds. S. Hobe, B. Schmidt –Tedd & K. U. Schrogl) (2006), 65 –92.

[209] 《澳大利亚空间活动法》，见上文脚注43。进一步参见 Marboe & Hafner, *supra* n. 45, 45 –6.

条例》㉑ 作为补充，后者涵盖了空间活动许可更为详细的内容。

《澳大利亚空间活动法》适用于在澳大利亚本土开展的或者由澳大利亚公民在澳大利亚境外实施的空间活动。㉑ 该法只适用于发射活动，包括发射场的运营和空间物体返回地球的活动。㉑ 这些活动需要发射许可或认证豁免。澳大利亚监管制度对如下三种许可证做出区分：①空间许可证，适用于澳大利亚境内发射设施，特定种类的发射载体，以及与特定的飞行路径相关的运营活动。㉑ ②发射许可证，适用于特定空间物体的发射或特定系列空间物体的发射或澳大利亚发射的空间物体返回本土的活动。㉑ ③境外发射认证，适用于澳大利亚的公民从本土以外的发射设施进行的发射活动。㉑ 值得注意的是，澳大利亚境外发射的空间物体返回澳大利亚需要经过有关部门批准。㉑

所有类型的批准都由工业、金融和资源部部长根据相关标准做出。批准的标准包括：申请人的技术和财政能力，公共健康和环境保护，国家和国际安全利益，以及人身和财产安全。㉑ 该法规定，许可申请人是宪法第20条第51段规定的主体。㉑ 空间物体发射以后，发射许可证持有人需要将信息提交给部长，部长根据《登记公约》和澳大利亚的相关协议，进行空间物体登记。㉑《澳大利亚空间活动法》第4部分规定了责任问题，以及澳大利亚政府因被许可人诉请而承担的任何国际索赔责任问题。㉑ 根据《澳大利亚空间活动条例》第7.02部分，许可证持有者必须购买保险，以保证对第三方损害责任中最大限额的赔偿。

㉑ 《澳大利亚空间活动条例》，Statutory Rules 2001 No. 186, 28 June 2001; *National Space Legislation of the World*, Vol. II （2002）, at 307; *Space Law – Basic Legal Documents*, E. VII. 2; also http://www. comlaw. gov. au/Details/F2004C00906, last accessed 13 April 2014。

㉑ 参见《澳大利亚空间活动法》第11条和第12条，上文脚注43。

㉑ See further e. g. F. G. von der Dunk, Launching from 'Down Under': The New Australian Space Activities Act of 1998, in *Proceedings of the Forty – Third Colloquium on the Law of Outer Space* （2001）, 135 – 6.

㉑ 参见《澳大利亚空间活动法》第18条，上文脚注43。

㉑ 参见《澳大利亚空间活动法》第26条，上文脚注43。

㉑ 参见《澳大利亚空间活动法》第35条，上文脚注43。

㉑ 参见《澳大利亚空间活动法》第14条，上文脚注43。

㉑ 参见《澳大利亚空间活动法》第18条、第26条、第29条以及第35条，上文脚注43。

㉑ 同上。

㉑ 参见《澳大利亚空间活动法》第76条，上文脚注43。

㉑ *Cf.* e. g. von der Dunk, *supra* n. 212, 138.

为了实施《澳大利亚空间活动法》，澳大利亚政府成立了空间许可和安全办公室（SLASO）。它的主要职能是依法评估和批准申请，并确保空间活动没有危及公共安全、财产或环境，以及澳大利亚国家安全、外国政策或国际义务。[21]

除澳大利亚外，韩国近来在发展综合性国家空间立法方面的成功备受关注。2005 年《韩国空间开发促进法》[22] 颁布以后，2007 年《韩国空间责任法》[23] 紧随其后。这两部国家空间立法为韩国空间活动的发展奠定了基础。随后，韩国组建全国性的空间委员会，要求对空间物体进行登记，并建立包含有关责任条款的[24]全国性授权系统。

《韩国空间开发促进法》共设 29 个条款，涉及诸多问题，如政府相关责任（responsibility），推进空间发展基本计划的建立，太空探索空间发展研究所的设立，空间物体国际与国内的登记，空间发射载体的许可证颁发及取消，空间事故的损害赔偿等。[25]《韩国空间开发促进法》的宗旨在于"通过空间开发系统的推进和空间物体的有效利用和管理，以推动外层空间的科学探索和和平利用，确保国家安全、经济发展以及国民生活水平的提升"。[26]

---

[21] See e. g. M. E. Davis, Space Launch Safety in Australia, in *Space Safety Regulations and Standards* (Eds. J. N. Pelton & R. S. Jakhu) (2010), 98 – 9; Siemon & Freeland, *supra* n. 43, 52 – 3.

[22] 《韩国空间开发促进法》, Law No. 7538, of 31 May 2005, entered into force 1 December 2005; unofficial translation 33 Journal of Space Law (2007), 175; see Committee on the Peaceful Uses of Outer Space, *Exchange of Information on National Legislation Relevant to the Peaceful Exploration and Use of Outer Space*, UN Document A/AC. 105/C. 2/2009/CRP. 14, of 30 March 2009; see also www. oosa. unvienna. org/oosa/en/SpaceLaw/national/republic_of_korea/space_development_promotions_actE. html, last accessed 13 April 2014。

[23] 《韩国空间责任法》, Law No. 8852, of 21 December 2007; UNOOSA National Space Law Database, see Committee on the Peaceful Uses of Outer Space, *Exchange of Information on National Legislation Relevant to the Peaceful Exploration and Use of Outer Space*, UN Document A/AC. 105/C. 2/2009/CRP. 14, of 30 March 2009; see also www. oosa. unvienna. org/oosaddb/showDocument. do? documentUid = 402 & level2 = none & node = ROK1970 & level1 = countries&cmd = add, last accessed 13 April 2014.

[24] See D. H. Kim, Korea's Space Development Programme: Policy and Law, in 22 Space Policy (2006), 110 – 7.

[25] See D. H. Kim, The Main Contents, Comment and Future Task for the Space Laws in Korea, 24 *The Korean Journal of Air and Space Law* (2009), 128; also Marboe & Hafner, *supra* n.45, 46; S. M. Rhee, Current Status and Recent Developments in Korea's National Space Laws, 35 *Journal of Space Law* (2009), 523 – 38.

[26] 《韩国空间开发促进法》第 1 条，上文脚注 222。

计划发射空间物体的人员，应当在预定发射日期的前 180 日向科技部部长申请初步登记。㉗ 如果没有按《登记公约》的规定向另一"发射国"登记相关协议，已初步登记的人必须在空间物体到达计划轨道后的 90 日内向本国科技部长请求正式的空间物体登记。㉘

同时，在韩国领土或韩国管辖范围内，以及使用韩国的发射载体在任何地方进行的发射活动都需要取得许可。㉙《韩国空间开发促进法》第 11 条规定了上述内容的批准程序，以及从科技部部长处获得许可的条件。部长应当充分考虑空间发射载体的用途、目的和安全管理，申请人的经济能力（包括当取得发射许可后，可能因空间事故导致的损害责任的保险能力）。㉚ 此外，部长可以进行进一步规定，㉛ 即在特定情况下，发射许可可被撤销，如通过虚假方式或不遵守强制条件而取得许可等常见情形；当有关行政机关的首长认为可能会严重危及国家安全时，该许可会被撤销。㉜

《韩国空间开发促进法》还规定了第三者责任险。该责任是根据空间活动可能产生的损害赔偿能力实施的。科技部部长根据国内和国外保险市场的情况，通过部门规章决定最低责任保险金额。㉝《韩国空间责任法》也进一步规定了第三方责任，即发射方赔偿的限额为 2000 亿韩元。㉞

为了适应国家日益增长的空间利益，㉟ 南非根据空间法发展趋势详细制定了

㉗ 参见《韩国空间开发促进法》第 8 条第 1 款，关于韩国公民，上文脚注 222；关于外国人，见第 8 条第 2 款。

㉘ 参见《韩国空间开发促进法》第 8 条第 5 款，上文脚注 222。

㉙ 参见《韩国空间开发促进法》第 11 条第 1 款，上文脚注 222。

㉚ 参见《韩国空间开发促进法》第 11 条第 3 款，上文脚注 222。

㉛ 参见《韩国空间开发促进法》第 11 条第 4 款，上文脚注 222。关于本条特别的国家安全背景，参见 F. G. von der Dunk, The Issue of National Security in the Context of National Space Legislation – Comparing European and Non – European States, in *National Space Legislation in Europe*（Ed. F. G. von der Dunk）（2011），256 – 7.

㉜ 参见《韩国空间开发促进法》第 13 条，上文脚注 222。

㉝ 参见《韩国空间开发促进法》第 15 条，上文脚注 222。

㉞ 参见《韩国空间责任法》第 5 条，上文脚注 223。

㉟ See von der Dunk, *supra* n. 231, 249 – 50.

《南非空间事务法》。^㉖ 该法于 1993 年颁布，1995 年修订，以一种无所不包的方式调节并开展空间活动。^㉗ 其宗旨在于"设立专门委员会管理和管控国内特定的空间事务；确定该委员会的管理对象和职能；规定将要进行管理和控制的方式；其他相关事项"。^㉘

《南非空间事务法》主要规定了南非空间事务理事会的组成、组织架构和任务，以及对空间活动的许可。该法第 11 部分规定了空间活动当事人需要申请由空间事务理事会颁发的许可。^㉙ 取得许可的范围包括：在南非领土或由在南非注册、成立的法人开展的发射活动，发射设施的运营，法人对某些特定空间活动的参与，以及其他由部长规定的相关空间活动。^㊵ 在考虑是否批准许可之时，空间事务理事会应当特别考虑国家最低安全标准、国家利益和国际义务及责任。^㊶ 许可条件还可进一步包括损害责任，以及由该损害情况引起的安全评估；此外，许可还可以决定、限制或排除被许可人可能引起的损害赔偿责任。^㊷ 当空间事务理事会认为确有必要，可以修改特定许可条件时，在特定情形下，暂停许可。^㊸ 空间事务理事会将指派专门监察员监管许可条件的遵守情况。^㊹ 如果被许可人在没有许可或不遵守许可条件下实施活动，可以对其处以监禁或罚款。^㊺

（五）规范特定空间活动的法律

世界上许多相关航天国家在颁布一部综合性国家空间法之前，就已针对某些特定的空间活动做出规定。

西班牙的"1995 年皇家法令"建立了由外交部部长负责的空间物体国家登

㉖　《南非空间事务法》，上文脚注 109。进一步参见 I. de Villiers Lessing, South Africa: Recent Developments in Space Law, 1 *Telecommunications & Space Journal* (1994), 139 – 42; Marboe & Hafner, *supra* n. 45, 44 – 5。

㉗　See Marboe & Hafner, *supra* n. 45, 44.

㉘　《南非空间事务法》前言，上文脚注 109。

㉙　参见《南非空间事务法》第 6 条和第 11 条，上文脚注 109。

㊵　参见《南非空间事务法》第 11 条第 1 款，上文脚注 109。

㊶　参见《南非空间事务法》第 11 条第 2 款，上文脚注 109。

㊷　参见《南非空间事务法》第 14 条，上文脚注 109。

㊸　参见《南非空间事务法》第 13 条第 1 款和第 2 款，上文脚注 109。

㊹　参见《南非空间事务法》第 10 条第 4 款，上文脚注 109。

㊺　参见《南非空间事务法》第 23 条，上文脚注 109。

记制度。㉔ 它规定，由发射或者促成发射的空间物体，或者从西班牙领土或由西班牙设施发射的空间物体，应当被权责部门及时登记。㉔ 规定还要求相关企事业单位就其掌握的相关信息，与工业和能源部下属的工业技术厅进行交流。㉔ 该规定主要是要求工业界提供相关信息以使国家及时掌控当前开展的空间活动，而不仅是为空间活动提供批准或通过行使裁量权驳回许可申请。

意大利已经颁布了法律以实施《责任公约》。㉔ 从本质上讲，该法建立了如下制度，即如果意大利政府根据《责任公约》第 8 条要求或者获得了空间物体损害赔偿，则相关意大利公民和法人有权向意大利政府支付赔偿费。此外，空间物体的登记由法律规定。㉔ 意大利航天局被授权负责维护国家登记册和执行《责任公约》的相关信息。㉕

德国曾经在促进统一空间活动法律框架的构想方面表现活跃，㉕ 被认为是众

㉔ Royal Decree No. 278/1995 of 24 February 1995 on the establishment in the Kingdom of Spain of the Registry of Objects Launched into Outer Space as provided for in the Convention adopted by the United Nations General Assembly on 2nd November 1974 (RCL 1979, 269 and ApNDL 8191). See www. oosa. unvienna. org/oosa/en/SpaceLaw/national/spain/royal_decree_278_1995E. html, last accessed 13 April 2014.

㉔ See Art. 5, Royal Decree No. 278/1995 *supra* n. 246.

㉔ See Art. 7, Royal Decree No. 278/1995 *supra* n. 246.

㉔ Law No. 23 of 25 January 1983, Official Gazette No. 35 of 5 February 1983, for the implementation of the Liability Convention (*supra* n. 9). See *United Nations/Nigeria Workshop on Space Law: Meeting International Responsibilities and Addressing Domestic Needs* (21 – 24 November 2005), 140. See also S. Marchisio, The 1983 Italian Law N. 23 on the Compensation for Damage Caused by Space Objects, 54 *Zeitschrift für Luft – und Weltraumrecht* (2005), 261 – 70；关于意大利空间立法的现状，更多请参见 G. Catalano Sgrosso, Report on Changes in Space Law in Italy: Proposal of a Draft Legislation, in *Proceedings of the Forty – Seventh Colloquium on the Law of Outer Space* (2005), 117 – 29；S. Marchisio, Italian Space Legislation Between International Obligations and EU Law, in *Proceedings of the Forty – Seventh Colloquium on the Law of Outer Space* (2005), 106 ff.

㉕ Registration of objects launched into outer space, by Law No. 153 of 12 July 2005, Official Gazette No. 177 of 1 August 2005; see Schematic Overview of National Regulatory Frameworks for Space Activities, UN Doc. A/AC. 105/C. 2/CRP. 8/Add. 1, of 26 March 2012, 2.

㉕ 关于《登记公约》，见上文脚注 9；另参见"上册第三章二（二）"部分内容。

㉕ 关于 2001 年项目和 2001 年"十项目"的非凡倡议，参见 'Project 2001' – *Legal Framework for the Commercial Use of Outer Space* (Ed. K. H. Böckstiegel) (2002) and *Project 2001 Plus – Towards a Harmonised Approach for National Space Legislation in Europe* (Eds. S. Hobe, B. Schmidt – Tedd & K. U. Schrogl) (2004) respectively; *cf.* further e. g. H. Ersfeld, Elaboration of a German National Space Law: Proposals on Behalf of the Space Industry, 59 *Zeitschrift für Luft – und Weltraumrecht* (2010), 241 – 52.

多国家空间政策的发展先驱。^⑳ 然而，直到 2007 年，它才制定了基本的空间法。鉴于德国发射了高分辨率卫星（TerraSAR - X），因而，《德国卫星数据安全法》^㉓ 的出台变得非常必要。该法对国家安全方面的影响意义深远，旨在解决遥感数据分布方面有关安全和外交政策利益的问题。^㉔

该法的主要适用范围包括在高端地球遥感系统的运营和传播前，对该系统产生的数据进行处理。当德国公民及根据德国法成立的法人、协会，或总部位于德国的外国法人、外国协会，在这一领域实施空间活动时，需要申请执照或许可。^㉕因此，与其他法律相比，德国空间法的适用范围限于特定种类的空间活动。

高端地球遥感系统的运营需要运营人提供执照。^㉖ 为了获得高端地球遥感系统运营执照，运营人需要满足若干条件，比如拥有必要程度的可靠性，与控制和命令操作相关的序列规定以及防止未被授权的人接近控制装置的技术和组织措施。^㉗ 运营商有义务记录特定序列，并保存可供有关当局查阅的记录。^㉘

为了获得数据传播的执照，运营人必须确保数据提供者位于不同地点的地面站之间的数据传输和不同数据提供者之间的数据传输，以免受未经授权的第三方知晓，并确保"根据最先进的技术，通过高端地球遥感系统产生的数据传输被认

㉒ See Federal Ministry of Economy and Technology, *Making Germany's Space Sector Fit for the Future. The Space Strategy of the German Federal Government* (Federal Ministry of Economics and Technology, Berlin, 2010), 13 - 5.

㉓ 2007 年 11 月 23 日制定，并于 2007 年 12 月 1 日生效的《防止通过地球高分辨率航空图像扩散危及德国安全的法案》，以下简称《德国卫星数据安全法》；Federal Gazette (BGBl.) Year 2007 Part I No. 58, of 28 November 2007. 进一步参见 "上册第九章四（二）5" 部分内容。另参见 M. Gerhard, M. Kroymann & B. Schmidt-Tedd, Ein Gesetz für die Raumfahrt: Das neue Satelliten datensicherheitsgesetz, 57 *Zeitschrift für Luft-und Weltraumrecht* (2008), 40 - 54; E. Wins-Seemann, Das Satellitendatensicherheitsgesetz aus industrieller Sicht-Angemessener Rahmen für die kommerzielle Nutzung von weltraumgestützten Fernerkundungssystemen?, 57 *Zeitschrift für Luft-und Weltraumrecht* (2008), 55 - 66。

㉔ See S. Hobe & J. Neumann, Regulation of Space Activities in Germany, in *National Regulation of Space Activities* (Ed. R. S. Jakhu) (2010), 144.

㉕ 参见《德国卫星数据安全法》第 1 条，上文脚注 254；另见 Schematic Overview of National Regulatory Frameworks for Space Activities, UN Doc. A/AC. 105/C. 2/CRP. 8, of 16 March 2012, 5。

㉖ 参见《德国卫星数据安全法》第 3 条，上文脚注 254。

㉗ 参见《德国卫星数据安全法》第 4 条，上文脚注 254。

㉘ 参见《德国卫星数据安全法》第 5 条，上文脚注 254。

为是安全的"。㉕ 除了《德国卫星数据安全法》,《德国航空法》的部分内容被
应用于航天器和火箭。根据该法规定,"航天器、火箭和有关的飞行物体处于
空气空间时,应当被认定为航空器",因此它们应受有关航空器许可规则的
约束。㉖

　　加拿大关于外层空间的法律分布于加拿大议会颁布的法令和诸多法规中。㉖
《加拿大航空法》是调整民用航空活动的法律。㉖ 而《加拿大航空条例》的某些
规定则适用于火箭发射。㉖《加拿大空间局法》㉖ 是规定加拿大航天局相关活动的
法律框架,该航天局的任务是促进、协调和执行加拿大政府的空间计划和政策。
《加拿大遥感空间系统法》㉖ 规范了加拿大遥感系统的运营活动,这些活动需要
主管部长通过颁布许可证予以批准。㉖《加拿大遥感空间系统法》㉖ 对许可的条件
和原始数据的转换做了更加详细的规定。

㉕ 《德国卫星数据安全法》第 12 条,上文脚注 254。

㉖ 参见《德国航空法》第 1 条第 2 款;进一步参见 Hobe & Neumann, *supra* n. 255,130。关于
"航空器"定义的讨论,尤其是"空间物体"定义的讨论,进一步参见"下册第三章三(二)2"部
分内容。

㉖ *Cf.* M. Bourbonnière & B. Legendre, Canada. Introduction, in *Space Law – Basic Legal Documents*
(Eds. K. H. Böckstiegel, M. Benkö & K. U. Schrogl), E. XIII., 1. See for a comprehensive overview over
the legal situation in Canada, R. S. Jakhu, Regulation of Space Activities in Canada, in *National Regulation
of Space Activities* (Ed. R. S. Jakhu) (2010), 81 – 107; *cf.* also R. S. Jakhu, Regulation of Space
Activities in Canada, in *Proceedings of the Forty – Eighth Colloquium on the Law of Outer Space* (2006),
267 – 81; B. Mann, Current Status and Recent Developments in Canada's National Space Law and its
Relevance to Pacific Rim Space Law and Activities, in 35 *Journal of Space Law* (2009), 511 – 22.

㉖ Aeronautics Act of 1954, Revised Statutes of Canada (R. S. C.) 1985, c. A – 2.

㉖ See Regulation No. 602. 43 and Regulation No. 602. 44 of the Canadian Aviation Regulations,
SOR/96 – 433, http://www. laws – lois. justice. gc. ca/eng/regulations/SOR – 96 – 433/page – 180. html#
docCont, last accessed 13 April 2014.

㉖ Canadian Space Agency Act, S. C. 1990, c. 3; http://www. laws. justice. gc. ca/eng/acts/C –
23. 2/, last accessed 13 April 2014.

㉖ 《加拿大遥感空间系统法》,于 2005 年 11 月 25 日通过;S. C. 2005,c. 45;*Space Law – Basic
Legal Documents*,E. XIII. 1;also http://www. laws-lois. justice. gc. ca/eng/acts/R-5. 4/,last accessed 13
April 2014。另进一步参见"上册第九章四(二)4"部分内容。

㉖ 参见《加拿大遥感空间系统法》第 5 条至第 9 条,上文脚注 266。

㉖ 《加拿大遥感空间系统条例》,2007 年 3 月 29 日通过;SOR/2007 – 66;Canada Gazette
Vol. 141, No. 8;*Space Law-Basic Legal Documents*,E. XIII. 2;also http://www. laws-lois. justice.
gc. ca/eng/regulations/SOR – 2007 – 66/index. html,last accessed 13 April 2014。

近年来，中国出台了许多不同的法律法规，用于调整日益增长的空间活动。[269] 中国的空间活动由多个机构负责，如国家国防科工局和国防科工委（COSTIND，该委员会目前已被撤销，下同——译者注）。[270] 中国国家航天局（CNSA）是后者的一个内部机构，负责空间领域的政府协定签署，政府间的科学技术交流，以及国家空间政策的实施和国家空间科学、技术和工业的管理。[271] 比如发射许可，空间物体的登记和空间碎片的减缓等重要问题，目前由行政措施来规范，但是未来将会被并入统一的综合性空间法中。[272]

印度已经成为重要的新兴航天国家，尤其要考虑其所提供的发射服务。印度发射设施由政府所有，向本国和外国主体提供的发射服务也完全由印度空间研究组织（ISRO）提供。[273] 然而，自 2000 年以来，政府已经允许该国的公司拥有商业卫星和运营设施的所有权。因此，为了管控和监督私营空间活动，印度不得不实施许可机制。然而，目前印度在这方面还没有制定相应的法律，[274] 另外，其他领域的许多法律、法规和准则均被适用到印度的空间活动中，如卫星通信、卫星广播、遥感和印度在全球导航卫星系统方面的活动。

---

[269] 对这一问题的详细评论，参见 Y. Zhao, Regulation of Space Activities in the People's Republic of China, in *National Regulation of Space Activities* (Ed. R. S. Jakhu) (2010), 247 – 65. Cf. further J. Li, Progressing Towards New National Space Law: Current Status and Recent Developments in Chinese Space Law and its Relevance to Pacific Rim Space Law and Activities, 35 *Journal of Space Law* (2009), 439 – 70; S. Li, The Role of International Law in Chinese Space Law and Its Relevance to Pacific Rim Space Law and Activities, 35 *Journal of Space Law* (2009), 539 – 58; Y. Qi, A Study of Aerospace Legislation of China, 33 *Journal of Space Law* (2007), 405 ff. ; H. Zhao, The Status Quo and the Future of Chinese Space Legislation, 58 *Zeitschrift für Luftund Weltraumrecht* (2009), 94 – 122.

[270] *Cf.* Schematic Overview of National Regulatory Frameworks for Space Activities, UN Doc. A/AC. 105/C. 2/CRP. 8, of 16 March 2012, 4.

[271] *Cf.* Y. Zhao, *supra* n. 269, 250.

[272] See Y. Zhao, *supra* n. 269, 248 – 9.

[273] *Cf.* R. Kaul & R. S. Jakhu, Regulation of Space Activities in India, in *National Regulation of Space Activities* (Ed. R. S. Jakhu) (2010), 164 – 5.

[274] See Kaul & Jakhu, *supra* n. 273, 165; C. Jayaraj, India's Space Policy and Institutions, in *Proceedings of the United Nations/Republic of Korea Workshop on Space Law: United Nations Treaties on Outer Space: Actions at the National Level* (2004), 17 – 24; V. S. Mani, Space Policy and Law in India and its Relevance to the Pacific Rim, 35 *Journal of Space Law* (2009), 615 – 34; S. Narang, Commercialization and Privatization of Indian Space Activities: Need for a Regulatory Framework, 1 *The Gujarat National Law University Law Review* (2009), 82 – 100.

（六）国家航天局和基本空间法

过去几年，更多国家开始致力于制定国家空间法。这些国家一般从国家空间政策的制定入手，规定本国空间领域的目标和原则，以及一些具体的步骤，包括立法。

第一部法律通常是设立国家航天局，授权其实施国家空间政策。这些国家航天局在确定的监管框架内开展活动，这些法律或监管框架也构成国家空间法的一部分。

这种空间活动法律框架的典型案例是巴西。巴西航天局（AEB）的建立，[㉕]标志着巴西对空间活动开始加强。活动类型主要是从巴西领土进行发射活动，这促使其颁布了重要的行政法规。[㉖] 与此类似，智利[㉗]和哥伦比亚[㉘]规范空间活动的第一步也是建立国家航天局。

朝着综合性法律框架发展的进一步措施是制定"基本空间法"，其目标是明确基本原则和优先事项，为制定更为详细的国家空间立法奠定基础。《日本空间基本法》[㉙] 则是这种方法的一个典型代表。《日本空间基本法》制定了引导日本

㉕ 参见 1994 年 2 月 10 日第 8.854 号令关于建立巴西航天局的法律，参见 http: www. planalto. gov. br/ccivil_03/leis/L8854. htm，最后访问日期为 2014 年 4 月 13 日。进一步参见 J. Monserrat, The New Brazilian Space Agency: A Political and Legal Analysis, 11 *Space Policy* (1995), 121–30。

㉖ Most importantly, Administrative Edict No. 27, 20 June 2001; *National Space Legislation of the World*, Vol. Ⅱ (2002), at 377. 对巴西空间活动监管框架的全面概述，参见 J. Monserrat, Regulation of Space Activities in Brazil, in *National Regulation of Space Activities* (Ed. R. S. Jakhu) (2010), 61–80; *cf.* also O. de O. Bittencourt Neto, Private Launch Activities on Brazilian Territory: Current Legal Framework, in 58 *Zeitschrift für Luft – und Weltraumrecht* (2009), 429–49; J. Monserrat, Brazilian Launch Licensing and Authorizing Regimes, in *Proceedings of the United Nations/International Institute of Air and Space Law Workshop: Capacity Building in Space Law* (2003), 158。

㉗ 2011 年 7 月 17 日关于建立被称为智利航天局的总统咨询委员会的第 338 号最高法令，参见 www. oosa. unvienna. org/oosa/en/SpaceLaw/national/chile/supreme_decree_338_2001E. html，最后访问日期为 2014 年 4 月 13 日。

㉘ 参见 2006 年 7 月关于建立哥伦比亚空间委员会（CEE）的第 2442 号法令和国家空间活动监管框架示意图。UN Doc. A/AC. 105/C. 2/CRP. 8, of 16 March 2012, 4。

㉙ Basic Space Law, Act No. 43/2008, see *Space Law – Basic Legal Documents*, E. V. 1。

探索和利用外层空间最重要的原则，^⑳ 以此为基础，日本政府正处于制定一个更加详细的法律框架过程，该框架涵盖了与日本空间活动相关的各种不同法律问题。^㉑

最后，一个特殊的案例是中国香港地区。由于 1997 年香港主权从英国移交回中华人民共和国，所以其不再受英国 1986 年《外层空间法》的调整。^㉒ 然而，由于中国仍然允许香港主体从事私营空间活动但却没有适当的国家空间法律来确保国际义务的适当执行，考虑到这种新情况，一个特殊条例——《中国香港地区的外层空间条例》应运而生。^㉓ 严格来讲，该条例不构成国家空间立法，但它与执行联合国空间条约下的国际责任（responsibility and liability）发挥着相同的功能。^㉔

以这种方法实施联合国空间法条约的国家并非广泛存在，至于库拉索岛，作为荷兰的飞地，由于《荷兰空间法》不适用于该岛，为了开展商业空间运输计划，荷兰启动了单独为库拉索岛制定亚国家（sub‑national）法规的过程。^㉕

四、国际举措

（一）有关国家空间立法的联合国大会决议

2007 年，联合国外空委法律小组委员会根据当时的工作计划制定了一个新

㉚　See S. Aoki, Japan. Introduction, in *Space Law – Basic Legal Documents* (Eds. K. H. Böckstiegel, M. Benkö & K. U. Schrogl), E. Ⅵ, 3; S. Aoki, Introduction to the Japanese Basic Space Law of 2008, 57 *Zeitschrift für Luft – und Weltraumrecht* (2008), 585 –90; *cf.* further also S. Aoki, Current Status and Recent Developments in Japan's National Space Law and Its Relevance to Pacific Rim Space Law and Activities, 35 *Journal of Space Law* (2009), 363 –438; H. Nobuaki, Briefing Memo: Establishment of the Basic Space Law – Japan's Space Security Policy (2008); M. Sawako, Transformation of Japanese Space Policy: From the 'Peaceful Use of Space' to 'the Basic Law on Space', 44 – 1 – 09 The Asia – Pacific Journal (2 November 2009).

㉛　*Cf.* S. Aoki, Regulation of Space Activities in Japan, in *National Regulation of Space Activities* (Ed. R. S. Jakhu) (2010), 199.

㉜　参见"上册第三章三（二）3"部分内容。

㉝　经 1999 年 6 月 13 日修订的《外层空间条例》第 523 章，赋予行政长官许可证和其他权力，以确保中华人民共和国遵守关于发射和操作外层空间物体以及在外层空间进行其他活动的国际义务。参见 51 Zeitschrift für Luft – und Weltraumrecht (2002), at 50。

㉞　See further e. g. S. U. Reif, Space Law in the People's Republic of China – Hong Kong Special Administrative Region (HKSAR) Government: Outer Space Ordinance (last amended 55 of 1999 s. 3), 51 *Zeitschrift für Luft – und Weltraumrecht* (2002), 47 – 56; Y. Zhao, Satellite Application and Development of Space Law in Hong Kong, in 2004 *Space Law Conference Assembled Papers* (2004), 107 – 17.

㉟　参见"上册第三章三（三）3"部分内容。

的议程，即"与和平探索和利用外层空间有关的国家立法信息交换"。⑳ 当时建立了一个以笔者为主席的工作组，该工作组根据工作计划开展工作。㉗ 2012 年 3 月，工作组在最后一次会议中做出最终总结报告。㉘

工作组认为最终报告的"结论"（第三部分）应为"与和平探索和利用外层空间有关的国家立法建议"提供基础，并作为大会决议草案提交给将于 2012 年 6 月召开的外空委会议。㉙ 另一项提议是将建议文本作为外层空间和平利用与国际合作决议草案的附件，并提请联合国大会采纳。㉚ 该工作组就上述建议的文本达成共识，将该建议作为附件附在了 2012 年工作组主席报告中。㉛ 虽然大会对建议文本又进行了一年的讨论，但最终于 2013 年达成共识，即通过一个单独的决议"和平探索和利用外层空间有关的国家立法的建议"。㉜

最终表决通过的建议文本中，包含序言和执行段落以及供各国为其空间活动制定法律框架的"参考因素"。按照国内法的特殊需求，各国制定国家空间活动监管框架时需考虑以下 8 个"因素"：①适用范围（国家监管框架中空间活动的定义）；②空间活动的国家管辖的定义（空间活动的领土和准领土管辖，包括在国家或其管辖的其他地点登记的船只或航空器上开展的空间活动，以及属人管辖）；③批准程序；④批准条件；⑤空间活动监管的途径和方法；⑥建立向外层空间发射物体的国家登记制度；⑦可能的追索机制和保险要求；⑧在轨空间物体的所有权或控制权的转移。㉝

㉖　参见 2007 年 3 月 26 日至 4 月 5 日法律小组委员会在维也纳第 46 届会议上的报告，UN Doc. A/AC. /105/891，para 136。

㉗　2008 年至 2011 年法律小组委员会关于国家空间立法的详细报告，参见 I. Marboe，National Space Legislation – the Work of the Legal Subcommittee of UN COPUOS 2008 – 2011, in *Proceedings of International Institute of Space Law 2011*（2012），101 – 6。

㉘　参见与和平探索和利用外层空间有关的国家立法工作组报告，UN Doc. A/AC. 105/C. 2/101，3 April 2012。

㉙　参见与和平探索和利用外层空间有关的国家立法工作组报告，同上脚注，第 6 段。

㉚　同上。

㉛　参见与和平探索和利用外层空间有关的国家立法主席报告，UN Doc. A/AC. 105/1003，of 10 April 2012，Annex Ⅲ，Appendix。

㉜　参见 2013 年 12 月 11 日大会通过的决议，UN Doc. A/RES/68/74。

㉝　这 8 个因素反映了工作组总结性讨论的结果，特别是关于和平探索和利用外层空间的国家立法工作组报告的"结论"。此外，"工作组根据其多年工作计划开展的工作摘要"和"工作组的调查结果"提供了额外的背景资料；同上，第 1 ~28 段。

以上 8 个因素目前已呈现在现有的国家空间立法中，且采用程度各不相同。以工作组中联合国外空委成员国提交的文本为基础，联合国外层空间事务厅（UNOOSA）准备了"关于空间活动国家监管框架的概要"。[294] 概要以表格形式展示了以上各方面是如何在实践中被整合和制定于各国监管框架中的。[295]

2012 年，法律小组委员会在其议程上增加了题为"关于和平探索和利用外层空间的国家立法"的新"常规项目"。[296] 这使它能够继续开展关于国家空间立法重要问题的工作、更新国家空间立法的概要，并将大会决议应用到各国关于国家规范空间活动实践的讨论中。

（二）国际法协会空间法委员会

自 2004 年柏林会议以来，国际法协会空间法委员会一直在研究外层空间商业化和相关法律方面的问题。[297] 在 2008 年的会议上，委员会注意到各国想要参加更具体问题讨论的意愿愈加强烈，并开始考虑制定《示范法》。[298]《示范法》应以2004 年委员会建议的"建筑区块"为基础。[299] "建筑区块"方案源于 2001 年"项目"和2001 年"＋项目"，鉴于《外空条约》和《责任公约》规定的各国国际法义务，这两个项目将"建筑区块"视为未来空间立法的基石。

在 2010 年海牙会议上，报告人提交并展示了示范法初稿，并就此展开讨论，探求是否可以通过该《示范法》。[300] 报告人认为，某些核心条款在任何未来立法中都是不可或缺的，即批准程序和许可的详细规定和相关职责，以及各自的要求，监督职责，私营空间活动主体的必要保险制度。[301] 这种所谓"建筑区块"包

---

⑭ 参见关于空间活动国家监管框架的概要，UN Doc. A/AC. 105/C. 2/2013/CRP 7，of 9 April 2013。

⑮ 参见本章附录中的表格内容以及 Marboe & Hafner，*supra* n. 45，29，63，as well as Sánchez - Aranzamendi，*supra* n. 139，11 - 5。

⑯ 参见 2012 年 3 月 19—30 日法律小组委员会在维也纳第五十一届会议上所做的报告，UN Doc. A/AC. /105/1003，para. 177。

⑰ 参见 2010 年在海牙召开的第 74 届会议上空间法委员会所做的报告（第二部分：各国空间立法—示范法草案），第 274 页。

⑱ 同上，第 650 页。

⑲ 参见 2004 年在柏林召开的第 71 届会议上空间法委员会所做的报告（第二部分：各国空间立法），第 759 页。

⑳ 同上文脚注 297，第 275 页。

㉑ 同上。

含空间活动的批准、空间活动的监督、空间物体登记、赔偿规定以及其他规定。[302]

这些内容已经被前述国家空间法提及，可总结如表 3.1。[303]

表 3.1　某些国家空间法的授权批准条件

	批准	监督	登记	赔偿	其他法规
美国	×	×	×	×	×
俄罗斯	×	×	×	×	×
乌克兰	×	×	×	×	×
哈萨克斯坦	×	×	×		×
挪威	×	×	×		
瑞典	×	×	×	×	
英国	×	×	×	×	×
法国	×	×	×	×	×
比利时	×	×	×	×	×
荷兰	×	×	×	×	×
奥地利	×	×	×	×	×
澳大利亚	×	×	×	×	×
韩国	×	×	×	×	×
西班牙			×		
意大利			×	×	
德国	×	×			
加拿大	×	×			
中国	×	×	×		
印度					
南非	×	×		×	×
巴西	×	×	×		
智利		×			
哥伦比亚					
日本	×		×	×	

[302] 同上文脚注 297，第 276 页。

[303] 作者忠心感谢维也纳大学的研究助理 Ms. Karin Traunmüller a 和 Ms. Cordula Steinkogler 帮助整理制作了这个表格。

上述会议所提议的《示范法》包括9个条款，这在很大程度上对应于上面提到的"建筑区块"。磋商一直持续到2012年的索菲亚会议，报告人提出了修订草案，题目为"关于国家空间立法示范法的准则草案"。新的草案包含14条，反映了委员会成员在闭会期间的沟通交流与提议。报告人对它进行逐条解说和评论。

修订后的《示范法》第2条包含了一系列术语的定义，如"空间活动"和"空间物体"。"空间活动"包括"向外空或者从外空对空间物体的发射、运行、引导以及空间物体重返大气层及其有关的必要活动"。第3条和第4条规定了批准和批准的条件。第5条涉及监督，它规定（不同于以前的草案）空间活动应当由行政机关根据法令或法规的规定进行持续监督。新设立的第14条是关于制裁的条款，补充和确认国家义务以确保空间活动运营人严格遵守义务。

第12条是关于保险的条款，它引入了全新的元素，即许可部门可以免除保险义务。免除保险义务需要满足的条件是：①经营者有足够的股权资本承担其责任。②空间活动不是商业空间活动，而是出于公共利益考虑。③相关细节和条件应当由法令或规章予以规定。④免除保险义务的出发点在于保险义务可能会阻碍私营企业和高校开展空间活动。

保护环境作为《示范法》关心的一个重要问题，其第7条规定了环境影响评价的要求。此外，减少空间碎片被第8条确定为一个重要的问题，第4条d款将其视为批准条件之一，且做出更加详细的规定。

第13条对程序做出规定，明确了诉诸仲裁和适用2011年外层空间活动争议常设仲裁院（PCA）仲裁规则的可能性。[300] 然而，此处所指的纠纷通常是国家空间活动运营人和行政部门之间的纠纷，因为只有他们才受该法律的约束。此种情况下，各主体通常不能或不会接受仲裁，但会通过各种途径进行申诉。然而，如果申请人是外国人，国际仲裁规则将颇具意义。

在国际法协会索菲亚会议工作期间，空间法委员会通过了未来被称为"关于国家空间立法示范法的索菲亚准则"的草案，并对该准则进行了大量的解释工作。该草案的制定是一个伟大的成就，因为委员会付出了诸多努力来澄清关于国际空间法在国家执行层面的众多问题。然而，由于法律制度的多样性，不同国家

---

[300] 关于此问题，进一步参见"下册第十章三"部分内容。

的空间活动性质不同，各国在外层空间领域有不同的优先政策和考量，各国在何种程度对准则加以借鉴，还有待进一步探究。⑩

五、结论

国家空间法的现状表明，各国对国家空间活动的监管方式具有多样性。多样性是指基于国家就其特定需求和实际考虑，并紧紧对应其实施空间活动的类型来制定适合本国的国家法律框架。此外，各个国家航天领域的商业化和私有化程度也对上述情况产生重要影响。空间活动国家监管框架代表不同的制度，一些国家拥有综合性的专门空间法，如英国、法国、比利时、荷兰、澳大利亚，其他国家则是从行政法规到法令、法律等法律文件的组合，如美国、俄罗斯、中国、印度。然而，关于国家空间法问题的信息交流在国家和国际层面正朝着更加完善的方式不断发展，并对各国空间立法产生了一种更加协调一致的引导方式。例如，欧洲（法国、比利时、荷兰和奥地利）最近制定的空间法以相当类似的方式规定了一系列的空间法律问题。这些立法的目的都是以一种综合性的方式规范空间活动，而不再把自己限制在某些特定议题上，不再像之前的挪威将法律的适用范围限定为其领土，也不再像之前的西班牙将适用范围仅限定为发射活动的登记。

与此相反，新制定的国家空间法为所有类型的空间活动建立了一种一般性的批准制度，并以相当宽泛的方式界定空间活动。对空间活动予以批准或拒绝的权力，使得各国可就某些特定条件做出要求。各国规定的批准条件非常相似，都关注安全、公共秩序、环境保护、各国的国际义务和公共利益。另外，登记也是最近所有空间法一致强调的问题。

在各国依据国际法规定因私营主体损害责任做出赔偿后，新制定的法律确保了各国享有对该私营主体损害赔偿的追索权。同时，各国认为保险是保障实现赔偿的一种适当手段，至少要达到保险市场的可承保数额。国家空间法规定上述情况由国家相关机构予以监督，可对违法行为处以罚款，而不再像早期空间法律

---

⑩ 首次对国际法协会起草的新的示范法的分析，参见 I. Marboe, Culmination of Efforts in the Area of National Space Legislation in 2012, in *Proceedings of the International Institute of Space Law 2012* (2013), 521 – 4。

（如瑞典）处以监禁。

此外，联合国大会关于国家空间立法的决议提出的"参考因素"与关于国家空间立法的国际法协会示范法中所包含的"不同因素"联系密切。但距国家空间立法各组成部分的提议尚存差别。联合国建议的"因素"并不能成为各国空间立法的理想文本。与其说它们是参照《联合国宪章》第 13 条规定的"渐进发展"，还不如说是对当前国家实践的总结报告。⑩ 联合国建议的"因素"中应避免出现指出方案孰优孰劣的暗示，它是联合国外空委及其两个小组委员会就其工作所达成的原则性共识。它表明了大多数联合国外空委主权国家的态度——尚未准备好接受空间立法的统一模式，因为这会限制他们根据其具体需求和利益，以及特定国家的法律制度起草本国空间法的自由。

相比之下，国际法协会空间法委员会不需要处理其在上述工作中的敏感问题。其成员由独立专家组成，他们会在客观的法律推理的基础上讨论和制定空间法，而非出于政治和经济的考虑。他们从国际法的不同角度出发，而非意向中的某一特定视角。因此，国际法协会委员会采取了具体的解决方案并使用了更为清晰的语言。这在保护环境和避免空间碎片的规定上变得尤为明显。此外，国际法协会空间法委员会的文本中规定的诉诸国际仲裁的想法，也没有出现在联合国大会的上述决议中。⑩

这两个国际举措不单是学术或抽象的外交努力，近年来，越来越多的国家活跃在空间法的起草工作中，并在寻求空间立法的指导和支持。我们有理由相信，各国将会参考上述两个文件并尽可能尝试借鉴相关内容，未来，各国之间的学术和实践合作将通过联合国外空委和国际法协会相关会议的交流而进一步加强。同时，联合国外空委和国际法协会通过不断努力，将在外层空间活动相关法律制定

---

⑩ 《联合国宪章》第 13 条第 1 款，1945 年 6 月 26 日签署于旧金山，并于 1945 年 10 月 24 日生效；USTS 993；24 UST 2225；59 Stat. 1031；145 UKTS 805；UKTS 1946 No. 67；Cmd. 6666 & 6711；CTS 1945 No. 7；ATS 1945 No. 1，"大会应发起研究，为以下目的提出建议：a. 促进政治领域的国际合作，并鼓励国际法的逐步发展和编纂"。

⑩ 这不一定是因为各国对通过司法手段解决国际争端持怀疑态度，而很可能是因为涉及常设仲裁法院外层空间争端解决的新规则直到 2012 年才最终确定并出版；进一步参见"下册第十章三"部分内容。联合国外空委成员国也可能没有觉得自己已经准备将其包含于在此之前已经开始好多年的辩论之中。

的未来进程中发挥显著作用。

未来，相信在欧盟或联合国的不断协同指导下，各国国家空间法的内容将不断完善、统一。

尽管各国国家空间法存在差异，但外层空间产生"方便旗"制度的风险不像海洋法一样明显。其最重要的原因是联合国各空间条约规定了一种其他法律不存在的特定责任制度[908]也即是这些公约原则上规定一个对此负责的国家。然而，"发射国"（不仅是登记国）对空间物体引起损害承担赔偿责任，并不能有效预防空间物体的损害。在外层空间，预防措施至关重要，经济赔偿难以弥补由事故或碰撞引起的全部损失。因此，为了保障所有空间活动者的利益，政府部门或私人团体应继续为完善及合理利用外层空间而努力。

附录

表 3A.1 各国有关空间活动的立法

美国			
相关立法	《美国法典》第51编"国家和商业空间项目"	《美国法典》第47编"电信"	《美国联邦法规汇编》第14编"航空和航天"	《美国联邦法规汇编》第47编"电信及其他"
空间活动的定义	不同活动在不同法律中予以规定，包括卫星建设、研制、发射、运营，卫星通信，遥感（51 U. S. C. §§20103, 50902, 50904, 601014; 7 U. S. C. §§301 - 309 and 702; 47 C. F. R. §§25. 102 - 25. 162 etc. ）			
国家活动的定义	取决于活动的类型：美国公民或美国法下的实体组织或由美国公民或法人控制的外国法下的实体组织实施的商业空间发射活动；由受美国管辖或管控人从事的私营遥感系统的运营活动；向美国或从美国传输能源、通信装置，或者受美国管辖的移动电台的运营活动（51 U. S. C. §§ 50902, 50904, 60121and 60122; 47U. S. C. §§ 301 - 309; 47C. F. R §§25. 102 - 25. 162）			

---

[908] See e. g. F. G. von der Dunk, Towards 'Flags of Convenience' in Space?, in *Proceedings of the International Institute of Space Law 2012*（2013）, 811 - 30.

续表

批准程序	不同活动类型由不同机构批准（51 U. S. C. §§ 50905, 50906, 50908 and 60121 - 60123；14 C. F. R. Chapter Ⅲ, Subchapter C；47 C. F. R. §§ 5. 51 - 5. 95, 25. 102, 25. 110 - 25. 165 and 97. 207；47U. S. C. §§ 307 - 309）
批准条件	不同活动类型具有不同的批准程序，包括人身和财产安全、公共健康和环境保护、空间碎片减缓、经济和战略利益、国家安全和国际义务（51 U. S. C. §§ 50905, 50906, 60121 and 60122；14 C. F. R. Chapter Ⅲ, Subchapter C；47 C. F. R. §§ 5. 51 - 5. 95, 25. 102 and 25. 110 - 25. 165；47 U. S. C. §§ 307 - 309）
空间活动的监督和制裁	不同类型的活动由不同的机构实施监督，交通部部长、商务部部长、美国联邦通信委员会各司其职；不同类型的活动和侵害存在不同的制裁，包括许可的撤销和民事罚金（51 U. S. C. Chapter 509 and §§ 60121 - 60123；14 C. F. R. § 405. 1；47 C. F. R. §§ 25. 160 - 25. 162 and 25. 283）
国家登记	商业空间运输办公室根据《登记公约》第 4 条接受申请（14 C. F. R. § 417. 19）
赔偿和保险	在商业空间发射活动中，运营商应当购买责任保险或证明其有财力赔偿被许可的空间活动可能导致的最大损失（每个登记上限为 5 亿美元）。美国对超过此数额的部分承担赔偿责任，法定最高上限为 27 亿美元（2011 年）（51 U. S. C. §§ 50914 and 50915；14 C. F. R. part 440）
所有权或控制权的转让	在向美国或从美国传输能源或通信的活动中，只有联邦通信委员会认为该转让是为了公共利益或具有必要性时，许可才可以被转让 [47 U. S. C. 310，(d)]

俄罗斯		
相关立法	《俄罗斯联邦空间活动法（第 5663 - 1 号）》(1993 修订)	《联邦政府空间活动许可条例（第 104 号）》(1996)
空间活动的定义	与外层空间探索和利用直接相关的活动，如空间科学研究、遥感、卫星导航系统的使用、载人航天、外空材料和产品的制造（《空间活动法》第 2 条）	
国家活动的定义	外国公民或组织在俄罗斯联邦管辖下从事的活动，俄罗斯联邦公民或组织开展的活动（《空间活动法》第 9 条）	
批准程序	由俄罗斯联邦航天局（ROSCOSMOS）负责（《空间活动法》第 6 条第 2 款，第 9 条；《空间活动许可条例》）	

批准条件	人身和财产安全,国家安全,经济和战略利益,环境保护。(《空间活动许可条例》第 5 条)
空间活动的监督和制裁	由俄罗斯联邦航天局(ROSCOSMOS)负责;制裁包括法律规定的各种可能措施,如认证的监督、停止运营和暂停许可证(《空间活动许可条例》第 24 条,第 25 条)
国家登记	俄罗斯联邦的空间物体需要登记(《空间活动法》第 17 条第 1 款)
赔偿和保险	政府对造成损害承担赔偿责任的公民或组织享有追索权,强制保险覆盖对空间基础设施中个人生命和健康造成的损害责任,以及对第三方的损害赔偿责任(《空间活动法》第 25 条和第 30 条)
乌克兰	
相关立法	《空间活动法(第 503/96 – VR 号)》(1996)
空间活动的定义	空间科学研究,空间技术的研发和应用,外层空间的利用(《空间活动法》第 1 条)
国家活动的定义	在乌克兰境内或虽在乌克兰境外但在其管辖下的任何空间活动(《空间活动法》第 10 条)
批准程序	由国家航天局负责(《空间活动法》第 6 条和第 10 条)
批准条件	人身和财产安全、公共卫生、国家安全、经济利益、环境保护(《空间活动法》第 9 条和第 10 条)
空间活动的监督和制裁	由国家航天局、国防部和其他行政机关负责;通过纪监法规、刑法、民法等一般法对犯罪行为进行惩罚(《空间活动法》第 20 条和第 29 条)
国家登记	空间设施必须到乌克兰空间设施国家登记部门强制登记,要经过乌克兰内阁部长批准(《空间活动法》第 13 条)
赔偿和保险	强制保险,由政府来决定数额;由乌克兰内阁部长确定强制保险的程序(《空间活动法》第 24 条和第 25 条)
所有权或控制权的转让	如果空间设施转移至另一个国家、国际或国外的企业、机构或组织,将被取消国家登记(《空间活动法》第 14 条)
哈萨克斯坦	
相关立法	《空间活动法(528 号 – Ⅳ号)》(2012)
空间活动的定义	基于科学、经济、环保、国防、信息和商业目的而开展的外层空间开发和利用活动(《空间活动法》第 1 条第 7 段)

国家活动的定义	在哈萨克斯坦境内，以及在其领土以外由哈萨克斯坦参与实施发射的空间物体；在哈萨克斯坦境内，以及在外层空间中从事空间系统的建设和运营，在哈萨克斯坦境内从事外空火箭系统的创建和运营（《空间活动法》第8条）
批准程序	空间活动领域内的授权主体（《空间活动法》第12条和第13条）
批准条件	强制性的工业专家评估，领域内专家评估，空间活动安全，人类健康，环境保护，个人和法人的财产安全，禁止在外层空间部署大规模杀伤性武器（《空间活动法》第10条、第27条和第30条）
空间活动的监督和制裁	根据《哈萨克斯坦共和国国家控制和监管法》的规定，由在空间活动领域经过授权的机构进行验证（《空间活动法》第12条）
国家登记	如果空间物体属于哈萨克斯坦个人或者法人，或者由国外个人或法人在哈萨克斯坦境内进行发射，那么空间物体应当在空间活动领域的授权机构处进行登记（《空间活动法》第11条）
赔偿和保险	对空间活动造成的个人健康、环境，国家、个人或法人的财产的损害，主动赔偿或者由法院根据哈萨克斯坦法判决赔偿（《空间活动法》第27条）
所有权或控制权的转让	向国际或国外空间活动参与者租借的空间物体适用哈萨克斯坦的法律，哈萨克斯坦批准的国际条约另有规定的除外（《空间活动法》第26条）
挪威	
相关立法	《从挪威领土向外层空间发射物体的法令（第38号)》（1969)
空间活动的定义	向外层空间发射物体（《从挪威领土向外层空间发射物体的法令》第1条）
国家活动的定义	从挪威领土包括斯瓦尔巴德群岛、扬马延岛及其外部领土的发射活动；从挪威船只和航空器上的发射活动；挪威市民或者挪威常住居民在不受任何国家主权管辖区域的发射活动（《从挪威领土向外层空间发射物体的法令》第1条）
批准程序	由贸易和工业部负责（《从挪威领土向外层空间发射物体的法令》第1条）
空间活动的监督和制裁	贸易和工业部就适用其法律的空间物体发射管控进行监管（《从挪威领土向外层空间发射物体的法令》第1条）
瑞典		
相关立法	《空间活动法》（1982)	《空间活动法令》（1982)

续表

空间活动的定义	完全在外层空间进行的活动，向外层空间发射物体，所发射物体的各种操作措施（不包括信号或信息的接受，探空火箭的发射）（《空间活动法》第1条）
国家活动的定义	在瑞典领土内开展的活动和由瑞典自然人或法人实施的活动（《空间活动法》第2条）
批准程序	由国家空间活动委员会负责（《空间活动法》第3条和第4条；《空间活动法令》第1条第1款）
空间活动的监督和制裁	由国家空间活动委员会负责；制裁包括撤回许可、罚款或高达1年的监禁（《空间活动法》第4条和第5条；《空间活动法令》第2条）
国家登记	由国家空间活动委员会负责（《空间活动法令》第4节）
赔偿和保险	如果瑞典政府承担了由个人而非国家实施空间活动而引起损害的国际责任，那么个人应当向国家赔偿，除非有理由对此抗辩（《空间活动法》第6条）
英国	
相关立法	《外层空间法》（1986）
空间活动的定义	发射或促使发射空间物体，运营空间物体和在外层空间进行的任何其他活动（《外层空间法》第1条）
国家活动的定义	由英国公民（包括英国本土公民、英国海外公民、英国侨民），苏格兰公司和根据英国任何法律成立的企业实体开展的空间活动（《外层空间法》第2节）
批准程序	由国务大臣负责，英国国家航天中心（BNSC）代表其行使权力（《外层空间法》第4条第1款）
批准条件	人身和财产安全、公共卫生、国际义务、国家安全、环境保护（《外层空间法》第4条第2款和第5条第2款）
空间活动的监督和制裁	由国务大臣负责；个人通过诉讼定罪罚款，简易程序起诉中不超过法定最高额罚款（《外层空间法》第5条第2款和第12条）
国家登记	由国务大臣负责；国务大臣认为空间物体符合英国的国际义务时，准予登记（《外层空间法》第7条）
赔偿和保险	被许可人需就其对第三方责任购买保险；对国家的追索权没有限制（《外层空间法》第5条第2款和第10条）
所有权或控制权的转让	转让许可可能要经过国务大臣书面同意（《外层空间法》第6条第1款）

续表

法国		
相关立法	《法国空间活动法（第 2008 - 518 号）》（2008）	其他
空间活动的定义	将物体发射、尝试发射、有意促使其发射至外层空间或者对运行于空间中的物体确保指挥的任何活动（《空间活动法》第 1 条第 3 项）	
国家活动的定义	从法国领土或法国管辖下的设施发射或返回；法国运营人实施的空间物体发射、返回或指挥；拥有法国国籍的自然人或总部位于法国的法人实施的促成发射的活动（《空间活动法》第 2 条）	
批准程序	行政机关（《空间活动法》第 2 条和第 4 条）	
批准条件	国家权能部门对申请人进行了道义和专业资格的审查；系统和程序符合人员和财产安全，以及公共健康和环境保护方面的技术规章要求（《空间活动法》第 4 条和第 5 条）	
空间活动的监督和制裁	由若干公共机构代理；针对运营人的违规行为最高罚款可达 20 万欧元（《空间活动法》第 7 条和第 11 条）	
国家登记	法国国家空间研究中心（CNES）代表国家进行登记（《空间活动法》第 12 条）	
赔偿和保险	强制保险；数额由相关法律来确定。如果政府已经根据其国际责任支付了赔偿，那么对运营人有权提出追索，该追索权通过相应的保险份额予以减轻（《空间活动法》第 6 条和第 14 条）	
所有权或控制权的转让	经过行政机构的事先授权（《空间活动法》第 3 条）	
比利时		
相关立法	《关于空间物体的发射、飞行操作或指导空间物体的法》（2005）	《关于实施 2005 年 9 月 17 日〈空间物体的发射、飞行操作或指导空间物体的法〉若干规定的皇家法令》（2008）
空间活动的定义	空间物体的发射、飞行操作或引导活动（《关于空间物体的发射、飞行操作或指导空间物体的法》第 2 条第 1 节）	
国家活动的定义	在比利时国家管辖或管控的区域内开展的空间活动；使用属于比利时国家或者在其管辖和控制下的设备、人员或不动产开展的空间活动；由拥有比利时国籍的自然人或法人实施规定属于比利时管辖的空间活动（《关于空间物体的发射、飞行操作或指导空间物体的法》第 2 条）	

批准程序	负责空间研究和应用事务的部长（《关于空间物体的发射、飞行操作或指导空间物体的法》第 3 条和第 4 条）
批准条件	人身和财产安全、环境保护、大气空间和外层空间的最佳使用、经济和战略利益、国际义务（《关于空间物体的发射、飞行操作或指导空间物体的法》第 5 条第 1 节）
空间活动的监督和制裁	由部长负责，由国王决定；制裁包括 25 欧元至 25000 欧元的罚款或者 8 天到 1 年的监禁（《关于空间物体的发射、飞行操作或指导空间物体的法》第 6 条、第 10 条第 1 节、第 19 条第 1 节和第 2 节；《关于实施 2005 年 9 月 17 日〈空间物体的发射、飞行操作或指导空间物体的法〉若干规定的皇家法令》第 2 条）
国家登记	由部长负责；由国王决定（《关于空间物体的发射、飞行操作或指导空间物体的法》第 14 条）
赔偿和保险	特种保险；逐案评估决定金额；部长可以将保险作为批准的条件。如果比利时支付赔偿，将享有对运营人的直接追索权（《关于空间物体的发射、飞行操作或指导空间物体的法》第 5 条第 2 节和第 15 条）
所有权或控制权的转让	需要部长提前授权（《关于空间物体的发射、飞行操作或指导空间物体的法》第 13 条）

荷兰		
相关立法	《关于空间活动和建立空间物体登记规则的法律》（《空间活动法》，2007）	《关于空间物体信息登记的法令》（《空间活动登记法令》，2007）
空间活动的定义	空间物体的发射、飞行操作和引导 [《空间活动法》第 1 条第（b）项]	
国家活动的定义	向荷兰或从荷兰境内实施的空间活动，或从荷兰船舶或航空器上实施的空间活动；根据议会法令（Order in Council）规定，由荷兰自然人或法人在非外层空间条约成员国领土内实施的空间活动；荷兰自然人或法人在荷兰境内开展的空间活动（《空间活动法》第 2 条第 1 款）	
批准程序	经济事务部部长 [《空间活动法》第 1 条第（a）项和第 3 条第 1 款]	
批准条件	人身和财产安全、环境保护、公共秩序、战略利益、金融安全、国际义务（《空间活动法》第 3 条第 3 款》	
空间活动的监督和制裁	由行政事务部部长指定的官员负责；行政命令，以及 100000 欧元以上 450000 欧元以下的行政处罚，取决于侵权的严重程度和持续时间，以及违法者的过错程度（《空间活动法》第 13 条和第 15 条）	

续表

国家登记	由经济事务部部长负责（《空间活动法》第 11 条）
赔偿和保险	强制保险；由部长根据市场情况确定最高金额；如果国家根据《责任公约》或《外空条约》第 7 条已支付赔偿，可对许可证持有者追偿，上限为投保总额（《空间活动法》第 3 条第 4 款和第 12 条）
所有权或控制权的转让	许可不得转让；所有权的转让需要报告部长 [《空间活动法》第 8 条；《空间物体登记法令》第 5 条第（1）项]
奥地利	
相关立法	《外层空间法》（2011）
空间活动的定义	空间物体的发射、运行和控制，发射场所的运营（《外层空间法》第 2 条第（1）项）
国家活动的定义	从奥地利领土或在奥地利登记的船只或飞机上实施的空间活动；由拥有奥地利公民身份的自然人或营业地位于奥地利的法人从事的空间活动（《外层空间法》第 1 条第 1 款）
批准程序	由交通、创新和技术部部长负责（《空间活动法》第 3 条）
批准条件	公共秩序、人身和财产安全、公共健康、国家安全、国际义务、奥地利外交政策利益、空间碎片的减缓、环境保护（《外层空间法》第 4 条第 1 款和第 5 条）
空间活动的监督和制裁	由部长负责；在未获许可的情况下实施空间活动，可处以 20000 欧元以上 100000 欧元以下罚款（《外层空间法》第 13 条和第 14 条）
国家登记	由运输、创新和科技部登记（《外层空间法》第 9 节）
赔偿和保险	除非因"公共目的"被豁免，否则保险（达到 6000 万欧元）是获得批准的条件之一。如果奥地利承担了空间活动造成的损害赔偿，则享有对运营人的追索权（《外层空间法》第 11 条和第 4 条）
所有权或控制权的转让	需要授权（《外层空间法》第 8 条）

澳大利亚		
相关立法	《空间活动法（第 123 号）》（1998 修订）	《空间活动规则》（2001 修订）
空间活动的定义	空间物体的发射和返回；发射或返回场地的运营活动（《空间活动法》第 3 节）	

续表

国家活动的定义	在澳大利亚或由澳大利亚国民在其境外实施的空间活动（《空间活动法》第3条）	
批准程序	负责空间活动的部长（《空间活动法》第18条、第26条和第35条）	
批准条件	人身和财产安全、环境保护、国家安全、公共健康、公共安全、外国政策、国际义务（《空间活动法》第18条、第26条、第29条和第35条）	
空间活动的监督和制裁	部长为每个批准的发射设施任命发射安全官员。若未获批准而运营发射设施，将会受到民事处罚。未经批准发射或返还空间物体是一种违法行为，将面临10万澳元以下的罚款或10年以下监禁（《空间活动法》第11~14条，第50~51条和第80~82条）	
国家登记	部长（《空间活动法》第76条）	
赔偿和保险	任何责任保险；保险受益方为澳大利亚，保险最低额度是由法律规定的最大可能损失；如果澳大利亚遵循国际法需赔偿其他国家，那么相关发射或返回的责任方有责任支付该赔偿金额，或者支付许可或执照中规定的保险金（《空间活动法》第48条和第74条）	
所有权或控制权的转让	需要授权（《外层空间法》第8节）	
韩国		
相关立法	《空间发展促进法》（2005）	《空间责任法》（2007）
空间活动的定义	空间物体的研制、发射和运营（《空间发展促进法》第2条）	
国家活动的定义	由韩国自然人或法人实施的发射；在韩国领土或其管辖下实施的发射；由韩国政府或韩国国民拥有的航天运载火箭实施的发射（《空间发展促进法》第8条）	
批准程序	由科技部部长负责（《空间发展促进法》第11条）	
批准条件	航天运载火箭的用途和目的，航天运载火箭的安全管理，申请人的经济能力[《空间发展促进法》第11条第（3）项]	
空间活动的监督和制裁	国家航天委员会（在总统的管辖下建立）商讨关于空间发展的规定。如果发生事故，科技部部长可能撤销发射许可并组建调查委员会。针对未经批准而实施的发射将面临最高5年的监禁或者不超过5000万韩元的罚款（《空间发展促进法》第6条、第13条、第16条和第27条）	
国家登记	由科技部部长负责（《空间发展促进法》第8条和第10条）	

续表

赔偿和保险	针对可能发生损害责任的强制保险；科技部部长以部长令的形式设置第三方责任险的最低金额（《空间发展促进法》第 15 条）
所有权或控制权的转让	通常情况下，转让需经科技部部长允许（《空间发展促进法》第 11 条第（1）项）

西班牙	
相关立法	《建立西班牙王国登记制度的皇家法令》（1995）
空间活动的定义	空间物体的发射（《建立西班牙王国登记制度的皇家法令》第 5 条）
国家活动的定义	由西班牙国家实施或促使的发射；从西班牙或西班牙设施实施的发射（《建立西班牙王国登记制度的皇家法令》第 5 条）
国家登记	由外交部长负责（《建立西班牙王国登记制度的皇家法令》第 2 条）

意大利		
相关立法	《〈关于空间活动导致损害的国际责任公约〉的执行法》（1983）	《发射至外层空间的物体登记法》（2005）
国家登记	由意大利空间局（ASI）负责［《发射至外层空间的物体登记法》第 3 条第（2）项］	
赔偿和保险	自然人或法人享有从空间物体损害国获得赔偿的权利（《〈关于空间活动导致损害的国际责任公约〉的执行法》第 2 条和第 3 条）	

德国	
相关立法	《高端地球遥感数据传播损害德意志联邦共和国安全的保护法》（《卫星数据安全法令》，SatDSiG，2007）
空间活动的定义	高端地球遥感系统的运营；以及该系统在传播前产生数据的处理（《卫星数据安全法令》第 1 条）
国家活动的定义	德国公民和根据德国法成立的法人、协会，或总部位于德国的外国法人、外国协会实施的空间活动，在德国领土从事的指令序列的传输活动；从德国领土传输数据的活动（《卫星数据安全法令》第 1 条）
批准程序	依不同程序决定，如联邦经济和科技部、联邦经济和出口控制办公室、联邦信息安全办公室（《卫星数据安全法令》第 3 条、第 4 条、第 11 条、第 12 条、第 17 条、第 19 条、第 24 条和第 25 条）
批准条件	申请人的可靠性；关于控制和命令指令的序列；防止未被批准的人从事相关活动的技术和行政措施，国家安全，外交政策利益，国家和平共处（《卫星数据安全法令》第 4 条、第 12 条和第 19 条）

续表

空间活动的 监督和制裁	由联邦经济和出口控制办公室负责；50 万欧元以下的罚款或 5 年以下的监禁 （《卫星数据安全法令》第 5 ~ 9 条、第 13 ~ 16 条、第 28 条和第 29 条）			
加拿大				
相关立法	《加拿大空间局 法》（1990 修订）	《遥感空间系统 法》（2005 修订）	《无线电通信法》 （1985 修订）	《加拿大航空条 例》（1996 修订）
空间活动的 定义	不同活动由不同的法来规范，包括空间研究、空间飞行器、设施和系统 的研制、建设、管理和运营（《加拿大空间局法》第 5 条）			
国家活动的 定义	由加拿大公民、永久居民根据加拿大法律成立的公司，以及与加拿大遥 感空间系统有实质联系的个人实施的空间遥感系统的相关活动；在加拿 大领土内，在加拿大登记或在加拿大指示或控制下的船舶或航空器上， 在加拿大指示或控制下的航天器上，以及附着或连接在加拿大大陆架上 的平台、钻机、建筑物和形成物上实施的空间活动（《遥感空间系统法》 第 6 条，《无线电通信法》第 3 条）			
批准程序	工业部部长负责批准通信卫星相关活动（《无线电通信法》第 2 条和第 5 条）；交通部部长负责批准从加拿大领土的发射活动（《加拿大航空条 例》第 101.01 条，第 602.43 条和第 602.44 条）；外交部部长负责批准 遥感活动（《遥感空间系统法》第 2 条，第 5 ~ 8 条）；加拿大空间局 （《加拿大空间局法》第 5 条）			
批准条件	国家安全、国际关系和义务、环境保护、公共健康、人身和财产安全 （《遥感空间系统法》第 9 条，《加拿大航空条例》第 601.04 条）			
空间活动的 监督和制裁	工业部部长负责通信卫星（《无线电通信法》第 2 条和第 5 条）；外交部 部长负责遥感活动（《遥感空间系统法》第 10 ~ 14 条，第 17 条和第 18 条）加拿大空间局（《加拿大空间局法》第 5 条）。根据不同的罪行处以 罚款、罚金和监禁（《无线电通信法》第 9 ~ 13 条，《遥感空间系统法》 第 23 条）			
中国				
相关立法	《空间物体登记管理办 法》（2001）	《民用航天发射项目许 可证管理暂行办法》 （2002）	《缓解和防范空间碎片 管理暂行办法》	
空间活动的 定义	航天器和运载火箭的开发与运营（《空间物体登记管理办法》第 3 条）			
国家活动的 定义	在中国境内发射空间物体或在中国境外由中国和其他国家发射空间物体 （《空间物体登记管理办法》第 3 条）			

续表

批准程序	国防科工委（COSTIND，现为国防科工局——译者注）负责审批所有民航发射项目（《空间物体登记管理办法》第5条，《民用航天发射项目许可证管理暂行办法》第3条）
空间活动的监督和制裁	由国防科工委负责；制裁包括行政处罚、刑事责任、停止活动（《民用航天发射项目许可证管理暂行办法》第4条、第24条、第25条和第26条）
国家登记	由国防科工委负责（《空间物体登记管理办法》第4条、第7条、第8条和第11条）
赔偿和保险	根据国防科工委发布的《民用航天发射项目许可证管理暂行办法》（2002）第19条，许可证持有人必须遵照国家有关规定购买发射空间物体的第三方责任保险和其他相关保险
所有权或控制权的转让	许可不能转让（《民用航天发射项目许可证管理暂行办法》第12条）

南非			
相关立法	《空间事务法》(1993)	《空间事务修订法》(1995)	《南非国家空间法》(2008)
空间活动的定义	发射，发射设施运营，空间活动参与（《空间事物法》第11条第1款）		
国家活动的定义	从南非领土发射；在其他国家的领土上由在南非注册或成立的法人实施发射；在南非注册或成立的法人参与空间活动，并根据国际公约、条约、协定由南非承担国家义务（《空间事物法》第11条第1款）		
批准程序	由南非空间事务理事会负责（《空间事务法》第5条第3款和第11条）		
批准条件	最低安全标准，国家、经济和战略利益，国际义务（《空间事务法》第11条第2段、第14条）		
空间活动的监督和制裁	由南非空间事务理事会任命的督察负责；制裁包括罚款或监禁（《空间事务法》第10条第4款、第12条、第13条和第23条）		
赔偿和保险	保险可以是批准的条件之一，并逐案评估金额（《空间事务法》第14条）		

巴西			
相关立法	《关于建立巴西航天局的法律》(1994)	《第27号行政法令》(2001)	《第5号行政法令》(2002)

空间活动的定义	空间发射(《第 27 号行政法令》第 1 条)	
国家活动的定义	在巴西领土内的发射活动(《第 27 号行政法令》第 1 条)	
批准程序	由巴西航天局(AEB)负责(《第 5 号行政法令》第 1 条,《第 27 号行政法令》第 1 条和第 2 条,《关于建立巴西航天局的法律》第 3 条)	
批准条件	申请人的技术、经济和财务资格(《第 27 号行政法令》第 6 条)	
空间活动的监督和制裁	由巴西航天局(AEB)负责;制裁包括撤销许可(《第 5 号行政法令》第 1 条和第 12 条,《第 27 号行政法令》第 1 条、第 3 条、第 4 条和第 20 条,《关于建立巴西航天局的法律》第 3 条)	
国家登记	巴西航天局(AEB)负责从巴西领土发射空间物体的登记(《第 5 号行政法令》第 19 条)	
赔偿和保险	按照巴西航天局确定金额的第三方责任强制保险(《第 5 号行政法令》第 4 条,《第 27 号行政法令》第 9 条第 3 款)	
日本		
相关立法	《基本空间法》(2008)	《关于日本宇宙研究机构的法律》(2002)
空间活动的定义	空间科学与技术研究,卫星的研制、发射、追踪、运营以及其他相关活动(《关于日本宇宙研究机构的法律》第 4 条第 1 款和第 18 条)	
批准程序	由日本政府负责(《关于日本宇宙研究机构的法律》第 26 条)	
批准条件	实施发射必须遵循日本宇宙研究开发机构制定的准则,并经主管部长批准(《关于日本宇宙研究机构的法律》第 2 条第 2 款)	
空间活动的监督和制裁	由日本政府负责;针对不同的违规行为,处以 1 年以下的监禁或 50 万日元以下的罚款(《关于日本宇宙研究机构的法律》第 26 条、第 30 条和第 31 条)	
赔偿和保险	强制保险和特殊责任安排(《关于日本宇宙研究机构的法律》第 21 条和第 22 条)	

第四章 欧洲空间法

弗兰斯·冯·德·邓克（Frans von der Dunk）　著◇

一、引言

第一次世界大战后美国和苏联基于不同的原因陷入自我孤立的状态，这使得欧洲对自己在全球政治中的地位抱有一定幻想。然而第二次世界大战后的事实证明，欧洲在全球政治舞台的时代已经终结。两次世界大战，以及战争期间的经济衰退"蹂躏"了整个欧洲大陆，导致了无数的暴行和苦难，并深刻质疑了民族主义、军事力量和殖民主义给人类带来的伤害。当前有必要基于道德、社会、政治和经济基础，加强国际合作，充分关注人权，建设一个全新美好的欧洲，结束为了占有资源及瓜分政治和经济力量而导致的民族主义相互对抗的乱局。①

因此，"二战"后的欧洲实现了国家和民族多层面的融合发展。作为两次世界大战的胜利者之一及扩张全球的殖民帝国，英国依赖其与盎格鲁·撒克逊人的特殊关系，在最近几十年的发展中保持着高傲的姿态。然而，"二战"后法国为巩固和加强自己的大国地位，积极地为各方面的融合而努力，并与劲敌德国及意大利相互整合，为加速欧洲大陆的经济复苏打下良好基础。

从另一方面讲，欧洲各国做出的努力，也可以认为是通过构建经济和政治力量中的第三极，来追赶美国和苏联两个全球超级大国。其在多个层面予以努力，

---

① See e. g. C. W. A. Timmermans, The Genesis and Development of the European Communities and the European Union, in *The Law of the European Union and the European Communities* (Eds. P. J. G. Kapteyn et al.) (4th edn, 2008), 2 ff. ; J. H. H. Weiler, European Integration, in *Encyclopedia of Public International Law* (Ed. R. Wolfrum) Vol. Ⅲ (2012), 934 – 44; A. Arnull *et al.* , *Wyatt & Dashwood's European Union Law* (5th edn, 2006), 3 – 4; R. H. Folsom, *Principles of European Union Law* (2nd edn, 2009), 3.

并取得较大成功。然而，从外层空间和空间法的视角出发，以下关键性的两点非常重要，将在本章中予以强调。

第一，欧洲通过若干政府间的国际组织，[②] 实现了在外空领域的知识、资源和需求方面的业务整合。其中，欧洲空间局（ESA）是推进该过程的一个关键组织，它在今天的外空活动和空间法律方面承担着重要且特殊的角色。

第二，欧洲经历了三大阶段的发展，从最初的欧洲经济共同体（EEC），到后来的欧共体（EC），再到最终的欧盟（EU），实现了"立法"层面的融合。尽管以上组织在很长一段时间内并没有涉及任何外空和空间活动，但在最近几十年，仍然对欧洲乃至全球空间领域发展产生影响。[③]

目前，通过多方努力，欧洲西部已采取以和平、自愿为基础的良好措施，在外层空间和空间活动领域内和欧洲区域性空间法律方面尤为突出。可以说，欧洲在空间法上的贡献使全世界受益，而非仅限于欧洲。

事实上，近年来，世界上其他地区各主权国家将欧洲在空间活动方面的国际合作视为典范，并尝试借鉴欧洲的先进经验，避免不必要失误。一方面，他们尝

---

② 关于对在全球范围内开展业务的组织的更全面的分析，参见"上册第五章三至十"部分内容。

③ 为保证本部分内容的完整性，还应当对如下两个政府间国际组织做以简要介绍，这两个国际组织在航天活动的法律和监管方面也有一些影响。

欧洲理事会（Council of Europe），根据《欧洲人权公约》（Convention for the Protection of Human Rights and Fundamental Freedoms, Rome, done 4 November 1950, entered into force 3 September 1953; ETS No. 005）成立，主要活动与人权相关，但是在空间法领域，其涉及隐私、信息圈等方面的问题；*cf.* e. g. F. G. von der Dunk, The European Convention on Human Rights and EU Law – Two European Legal Approaches to Privacy, as Relevant to High – Resolution Imaging, in *Current Legal Issues for Satellite Earth Observation* (2010), ESPI Report 25, 55 – 60。

西欧联盟（Western European Union, WEU），根据《西欧联盟条约》［Paris Agreements amending the Brussels Treaty, 巴黎, 1954 年 10 月 23 日通过, 1955 年 5 月 5 日生效；211 UNTS 342; UKTS 39 (1955) Cmd. 9498］成立，主要活动涉及国防和安全领域，但是在空间法领域，其涉及航天相关的国防和安全问题，现在这些问题都被纳入到欧盟框架之内；*cf.* however F. G. von der Dunk, Europe and Security Issues in Space: The Institutional Setting, 4 *Space and Defense* (2010), 84 – 5。

试建立亚洲空间局④、东盟空间组织⑤、拉丁美洲空间局⑥、非洲空间局⑦等区域性空间组织都因过于学术化，而最终失败，而只有亚太空间合作组织（APSCO）和亚太区域空间机构论坛（APRSAF）在一定程度上使国际空间活动的合作得以实现。⑧ 另一方面，随着某些空间领域商业化的增强，北美洲的"北美自由贸易协议（NAFTA）"⑨、拉丁美洲的"南方共同市场（Mercosur/Mercosul）"⑩、亚洲的"中国－东盟自由贸易区（AFTA）"⑪、东盟的"东部和南部非洲共同市场（COMESA）"⑫ 和"南部非洲发展共同体"（SADC），⑬ 以及中东的"海湾合作委员会（GCC）"⑭ 等一般性的区域经济融合组织也有意将活动范围扩张到空间领域。

---

④ See e. g. D. H. Kim, The Possibility of Establishing an Asian Space Development Agency, 2 *Japanese Journal for the Social System* (2001), 45 – 56.

⑤ See e. g. C. Noichim, *The Asean Space Organization* (2008).

⑥ See e. g. R. Gonzalez, 10 *Journal of Space Law* (1982), 218 – 9.

⑦ See e. g. P. Martinez, Is There a Need for an African Space Agency? 28 *Space Policy* (2012), 142 – 5.

⑧ See e. g. F. Tronchetti, *Fundamentals of Space Law and Policy* (2013), 43; E. Sadeh, *Space Strategy in the 21st Century*: *Theory and Policy* (2013), 288 – 91; J. C. Moltz, *Asia's Space Race*: *National Motivations*, *Regional Rivalries*, *and International Risks* (2013), 184 – 5.

⑨ 《北美自由贸易协议》，圣安东尼奥市，1992 年 12 月 17 日通过，1994 年 1 月 1 日生效；32 ILM 289 (1993); see further http://en. wikipedia. org/wiki/North _ American _ Free _ Trade _ Agreement; last accessed 19 November 2013。

⑩ 《关于建立阿根廷共和国、巴西联邦共和国、巴拉圭共和国和乌拉圭东岸共和国之间共同市场的公约》，亚松森，1991 年 3 月 26 日通过，1991 年 11 月 29 日生效；30 ILM 1042 (1991); see further http://en. wikipedia. org/wiki/Mercosur; last accessed 19 November 2013。

⑪ 《东盟自由贸易区共同有效优惠关税协定》，新加坡，1992 年 1 月 28 日通过，1992 年 1 月 28 日生效；31 ILM 506 (1992); see further http://en. wikipedia. org/wiki/ASEAN_Free_Trade_Area; last accessed 19 November 2013。

⑫ 《关于建立东部和南部非洲共同市场的协定》，坎帕拉，1993 年 11 月 5 日通过，1994 年 12 月 8 日生效；33 ILM 1067 (1994); see further http://en. wikipedia. org/wiki/Common_Market_for_Eastern_and_Southern_Africa; last accessed 19 November 2013。

⑬ 《南部非洲发展共同体公约》，温得和克，1992 年 8 月 17 日通过，1993 年 9 月 30 日生效；32 ILM 116 (1993); see further http://en. wikipedia. org/wiki/Southern_African_Development_Community; last accessed 19 November 2013。

⑭ 《关于建立海湾阿拉伯国家合作委员会的宪章》，阿布扎比，1981 年 5 月 25 日通过，1981 年 11 月 11 日生效；26 ILM 1131 (1987); see further http://en. wikipedia. org/wiki/Cooperation_Council_for_the_Arab_States_of_the_Gulf, last accessed 19 November 2013。

二、空间活动的业务融合：欧洲空间组织

（一）起点：欧洲航天研究组织、欧洲运载火箭发展组织和欧洲空间会议

在第一颗人造卫星 Sputnik - 1 实现外空飞行的几年之后，英国（与美国合作）和法国合作开展国家空间活动。然而，当时欧洲仍处在"二战"后的恢复阶段，其外空活动的国家规模相对受限，以致无法形成一个综合性强且成功的空间项目。[15]

因此，在 1962 年，欧洲先后成立了空间研究组织（ESRO）[16] 和运载火箭发展组织（ELDO）[17]，两者相互独立，分别负责空间活动的两个主要领域，即空间科学研究和欧洲发射能力建设。在这两个领域，欧洲需要发展自己的知识水平和专业技术，最起码要在一定程度上不依赖于美国。

两组织成立之后，欧洲很快对国际空间法乃至国际法做出了第一份贡献，即：在国际协议生效之前制定了《关于联合经营的暂行实施条例》。[18] 由于国际公约制定过程较为复杂，成员国无法等到所有相关规则、权利和义务正式生效之后才实际开展空间活动，因此，在两年多的时间内，欧洲制定暂行实施条例代替国际公约的实施。由于外层空间活动极具挑战性且非常新颖，考虑到暂行实施条

---

⑮　See e. g. F. Lyall, *Law and Space Telecommunications* (1989), 245 ff.; K. Madders, *A New Force at a New Frontier* (2000), 3 - 37; G. Lafferranderie, *European Space Agency* (2005), 17 - 22; *cf.* also P. Malanczuk, Actors: States, International Organisations, Private Entities, in *Outlook on Space Law over the Next 30 Years* (Eds. G. Lafferranderie & D. Crowther) (1997), 24 ff.; J. L. van de Wouwer & F. Lambert, *European trajectories in space law* (2008), 47 - 9.

⑯　《欧洲空间研究组织公约》，巴黎，1962 年 6 月 14 日通过，1964 年 3 月 20 日生效，1980 年 10 月 30 日失效；158 UNTS 35；UKTS 1964 No. 56；Cmnd. 2489。

⑰　《欧洲运载火箭发展组织公约》，伦敦，1962 年 3 月 29 日通过，1964 年 2 月 29 日生效，1980 年 10 月 30 日失效；507 UNTS 177；UKTS 1964 No. 30；Cmnd. 2391；ATS 1964 No. 6。

⑱　关于对该情况的一般描述，参见 R. Lefeber, Treaties, Provisional Application, in *Encyclopedia of Public International Law* (Ed. R. Wolfrum) Vol. X (2012), 1 - 5; R. E. Dalton, Provisional Application of Treaties, in *The Oxford Guide to Treaties* (Ed. D. B. Hollis) (2012), 220 - 47; also Art. 25, Vienna Convention on the Law of Treaties, Vienna, done 23 May 1969, entered into force 27 January 1980; 1155 UNTS 331; UKTS 1980 No. 58; Cmnd. 4818; ATS 1974 No. 2; 8 ILM 679 (1969); with respect to ELDO and ESRO specifically Madders, *supra* n. 15, 41 - 3。典型案例将在下文阐述，比如国际通信卫星组织和国际海事卫星组织 [关于这些组织的信息，参见"上册第五章四（一）"和"上册第五章五（一）"部分内容] 以及国际空间站相关安排（参见"下册第二章二"部分内容）。

例与尚未生效的国际公约均较为复杂，如果暂行条例在实施过程中没有产生重大法律纠纷，本着合作的精神，两个国际组织的成员国将同意在公约正式颁布后全面实施公约的规定。

欧洲空间研究组织之前有 10 个成员国，包括比利时、丹麦、法国、意大利、荷兰、西班牙、瑞典、瑞士、英国和德国（当时为联邦德国）。[⑲] 这里需要说明的是，欧洲空间研究组织与后来的欧洲经济共同体（EEC）[⑳] 并没有正式的关联性，在以上 10 个成员国中，只有比利时、法国、意大利、荷兰和联邦德国在当时是欧洲经济共同体的成员国，卢森堡和后来的其他 6 个欧洲经济共同体的成员国均非欧洲空间研究组织的成员国。瑞士至今也不是欧盟的成员国。

欧洲空间研究组织的宗旨在于，根据各国国民生产总值（GNP）来资助空间科学的研究项目。实际上，《欧洲空间研究组织公约》出台了一个具有创新性的法律制度，该制度被后来的欧洲空间局予以采用，并成为欧洲空间局的法律框架。在该制度中，空间活动项目分为强制性项目和选择性项目，前者以各国国民生产总值为基础，后者以成员国"菜单式"选择参与为主。[㉑]

由于当时欧洲火箭及卫星发射能力尚未成熟，欧洲空间研究组织就卫星的发射与美国国家航空航天局（NASA）签署了合作备忘录，并于 1967 年发射了第一颗卫星。[㉒] 由于美国国家航空航天局有时需要处理美国政府等其他优先事项，欧洲空间研究组织卫星发射的时间数次延期。[㉓] 欧洲空间研究组织在空间研究活动方面对美国的依赖性越来越令其烦恼，同时欧洲空间发展的组织架构也不再满足于欧洲空间研究组织和欧洲运载火箭发展组织。[㉔]

[⑲] See further on ESRO, Madders, *supra* n. 15, e. g. 55 – 61, 66 – 75; Lafferranderie, *supra* n. 15, 18; Lyall, *supra* n. 15, 246 – 8; J. Krige & A. Russo, *A History of the European Space Agency* 1958 – 1987, Vol. I, *The Story of ESRO and ELDO* 1958 – 1973 (2000), SP – 1235, 42 ff., 122 ff.

[⑳] 经过几十年的发展，欧洲各空间组织与欧盟之间的关系从非正式走向正式，但仍未实现制度整合：与欧洲之外的人们的看法正好相反，欧洲空间局和欧盟目前仍是两个完全不同且相互独立的实体。

[㉑] *Cf.* e. g. Lyall, *supra* n. 15, 248; Madders, *supra* n. 15, 56, 189 – 91; Krige & Russo, *supra* n. 19, 312, 320 – 30. 关于强制性项目和选择性项目，参见"上册第四章二（三）1 和 2"部分内容。

[㉒] See Madders, *supra* n. 15, 70; Lafferranderie, *supra* n. 15, 18.

[㉓] See e. g. Krige & Russo, *supra* n. 19, 75 – 9; E. Sadeh, *Space Politics and Policy: An Evolutionary Perspective* (2002), 290 ff.

[㉔] See on this Sadeh, *supra* n. 23, 290 ff.; *cf.* also Madders, *supra* n. 15, 140 – 6.

根据英国的提议，欧洲运载火箭发展组织使用英国的"蓝光（Blue Streak）"火箭作为欧洲运载火箭的第一级，使用法国的"科拉莉（Coralie）"火箭安装在"蓝光"顶端作为第二级。并非每个欧洲空间研究组织成员国都是欧洲运载火箭发展组织的成员国，除英国和法国两个空间国家外，欧洲运载火箭发展组织的成员国还包括比利时、意大利、荷兰和德国（当时为联邦德国），以及非欧洲国家澳大利亚，澳大利亚向欧洲运载火箭发展组织提供了位于武麦拉（Woomera）的发射基地。[25]

由于当时的空间发射活动多是成员国各自分工的简单合成，缺乏相互协调甚至专业技术，欧洲大部分的发射活动都以失败告终。[26] 因此，1972 年欧洲召开空间会议，希望通过会议商讨弥补欧洲空间活动合作方面的若干短板。[27] 面对美国关于空间实验室的合作邀请，该会议决定合并上述两个欧洲空间组织，并引入了强制性项目和选择性项目两项选择方案，以使欧洲空间发射活动尽可能快速科学的发展。[28] 基于多种原因和考量，欧洲运载火箭发展组织于 1973 年通过一个临时性协议，正式与欧洲空间研究组织合并。两年后，欧洲空间局正式成立，继承了上述两个组织的相关业务。

（二）欧洲空间局：1975 年《欧洲空间局公约》和一般性法律框架

由于各国空间活动复杂的批准程序，1975 年《欧洲空间局公约》[29] 签订之后，需要 5 年才能生效。因此，欧洲空间局借鉴《欧洲空间研究组织公约》和《欧洲运载火箭发展组织公约》这两个先例，也于 1975 年开始临时适用《欧洲空

---

[25] See further on ELDO e. g. Madders, *supra* n. 15, e. g. 43 – 55, 60 – 1, 75 ff. ; Lafferranderie, *supra* n. 15, 19；Lyall, *supra* n. 15, 249 – 50；Krige & Russo, *supra* n. 19, 81 ff. ; International Business Publications, *European Space Policy and Programs Handbook*（2010），62 – 9.

[26] *Cf.* Lyall, *supra* n. 15, 249；Madders, *supra* n. 15, 163 – 4, e. g. 注意到两个组织在成立目的方面的重大区别：欧洲运载火箭发展组织主要是基于政治原因建议，欧洲空间研究组织主要是因为各项目的延误和成本昂贵（at 114 – 6）由科学家（at 55）予以推动成立。

[27] See e. g. Madders, *supra* n. 15, 124 – 54；Lafferranderie, *supra* n. 15, 21 – 4；Lyall, *supra* n. 15, 251 – 2；N. M. Matte, Outer Space and International Organizations, in *A Handbook on International Organizations*（Ed. R. J. Dupuy）（2nd edn, 1998），769 – 70；B. Harvey, *Europe's Space Programme：To Ariane and Beyond*（2003），49 – 50.

[28] See Lafferranderie, *supra* n. 15, 22 – 3；也可参见"上册第七章五（三）2"部分内容。

[29] 《欧洲空间局公约》，巴黎，1975 年 5 月 30 日通过，1980 年 10 月 30 日生效；UKTS 1981 No. 30；Cmnd. 8200；14 ILM 864（1975）；*Space Law – Basic Legal Documents*, C. I. 1.

间局公约》。㉚

截至目前（指本书原英文版成稿时——编者著），欧洲空间局已经由最初的
10 个成员国发展成为 20 个成员国。㉛ 欧洲空间局仍然不是欧盟组织架构的正式
组成部分，挪威与瑞士这两个成员国并非欧盟国家。此外，还有一个被经常误解
的概念，即加拿大是欧洲空间局的成员国。因此，在此予以澄清：加拿大是"合
作伙伴"关系，而非成员国。㉜ 同时，根据欧洲合作国计划（PECS），其他与欧
洲空间局具有特别伙伴关系的国家还包括爱沙尼亚、匈牙利和斯洛文尼亚。㉝

在欧洲空间局的法律框架内，公约是最高级别的法律文件，5 个附件㉞也是该公约
的固有组成部分。该公约还规定了欧洲空间局的两个主要机构，分别为成员国理事会㉟

㉚ Cf. e. g. G. Lafferranderie, The European Space Agency（ESA）and International Space Law, in
International Organisations and Space Law, ESA SP–442（Ed. R. A. Harris）（1999），20；
Lafferranderie, 见上文脚注 15, 第 25 ~ 29 页和第 265 页，重新刊载了 1980 年 10 月 23 日的 Resolution
ESA/C/XLIII/Res. 6（final），该决议强调公约在法律上的生效应当根据事先的事实申请；Madders,
supra n. 15, 212 – 3；Lyall, *supra* n. 15, 268 – 9；further *supra*, text at n. 18。

㉛ See e. g. www. esa. int/About_Us/Welcome_to_ESA/What_is_ESA, www. esa. int/About_Us/
Welcome_to_ESA/ESA_history/History_of_Europe_in_space, last accessed 19 January 2014. 这些国家是
奥地利、比利时、捷克共和国、丹麦、芬兰、法国、德国、希腊、爱尔兰、意大利、卢森堡、荷兰、
挪威、波兰、葡萄牙、罗马尼亚、西班牙、瑞典、瑞士和英国。

㉜ 尽管根据《欧洲空间局公约》第 22 条第 1 款规定，"任何国家"都可以根据公约第 2 条规定
与"欧洲国家"合作，参与"欧洲空间政策"和"欧洲空间项目"以及欧洲空间会议（cf. Preamble
& Arts. I, XX），但只有欧洲国家才能够成为欧洲空间局的正式成员；参见 Lafferranderie, *supra* n. 15,
30 – 2；Matte, *supra* n. 27, 770。根据《欧洲空间局公约》第 14 条第 2 款，1978 年加拿大与欧洲空间
局在之前临时性合作协议的基础上签订了常态化合作协议；参见 Madders, *supra* n. 15, 420；
Lafferranderie, *supra* n. 15, 30。

㉝ See further www. esa. int/About_Us/Plan_for_European_Cooperating_States, last accessed 19
January 2014；这种合作伙伴关系通过促进欧洲空间局与表现出兴趣的有关欧洲国家之间的关系，扩
大欧洲科学和工业的整体基础，提升欧洲空间局作为研发组织的角色，使新加入欧盟的成员国发展成
为完全成熟的欧洲空间局成员国。另参见 S. Hobe, M. Hofmannová & J. Wouters, *A Coherent European
Procurement Law and Policy for the Space Sector*（2011），180。

㉞ 分别是附件 1：特权与豁免，附件 2：财政条款，附件 3：公约第 5 条第 1 款 b 项所包括的任择性项
目，附件 4：国内项目的国际化，附件 5：产业政策 [参见"上册第四章二（四）"部分内容]。

㉟ 关于理事会的成立、职责、运行模式和权限，参见《欧洲空间局公约》第 11 条，上文脚注
29。它的主要职责权限包括：决定并接受向其发起提议的项目，确定项目财务结构，监督各种项目的
进展，通过一般性年度财政预算，授权将技术和产品出口到欧洲空间局成员国之外的国家，建立科学
项目委员会的附属机构；cf. Art. XI（5），（8）. Further e. g. Lafferranderie, *supra* n. 15, 57 – 61；
Madders, *supra* n. 15, 196 – 9；International Business Publications, *supra* n. 25, 36。

和总干事，后者由若干职员辅助。③⑥ 欧洲空间局还包含 5 个职能机构，③⑦ 以及与法国空间局——法国国家太空研究中心密切合作的位于法国圭亚那库鲁的发射场，③⑧ 该发射场算得上是欧洲空间局的第 6 个职能机构。③⑨

欧洲空间局的宗旨在于，在以和平为目的的基础上，推进欧洲国家在空间研究、空间技术和空间应用之间的合作，进而服务于科学研究和运行中的空间应用系统。④⓪ 因此，欧洲空间局具有三方面使命：一是通过一个独特且具有创新性的国际合作框架，促进成员国之间物质资源和技术资源的共赢发展；二是在整个欧洲层面最大化地整合各国国内空间项目，构建更加广泛的经济领域和规模，并允许一定程度的专业化模式；三是在全球范围内，全面促进欧洲完全基于和平目的而开展的空间活动，进而在航天国家之间达成国际空间合作，但还应始终保持欧盟在全球范围内的独立战略地位。

---

③⑥ 关于欧洲空间局总干事及其下属职员的聘请、职责、活动模式和权限，参见《欧洲空间局公约》第 12 条，上文脚注 29。See Art. XII, ESA Convention, *supra* n. 29, for establishment, functions, *modus operandi* and competences of the ESA staff under the supervision of the Director General. See further e. g. the organogram in *ESA Annual Report* 2005 （2006）, 10, www. esa. int/esapub/annuals/annual05/ar5_organigramme. pdf, for the current organizational structure of the Agency. 总干事的主要职责权限在于管理欧洲空间局，监督欧洲空间局各项目和政策的实际执行情况，监督欧洲空间局的职能机构，向理事会提议高级管理人员的任命和解聘，向理事会做出活动和项目的提议，就实现欧洲空间局目标提出其他必要措施；*cf.* Art. XII （1. b）. Further e. g. Lafferranderie, *supra* n. 15, 64 – 70; Madders, *supra* n. 15, 203 – 5; International Business Publications, *supra* n. 25, 129; Sadeh, *supra* n. 23, 392。

③⑦ 这些职能机构为位于法国巴黎的欧洲空间局总部（负责国际关系、国际协商和国际法等一般性政策制定），位于荷兰诺德韦克的欧洲空间研究与技术中心（ESTEC, 是欧洲空间局员工最多的空间装置制造和测试基地），位于德国达姆施塔特的欧洲空间运行中心（ESOC, 负责欧洲空间局所有活动的地面控制），位于意大利弗拉斯卡蒂的欧洲空间研究所（ESRIN, 前身是欧洲空间局数据中心，现在是欧洲空间局对地观测活动中心）和位于德国科隆的欧洲航天员中心（EAC, 欧洲空间局航天员训练基地）。Further e. g. Lafferranderie, *supra* n. 15, 47 – 8; Madders, *supra* n. 15, 352 – 67.

③⑧ See on Kourou operations in general e. g. Lafferranderie, *supra* n. 15, 53 – 5; Madders, *supra* n. 15, 367 – 71.

③⑨ 在欧洲空间局成立早期，欧洲空间运行中心也曾经使用雅斯兰吉（Esrange）航天中心位于瑞典基律纳的探空火箭发射基地，但是这个基地的相关设备设施在很久前就已经转让给了瑞典空间研究中心（Swedish Space Corporation, SSC）; see e. g. Madders, *supra* n. 15, 67, 74 – 5。

④⓪ 《欧洲空间局公约》第 2 条，见上文脚注 29。更多详细情况参见 Lafferranderie, *supra* n. 15, 39 – 46; Madders, *supra* n. 15, 180 ff. ; Matte, *supra* n. 27, 770。因此，欧洲空间局并不是一个具有"超国家"监管权限的国际组织，其权限范围依据是《欧洲空间局公约》和其他内部法律文件；*cf.* Madders, *supra* n. 15, 392 – 3; more in general e. g. H. G. Schermers, The Legal Basis of International Organization Action, in *A Handbook on International Organizations* （Ed. R. J. Dupuy）（2nd edn, 1998）, 404 – 11。

（三）运行中的欧洲空间局：空间项目

欧洲空间局的主要工作是以各成员国乃至全世界的共同利益为出发点，整合各成员国在技术、经济、政治等方面的资源，从而更好运用于外层空间和空间活动领域。这项工作主要通过欧洲空间局的相关项目来实现。

一般来讲，个别成员国向欧洲空间局提供建议进而使该项目"欧洲化"，即邀请欧洲空间局其他成员国加入该项目；或者欧洲空间局总干事在其职员的支持下，提请理事会对某些项目予以批准。[41] 这些项目分为以下三种类别：

1. 强制性活动

与前欧洲空间局时代的欧洲空间融合模式相同，欧洲空间局开展项目中最主要的类别是"强制性活动"。[42] 强制性活动一般具有较强的科学性和研发性，比如未来项目、技术与科研领域的理论及实验室研究，以及科学项目的阐述和实施，这些内容一般通过卫星和其他空间系统来实现。

欧洲空间局理事会未用简单多数原则（无论国土大小和项目投入多少，[43] 每一成员国一票）来批准空间项目，然后再通过协商一致原则决定对该项目的总体投入。[44] 一旦以上程序完成，所有的成员国都将根据事先确定的份额予以投入，投入成本是近三年国民生产总值的平均值。[45]

欧洲空间局强制性项目中最典型的案例包括"智慧登月（Smart mission to the moon）"，"火星快车（Mars Express）"，飞往美国国家航空航天局"卡西尼太空船（Cassini-spacecraft）上泰坦（Titan）的惠更斯空间舱（Huygens module），用来测量外层空间 X 射线的"XMM - 牛顿太空船（XMM - Newton spacecraft）"，用来研

---

[41] 分别根据《欧洲空间局公约》附件 4 和附件 3，上文脚注 29。进一步参见 Madders, *supra* n. 15, 191 - 2; on the former also Lafferranderie, *supra* n. 15, 93 ff.

[42] 参见《欧洲空间局公约》第 5 条第 1 款第 a 项，上文脚注 29。进一步参见 Lyall, *supra* n. 15, 255; Madders, *supra* n. 15, 189; Lafferranderie, *supra* n. 15, 74 - 8; International Business Publications, *supra* n. 25, 35; National Research Council and European Science Foundation, *U. S. - European Collaboration in Space Science* (1998), 35; Sadeh, *supra* n. 23, 325。

[43] 参见《欧洲空间局公约》第 11 条第 6 款第 a 项，上文脚注 29；另参见 Lafferranderie, *supra* n. 15, 70 - 2; Madders, *supra* n. 15, 198。

[44] 参见《欧洲空间局公约》第 11 条第 5 款第 a 项，上文脚注 29。

[45] 参见《欧洲空间局公约》第 13 条第 1 款，上文脚注 29。另参见 Lafferranderie, *supra* n. 15, 95 - 6。

究宇宙星尘的"红外空间观测台（Infrared Space Observatory）"，用来研究宇宙爆炸、放射物和黑洞的综合型任务（Integral mission）（由俄罗斯联合号运载火箭运载）和飞向太阳的"太阳和日光层天文台（SOHO mission）"（由美国私营发射器 Altas 运载）。[46]

2. 选择性活动

与"强制性活动"相对的是"选择性活动"，欧洲空间局的该种机制也是从其前任（尤其是欧洲空间研究组织）继承并予以扩充而来。[47] 选择性活动一般具有更强的实用性和操作性，这些活动一般包括航天器的设计、研发、建造、发射、入轨，以及卫星和发射的空间系统开展运营。尤其是在设计、研发和建造阶段，大部分的工程都承包给了各成员国的工业部门。[48] 而且，大部分选择性项目关注的是科学研究之外的试验性应用，严格来讲，其已经超越了科学研发。由于进入外层空间将花费巨额成本，因此选择性项目多年来占到了欧洲空间局总预算的 80% 以上。[49]

同样，欧洲空间局也通过简单多数原则表决选择性项目，[50] 但与强制性项目不同的是，成员国可以选择完全退出，[51] 而未退出的各成员国根据自己对特定项目的兴趣，决定投入贡献程度。[52]

相反，除非某国声明没有意愿加入某项目，否则意味着其加入了该项目。当某些国家做出其他决议（实践中经常发生），财政承诺将适用标准比例分摊原则，其实质为"菜单式参与机制（a system of à la carte participation）"。这实际上是允许各国在欧洲空间局的整体框架下，在外层空间活动的某些领域实现其感兴趣的

---

[46] See further e. g. Lafferranderie, *supra* n. 15, 74 – 6；Madders, *supra* n. 15, 223 – 33.

[47] 参见《欧洲空间局公约》第 7 条第 1 款第 b 项，上文脚注 29。进一步参见 Lyall, *supra* n. 15, 255 – 7；Madders, *supra* n. 15, 189 – 95；Lafferranderie, *supra* n. 15, 78 – 89；Sadeh, *supra* n. 23, 325。

[48] 关于工业政策和"合理回报"的讨论，参见"上册第四章二（四）"部分内容。

[49] 1997 年，所在比例大约为 85%，参见 Madders，上文脚注 15，第 189 页；2005 年，所在比例为 80% 左右，Lafferranderie，上文脚注 15，第 80 页。

[50] 参见《欧洲空间局公约》第 11 条第 5 款第 c 项，上文脚注 29。

[51] 参见《欧洲空间局公约》第 7 条第 1 款，上文脚注 29；另参见 Lafferranderie, *supra* n. 15, 79；S. C. Wang, *Transatlantic Space Politics：Competition and Cooperation Above the Clouds* (2013), 51。

[52] 参见《欧洲空间局公约》第 13 条第 2 款，上文脚注 29；另参见 Lafferranderie, *supra* n. 15, 79。

项目。比如，法国一直坚定不移地推动载人飞船项目，相反，基于综合成本，英国对此表现冷淡，而德国却更加关注其在地球观测应用方面的发展。[53]

基于国民生产总值分担成本的标准算法通常存在偏差，各成员国对空间活动投入成本所享有的自由裁量权存在异议，这为项目的管理带来难题。为了使管理公开、透明，欧空局规定：一旦某项活动达成初步协议，该活动就被结构化，之后还会制定一些环节对之前的决议重新进行评估，且存在对该项活动重新结构化的可能，目的是推进项目发展。

因此，欧洲空间局的空间项目在前期分为如下阶段：项目识别、项目设立、法律框架的构建，并制定一部"授权规章"和根据理事会的讨论而出台财政框架声明，以及详细的运营阶段（一般划分为 A 到 E）。[54]

财政框架声明必须列出若干财政指标，尤其应列出各成员国分别对项目投入资金的承诺。一般情况下，如果成员国实际投入的资金比例达到项目总成本的80%，那么，该项目予以正式启动。[55]之所以这样，主要是考虑其他国家看到该项目真正实施时，将有可能加入到该项目，另外，已经做出承诺的成员国必须根据其原先承诺的份额分担预算成本。[56]同时，各成员国还应就如下内容达成一致：一是如果项目实际成本超出预算的20%，各国应当分担超出的成本；二是如果成本超出预算的20%以上，可允许各国从相关项目中退出。[57]然而，在个别项

---

[53] 因此，法国在1987年承诺向赫尔墨斯（Hermes）项目提供总经费43.5%的资金，向国际空间站的"哥伦布"号实验舱（Columbus）提供总经费13.8%的资金，来发展欧洲航天飞机，然而英国仅向"哥伦布"号实验舱提供总经费5.5%的资金，且不向赫尔墨斯项目提供任何数额的资金。德国是"哥伦布"号实验舱的最大资助者，提供了总经费38%的资金，"哥伦布"号实验舱是空间研究和科学的主要平台。德国同时也是开始于1984年的欧洲地球遥感项目的最大资助者，提供了总经费27.29%的资金。See Madders, *supra* n. 15, 308, and 288 at n. 151. Madders' 第12章和第13章的脚注提供了各项项目的资助比例。关于选择性项目的资金情况，参见 Lafferranderie，上文脚注15，第97 – 98页。

[54] See Lafferranderie, *supra* n. 15, 80 – 1; also Madders, *supra* n. 15, 192 – 3.

[55] See Lafferranderie, *supra* n. 15, 82 – 3; Madders, *supra* n. 15, 193.

[56] *Cf.* Lafferranderie, *supra* n. 15, 82 – 3; Madders, *supra* n. 15, 193.

[57] 这就是所谓的"120%条款"；参见 Lafferranderie, *supra* n. 15, 83 – 5; Madders, *supra* n. 15, 193。

目中，由于存在特殊情况，其可能偏离以上程序。⑱

选择性项目的典型案例包括阿里安（Ariane）运载火箭⑲、与美国合作的空间实验室（Spacelab）、为地基通信而建设的 OST 试验性通信卫星、为海上通信而建设的 MARECS 试验性通信卫星⑳、Meteosat – 1 和 Metop 气象卫星㉑、半途而废的欧洲航天飞机 Hermes㉒、用于远程教育的 Olympus 卫星㉓、用于环境检测的 Envisat㉔、欧洲的两个旗舰项目——Galileo 全球卫星导航系统及 Copernicus 全球环境与安全监测计划（GMES），以及欧洲空间局参与的其他项目。㉕

在一个政府间国际组织中同时实施强制性项目和选择性项目，使得欧洲空间局在维持连贯而又高效的管理程序时，形成了一个可以协调各成员国之间利益的灵活框架。简言之，该框架平衡了各成员国基于其主权所享有的自由裁量权和相互合作的良好关系。㉖

3. 运营活动

欧洲空间局承担的第三种类型的空间活动是"运营活动"。㉗ 欧洲空间局代表其他主体以成本价从事运营服务，尤其是将设施交由某"顾客"使用，并代表

---

⑱ 如 Lafferranderie 所强调的空间实验室和 Envisat 相关情况，上文脚注 15，第 84 – 85 页；Madders，上文脚注 15，第 194 页，提到"120% 条款的变化（如否定它）"是理事会通过"实施细则"商定的一种选择。

⑲ 关于阿里安和阿里安航天公司，参见"上册第四章二（六）1"和"上册第七章二（一）2"部分内容。另参见 V. Kayser, *Launching Space Objects*: *Issues of Liability and Future Prospects* (2001), 135 – 7; Lafferranderie, *supra* n. 15, 155 ff.; Madders, *supra* n. 15, 235 – 41。

⑳ See further e. g. Madders, *supra* n. 15, 252 – 6; Lyall, *supra* n. 15, 269 – 70. 关于欧洲通信卫星组织，参见"上册第四章二（六）2"和"上册第五章六"部分内容。

㉑ See further e. g. Madders, *supra* n. 15, 266 – 70. 参见"上册第四章二（六）3"部分内容。

㉒ See e. g. Madders, *supra* n. 15, 294 – 342.

㉓ See e. g. Madders, *supra* n. 15, 256 – 8.

㉔ See e. g. Lafferranderie, *supra* n. 15, 87.

㉕ 参见"上册第四章四（四）"部分内容。另参见 Lafferranderie, *supra* n. 15, 149 – 51, on Galileo; 152 – 3, on GMES; S. Hobe *et al.*, Ten Years of Cooperation between ESA and EU: Current Issues, 58 *Zeitschrift für Luftund Weltraumrecht* (2009), 49 – 73; G. Brachet, From Initial Ideas to a European Plan: GMES as an Exemplar of European Space Strategy, 20 *Space Policy* (2004), 7 – 15.

㉖ 此处可以重申的是，在空间活动的早期，相关成本和风险是大多数国家所不能单独承受的，这意味着，如果没有欧洲空间局提供的国际合作机会，很多国家根本无法受益于空间活动。

㉗ 参见《欧洲空间局公约》第 5 条第 2 款，上文脚注 29。

该客户从事卫星发射、入轨、运行的控制活动，或者根据客户要求从事其他活动。[68]

欧洲空间局从事运营活动的典型案例包括位于达姆施塔特（Darmstadt）的欧洲空间运营中心（ESOC）为 EUMETSAT 卫星提供的遥测、跟踪和指挥（TT&C）服务[69]，目前由库鲁发射场和欧洲空间运营中心为阿里安航天公司（Arianespace）提供遥测、跟踪和指挥服务[70]，与美国国家航空航天局为第二个空间实验室提供咨询服务[71]，为欧盟委员会提供咨询活动，以及为 Galileo 项目的后期阶段提供采购服务。[72]

（四）欧洲空间局和（空间）工业政策

1. 欧洲空间局工业政策概况

欧洲空间局设置"强制性和选择性项目"的主要动因是为了服务于成员国的科学、技术和经济利益发展，其项目背后的工业政策在于如何通过一个公平、高效、清晰和综合性的方式协调各成员国对各种项目的参与，而该工业政策也是欧洲空间局构建其法律框架的关键所在。欧洲空间局工业政策[73]的基本目标包括以下几点：

（a）通过一个性价比较高的方式实现欧洲空间项目和经过协调后的各国空间项目要求。

（b）通过保持和发展空间技术，促进适合市场需求的工业结构合理化发展，

---

[68] 参见《欧洲空间局公约》第 5 条第 2 款，上文脚注 29。进一步参见 Lafferranderie, *supra* n. 15, 90；Madders, *supra* n. 15, 183；G. Lafferranderie, La notion d'activités opérationnelles dans la Convention de l'Agence, 37 *ESA Bulletin*（1984），68。

[69] 关于欧洲气象卫星组织，参见"上册第四章二（六）3"部分内容。进一步参见 Lafferranderie, *supra* n. 15, 47, 91；Madders, *supra* n. 15, 359 – 64, 516 – 20。

[70] 关于阿里安航天公司，参见"上册第四章二（六）1"和"上册第七章二（一）2"部分内容。另参见 Lafferranderie, *supra* n. 15, 91；Madders, *supra* n. 15, 520 – 6。

[71] *Cf.* Madders, *supra* n. 15, 454.

[72] 参见"上册第四章四（四）1"部分内容。

[73] 为了准确起见，应该指出的是，"欧洲空间局工业政策"是其成员国为追求某些空间工业政策利益而在欧洲空间局，尤其是欧洲空间局理事会框架下讨论和谈判结果的简称。根据这些政策，成员国在欧洲空间局的框架下启动空间项目，或者执行某些一般性的决议等行动。针对这些项目或行动，成员国要么对欧洲空间局的其他成员国的加入不感兴趣，要么压根没有引起更多成员国的足够兴趣使其参与进来。关于欧盟的参与情况，参见"上册第四章四（二）和（三）"部分内容。

以及全面利用所有成员国当前的工业潜力，提升欧洲工业在世界范围内的竞争力。

（c）在实施欧洲空间项目和发展空间技术过程中，欧洲空间局应确保所有成员国公平参与，并充分考虑各国的财政投入；为了实施项目，欧洲空间局还应当尽全力向成员国的工业技术倾斜，最大限度地保障各成员国的参与性。

（d）充分利用自由竞价机制所带来的优势，但该机制与其他既定的工业政策目标不相协调时除外。[74]

以上原则有可能相互冲突，比如，（b）和（d）项原则可能要求促进和提升欧洲空间工业技术间的竞争，进而强化欧洲公司在全球范围内与美国、俄罗斯、中国、日本和其他国家相比的竞争力，但是（c）项原则和"当前的工业潜力"所要求的却恰恰相反，即并不强调欧洲空间局承包项目中的相互竞争，而是通过不同的机制指定承包伙伴。尤其是以上原则中的自由竞价机制，最终要屈服于其他利益需求。

无论在对《欧洲空间局公约》附件中欧洲空间局工业政策的进一步解释的过程中，还是在理事会运用以上原则做出决议，上述内容都是欧洲空间局对空间活动管理所采取的一般性路径。[75]

2. 欧洲工业的优先性

在所有的合同订立中，欧洲空间局应当给予成员国相应的优先性。然而，在公约第V.1（b）条所规定的每一个选择性项目中，参与国的工业实体和组织机构应当具有特别的优先权。[76] 只有理事会可以就欧洲空间局是否偏离以上优先性，以及偏离程度做出最终决定，严格来讲，虽然这种"欧洲采购"政策对欧洲空间局并没有法律约束力，但是实践中却具有一定影响力，是确保欧洲空间局遵守《欧洲空间局公约》第7条第（b）项原则最后一句话中对欧洲空间局相关要

---

[74] 《欧洲空间局公约》第7条第1款、第2条第d项，见上文脚注29。理事会可以通过一致同意，将其他目标列入列表。

[75] See further e. g. Hobe, Hofmannová & Wouters, *supra* n. 33, 52 – 63; Lafferranderie, *supra* n. 15, 107 ff.; Madders, *supra* n. 15, 383 – 98; R. Hansen & J. Wouters, Towards an EU Industrial Policy for the Space Sector – Lessons from Galileo, 28 *Space Policy* (2012), 94 – 101; K. Suzuki, *Policy Logics and Institutions of European Space Collaboration* (2003), 87 – 93.

[76] 《欧洲空间局公约》附件5，第2条第1款，见上文脚注29。

求的重要举措。⑦

从技术上讲，将某些特定公司或业务分配给欧洲空间局成员国，一般会根据以下标准：企业注册地点、决策中心、研究中心和项目实施地。⑦ 另外，举例而言，美国公司在德国开展业务，则依据"欧洲采购"政策时，可以将该公司认定为"德国"企业。

3. "地域分配"和"合理回报"原则

值得一提的是，如果在欧洲空间局的项目合同分配过程中分别涉及多个成员国的公司，或者有多个成员国参与了该项目，将适用"地域分配"和"合理回报"的原则。⑦

根据以上两个原则，在理想情况下，所有欧洲空间局成员国均应当在航天项目中按照其财政投入100%的份额，以分包方式获得回报。⑧ 虽然欧洲空间局可能对成员国的某一投入或贡献予以特别考量，允许其采取一定的灵活性措施来维护欧洲空间局项目的利益，但各成员国之间已商定了可以接受的最低程度回报，即原来份额的80%。⑧

在1975年之前的20年中（上述机制在欧洲空间局成立伊始就被采用），随

---

⑦ 《欧洲空间局公约》附件5，第2条第2款，见上文脚注29。进一步参见 G. V. D'Angelo, *Aerospace Business Law* (1994), 37 – 41; *cf.* also Lafferranderie, *supra* n. 15, 155 ff. ; Madders, *supra* n. 15, 526。即使是与欧盟委员会共同制定的欧洲空间保障（European Guaranteed Access to Space, EGAS）政策也未能规定"欧洲采购"的义务；*cf.* Lafferranderie, *supra* n. 15, 172 – 3；参见"上册第七章五（三）2"部分内容。

⑦ 《欧洲空间局公约》附件5，第2条第3款，见上文脚注29；特别是第一项标准反映了一般国际公法根据总部所在地和法律注册地确定法人国籍的方法。参见 J. Crawford, *Brownlie's Principles of Public International Law* (8th edn, 2012), 527 – 30; P. Okowa, Issues of Admissibility and the Law on International Responsibility, in *International Law* (Ed. M. D. Evans) (2003), 483 – 5; incl. *Case Concerning the Barcelona Traction Light and Power Company, Limited* (Second Phase) (Belgium v. Spain), International Court of Justice, 5 February 1970, I. C. J. Rep. 1970, 4, para. 44. Further Madders, *supra* n. 15, 388 – 9。

⑦ See in general e. g. Hobe, Hofmannová & Wouters, *supra* n. 33, 70 – 8; B. Schmidt – Tedd, The Geographical Return Principle and its Future within the European Space Policy, in *Contracting for Space* (Eds. L. J. Smith & I. Baumann) (2011), 87 – 9; Lafferranderie, *supra* n. 15, 108 – 15; Madders, *supra* n. 15, 384 – 8。

⑧ 参见《欧洲空间局公约》附件5，第4条第3款，上文脚注29；参见"上册第四章四（五）"部分内容。

⑧ 参见《欧洲空间局公约》附件5，第4条第2款、第6款，上文脚注29。

着财政活动的总体增加，原定可接受20%的损失率逐步上涨，同时一些成员国在欧洲空间局分包过程中长期未得到应得的待遇，"合理回报"原则逐步收紧。但从1985年起，[82] 可以接受的最低回报率提升到了90%，1987年提升到95%，1992年提升到96%，1997年提升到98%。值得一提的是，1987年之后，该最低回报率从欧洲空间局整体项目的适用扩展到每一个具体项目的适用。[83] 然而，随着欧共体，也就是后来的欧盟，在空间项目领域内参与程度的不断提升，[84] 1997年其出台了一个全新的体系，"合理回报"原则不再被严格实施，尽管其在欧洲空间局分包过程中发挥着关键作用。[85]

（五）欧洲空间局和空间法

根据上述内容可以看出，欧洲空间局展现了一个非常独特和有趣的图景，即：即使各成员国在空间项目中保留了自主权，欧洲空间局还是会将各国空间活动及空间政策整合为一个更大的国际性框架。成员国不仅可以在选择性项目中按需参与，且还具有继续原项目或加入新设空间项目的自由性，甚至还可以在欧洲空间局框架范围外，与其他成员国签订国际合作协议。[86]

由于欧洲空间局并没有立法职能，除通过上述监管结构和机制外，欧洲空间局对空间法及其发展的影响还可以通过一些间接性的途径来实现。

---

[82] See on this Madders, *supra* n. 15, 297, *cf.* also 384 – 5; Lafferranderie, *supra* n. 15, 108.

[83] See e. g. Hobe, Hofmannová & Wouters, *supra* n. 33, 73, incl. at n. 379; Madders, *supra* n. 15, 384 – 5; Lafferranderie, *supra* n. 15, 108 – 10.

[84] 关于该方面内容，参见"上册第四章四（五）"部分内容。

[85] *Cf.* e. g. Madders, *supra* n. 15, 393 – 8; further Hobe, Hofmannová & Wouters, *supra* n. 33, 76 – 9; Lafferranderie, *supra* n. 15, 109; *Contracting for Space* (Eds. L. J. Smith & I. Baumann) (2013), 31 – 2.

[86] 后者的例子是法国的 SPOT 项目，法国接受了比利时、意大利和瑞典在欧洲空间局框架之外对该项目的（有限）参与。参见 F. G. von der Dunk, *Private Enterprise and Public Interest in the European 'Spacescape'* (1998), 215 – 7; A. Kerrest de Rozavel & F. G. von der Dunk, Liability and Insurance in the Context of National Authorisation, in *National Space Legislation in Europe* (Ed. F. G. von der Dunk) (2011), 153; and the French – Italian Helios satellite; see Madders, *supra* n. 15, 485, 497. *Cf.* also more in general Madders, *supra* n. 15, 180 – 4; Lafferranderie, 见上文脚注15，第93页，提到某一个单独国家的空间项目并不是"欧洲化的"。

1. 参加联合国空间条约

作为少有的几个国际组织之一，甚至可以说是其中最重要的国际组织，欧洲空间局先后加入了《营救协定》⑧⑦《责任公约》⑧⑧ 和《登记公约》⑧⑨，并依据各公约的规定，被分别认定为"发射当局"和"发射国"。尽管欧洲空间局有兴趣成为《月球协定》的成员，但由于其只有三个成员国（奥地利、比利时和荷兰）是该公约的成员国，欧洲空间局并未如愿。⑨⑩ 因此，欧洲空间局在遵守联合国空间条约方面确实起到了示范作用，尽管欧洲空间局对这些条约的遵守受制于其成员国最终履行公约的情况。

2. 在国际习惯法确立过程中的作用

由于法国、德国、英国、意大利和西班牙等若干航天大国都是欧洲空间局的成员国，欧洲空间局颁布的决议、政策和内部规则等都反映出这些国家对国际空

⑧⑦ 依据是《营救宇宙航行员、送回宇宙航行员和归还发射到外层空间的物体的协定》（《营救协定》）第6条，伦敦、莫斯科和华盛顿，1998年4月22日通过，1968年12月3日生效；672 UNTS 119；TIAS 6599；19 UST 7570；UKTS 1969 No. 56；Cmnd. 3786；ATS 1986 No. 8；7 ILM 151 (1968)；and Declaration of 31 December 1975；*International Organisations and Space Law* (1999)，25. *Cf.* further Lafferranderie，*supra* n. 30，20 – 3；参见"上册第二章三（二）2"部分内容。

⑧⑧ 依据是《空间物体所造成损害的国际责任公约》（以下简称《责任公约》）第22条，伦敦、莫斯科和华盛顿，1972年3月29日通过，1972年9月1日生效；961 UNTS 187；TIAS 7762；24 UST 2389；UKTS 1974 No. 16；Cmnd. 5068；ATS 1975 No. 5；10 ILM 965 (1971)；and Declaration of 23 September 1976；*International Organisations and Space Law* (1999)，33；*Space Law – Basic Legal Documents*，A. Ⅲ. 2，at 1. *Cf.* further Lafferranderie，*supra* n. 30，20 – 2；Madders，*supra* n. 15，424 – 7；Lafferranderie，*supra* n. 15，135；参见"上册第二章三（三）8"部分内容。The Resolution on the Agency's Legal Liability，ESA/C/XXⅡ/Res. 3，adopted Paris，13 December 1977；*International Organisations and Space Law* (1999)，at 35，更详细地阐述了欧洲空间局如何处理针对欧洲空间局的国际责任索赔，特别是成员国之间的比例分摊。

⑧⑨ 依据是《关于登记射入外层空间物体的公约》（以下简称《登记公约》）第7条，纽约，1975年1月14日通过，1976年9月15日生效；1023 UNTS 15；TIAS 8480；28 UST 695；UKTS 1978 No. 70；Cmnd. 6256；ATS 1986 No. 5；14 ILM 43 (1975)；and Declaration of 2 January 1979；*International Organisations and Space Law* (1999)，27. *Cf.* further Lafferranderie，*supra* n. 30，20 – 3；Madders，*supra* n. 15，424 – 5。参见"上册第二章三（四）3"部分内容。

⑨⑩ 参见《关于各国在月球和其他天体上活动的协定》（以下简称《月球协定》）第16条，纽约，1979年12月18日通过，1984年7月11日生效；1363 UNTS 3；ATS 1986 No. 14；18 ILM 1434 (1979)；要求大部分成员国加入《月球协定》。

间法发展非常重要的法律见解（*opinio juris*）。㉑ 与此相关的事例包括欧洲空间局对空间法中"和平目的"的解释，㉒ 通过参与机构间空间碎片协调委员会（IADC）制定的发展空间碎片减缓相关试验性习惯法所展现出的领导力，㉓ 在与私营工业部门合作的空间项目中对"合理回报"原则的适用，㉔ 以及在处理国际空间站（ISS）管辖问题方面的作用。㉕

㉑ 关于共同法律见解在国际法中的关键问题和角色，参见 B. D. Lepard, *Customary International Law: A New Theory with Practical Applications* (2010)。关于政府间国际组织在该方面的角色，参见 S. R. Freeland, The Role of 'Soft Law' in Public International Law and its Relevance to the International Regulation of Outer Space, in *Soft Law in Outer Space* (Ed. I. Marboe) (2012), 10 – 1; F. G. von der Dunk, International Organisations as Creators of Space Law – A Few General Remarks, in *International Organisations and Space Law* ESA SP – 442 (Ed. R. A. Harris) (1999), 335 – 43。关于习惯法在空间法中的角色，参见 B. D. Lepard, The Legal Status of the 1996 Declaration on Space Benefits: Are Its Norms Now Part of Customary International Law? in *Soft Law in Outer Space* (Ed. I. Marboe) (2012), esp. 291 – 4; I. Marboe, The Importance of Guidelines and Codes of Conduct for Liability of States and Private Actors, in *Soft Law in Outer Space* (Ed. I. Marboe) (2012), 137 – 43; V. S. Vereshchetin & G. M. Danilenko, Custom as a Source of International Law of Outer Space, 13 *Journal of Space Law* (1985), 22 – 35。

㉒ 参见《关于各国探索和利用包括月球和其他天体在内外层空间活动的原则条约》（以下简称《外空条约》）第 4 条，伦敦、莫斯科和华盛顿，1967 年 1 月 27 日通过，1967 年 10 月 10 日生效；610 UNTS 205; TIAS 6347; 18 UST 2410; UKTS 1968 No. 10; Cmnd. 3198; ATS 1967 No. 24; 6 ILM 386 (1967)；参见"上册第六章三"和"上册第五章九（二）3"部分内容。需要注意的是，根据《欧洲空间局公约》的要求，欧洲空间局所开展的活动必须"绝对用于和平目的"；《欧洲空间局公约》第 2 条，见上文脚注 29。多年来，这意味着欧洲空间局不得不远离欧洲任何潜在的军事空间活动，尽管在冷战结束后该原则越来越不严格执行。进一步参见 Madders, *supra* n. 15, 184 – 7; Lafferranderie, *supra* n. 15, 44 – 5; more broadly also von der Dunk, *supra* n. 3, 75 – 8, 90 – 2, 98 – 9。

㉓ 参见"下册第四章三（二）1 和 2"部分内容。进一步参见 K. U. Schrogl, Space and its Sustainable Uses, in *Outer Space in Society, Politics and Law* (Eds. C. Brünner & A. Soucek) (2011), 605 – 7; F. Tronchetti, Soft Law, in *Outer Space in Society, Politics and Law* (Eds. C. Brünner & A. Soucek) (2011), 629 – 32; C. Wiedemann, Space Debris Mitigation, in *Soft Law in Outer Space* (Ed. I. Marboe) (2012), 317 ff.; F. G. von der Dunk, *Contradictio in terminis* or Realpolitik?, in *Soft Law in Outer Space* (Ed. I. Marboe) (2012), 54 – 5。

㉔ 参见"上册第四章二（四）3"和"上册第四章四（五）"部分内容的讨论。

㉕ 参见《加拿大政府、欧空局成员国政府、日本政府、俄罗斯联邦政府和美利坚合众国政府关于民用国际空间站合作的协议》第 3 条第 b 项、第 4 条、第 5 条第 1 款、第 6 条第 2 款；关于知识产权，参见第 21 条；关于刑事责任，参见第 22 条；华盛顿，1998 年 1 月 29 日通过，2001 年 3 月 27 日生效；TIAS No. 12927; Cm. 4552; *Space Law – Basic Legal Documents*, D. II.4；参见"下册第二章三（二）"部分内容。另参见 A. Farand, Jurisdiction and Liability Issues in Carrying out Commercial Activities in the International Space Station (ISS) Programme, in *The International Space Station* (Eds. F. G. von der Dunk & M. M. T. A. Brus) (2006), 87 – 95; Madders, *supra* n. 15, 455 – 69; Lafferranderie, *supra* n. 15, 127 – 31。

3. 特殊的知识产权制度

由于欧洲空间局大部分重要项目都有私营部门参与，这些私营部门一般通过知识产权来保障自己的权益和投资，并赚取利润，欧洲空间局为此逐步构建了相关知识产权制度。⑯ 根据《欧洲空间局公约》的基础性规定，各成员国和欧洲空间局应当促进科学和技术信息的交换，但安全敏感信息或与其国际义务相冲突的信息除外。各成员国应当协助推进欧洲空间局项目中的科学成果的广泛传播，但同时也应当保护欧洲空间局对相关数据的财产权，使欧洲空间局可以通过必要手段保护相关权利。另外，欧洲空间局的知识产权还应向成员国免费开放，因为欧洲空间局的项目最终是成员国的纳税人提供的资助。⑰

上述规定在《1989 年信息和数据规则》（1989 Rules concerning Information and Data）⑱ 中首次制定出来，但该规则仅提及专利保护，并以欧洲空间局资助的信息和数据上的公共利益和广泛传播为关注点，具体规定了成员国及其公民的免费获取权，并未过多涉及欧洲工业主体的权益和他们的竞争力。⑲ 因此，2001 年《信息、数据和知识产权规则》（2001 Rules on Information, Data and Intellectual Property）⑳ 将欧洲空间局政策扩展并适用到所有的知识产权，并在保密和数据保护的商业化需求，以及信息共享和广泛传播的高效研发需求之间构建平衡关系。如果欧洲空间局认为确有必要，可以将原始数据和标定数据的所有权，以及这些数据的排他性获取、适用或传播权，交由工业主体保留，也可针对特别情况签订特别协议。㉑

---

⑯ See A. M. Balsano & J. Wheeler, The IGA and ESA: Protecting Intellectual Property Rights in the Context of ISS Activities, in *The International Space Station* (Eds. F. G. von der Dunk & M. M. T. A. Brus) (2006), 67 ff.; Lafferranderie, *supra* n. 15, 183 – 92; Madders, *supra* n. 15, 407 – 15; in general on IPR *infra*, Chapter 18.

⑰ 参见《欧洲空间局公约》第 3 条，上文脚注 29。

⑱ Rules concerning Information and Data, ESA/C (89) 95, rev. 1, of 14 December 1989; see Lafferranderie, *supra* n. 15, 183 ff.; Madders, *supra* n. 15, 408 –10.

⑲ *Cf.* e. g. Balsano & Wheeler, *supra* n. 96, 76 ff.; also Madders, *supra* n. 15, 414 – 5; L. B. Malagar & M. A. Magdoza – Malagar, International Law of Outer Space and the Protection of Intellectual Property Rights, 17 *Boston University International Law Journal* (1999), 311 –66.

⑳ Rules on Information, Data and Intellectual Property, ESA/C (2002) 3, of 19 December 2001.

㉑ See Art. 8 (1), ESA Implementing Rules for the ISS Exploitation Programmes, ESA/C (2002) 175; see Balsano & Wheeler, *supra* n. 96, 78; also Lafferranderie, *supra* n. 15, 187.

4. 为具有实践价值的空间应用创设下属实体

欧洲空间局对国际空间法做出的最后一个重要贡献是在空间活动中的分离措施，即当某些空间活动从宏观视角无法被认定为研发活动时，这些活动将被小心地移交给其他实体，有时是欧洲空间局新设的实体，有时是利用欧盟的组织架构新设的相关机构，通过运营活动保障其与该机构共同受益。

关于以上第一种方案，即创设新主体，目前欧洲空间局已经培育了三个下属实体，分布在发射、卫星通信和气象卫星遥感等领域，这些实体不再关注研发与试验性活动，而是较快流通到商业领域。[102]目前，从试验性空间活动向应用导向运营活动的转化将在卫星导航和卫星遥感这两个领域中实现，但由于这两个活动涉及欧盟相关内容，对此，笔者将在下文中进一步阐述。[103]

（六）欧洲空间局的下属实体

1. 航天发射和阿里安航天公司（Arianespace）

一直以来，法国热衷于发展欧洲自主的发射能力，甚至在欧洲运载火箭发展组织终止运营期间，以及欧洲空间局框架诞生前，于 1973 年启动了阿里安（Ariane）选择性项目。[104] 以至于在 1979 年当 Ariane－1 运载火箭首次成功发射后，欧洲空间局迅速做出决定，剥离了阿里安的相关业务，甚至决定将阿里安的运营权交给一个新的私营公司——阿里安航天公司，以进行商业化运营，后该公司于 1980 年成立。[105]

由于法国及其国家空间研究中心（CNES）在 Ariane－1 运载火箭项目中承担着领导角色，阿里安航天公司被设立为法国公司，总部位于法国埃夫里市（Evry），并在法属圭亚那库鲁发射场开展运营活动。但不能忽略的是，阿里安航

---

⑩⑫　参见《欧洲空间局公约》第 2 条，上文脚注 29；另一个重要考量因素是，欧洲空间局与成员国和/或私营实体进行"常规性"竞争是非常不合适的，特别是在卫星通信领域。

⑩⑬　参见"上册第四章四（四）"部分内容。

⑩⑭　关于欧洲空间局的选择性项目，参见"上册第四章二（三）2"部分内容。关于阿里安项目，参见 M. G. Bourély, La Production du Lanceur Ariane, 6 *Annals of Air and Space Law* (1981), 280 ff.；R. Oosterlinck, Private Law Concepts in Space Law, in *Legal Aspects of Space Commercialization* (Ed. K. Tatsuzawa) (1992), 45；Madders, *supra* n. 15, 235－41；Lafferranderie, *supra* n. 15, 155 ff.。

⑩⑮　See e. g. Madders, *supra* n. 15, 520－6；A. J. Butrica, *Single Stage to Orbit: Politics, Space Technology, and the Quest for Reusable Rocketry* (2004), 1985－6；Kayser, *supra* n. 59, 137－47.

天公司的股东包括欧洲空间局所有参与阿里安项目的成员国。⑩ 阿里安航天公司的主要任务在于，根据经过测试的 Ariane - 1 的设计图，建造更多的该类型的运载火箭，并通过这些运载火箭提供市场化服务，然后适当发展其他型号运载火箭和发射服务。⑩

阿里安航天公司于 1984 年进行首次商业发射，且迅速取得成功，并获得了全球发射服务商业市场的较大份额。⑩ 1996 年，阿里安航天公司与法国宇航公司（Aerospatiale）、俄罗斯航天局、俄罗斯萨马拉航天中心（Samara Space Centre）合作成立斯达西姆公司（Starsem joint venture），通过从普列谢茨克（Plesetsk）和拜科努尔（Baikonur）发射的联盟号（Soyuz - plus - Ikar）运载火箭和弗雷盖特（Fregat）运载火箭来扩展自己的系列发射产品。⑩ 由于斯达西姆公司的注册地和总部均位于法国，因此，其是一个法国公司。法国和俄罗斯已经签订了一个协议，其中规定减少或免除俄罗斯对法国提起的第三者责任赔偿请求。⑩ 从 1999 年斯达西姆公司开展首次发射活动后，该公司一发不可收拾，截至目前，该公司已成功发射各类运载火箭 20 余次。随后，阿里安航天公司又与欧洲空间局研发了类似阿里安运载火箭的小型运载火箭，⑪ 并开始从库鲁发射场发射联盟号运载火箭。此次，欧洲空间局与欧盟委员会一起，通过保证进入太空项目（EGAS）

---

⑩　*Statuts de la Société Arianespace*, of 26 March 1980. 阿里安航天公司目前有来自 10 个（欧洲）国家的 24 名股东，其中包括最大的股东法国航天局——国家空间研究中心（CNES），以及参与 Ariane -5 运载火箭生产活动的所有主要公司。See http://en. wikipedia. org/wiki/Arianespace, last accessed 18 January 2014; further e. g. Kayser, *supra* n. 59, 137.

⑩　*Cf.* also Madders, *supra* n. 15, 521 - 4. For later Ariane vehicles a similar approach was adhered to; *cf.* Lafferranderie, *supra* n. 15, 167 - 71.

⑩　See further K. Iserland, Ten years of Arianespace, 6 *Space Policy* (1990), 341 - 3; Madders, *supra* n. 15, 520 - 4; H. P. van Fenema, *The International Trade in Launch Services* (1999), 8, 20, 353 -7; 参见 "上册第七章二（一）2" 部分内容。

⑩　欧洲宇航防务集团（EADS）继承了法国宇航公司拥有的阿里安航天公司 35% 的股份，俄罗斯航天局和俄罗斯萨马拉航天中心各自占有阿里安航天公司 25% 的股份，阿里安航天公司自己持有剩下的 15% 股份。See http://en. wikipedia. org/wiki/Starsem, last accessed 18 January 2014. Further also e. g. von der Dunk, *supra* n. 86, 179 - 81; B. Harvey, *The Rebirth of the Russian Space Program*: 50 *Years After Sputnik*, *New Frontiers* (2007), 15 - 6; Harvey, *supra* n. 27, 83.

⑩　See e. g. von der Dunk, *supra* n. 86, 180.

⑪　The Vega launcher; see e. g. Lafferranderie, *supra* n. 15, 168.

为阿里安航天公司提供支持。⑫

欧洲空间局作为研发组织，法国作为阿里安航天公司的主办国、国籍国和主要发射基地所在国，欧洲空间局其他成员国作为该项目主要资源的提供者，这三者均不同程度地参与了阿里安航天公司的运营活动，因此，这三者均可被要求承担国际责任。⑬之前关于阿里安航天公司运营活动的法律架构较为复杂，直到2008年《法国空间活动法》⑭的颁布，才有所改观。因为该法规定了法国相关机构的审批制度，且该制度适用于阿里安公司的运营活动。⑮虽然目前阿里安航天公司的法律架构在欧洲范围内已成为历史，但其他地区仍有所关注，其通过以下文件予以呈现。

第一，《阿里安航天公司声明》⑯，于1980年首次发布，随后每10年更新一次。该宣言由直接或间接参与阿里安航天公司活动的欧洲空间局成员国共同签署。该宣言提供了相关成员国对阿里安航天公司的原则性支持，即参与该项目的成员国对阿里安航天公司的国内发射和国际发射所给予的优惠支持。⑰至少从原则上讲，欧洲空间局有义务就其发射任务使用阿里安航天公司的服务。⑱阿里安航天公司的发射服务必须遵守《欧洲空间局公约》和《外空条约》的规定，尤其

---

⑫　See Council Resolution on a European space strategy, of 16 November 2000；OJ C 371/2 (2000)；欧洲保证进入太空项目（EGAS）基本上是欧盟批准的，其目的是通过保证阿里安运载火箭的竞争力，也就是每年向阿里安航天公司提供至少六次的发射业务，来保证欧洲具有独立进入外空的能力。参见 Lafferranderie, *supra* n. 15, 172 – 3；*Space* 2030：*Exploring the Future of Space Applications* (2004)，OECD，51。

⑬　参见《外空条约》第6条和第7条，上文脚注92；参见"上册第二章三（一）1"部分内容。虽然法国航天局——国家空间研究中心（CNES）实际上负责阿里安航天发射的登记事宜，欧洲空间局也符合《登记公约》第7条规定，也是该公约的成员之一，其也可以履行登记义务。

⑭　《法国空间活动法》；Loi n° 2008 – 518 du 3 juin 2008；非官方英文译本，参见 34 *Journal of Space Law*（2008），453。

⑮　参见"上册第三章三（三）1"部分内容。

⑯　《某些欧洲政府就阿里安运载火箭生产阶段的宣言》（以下简称《阿里安航天公司声明》），1980年4月14日生效；6 *Annals of Air and Space Law*（1981），at 723；www. jaxa. jp/library/space_ law/chapter_3/3 – 2 – 2 – 3/index_e. html, last accessed 13 April 2014. See further e. g. Oosterlinck, *supra* n. 104, 45 – 6；Kerrest de Rozavel & von der Dunk, *supra* n. 86, 151 – 2；von der Dunk, *supra* n. 86, 155 ff. ；Kayser, *supra* n. 59, 137, Lafferranderie, *supra* n. 15, 155。

⑰　参见《阿里安航天公司声明》第1条第4款第b项和第c项，上文脚注116。

⑱　参见《阿里安航天公司声明》第1条第4款第a项，上文脚注116。然而，对于成员国及其私营航天活动运营商来讲，这最多只具有政治意义上的效力；参见 Lafferranderie, *supra* n. 15, 155 – 65；参见"上册第七章五（三）2"部分内容。

是《欧洲空间局公约》中反复强调的关于航天活动必须基于和平目的的相关规定。[19]

对于因阿里安航空公司发射活动而引发的对第三方的国际赔偿责任，法国将予以负责，如果欧洲空间局和/或其成员国根据《责任公约》承担了赔偿责任，法国将对其进行必要的偿还。[20] 随后，阿里安航天公司需要向法国支付每次发射不高于 4 亿法郎（相当于 6000 万欧元）的追偿价款，而且公司所购买的保险限额也需要达到该数额以上。[21]

此外，《阿里安航天公司声明》有一项条款规定，知识产权相关议题不得妨碍阿里安运载火箭的发展和运营，"为了阿里安公司的生产或发射活动，其免费享有相关参与者拥有的知识产权，以及在阿里安项目发展和推进阶段所产生的知识产权"，同时根据另一个的规定，"基于阿里安公司的生产或发射活动的需要，其免费享有欧洲空间局在阿里安项目发展和推进阶段所产生的知识产权"。[22]

第二，欧洲空间局和阿里安航天公司于 1992 年签署了《阿里安航天公司章程》，使得《阿里安航天公司声明》的相关规定在两者之间予以实施，但双方规定，当上述两个文件存在冲突之时，《阿里安航天公司声明》具有优先效力。[23] 值得注意的是，章程实际上要求阿里安航天公司就其对欧洲空间局或相关参与国家的财产所造成的损失承担赔偿责任，但是阿里安航天公司却放弃了其对欧洲空间局的索赔权。[24]

第三，法国和欧洲空间局就圭亚那航天中心（CSG），即位于库鲁的航天中心的

---

[19] 参见《阿里安航天公司声明》第 1 条第 2 款第 a 项、第 3 条第 1 款，上文脚注 116。参见《欧洲空间局公约》第 2 条，上文脚注 29。

[20] 参见《阿里安航天公司声明》第 4 条第 1 款，上文脚注 116。关于《责任公约》，见上文脚注 88；参见"上册第二章三（二）"部分内容。

[21] 参见《阿里安航天公司声明》第 3 条第 8 款，上文脚注 116。根据《责任公约》第 12 条规定，国际层面的第三方责任并没有限额，这意味着任何超出保险数额的赔偿责任必须由法国政府来承担。进一步参见 Kayser, *supra* n. 59, 142；Kerrest de Rozavel & von der Dunk, *supra* n. 86, 152 – 3, 160。

[22] 《阿里安航天公司声明》第 1 条第 7 款、第 2 条第 2 款，见上文脚注 116。

[23] 参见《欧洲空间局和阿里安航天公司关于阿里安运载火箭生产阶段的章程》（以下简称《阿里安航天公司章程》），1992 年 9 月 24 日签订；excerpts at www. oosa. unvienna. org/oosa/SpaceLaw/ multi_ bi/esa_ariane_001. html. See further e. g. Oosterlinck, *supra* n. 104, 45 – 6；Kerrest de Rozavel & von der Dunk, *supra* n. 86, 152；von der Dunk, *supra* n. 86, 156 ff. ；Kayser, *supra* n. 59, 139；Madders, *supra* n. 15, 522 – 3。

[24] 参见《阿里安航天公司章程》第 22 条，上文脚注 123。

使用问题签订了《圭亚那航天中心协议》及一系列议定书。[125] 该协议重述了法国承担阿里安航天公司因发射活动而引起的国际性第三方损害赔偿责任，这彻底改变了先前规定由欧洲空间局承担阿里安项目所引起赔偿责任的安排。[126] 与之对应，欧洲空间局免除了对法国的内部责任索赔，但是重大过失、故意行为或者故意疏忽的情形除外。[127]

以上文件关注的焦点在于阿里安航天公司可以从事的活动、公共主体（作为公司国籍国的法国，以及通过阿里安项目参与公司活动的欧洲空间局）对活动的支持和管控及相关责任问题，这些文件事实上是国内空间法的相关内容，许可制度通常是在一国国内法中进行规定。[128] 尽管欧洲空间局及法国以外的成员国的角色、权利和职责相关的部分内容继续由上述文件予以规定，但后来制定的《法国空间活动法》至少取代了以上文件的部分角色。[129]

2. 卫星通信和欧洲通信卫星组织（EUTELSAT）

1978 年轨道测试卫星 OST－2 成功发射，随后，在 1979 年一个扩展的选择性项目——欧洲通信卫星（ECS）启动，并在 1983 年发射了 ECS－1 卫星，1984 年发射了 ECS－2 卫星，但 1985 年在发射 ECS－3 卫星时失败，1987 年发射了 ECS－4 卫星，1988 年发射了 ECS－5 卫星。[130] 为了开展卫星通信应用的准商业化的日常运营活动，1977 年欧洲建立了欧洲通信卫星临时组织（Interim EUTELSAT）来负责欧洲通信卫星系统空间段的构建、运营和维护，并且负责与包括欧洲空间局在内的其他主体签订协议。[131]

---

[125] 参见1993 年《法国政府和欧洲空间局关于圭亚那航天中心的协议》（以下简称《圭亚那航天中心协议》）；excerpts of French version at 80 *ESA Bulletin* (Nov. 1994), at 67. Further Kayser, *supra* n. 59, 141；Kerrest de Rozavel & von der Dunk, *supra* n. 86, 152－3；von der Dunk, *supra* n. 86, 156 ff.

[126] 参见《圭亚那航天中心协议》第 11 条第 3 款和第 1 款，上文脚注 125。

[127] 参见《圭亚那航天中心协议》第 13 条第 1 款和第 2 款，上文脚注 125。

[128] See further on this von der Dunk, *supra* n. 86, 155－61.

[129] See e. g. Kerrest de Rozavel & von der Dunk, *supra* n. 86, 150 ff.；also Kayser, *supra* n. 59, 134－5.

[130] See e. g. Madders, *supra* n. 15, 253－5；further Lyall, *supra* n. 15, 269－70.

[131] 《欧洲通信卫星临时组织协定》，巴黎，1977 年 5 月 13 日通过，1977 年 6 月 30 日生效；ESA, *Basic Texts*, Vol. Ⅲ, Doc. K6. See further e. g. Lyall, *supra* n. 15, 269－73；Madders, *supra* n. 15, 504－14；C. Roisse, The Evolution of EUTELSAT：A Challenge Successfully Met, in *The Transformation of Intergovernmental Satellite Organisations* (Eds. P. K. McCormick & M. J. Mechanick) (2013), 120－2；Matte, *supra* n. 27, 772；S. White, S. Bate & T. Johnson, *Satellite Communications in Europe：Law and Regulation* (2nd edn, 1996), 105 ff.

1982 年，欧洲通信卫星临时组织决定发展成为一个总部位于巴黎的政府间组织，即欧洲通信卫星组织（EUTELSAT），^⑬该组织是一个具有混合性质的公共财团，类似于国际通信卫星组织（INTELSAT）和国际海事卫星组织（INMARSAT）。^⑬欧洲通信卫星组织于 1985 年正式成立，在其正式成立前，采取暂时适用"临时安排协议"的普遍性做法。^⑬

由于卫星通信市场的迅速发展，欧洲通信卫星组织成立不久就稳固了市场地位，不再完全依赖欧洲空间局来研发新的卫星。目前，欧洲通信卫星组织成员国已增加到 49 个，^⑬几乎包括了所有的欧洲国家，远超欧洲空间局和欧盟的成员国数量。

欧洲通信卫星组织的主要目标是以欧洲卫星通信的运营为目的，设计、研发、建造、运营和维护欧洲通信卫星的空间段和地面控制段服务，但是信号播发地面站和接收地面站服务由各成员国及其通信运营商（当时大多为公共机构）负责提供。^⑬

欧洲通信卫星组织空间设施成功运营的基础是健全的经济和财政制度，以及各国可以接受的商业化原则，^⑬这些构成了欧洲通信卫星组织的财政结构，即各签字国对该组织活动的投入与其实际使用程度相符，如果获得收益

---

⑬ 欧洲通信卫星组织根据《确立欧洲通信卫星组织的公约》（以下简称《欧洲通信卫星公约》）成立，巴黎，1982 年 7 月 15 日通过，1985 年 9 月 1 日生效；UKTS 1990 No. 15；Cm. 956；Cmnd. 9069；*Space Law – Basic Legal Documents*，C. Ⅱ. 1；欧洲通信卫星组织根据《关于欧洲通信卫星组织的运营协定》（以下简称《欧洲通信卫星组织运营协定》）运行，巴黎，1982 年 7 月 15 日通过，1985 年 9 月 1 日生效；UKTS 1990 No. 15；Cm. 956；Cmnd. 9154；*Space Law – Basic Legal Documents*，C. Ⅱ. 2。经过重大重组，该政府间国际组织最终在 21 世纪早期实现私有化；参见"上册第五章六（二）"部分内容。

⑬ 与国际通信卫星组织（INTELSAT）和国际海事通信卫星组织（INMARSAT）一样，欧洲通信卫星组织（EUTELSAT）也是一个双重性质的组织，其最高机构由成员国代表组成，但是由真正的通信运营商共同运营卫星系统；参见"上册第五章六（一）"部分内容。关于欧洲通信卫星组织公约的结构和组织，参见《欧洲通信卫星公约》第 6 ~ 13 条，上文脚注 132；进一步参见 Lyall，*supra* n. 15，280 – 6。

⑬ *Cf.* Lyall，*supra* n. 15，275；Madders，*supra* n. 15，504 – 5；Matte，*supra* n. 27，772。

⑬ See www. eutelsatigo. int/en/eutelsat. php? menu = 3，last accessed 7 September 2013。

⑬ 参见《欧洲通信卫星公约》第 3 条，上文脚注 132；进一步参见 Roisse，*supra* n. 131，124 – 6；Lyall，*supra* n. 15，277 – 8；Matte，*supra* n. 27，773。

⑬ 参见《欧洲通信卫星公约》第 5 条，上文脚注 132。

的话，还须与其所产生的收益相符。⑬ 一般而言，欧洲通信卫星组织相关系统的适用优先顺位为：①国际公共通信活动；②成员国国内公共通信活动；③特种通信。⑭

欧洲通信卫星组织之前的业务关注点是单向一对多通信；其大约75%的活动涉及卫星直播。⑭ 上述业务特点在欧洲通信卫星组织的法律领域内也有重要影响。由于欧洲通信卫星组织的所有成员国同时是国际通信卫星组织的成员国，前者的成员国必须遵守特定要求，即其所建立的卫星通信系统，不得对国际通信卫星组织的运营造成重大的经济损失，否则不得建立该系统。⑭ 然而，由于国际通信卫星组织的主要业务是双向点对点广播通信，上述冲突并不明显，并未影响欧洲通信卫星组织的建设和发展。

在知识产权方面，欧洲通信卫星组织仅获取其运营所必需的权利；承包商获得的相关知识产权都将由其自身保留。⑭ 但欧洲通信卫星组织可免费享有该知识产权的使用权，这项规定也适用于其成员国和签署机构，以及必要的地面站。⑭

关于合同责任，规定了一个一般性的交叉豁免条款，即：

"无论是欧洲通信卫星组织，还是其任何签署机构，均不可因公约或者运营协议而提供的通信服务中断、延迟和故障，向缔约国、签署机构或欧洲通信卫星

---

⑬ 参见《欧洲通信卫星组织运营协定》第 8 – 10 条，上文脚注 132。进一步参见 Roisse, *supra* n. 131, 125；Madders, *supra* n. 15, 506 – 7；Lyall, *supra* n. 15, 287 – 9。

⑭ 参见《欧洲通信卫星公约》第 3 条，上文脚注 132；另参见 Lyall, *supra* n. 15, 278 – 80, 287 – 9。

⑭ See e. g. Madders, *supra* n. 15, 509 – 14；S. Courteix, EUTELSAT: Europe's Satellite Telecommunications, 5 *Michigan Yearbook of International Legal Studies* (1984), 85 – 102；C. Morrow, Developments in European Telecommunications Law and Policy, 24 *Columbia Journal of Transnational Law* (1985 – 1986), 165 – 70；*cf.* also Roisse, *supra* n. 131, 127 – 8。

⑭ 参见《国际通信卫星组织协定》第 14 条第 d 项，华盛顿，1971 年 8 月 20 日通过，1973 年 2 月 12 日生效；1220 UNTS 21；TIAS 7532；23 UST 3813；UKTS 1973 No. 80；Cmnd. 4799；ATS 1973 No. 6；10 ILM 909（1971）；also Lyall, *supra* n. 15, 277 – 8；289 – 90；Roisse, *supra* n. 131, 125；参见"上册第五章四（一）"部分内容。

⑭ 参见《欧洲通信卫星组织运营协定》第 18 条第 b 项，上文脚注 132。

⑭ 参见《欧洲通信卫星组织运营协定》第 18 条第 c 项，上文脚注 132。

组织承担赔偿责任，也不得因此对他们提起损害赔偿诉讼。"[144]

关于第三方责任，举例而言，如果根据《责任公约》提起了国际责任索赔请求，则：

"任何缔约国均不可因欧洲通信卫星组织的活动和义务单独承担责任，除非该缔约国与索赔国共同签署了对该责任另有规定的条约。在例外情形下，欧洲通信卫星组织应当就其成员国承担的责任对其做出赔偿，除非该国明确表示其要单独承担该种责任。"[145]

需要注意的是，欧洲通信卫星组织实际上已递交了声明，接受《责任公约》所规定的权利和义务，进而使其行为更加符合《责任公约》的规定。[146]

然而，由于欧洲通信卫星组织在 20 世纪 90 年代已完成了私有化方面的一系列改革，该组织的架构及其法律角色、地位和权能已经从本质上发生改变，下文将进一步探讨。[147]

3. 气象卫星遥感和欧洲气象卫星组织（EUMETSAT）

欧洲空间局于 1975 年通过其选择性项目 Meteosat 开始进行气象卫星遥感活动，并于 1977 年发射了 Meteosat - 1 卫星。[148] 随着该项目的成功运营，欧洲气象卫星组织于 1983 年成立。[149]

此后，欧洲气象卫星组织开始建造、购买、发射和运营提供天气数据的相关卫星，并向欧洲提供卫星遥感方面的国际基础设施，以及气象方面的随

---

[144] 《欧洲通信卫星组织运营协定》第 19 条第 a 项，见上文脚注 132；进一步参见 Roisse, *supra* n. 131，126。

[145] 《欧洲通信卫星公约》第 24 条，见上文脚注 132。

[146] 时间为 1987 年 11 月 30 日。See United Nations treaties and principles on outer space and related General Assembly resolutions, Addendum, Status of international agreements relating to activities in outer space as at 1 January 2009；ST/SPACE/11/Rev. 2/Add. 2, at 16；also e. g. N. Jasentuliyana, The Future of International Telecommunications Law, in *Legal Visions of the 21st Century* (Eds. A. Anghie & G. Sturgess) (1998), 399 at n. 26. 参见《责任公约》第 22 条第 1 款，上文脚注 88。

[147] 参见"上册第五章六（一）"部分内容。

[148] See e. g. Madders, *supra* n. 15, 266 – 70, 516 – 20.

[149] 依据是《关于建立欧洲气象卫星组织的公约》（以下简称《欧洲气象卫星组织公约》），日内瓦，1983 年 5 月 24 日通过，1986 年 6 月 19 日生效，1994 年 7 月 14 日修订，于 1994 年 7 月 27 日生效；UKTS 1999 No. 32；Cm. 1067；Cmnd. 9483；44 ZLW 68 (1995)。

从服务（attendant services）。⑩ 成员国的国家气象服务商是欧洲气象卫星组织的用户。⑪

与欧洲通信卫星组织不同，欧洲气象卫星组织自始至终都是一个"传统的"政府间组织。因此，在欧洲通信卫星组织框架内，国家气象服务商并没有独立的代表席位。⑫ 目前，欧洲气象卫星组织有 29 个成员国，还有两个"合作国"，这两个"合作国"只支付全额会员费的 50%。⑬ 欧洲气象卫星组织总部位于德国达姆施塔特（Darmstadt），紧邻欧洲空间局运营的欧洲空间运营中心（ESOC）。

欧洲气象卫星组织继续开展 Metersat 项目，并从欧洲空间局手中接管了相关的职责，负责开发新的项目和下一代卫星系统。⑭ 此外，欧洲气象卫星组织还负责生成有价值的天气数据，并通过申请著作权和相关知识产权的方法来保护这些数据，如欧盟的《数据库指令》。⑮

欧洲气象卫星组织与《责任公约》保持一致，承担由其卫星所引起的损害赔偿责任，并在必要情况下对其成员国做出赔偿，但这种做法不适用于因气象数据

---

⑩ 参见《欧洲气象卫星组织公约》第 2 条第 1 款，上文脚注 149；另参见 Madders, *supra* n. 15, 516 – 7. 关于欧洲气象卫星组织的一般表述，参见 F. G. von der Dunk, European Satellite Earth Observation: Law, Regulations, Policies, Projects, and Programmes, 42 *Creighton Law Review* (2009), 403 – 6; M. G. Bourély, EUMETSAT – A New European Space Organization for Cooperation in the Field of Meteorology, in *Proceedings of the Twenty – Sixth Colloquium on the Law of Outer Space* (1984), 195 ff.; W. Balogh & P. Valabrega, EUMETSAT International Cooperation Activities, in *Proceedings of the Forty – Ninth Colloquium on the Law of Outer Space* (2007), 189 ff。

⑪ 参见《欧洲气象卫星组织公约》第 8 条第 2 款，上文脚注 149。

⑫ 成员国理事会是该组织的最高权力机关，就欧洲通信卫星组织的地位、作用、职责和运行做出最高决策；参见《欧洲气象卫星组织公约》第 4 条、第 5 条，上文脚注 149。总干事及其下属工作人员负责欧洲气象卫星组织项目的实施和执行，参见《欧洲气象卫星组织》第 6 条。然而，《欧洲气象卫星组织公约》第 4 条第 1 款要求气象服务应当由成员国的代表向欧洲气象卫星组织成员国理事会提出。See further e. g. Hobe, Hofmannová & Wouters, *supra* n. 33, 233.

⑬ See http://en. wikipedia. org/wiki/EUMETSAT, last accessed 14 April 2014；两个"合作国"是保加利亚和塞尔维亚。上述合作的法律依据，参见《欧洲气象卫星组织公约》第 5 条第 2 款第 2 项第 7 分项，上文脚注 149。

⑭ 参见《欧洲气象卫星组织公约》第 2 条第 1 款、第 2 款、第 6 款和第 7 款，上文脚注 149。

⑮ See e. g. P. Hulsroj, Space Community, Space Law, Law, in *International Organisations and Space Law* (Ed. R. A. Harris) (1999), 72 – 3；关于《数据库指令》，见下文脚注 210，参见"上册第四章三（二）3"部分内容。

的使用而导致的损害。⑤ 同样，欧洲气象卫星组织和其成员国之间也达成了交叉免责条款。⑤

欧洲气象卫星组织于 1994 年启动了第二代欧洲气象卫星（Meteosat Second Generation，MSG）项目，并于 1995 年从欧洲空间运营中心接手 Meteosat 卫星的运营工作，⑤ 随着类似活动的增多，该组织于 2000 年修订了其公约。⑤ 此后，欧洲气象卫星组织的活动范围正式扩展到了气候运行检测和全球气候变化探测方面。⑥ 从更严格的法律角度讲，欧洲气象卫星组织引入了"选择性项目"的概念。与一般性预算类似，Meteosat 卫星和其他基础性的卫星项目等强制性项目都是由成员国根据国民生产总值的比例提供资助。⑥ 选择性项目是指与欧洲气象卫星组织目标相符的其他所有项目，这些项目的资助方法与欧洲空间局的选择性项目相同，按照项目的不同情况分别确定各自的资助份额。⑥

关于采购政策，欧洲气象卫星组织只吸收了欧洲空间局的部分做法，即开放竞争原则和专业的欧洲业务经验，二者是项目分包中使用的最重要的两个原则，其并没有正式采用"地域分配"和"合理回报"原则，而是采用"物有所值"这一根本原则来确定合同的分包。⑥

---

⑤ 分别参见《欧洲气象卫星组织公约》第9条第3款和第1款，上文脚注149。欧洲气象卫星组织在2005年7月宣布接受《责任公约》所规定的权利和义务；see UN COPUOS/LEGAL/T.734, of 4 April 2006, 13。

⑤ 参见《欧洲气象卫星组织公约》第9条第2款，上文脚注149。

⑤ *Cf.* V. Thiem, Recent Developments in Eumetsat, in *Proceedings of the Thirty – Eighth Colloquium on the Law of Outer Space* (1996), 175 – 8; also e. g. already Madders, *supra* n. 15, 518 – 20.

⑤ 《欧洲气象卫星组织公约（修订版本）》，2000年11月19日修订生效；*Space Law – Basic Legal Documents*, C. Ⅲ. 1。

⑥ 参见《欧洲气象卫星组织公约（修订版本）》第2条第1款第2段，上文脚注159；further R. Harris & R. Browning, *Global Monitoring：The Challenges of Access to Data* (2013), 130 – 1；A. Woods, *Medium – Range Weather Prediction：The European Approach* (2006), 159 – 60。

⑥ 参见《欧洲气象卫星组织公约（修订版本）》第2条第7款、第3条、第5条第2款第c项、第10条第3款，上文脚注159。

⑥ 参见《欧洲气象卫星组织公约（修订版本）》第2条第8款、第3条、第5条第2款第d项和第3款、第10条第4款，上文脚注159；参见"上册第四章二（三）2"部分内容。

⑥ 参见《欧洲气象卫星组织公约》第2条第3款。然而，欧洲空间局在某种程度上介入了卫星融资活动适用了"合理回报"原则；参见 Hobe, Hofmannová & Wouters, *supra* n. 33, 235。

三、空间活动监管的融合：欧共体/欧盟

（一）欧共体/欧盟参与空间活动的法律基础

1. 欧洲法律秩序的构建和基础条约

即使不能说欧盟是欧共体在法律领域内的继承人，但也可以说欧盟是欧共体在政治领域内的继承人。欧盟对空间活动、空间政策的参与背景与欧洲空间局完全不同。欧共体，也即后来的欧盟，主要是以监管者的身份参与欧洲的空间活动和相关的政策问题，而且，其也是最近才成为一个独立的参与者，甚至一个决策者，但是其决策者的身份仍然是次要的。[164]

三个不同的欧洲共同体最初于 20 世纪 50 年代成立，[165] 随后各共同体的基础性法律条约历经一系列重大修改，[166] 一个独特且具有部分超越国家权能的法律主体在 28 个成员国中形成。[167] 这意味着，多数情况下，欧盟在法律上高于各成员国

---

[164] *Cf.* e. g. L. Mantl, The European Union, in *Outer Space in Society*, *Politics and Law* (Eds. C. Brünner & A. Soucek) (2011), 406 ff. ; Madders, *supra* n. 15, 566 – 86; also Lafferranderie, *supra* n. 15, 139 – 48；关于欧共体研发制度的更多信息，参见 R. Barents & P. J. Slot, Sectoral Policies, in *The Law of the European Union and the European Communities* (Eds. P. J. G. Kapteyn et al.) (4th edn, 2008), 1259 – 64。

[165] 欧洲煤钢共同体，依据《欧洲煤钢共同体公约》，巴黎，1951 年 4 月 18 日通过，1952 年 7 月 23 日生效，2002 年 7 月 23 日失效；26 UNTS 140。欧洲原子能共同体，依据《关于建立欧洲原子能共同体的公约》（以下简称《欧洲原子能共同体公约》），罗马，1957 年 3 月 25 日通过，1958 年 1 月 1 日生效；298 UNTS 167。欧洲经济共同体，也是最重要的一个组织，依据《罗马公约》或《关于建立欧洲经济共同体的公约》（以下简称《欧洲经济共同体公约》），罗马，1957 年 3 月 25 日通过，1958 年 1 月 1 日生效；298 UNTS 11. See also e. g. Timmermans, *supra* n. 1, 6 – 16；Arnull et al. , *supra* n. 1, 4 – 10；Folsom, *supra* n. 1, 4 – 10, 3 – 8。

[166] 其中最重要的是《关于建立各欧洲共同体单一理事会和单一委员会的公约》，布鲁塞尔，1965 年 4 月 8 日通过，1967 年 7 月 1 日生效；OJ L 152/2 (1967)，该公约有效地合并了三个共同体。《单一欧洲法》，卢森堡/海牙，1986 年 2 月 17 日/28 通过，1987 年 7 月 1 日生效；UKTS 1988 No. 31; Cm. 372；OJ L 169/1 (1987)；25 ILM 506 (1986)，促使欧共体介入外空活动。《欧盟条约》，马斯特里赫特，1992 年 2 月 7 日通过，1993 年 11 月 1 日生效；31 ILM 247 (1992)；OJ C 191/1 (1992)，建立了欧盟。《修订欧盟条约和欧洲共同体条约的里斯本条约》，里斯本，2007 年 12 月 13 日通过，2009 年 12 月 1 日生效；OJ C 306/1 (2007)，为欧盟行驶"外空权能"规定了第一个综合性措施（参见"上册第四章四（三）"部分内容）。另参见 Timmermans, *supra* n. 1, 28 – 44；Arnull et al. , *supra* n. 1, 10 – 1, 16 – 24；Folsom, *supra* n. 1, 8, 19 – 29。

[167] 这些国家分别是奥地利、比利时、保加利亚、克罗地亚、塞浦路斯、捷克共和国、丹麦、爱沙尼亚、芬兰、法国、德国、希腊、匈牙利、爱尔兰、意大利、拉脱维亚、立陶宛、卢森堡、马耳他、荷兰、波兰、葡萄牙、罗马尼亚、斯洛伐克、斯洛文尼亚、西班牙、瑞典和英国。

的利益、政策乃至法律，尽管欧盟的权能最终取决于各主权国家缔结的条约内容。

上述各项条约共同组成了欧盟基本法（Primary law），并据此建立了欧盟的主要机构，分别为（部长）理事会[168]、欧盟委员会[169]、欧洲议会[170]和欧盟法院[171]，1992年，在欧盟各机构中增加了欧洲理事会，该理事会由各国家和政府首脑组成，其有权在合意的基础之上制定整体性政策，但并未被授权指导后续立法。[172]欧盟的各项条约同时也赋予了各机构大量的法律权能，各机构通过其具有的法律权能起草和颁布欧盟次级法（Secondary law），较大地扩展了欧盟法的范围，使欧盟法成为由条例、指令和决定构成的完整性法律条文。[173]

2. 欧盟法和成员国国内法的关系

欧盟法的主要组成部分充分展示了欧盟的权能和其独特的自治管辖权。[174] 在

---

[168] 参见《经过修订欧盟条约和欧洲共同体条约的里斯本条约修订的关于建立欧共体的条约》（以下简称《欧盟运行条约》）第227～243条，里斯本，2007年12月13日通过，2009年12月1日生效；OJ C 115/47（2009）. Further e. g. R. H. Lauwaars, Institutional Structure, in *The Law of the European Union and the European Communities*（Eds. P. J. G. Kapteyn *et al.*）（4th edn, 2008），180 – 8；Arnull *et al.*, *supra* n. 1, 32 – 7；Folsom, *supra* n. 1, 41 ff.

[169] 参见《欧盟运行条约》第244～250条，上文脚注168。进一步参见 Lauwaars, *supra* n. 168, 188 – 99；Arnull *et al.*, *supra* n. 1, 37 – 44；Folsom, *supra* n. 1, 54 – 8。

[170] 参见《欧盟运行条约》第223～234条，上文脚注168。进一步参见 Lauwaars, *supra* n. 168, 199 – 215；Arnull *et al.*, *supra* n. 1, 44 – 51；Folsom, *supra* n. 1, 35 – 9。

[171] 参见《欧盟运行条约》第251～281条，上文脚注168。进一步参见 Lauwaars, *supra* n. 168, 213 – 52；Arnull *et al.*, *supra* n. 1, 387 ff.；Folsom, *supra* n. 1, 75 ff.

[172] 参见《欧盟运行条约》第235～236条，上文脚注168；以及《经过修订欧盟条约和欧洲共同体条约的里斯本条约修订的欧盟条约》（以下简称《欧盟条约（合并版本)》）第13条第1款、第15条，里斯本，2007年12月13日通过，2009年12月1日生效；OJ C 115/1（2009）. Further e. g. Lauwaars, *supra* n. 168, 176 – 80；Arnull *et al.*, *supra* n. 1, 30 – 2；Folsom, *supra* n. 1, 42.

[173] 参见《欧盟运行条约》第288条，上文脚注168。条例（Regulations）在本质上属于欧洲层面上的法律：他们使用一般性术语进行表述，而且至少在条例本身指明或者明确规定的范围内予以全面适用。上述关于法律的特性在某种程度上也适用于指令（Directives），也就是：只要最终的结果符合要求，在给定的截止日期之前，每个国家可以以自己选择其认为合适的路径去实现该结果。决定（Decisions）也是具有约束力的法律，但是只适用于决定所明示或暗示的对象范围。在每一种情况中，条例、指令和决定的法律效力都优先于成员国法律或规章。进一步参见 B. de Witte, A. Geelhoed & J. Inghelram, Legal Instruments, Decision – Making and EU Finances, in *The Law of the European Union and the European Communities*（Eds. P. J. G. Kapteyn *et al.*）（4th edn, 2008），280 – 8；Folsom, *supra* n. 1, 33 – 4。

[174] *Cf.* also e. g. Mantl, *supra* n. 164, 406 – 9；also Madders, *supra* n. 15, 566 – 7；Arnull *et al.*, *supra* n. 1, 81 ff.

某些特定情形下，欧盟的法律不仅可以直接适用于成员国本身，而且可以直接适用于成员国国内司法管辖的个人和私营实体。⑰ 此外，某些直接适用于个体的权利和义务可直接作为公民或者法人提起诉请的依据。欧盟法院存在多个诉讼审级，具有超级裁判权。欧盟法院可以绕过成员国国内管辖权，直接就欧盟和国内诉讼的合法性做出判决⑰。

　　然而，这并不意味着欧盟的法律框架可以对外层空间和空间活动施加影响。在外层空间和空间活动领域，成员国的主权仍然是欧盟法律框架内最重要的法律基础。只有在欧盟基本法或欧盟次级法（大多数情况下）明确规定，或者根据当前的欧盟法律别无他法时，上述的权能和管辖才能适用于某一具体事项。⑰

　　事实上，欧盟基本法是直接由欧盟成员国通过缔结新的条约或者修订既存法律的方式制定的。然而，欧盟次级法所赋予欧盟机构的权能必须建立在当前条约框架内，且该权能的延伸必须遵守"授予性""辅助性""比例性"的基本原则。⑰ 根据以上原则，可以推导出，除非某项议题的相关立法权能已明确或者暗中转移给了欧盟机构，否则，相关的权能将继续由各成员国国内政府机构享有。针对某一议题是在欧盟层面进行规定，还是应在成员国国内层面进行规定更为有

---

⑮　对于外空和空间活动来讲，这主要是指《欧盟运行条约》的竞争（反垄断）制度；也可进一步参见"上册第四章三（二）"和"上册第四章四（三）和（五）"部分内容。详细情况，参见 Arnull *et al.*, *supra* n. 1, 965 – 1191; Folsom, *supra* n. 1, 292 – 370; R. Barents, The Competition Policy of the EC, in *The Law of the European Union and the European Communities* (Eds. P. J. G. Kapteyn *et al.*) (4th edn, 2008), 785 – 879.

⑯　参见《欧盟运行条约》第258~260条、第263~267条、第269~272条，上文脚注168。

⑰　关于欧盟语境下"默示权利"原则的适用，参见《欧盟运行条约》第352条，上文脚注168。

⑱　参见《欧盟条约（合并版本）》第5条、第12条，上文脚注172；《欧盟运行条约》第7条、第352条第2款，上文脚注168；《关于辅助性和比例性原则的适用议定书（第2号）》。"授权性"是指"联盟仅在由成员国在两部条约中赋予它的权能范围内行动，以实现两部条约规定的目标"，因此"两部条约未赋予联盟的权能属于成员国所有"（《欧盟条约（合并版本）》第5条第2款）。"辅助性"是指"在非联盟专属权能的领域，只有在拟行动的目标不能在成员国的中央或地区和地方层面完全实现，但由于拟行动的规模或行动效果之原因在联盟层面更好实现的情况下，联盟才可采取行动"（《欧盟条约（合并版本）》第5条第3款）。"比例性"是指确保"联盟行动的内容和形式不得超出实现两部条约之目标所必需的范围"（《欧盟条约（合并版本）》第5条第4款）。进一步参见 C. W. A. Timmermans, The Basic Principles, in *The Law of the European Union and the European Communities* (Eds. P. J. G. Kapteyn *et al.*) (4th edn, 2008), 138 – 47; also Folsom, *supra* n. 1, 30 – 3; Arnull *et al.*, *supra* n. 1, 97 – 112.

效，这一问题如果存有疑问，应优先适用成员国国内层面相关规定。

欧共体或欧盟在外层空间方面充当的角色较为复杂。在欧盟机构立法权与成员国的自由裁量权之间，只有欧盟法明确规定将空间活动授予欧盟机构行使，或符合欧盟基本法或次级法的辅助性和比例性原则时，欧盟机构才有权行使立法权。这使我们需要进一步探知，欧盟与外层空间活动的相互关系。

3. 欧盟法的基本内容和外层空间

关于法律内容，之前的欧共体法律规定，成员国之间尤其是成员国工业部门与企业之间的跨境贸易，本着自由和公平竞争原则，目的在于创造一个"共同市场"。[179] 通过货物、服务和资金等方面的反垄断制度，限制国家补助，促进人员的自由流动，尤其是基于经济原因的自由流动等，逐步消除进出口关税和限额及其他障碍。[180] 同时，在可能与空间交通运输相关的农业领域制定特别的制度。[181]

随着时间的推移，欧盟各机构的权能逐步被扩展到更为广泛的法律领域，比如税收、国家经济立法的协调、共同关税税率；[182] 随后扩展到综合性的经济环境，从竞争政策到经济货币；[183] 最终扩展到更为广泛的社会环境，从社会污染、教育和文化，到公共健康、就业和贫困地区的援助等社会问题，甚至还扩展到对外政策及国家安全等问题。[184]

上述私营经济方面的内容可以说是欧盟法律的核心。这意味着在欧洲，只要空间活动由国家和公共政府间组织实施，[185] 成员国就会认为让欧盟机构大量参与空间活动并不合理，且不允许该种参与行为存在，因此欧盟机构也不会将参与外

---

⑲　欧洲经济共同体本身也经常被称为"共同市场"；《欧洲经济共同体公约》是三个创始条约中最重要的一个，《欧洲煤钢共同体公约》和《欧洲原子能共同体公约》的内容主要是针对两个特殊的、范围比较窄但具有高度战略性的经济领域。

⑱　分别参见《欧盟运行条约》第 28~37 条、第 56~62 条、第 63~66 条、第 101~106 条、第 107~109 条和第 45~55 条，上文脚注 168；以及第 26~27 条。

⑱　分别参见《欧盟运行条约》第 38~44 条和第 90~100 条，上文脚注 168。

⑫　分别参见《欧盟运行条约》第 110~113 条、第 114~118 条和第 31 条，上文脚注 168。

⑬　分别参见《欧盟运行条约》第 119~133 条和第 136~138 条，上文脚注 168。

⑭　分别参见《欧盟运行条约》第 191~193 条、第 165~166 条、第 167 条、第 168 条、第 151~161 条和第 300 条，见上文脚注 168；《欧盟条约（合并版本）》第 21-46 条，上文脚注 172。

⑱　在该方面，参见"上册第二章一"和"第二章二（二）3"部分内容。

空活动放在欧洲事务的优先位置。⑱ 如果空间活动并没有私营部门的参与，而仅仅是政府设立的由少数工业主体基于科学和战略以及非经济原因组成，那么欧盟机构会参与其中。但自由市场原则将不会作为主要议题。

（二）欧共体/欧盟对空间活动的参与

1. 1986 年《单一欧洲法》以及空间研究和发展

事实上，直到 1985 年，可以讨论空间活动和应用法律问题的欧洲平台只有欧洲空间局及其附属实体——欧洲通信卫星组织和欧洲气象卫星组织。在欧共体基本法和次级法中并没有关于"外层空间""空间活动"或"空间应用"相关的法律术语。⑰

1986 年，在通过了《单一欧洲法》⑱后上述情形才有所改变。该法令第一次给予欧共体机构在空间领域的权能。然而，欧盟目前被赋予更广泛的权能，即在科学和技术发展的一般性领域中拥有辅助立法权，很明显，上述欧共体机构的权能在目前仅是欧盟权能中的一部分。"外层空间"过去被认为是从事重要科学活动领域的组成部分，其需要极高的科研经费，然而这些经费是私营企业所无法承受的。

因此，《单一欧洲法》规定了一系列的条款，⑲要求欧共体各机构负责研发框架项目所需的大量资金支持，并制定包含立法在内的相关文件，以此来提升这些项目的研发水平。研发相关框架文件将空间活动纳入相关领域内，使其在空间技术及随后的经济和社会衍生品中展示出巨大的发展潜力。

《单一欧洲法》通过后，以 Toksvig 先生为主席的欧洲议会工作组在报告中

---

⑱ *Cf.* also Madders, *supra* n. 15, 566 – 8; G. Delanty & C. Rumford, *Rethinking Europe: Social Theory and the Implications of Europeanization* (2013), 120 – 2; M. Sheehan, *The International Politics of Space* (2007), 87 – 8.

⑰ *Cf.* also Madders, *supra* n. 15, 569, 将欧洲委员会在 1970 年欧洲空间会议上的观察员角色作为欧洲共同体参与航天活动的正式起点；然而，直到《单一欧洲法》颁布后才实际上赋予了共同体各机构在该领域的监管职能；进一步参见 Mantl, *supra* n. 164, 410。

⑱ 《单一欧洲法》，见上文脚注 166；另参见 Madders, *supra* n. 15, 568；Lafferranderie, *supra* n. 15, 140。

⑲ 《单一欧洲法》第 24 条，见上文脚注 166，为后来的《欧洲经济共同体条约》增加了第 130f – 130q 条的内容，见上文脚注 165。

第一次于更广泛层面强调了空间活动与未来欧洲融合之间的潜在关系，[190] 与此同时，欧盟开始构建其与欧洲空间局的关系。很明显，欧洲空间局此时仍然被大众视为空间研究和相关活动的领导性组织，就连欧共体各机构也认为如此。[191]

2. 卫星通信：两个绿皮书、《卫星指令》及其他

更为重要的是，20 世纪 80 年代后期，包括卫星通信在内的国际通信领域的商业化和私有化活动不断增加，[192] 这给欧盟委员会从整个欧洲层面强调这一问题提供了便利。欧盟委员会首先从政策的制定入手，然后扩展到法律措施。

1987 年颁布的《走向充满活力的欧洲经济——关于在欧洲一般性通信领域开放和私有化的绿皮书》[193]（下称《1987 年绿皮书》），是一个高层次的政策性文件，其为以后制定欧共体法律打牢基础，该绿皮书将卫星通信纳入欧洲通信的整体性评估之中。同时，绿皮书还将卫星通信作为通信行业内的一个特殊领域予以重视，这样做的原因在于，三大国际性卫星组织的成员国大部分是欧洲国家，因此，需要对卫星通信的开放和私有化予以特别关注。[194]

---

[190] Toksvig Report on European space activities, Doc. B 2 565/86, of 6 July 1986; see e. g. Madders, *supra* n. 15, 570; Van de Wouwer & Lambert, *supra* n. 15, 104 – 6.

[191] *Cf.* Madders, *supra* n 14, 570 – 7; Lafferranderie, *supra* n. 15, 140; Van de Wouwer & Lambert, *supra* n. 15, 107 – 9.

[192] 关于环境改变的综合性分析，参见 P. K. McCormick, Neo – Liberalism: A Contextual Framework for Assessing the Privatisation of Intergovernmental Satellite Organisations, in *The Transformation of Intergovernmental Satellite Organisations* (Eds. P. K. McCormick & M. J. Mechanick) (2013), 1 – 34; 尤其是欧盟环境方面，参见 Roisse, *supra* n. 131, 128 – 32。

[193] 《走向充满活力的欧洲经济——关于在欧洲一般性通信领域开放和私有化的绿皮书》（以下简称《1987 年绿皮书》），委员会通信，COM（87）290 final, of 30 June 1987; OJ C 257/1 (1987); as per Council Resolution on the development of the common market for telecommunications services and equipment up to 1992, of 30 June 1988, OJ C 257/1 (1988)。欧洲共同体或欧盟的"绿皮书"是一个总体性政策分析文件，包含或多或少的一般性政策建议，并视情况规定一些法律措施，然后在欧盟成员国和（在适用范围内的）其他主体普遍认为可接受的范围内实现。

[194] 参见《1987 年绿皮书》，上文脚注 193，第 37~39 页、第 83~87 页、第 172~173 页、第 175 页、第 178~179 页、第 190~191 页。关于《1987 年绿皮书》的一般性描述，参见 S. Mosteshar, *European Community Telecommunications Regulation* (1993), esp. 4 – 5, 50 ff.; C. D. Ehlermann, The Contribution of EC Competition Policy to the Single Market, 29 *Common Market Law Review* (1992), 258 – 60; A. Metraux, *European Telecommunications Policy and the Regional Bell Operating Companies* (1991), 38 – 40; White, Bate & Johnson, *supra* n. 131, 161 – 4; F. G. von der Dunk, Satellite Communications in the European Community: The Tide is Changing Wave by Wave, in *Issues in International Air and Space Law, and in Commercial Law* (1994), 335 – 7.

《1987 年绿皮书》颁布后，欧共体很快就制定出三个重要的指令来实施该绿皮书的一般性原则，但这三个指令的大部分内容均不适用于卫星通信。这三个指令分别为：①《关于开放通信终端设备市场的指令》；[195] ②《关于开放一定程度的电信服务市场来建立开放式的网络接入》（这实际上也包括开放一定程度的卫星通信市场使其最终接入到公共网络）；[196] ③《关于在通信服务领域适用欧共体竞争机制的指令》。[197]

作为《1987 年绿皮书》的跟进方案，1990 年的绿皮书[198]只是将《1987 年绿皮书》中规定的主要原则适用于卫星通信领域稍作修改，随后在 1994 年，卫星领域的第一个欧盟法律诞生，即《卫星指令》[199]。该指令规定了整个欧盟卫星通信领域的各种内部市场原则的实施框架，通过将卫星通信的终端设备纳入到该指令的适用范围，将《通信服务竞争指令》适用于卫星领域，进而强制适用各种原则，比如监管和运营职能分离、禁止约定反竞争行为、禁止滥用支配和垄断市场

---

⑲ 《关于开放通信终端设备市场的指令》（以下简称《终端设备指令》），88/301/EEC, of 16 May 1988；OJ L 131/73 (1988)。该指令的确涉及那些并没有接入公共网络的卫星接收站，但并不涉及其他与卫星有关的设备；参见第 1 条。进一步参见 White, Bate & Johnson, *supra* n. 131, 164 – 5；Folsom, *supra* n. 1, 220 – 1。

⑲ 《关于开放一定程度的电信服务市场来建立开放式的网络接入》（以下简称《开放网络规定》），90/387/EEC, of 28 June 1990；OJ L 192/1 (1990)。See further e. g. White, Bate & Johnson, *supra* n. 131, 173 – 6；Folsom, *supra* n. 1, 219 – 20。

⑲ 《关于在通信服务领域适用欧共体竞争机制的指令》（以下简称《通信服务竞争指令》），90/388/EEC, of 28 June 1990；OJ L 192/10 (1990)。该指令明确将卫星通信纳入适用范围；参见第 1 条第 2 款；进一步参见 White, Bate & Johnson, *supra* n. 131, 165 – 73；Folsom, *supra* n. 1, 217 – 19。

⑲ Towards Europe – wide systems and services – Green Paper on a common approach in the field of satellite communications in the European Community, Communication from the Commission, COM (90) 490 final, of 20 November 1990. See for general comments Mosteshar, *supra* n. 194, 14 – 8, 51 – 6, 65 – 6；White, Bate & Johnson, *supra* n. 131, 180 – 2；Roisse, *supra* n. 131, 129 – 31；von der Dunk, Satellite Communications in the European Community, *supra* n. 194, 337 – 42.

⑲ 《关于修订第 88/301/EEC 号指令和第 90/388/EEC 号指令，特别是卫星通信领域规定的委员会指令》（以下简称《卫星指令》），94/46/EC, of 13 October 1994；OJ L 268/15 (1994). See further e. g. S. LeGoueff, Satellite Services：The European Regulatory Framework, 2 – 5 *Computer & Telecommunications Law Review* (Oct. 1996), 186 – 8；White, Bate & Johnson, *supra* n. 131, 166；von der Dunk, *supra* n. 86, 268 ff. ；C. D. Long, *Telecommunications Law and Practice* (2nd edn, 1995), 223 ff. , esp. 253 – 4.

地位等原则。⑳

随后，欧洲还先后制定了多个指令和规章对以上制度的某些特别规定做出详细解释，比如卫星通信等个人移动通信、整个欧盟层面的服务提供商的审批许可。⑳ 另外，欧盟委员会宣称通过对所发现的卫星通信服务提供商违反市场规则的行为制定对策性的决定，来遵守和执行以上法律。⑳ 同时，国际通信卫星组织、国际海事卫星组织和欧洲通信卫星组织这三个重要的国际卫星运营商实施卫星私有化活动，也是上述立法活动推动的结果。⑳

在国际卫星通信市场的很多领域最终定型的同时，通过制定各种指令、条例和决定，欧盟各机构已针对空间活动的主要领域采取了大量的司法措施，⑳ 即使这些措施并非完全的空间权能，但会对外层空间的相关活动产生重大影响。

3. 卫星遥感：《数据库指令》

欧共体关注卫星遥感空间活动的法律领域。在初步决定发展一个相对成熟的

---

⑳ 参见《卫星指令》第 1~3 条，上文脚注 199；进一步参见 Long, *supra* n. 199, 224 ff.；also F. Cugia di Sant' Orsola, European Union Regulatory Policies on Satellite Communications, in *International Organisations and Space Law* (Ed. R. A. Harris) (1999), 420 – 2; M. Thatcher, *The Politics of Telecommunications: National Institutions, Convergence, and Change in Britain and France* (1999), 83 – 4; C. Koenig & A. Bartosch, *EC Competition and Telecommunications Law* (2009), 81 – 2。

⑳ *Cf.* e. g. Commission Directive amending Directive 90/387/EEC with regard to personal and mobile communications, 96/2/EC, of 16 January 1996; OJ L 20/59 (1996); Commission Directive amending Directive 90/388/EEC with regard to the implementation of full competition in telecommunications markets, 96/19/EC, of 13 March 1996; OJ L 74/13 (1996); and Decision of the European Parliament and of the Council on a coordinated authorization approach in the field of satellite personal communications systems in the Community, No. 710/97/EC, of 24 March 1997; OJ L 105/4 (1997).

⑳ 在卫星通信领域实施竞争政策相关决议的早期案例是：Commission Decision declaring a concentration to be incompatible with the common market and the functioning of the EEA Agreement (Ⅳ/M. 490 – Nordic Satellite Distribution), No. 96/177/EC, of 19 July 1995; OJ L 53/20 (1996); Commission Decision relating to a proceeding under Article 85 of the EC Treaty and Article 53 of the EEA Agreement (Ⅳ/35. 518 – Iridium), No. 97/39/EC, of 18 December 1996; OJ L 16/87 (1997); and Commission Decision declaring a concentration to be compatible with the common market and the EEA Agreement (COMP/M. 4403 – Thales/Finmeccanica/Alcatel Alenia Space & Telespazio), of 4 April 2007; OJ C 034/5 (2009)。

⑳ 《卫星指令》第 3 条，见上文脚注 199，以及该指令的其他条文和 1990 年绿皮书要求在这三个组织的法律架构中废除多种反竞争相关内容；关于后者，参见"上册第五章四（二）""第五章五（二）"和"第五章六（二）"部分内容。

⑳ See e. g. Van de Wouwer & Lambert, *supra* n. 15, 205 – 7.

用于环境监测的欧共体卫星系统（"空中绿眼"）后，[205] 欧共体制定了 SPOT - 4 卫星相关文书，[206] 但使用的是数据客户的身份发布文件，而非立法或监管身份。

在 20 世纪 90 年代，卫星遥感开启了商业应用和运营时代，当时并没有知识产权相关的法律文件可以用来保护遥感系统所生成的数据，也无法保障遥感系统相关的投资权益。如果想要获得著作权保护，则必须达到一定程度的原创性或独创性要求。然而，使用完全自动化的卫星遥感设备，并在电子和/或数字环境下生成、优化和分配数据，给通过适用著作权来保障相关权益的做法带来很多难题。[207]

在欧洲空间局根据上述问题采取措施之后，[208] 欧盟委员会也开始采取相应的法律措施，明确宣布空间活动衍生出的数据可以解释为概念更加广泛的数据库组成部分，并在数据库相关制度中援引法律条款保护数据权利。[209]

上述各种努力最终使得第 96/9 号指令，即《数据库指令》予以通过。[210] 该指令的适用对象为电子数据库，尤其是包含遥感数据的电子数据库。对无法通过著作权制度保护的数据库，该指令给予了特殊保护。[211] 该指令所赋予的权利既适用于欧盟成员国的公民生成的数据库，又适用于在欧盟成员国领土内生成的数据

---

[205] Following the Rovsing Report, PE 146, 210 Corr., of 15 October 1991; see furthermore S. Cheli & P. H. Tuinder, European Space Policy, Institutional Developments, 21 *Air & Space Law* (1996), 55.

[206] See Cheli & Tuinder, *supra* n. 205, 57; P. H. Tuinder, Issues of Protection of Remote Sensing Data – EC Developments, in *Recent Developments in the Field of Protection and Distribution of Remote Sensing Data* (Eds. F. G. von der Dunk & V. Kayser) (1994), 23; also Mantl, *supra* n. 164, 413; von der Dunk, *supra* n. 150, 428 – 9.

[207] 关于该方面的一般性描述，参见"下册第九章二"部分内容。

[208] 自这些措施开始在遥感领域发挥核心作用（*cf.* also Art. Ⅲ (3), ESA Convention, *supra* n. 29, on the baseline policy of ESA on IPR）伊始，一项研究在 1990 年 1 月展开，在该项研究得出结论之前就已经引起了欧盟委员会的兴趣；参见 Tuinder, *supra* n. 206, 28 – 9。

[209] 这项研究在 1993 年 4 月得出所谓的高德拉特报告（Gaudrat Report），认为实现遥感数据保护的最佳方法不是知识产权，而是将他们置于数据库的框架之下。参见 Tuinder, *supra* n. 206, 29 – 35; A. M. Balsano, Intellectual Property Rights: Practical Experience and Importance of the Legal Environment – The Experience of the European Space Agency, in *Intellectual Property Rights and Space Activities*, ESA SP – 378 (Ed. G. Lafferranderie) (1995), 118 – 9; von der Dunk, *supra* n. 150, 429 – 30。

[210] 《欧洲议会和理事会数据库法律保护指令》（以下简称《数据库指令》），96/9/EC（hereafter Database Directive），of 11 March 1996; OJ L 77/20 (1996); 参见"下册第九章二（一）"部分内容。Also R. Bond, Database Law and the Information Society, 4 *Telecommunications & Space Journal* (1997), esp. 183 – 4; Tuinder, *supra* n. 206, 31 – 5; von der Dunk, *supra* n. 150, 430 – 2。

[211] 参见《数据库指令》第 3 条第 2 款，上文脚注 210。

库。⑫ 对数据的个别获取行为或者大量的投资行为都必须符合上述相关规定。⑬ 之后，数据库的创设人或者所有人具有数据提取权和数据再次利用权的授予权，这两种权利也是该指令的两个关键权利。⑭

同样，欧盟所从事的上述立法努力不一定等同于其对外层空间的管辖权，但这种权能可以决定未来是否允许私营主体从事外层空间卫星遥感活动。

四、欧洲空间局和欧盟的聚合

（一）欧共体/欧盟和欧洲空间局之间的合作

在千禧年之初，欧共体，也就是后来的欧盟，已开始在至少三个特定领域的空间活动中开展相关的立法和监管活动，特别是在外层空间领域的两个欧洲旗舰项目中表现尤为突出，而且在法律方面给予一定支持，⑮ 但美中不足的是该活动较为零散，且临时性特点突出。

欧盟委员会之前没有任何一个专门的部门或机构来处理空间事务或空间政策，而上述活动很好地弥补了该方面的权能缺失。比如，发射活动之前由"对外事务总署"（Directorate – General on External Affairs）负责，目前由"贸易事务总署"（Directorate – General on Trade）负责；卫星通信由"信息社会和媒体总署"（Directorate – General Information Society and Media）负责；卫星地球观测由"研究和创新总署"（Directorate – General Research and Innovation）负责；卫星导航由"移动和交通总署（Directorate – General on Mobility and Transport）"负责。⑯

在欧洲技术发展、研发，以及地缘政治战略部署等方面，外层空间和空间活

---

⑫ 参见《数据库指令》第 11 条第 1 款和第 2 款，见上文脚注 210。

⑬ 参见《数据库指令》第 1 条第 2 款，上文脚注 210。

⑭ 参见《数据库指令》第 7 条，见上文脚注 210。

⑮ 这是指伽利略项目和全球环境与安全监测/哥白尼计划；分别参见"上册第四章四（四）1"和"上册第四章四（四）2"部分内容。

⑯ See G. Sabathil, K. Joos & B. Kessler, *The European Commission: An Essential Guide to the Institution, the Procedures and the Policies* (2008), 44 – 5; A. Staab, *The European Union Explained, Second Edition: Institutions, Actors, Global Impact* (2011), 47 – 53; also H. S. Harris, *Competition Laws Outside the United States* (2001), 178; H. Wallace, M. A. Pollack & A. R. Young, *Policy – Making in the European Union* (2010), 390; *cf.* also Folsom, *supra* n. 1, 56 – 7.

动变得越来越关键，欧盟因此也越来越意识到，一个可适用于所有空间活动的清晰的空间政策和法律框架必不可少，甚至应当在欧洲或欧盟层面予以实现。从这方面来讲，欧盟委员会和欧洲空间局之间越来越多的合作仍然不能够满足现实需求。一个空间咨询小组（Space Advisory Group）于 1993 年成立，并从此开始致力于促进欧洲空间局和欧盟委员会之间的合作和协调。㉗ 正是由于两者的合作，欧洲空间局理事会和欧盟部长理事会这两个各自的最高级别机构㉘举办了第一次共同会议，发布了 2000 年欧洲空间政策，阐明了两者各自的角色：欧盟应当致力于使欧洲社会和市场从空间活动中获益，这与以科学研究和发展为导向的政策项目或工程形成了对比。㉙

2003 年，欧盟委员会颁布了自己制定的《空间：欧盟扩张中新的边远地区——实施欧洲空间政策的行动规划》白皮书，㉚ 明确要求空间政策和应用应当服务于欧洲政治目标的实现，更新组织架构来为欧盟推动、资助和协调相关活动注入新的动力。㉛

㉗ Cf. e. g. Preamble, § (5), Council Resolution on the involvement of Europe in a new generation of satellite navigation services – Galileo – Definition phase, of 19 July 1999；OJ C 221/01 (1999).

㉘ 分别参见《欧洲空间局公约》第 11 条，上文脚注 29，《欧盟公约（合并版本）》第 16 条，上文脚注 171；另参见 Madders, supra n. 15, 576；Lafferranderie, supra n. 15, 140。

㉙ See Council Resolution on developing a coherent European space strategy, of 2 December 1999；OJ C 375/1 (1999)；and Council Resolution on a European space strategy, of 16 November 2000；OJ C 371/2 (2000).

根据两者的"分工"或职责范围，欧洲空间局将成为欧洲加强发射能力等空间活动基本能力的主要机构，并负责通过国际空间站等其他方式增强科学技术水平；欧盟委员会负责确保欧洲人民和市场受益于空间活动，比如通过伽利略和全球环境与安全监测/哥白尼计划这两个项目来实现上述目的（参见"上册第四章四（四）"部分内容）。另参见 Sadeh, supra n. 8, 10；Suzuki, supra n. 75, 197 – 9；also Lafferranderie, supra n. 15, 141 – 2；Van de Wouwer & Lambert, supra n. 15, 108。

㉚ White Paper – Space：a new European frontier for an expanding Union – An action plan for implementing the European Space policy, COM (2003) 673 final, of 11 November 2003. See e. g. Sánchez Aranzamendi, 'Towards a Space Strategy for the EU that Benefits Its Citizens'：The EU's Declaration of Intents for Space, in Yearbook on Space Policy 2010/2011 (Eds. P. Hulsroj, S. Pagkratis & B. Baranes) (2013), 142 – 4；I. Marboe, National Space Legislation：The European Perspective, in Nationales Weltraumrecht – National Space Law (Eds. C. Brünner & E. Walter) (2008), 34 – 6；also Lafferranderie, supra n. 15, 143 – 4；Van de Wouwer & Lambert, supra n. 15, 117 – 23.

㉛ 参见"上册第二章和第三章"部分内容，White Paper – Space：a new European frontier for an expanding Union, supra n. 220. 欧盟和欧洲空间局的角色分别在于各自"联合对空间活动的需求"和"联合这些需求的供应"；另参见"上册第五章一"部分内容，White Paper. See further e. g. Hobe, Hofmannová & Wouters, supra n. 33, 19 – 21；Lafferranderie, supra n. 15, 144。

（二）2003 年欧盟－欧洲空间局框架协议

2003 年由欧盟和欧洲空间局两个国际组织之间缔结的框架协议[22]，并没有带给欧盟在欧洲外层空间事务方面的管控权能，因为该框架允许双方继续按照各自认为合适的方式提升欧洲的福祉。

该框架协议为欧盟委员会和欧洲空间局提供了一个"菜单式"的选择合作方案清单，并没有对任何一方的权利产生偏见。[23] 根据该框架协议，欧盟委员会和欧洲空间局可以在空间活动中的任何领域内予以合作，包括科学、技术、对地观测、导航、卫星通信、载人飞行和微重力飞行、运载火箭和频率等相关空间政策问题；两者可以通过共同协调和资助空间活动，乃至通过共同的下属机构来开展各种方式的联合行动，包括：欧洲空间局为欧盟管理某一工程项目，欧盟参与欧洲空间局的选择性项目。[24] 每一项合作行动都需要特别安排。[25]

随后，一个负责协调和促进两者合作的空间理事会（Space Council）得以建立。[26] 该空间理事会由欧盟委员会和欧洲空间局共同参与，并于 2007 年制定了一个全新的欧洲空间政策，将两者的合作领域拓展到安全和防御相关领域、空间态势感知（Space Situational Awareness）领域、工业政策和知识产权的关系领域，其中还包括欧洲空间局和欧盟合作的首选模式，即欧洲空间局作为欧盟空间活动的技术顾问和管理者，以及遵守欧盟法律原则的欧盟采购代理人。但该空间政策

---

[22] 《欧共体和欧洲空间局框架协议》（以下简称《框架协议》），布鲁塞尔，2003 年 11 月 25 日通过，2004 年 5 月 28 日生效。OJ L 261/64 (2004); 53 ZLW 89 (2004). See in general Mantl, *supra* n. 164, 417 – 8; Hobe, Hofmannová & Wouters, *supra* n. 33, 21 – 7; B. Schmidt – Tedd, The Relationship between the EU and ESA within the Framework of European Space Policy and its Consequences for Space Industry Contracts, in *Contracting for Space* (Eds. L. J. Smith & I. Baumann) (2011), 26; Lafferranderie, *supra* n. 15, 144 –5; Van de Wouwer & Lambert, *supra* n. 15, 110 –1.

[23] 参见《框架协议》第 2 条、第 4 条、第 5 条第 3 款，上文脚注 222。

[24] 分别参见《框架协议》第 2 条和第 5 条第 1 款，上文脚注 222。建立联合附属机构的一个典型例子是欧洲卫星导航项目相关的伽利略联合体；然而，在伽利略的当前阶段，采用了第一种模式，即由欧洲空间局代表欧盟管理项目的实施；参见"上册第四章四（四）1"部分内容。

[25] 参见《框架协议》第 5 条第 2 款，上文脚注 222。

[26] 参见《框架协议》第 8 条第 1 款，上文脚注 222；另参见 Lafferranderie, *supra* n. 15, 145。

仍未涉及欧洲空间局独立自主的项目。㉗

因此，框架协议被视为与《欧洲宪法条约》一样，没有起草成功，后者为那些想要真正实现欧洲空间活动融合（超越和凌驾，并且最终控制各国空间活动）的人提供了一个途径。但是，与以上努力相比，自1970年以来，欧洲空间局一直代表着更加务实和以项目为导向的行事方式。㉘

在欧洲空间局框架下，其总干事可就欧洲空间项目进行提议，㉙ 正是由于这一点，欧洲空间局经常被认为不仅是成员国实现各国空间政策融合的一个平台，其本身也在制定欧洲空间政策，尽管在欧洲空间局关于欧洲空间项目的提议正式实施之前，需要有三分之二的成员国投票同意。㉚

因此，通过表决同意和实施的欧洲空间局项目一定程度上可视为一个特有的"空间政策"。然而，这可能不是欧盟空间权能支持者所认为的足够连贯、合理和有益的空间政策。欧洲空间局对其成员国之间的主要空间政策差异无能为力，只能将"工业政策"焦点放在"区域分配"原则上，㉛ 并且在法律层面对欧洲空间活动的实施缺乏监管职能。因此，欧洲空间融合方面的领导地位最终交给了欧盟。㉜

（三）从《欧洲宪法条约》到《里斯本条约》

1. 欧盟的"空间权能"

如上所述，《欧洲宪法条约》尝试在众多领域和议题上大幅促进欧洲融合的进程，这似乎是主导欧洲空间融合各方面努力的极佳载体。事实上，《欧洲宪法

㉗ See European Space Policy, Communication from the Commission to the Council and the European Parliament, COM（2007）212 final, of 26 April 2007; Resolution on the European Space Policy, ESA BR 269, of 22 May 2007; Council of the European Union, Doc. 10037/07, of 25 May 2007.

㉘ Cf. early on Madders, supra n. 15, 570 ff.; further also e. g. Lafferranderie, supra n. 15, 148. See in general on the Constitutional Treaty e. g. Timmermans, supra n. 1, 39 – 42; Folsom, supra n. 1, 26 – 8; also Arnull et al., supra n. 1, 23 – 4.

㉙ 参见《欧洲空间局公约》第12条第1款第b项，上文脚注29；参见"上册第四章二（三）"部分内容。

㉚ 参见《欧洲空间局公约》第11条第5款第a项和第c项，上文脚注29。

㉛ 参见《欧洲空间局公约》第7条和（尤其是）第2条、第4条、第5条、附件5，上文脚注29；参见"上册第四章二（四）3"部分内容。

㉜ Cf. further e. g. Madders, supra n. 15, 570 – 84.

条约》最终失败，随后而来的是较为次级的条约，即《里斯本条约》。《欧洲宪法条约》中关于空间融合方面的条款被纳入到了《里斯本条约》中。[23]

虽然存在一个重要的例外，但《里斯本条约》最终规定：

（1）为了促进科学和技术发展，提升工业竞争力，加强相关政策实施，欧盟应当制定一个欧洲空间政策。为实现上述目的，欧盟可以促进联合行动，支持研究和科技发展，就基于空间探索和利用的需要而开展协调工作。

（2）为了实现段落 1 中的目标，欧洲议会和欧盟理事会应当依据立法程序，采取必要措施，比如可以通过欧洲空间项目的形式，但不包括协调成员国的法律规章。

（3）欧盟应当与欧洲空间局建立适当的关系。

（4）本条规定不得对本编中的其他规定带来消极影响。[24]

《欧盟运行条约》第 189 条第（2）款基本上照搬了《欧洲宪法条约》第Ⅲ-254 条，即"采取必要措施，比如可以通过欧洲空间项目的形式"，同时，《里斯本条约》加入了关键性的内容，即"不包括对成员国的法律和规章予以协调"的条款。[25]

虽然关于《里斯本条约》上述条款的重要性存在不同评价，但该条款应被认为是参考了"空间政策"的相关规定，"空间项目"的表述则更加贴近政策，而不是具有法律倾向性的新提法。可以说，该条款将国家法律和规章排除在外，为各成员国留下了自由裁量权，来继续选择适用自己国内的和欧洲空间局主导的空

---

[23] 关于《里斯本公约》的一般描述，参见 C. Tomuschat, Lisbon Treaty, in *Encyclopedia of Public International Law* (Ed. R. Wolfrum) Vol. Ⅵ (2012), 889 – 94; Timmermans, *supra* n. 1, 42 – 4; extensively J. C. Piris, *The Lisbon Treaty: A Legal and Political Analysis* (2010); M. Trybus & L. Rubini, *The Treaty of Lisbon and the Future of European Law and Policy* (2012); D. Phinnemore, *The Treaty of Lisbon: Origins and Negotiation* (2013)。

[24] 《欧盟运行条约》第 189 条，见上文脚注 168。"普通立法程序"在第 289 条第 1 款中被界定为"以委员会的提议为基础，由欧洲议会和理事会共同通过的条例、指令或决定"。

[25] See further e. g. Mantl, *supra* n. 164, 415 – 6; Schmidt – Tedd, *supra* n. 222, 28 – 30; S. Hobe *et al.*, A New Chapter for Europe in Space, 54 *Zeitschrift für Luftund Weltraumrecht* (2005), 336 – 56; I. Marboe & F. Hafner, Latest Trends in the National Authorisation and Regulation of Space Activities in Europe, in *Yearbook on Space Policy* 2008/2009 (Eds. K. U. Schrogl *et al.*) (2010), 246 – 7; Schmidt – Tedd, *supra* n. 222, 29 – 30.

间政策和空间项目，其中包括通过欧洲空间局的法律制度开展以上活动。㉞

2. 正确看待"空间权能"

法律上的权能在欧盟建立之初就是其具备的主要业务之一。之前该权能都在国家层面予以实施，依靠欧盟各成员国使其运用到整个欧洲层面，同时还可以依靠"授予性""辅助性"和"比例性"三项基本原则正式将该权能上升到整个欧洲层面。㉟ 进一步讲，针对某一具体的事项使用该法律权能，可能会产生以下三种基本情形：①根据"授予性""辅助性"和"比例性"原则，在欧盟层面实现一种专属权能；②同样根据以上原则，在欧盟层面实现一种共享权能；③在欧盟层面未产生任何权能。

在第一种情形下，"只有欧盟可以制定法律和通过具有法律约束力的法令，只有在欧盟授权之时，或者为了实施欧盟法令，成员国才有权立法或通过法令"。㊵ 在第二种情形下，"欧盟和成员国在该领域内都可以立法和通过具有法律约束力的法令。欧盟未在某一领域行使权能时，成员国应当履行该权能；同样，欧盟决定在某一领域停止其权能时，成员国应当履行该权能"。㊶ 根据"辅助性"和"比例性"原则，欧盟只有在实现未来目标所需时，其才有权实施立法权能。

与《里斯本条约》相同，《欧盟运行条约》将"空间"规定在共享权能之中，"欧盟应当有权开展相关活动，尤其是界定和实施各种项目"，但"欧盟对该权能的实施不得给成员国实施同种权能带来障碍"。㊷ 因此，有观察者认为该种权能并不是一种共享权能，而是一种"平行权能"，个别成员国将在该领域内保留起草和实施国家政策与立法的主权。㊸

因此，上述关于空间权能新设条款的主要贡献在于，欧盟各机构在空间领域

㉞ 关于该领域更加详细的评估和讨论，参见 F. G. von der Dunk, The EU Space Competence as per the Treaty of Lisbon: Sea Change or Empty Shell, in *Proceedings of the International Institute of Space Law 2011* (2012), 382 – 92; also e. g. M. Sánchez Aranzamendi, Space and Lisbon. A New Type of Competence to Shape the Regulatory Framework for Commercial Space Activities, in *New Perspectives on Space Law* (Eds. M. J. Sundahl & V. Gopalakrishnan) (2011), 154 – 9。

㉟ 参见"上册第四章三（一）2"部分内容。

㊵ 《欧盟运行条约》第 2 条第 1 款，见上文脚注 168。

㊶ 《欧盟运行条约》第 2 条第 2 款，见上文脚注 168。

㊷ 《欧盟运行条约》第 4 条第 3 款，见上文脚注 168。

㊸ So e. g. Hobe *et al.*, *supra* n. 235, 346 – 7。

可以实施的权能不再完全取决于某种与商业市场相关的特定行业，而是需要适用自由市场原则和竞争原则，这两个原则致力于为欧盟企业实现一个自由且平等的"竞技场"，这已经在卫星通信领域内实现。[242]

在《欧洲宪法条约》框架下，欧盟委员会首次有权采取各种措施介入"空间"和"空间活动"，这是因为，不仅商业性活动，科学、社会和战略利益等所有新领域，都需要通过更加基础性的立法和规章予以调节。然而，总体来讲，《欧盟运行条约》第189条第（2）款的最后一句话却将该权能限定在以下特定领域，即空间工程和项目设立的欧盟相关次级法，以及这些项目的欧盟预算财政监管；空间行业内的自由流动和竞争制度的适用（这些内部市场的关键领域仍没有在《里斯本条约》之后的条款中予以规定）。此外，只有在成员国尚未制定国家空间法来规制空间活动的情况下，欧盟才可以在一定范围内实施该种权能。[243]

（四）欧洲空间合作旗舰项目

欧盟之前致力于将空间领域和欧洲空间局在空间领域的角色，纳入更加广泛的欧盟法律和欧盟权能框架下，这点已经明显地反映在欧盟和欧洲空间局的《框架协议》中；同时，欧盟之前还致力于通过《欧洲宪法条约》和《里斯本条约》建立欧盟的空间权能。欧盟在外层空间和空间活动方面的这种监管方式遭到来自各方面的强烈抵制，甚至造成政治摩擦。总之，欧洲空间局将继续根据《框架协议》正式独立于欧盟之外，保留其作为政府间国际组织的地位；欧盟成员国最终通过空间权能相关的法律条款确保其在空间政策中的首要地位。

同时，在欧盟和欧洲空间局关于欧洲空间活动角色的融合中，并非只有权能方面的对立、摩擦和斗争，认识到欧洲空间局的特别地位和价值后，欧盟也积极增加其与欧洲空间局在实践和运营层面的合作。该合作尤其体现在两个欧洲"旗舰项目"上，[244] 这两个项目目前均正在实现过程中。同时，在空间和工业政策相关的组织架构和监管结构方面，欧洲空间局和欧盟也采取了越来越多务实的做法。

---

[242] 参见"上册第四章三（二）2"部分内容。

[243] 更详细的分析，参见 von der Dunk, *supra* n. 236, 386 – 9。

[244] 正如欧洲空间政策第3部分内容中明确指出的那样，见上文脚注227。

1. 旗舰项目 1：EGNOS 和伽利略

通过与欧洲空间局的紧密合作，欧盟首次在卫星导航领域参与了综合性外空活动，该参与并非仅仅包括政策和法律活动的实施，还包括适当建设完成一个重要的空间基础设施，以及各种各样的地面设施。虽然欧盟最终打算建设一个通过某种办法囊括当时美国全球定位系统（GPS）和俄罗斯格洛纳斯全球卫星导航系统（GLONASS）的全球性"二代全球卫星导航系统"（GNSS–2），但以失败告终。[243] 随后，欧盟开始着手建立一个自主的欧洲卫星导航系统，并将其作为外层空间领域的第一个欧洲旗舰项目。

该项目的第一步是建立 EGNOS（欧洲地球同步导航重叠系统），用来增强美国 GPS 的信号，使该信号能够满足于欧洲航空业的需求。[244] 为此，EGNOS 在由欧盟、欧洲空间局和欧洲空中航行安全组织（Eurocontrol）组成的"欧洲的三方团体（European Tripartite Group）"主持下予以建设，其中，作为政治驱动和权力机构，欧盟负责为该项目及其在欧洲的应用构建一个适当的法律环境；作为技术和运营实体，欧洲空间局负责系统建设；欧控致力于提升欧洲航空技术和运营安全。[247]

这三个欧洲的国际组织就合作问题签订了一个《三方协议》[248]，该协议构成

---

[243] *Cf.* Council Resolution on the European Contribution to the Development of a Global Navigation Satellite System（GNSS），of 19 December 1994；OJ C 379/2（1994）.

[244] 参见"下册第一章二（六）2"部分内容；关于全球卫星导航系统在航空运输领域的应用，尤其参见"下册第一章六"部分内容。*Cf.* also e. g. Mantl，*supra* n. 164，419 – 20；E. M. O. Abu – Taieh，A. El Sheikh & M. Jafari，*Technology Engineering and Management in Aviation：Advancements and Discoveries*（2011），290 – 3；also H. J. Kramer，*Observation of the Earth and Its Environment：Survey of Missions and Sensors*（2002），766.

[247] 欧洲空中航行安全组织根据《空中航行安全合作公约》建立，布鲁塞尔，1960 年 12 月 13 日通过，1963 年 3 月 1 日生效；523 UNTS 117；UKTS 1963 No. 39；Cmnd. 2114。上述公约被《关于修订 1960 年 12 月 13 日通过的空中航行安全合作公约的议定书》予以大量修订，布鲁塞尔，1981 年 2 月 12 日通过，1986 年 1 月 1 日生效；430 UNTS 279；Cmnd. 8662。经过若干次修订的《关于合并 1960 年 12 月 13 日通过的欧洲空中航行安全组织空中航行安全合作国际公约的议定书》，布鲁塞尔，1997 年 7 月 27 日通过，尚未生效（但目前临时适用）。《修订后的欧洲空中航行安全组织公约》，欧洲空中航行安全组织于 1997 年 9 月发布的版本。

[248] 《欧共体、欧洲空间局和欧洲空中航行安全组织关于研发欧洲全球卫星导航系统的协议》（以下简称《三方协议》），卢森堡，1998 年 7 月 18 日通过，1998 年 6 月 18 日生效；OJ L 194/16（1998）。

了欧洲卫星导航旗舰项目合作的第一份适当的具有立法性质的文件。EGNOS 按期完成建设，欧盟逐渐掌控了该系统的监管架构。目前，EGNOS 正在由一个跨国公司——欧洲卫星服务提供商（ESSP）运营。㉔

然而，EGNOS 完全依赖于 GPS 信号源，㉕ 2002 年欧盟准备启动下一个项目，即建立"伽利略联合执行体（Galileo Joint Undertaking）"这一新的机构，来负责引导建设欧洲卫星导航系统，与 GPS 和 GLONASS 相比，该系统具备完全成熟且自主的特性。㉖

伽利略项目并非仅仅适用于航空应用领域，而是使伽利略能够向所有交通领域和非交通领域提供授时、定位、导航信号和服务。㉗ 因此，除了提供类似于 GPS 和 GLONASS 的开放服务，伽利略系统还提供公共特许服务（Public Regulated Service）、商业服务（Commercial Service）和生命安全服务（Safety – of – Life Service）三种类型的增值服务，用户将通过某种方式对这三种服务进行付费。㉘ 此外，在当前的全球搜救系统（COSPAS – SARSAT）项目之外，伽利略还提供搜索和援救服务。㉙

在实施伽利略项目的过程中，该系统发生了若干重大变化，迫使其不得不因此制定新的法律法规。2004 年欧盟颁布规章，通过欧洲全球卫星导航系统监管局（European GNSS Supervisory Authority）取代了伽利略联合执行体，进而加强了欧盟委员会对项目建设过程的制度监管。㉚

更重要的是，由于欧盟部长理事会通过的 2007 年 6 月 8 号决议明确声明

㉔　See further www. essp – sas. eu, last accessed 29 December 2013.

㉕　参见"下册第一章二（六）2"和"下册第一章二（二）1"部分内容。

㉖　See Council Regulation setting up the Galileo Joint Undertaking, No. 876/2002/EC, of 21 May 2002；OJ L 138/1 （2002）. See further e. g. Van de Wouwer & Lambert, *supra* n. 15, 141 – 4.

㉗　这意味着，欧控（Eurocontrol）不再作为主要参与者参与其中；根据《欧盟运行条约》第 187 条，"联合"体仅仅限于委员会和欧洲空间局之间，见上文脚注 168。

㉘　See e. g. F. G. von der Dunk, Liability for Global Navigation Satellite Services：A Comparative Analysis of GPS and Galileo, 30 *Journal of Space Law* （2004），148 – 52；参见"下册第一章二（二）3"部分内容。

㉙　See International COSPAS – SARSAT Programme Agreement, Paris, done 1 July 1988, entered into force 30 August 1988；*Space Law – Basic Legal Documents*, D. Ⅱ 6.

㉚　See Council Regulation on the establishment of structures for the management of the European satellite radio – navigation programmes, No. 1321/2004/EC, of 12 July 2004；further e. g. F. G. von der Dunk, Towards Monitoring Galileo：the European GNSS Supervisory Authority *in statu nascendi*, 55 *Zeitschrift für Luftund Weltraumrecht* （2006），100 – 17；Van de Wouwer & Lambert, *supra* n. 15, 145 – 8.

"当前的谈判已经失败，应当予以结束"，之前通过公私合营伙伴关系（Public -
Private Partnership）资助、建设和运营伽利略系统的设想，不得不进行改造，最
终予以放弃。[256] 伽利略项目在短期内已不再期待获得私营投资，目前经协商一致
将尚未使用的公共投资"共同农业基金（Common Agricultural Funds）"作为代
替款项弥补预算。[257] 上述方法在 2008 年《关于进一步实施欧洲卫星导航项目
（EGNOS 和伽利略）的规章》中得以正式确认，并在两年后进行修订。[258]

关于伽利略的安全问题，尤其是公共特许服务的安全性，使得欧盟开始关注
之前与中国等国家签订的伽利略国际合作协议，[259] 因此其不得不微调和界定了公
共特殊服务的使用规则，并于 2011 年出台相关决议。[260]

除了以上监管问题，法律上最重要的一个议题是伽利略的责任问题，一方面，一
般认为《责任公约》只适用于导航卫星所引起的直接损害；[261] 另一方面，作为一个商

---

[256] Item 2, Council Resolution on GALILEO, 2805th Transport, Telecommunications, and Energy
Council Meeting, Luxembourg, 6 – 8 June 2007.

[257] Items 4 – 7, Council Resolution on GALILEO, *supra* n. 256; respectively Council of the
European Union, 2828th Council Meeting, Economic, and Financial Affairs, Brussels, 13 November
2007, 14534/07（Presse 251）, at 18.

[258] Regulation of the European Parliament and of the Council on the further implementation of the European
satellite navigation programmes（EGNOS and Galileo）, No. 683/2008/EC, of 9 July 2008; OJ L 196/1（2008）;
and Regulation of the European Parliament and of the Council setting up the European GNSS Agency, repealing
Council Regulation（EC）No 1321/2004 on the establishment of structures for the management of the European
satellite radio navigation programmes and amending Regulation（EC）No 683/2008 of the European Parliament
and of the Council, No. 912/2010/EU, of 22 September 2010; OJ L 276/11（2010）respectively.

[259] *Cf.* Cooperation Agreement on a Civil Global Navigation Satellite System（GNSS） - Galileo
between the European Community and its Member States and the People's Republic of China, of 30 October
2003; Council of the European Union, Doc. 13324/03.

[260] Decision of the European Parliament and of the Council on the rules for access to the public regulated
service provided by the global navigation satellite system established under the Galileo programme, No. 1104/
2011/EU, of 25 October 2011; OJ L 287/1（2011）. See further more generally for the security - related
dimensions e. g. von der Dunk, *supra* n. 3, esp. 89 – 92; J. Lembke, *Competition for Technological
Leadership: EU Policy for High Technology*（2002）, 119 – 28; P. Finocchio, R. Prasad & M. Ruggieri,
Aerospace Technologies and Applications for Dual Use（2008）, 238 – 41.

[261] 在损害的定义中，一般将全球卫星导航系统信号缺失或者错误所引起的损害排除在外，参见
"上册第二章三（三）2"部分内容，以及《责任公约》第 1 条第 a 项，上文脚注 88，但是相反观点
参见 B. D. K. Henaku, *The Law on Global Air Navigation by Satellite: An Analysis of Legal Aspects of the
ICAO CNS/ATM System* 1998）, 221. 关于责任问题，参见 von der Dunk, *supra* n. 253, 129 – 68;
P. Manzini & A. Masutti, International Civil Liability Regime for the Galileo Services: A Proposal, 33 *Air
and Space Law*（2008）, 114 – 31; D. Bensoussan, *GNSS and GALILEO Liability Aspects*（2003）.

业化的二代GNSS，伽利略可以因 GNSS 信号的缺失或错误承担第三者责任。[262]

目前，欧盟已经成功发射第一颗伽利略卫星，并宣布运营；伽利略预计于 2015 年提供其首次服务，并在 2019 年完成 30 颗卫星的全星座建设。[263] 这可能意味着，只有在 2019 年时才会针对伽利略的活动建立一个综合性的法律框架，处理潜在的安全和责任问题；也有可能只有在 2019 年时，私营主体才会对伽利略运营和监管结构产生兴趣。

2. 旗舰项目 2：GMES/Copernicus

由于欧盟委员会和欧洲空间局对伽利略项目的深入开展，特别是欧盟委员会开始推动"全球环境与安全监视（GMES）"项目，欧盟决定发展哥白尼（Copernicus）卫星系统，向欧洲提供综合性和永久性的独立对地观测能力，其通过将欧洲空间局和欧洲气象卫星组织等当前的对地观测卫星系统与新的设备和卫星系统相结合，实现对陆地、空中和外空数据的综合使用，从而填补任何可以探测到的空白区域。[264] GMES/Copernicus 还使欧洲对全球综合地球观测系统（Global Earth Observation System of Systems，GEOSS）做出自己的贡献。[265]

然而，虽然 GMES/Copernicus 项目轮廓越来越清晰，但是很多关键性的监管和运营结构问题还没有界定。[266] 2001 年 11 月，理事会决议为上述问题提供了

---

[262] *Cf.* e. g. von der Dunk, *supra* n. 253, 129 – 67; F. G. von der Dunk, Hosting Galileo Ground Stations – Liability and Responsibility Issues under Space Law, in *Proceedings of the Fiftieth Colloquium on the Law of Outer Space* (2008), 358 – 68; 参见"下册第一章四和五"部分内容。

[263] See http://en. wikipedia. org/wiki/Galileo_(satellite_navigation), last accessed 21 January 2014.

[264] See e. g. Marboe, *supra* n. 220, 39 – 40; M. Ferrazzani, The Status of Satellite Remote Sensing in International Treaties, in *Project* 2001 – *Legal Framework for the Commercial Use of Outer Space* (Ed. K. H. Böckstiegel) (2002), 196 – 7.

[265] 该方面内容，参见 http://en. wikipedia. org/wiki/Global _ Earth _ Observation _ System _ of _ Systems，最后访问日期为 2014 年 4 月 13 日。

[266] 关于早期评价，参见 von der Dunk, *supra* n. 150, 438 – 40; 关于安全相关内容，参见 on der Dunk, *supra* n. 3, 92; F. G. von der Dunk, The 'S' of 'Security': Europe on the Road to GMES, 4 – 2 *Soochow Law Journal* (2007), 1 – 27; 关于 GMES/Copernicus 法律问题的一般性描述，参见 L. Mantl, The Commission Proposal for a Regulation on the European Earth Observation Programme (GMES) and its Initial Operations (2011 – 2013), 58 *Zeitschrift für Luftund Weltraumrecht* (2009), 404 – 22; briefly G. Cho, Privacy and EO: An Overview of Legal Issues, in *Evidence from Earth Observation Satellites* (Eds. R. Purdy & D. Leung) (2012), 291 – 2.

一般性的根本政策，为后续措施开展拉开序幕。⑳ GMES/Copernicus 的目的在于服务于一系列的欧盟政策，2005 年的"通信"中提及了若干具体的例子，包括：农业、环境和渔业监测，灾难和紧急应对措施等情况中的对外关系，以及发展政策。㉘ 2005 年的"通信"还通过界定"试验性运营服务"（pilot operational services）和"快速追踪介入"（fast‐track introduction）这两个概念为未来的发展打下基础。㉙

直到 2010 年，第一个正式的关于 GMES 欧盟立法才予以制定。㉚ GMES/Copernicus 所需的大部分资金原计划由欧盟预算提供，该计划后来遇到重大问题，虽然这些问题目前已解决，但还是阻碍了项目若干年的进展。㉛ 因此，最近颁布的第二个相关的欧盟法律明确规定了"对 GMES 服务所提供信息和通过 GMES 专用基础设施所收集的数据完全且开放性的获取权限"，并进一步规定了该开放权限使用所需遵守的各方面的详细条件，尤其明确其并不提供"任何明示或默示的担保，包括为任何目的用途所需的质量和适宜性要求"。㉜

㉖ Council Resolution on the launch of the initial period of global monitoring for environment and security（GMES），of 13 November 2001；OJ C 350/4（2001）. 针对该政策形成了很多通信文件，但这些通信并非立法或者法律措施。参见 Communication from the Commission to the European Parliament and the Council – Global Monitoring for Environment and Security（GMES）：Establishing a GMES capacity by 2008，COM（2004）65 final，of 3 February 2004；Communication from the Commission to the Council and the European Parliament – Global Monitoring for Environment and Security（GMES）：From Concept to Reality，COM（2005）565 final，of 10 November 2005。

㉘ See Communication from the Commission to the Council and the European Parliament – Global Monitoring for Environment and Security（GMES）：From Concept to Reality，*supra* n. 267，6 – 7.

㉙ See Communication from the Commission to the Council and the European Parliament – Global Monitoring for Environment and Security（GMES）：From Concept to Reality，*supra* n. 267，7 – 8.

㉚ Regulation of the European Parliament and of the Council on the European Earth monitoring programme（GMES）and its initial operations（2011 to 2013），No. 911/2010/EU，of 22 September 2010；OJ L 276/1（2010）.

㉛ *Cf.* e. g. EU Parliament Supports GMES within Financial Framework，17 February 2012，www. esa. int/Our_Activities/Observing_the_Earth/Copernicus/EU_Parliament_supports_GMES_within_financial_framework，last accessed 13 April 2014.

㉜ Arts. 1（a）& 9 respectively，Commission Delegated Regulation supplementing Regulation（EU）No 911/2010 of the European Parliament and of the Council on the European Earth monitoring programme（GMES）by establishing registration and licensing conditions for GMES users and defining criteria for restricting access to GMES dedicated data and GMES service information，No. 1159/2013/EU，of 12 July 2013；OJ L 309/1（2013）.

目前，哥白尼系统关于陆地、海洋和紧急应对方面的第一次地理信息服务，以及关于大气和安全方面的两个附加服务，将于 2014 年全面运营，并在接下来的几年内提供大气、安全和气候变化监测服务。通过"哨兵（Sentinel）"卫星的第一次发射任务，2014 年将完成为实现上述服务的第一次实际进展。[23]

很明显，只有所需要的卫星最终完成发射，才会产生更多的可适用的国际、欧洲和国内空间法律及规章。在这一阶段中，还需要开展大量的工作来明确相关的监管问题，然后是相关的职责（responsibility）和责任（liability）问题，至少可以说，哥白尼系统的责任问题并不在《责任公约》的"标准"适用范围之内。[24]

（五）解答"合理回报"的难题

严格从法律角度讲，欧盟和欧洲空间局关系中最棘手的问题是对"合理回报"原则做出类似于对"地域回报"的详细解释。[25] 事实上，与欧洲空间局所要实现的首要目标一致，如果某一成员国为某一特定项目提供财政资源，尤其是在该成员国具有可以参与该项目的企业时，"合理回报"原则将激励该国空间工业更加专业化；同时，"合理回报原则"还使得欧洲空间局较小的成员国及其工业可以从大型和复杂的空间项目中获益。

然而，这在实践中导致一种情况，即虽然某一特定承包商具有最高的"性价比"，但仅仅因为其国籍国并非"合理回报"原则所指向的那个成员国，而没被选中。换句话说，在上述情况下，"合理回报"原则将在一定程度上牺牲公平竞争的原则。

一旦欧共体，也就是后来的欧盟，从根本上成为空间活动的监管方，至少从原则上讲，就应当适用欧盟竞争法律制度。[26] 严格来讲，欧洲空间局作为国际组织，其不符合欧盟成员国的身份要求，也不适用欧盟法及其管辖要求，因此，与

㉓　See http://en. wikipedia. org/wiki/Copernicus_Programme, last accessed 21 January 2014.

㉔　需要再次注意的是，根据《责任公约》的普遍性解释，"损害"并不包括任何由数据缺失或错误所引起的间接和下游损害。

㉕　关于这些原则的基础性分析，参见"上册第四章二（四）3"部分内容。

㉖　关于欧盟竞争制度的一般性描述，见上文脚注 180；另参见 Arnull *et al.*, *supra* n. 1, 965 - 1191；Folsom, *supra* n. 1, 292 - 370；Barents, *supra* n. 175.

欧盟不同，欧洲空间局本身并不适用于欧盟的竞争法律制度。㉗ 然而，"合理回报"原则可以被视为欧盟和欧洲空间局成员国实施"国家援助"的一种间接方式。在"合理回报"原则下，某些国家对欧洲空间局特定项目的投入直接涉及其国内工业所期待的和可能获得的承包份额，这减损了某些特定发包和转包行为的公平竞争。㉘

尽管"合理回报"原则的适用引发了若干争论，但欧盟委员会不久便意识到，采取该潜在的乃至固有的反竞争制度存在合理的理由。很少有人怀疑空间工业的特点，即高度技术性、高度风险性、高度成本密集性、长期性和战略性。因此，无论如何，空间活动的很多方面都不能在欧洲实现真正的竞争，如果强制适用竞争制度将会变得非常武断；更糟糕的是，在与美国和日本财团，以及新兴的俄罗斯、乌克兰和中国等工业团体的竞争中，可能会妨碍资源的集中和经济规模的实现，削弱欧洲空间工业的实力。因此，欧洲空间局对"合理回报"原则的持续适用实际上已经被保障欧洲利益这一最高原则正当化了，并且欧洲各监管机构也暂时接受了该原则。

而且，存在上述原因时，即使欧盟竞争制度本身也认可其竞争原则和规则可能出现的例外。比如，如果相关活动和实践行为是"为了促进技术或经济进步"，欧盟所谓的"反卡塔尔（anti-cartel）"规定可以"声明不予适用"。㉙ 由于欧洲空间工业的关注焦点是研发活动，尤其是在欧洲空间局的语境下，欧洲空间工业被赋予的目标很明确，即促进技术进步。一旦欧洲经济的发展进程被认为在一定程度上依赖于欧洲空间局的体系，则为了在全球范围内竞争，欧洲公司应当被给

㉗ 尽管从技术层面讲，欧洲空间局可以被认为是一个受竞争制度约束的"主体"，其分包活动并不适用"正常的"商业原则，但也不得滥用市场支配地位或作为一个"卡塔尔"扰乱市场运行秩序，但是欧洲空间局的成员国（包括挪威和瑞士这两个非欧盟成员国）一般并不认可欧盟对欧洲空间局在该领域具有管辖权。

㉘ 关于禁止国家补助原则，参见《欧盟运行条约》第 107 条第 1 款，上文脚注 168。进一步参见 F. G. von der Dunk, ESA and EC: Two Captains on One Spaceship?, in *Proceedings of the Thirty-Second Colloquium on the Law of Outer Space* (1990), 427-9; F. G. von der Dunk, Perspectives for a Harmonised Industrial Policy of ESA and the European Union, in '*Project* 2001 *Plus*' - *Global and European Challenges for Air and Space Law at the Edge of the* 21*st Century* (Eds. S. Hobe, B. Schmidt-Tedd & K. U. Schrogl) (2006), 181-6.

㉙ 《欧盟运行条约》第 101 条第 3 款，见上文脚注 168。

予一定的支持，而非武断地适用竞争原则使这些公司相互对立。关于所谓的欧盟"反垄断"规定，情况也是如此。⑳

某些国家援助相关的法律适用对象是公司个体，但是为了与这些规定保持一致，并使这些规定具有更直接的适用性：

以下情形可以适用于内部市场

……

（b）为了促进实施基于欧洲共同利益的重要项目，或者为了救济遭受重大波动的成员国经济而实施的援助；

（c）为了促进某一经济活动或者某一经济领域的发展而实施的援助，但是该援助并不给贸易条件带来有悖于共同利益的影响；

……

（e）由欧盟理事会根据欧盟委员会的提议而通过决定做出的其他类型的援助。㉑

很明显，根据其技术、经济和战略的重要性，主要的空间项目，甚至整个空间行业，可以被认为是"基于欧洲共同利益的重要项目"和"促进（基于欧洲共同利益的）某一经济活动的发展"。如果有人提出质疑的话，也可以通过未来立法专门规定空间项目或者空间行业相关的内容。

五、结论

欧洲空间法律极其复杂且不断发展，但是作为欧洲在外层空间领域两个主要的"旗手"，欧洲空间局和欧盟的作用与地位仍然有待观察，这种待观察状态可能在可预见的时间内一直持续。欧洲空间局和欧盟在成员国组成等众多方面相似但并不完全相同，而且各自将进一步发展；目前已经制定了一部法律来明确欧盟和欧洲空间局之间的关系，同时两者的关系将进一步发展，并尝试在全球范围内实现他们各自成员国个体利益和更高水平的成员国共同利益之间的一致性。

---

⑳　参见《欧盟运行条约》第 102 条和第 103 条，上文脚注 168，这与如下条例密切相关：Regulation（EEC）17/62，of 6 February 1962，OJ 13/204（1962），该条例后续将经常更新。

㉑　参见《欧盟运行条约》第 107 条第 3 款，见上文脚注 168。

目前，关于欧盟和欧洲空间局关系的最新进展是欧盟委员会发布的一个报告，尝试在《框架协定》所规定的方法之外，逐渐进一步分配欧洲空间局和欧盟各自的角色地位。[282] 从保持现状到欧洲空间局成为欧盟机构但同时保留其政府间国际组织的特征，该报告简单分析了欧盟和欧洲空间局进一步合作的四种主要方案。[283] 然而，两个"中间性"方案是当前最有可能进一步研究和被选中的方案：（1）在当前框架下增强合作，即欧洲空间局保留其独立于欧盟的地位，但却增加为欧盟执行任务的数量，使其符合两者成员国整体利益的要求；（2）在欧洲空间局的框架下，创设一个"欧盟支柱"，该支柱专门为欧盟工作，而且接受欧盟的指导，遵守欧盟公平竞争等法律原则。[284] 然而，无论最终选择哪种方案，都将会开启欧洲空间法发展的新篇章。

虽然世界其他地区正在空间领域内寻求地区内的融合发展，并在国际空间政策和经济发展中争取更多的话语权，但是欧洲空间法当前的关键兴趣点在于欧盟和欧洲空间局共同参与的两个旗舰项目——伽利略和哥白尼。同时，阿里安航天公司、欧洲通信卫星组织和欧洲气象卫星组织等制度方面的发展，以及构建欧盟卫星通信内部市场和制定专门的《数据库指令》等立法，都可能成为欧洲法律和制度融合的典范。

此外，更值得我们关注的是地区的融合发展。今后地区融合不但不需要牺牲全球性的空间法律和全人类在空间领域的努力，还可能会给提升（公共）国际法律体系的应用和效率，带来诸多方面的贡献，比如欧洲空间局对三大联合国空间条约的官方性支持。

---

[282] Progress report on establishing appropriate relations between the European Union and the European Space Agency, Report from the Commission, of 6 February 2014, COM (2014) 56 final.

[283] See Progress report on establishing appropriate relations between the European Union and the European Space Agency, *supra* n. 282, 5 – 6.

[284] *Cf.* Progress report on establishing appropriate relations between the European Union and the European Space Agency, *supra* n. 282, 6 – 9.

第五章　空间法中的国际组织

弗兰斯·冯·德·邓克（Frans von der Dunk）　著◇

一、引言：政府间组织与外层空间

第二次世界大战之后，全球范围内涌现了大批政府间国际组织，这些组织涵盖了国际合作、贸易和其他交流等各个方面。[①]"政府间组织"（Intergovernmental Organizations，IGOs）由主权国家组成，其本身具有公法属性，[②]因此与其他组织尤其是非政府组织（Non-governmental Organizations，NGOs）有所区别，尽管后者在很多情况下也是国际性的。

由于成员的身份及公共性质，政府间组织通过制定规则规范各成员国代表参与组织活动，[③]授权组织缔结类似条约的国际协定，[④]并可享有基于主权国家及

---

① See J. Crawford, *Brownlie's Principles of Public International Law* (8th eds. , 2012), 166 ff. ; R. L. Bindschedler, International Organizations, General Aspects, in *Encyclopedia of Public International Law* (Ed. R. Bernhardt) Vol. Ⅱ (1995), 1292 – 3; P. Malanczuk, Akehurst's Modern Introduction to International Law (7th eds. , 1997), 30 – 1; A. Cassese, *International Law* (2001), 35 ff. , also 72; R. M. M. Wallace, *International Law* (3rd edn. , 1997), 68.

② See I. Brownlie, *Principles of Public International Law* (7th eds. , 2008), 675 – 99, esp. 687 – 9; Malanczuk, *supra* n. 1, 92 – 3; Cassese, *supra* n. 1, 69 – 71; Wallace, *supra* n. 1, 68 – 9; U. M. Bohlmann & G. Süss, The Status of International Intergovernmental Organisations under the UN Outer Space Treaty System, 10 – 1 *Space Law – Newsletter of the International Bar Association Legal Practice Division* (Oct. 2009), 8.

③ 通常这些成员国的参与在组织的一些主要机关中被称为"大会""成员大会""全会""理事会"等。进一步参见 I. Seidl – Hohenveldern, Les organes des organisations internationales, in *A Handbook on International Organizations* (Ed. R. J. Dupuy) (2nd eds. , 1998), 89 – 109; H. G. Schermers, International Organizations, Membership, in *Encyclopedia of Public International Law* (Ed. R. Bernhardt) Vol. Ⅱ (1995), 1320 ff. ; P. C. Szasz, International Organizations, Privileges and Immunities, in *Encyclopedia of Public International Law* (Ed. R. Bernhardt) Vol. Ⅱ (1995), esp. 1329; Crawford, *supra* n. 1, esp. 178 – 9, 188 – 91; Malanczuk, *supra* n. 1, 95 – 6.

④ 参见《关于国家和国际组织间或国际组织相互间条约法的维也纳公约》（Vienna Convention on the law of treaties between states and international organizations or between international organizations), 1986 年 3 月 21 日于维也纳签署，尚未生效，Cm. 244; 25 ILM 543 (1986)。进一步参见 K. Zemanek, International Organizations, Treaty – Making Power, in *Encyclopedia of Public International Law* (Ed. R. Bernhardt) Vol. Ⅱ (1995), 1343 – 6; Crawford, *supra* n. 1, 191 – 5。

其外交代表而获取的某些豁免权和特权。⑤ 总之，这些制定性文件规范了组织及其全体成员国之间的职能、工作和职责。

对于涉及外层空间和空间活动的政府间组织来说亦是如此。这可能会引发这样一个问题，即是否应将一般性的"政府间组织法"纳入广义的空间法概念中。从政府间组织与国际法的角度来看，外层空间确实属于十分特殊的个案。

几乎所有按照（一般）国际公法开展活动的政府间组织，本质上都有资格成为"监管"组织；这些组织代表着各成员国建立国际论坛，讨论国际政治和法律问题并就共同利益开展合作，以及为实现共同利益而制定指南、规则、建议和有约束力的规范。在这一方面，外层空间和空间法虽然要求明确政府间组织的职责和职能，但并不算特殊。

然而，空间法中还有一些政府间组织，并不仅限于字面意义上的合作，而是汇集了资金、技术和科学资源，在极端冷门、高风险和高成本的外层空间和空间活动领域切实开展活动。这些经营性政府间组织虽然类似于监管性政府间组织，但也必须通过内部治理结构来实现财务和经营的结合。更有趣的是，从国际公法的角度来看，这些组织的活动可能会形成特殊的国家实践，有助于国际习惯法的发展。

二、政府间监管组织与外层空间：概述

（一）政府间监管组织与国际空间法

政府间监管组织对国际空间法的建立与进一步发展起着重要作用，这些组织在 1957 年人类进入外层空间前就已存在，只不过在某些情况下将其活动范围扩大到了外层空间和空间活动。

---

⑤ See R. Zacklin & C. F. Amerasinghe, The Ways and Means of International Organizations, in *A Handbook on International Organizations* (Ed. R. J. Dupuy) (2nd eds. , 1998), 293 – 313, 349 – 65; Crawford, *supra* n. 1, 171 – 6; Szasz, *supra* n. 3, 1328 – 31. 《政府间组织与东道国间的总部协定》(Headquarters Agreements between IGOs and their host states) 就具体规定了特权与豁免，例如，联合国的《联合国与美利坚合众国关于联合国总部的协定》(Agreement between the United Nations and the United States of America regarding the Headquarters of the United Nations), 1947 年 1 月 26 日于美国胜利湖签署, 1947 年 11 月 21 日生效, 11 UNTS 11; 554 UNTS 308 (1966); 687 UNTS 408 (1969)。《联合国特权与豁免公约》(Convention on the Privileges and Immunities of the United Nations), 1946 年 2 月 13 日于伦敦签署, 1946 年 9 月 17 日生效; 1 UNTS 15; UKTS 10 (1950) Cmd. 7891; ATS 1949 No. 3。

考虑到这些组织在空间法发展中的重要作用，本书其他章节将对其影响和作用进行详细论述。此处仅对这些政府间监管组织在广义空间法领域中最重要的作用做一概述。

政府间组织并不在《国际法院规约》列举的国际公法渊源中，⑥ 尽管后期它被归入国际公法渊源立法发展的文本中。⑦ 概括起来，政府间组织的贡献大体可以归纳为以下四个方面：

首先，政府间组织是其成员国间就组织之所以成立的重要问题达成协定的平台。这些协定作为条约法，直接构成国际公法的一部分。这在外层空间和空间法领域中也是一样。⑧ 其中一个特殊的子范畴是那些政府间组织作为缔约方的条约。⑨

其次，在成员国对相关重要问题持有不同意见时，政府间组织不具有强制执行的能力。⑩ 很多组织通过了一些指南、建议、规则和其他不具有正式约束力的文件。随着成员国越来越重视这些文件的法律相关性和权威，这些文件将逐渐形成国际习惯法。⑪

---

⑥ 《国际法院规约》（Statue of the International Court of Justice）第 38 条第 1 款列举了首要渊源，包括"①不论普通或特别国际协约，确立诉讼当事国明白承认之规者者；②国际习惯，作为通例之证明而经接受为法律者；③一般法律原则为文明各国所承认者"。《国际法院规约》1945 年 6 月 26 日于旧金山签署，1945 年 10 月 24 日生效；156 UNTS 77；USTS 993；59 Stat. 1031；UKTS 1946 No. 67；ATS 1945 No. 1。参见"上册第二章一（一）"部分内容，尤其是脚注 2。有关本条款在提供国际公法法律渊源中的作用，进一步参见 S. R. Freeland, The Role of 'Soft Law' in Public International Law and its Relevance to the International Regulation of Outer Space, in Soft Law in Outer Space（Ed. I. Marboe）（2012），12 - 9；also e. g. P. Malanczuk, Actors: States, International Organisations, Private Entities, in Outlook on Space Law over the Next 30 Years（Eds. G. Lafferranderie & D. Crowther）（1997），27，30 - 1；Cassese, supra n. 1, 117 - 62；Wallace, supra n. 1, 7 - 34。

⑦ 有关政府间组织在国际法形成中的作用，进一步参见 Crawford, supra n. 1, 179 ff., esp. 192 - 6；J. Verhoeven & C. Dominicé, Les activités normatives et quasi normatives des organisations internationales, A Handbook on International Organizations（Ed. R. J. Dupuy）（2nd edn., 1998），413 - 61；Wallace, supra n. 1, 28 - 31；Cassese, supra n. 1, 153 - 5；Malanczuk, supra n. 1, 52 - 4。

⑧ 典型的例子是联合国外空委制定的五项外空条约，参见"上册第二章三"部分内容；或《服务贸易总协定》与通信卫星服务自由化有关的协定，参见"下册第六章四（二）至（四）"部分内容。

⑨ 随着欧盟加入《世界贸易组织协定》（WTO Agreement）和《服务贸易总协定》（GATS），参见"下册第六章二（一）2"和"下册第六章二（二）4"部分内容，在欧洲也有一些典型的范例，例如与欧空局就卫星导航缔结的一些类似国际条约的协定，参见"上册第四章四（四）1"部分内容。

⑩ 欧盟是特例，为此，本书第四章进行了区别对待。

⑪ 最明显的例子就是《联合国遥感原则》（UN Remote Sensing Principles），参见"上册第九章四（一）2"部分内容。

再次，政府间组织具有约束力的内部规则，常常限于程序性和组织性问题而非实质性问题，两者间的界限往往难以区分，而这类规则有时会促使建立超越成员国本身的、具有法律约束力的国际法（条约或习惯法）。⑫

最后，许多主要政府间组织的规范中还有一些司法或非司法的争端解决机制，而且常常涉及仲裁。这些争端解决机制在解决具体争端时使用一般国际公法，对这些规则的理解与解释也做出了贡献。⑬

（二）联合国

现今与空间活动和空间法相关的最重要的政府间组织是联合国。⑭ 联合国始建于 1945 年，致力于维持与修复国际和平与安全，并逐渐将重心扩展到包括去殖民化、经济全球化以及社会、医疗、生态等一系列全球范围内重要的社会问题。⑮

1957 年史普尼克 1 号（Sputnik–1）的发射第一次在军事上实现了对空间的主动且有效利用。为确保在当时的政治背景下不会发生最差的形势，在当时两个超级大国的推动下，联合国大会很快成立了和平利用外层空间委员会（COPUOS），委员会是有关外层空间及空间活动决议和条约的主要渊源。虽然近几年受成员国间达成一致需求的影响，委员会的重要性被一定程度削弱，⑯ 但仍在其框架内提供了一套规范人类外层空间活动的法律框架雏形，时至今日它们仍是空间法的核心。

安全理事会（Security Council）是联合国另一重要的准立法机构。安理会在且仅在维持国际和平与安全的有限领域内有权制定有法律约束力的决议；而和平

---

⑫ 欧盟在卫星通信领域自由化与私有化中起到的作用就是范例，该领域的欧美内部规则和美国国家政策及立法，是《世界贸易组织协定》以及《服务贸易总协定》规则的主要推动力。参见"下册第六章四"部分内容。

⑬ 除了国际法院的首要贡献外，其他主要包括国际电信联盟以及世界贸易组织的争端解决机制。参见"下册第十章二（二）"和"下册第六章二（一）3"部分内容，以及"下册第十章"。

⑭ 更多细节参见"上册第一章一至三""上册第二章一（三）""上册第二章二"和"上册第二章三"部分内容。

⑮ 参见 Cassese, *supra* n. 1, 35–45, esp. 275 ff.；J. A. Frowein, United Nations, in Encyclopedia of Public International Law（Ed. R. Bernhardt）Vol. Ⅳ（2000），1029 ff.；Malanczuk, *supra* n. 1, 26–30, *cf.* also 385 ff.。

⑯ 参见"上册第二章二（一）""上册第一章一"和"上册第一章二"部分内容。

利用外层空间委员会是联合国大会的附属机构，不具有国际法的制定权。[17]

安理会的这一职能原则上也延伸至外层空间——《外空条约》规定：

"本条约各缔约国探索和利用外层空间，包括月球与其他天体在内的活动，应遵守国际法及联合国宪章，并为了维护国际和平与安全，增进国际合作与谅解而进行。"[18]

迄今，安理会的职能尚未延伸至外层空间领域，这无疑是好的。这既表明了航天国家尽可能地恪守了将外层空间置于冷战之外的责任，也表明《外空条约》在维持和平方面是有效的。然而，这却不能解释为何条约未能有进一步更新。

国际法院是联合国的第三个主要机构，迄今为止尚未审理任何与空间活动相关的案件；在《国际法院规约》下成立一个负责相关纠纷的特别分庭也从未落实，更不用说执行了。[19]

（三）国际电信联盟

下文[20]详述了，当史普尼克 1 号至少在理论上表明利用空间基础设施铺设无线电信网络的可能性时，早在 19 世纪末就致力于电信领域国际问题的国际电信联盟，也将（国际）空间频率的协调及利用问题纳入其主要的工作议题。国际电信联盟与联合国一起，成为规范几乎所有空间活动的重要组织。

国际电信联盟的重要影响表现为对与频率资源有关的空间活动的划分（allocation）、分配（allotment）和指配（assignment）。国际电信联盟应"实施无线电频谱的频段划分、无线电频率的分配和无线电频率指配的登记，以及空间业

---

⑰　参见《联合国宪章》（Charter of the United Nations）第 39～42 条，1945 年 6 月 26 日于旧金山签署，1945 年 10 月 24 日生效；USTS 993；24 UST 2225；59 Stat. 1031；145 UKTS 805；UKTS 1946 No. 67；Cmd. 6666 & 6711；CTS 1945 No. 7；ATS 1945 No. 1。

⑱　《关于各国探索和利用外层空间包括月球和其他天体活动所应遵守原则的条约》（Treaty on Principles Governing the Activities of States in the Exploration and Use of Outer Space, including the Moon and Other Celestial Bodies）第 3 条，以下简称《外空条约》，1967 年 1 月 27 日于伦敦、莫斯科、华盛顿签署，1967 年 10 月 10 日生效；610 UNTS 205；TIAS 6347；18 UST 2410；UKTS 1968 No. 10；Cmnd. 3198；ATS 1967 No. 24；6 ILM 386（1967）。

⑲　参见"下册第十章一（一）"和"下册第十章一（三）"部分内容。

⑳　参见"上册第八章二（一）"和"上册第八章二（四）4"部分内容。

务中对地静止卫星轨道的相关轨道位置及其他轨道中卫星的相关特性的登记"。㉑

这近乎一次"职能扩张"（Competence creep）。外层空间不能被主权国家据为己有。㉒起初国际社会通过《国际电信联盟组织法》仅赋予国际电信联盟划分、分配和指配无线电频谱的职能。然而，由于轨道位置与特定无线电频谱受到干扰风险之间有着不可避免的联系，进而在同一机制下，这些轨道位置也成为划分、分配和指配的对象。这一"职能扩张"的发生基本上没有异议，本质上已成为国际公法。

（四）世界贸易组织

正如下文㉓详述的那样，自19世纪80年代开始的空间领域自由化与私有化，使世界贸易组织越来越多地参与到通信卫星领域的活动中。

《服务贸易总协定》在该领域的适用，使传统的国际贸易概念，如国民待遇与最惠国等变成与卫星通信相关的法律。迄今为止，各国的承诺减让清单很大程度上显示了各国贸易自由化的实现程度，同时展现了许多用以维持国家对该领域掌控的举措，这一过程毫无疑问有着趋同的效果；此外，这些承诺减让清单中的绝大多数限制是暂时的。㉔世界贸易组织的争端解决机制通过常设仲裁法院的《外层空间活动相关争端仲裁任择规则》（简称《外空争端任择规则》)㉕来实现，在数亿美元商业背景下，关键性概念的恰当解释及其适用几乎是不可避免的，这也使得其成为广义上的国际空间法的一部分。

（五）世界知识产权组织

从空间活动角度来看，另一个相关的政府间国际组织是世界知识产权组织

㉑ 《国际电信联盟组织法》（Constitution of the International Telecommunication Union, hereafter ITU Constitution）第1条第2款a项，1992年12月22日于日内瓦签署，1994年7月1日生效；1825 UNTS 1；UKTS 1996 No. 24；Cm. 2539；ATS 1994 No. 28。《增开的全权代表大会最后文件》（Final Acts of the Additional Plenipotentiary Conference），1992年于日内瓦，第1条（附加强调）；同时参见第42条第2款。

㉒ 参见《外空条约》，上文脚注18，第2条；进一步参见"上册第二章三（一）2"部分内容。

㉓ 参见"下册第六章三至五"部分内容。

㉔ 参见"下册第六章四（三）"部分内容。

㉕ 参见"下册第十章三"部分内容。

（WIPO）。该组织的成立以实现各国知识产权保护制度间的协同以及各国授予的知识产权间的互认为宗旨。㉖ 早在 19 世纪下半叶，就已经出现相关举措，起初为许多不相关的国际条约㉗，世界知识产权组织成立后，越来越多的条约得以阐明，极大地推动了知识产权保护国际制度的发展。

这些条约也开始延伸至空间领域，尤其是专利权法，用以保护在外层空间（国际空间站㉘）进行的发明以及与空间相关的制造和著作权保护，如基于空间的遥感数据。㉙ 随着空间商业化和私有化活动越来越多，空间知识产权的保护也更加需要通过严谨的法律文件，建立（可能或实际的）专利权、著作权或其他知识产权保护机制以保护空间活动中的巨额投入。以欧盟为例，已颁布有保护遥感数据的《数据库指令》等法律文件。㉚

（六）运输相关的政府间国际组织：国际民用航空组织与国际海事组织

与运输相关的下游卫星应用可以提供相当多的利益，具体来说，即卫星导航㉛与移动卫星通信㉜。因此，现行运输领域的国内与国际规则，对空间活动十分重要，它们作为空间法律的一部分对运输领域和市场进行界定。

在国际民用航空组织（ICAO）与国际海事组织（IMO）中，主要的政府间国际组织与会员已有数十年的历史，它们致力于通过国际规则来实现各领域内的

㉖ 参见《成立世界知识产权组织公约》（简称《世界知识产权组织公约》）第 3 条、第 4 条，1967 年 7 月 14 日于斯德哥尔摩签署，1970 年 4 月 26 日生效；828 UNTS 3；TIAS 6932；21 UST 1749；UKTS 1970 No. 52；Cmnd. 3422；ATS 1972 No. 15；6 ILM 782（1967）。进一步参见"下册第九章"。

㉗ 最著名的是 1900 年 12 月 14 日通过《附加法案》修正的《保护工业产权公约》（Convention for the Protection of Industrial Property as Modified by Additional Act）和《最后议定书》（Final Protocol）。《巴黎公约》1883 年 3 月 20 日于巴黎签署，1884 年 7 月 6 日生效；828 UNTS 305；USTS 379；UKTS 1907 No. 21；ATS 1907 No. 6。《保护文学和艺术作品伯尔尼公约》（Berne Convention for the Protection of Literary and Artistic Works），1886 年 9 月 9 日于伯尔尼签署，1887 年 12 月 5 日生效；828 UNTS 221；331 UNTS 217；ATS 1901 No. 126。

㉘ 进一步参见"下册第二章三（二）15"和"下册第九章三（四）"部分内容。

㉙ 进一步参见"下册第九章二（二）"部分内容。

㉚ 《欧洲议会和欧洲理事会有关数据库的法律保护指令》（Directive of the European Parliament and of the Council on the legal proection of databases），简称《数据库指令》（Database Directive），1996 年 3 月 11 日，96/9/EC，OJ L 77/20（1996）。进一步参见"下册第九章二（一）"和"上册第四章三（二）3"部分内容。

㉛ 进一步参见"下册第一章"。

㉜ 进一步参见"上册第八章"。

利益诉求。这两个国际组织内在优越的国际属性和完善的国际法律机制，可适用于航空与海事运输的所有领域，进而使之成为与空间法㉝最为相关的两个机构。

1. 国际民用航空组织

国际民用航空组织于 1944 年依据《芝加哥公约》㉞成立，旨在"确保全世界国际民用航空安全、有序发展"。㉟ 国际民用航空组织的职能包括航空导航、卫星导航（始于 19 世纪 80 年代)㊱和应用卫星的航空通信。㊲ 最近，国际民用航空组织也开始致力于推动建立航空与航天器（国际统一私法学会《空间资产议定书》)㊳安全的国际制度，并探讨规范亚轨道飞行的适当国际法律框架。㊴

利用航天设施的航空活动，具有双重属性，是否应当由航空法规范？在国际民用航空组织下探讨这些问题，更凸显了非空间法与严格意义上的空间法的错综复杂性。尤其是在非空间法的语境下，现行有效且完备的组织机构框架可以帮助

㉝ 全球导航卫星系统参与其他运输模式的法律方面的例子，参见 F. G. von der Dunk, The European Equation: GNSS = Multimodality + Liability, in *Air and Space Law in the 21st Century*, Liber Amicorum Karl – Heinz Böckstiegel (2001), 231 – 46。

㉞ 《国际民用航空公约》 (Convention on International Civil Aviation)，简称《芝加哥公约》 (hereafter Chicago Convention),1944 年 12 月 7 日于芝加哥签署，1947 年 4 月 4 日生效；15 UNTS 295；TIAS 1591；61 Stat. 1180；Cmd. 6614；UKTS 1953 No. 8；ATS 1957 No. 5；ICAO Doc. 7300；see esp. Pt. Ⅱ, Arts. 43 – 66。

㉟ 《芝加哥公约》第 44 条 a 款，见上文脚注 34。

㊱ 《芝加哥公约》第 11 条，第 12 条，第 28 条，第 37 条第 a 款和 c 款，第 56 和第 57 条，见上文脚注 34，以及附件 2《空中规则》 (Annexes 2, Rules of the Air)，附件 6《航空器运行》 (Operation of Aircraft)，附件 10《航空电信》 (Aeronautical Telecommunications) 和附件 11《空中交通服务》 (Air Traffic Services)，同时参见 B. D. K. Henaku, The Law on Global Air Navigation by Satellite (1998)；F. G. von der Dunk, Navigating Safely through the 21st Century: ICAO and the Use of GNSS in Civil Aviation, 47 *Indian Journal of International Law* (2007), 1 – 29；P. A. Salin, Regulatory Aspects of Future Satellite Air Navigation Systems (FANS) on ICAO's 50th Birthday, 44 *Zeitschrift für Luft – und Weltraumrecht* (1995), 173 – 5；J. M. Epstein, Global Positioning System (GPS): Defining the Legal Issues of its Expanding Civil Use, 61 *Journal of Air Law and Commerce* (1995), 248 – 51。

㊲ 参见《芝加哥公约》第 30 条，第 37 条 a 款，上文脚注 34，以及附件 10《航空电信》和附件 15《航空信息服务》 (Aeronautical Information Services)，also e. g. T. C. Brisibe, *Aeronautical Public Correspondence by Satellite* (2006), 5 ff. ；P. L. Meredith & G. S. Robinson, Space Law: A Case Study for the Practitioner (1992), 107 – 8；K. Heilbronner, International Civil Aviation Organization, in Encyclopedia of Public International Law (Ed. R. Bernhardt) Vol. Ⅱ (1995), 1072；F. Lyall & P. B. Larsen, *Space Law – A Treatise* (2009), 353。

㊳ 进一步参见"下册第七章四"部分内容。

㊴ 进一步参见"下册第三章三"部分内容。

完善和执行这些法律时。这往往会导致解决问题时忽视外层空间与空间活动在现有特定领域的广泛参与特性。⑩

2. 国际海事组织

与国际航空领域相比，海事领域的国际监管程度较低，主要是其涉及的运输工具的速度要慢得多。但是，国际海事组织多年来在该领域内始终起着核心作用。⑪

国际海事组织在将卫星应用纳入海事领域，为利益相关方服务方面，起着重要作用。该组织同时影响着（至少在政治层面）适用于这些卫星应用的制度以及为其提供服务的卫星业务。主要涉及在海上使用卫星导航⑫和国际移动卫星组织卫星系统的发展，即增强应对海上遇险、事件与事故的搜救能力——这同时也是该组织设立的首要目的。⑬

（七）国际统一私法协会

国际统一私法协会（UNIDROIT）是政府间监管国际组织的一个典型范例，并于最近开始从事与空间活动和空间法有关的活动。⑭ 国际统一私法协会是一个致力于国际私法的组织，并在必要和恰当时，协调和（或）简化直接针对私营参与者的国家法律制度。尽管协会的活动目前还局限于空间项目融资，但其参与空间领域事务也反映了该领域私有化与商业化的不断增长。

---

⑩ 参见国际统一私法协会有关全球导航卫星系统（GNSS）责任的讨论。进一步参见"上册第五章二（七）"和"下册第一章十"部分内容。

⑪ 起初依据《政府间海事咨询组织公约》（Convention on the Intergovernmental Maritime Consultative Organization）成立为政府间海事咨询组织（Intergovernmental Maritime Consultative Organization，IMCO），1948 年 3 月 6 日于日内瓦签署；1958 年 3 月 17 日生效；289 UNTS 48；TIAS 4044；UKTS 1958 No. 54；Cmnd. 589；Cmd. 7412；ATS 1958 No. 5。该《公约》1975 年修定为《国际海事组织公约》（Convention on the International Maritime Organization），并于 1982 年 5 月 22 日生效。

⑫ 因此，国际海事组织通过《国际海事组织决议第 A. 195（22）号关于修订全球卫星导航系统的海事政策和要求》[IMO Resolution A. 195（22）on Revised Maritime Policy and Requirements for a Global Navigation Satellite System]，2011 年 11 月 29 日发布，极大地影响了全球卫星导航系统在海事领域的业务和服务的发展。

⑬ 这进一步促使《国际海上生命安全公约》（International Convention for Safety of Life at Sea，SOLAS Convention）1974 年 11 月 1 日于伦敦签署，该公约 1980 年 5 月 25 日生效；1184 UNTS 278，1300 UNTS 391，1408 UNTS 339，1484 UNTS 442 &1593 UNTS 417；TIAS 9700 &10626；UKTS 1980 No. 46 & UKTS 1983 No. 42；ATS 1983 No. 22）。进一步参见"上册第五章五（一）"部分内容。

⑭ 参见"下册第七章五"部分内容。

私营空间活动和适用于这些活动的特定法律机制以及国际空间法，不仅使《空间资产议定书》在某种程度上可能对联合国的空间条约产生负面影响；⑤ 而且，引发了有关解决全球卫星导航系统信号与服务的责任这一相对复杂问题的努力。⑥

考虑到国际统一私法协会是从事国际私法工作的一个组织，这些努力也许有不当之处，也可能失败。因为，全球卫星导航系统的责任，自始源于国际公法领域，其主要参与方为主权国家（美国、俄罗斯与后来的中国）以及欧盟；此外，卫星导航活动是全球范围的，涉及多种公共领域的应用——安全、保障与一般经济目的。⑦

然而，协会的发展印证了新的政府间国际组织进入空间法领域的自然趋势，即为保持组织机构因制度化而形成的效率，将监管和立法活动拓展至组织成立的初始动机之外。

（八）欧洲共同体（联盟）

欧洲联盟（European Union）在政府间监管国际组织中是相当特殊的，以至于用"政府间"来形容它都是有疑问的。在过去的半个世纪里，欧洲共同体（后来的欧洲联盟）的许多半超国家（semi‑supranational）职能，产生了一个介于国际公法与国内法之间的特殊法律秩序；与此同时，欧盟也开始参与空间活动，开启欧盟法律秩序的一个独立篇章。⑧

这足以表明欧盟立法与规则的发展正深远地影响着空间产业，以及空间法的诸多领域。这包括卫星通信服务的自由化，⑨ 与欧洲空间局展开务实合作，⑩ 适

---

⑤ 参见"下册第七章四（七）"部分内容。这涉及"空间资产"相对于"空间物体"的定义问题，或卫星安全利益持有人的权利可能受到《空间物体所造成损害的国际责任公约》（Convention on International Liability for Damage Caused by Space Objects, hereafter Liability Convention）责任制度的干扰。《责任公约》1972 年 3 月 29 日于伦敦、莫斯科、华盛顿签署，1972 年 9 月 1 日生效；961 UNTS 187；TIAS 7762；24 UST 2389；UKTS 1974 No. 16；Cmnd. 5068；ATS 1975 No. 5；10 ILM 965 (1971)。

⑥ 参见"下册第一章十"部分内容。

⑦ 参见"下册第一章十"部分内容。更多详细情况参见 F. G. von der Dunk, Liability for Global Navigation Satellite Services: A Comparative Analysis of GPS and Galileo, 30 Journal of Space Law (2004), 129‑67。

⑧ 参见"上册第四章"，尤其是"上册第四章三、四"部分内容。

⑨ 参见"上册第四章三（二）2"部分内容。

⑩ 参见"上册第四章四"部分内容。

用于地面监测卫星数据库的欧盟法律制度,[51] 可两用的安全敏感类货物的国际贸易,[52] 以及领导欧洲伽利略与哥白尼两个空间旗舰项目。[53]

三、政府间经营组织与外层空间：简介

外层空间对人类而言是相当遥远、颇具风险且耗费巨大的领域，它对国家领土安全以及经济和社会的发展有着潜在的关键影响。许多主权国家通过建立长期的联合机构整合其科学、技术、运营与财政资源，联合机构以成员国的集体名义运营，从事空间活动。通过这种方式，这些成员国将运营中的一系列主权职能转移至组织及其机关，即使上述职能的最终行使依赖于宪法性文件和成员国的参与。[54]

这类组织可进一步按照全球性和区域性划分，也可按实施所有活动或某一类活动划分。

根据以上划分，只有欧洲空间局可以被认为是负责广泛意义上的人类潜在的从科学到应用的外层空间活动的政府间组织。与此同时，欧洲空间局作为负责复杂欧洲空间事务的主要欧洲空间区域组织，尤其是二十多年里与欧盟的联系，其活动、角色与职能在上一章已阐述。[55]

欧洲气象卫星应用组织（EUMETSAT）是另一个欧洲空间区域组织，它是遥感领域内唯一的政府间组织。欧洲气象卫星应用组织源于欧洲空间局，并以传统的政府间组织身份运营欧洲空间事务，有关该组织已在上一章阐述。[56] 与此相同，负责卫星通信的欧洲空间区域组织——欧洲通信卫星组织（EUTELSAT）[57] 作为一个政府间组织，与国际通信卫星组织（INTELSAT）以及国际移动卫星组织（INMARSAT）十分类似，已转为私营体。有关该组织的内容，将在本章阐述。

---

[51] 参见"上册第四章三（二）3"部分内容。

[52] 参见"上册第六章六（四）"和"上册第七章五（一）3"部分内容。

[53] 参见"上册第四章四（四）""下册第一章二（一）3""下册第一章四（一）"和"上册第九章四（三）3"部分内容。

[54] 参见"上册第五章一"部分内容。

[55] 参见"上册第四章"，尤其是"上册第四章二"部分内容。

[56] 参见"上册第四章二（六）3"部分内容。

[57] 参见"上册第四章二（六）2"部分内容。

其他空间领域内运营的政府间组织都专注于卫星通信——国际通信卫星组织和国际移动卫星组织是全球范围的，国际卫星空间通信组织（INTERSPUTNIK）⑱和阿拉伯卫星通信组织（ARABSAT）是区域范围的（这两个组织尚未私有化）。这几个政府间组织将在下文详细阐述。考虑到在"存续的政府间国际卫星组织"（Residual International Intergovernmental Satellite Organizations，RIISOs）监督下的私有化转型，⑲ 本章将对国际通信卫星组织、国际移动卫星组织以及欧洲通信卫星组织进行着重阐述。

四、国际通信卫星组织

（一）私有化前的国际通信卫星组织

国际通信卫星组织（INTELSAT）的前身是 1962 年的通信卫星公司（Comsat Corporation）⑳，一个合法拥有联邦及国际卫星通信垄断权的美国公司。仅用一年时间，通信卫星公司就发射并运营了第一颗实验卫星——同步卫星 1 号；㉑ 紧接着第二年就做出了一项重要决定——以通信卫星公司为核心，为其成

---

⑱ 然而，严格来说，将国际卫星空间通信组织（INTERSPUTNIK）列为"区域性"的政府间组织是不正确的。因为，作为苏联领导的共产主义国家的组织继任者，该组织根本上是向全世界的国家开放的——东欧的一些前"卫星"国家，以及世界上其他（前）共产主义联盟，显然德国（继前东德的成员身份，因此有些特殊）和印度是不在此列。

⑲ 有关"存续的政府间国际卫星组织"更全面的分析，参见 M. J. Mechanick, The Role and Function of Residual International Intergovernmental Satellite Organisations Following Privatisation, in The Transformation of Inter - governmental Satellite Organisations（Eds. P. K. McCormick & M. J. Mechanick）（2013），175 - 221；进一步参见"上册第五章四（二）""上册第五章五（二）"和"上册第五章六（二）"部分内容。

⑳ 通信卫星公司根据《通信卫星法案》（Communications Satellite Act）成立，Public Law 87 - 624, 87th Congress, H. R. 11040, 31 August 1962；76 Stat. 419；as amended 1978；Space Law - Basic Legal Documents, E. Ⅲ. 2。该公司是一个私营且可公开交易的公司，总部位于华盛顿，但是《通信卫星法案》却成为该公司免于竞争的有效的垄断许可。参见《通信卫星法案》第 102 节（尤其是 c 部分），第 103（8）节，以及第三篇。进一步参见 F. Lyall, Law and Space Telecommunications（1989），30 - 73；P. K. McCormick, Intelsat: Pre and Post - Private Equity Ownership, in The Transformation of Intergovernmental Satellite Organisations（Eds. P. K. McCormick & M. J. Mechanick）（2013），83 - 5；H. M. White, Space Communications Law and the Geostationary Orbit, in 3 American Enterprise, the Law and the Commercial Use of Space（1987），77 - 8；Lyall & Larsen, supra n. 37, 323 - 5。

㉑ 参见 http://en. wikipedia. org/wiki/Syncom，最后访问日期为 2014 年 2 月 25 日；同时参见 Lyall, supra n. 60, 34。

员国提供通信卫星系统服务。

1964 年，过渡性的国际通信卫星组织（Interim INTELSAT）成立，[62] 共有 11 个成员国（当然包括美国）。得益于前身通信卫星公司，国际通信卫星组织于 1965 年运营了第一颗卫星——晨鸟。[63] 1969 年，形成了由七颗同步轨道卫星组成的，首个成熟的全球卫星通信系统。很快，1971 年这一过渡性组织演变为更为独立的国际通信卫星组织（INTELSAT）。[64] 国际通信卫星组织从 1973 年组织条约生效时的 80 个成员国，发展到 2000 年开始私有化进程时的 143 个成员国。[65] 有超过 200 个国家和区域使用了其卫星基础设施。当时，国际通信卫星组织有 17 颗位于同步轨道用于固定卫星业务（Fixed Satellite Services，FSS，固定卫星业务占其营收的 85%）的卫星及一些直播业务。[66]

国际通信卫星组织总部位于华盛顿，美国是主要的赞助国和"通知当局"（Notifying Administration）——负责在国际电信联盟中代表国际通信卫星组织提

[62] 《建立全球商业通信卫星系统临时安排的协定和相对特别的协定》（Agreement Establishing Interim Arrangements for a Global Commercial Communications Satellite System, and Relative Special Agreement, Interim INTELSAT Agreement），1964 年 8 月 20 日于华盛顿签署，1964 年 8 月 20 日生效；514 UNTS 25；15 UST 1705；TIAS 5646；1966 UKTS 12；3 ILM 805（1964）。同时参见 Lyall, *supra* n. 60, 74 – 85；B. Cheng, Studies in International Space Law（1997），545 – 8；McCormick, *supra* n. 60, 84 – 5；Lyall & Larsen, *supra* n. 37, 325 – 9。

[63] See Cheng, *supra* n. 62, 545；Lyall, *supra* n. 60, 15。

[64] 《与国际通信卫星组织有关的协定》（简称《国际通信卫星组织协定》，Agreement Relating to the International Telecommunications Satellite Organization, INTELSAT Agreement），1971 年 8 月 20 日于华盛顿签署，1973 年 2 月 12 日生效；1220 UNTS 21；TIAS 7532；23 UST 3813；UKTS 1973 No. 80；Cmnd. 4799；ATS 1973 No. 6；10 ILM 909（1971）。《与国际通信卫星组织有关的业务协定》（简称《国际通信卫星组织业务协定》，Operating Agreement Relating to the International Telecommunications Satellite Organization, INTELSAT Operating Agreement），1971 年 8 月 20 日于华盛顿签署，1973 年 2 月 12 日生效；1220 UNTS 149；TIAS 7532；23 UST 4091；UKTS 1973 No. 80；Cmnd. 4799；ATS 1973 No. 6；10 ILM 946（1971）。有关国际通信卫星组织的概述，参见 Lyall, *supra* n. 60, 74 – 208；R. S. Jakhu, International Regulation of Satellite Telecommunications, in *Legal Aspects of Space Commercialization*（Ed. K. Tatsuzawa）（1992），92 – 4；S. Courteix, International Legal Aspects of Television Broadcasting, in *Legal Aspects of Space Commercialization*（Ed. K. Tatsuzawa）（1992），105 – 6；Cheng, *supra* n. 62, 545 – 8, 550 – 63；McCormick, *supra* n. 60, 85 – 94；M. L. Smith, *International Regulation of Satellite Communication*（1990），29 – 30；Meredith & Robinson, *supra* n. 37, 213 ff.；P. A. Salin, *Satellite Communications Regulations in the Early 21st Century*（2000），102 – 20。

[65] See Salin, *supra* n. 64, 102 ff. 进一步参见"上册第五章四（二）"部分内容。

[66] See Courteix, *supra* n. 64, 105 – 6；Meredith & Robinson, *supra* n. 37, 219；Salin, *supra* n. 64, 103 ff.；Smith, *supra* n. 64, 29 – 30。

出分配和指配的要求。⑥ 与其他传统的政府间组织一样，国际通信卫星组织也与其东道国——美国签署有《总部协定》（Headquarters Agreement），以及与特权和豁免相关的议定书。⑥

国际通信卫星组织的组织结构是独特的——它创设了一个混合的、公共的国际公司，该公司以经济合理的方式开发和运营空间卫星基础设施，供会员国使用。⑥ 它包含缔约国作为法定监护者和政策制定者，对其活动承担国际责任的条约、《国际通信卫星组织协定》（INTELSAT Agreement），以及各公共电信运营商（Public Telecom Operators，PTOs）作为缔约方的《运营协定》（Operating Agreement）。⑦

《国际通信卫星组织协定》在责任问题上，规定了组织与缔约方就"任何由于通信服务不可用、延迟或异常导致的损失或损害"的豁免条款。⑦ 除此之外，任何不能通过其他赔偿机制或保险途径满足的主张（包括《责任公约》下的第三方诉求⑦），由缔约方"按照截至主张做出之日时，各缔约方在国际通信卫星组织的投资份额比例"共同承担。⑦

各公共电信运营商（每国一席）通过与各自的地面基础设施相连，成为卫星

---

⑥ 比照 www. itu. int/en/ITU－R/space/pubChangeADM/USAIT_G_USA_2450. pdf，最后访问日期 2014 年 2 月 24 日。通知局的概念参见《无线电规则条款（2012 年版）》，以下简称《无线电规则》，Radio Regulations Articles，Edition of 2012（hereafter Radio Regulations），第 8 条第 4 款和第 11 条，www. itu. int/pub/R-REG-RR-2012，最后访问日期为 2014 年 4 月 13 日。同时参见 Mechanick，*supra* n. 59，197－9。进一步参见"上册第八章二（三）和（四）"部分内容。

⑥ 进一步参见《国际通信卫星组织协定》第 15 条，上文脚注 64。《美利坚合众国政府和国际通信卫星组织间的总部协定》（Headquarters Agreement between the Government of the United States of America and the International Telecommunications Satellite Organisation），1976 年 11 月 22 至 24 日于华盛顿签署，1976 年 11 月 24 日生效，TIAS 8542；28 UST 2248。《国际通信卫星组织特权、免除和豁免议定书》（Protocol on INTELSAT Privileges，Exemptions and Immunities），1978 年 5 月 19 日于华盛顿签署，1980 年 10 月 9 日生效，1981 UKTS 2，Cmnd. 8103。

⑥ 参见《国际通信卫星组织协定》第 3 条和第 5 条，上文脚注 64；《国际通信卫星组织业务协定》第 4 条第 c 款和第 8 条，上文脚注 64；《国际通信卫星组织协定》第 5 条第 a 款规定，政府间组织是空间部门的所有者，除了包括卫星本身之外，还包括遥测、跟踪和指挥站（TT&C）、监测以及其他辅助卫星运行的必要地面设施和设备；《国际通信卫星组织协定》第 1 条第 h 款。

⑦ 参见《国际通信卫星组织协定》第 1 条第 f 款和 g 款，上文脚注 64；《国际通信卫星组织业务协定》第 2 条，见上文脚注 64。

⑦ 《国际通信卫星组织业务协定》第 18 条第 a 款，见上文脚注 64。

⑦ 见上文脚注 45，进一步参见"上册第二章三（三）"部分内容。

⑦ 《国际通信卫星组织业务协定》第 18 条第 b 款，见上文脚注 64。

基础设施的实际用户。他们因此负责与此类地面业务有关的所有较低级别的决定，包括必要时连接到卫星的上行链路和下行链路。[74] 各国在政府间组织中的投资份额直接关系到他们为通信目的使用卫星基础设施的比例——这通过事先预估、事后重新计算和对资源地再分配的复杂系统来实现。[75]

国际通信卫星组织作为一个准商业化的公共政府间公司，其混合特征在投票结构中表露无遗。传统政府间组织的缔约方和签约方在缔约方大会和签约方会议中分别享有一个投票权；[76] 在负责组织每日运行的董事会中，代表和投票权与投资份额相关。[77] 投资份额最高的 13 个国家自动拥有董事会的一个席位；其他各国通过组合的方式达到投资份额最低标准者可以拥有一个席位；凡不在以上所列之各国，不论其投资份额如何，每 5 个国家组成的小组均可以在董事会中拥有平等的一席，以实现团结一致并制衡经济强国。

国际通信卫星组织作为一个政府间组织，其政府间结构缘于卫星通信早期表现出来的高投入和高风险，这促成了各主权国家资源的汇集，如果可以避免因竞争导致对经济领域的破坏和威胁，那么这些投入和风险就是合理的。因此，《国际通信卫星组织协定》中加入一条规定，要求任何为国际公共通信之目的，准备建立、获取或利用国际通信卫星组织以外的空间部分之缔约方或签约方应向缔约方大会提交所有相关信息，以确保技术兼容性以及更为重要的——"避免对国际通信卫星组织全球系统造成重大经济损害"。在需要时，大会基于提交的信息可建议当事方停止这些活动，严格来说，这一建议不具有法律约束力，但绝对有政

---

[74] 《国际通信卫星组织协定》第 2 条第 b 款，见上文脚注 64。Also Meredith & Robinson, *supra* n. 37, 218 – 22；Lyall, *supra* n. 60, 93, 123 ff.；Salin, *supra* n. 64, 104 – 5；Cheng, *supra* n. 62, 556 – 8.

[75] 《国际通信卫星组织协定》第 5 条，见上文脚注 64。《国际通信卫星组织业务协定》第 3 条第 c 款，第 4 条，第 6~8 条，见上文脚注 64。进一步参见 Lyall, *supra* n. 60, 114 – 9；Meredith & Robinson, *supra* n. 37, esp. 215 – 8.

[76] 参见《国际通信卫星组织协定》第 7 条第 f 款，第 8 条第 e 款，上文脚注 64。

[77] 参见《国际通信卫星组织协定》第 9 条，上文脚注 64。进一步参见 McCormick, *supra* n. 60, 87 – 8；Jakhu, *supra* n. 64, 92 – 3；Cheng, *supra* n. 62, 558 – 9；Lyall, *supra* n. 60, 97 – 104, 114 – 7；Meredith & Robinson, *supra* n. 37, 214 – 5.

治影响力。㊈

（二）国际通信卫星组织的私有化

随着全球通信，包括卫星通信的发展，20世纪80年代到90年代，国际通信卫星组织（包括其他政府间卫星组织）面临着顺应时局进行改革的压力。㊉ 这些压力在法律领域被转化为世界贸易组织（WTO）和《服务贸易总协定》（GATS），包括自1997年起将卫星通信纳入贸易自由化。㊊ 欧盟1994年的《卫星指令》（Satellite Directive），预示着在欧洲建立一个这类服务的内部市场，㊋ 考虑到国际通信卫星组织与美国的关系，2000年《为改善国际电信而进行的开放市场重组法案》（ORBIT Act）要求主要的政府间卫星组织要毫不迟疑地进行私有化改革。㊌

1998年，在做出将更商业、更高端的卫星服务转向"新空卫星"（New Skies

㊈ 参见《国际通信卫星组织协定》第14条第d款，上文脚注64。See Lyall, *supra* n. 60, 154 – 78; further e. g. Salin, *supra* n. 64, 107 – 13; McCormick, *supra* n. 60, 89 – 92; Meredith & Robinson, *supra* n. 37, 230 ff., esp. 234 – 44; Jakhu, *supra* n. 64, 93 – 4.

㊉ *Cf.* in general e. g. P. K. McCormick, Neo – Liberalism: A Contextual Framework for Assessing the Privatisation of Intergovernmental Satellite Organisations, in *The Transformation of Intergovernmental Satellite Organisations* (Eds. P. K. McCormick & M. J. Mechanick) (2013), 1 – 34; specifically on INTELSAT e. g. F. Lyall, On the Privatization of INTELSAT, 28 *Journal of Space Law* (2000), 101 – 19; L. Millstein, INTELSAT Restructuring, 2 – 2 *Outer Space Z News* (1999), 2 – 3; McCormick, *supra* n. 60, 94 ff.; S. Ospina, International Satellite Organizations: Their Evolution from 'ISOs' to 'GCSs', in *Proceedings of the International Institute of Space Law 2010* (2011), 338 – 44; Lyall & Larsen, *supra* n. 37, 337 ff.; Salin, *supra* n. 64, 468 – 72.

㊊ 参见《〈贸易和服务总协定〉第四议定书》（The Fourth Protocol to the General Agreement on Trade and Services），1997年4月15日于日内瓦签署，1998年2月5日生效，WTO Doc. S/L/20 of 30 April 1996 (96 – 1750); 2061 UNTS 209; ATS 1998 No. 9; 33 ILM 1167 (1994); 36 ILM 354 (1997)。进一步参见"下册第六章四（二）"部分内容。

㊋ 参见《修正88/301/EEC号指令的委员会指令》（Commission Directive amending Directive 88/301/EEC）、《90/388/EEC号指令》（Directive 90/388/EEC）和与卫星通信相关的《卫星指令》（Satellite Directive），94/46/EC，1994年10月13日，OJ L 268/15 (1994)。进一步参见"上册第四章三（二）2"部分内容。同时参见 H. Ungerer, Transformation of ISOs: European Perspective, 2 – 2 Outer Space Z News (1999), 13 – 6; extensively Salin, *supra* n. 64, 310 – 82.

㊌ 参见《为改善国际电信而进行的开放市场重组法案》（Open – market Reorganization for the Betterment of International Telecommunications Act, ORBIT Act），Public Law 106 – 180, 106th Congress, 17 March 2000。《开放市场重组法案》部分由于国际通信卫星组织现有的完全私营的竞争对手的游说，他们苦于在与政府间组织的竞争中没有公平的竞争环境，《开放市场重组法案》第2节。进一步参见 McCormick, *supra* n. 60, 99 – 103; Salin, *supra* n. 64, 487 – 91; Mechanick *supra* n. 59, 177。

Satellites）这一新成立的私营公司后，国际通信卫星组织向新空卫星赠予 5 颗在轨卫星作为该公司的建成礼。^⑧ 国际通信卫星组织的"剩余部分"（remainder）则被迫私有化，其进入美国市场这一最大的单一通信市场的市场准入（"登陆权"）可能受到威胁。^⑧

私有化改革的阻力主要来自国际通信卫星组织的大多数成员国，他们担心国际通信卫星组织私有化后继任机构的商业化经营意味着（可能）损害面向欠发达国家和市场的潜在非盈利服务；更确切地说，是那些相较其他国家更多依赖该组织提供卫星基础设施的国家。因此，有超过 60 个国家声称国际通信卫星组织为其提供了"国际连接生命线"（lifeline international connectivity）。^⑧

经过数年的谈判和重组，2001 年一个全新的组织机构诞生了，它反映了这些政治立场和利益。根据一份已修订的《国际通信卫星组织协定》（INTELSAT Agreement），现被称为《国际电信卫星组织协定》（ITSO Agreement）^⑧，空间部分的所有权和运营权交予由新成立的私有化实体——国际通信卫星组织公司（Intelsat），新成立的机构仍位于华盛顿。^⑧

与此同时，为了缓解对上述因接入国际卫星基础设施而失去未来利益的担忧，有关《国际通信卫星组织协定》和后附的《公共服务协议》（Public Services Agreement）规定私有化的运营者自 2001 年起，承担至少 12 年的生命线连接义务

---

⑧ See McCormick, *supra* n. 60, 97；Lyall & Larsen, *supra* n. 37, 337；Salin, *supra* n. 64, 469 – 70. 新空卫星最初在荷兰注册，但经过几次商业转型后，现已成为 SES 世空（SES World Skies）的一部分，总部设在美国和荷兰。

⑧ 参见《开放市场重组法案》第 3 节，上文脚注 82，允许联邦通信委员会（FCC）在经"竞争测试"（特别是国际通信卫星组织）不会损害美国市场竞争的情况下，授予美国卫星运营商许可证。国际海事卫星组织也是这样，进一步参见"上册第五章五（二）"部分内容。

⑧ See Lyall & Larsen, *supra* n. 37, 339 – 40；Salin *supra* n. 64, 471 – 2；McCormick, *supra* n. 60, 107 – 10.

⑧ 《国际电信卫星组织协议》（Agreement Relating to the International Telecommunications Satellite Organization, ITSO Agreement），1971 年 8 月 20 日于华盛顿签署，1973 年 2 月 12 日生效，2000 年 11 月 13 日修正，2004 年 11 月 30 日修正版生效，Cm. 5092；Space Law – Basic Legal Documents, C. V. 1. See further e. g. McCormick, *supra* n. 60, 81 – 117；Mechanick, *supra* n. 59, 175 – 221；also e. g. Lyall & Larsen, *supra* n. 37, 325 – 43。

⑧ 参见 McCormick, *supra* n. 60, 103 ff. 因此，国际通信卫星组织公司（INTELSAT），尤其是面对其东道国，不再享有政府间组织的豁免权以及政府间组织的其他权益，它还需要遵守美国税法和反垄断法的规定。

（Lifeline Connectivity Obligation，LCO），提供和以前同样质量和财政限度的相关使用服务。⑧⑧

为确保新的组织履行其义务，原国际通信卫星组织（INTELSAT）改组成一个新的政府间组织——国际电信卫星组织（ITSO），⑧⑨ 负责对其进行监管。私营运营商需要向监管方支付费用，国际通信卫星组织每年可获取最高 120 万美元的基础费用，根据通货膨胀最高可调节 3 个百分点；国际卫星通信组织公司（Intelsat）还需向其监管方提供每年 50 万美金的应急基金，用于解决与监管机构的纠纷。⑨⑩

五、国际海事卫星组织

（一）私有化前的国际海事卫星组织

20 世纪 70 年代国际通信卫星组织（INTELSAT）的成功推动了国际海事组织（IMO）⑨① 考虑为海事通信，尤其是海上安全问题使用卫星，并建立一个独立

---

⑧⑧ 参见 Mechanick, *supra* n. 59, 187 – 8, 191 – 3, esp. 199 – 203。2013 年后，生命线连接义务（LCO）原则上可以由国际通信卫星组织公司（INTELSAT）自行决定终止。因为，现在这主要是通过公司与任何感兴趣的国家之间的双边合约约束。比照《国际电信卫星组织协定》（ITSO Agreement）第 1 条第 h 款，见上文脚注 86。生命线连接义务包括保障价格增长不高于 2000 年的水平，确保用于生命线连接的卫星不被其他用户使用，以及在某些特定情况下的低价权。然而，在 2013 年后合同存续期间引发了一些公司单方面延期的问题。参见 Report on Status of Lifeline Connectivity Program, IAC – 12 – 8E W/03/10, of 25 March 2010, www. itsointernational. org/dmdocuments/IAC – 12 – 8E_ LCO_ document_w_attach. pdf, 最后访问日期为 2014 年 4 月 13 日。现在，国际通信卫星组织公司（Intelsat）不再规定任何生命线连接义务，参见 www. intelsat. com/? s = Lifeline + Connectivity + Obligation，最后访问日期为 2014 年 2 月 25 日。

⑧⑨ See McCormick, *supra* n. 60, 107 – 10; Lyall & Larsen, *supra* n. 37, 338 – 43; also Mechanick, *supra* n. 59, 185 ff. 国际电信卫星组织（ITSO）在 2013 年以后，只有在成员国（现有 149 个）2/3 以上的多数决定后才可以终结。参见《国际电信卫星组织（ITSO）协定》（ITSO Agreement）第 21 条，见上文脚注 86。2006 年，国际通信卫星组织公司（INTELSAT）被指控没有遵守其在生命线连接中的义务，参见 McCormick, *supra* n. 60, 108。参见 2013 年后一定程度上保留生命连接线义务的提议，McCormick, 引注同上。

⑨⑩ 参见 Mechanick, *supra* n. 59, 195 – 9, 同时参见《国际电信卫星组织协定》（ITSO Agreement）第 7 条，上文脚注 86。

⑨① 国际海事组织（IMO）通过《政府间海事协商组织公约》（IMCO Convention）成立，见上文脚注 41。

的卫星系统。(92) 于是，1976 年成立了国际海事卫星组织（INMARSAT）。(93)

国际海事卫星组织潜在的成员国从一开始就与国际通信卫星组织在很大程度上重合，因此，对后者“不构成重大经济损害”为其成立的前提条件。(94) 与国际通信卫星组织不同的是，国际海事卫星组织只致力于移动卫星服务（Mobile Satellite Services，MSS）并且在当时更专注于海事领域，因此，它对国际通信卫星组织造成重大经济损害的风险几乎可以忽略，继而得以如期成立。(95)

国际海事卫星组织迅速获得了成功，截至2000 年，共有87 个成员国和90 个非成员国固定使用其卫星设施。当时，国际海事卫星组织有 10 颗在轨卫星，总部位于伦敦，因此很大程度上依赖于英国，如在国际电信联盟的频率指配。(96) 相较于国际通信卫星组织，国际海事卫星组织运营的核心在于提供搜救通信设备和服务，因此美国和苏联同时是其成员，但其发展中国家的成员数量远远少于其他政府间组织。(97)

---

(92) See D. Sagar & P. K. McCormick, Inmarsat: In the Forefront of Mobile Satellite Communications, in *The Transformation of Intergovernmental Satellite Organisations* (Eds. P. K. McCormick & M. J. Mechanick) (2013), 35 – 8; Lyall, *supra* n. 60, 209 – 12; Lyall & Larsen, *supra* n. 37, 344 – 5; Salin, *supra* n. 64, 121.

(93) 《国际海事卫星组织公约》（Convention on the International Maritime Satellite Organization, INMARSAT Convention），1976 年9 月3 日于伦敦签署，1979 年7 月16 日生效；1143 UNTS 105；TIAS 9605；31 UST 1；UKTS 1979 No. 94；Cmnd. 6822；ATS 1979 No. 10；15 ILM 1052（1976）。《国际海事卫星组织运营协定》（Operating Agreement on the International Maritime Satellite Organization, INMARSAT Operating Agreement），1976 年9 月3 日于伦敦签署，1979 年7 月16 日生效；1143 UNTS 213；TIAS 9605；31 UST 1；UKTS 1979 No. 94；Cmnd. 6822；ATS 1979 No. 10；15 ILM 233，1075（1976）。国际海事卫星组织参见 Sagar & McCormick，*supra* n. 92，35 ff.；Lyall，*supra* n. 60，209 – 43；Lyall & Larsen，*supra* n. 37，344 – 50；Jakhu，*supra* n. 64，94 – 5；Smith，*supra* n. 64，31 – 2；Salin，*supra* n. 64，120 – 6；Meredith & Robinson，*supra* n. 37，213 ff。

(94) 参见“上册第五章四（一）”部分内容。

(95) See Lyall，*supra* n. 60，213 – 7；Jakhu，*supra* n. 64，95.

(96) 参见 Salin，*supra* n. 64，121 – 6；Lyall & Larsen，*supra* n. 37，348 – 51；Mechanick，*supra* n. 59，197。国际海事卫星组织对英国来说，也是典型的政府间组织东道国安排，参见《大不列颠及北爱尔兰联合王国与国际海事卫星组织之间的总部协议》（Headquarters Agreement between the Government of the United Kingdom of Great Britain and Northern Ireland and the International Maritime Satellite Organisation），1980 年2 月25 日于伦敦签署，1980 年2 月25 日生效；1203 UNTS 131；1980 UKTS 44，Cmnd. 7917，以及《国际海事卫星组织特权与豁免议定书》（Protocol on the Privileges and Immunities of the International Maritime Satellite Organisation），1981 年12 月1 日于伦敦签署，1983 年7 月30 日生效；1328 UNTS 149；1982 BPP Misc 6，Cmnd. 8497 respectively。

(97) See Mechanick，*supra* n. 59，178.

国际海事卫星组织最高级别的管理结构与国际通信卫星组织是极其相近的。国际海事卫星组织依《公约》成立，缔约国在《公约》下对所有政策和法律事务负责；⑱ 并同时达成次级《运营协议》，以各成员国之公共电信运营商（PTOs，他们在可适用范围内也同时是国际通信卫星组织的公共电信运营商）为签约方，⑲ 负责地面设施和使用这些设施的卫星通信能力。⑳

各成员国对国际海事卫星组织的活动责任明确限定在"非缔约方、自然人或法人可以主张权利，只要相关缔约方与非缔约方间已经生效的条约规定了此类责任"㉑ ——这很明显考虑到了《责任公约》。㉒ 其他方面与适用于国际通信卫星组织中组织方与签约方间的豁免和免责协议基本一致。㉓

国际海事卫星组织作为一个依据经济原则运营的公共团体，其混合属性同时体现在财政和决策程序两方面。投资份额和其他财政贡献，以往通过复杂的财政系统直接与实际使用权相关联。㉔ 尽管大会作为组织中的最高机构，遵循"一国一票"㉕ 原则，但委员会作为组织的日常管理机构，在运营中遵循"加权投票"制。㉖

国际海事卫星组织同时有"无重大经济损害"条款，该条格外考虑了"拓

---

⑱ 参见《国际海事卫星组织公约》第11条和第12条，上文脚注93。

⑲ 仅承认每个成员国有一个签约方，参见《国际海事卫星组织公约》第2条第33款和第4条，上文脚注93。

⑳ 《地面站运营协议》（Land Earth Station Operator Agreements）规定了包括非成员国的运营安排，参见《国际海事卫星组织运营协定》第14条第2款，上文脚注93。进一步参见 Sagar & McCormick, *supra* n. 92, 52；also Lyall & Larsen, *supra* n. 37, 348。

㉑ 《国际海事卫星组织公约》第22条，见上文脚注93。同时参见 Sagar & McCormick, *supra* n. 92, 38。

㉒ 见上文脚注45，进一步参见"上册第二章三（三）"部分内容。

㉓ 《国际海事卫星组织运营协定》第11条，见上文脚注93。参见"上册第五章四（一）"部分内容。

㉔ 参见《国际海事卫星组织公约》第5条第1款、第2款和第19条，上文脚注93；尤其是《国际海事卫星组织运营协定》第3条、第5条和第6条第1款，上文脚注93；《〈国际海事卫星组织运营协定〉附件》（Annex to the INMARSAT Operating Agreement）。进一步参见 Lyall, *supra* n. 60, 231 - 4；Lyall & Larsen, *supra* n. 37, 346 - 8；Meredith & Robinson, *supra* n. 37, 215 - 8；Sagar & McCormick, *supra* n. 92, 38。

㉕ 参见《国际海事卫星组织公约》第11条第1款，上文脚注93。

㉖ 参见《国际海事卫星组织公约》第13条第1款、第14条第2款和第3款，上文脚注93。同时参见第15条。进一步参见 Lyall, *supra* n. 60, 224 - 6；Lyall & Larsen, *supra* n. 37, 347；Salin, *supra* n. 64, 123；Sagar & McCormick, *supra* n. 92, 39；Jakhu, *supra* n. 64, 95。

展空间部门设施以满足国际海事卫星组织空间部门所有为海事目的之活动"；⑩
在这种情况下，大会和委员会都可以强烈建议停止建立这一具有竞争性的空间
部门。⑩

（二）国际海事卫星组织的私有化

迫使国际通信卫星组织进行私有化的发展同样影响了国际海事卫星组织——
部分由于移动（卫星）通信部门的技术发展远超于固定卫星部门，部分由于发达
国家的党派之争，国际海事卫星组织私有化进程事实上略早于国际通信卫星
组织。⑩

这些技术的发展尤其关注技术的萎缩，使移动卫星通信设备也可以成为特
定航运安全环境之外的选择。1994 年组织名称变更为国际移动卫星组织
（International Mobile Satellite Organization）即反映了这一点，虽然组织名称缩
写 INMARSAT 仍然保留（根据习惯，对 INMARSAT 仍用国际海事卫星组织之
译名——译者注）。⑩ 随着新的近地轨道卫星星座如铱星计划（Iridium）、全球星
（Globalstar）和远程设计卫星（Teledesic）的出现，手持式移动市场面临巨大的
竞争压力。1996 年，建立国际海事卫星组织全球导航卫星服务（INMARSAT
International Navigation Satellite Service）的提议被签约国驳回，这也表明了政府
间组织本身并非参与这一市场竞争的适当主体。⑪

第一个主要步骤是在 1995 年将高端移动卫星通信应用程序划分到一家新成

---

⑩ 参见《国际海事卫星组织公约》第 8 条第 1 款，上文脚注 93。

⑩ 参见《国际海事卫星组织公约》第 8 条第 2 款、第 3 款，上文脚注 93。进一步参见 Lyall,
supra n. 60, 236; Meredith & Robinson, *supra* n. 37, 230 ff., esp. 244 – 5; Salin, *supra* n. 64, 123 –
4; Jakhu, *supra* n. 64, 95。

⑩ See McCormick, *supra* n. 79, 1 – 34; specifically on INMARSAT e. g. D. Sagar, INMARSAT:
A New Beginning, 2 – 2 *Outer Space Z News* (1999), 6 – 8; Lyall & Larsen, *supra* n. 37, 344 – 55;
Sagar & McCormick, *supra* n. 92, 41 ff.; Mechanick, *supra* n. 59, 177 – 81; also e. g. U. M. Bohlmann,
K. U. Schrogl & I. Zilioli, Report of the 'Project 2001' Working Group on Telecommunication, in '*Project
2001*' – *Legal Framework for the Commercial Use of Outer Space* (Ed. K. H. Böckstiegel) (2002), 219 –
20; Lyall & Larsen, *supra* n. 37, 350 ff.; Salin, *supra* n. 64, 472 – 4; Ospina, *supra* n. 79, 345, at n. 7.

⑩ See Sagar & McCormick, *supra* n. 92, 37; Salin, *supra* n. 64, 121; Lyall & Larsen, *supra*
n. 37, 344.

⑪ See Sagar & McCormick, *supra* n. 92, 45 – 6; Salin, *supra* n. 64, 211 – 23; further Lyall &
Larsen, *supra* n. 37, 379 ff.

立的私营公司——ICO 全球通信（ICO Global Communications），该公司总部也在伦敦。公司成立后旋即开展了为未来手持卫星通信服务的中地球轨道（MEO）卫星系统计划，该系统由 10 颗卫星组成。[112] 尽管发展之路曲折，但公司至今依然活跃。[113]

然而，上述努力并不能最终转移国际海事卫星组织其余部分私有化的需求。1998 年，经过一系列复杂的私有化程序，成立了一个新的机构——彼时仍仅存于纸面上，成为一个成熟的执行机构仍需时日。[114]

在新的组织架构下，一家私营运营商——国际海事卫星组织（Inmarsat）负责所有的卫星运营、服务提供和市场运营，总部仍位于伦敦。（与国际通信卫星组织相同，私营化后的机构名称缩写字母没有变化，仅为首字母大写，其余小写——译者注）[115] 原政府间组织——国际海事卫星组织（INMARSAT）转化为一个更小的政府间机构，新机构的首字母缩写为 IMSO，其唯一职责是确保私营运营者继续履行《公共服务协议》（Public Services Agreement，PSA）中规定的相应公共服务义务。[116]

所有公共服务义务中最重要的就是全球海难与安全系统（Global Maritime Distress and Safety System，GMDSS）卫星搜救服务——这是原国际海事卫星组织运营的核心。国际海事组织根据 1988 年对《国际海上生命安全公约》（SOLAS）的修正案建立了全球海难与安全系统，国际海事卫星组织（INMARSAT）于

---

⑫ 参见 http://en. wikipedia. org/wiki/Pendrell_Corporation，最后访问日期为 2014 年 2 月 25 日。进一步参见 Sagar & McCormick, *supra* n. 92, 45 – 61; Salin, *supra* n. 64, 121 – 2。

⑬ 参见 http://en. wikipedia. org/wiki/Pendrell_Corporation，最后访问日期为 2014 年 2 月 25 日。

⑭ 《国际移动卫星组织公约》（Convention on the International Mobile Satellite Organization, IMSO Convention），1976 年 9 月 3 日签署，1979 年 7 月 16 日生效，1998 年修正，修正版 2001 年 7 月 31 日生效，ATS 2001 No. 11。

⑮ See Sagar & McCormick, *supra* n. 92, 47 ff. , esp. 58 – 61; Lyall & Larsen, *supra* n. 37, 351 – 4; Salin, *supra* n. 64, 472 – 4.

⑯ 最初的《公共服务协议》反映了后期被废除的两个私有公司的成立，但内容大体上保持了一致。参见《国际移动卫星组织与国际海事卫星一号有限公司和国际海事卫星二号公司之间的公共服务协议》（Public Services Agreement Between the International Mobile Satellite Organization And Inmarsat One Limited And Inmarsat Two Company, PSA），1999 年 4 月于伦敦签署。同时，私营运营商需要负担监察费用。《国际移动卫星组织公约》第 10 条第 1 款，上文脚注 114；《公共服务协议》第 15 条。

1992 年提供该系统。⑰ 根据《公共服务协议》，全球海难与安全系统服务即使是非盈利的，也应由私营运营者在保持同等质量和使用费用的基础上进行维护。⑱私有化后的国际海事卫星组织（Inmarsat）之全球海难与安全系统服务义务，只有在 IMSO 正式同意的情况下才能解除，例如找到一个替代服务提供者提供同等标准的全球海难与安全系统服务。⑲

六、欧洲通信卫星组织

（一）私有化前的欧洲通信卫星组织

欧洲通信卫星组织（European Telecommunications Satellite Organization, EUTELSAT)⑳ 起源于欧洲空间局一系列有关卫星通信的选择性项目，并演变成一个独立的"子实体"，该论述第四章已提及。㉑

因此有必要重申，欧洲通信卫星组织与国际通信卫星组织、国际海事卫星组织建立在相同的基础之上。欧洲通信卫星组织核心为两个层级的组织架构，即欧洲通信卫星组织各成员国是《欧洲通信卫星公约》的缔约方；各个公共电信运营

---

⑰ 参见 www. imso. org/GMDSS. asp，最后访问日期为 2013 年 12 月 31 日。参见 1974 年《国际海上生命安全公约》原文，上文脚注 43。进一步参见 Sagar & McCormick, *supra* n. 92, 37, 48 – 50, 62 – 3；Lyall & Larsen, *supra* n. 37, 344 – 5。

⑱ 《国际移动卫星组织公约》第 3 条第 a 款、第 8 条第 b 款，见上文脚注 114；《公共服务协议》第 2 条第 1 款，见上文脚注 116。

⑲ 《公共服务协议》第 18 条，见上文脚注 116。《国际移动卫星组织公约》，见上文脚注 114，在 2008 年再次修正时，国际移动卫星组织在其他服务供应商可能提供这项服务的范围内，接管了全球海难与安全系统的监督职能。参见 Sagar & McCormick, *supra* n. 92, 64。

⑳ 《确立欧洲通信卫星组织的公约》（Convention Establishing the European Telecommunications Satellite Organization, EUTELSAT Convention, 以下简称《欧洲通信卫星公约》），1982 年 7 月 15 日在巴黎签署，1985 年 9 月 1 日生效；UKTS 1990 No. 15；Cm. 956；Cmnd. 9069；Space Law – Basic Legal Documents, C. Ⅱ. 1。《关于欧洲通信卫星组织的运营协定》（Operating Agreement Relating to the European Telecommunications Satellite Organization, EUTELSAT Operating Agreement, 以下简称《欧洲通信卫星组织运营协定》），1982 年 7 月 15 日在巴黎签署，1985 年 9 月 1 日生效；UKTS 1990 No. 15；Cm. 956；Cmnd. 9154；Space Law – Basic Legal Documents, C. Ⅱ. 2。See on EUTELSAT in general C. Roisse, The Evolution of EUTELSAT: A Challenge Successfully Met, in *The Transformation of Intergovernmental Satellite Organisations* (Eds. P. K. McCormick & M. J. Mechanick) (2013), 120 – 8; K. Madders, A *New Force at a New Frontier* (2000), 506 – 7；Lyall, *supra* n. 60, 264 – 95；Lyall & Larsen, *supra* n. 37, 356 – 60；Jakhu, *supra* n. 64, 95 – 6；Courteix, *supra* n. 64, 106 – 7；Smith, *supra* n. 64, 32；Meredith & Robinson, *supra* n. 37, 213 ff. ；Salin, *supra* n. 64, 365 – 72。

㉑ 参见"上册第四章二（六）2"部分内容。

商（PTOs）同样是一国一席，⑫ 他们是《欧洲通信卫星组织运营协定》的签约方，也因此享有主要的控制权和直接从组织及其卫星系统获得电信服务的权益。⑬ 这两个层级的组织架构还包含一个系统，使事后的使用水平与先前承诺的投资保持一致。⑭

欧洲通信卫星组织的总部位于法国巴黎，共拥有 18 颗地球静止轨道卫星，与此同时，导致国际通信卫星组织和国际海事卫星组织私有化改革的压力也开始影响到欧洲通信卫星组织。⑮ 这三个组织所处的情况有很大的相似性。而且，考虑到在三个组织中拥有公共电信运营商席位的国家实体是相同的，卫星通信的反竞争性也加剧了。⑯

（二）欧洲通信卫星组织的私有化

除对电信（包括卫星通信）的普遍全球压力外，对市场需求的反应变得更为灵敏，而对政府和（或）公共法律利益的反应相对较弱的需求也对国际通信卫星组织和国际海事卫星组织造成了压力，这反映在世界贸易组织和《服务贸易总协定》的法律文本的发展中。⑰ 欧洲通信卫星组织在具体的欧洲语境（包括法律语

---

⑫ 参见《欧洲通信卫星公约》第 1 条第 f 款和第 2 条第 b 款，上文脚注 120。同时参见《欧洲通信卫星组织运营协定》前言，见上文脚注 120。

⑬ 参见《欧洲通信卫星公约》第 6 ~ 13 条，上文脚注 120；《欧洲通信卫星组织运营协定》第 2 ~ 9 条，见上文脚注 120。进一步参见 Roisse, *supra* n. 120, 123 - 7; Lyall, *supra* n. 60, 284 - 6; Lyall & Larsen, *supra* n. 37, 358 - 9。

⑭ 参见《欧洲通信卫星组织运营协定》第 8 ~ 10 条，上文脚注 120。同时参见 Roisse, *supra* n. 120, 125; Madders, *supra* n. 120, 506 - 7; Lyall, *supra* n. 60, 287 - 9。

⑮ 参见 http://en. wikipedia. org/wiki/Eutelsat，最后访问日期为 2014 年 3 月 4 日。欧洲通信卫星组织作为一个政府间组织，已通过与其东道国法国签订必要的协议，确保其作为政府间组织的豁免权与特权。参见《欧洲通信卫星组织与法兰西共和国之间的总部协议》（Headquarters Agreement between the European Telecommunications Satellite Organisation（EUTELSAT）and the Government of the French Republic），2001 年 5 月 15 日在巴黎签署，www. eutelsatigo. int/en/docs/HQ_agreement. pdf，最后访问日期为 2014 年 4 月 13 日；《欧洲通信卫星组织特权与豁免议定书》（Protocol on the Privileges and Immunities of the European Telecommunications Satellite Organisation），1987 年 2 月 13 日于巴黎签署，1988 年 8 月 17 日生效；1990 UKTS 4, Cm. 1106; UK Misc. 3, Cmnd. 305 respectively。

⑯ See Meredith & Robinson, *supra* n. 37, 213 ff., esp. 217 - 8; F. G. von der Dunk, *Private Enterprise and Public Interest in the European 'Spacescape'*（1998），189 - 90, esp. at n. 112; *The Reform of International Satellite Organisations 1995*, 1996, Policy Roundtables, OCDE/GD（96）123, www. oecd. org/regreform/sectors/1920271. pdf，最后访问日期为 2014 年 4 月 13 日。

⑰ 参见"上册第五章四（二）"和"上册第五章四（三）"部分内容。关于世界贸易组织和《服务贸易总协定》在卫星通信中的作用具体参见"下册第六章四"部分内容。同时参见 McCormick, *supra* n. 79, 1 - 34; Salin, *supra* n. 64, 69 - 85。

境）下也感受到了这一压力。⑫

这些压力在某种程度上（不经意地）部分地来源于欧洲通信卫星组织本身。与国际通信卫星组织和国际海事卫星组织一样，欧洲通信卫星组织也要求各成员国在其管辖范围内不得开展卫星系统，如果这些系统可能对欧洲通信卫星组织的运营造成"任何重大经济损害"的话。⑫ 然而，与前两个组织不同的是，欧洲通信卫星组织在一个里程碑式的"案例"中确实利用其自身权能制定了限制潜在竞争的指南。

1985年，欧洲卫星公司（Société Européenne des Satellites，SES）在欧洲通信卫星组织的成员国之一——卢森堡成立。⑬ 当时，英国电信作为英国公共电信运营商是欧洲卫星公司的主要投资方，此外，英国也是欧洲通信卫星组织的成员国之一。在欧洲卫星公司开始开展其商业活动，包括准备第一颗阿斯特拉（Astra）卫星运营时，1987年欧洲通信卫星组织缔约方大会和理事会（Board of Governors）最后一审判定欧洲卫星公司确实对欧洲通信卫星组织的运营造成了"重大经济损害"，因为双方都致力于开发欧洲广播市场。⑬

因此，欧洲通信卫星组织大会强制实施了《良善行为准则》（code of good behaviour）。根据该准则的规定，欧洲卫星公司基本上不会吸收四个以上的欧洲通信卫星组织的客户，该准则适用至1998年。⑬ 正是由于电视频道数量的迅速增长，欧洲卫星公司才得以生存和发展，这确实为在一个日益商业化和私有化环境

---

⑫ See Roisse, *supra* n. 120, 127 – 32；C. Roisse, EUTELSAT Privatisation, 2 – 2 Outer Space Z News（1999），4 – 5；Ungerer, *supra* n. 81, 13 – 6；more in general McCormick, *supra* n. 60, 1 – 34。

⑫ 《欧洲通信卫星公约》第16条第a款，见上文脚注120。为了尊重早期的国际通信卫星组织和国际海事卫星组织，其空间段的增加被排除在与欧洲通信卫星组织机构协商和接收任何《指南》的要求之外；而为了尊重国家主权和欧洲通信卫星组织的要求，不参与军事卫星通信活动，参见《欧洲通信卫星公约》第3条第e款和第f款；第16条第c款"完全为国家安全目的"对空间段的设备同样适用。进一步参见Madders, *supra* n. 120, 512 – 3；Meredith & Robinson, *supra* n. 37, 230 ff.，esp. 246 – 7；Courteix, *supra* n. 64, 106；Jakhu, *supra* n. 64, 96；Lyall, *supra* n. 60, 289 – 90。

⑬ 参见 www. ses. com/4337028/history，最后访问日期为2014年2月19日；同时参见Madders, *supra* n. 120, 528 – 32；*cf.* also 509；进一步参见Salin, *supra* n. 64, 374 – 5；Lyall & Larsen, *supra* n. 37, 378 – 9。

⑬ See Courteix, *supra* n. 64, 106；*cf.* also Salin, *supra* n. 64, 368, also 537；Lyall & Larsen, *supra* n. 37, 319.

⑬ See Madders, *supra* n. 120, 529 – 30；Courteix, *supra* n. 64, 106.

中的"反竞争"行为提供了一个例子。它也推动了欧洲共同体开始在这个领域主张管辖权,尽管到目前为止尚无先例。⑬

这次推动的主要成果是1994年的《卫星指令》⑭,该指令还要求"依据国际公约成立的各国际组织——国际通信卫星组织、国际海事卫星组织、欧洲通信卫星组织、国际卫星空间通信组织之各缔约国为卫星运营之目的,经委员会要求需要向委员会通告任何他们采取的可能会损害其遵行《欧洲共体条约》竞争条款或影响本《卫星指令》或理事会有关电信指令之目的的举措。"⑮

在欧盟竞争规则下,欧洲通信卫星组织虽然是一个独立的政府间组织,依然符合竞争法下的"承担方";其针对欧洲卫星公司的行为因此可以被视为"滥用优势地位"。⑯与此同时,强行确立公共电信运营商在各成员国中的国家垄断也可以被视为滥用欧洲通信卫星组织的优势地位,或更直接的,相关公共电信运营商集团的市场份额配比达到"串谋"(卡特尔)。⑰结合欧盟成员国需恪守竞争规则和《卫星法令》的基本要求,法令最终会迫使欧盟成员国中同时也是欧洲通信卫

---

⑬ 进一步参见"上册第四章三(二)2"部分内容。

⑭ 见上文脚注81。

⑮ 《卫星指令》第3条,见上文脚注81。国际卫星空间通信组织(INTERSPUTNIK)起初是为了遏制国际通信卫星组织(INTELSAT)而成立的共产主义联盟,再次统一后的德国继承了前德意志民主共和国的成员国身份。进一步参见"上册第五章七(一)"部分内容。同时参见 Ungerer, *supra* n. 81, 14 – 6;Madders, *supra* n. 120, 512 – 4。

⑯ 《经〈里斯本条约〉修正〈欧洲联盟条约〉和〈建立欧洲共同体条约〉而修定的〈建立欧洲共同体条约〉》(Treaty establishing the European Community as amended by the Treaty of Lisbon amending the Treaty on European Union and the Treaty establishing the European Community, hereafter Treaty on the Functioning of the European Union, 以下简称《欧洲联盟职能条约》)现行版本第102条, 2007年12月13日于里斯本签署, 2009年12月1日生效, OJ C 115/47 (2009)。同时参见 R. Barents, The Competition Policy of the EC, in *The Law of the European Union and the European Communities* (Eds. P. J. G. Kapteyn *et al.*) (4th edn., 2008), 810 – 16;A. Dashwood *et al.*, *Wyatt and Dashwood's European Union Law* (6th edn., 2011), 765 ff.;L. Woods & P. Watson, *Steiner* & Woods EU Law (11th edn., 2012), 661 – 78。

⑰ 参见《欧洲联盟职能条约》现行版本第101条有关"串谋"的规定,上文脚注136。同时参见 Barents, *supra* n. 136, 795 – 810;Dashwood, *supra* n. 136, 729 ff.;Woods & Watson, *supra* n. 136, 641 – 61。

星组织成员国对组织进行适当的私有化或彻底放任之。⑱

来自全球和欧洲的各方压力使得欧洲通信卫星组织开始逐步私有化，或多或少与国际通信卫星组织和国际海事卫星组织的私有化在同一时间段内。首先，欧洲通信卫星组织宣布今后将不再适用"重大经济损害"条款。⑲ 其次，欧洲通信卫星组织将允许各成员国有"多个签约方"，以打破现有的国家垄断。⑭

1999 年正式私有化改革最重要的一步启动。⑭ 自 2002 年修订的《欧洲通信卫星公约》正式生效之日起，卫星运营和相关商业活动将由一个私营运营商——欧洲通信公司（Eutelsat S. A.）全权负责。⑭ 剩下的政府间组织——欧洲通信卫星组织机构（EUTELSAT IGO）同私有公司一样位于巴黎，负责对私营运营商实施监管，从而"确保欧洲通信公司遵守本条所规定的各项基本原则。"⑭

由于原欧洲通信卫星组织的侧重不同，上述基本原则的政治紧迫性与国际通信卫星组织的生命线连接义务（LCO）和国际海事卫星组织的全球海难与安全系统（GMDSS）相比，不具有同等级别；但是，却表达了一种对新的私有运营商

---

⑱　值得注意的是，欧盟（当时）15 个成员国大概占有欧洲通信卫星组织所有成员国公共电信运营商投资的88%。因此，至少可以确保私有化的政治经济权，同时，倘若私有化并不成功也承担相应责任。与此相反，国际通信卫星组织和国际海事卫星组织的相应占比分别为28%和34%。参见《面向欧洲的系统与服务——关于欧洲共同体卫星通信领域共同做法的绿皮书》（Towards Europe - wide systems and services – Green Paper on a common approach in the field of satellite communications in the European Community），委员会通信部，1990 年 11 月 20 日，COM（90）490 final，12 - 4，138 - 9. *Cf.* further e. g.（on EUTELSAT）Madders, *supra* n. 120，512。

⑲　See Roisse, *supra* n. 120，132 - 4；Madders, *supra* n. 120，513.

⑭　See Roisse, *supra* n. 120，133 - 4；Madders, *supra* n. 120，514.

⑭　参见《确立欧洲通信卫星组织的公约》（Convention Establishing the European Telecommunications Satellite Organization, EUTELSAT Convention as amended，以下简称《欧洲通信卫星公约》修订本），1982 年 7 月 15 日在巴黎签署，1985 年 9 月 1 日生效，1999 年 5 月 20 日修订，修订本 2002 年 11 月 28 日生效；Cm. 4572；Space Law – Basic Legal Documents, C. Ⅱ. 1. Further on the privatization of EUTELSAT e. g. Roisse, *supra* n. 128，Roisse, *supra* n. 120，119 - 73；Mechanick, *supra* n. 59，175 - 221；Lyall & Larsen, *supra* n. 37，356 - 64；Madders, *supra* n. 120，514。

⑭　参见《欧洲通信卫星公约》修订本第 2 条第 b 款，上文脚注 141。进一步参见 Roisse, *supra* n. 120，146 - 61；Lyall & Larsen, *supra* n. 37，360 - 4。

⑭　《欧洲通信卫星公约》修订本第 3 条第 a 款，上文脚注 141。应当注意的是，欧洲通信卫星组织在所有运营业务全部私有化并移交欧洲通信卫星组织公司后，仍被援引为"欧洲通信卫星组织"。然而，为了更便于区分"过去的"欧洲通信卫星组织和"新的"私有化后的组织，本书中，后者将被称为欧洲通信卫星组织机构。因为这一称谓在日常非正式交易也常被援引。进一步参见 Roisse, *supra* n. 120，162 - 72；also e. g. Roisse, *supra* n. 128，4 - 5；Lyall & Larsen, *supra* n. 37，361 - 4；Ospina, *supra* n. 79，at n. 7。

可能从其前身为政府间组织的身份而过度受益的担忧。因此，欧洲通信卫星组织机构（EUTELSAT IGO）旨在确保欧洲通信公司（Eutelsat S. A.）恰当地履行维护公共服务和全球服务的义务、卫星系统覆盖的泛欧洲计划、非歧视原则并遵守公平竞争。[144]欧洲通信卫星组织机构"同时应当确保对国际法的各项权利和义务的继承，尤其是《无线电规则》有关频率的使用——该频率由原欧洲通信卫星组织的空间段转移至欧洲通信公司。"[145]

2001年11月，作为私有化运营新时代的先兆，前公共电信运营商——现在股东意大利电信（Telecom Italia）首次将其21%的股权卖予雷曼兄弟（Lehman Brothers）。[146]2005年，随着首次公开募股（Initial Public Offerings）要求最低30%的新股面向"新来者"发售，私有化的进程在所有操作层面圆满结束。[147]

伴随着商业成功，欧洲通信公司从那时起就将业务拓展到了产品和服务市场，包括多媒体、互联网和终端市场，以及地理市场——尤其是非洲市场，部分原因是欧洲通信公司的卫星所占据的地球静止轨道位置更便于进入非洲大陆。[148]拥有34颗地球静止轨道卫星的欧洲通信公司，目前已成为世界上最大的卫星运营商之一。[149]

七、国际卫星空间通信组织

（一）国际卫星空间通信组织的演变

国际卫星空间通信组织（INTERSPUTNIK）成立于1971年，[150]是"共产主

---

[144] 《欧洲通信卫星公约》修订本第3条第a款和第i–iv款，见上文脚注141。

[145] 《欧洲通信卫星公约》修订本第3条第b款，见上文脚注141。

[146] 参见 www. efinancialnews. com/story/2003 – 03 – 31/eutelsat – leaves – field – open – for – buy – out – firms? ea9c8a2de0ee111045601ab04d673622，最后访问日期为2014年3月4日。

[147] See Roisse, *supra* n. 120, 150 – 1；Lyall & Larsen, *supra* n. 37, 360 – 1.

[148] See Roisse, *supra* n. 120, 158 – 61.

[149] 参见 http://en. wikipedia. org/wiki/Eutelsat，最后访问日期为2014年2月19日。

[150] 《成立国际卫星空间通信组织的协定》（Agreement on the Establishment of the 'INTERSPUTNIK' International System and Organization of Space Communications，INTERSPUTNIK Agreement，以下简称《国际卫星空间通信组织协定》），1971年11月15日签署，1972年7月12日生效；862 UNTS 3；TIAS 859 (1973) No, 12343；Space Law – Basic Legal Documents, C. Ⅷ. 1。国际卫星空间通信组织概述参见 Lyall, *supra* n. 60, 296 – 303；Lyall & Larsen, *supra* n. 37, 364 – 8；Cheng, *supra* n. 62, 548 – 50；V. S. Veshchunov & V. D. Stovboun, Intersputnik International Organization of Space Communications: An Overview, 29 Journal of Space Law (2003), 121 – 30；V. S. Veshchunov, Reorganization of INTERSPUTNIK, 2 – 2 Outer Space Z News (1999), 9 – 10；Smith, *supra* n. 64, 30 – 1。

义的国际通信卫星组织"。苏联认为国际通信卫星组织的美国主导太过明显，而不加入该组织成为成员方（这种观点和态度事实上也延伸到当时的共产主义阵营）。⑤ 因此，与国际通信卫星组织、国际海事卫星组织和欧洲通信卫星组织不同的是，国际卫星空间通信组织的组织架构不是二级制，⑤ 虽然它的融资系统涉及更多"自由市场"导向的投资与使用结合的体系。⑤ 国际卫星空间通信组织总部位于莫斯科，苏联在国际电信联盟体系下作为其赞助国开展工作。⑤ 该组织主要致力于卫星广播、电视节目（占比约为其总活动的80%），以及固定卫星业务（FSS）。⑤

1991 年，随着苏联的解体，全球商业化、私有化和市场自由化的压力也开始在一定程度上影响国际卫星空间通信组织。因此，20 世纪 90 年代中期，《国际卫星空间通信组织协定》修正后，确立了《国际卫星空间通信组织运营协定》。然而，与上文讨论的其他三个政府间组织相比，该协定的党派之争仍然存在。⑤ 有趣的是，从一开始，它就为每个成员国指派一个以上的签约方提供了可能。⑤ 目前，国际卫星空间通信组织 25 个成员国中已有 19 个批准了《运营

⑤ See Lyall, *supra* n. 60, 296 – 8; Lyall & Larsen, *supra* n. 37, 364 – 6; Smith, *supra* n. 64, 30.

⑤ 有关结构方面，参见《国际卫星空间通信组织协定》第 2 条、第 4 条、第 6 条和第 8 ~ 13 条，见上文脚注150。有关责任分担，参见第 10 条。同时参见 Lyall, *supra* n. 60, 302。

⑤ 《国际卫星空间通信组织协定》第 15 条第 1 款，见上文脚注150。然而，条款并没具体规定实践中应当如何操作。

⑤ 国际电信联盟体系进一步参见"上册第八章二"部分内容。

⑤ 参见 www. intersputnik. com/services/，最后访问日期为 2014 年 3 月 4 日，以及 www. intersputnik. com/userfiles/files/intersputnik_presentation_2012. pdf，第 32 和 33 页，最后访问日期2014 年 4 月 13 日。同时参见 Courteix, *supra* n. 120, 104。

⑤ 参见《国际卫星空间通信组织运营协定》（Operating Agreement of the INTERSPUTNIK International Organization of Space Communications, INTERSPUTNIK Operating Agreement），2002 年 11 月 4 日签署，2003 年 2 月 4 日生效，2011 年 11 月 15 日最近一次修订，INTERSPUTNIK D. B. /D. C. / XXXIX/13 – OC/7 – 2011 – 1。31 Journal of Space Law（2003），162，www. intersputnik. com/userfiles/ files/protocol_annex _7 _operating _agreement. pdf，最后访问日期为 2014 年 2 月 19 日。同时参见 Veshchunov & Stovboun, *supra* n. 150, 121 ff.; Lyall & Larsen, *supra* n. 37, 364 – 75。

⑤ 参见《国际卫星空间通信组织协定修正议定书》，以下简称《国际卫星空间通信组织议定书》（Protocol on the Amendments to the Agreement on the Establishment of the 'INTERSPUTNIK' International System and Organization of Space Communications, INTERSPUTNIK Protocol）第 2 条第 2 款，1996 年 11 月签署，2002 年 11 月 4 日生效，Space Law – Basic Legal Documents, C. Ⅷ. 2. 1; 29 Journal of Space Law（2003），131。

协议》。⑱

在这些法律框架修正之后，一个由签约方组成的新的运营委员会（Operations Committee）负责就下列问题做出重大决策：航天器的建造、采购、租赁和运营，卫星系统的进一步开发，非签约方接入卫星系统，确定股本规模等。⑲更确切地说，股本来自签约方的出资，这些资本用于与空间段和地面控制系统有关的研发，包括其设计、建造、采购或租赁。⑳这些捐资由一个复杂的强制捐资、额外捐资和自愿捐资的制度提供，并附有管制组织运营等其他财务方面的附加条款。㉑

迄今为止，已有100多个国家和私营电信运营商使用国际卫星空间通信组织的卫星系统，1997年国际卫星空间通信组织与洛克希德马丁公司组建了合资企业——洛克希德马丁国际卫星空间通信公司（Lockheed Martin Intersputnik，LMI），将后者的制造及营销能力与多个国家和市场的运营相结合。㉒ 截至今天，它运行着12颗卫星和41个转发器。㉓

（二）通知管理的争议

国际卫星空间通信组织的"通知当局"（Notifying Administration）争议或许是发生在参与卫星通信的政府间组织中较为有趣的国际法律争议。苏联解体后不久，1993年白俄罗斯接管了俄罗斯通知当局的职责，在国际电信联盟中代表该机

---

⑱ 参见 www. intersputnik. com/about_organization/documents/，最后访问日期为 2014 年 2 月 19 日。除了苏联以及中欧和东欧的一些前共产主义国家外，成员国包括阿富汗、古巴、德国（作为前德意志民主共和国的继承国）、印度、老挝、蒙古国、尼加拉瓜、朝鲜、叙利亚、越南和也门。

⑲ 《国际卫星空间通信组织议定书》第 8 条、第 10 条，见上文脚注157；《国际卫星空间通信组织协定》修正第 11 条、第 12 条，见上文脚注 150。

⑳ 《国际卫星空间通信组织议定书》第 13 条，见上文脚注 157，《国际卫星空间通信组织协定》修正第 15 条，见上文脚注 150。

㉑ 《国际卫星空间通信组织运营协定》第 4 条、第 5 条，以及第 6 条和第 7 条，见上文脚注 156。第 9 条规定了主要责任条款，将签约方的责任限制在其股本中的股份，除非第三方责任的索赔有争议，见第 9 条第 3 款和第 4 款。

㉒ 进一步参见 www. un. org/events/unispace3/speeches/20sput. htm，最后访问日期为 2014 年 2 月 26 日。Veshchunov & Stovboun, *supra* n. 150, 128；Veshchunov, *supra* n. 150, 10；Lyall & Larsen, *supra* n. 37, 375.

㉓ 参见 http://en. wikipedia. org/wiki/Intersputnik，最后访问日期为 2014 年 2 月 19 日。

构请求协调轨道位置和频率。[164]

据推测，白俄罗斯曾以这种身份请求国际电信联盟分配和指配三颗卫星频率和位于 75°E 的补充位置。白俄罗斯称，根据国际电信联盟制度实现的分配是国家分配，因此允许该国将其视为国家指配；与此相反，国际卫星空间通信组织则主张协调请求是代表该组织做出的。[165]

国际卫星空间通信组织的理事机构试图撤销白俄罗斯通知当局的职能以解决这一困境。2009 年，白俄罗斯向国际电信联盟无线电通信局（ITU Radiocommunication Bureau，ITU－R）通报，它将（仅）继续充当那三颗卫星的通知当局；与此同时，俄罗斯将接管其他所有卫星的通知当局职能，并且其他国际卫星空间通信组织成员国也认为白俄罗斯的行为不当，且不符合其代表国际卫星空间通信组织履行通知当局的角色。[166]

然而，根据国际电信联盟尊重各成员国之主权，以及对各成员国成立机构不干涉原则，一个通知当局只有在同时通知了新旧通知当局后才可被取代。[167] 但是，无线电通信局只收到了俄罗斯的有关请求，白俄罗斯仍然声称它享有三颗有争议卫星的通知管理职能，并要求承认对其中一颗卫星的排他性国家权利，并暂停使用另外两颗卫星直到争议解决为止。[168]

为了解决监管真空问题，国际电信联盟研究了 2006 年的先例，当时委内瑞拉作为安第斯共同体电信公司协会（ASETA）[169] 的通知当局被哥伦比亚取代。[170] 起初，国际电信联盟没有收到委内瑞拉的正式确认，但是这一问题很快就得到了解决，因此该先例就如何处理国际卫星空间通信组织一案并不能提供合适的

---

[164] See V. S. Veshchunov & E. Zaytseva, New Legal Dimensions of the Orbital Frequency Management: Conflict of Interests Between a Group of Administrations and Its Notifying Administration, in Proceedings of the International Institute of Space Law 2011 (2012), 404 - 8. 有关国际电信联盟制度，进一步参见"上册第八章二"部分内容。

[165] See Veshchunov & Zaytseva, *supra* n. 164, 405.

[166] 同上，405 - 6。

[167] 同上，406。

[168] 同上，405。

[169] 安第斯共同体电信公司协会（Asociación de Empresas de Telecomunicaciones de la Comunidad Andina, ASETA)，参见 www. aseta. org，最后访问日期为 2014 年 2 月 19 日。

[170] See Veshchunov & Zaytseva, *supra* n. 164, 406 - 7.

指导。

最终，2011 年国际电信联盟无线电规则委员会（ITU Radio Regulations Board）认为，根据现行《议事规则》，某一通知当局拒绝放弃其地位是一项内部事务，并要求修正这些规则。随后，新的规则颁布，其中规定如果政府间卫星通信组织希望就其卫星网络指定一个新的通知当局，那么，无线电通信局应在收到政府间组织的法定代表人就其内部组织活动事项提交书面通知时启动相应的调整，该通知包括新任命的主管当局同意政府间组织代表接任通知当局的证明。[171]

经过这些修正之后，2011 年 7 月，白俄罗斯作为国际卫星空间通信组织的通知当局的地位正式被俄罗斯取代，从而解决了这一棘手的问题。然而，在这个过程中，一个政府间组织（国际电信联盟）实际干预另一个政府间组织（国际卫星空间通信组织）的内部事务不仅是必要的，而且在法律上也是正当的，只要后一组织内的各主权成员国发现组织内部的纠纷已陷入僵局。

八、阿拉伯卫星通信组织

最后一个向其成员国提供卫星通信的政府间组织是阿拉伯卫星通信组织（Arab Corporation for Space Communications，ARABSAT）。该组织是 1976 年由阿拉伯联盟成立的，[172] 总部设在利雅得，由沙特阿拉伯作为通知当局。[173]

阿拉伯卫星通信组织由三个机构组成：一般机构或大会，其中五个最大的股东为常任理事国，另外四个为轮值成员国；董事会为主要的执行机构；总经理确

---

[171] See Veshchunov & Zaytseva, *supra* n. 164, 407 – 8.

[172] 《阿拉伯卫星通信组织协定》（Agreement of the Arab Corporation for Space Communications, ARABSAT Agreement），1976 年 4 月 14 日于开罗签署，1976 年 7 月 15 日生效，Space Law – Basic Legal Documents, C. Ⅶ. 1；44 Telecommunications Journal（IX/1977），422。有关阿拉伯卫星通信组织的概述，参见 Lyall, *supra* n. 60, 303 – 8；A. Ziadat, Arabsat: Regional Development in Satellite Communications: Lessons from the Arabsat Venture, 37 Zeitschrift für Luft – und Weltraumrecht（1988），35 – 45；Lyall & Larsen, *supra* n. 37, 375 – 7；Lyall, *supra* n. 60, 303 – 9；Smith, *supra* n. 64, 32 – 3；also http://en. wikipedia. org/wiki/Arab_Satellite_Communications_Organization，最后访问日期为 2014 年 2 月 24 日。

[173] 参见 www. itu. int/online/mm/scripts/org_br_admin. list? _ctryid = 18&_sortby = 2&_languageid = 1，最后访问日期为 2014 年 2 月 24 日。

保董事会决策的实际执行。[174]

《阿拉伯卫星通信组织协定》不涉及责任问题，这意味着对于成员国或本组织之间的责任争端，将采取适用于该区域的一些普遍适用法律原则。[175]第三国遭受了根据《责任公约》可予赔偿的损害时，可以向任一促成相关卫星发射的阿拉伯卫星通信组织的成员国进行主张。[176]阿拉伯卫星通信组织于 1985 年发射了第一颗卫星，目前共有 5 颗卫星在运行。[177]该组织目前最大的出资方是沙特阿拉伯，出资额占 36.7%，科威特占 14.6%，利比亚占 11.3%，卡塔尔占 9.8%，阿拉伯联合酋长国占 4.7%。[178]

其 21 个成员国均来自广义上的阿拉伯国家，即从北非的摩洛哥到索马里和科摩罗，以及包括巴勒斯坦在内的阿拉伯次大陆。目前已有 4 个国家获得了观察员身份，分别是巴西、厄立特里亚、印度和委内瑞拉。有超过 100 个国家由阿拉伯卫星通信组织主要卫星活动的广播所覆盖。

九、空间法中政府间组织的演变：法律评价

（一）再议政府间组织法与国际（空间）法的渊源

国际空间法一般被视为国际公法的一个分支。[179]正如讨论过的那样，《国际法院规约》的著名条款并没有具体提到政府间组织或在其背景下制定法律的情形。[180]在所有法律渊源中，条约法和习惯法是其中两个最重要的渊源。

---

[174]　参见《阿拉伯卫星通信组织协定》第 9～15 条，上文脚注 172。同时参见 Ziadat, *supra* n. 172, 38 – 9; Lyall & Larsen, *supra* n. 37, 376 – 7; Lyall, *supra* n. 60, 305 – 7。

[175]　《阿拉伯卫星通信组织协定》第 19 条，见上文脚注 172；以及第 17 条有关退出一般而言仅指要退出的成员国对"终止其成员资格前所承担的所有义务"的责任。

[176]　参见《责任公约》第 1 条第 c 款、第 i 款，上文脚注 45。需要注意的是，至少阿拉伯卫星通信组织的主要缔约国也是公约的缔约国，如沙特阿拉伯、科威特、卡塔尔和阿拉伯联合酋长国。此外，由于迄今为止阿拉伯国家还没有发射设施，发射要在其他地方进行，因而，那些在其领土进行发射的国家会成为"发射国"的适格主体。

[177]　参见 www. itu. int/online/mm/scripts/org_br_admin. list? _ctryid = 18&_sortby = 2&_languageid =1，最后访问日期为 2014 年 2 月 24 日。

[178]　参见 www. itu. int/online/mm/scripts/org_br_admin. list? _ctryid = 18&_sortby = 2&_languageid =1，最后访问日期为 2014 年 2 月 24 日。参见《阿拉伯卫星通信组织协定》第 5～8 条有关组织的财政结构，上文脚注 172。

[179]　进一步参见"上册第二章一（一）"部分内容。

[180]　《国际法院规约》第 38 条第 1 款第 b 项，见上文脚注 6。进一步参见"上册第五章二（一）"部分内容。

在政府间组织框架内的各项规章和决定，经常被视为条约法的一部分，因为它们是以确立政府间组织及其职能的组织条约为基础的，但其在很大程度上仍局限在有限的适用范围，且仅限于政府间组织的内部运作。[181] 因此，更重要的问题是：鉴于政府间组织在外层空间和空间活动中的特殊作用，这些政府间组织的角色和活动在多大程度上对习惯国际空间法产生或可能产生特殊影响。[182] 习惯国际法通常被认为由惯例（usus）、普遍的"国家实践"（state practice），加上与之相应的法律确信（opinio juris sive necessitatis）构成。[183]

习惯国际法是一个非常复杂的现象。国家实践和法律确信往往代表了同一枚硬币的两面，并引发了如何恰当区分二者的很多讨论。[184] 在外层空间领域尤其如此，由于成本、风险和必要的技术知识等原因，"实际"活动相对较少。因此，在确定"国家实践"的过程中，诸如国内法或其他文件等"书面"活动的重要性自然更高，这在本质体现了必要的法律确信。

另外，出现了一个内在的悖论："国家必须以某种方式行事……因为他们认为有法律义务这样做（没有条约正式且明确地提供证据）。但是，在法律规范出现之前，这样的论述并不正确。"[185] 此外，由于这些国家没有在任何正式意义上将实践（practice）或信念（belief）称为实践或信念，因此，这是对这种实践加信念（practice – plus – belief）的事后解释，是由学术专家、国家律政员、仲裁员

---

[181] 参见"上册第五章二（一）"部分内容。

[182] 空间活动与空间法的一个重要目的当然是国际合作。参见《外空条约》第 3 条，上文脚注 18。《外空条约》第 6 条和第 13 条已经指出了通过成立政府间组织进行这类合作的重要作用。进一步参见"上册第二章三（一）1"部分内容。

[183] 参见北海大陆架案（North Sea Continental Shelf Cases, Federal Republic of Germany v. Denmark, and Federal Republic of Germany v. Netherlands）, International Court of Justice, 20 February 1969, I. C. J. Rep. 1969, at para. 77; also H. Thirlway, The Sources of International Law, in International Law（Ed. M. D. Evans）(2003), 125; Crawford, *supra* n. 1, 23; M. N. Shaw, International Law (4th edn. , 1997), 59。

[184] See Thirlway, *supra* n. 183, 125 – 6; Shaw, *supra* n. 183, esp. 59; *cf.* also Crawford, *supra* n. 1, 23.

[185] See B. D. Lepard, The Legal Status of the 1996 Declaration on Space Benefits: Are Its Norms Now Part of Customary International Law? in Soft Law in Outer Space（Ed. I. Marboe）(2012), 292, 更具体的论述参见 B. D. Lepard, Customary International Law: A New Theory with Practical Applications (2010), esp. 22 – 3。

或法官（包括国际法院的法官）以某种方式上升到习惯国际法规则的水平。[186]

最后，习惯国际法代表了一个从明确和无可争议的缺乏任何国家实践和（或）法律确信，逐渐过渡到有关国家实践和（或）法律确信基本无可争议的过程。[187] 因此，它被恰当地比喻为：空地上逐渐形成的道路。经过最初方向的不确定后，多数开始沿着相同的道路前行，也就成了路。不久，这条路就变成了一条公认的唯一正规的路，尽管无法确切地表明后一种变化究竟发生在何时。[188]

简而言之，与条约法相比，习惯国际法保持了一种动态、不确切和不确定的现象，它不能表现在字面上，也不在明确界定的语境中成为法律，而在其他语境下也不构成法律的二元性。与之相反，受条约约束的国家，其对条约义务的开始和结束通常都做了明确的规定。[189]

有鉴于此，政府间组织在外层空间是否可能将其实践以某种方式转化为其成员国的"共同国家实践"（joint state practice），这一问题是习惯国际法需要回答的。

（二）政府间组织与国际空间习惯法

正确评估政府间组织在国际空间习惯法形成中发挥的特殊作用，需要认识到这些组织最终由成员国全体选民通过各自的组织文件控制。因此，各组织机构的地位和职能是根据各主权成员国的不同情况制定的，几乎没有与政府间组织活动相关的其他法律可以在未经同意的情况下制定。从这个角度来看，可以很容易地理解为何政府间组织的做法可以被视为其成员国的"共同国家实践"。

虽然在现阶段还不可能提供政府间组织导致形成习惯国际法规则的类似"共同国家实践"的详细分析，但会讨论几个主要的例子，至少可以对这种情况进行

---

[186] 参见 Crawford, *supra* n. 1, 23, 指称"某人得出的结论包括法律顾问、法院、政府和评论员"。

[187] 对此观点的进一步探讨，参见 F. G. von der Dunk, Contradictio in terminis or Realpolitik?, in *Soft Law in Outer Space*（Ed. I. Marboe）（2012），52－3。

[188] C. de Visscher, *Theory and Reality in Public International Law*（3rd edn., 1960），149, as quoted in Shaw, *supra* n. 183, 62.

[189] 参见《维也纳条约法公约》（Vienna Convention on the Law of Treaties），1969 年 5 月 23 日于维也纳签署，1980 年 1 月 27 日生效；1155 UNTS 331；UKTS 1980 No. 58；Cmnd. 4818；ATS 1974 No. 2；8 ILM 679（1969），阐明了在这些和许多其他类似情况下，条约法适用的精确规则。

初步评估。

1. 欧洲空间局作为"共同国家实践"可能的"开创者"?

欧洲空间局是欧洲主要的政府间组织,其由所有成员国的代表组成,理事会是其最高机构,除非另有说明,该组织以简单多数的方式批准方案、活动、预算和政策。[189] 这是否意味着理事会的所有决定及活动都可以被视为各成员国的"共同国家实践"或"共同法律确信"(joint opinio juris)的表达? 或者只有意见一致的才是"共同国家实践"或"共同法律确信"的表达?[190] 虽然可能存在两种争论,但这些决定和活动的详细性使其不太可能被视为习惯法规则真正的候选者,它们通常太独特,处理的是具体和特殊的情况,以致无法产生与"国家实践"相应的信念,即这一实践事实上是法律要求的。

同样的情况也适用于独特且复杂的制度,即欧洲空间局在国际政府间机构中同时使用强制性和选择性项目,前者侧重于科学,并要求所有国家按照预先设定的比例出资,后者侧重于更具操作性的空间活动,并允许成员国有选择地决定是否参与和参与后的出资额。[192] 这一独特且灵活的框架,同时也被欧洲气象卫星组织(EUMETSAT)[193] 仿效,并被视为该机构最有成效的制度。尽管世界上其他地区的一些国际空间合作组织也想仿效,但并不意味着这种包含强制性与选择性项目的双重制度可以被视为习惯国际法。欧洲空间局的成员国遵守它是因为《欧洲空间局公约》,该公约提供了具体机制,以及欧洲空间局各机构制定项目的权限。这并不是因为某些固有的信念——外层空间的每一项科学活动都应由政府间组织或通过政府间组织进行,并由其成员国按照预定的捐资比例提供资金。如果在非

---

[189] 参见《成立欧洲空间局公约》(Convention for the Establishment of a European Space Agency, ESA Convention,以下简称《欧洲空间局公约》)第 11 条第 5 款、第 6 款(特别是第 d 项),1975 年 5 月 30 日于巴黎签署,1980 年 10 月 30 日生效;UKTS 1981 No. 30;Cmnd. 8200;14 ILM 864 (1975);Space Law – Basic Legal Documents, C. I. 1。进一步参见"上册第四章二(二)和(三)"部分内容。有关欧洲局的内容,参见"上册第四章二(二)至(五)"部分内容。

[190] 对此观点参见 T. Treves, Customary International Law, in The Max Planck Encyclopedia of Public International Law (Ed. R. Wolfrum) Vol. Ⅱ (2012), 946 – 8。

[192] 《欧洲空间局公约》第 5 条第 1 款第 a 项和第 b 项,第 11 条第 5 款第 a 项、第 b 项和第 c 项,第 13 条,见上文脚注 190。进一步参见"上册第四章二(三)"部分内容。

[193] Cf. e. g. Madders, supra n. 120, 189 – 95;G. Lafferranderie, European Space Agency (2005), 74 – 89. On EUMETSAT see further e. g. F. G. von der Dunk, European Satellite Earth Observation: Law, Regulations, Policies, Projects, and Programmes, 42 Creighton Law Review (2009), 403 – 6.

洲、拉丁美洲或东南亚确实出现了像欧洲空间局那样的国际空间运营组织，这一组织最终或许会采用一种完全不同的制度来组织这类活动。除非世界上其他地区也学习欧洲空间局，将"科学"作为法律问题，需要按标准支付公共活动费用，而应用项目应更加商业化，"按可能的收益付费"，这一结论才能改变。然而，即便到那时，这种方式形成的约束力，也需要一段时间。

2. 政府间卫星通信组织作为"共同国家实践"可能的"开创者"？

同样的分析适用于私有化前阶段结构相同的国际通信卫星组织、国际海事卫星组织和欧洲通信卫星组织。其中各成员国通过各自的公共电信运营商对建造、维护和运营卫星基础设施费用的财政捐资，是按照其对基础设施的实际使用比例进行调整的。[194]

这种方法被认为是非常成功的，也是一个值得关注的案例。国际海事卫星组织依照国际通信卫星组织的成功经验而采用这一方式；随后，欧洲通信卫星组织也采用了这种方式；国际卫星空间通信组织[195]和阿拉伯卫星通信组织[196]还将这种方式运用于空间活动中。但这一财务方式却在其他三个组织的私有化进程中被废弃。与其说它提供了习惯国际法规则的候选方式，不如说这种将事先投资与事后实际使用相匹配的方式只是普通（商业）意义上的问题。

此外，关于欧洲空间局，它并非一个政府间的卫星组织，然而每年却投入数十亿美元用于空间活动的运营，并开发了一套更为复杂的财务方式——"地域分布"（geographical distribution）或"公平回报"（fair return）。根据这种方法，成员国可以看到他们对欧洲空间局具体项目做出的贡献将以合同的形式"返回"

---

[194] 参见《国际通信卫星组织协定》第5条，上文脚注64；《国际卫星空间通信组织运营协定》第3条第c款、第4条和第6~8条，上文脚注64；《国际海事卫星组织公约》第5条第1款和第2款以及第19条，上文脚注93；特别是《国际海事卫星组织运营协定》第3条、第5条、第6条第1款，上文脚注93；《国际海事卫星组织业务协定附件》；《欧洲通信卫星公约》第5条，见上文脚注120。《欧洲通信卫星组织运营协定》第4条、第6条、第7条，见上文脚注120。进一步参见"上册第五章四（一）""上册第五章五（一）"和"上册第五章六（一）"部分内容。

[195] 参见《国际卫星空间通信组织协定》第15条第1款，上文脚注150；同时参见"上册第五章七（一）"部分内容。

[196] 参见《阿拉伯卫星通信组织协定》第6条第2款，上文脚注172；同时参见"上册第五章八"部分内容。

其国内航天产业。⑲ 虽然在一段时间，这面临着法律上的挑战，特别是从欧盟的角度来看，这一制度违反了欧盟的竞争制度。⑱ 但直至今日，它已成为欧洲空间局法律架构中的一个主要组成部分。⑲

归根结底，这些财政问题和财政方式太过特殊，需要具体化才能被接受并可行，甚至还要接近共同国家实践和法律确信。因此，无论是政府间卫星组织"投资等同使用水平"（investment - equals - usage - level）的方式，还是欧洲空间局"投资等同合同量"（investment - equals - contract - volume）的方式，都不可能在具体的组织文件，以及其他内部规定之外强制各成员国，更不用说在这些成员国选区之外具有习惯国际法的法律效力。

3. 例外："完全为和平目的"的情况

政府间组织的做法很少被看作其成员国的"共同国家实践和法律确信法"，但可以引发同时适用政府间组织以外的习惯国际法规则。然而，在进一步澄清相关条约中的一般法律概念后，"和平目的"概念便跃然纸上。⑳

在空间法中，"和平目的"的概念由《外空条约》最有力地提出，其中规定："所有缔约国应专为和平目的使用月球和其他天体。"㉑ 其中"专为和平目的"并没有进一步的阐述，除了提及禁止在天体上建立军事基地、军事设施和工

---

⑲ 参见"上册第四章二（四）"部分内容。同时参见 S. Hobe, M. Hofmannová & J. Wouters (Eds.), *A Coherent European Procurement Law and Policy for the Space Sector* (2011), 70 - 8; B. Schmidt - Tedd, The Geographical Return Principle and its Future within the European Space Policy, in *Contracting for Space* (Eds. L. J. Smith & I. Baumann) (2011), 87 - 9; Lafferranderie, *supra* n. 193, 108 - 15; Madders, *supra* n. 120, 384 - 8.

⑱ 这主要属于禁止国家援助的范围，参见《欧洲联盟职能条约》第 107 条第 1 款，上文脚注 136。进一步参见 F. G. von der Dunk, ESA and EC: Two Captains on One Spaceship?, in *Proceedings of the Thirty - Second Colloquium on the Law of Outer Space* (1990), 427 - 9; F. G. von der Dunk, Perspectives for a Harmonised Industrial Policy of ESA and the European Union, in '*Project 2001 Plus*' - *Global and European Challenges for Air and Space Law at the Edge of the 21st Century* (Eds. S. Hobe, B. Schmidt - Tedd & K. U. Schrogl) (2006), 181 - 6. *Cf.* 同时参见"上册第四章四（五）"部分内容。

⑲ 实际上，只要在欧盟层面上达成一致，欧盟法本身同样允许这一竞争机制的例外。参见《欧洲联盟职能条约》第 107 条第 3 款，上文脚注 136。

⑳ 相反，涉及《外空条约》第 6 条"在外层空间的国家活动"的相关条款，见上文脚注 18，由于需要取得授权与持续监管，目前已经制定了国家空间法的 15 个左右的国家，还没有相应的国家实践。See on this e. g. F. G. von der Dunk, Towards 'Flags of Convenience' in Space?, in Proceed - ings of the International Institute of Space Law 2012 (2013), 822 - 6.

㉑ 《外空条约》第 4 条第 2 款，见上文脚注 18。

事，试验任何类型的武器和进行军事演习。不禁止为了科学研究或其他和平目的而使用军事人员。为和平探索月球与其他天体所必需的装置或设备，也不在禁止之列。⑳

起初，该条款的含混不清使得美国（"军事利用只要是防御性的、服务于和平目的的都被允许"）和苏联（"根据定义除了该条款本身提到的少数几个具体情况以外，任何军事利用都不是为和平目的，因此也不被允许"）在批准条约时各执己见。⑳ 正因如此，无论是严格的法律条文，还是通过习惯默许的方式，任何进一步明确这段陈述的努力都注定失败。

然而，在各种版本中，这个概念被纳入一系列与空间有关的其他条约中。作为首个外空条约的《外空条约》已经补充道，各国应为"维护国际和平与安全"而进行空间活动。⑳ 这与《联合国宪章》"维护国际和平与安全"的基本宗旨相一致。⑳ 联合国其他空间条约也反映了这些观点，如建立国际责任制度"将有助于加强和平探索和利用外层空间方面的国际合作"。⑳

但是，到目前为止，这些条款中并没有加入"专为"（exclusively）一词。值得注意的是，为了排除欧洲空间局参与任何与安全有关的空间活动，《欧洲空间局公约》中增加了一个"专为和平目的"的类似条款。显然这一条款更接近苏联的观点，而不是美国。与其说是从欧洲国家的空间活动名册中排除了军事活动，不如说是从欧洲空间局的名册中排除了军事活动。⑳

然而，随着时间的推移，允许军事利用外层空间的法律态度也在转变。尽管苏联有相反的主张，但其也将空间基础设施用于军事目的，如侦察和卫星导航。1996 年，俄罗斯作为继承国专门开放格洛纳斯（GLONASS）卫星导航系统提供特定的定位、定时和导航信号，就像美国的全球定位系统（GPS）一样，由军方

㉒ 《外空条约》第 4 条第 2 段，见上文脚注 18。

㉓ 进一步参见"上册第六章三（一）"和"上册第一章四"部分内容。

㉔ 《外空条约》第 3 条，见上文脚注 18。

㉕ 《联合国宪章》第 1 条第 1 款，见上文脚注 17。

㉖ 《责任公约》前言第 5 段，见上文脚注 45。

㉗ 《欧洲空间局公约》第 2 条，见上文脚注 190。

拥有、运营和控制。㉘

此外，国际社会对使用武力的普遍法律态度也在发生变化。《联合国宪章》基本上只承认允许使用武力的两种情况：一是自卫（如果适用，包括集体自卫）；㉙ 二是联合国安理会授权对被正式列为侵略国者使用武力。㉚ 在《联合国宪章》之外，常有主张更宽泛的自卫权或更普遍的使用武力进行报复的权利，但这经常有争议，或至少因太容易被滥用而遭受质疑。㉛

欧洲空间局提供了一个特殊的区域例子，因为它逐渐涉足"全球环境与安全监测"计划或言哥白尼计划（Global Monitoring for Environment and Security, GMES/Copernicus）。该计划最初被称为"全球环境安全监测"计划（Global Monitoring for Environmental Security），但后来又秘密地改为"全球环境与安全监测"计划，将安全概念从民用扩大到了军事安全事务，值得注意的是这并没有遇到来自各成员国的明显阻力。㉜

国际海事卫星组织（INMARSAT）和国际海事卫星组织公司（Inmarsat）最为明显和独特地体现了这种态度上的转变。㉝ 国际海事卫星组织当时作为一个由成员国组成的国际公共财团运营，1991 年年初，海湾战争（Gulf War）的战地记者使用国际海事卫星组织的卫星连接，并在世界范围内曝光。更重要的是，在媒体上出现的图片显示，美军在军事行动中使用了国际海事卫星组织的终端。国际海事卫星组织总干事对此表示担忧，并提请相关机构注意该组织法律顾问在 4 年前发表的意见。

该意见是针对国际海事卫星组织的一些成员国曾私下提出的关于英国在 1982

㉘ See e. g. Lyall & Larsen, *supra* n. 37, 389 ff.；also N. Frischauf, Satellite Navigation, in Outer Space in Society, Politics and Law（Eds. C. Brünner & A. Soucek）（2011），124 –9. 进一步参见"下册第一章二（二）2"部分内容。

㉙ 参见《联合国宪章》第 51 条，上文脚注 17。

㉚ 参见《联合国宪章》第 42 条，上文脚注 17。

㉛ See e. g. Cassese, *supra* n. 1, 305 – 13；Crawford, *supra* n. 1, 747 – 57, 768 – 74；Wallace, *supra* n. 1, 252 –4；Malanczuk, *supra* n. 1, 311 –8.

㉜ See on this in more detail F. G. von der Dunk, Europe and Security Issues in Space：The Institutional Setting, 4 Space and Defense（2010），75 –8, 89 ff.，esp. 92.

㉝ See in general Sagar & McCormick, *supra* n. 92, 37, 64 –6；W. von Noorden, Inmarsat Use by Armed Forces：a Question of Treaty Interpretation, 23 Journal of Space Law（1995），1 –17.

年马尔维斯群岛战争（Falklands War）期间广泛使用国际海事卫星组织船上终端的情况而起草的。意见阐述了《国际海事卫星组织公约》有关第3条（"目的"）的规定：

（1）本组织的宗旨是为改善海上通信和在切实可行的范围内改进航空通信所需的空间段编列经费，从而协助改进遇险通信和生命安全通信，以及航空交通服务通信，船舶和飞机的效率和管理，海上和航空公共通信服务和无线电测定能力；……

（3）本组织应专门为和平目的行事。[214]

如果从严格意义上解释该条款，该意见的结论是：在参与武装冲突的船只上使用国际海事卫星组织的船上终端，即使是在他们采取自卫行为的情况下，也不会被视为用于和平目的，因而违反了《国际海事卫星组织公约》。

国际海事卫星组织私有化时，[215]《国际海事卫星组织公约》第3条的实质内容没有改变，只是这次将由国际移动卫星组织（IMSO）确保国际海事卫星组织公司（Inmarsat）"专为和平目的行事"。[216] 同时，私营运营商也参与了关于这一概念的恰当语义和效果的讨论。尽管美国在阿富汗和伊拉克的军事行动期间确实提出了使用国际海事卫星组织公司服务的合法性问题，但这对国际海事卫星组织公司的管理造成的困扰比以往少。例如，国际海事卫星组织公司公开宣布：近年来的全球安全事件对集团的收入产生了积极的影响，特别是在陆地部门。2003年，尽管阿富汗和邻国的服务需求下降，但由于伊拉克冲突的需求，收入比上一年有所增加。[217]

此外，国际海事卫星组织公司还宣布计划组建一个Ka波段宽带系统，该系统的速度将大大快于宽带全球局域网络服务，主要是为了满足美国政府的需求，如无人机加载等军事需求。[218] 所有这些都是在国际移动卫星组织官员没有采取任

[214] 《国际海事卫星组织公约》第3条，见上文脚注93。
[215] 进一步参见"上册第五章五（二）"部分内容。
[216] 《国际移动卫星组织公约》第3条第c款，见上文脚注114。
[217] Inmarsat Group Limited, Annual Review 2003, 17, www.inmarsat.com/wp-content/uploads/2013/10/Inmarsat_Annual_Review_2003.pdf, 最后访问日期为2014年2月7日。
[218] 参见 Defense Systems, 20 August 2010, www.defensesystems.com/Articles/2010/08/20/Inmarsat-addresses-growing-military-broadband-needs.aspx, 最后访问日期为2014年2月7日。

何明显纠正措施的情况下发生的。显然，这些事态的发展证实并强化了全球对于在"专为和平目的"概念下哪些空间活动是被允许的有了更为宽泛的解释。⑲ 换句话说，逐步接受更为宽泛的和平目的，包含除了侵略性军事利用（aggressive military uses）以外的任何利用。政府间组织诸如欧洲空间局，特别是国际海事卫星组织（国际移动卫星组织）在形成这样一个习惯国际法的解释上发挥了相应的促进作用。

十、政府间卫星通信组织的私有化：法律评价

三大主要政府间空间组织——国际通信卫星组织、国际海事卫星组织和欧洲通信卫星组织的私有化代表了国际空间活动和空间法发展的一个重要里程碑，虽然这对条约法和习惯法的直接影响是相当有限的。在空间活动和空间法的早期，苏联对绝对的国家主权理论存在怀疑，即政府间组织和私营公司都不过是以美国为首的资本主义世界进一步促进政治经济利益的一种掩饰。⑳ 所以，这些私有化的最后一个方面值得注意，即涉及政府间组织转变为私营经营者的法律结果。

（一）政府间卫星通信组织的起源及其国际空间法律地位

如前所述，《外空条约》第 6 条和第 13 条具体规定了外层空间制度适用于国际政府间组织，这意味着国际非政府间组织不在这些条款的适用范围之内。㉑ 另外，其他主要的空间条约也有一些条款，具体规定政府间组织具有独立的、尽管实际上是次要的法律地位，即它们有资格成为空间物体的"发射当局"㉒

---

⑲ 另一个例子是关于欧盟在（空间）安全活动中的作用。参见 von der Dunk, *supra* n. 212, 78 ff.

⑳ 参见"上册第一章一"和"上册第二章二（二）3"部分内容。

㉑ See e. g. Bohlmann & Süss, *supra* n. 2, 8.

㉒ 参见《营救宇宙航行员、送回宇宙航行员和归还发射到外层空间的物体的协定》（Agreement on the Rescue of Astronauts, the Return of Astronauts and the Return of Objects Launched into Outer Space, Rescue Agreement, 以下简称《营救协定》）第 6 条, 1968 年 4 月 22 日于伦敦、莫斯科、华盛顿签署, 1968 年 12 月 3 日生效; 672 UNTS 119; TIAS 6599; 19 UST 7570; UKTS 1969 No. 56; Cmnd. 3786; ATS 1986 No. 8; 7 ILM 151（1968）。同时参见"上册第二章三（二）2"部分内容。

或"发射国"㉓，或未来在月球或其他天体上活动。㉔ 然而，政府间组织参与相关活动仅被视为各国合作的平台，而不是单独实体，这个事实导致的结果是所有这些空间条约的条款需要解决的。㉕

当然，这符合政府间组织的一般国际法概念。㉖ 因此，尽管它们具有混合性（公共电信运营商和私营运营商，如 Comsat 或 KDD，作为《运营协定》的签约方负责电信业务的日常运营并负责财政和分享收入），在私有化之前，国际通信卫星组织、国际海事卫星组织和欧洲通信卫星组织无疑是《外空条约》第 6 条和第 13 条意义上的政府间组织。这些政府间卫星组织均由在终极治理机构（ultimate ruling body）中由代表的成员国组成，在终极治理机构管辖下，还指定了由"签约方"代表组成的首席管理机构的成员。㉗

（二）运营型政府间组织向监管型政府间组织的过渡与空间法

尽管私有化进程从根本上将所有卫星、相关的地面基础设施和市场运营转移

㉓　参见《责任公约》第 22 条和第 1 条第 c 款，上文脚注 45；《关于登记射入外层空间物体的公约》（Convention on Registration of Objects Launched into Outer Space, Registration Convention, 以下简称《登记公约》）第 7 条和第 1 条第 a 款，其于 1975 年 1 月 14 日在纽约签署，1976 年 9 月 15 日生效；1023 UNTS 15；TIAS 8480；28 UST 695；UKTS 1978 No. 70；Cmnd. 6256；ATS 1986 No. 5；14 ILM 43 (1975)。同时参见"上册第二章三（三）8"和"上册第二章三（四）3"部分内容。

㉔　参见《关于各国在月球和其他天体上活动的协定》（Agreement Governing the Activities of States on the Moon and Other Celestial Bodies, Moon Agreement, 以下简称《月球协定》）第 16 条，1979 年 12 月 18 日于纽约签署，1984 年 7 月 11 日生效；1363 UNTS 3；ATS 1986 No. 14；18 ILM 1434 (1979)。同时参见"上册第二章三（五）1"部分内容。

㉕　参见《外空条约》第 6 条和第 13 条，上文脚注 18。同时参见 M. Gerhard, Article Ⅵ, in Cologne Commentary on Space Law (Eds. S. Hobe, B. Schmidt‑Tedd & K. U. Schrogl) Vol. Ⅰ (2009), 122‑3；U. M. Bohlmann & G. Süss, Article ⅩⅢ, in Cologne Commentary on Space Law (Eds. S. Hobe, B. Schmidt‑Tedd & K. U. Schrogl) Vol. Ⅰ (2009), 216‑20。

㉖　See e. g. Brownlie, *supra* n. 2, 675‑99, esp. 687‑9；Malanczuk, *supra* n. 1, 92‑3；Cassese, *supra* n. 1, 69‑71；Wallace, *supra* n. 1, 68‑9；Bohlmann & Süss, *supra* n. 2, 8. 进一步参见"上册第五章一"部分内容。

㉗　有关国际通信卫星组织，参见《国际通信卫星组织协定》第 1 条第 a 款、第 b 款、第 f 款、第 g 款，第 2 条，第 6 条，第 7 条（a 款规定"签约方大会应当由所有缔约方组成，是国际通信卫星组织的主要机构"），第 9 条和第 10 条，上文脚注 64；有关国际海事卫星组织，参见《国际海事卫星组织公约》第 1 条第 a 款、第 b 款、第 c 款，第 2 条，第 4 条，第 9~15 条，上文脚注 93；有关欧洲通信卫星组织，参见《欧洲通信卫星公约》第 1 条第 a 款、第 b 款、第 e 款、第 f 款，第 2 条，第 7~12 条，上文脚注 120。同时参见"上册第五章四（一）""上册第五章五（一）"和"上册第五章六（一）"部分内容。

给新成立的国际通信卫星组织公司（Intelsat）、国际海事卫星组织公司（Inmarsat）和欧洲通信卫星组织公司（Eutelsat），但并没有导致政府间组织结构的彻底消失。国际通信卫星组织（INTELSAT）作为一个政府间组织被国际电信卫星组织（ITSO）取代，㉘ 国际海事卫星组织（INMARSAT）被国际移动卫星组织（IMSO）取代，㉙ 欧洲通信卫星组织（EUTELSAT）被欧洲通信卫星组织机构（EUTELSAT IGO）取代。㉚

国际电信卫星组织（ITSO）、国际移动卫星组织（IMSO）和欧洲通信卫星组织机构（EUTELSAT IGO）仍由各成员国组成，承担着决定组织法律结构、作用和职能的责任，㉛ 因此，毫无疑问，他们仍是政府间组织。这三个组织在其各自的东道国——美国、英国和法国继续享有职能特权和豁免权。㉜

与其前身相比，这些政府间组织的任务和能力范围已经大大缩小。但在适用空间条约问题上，这些新的政府间组织是否仍然受条约的实质且直接的影响确实引发了争议。例如，《外空条约》涉及"外层空间活动"和"外层空间的利用或探索活动"，㉝《营救协定》《责任公约》以及《登记公约》侧重于积极参与发射空间物体的实体。㉞

从这个角度来看，国际电信卫星组织（ITSO）的主要目的仅仅是"通过《公共服务协议》（Public Services Agreement）确保公司以商业为基础提供国际公

㉘ 参见"上册第五章四（二）"部分内容。

㉙ 参见"上册第五章五（二）"部分内容。

㉚ 参见"上册第五章六（二）"部分内容。

㉛ 参见《国际电信卫星组织协定》（ITSO Agreement）第 1 条第 a 款和第 p 款，第 2 条，第 9 条，第 11 条，第 14 ~ 18 条，上文脚注 86；《国际移动卫星组织公约》（IMSO Convention）第 1 条第 1 款和第 3 款，第 6 条第 1 款，第 8 条，第 12 条，第 14 条，第 16 ~ 18 条，上文脚注 114；《欧洲通信卫星公约》修订本（EUTELSAT Convention as amended）第 1 条第 a 款和第 d 款，第 2 条第 a 款，第 4 条，第 7 条，第 11 条，第 13 条，第 14 条，第 16 ~ 18 条，上文脚注 141。进一步参见 Mechanick, *supra* n. 59, 185 – 204; Ospina, *supra* n. 79, 338 – 9。

㉜ 参见《国际电信卫星组织协定》第 13 条第 b 款和第 c 款，上文脚注 86；《国际移动卫星组织公约》第 9 条第 5 款和第 6 款，上文脚注 114；《欧洲通信卫星公约》修订本第 12 条第 b 款和第 c 款，上文脚注 141。同时参见《欧洲通信卫星组织与法兰西共和国之间的总部协议》，上文脚注 125。参见 Lyall & Larsen, *supra* n. 37, 362 incl. n. 157。

㉝ 参见《外空条约》第 6 条，第 13 条，上文脚注 18。

㉞ "发射当局"和"发射国"的概念出现在这些条约中，进一步参见"上册第二章三（二）""上册第二章三（三）1"和"上册第二章三（四）"部分内容。

共电信服务，从而保障核心原则的实施。"[23]《国际电信卫星组织协议》第 5 条进一步将该目的定义为"监督"，并强加一项一般性义务，即"国际电信卫星组织为此应当采取一切适当行动"。与此相仿，国际移动卫星组织（IMSO）的主要目的是"确保其公司遵守本条中规定的基本原则"。[24] 对欧洲通信卫星组织机构（EUTELSAT IGO）而言，"欧洲通信卫星组织（EUTELSAT）的主要目的是确保欧洲通信卫星组织公司（Eutelsat S. A. ）遵守本条中的基本原则。"[25] 这些显然不是《外空条约》第 6 条意义上的"外层空间活动"，或者《营救协定》《责任公约》和《月球协定》意义上的"发射"活动。

相比之下，就国际电信卫星组织（ITSO）而言，国际通信卫星组织（INTELSAT）的空间系统已被转移到国际通信卫星组织公司（Intelsat）；[26] 对国际移动卫星组织（IMSO）而言，国际海事卫星组织公司（Inmarsat）此后将继续运营其卫星系统；[27] 对欧洲通信卫星组织机构（EUTELSAT IGO）而言，将成立欧洲通信卫星组织公司（Eutelsat S. A. ）来运营一套卫星系统并提供卫星服务，为此，欧洲通信卫星组织（EUTELSAT）的资产和业务活动将被转移给欧洲通信卫星组织公司（Eutelsat S. A. ）。[28]

---

[23] 《国际电信卫星组织协定》第 3 条第 a 款，见上文脚注 86。这些核心原则进一步在第 3 条第 b 款中体现。此外，国际通信卫星组织的主要机构——缔约方大会的职能主要在于监管。同时参见 Mechanick, *supra* n. 59, 185 ff. , esp. 199 – 203; Ospina, *supra* n. 79, 338 – 42; further F. Lyall, The Protection of the Public Interest in the Light of the Commercialisation and Privatisation of the Providers of International Satellite Telecommunications, in *Proceedings of the Forty – Seventh Colloquium on the Law of Outer Space* (2005), 442 – 4。

[24] 《国际移动卫星组织公约》第 3 条，见上文脚注 114。"公司"指代国际海事卫星组织公司。第 3 条中的"基本原则"和第 8 条有关国际移动卫星组织大会职能的规定，进一步阐述了这一监管职能。进一步参见 Lyall, *supra* n. 235, 444 – 5; Mechanick, *supra* n. 59, 185 – 6。

[25] 《欧洲通信卫星公约》修订本第 3 条第 a 款，见上文脚注 141。第 3 条 a 款充实了基本原则。进一步参见第 9 条有关缔约方大会职能的规定。

[26] 《国际电信卫星组织协定》第 1 条第 d 款，见上文脚注 86。进一步参见前言，特别是第 5 段。同时参见 Ospina, *supra* n. 79, 339。

[27] 《国际移动卫星组织公约》第 1 条第 b 款，见上文脚注 114。进一步参见前言，特别是第 6 段。同时参见 Bohlmann, Schrogl and Zilioli, *supra* n. 109, 219; D. Sagar, Inmarsat Since Privatization, in *Proceedings of the Project* 2001 *Workshop on Telecommunication* (2000), 166。

[28] 《欧洲通信卫星公约》修订本第 2 条第 b 款和第 i 款，见上文脚注 141。进一步参见前言，特别是第 5 段。表示"将欧洲通信卫星组织的经营活动和香港资产转移给在国家管辖下成立的有限责任公司的意愿，该公司依据公认的商业原则，在良好的经济和财务基础上运营"是私有化的主要原因。

（三）国际空间法视角下政府间组织私有化的最终结果

由于政府间卫星组织的私有化仍然由改革后的政府间组织进行某种形式的监督，因此这里要讨论的最后一个问题涉及这些转变在多大程度上导致了国际空间法的应用和适用发生重大变化——尤其是得到广泛批准的四项联合国空间条约，以及国际电信联盟体制作为另一个总体制度，对新近私有化的运营商及其政府间监督机构仍然具有重要意义。

1. 《外空条约》

《外空条约》对于政府间卫星组织和私营公司的区分在于第 6 条规定的批准和持续监督的要求，以及第 9 条规定的潜在有害活动情况下的磋商要求，虽然这可能更像是某种形式上的区分。[241]

目前，将参与"国家的外层空间活动"的单一国家责任（single - state responsibility）适用于私营化的卫星运营商是有争议的，[242] 即美国为国际通信卫星组织公司（Intelsat）的单一责任国，英国是国际海事卫星组织公司（Inmarsat）的单一责任国，法国是欧洲通信卫星组织公司（Eutelsat）的单一责任国。尽管国际电信卫星组织（ITSO）、国际移动卫星组织（IMSO）和欧洲通信卫星组织机构（EUTELSAT IGO）分别继续存在并对现今的三家私营公司依法实施控制和监督，但这种控制和监督仍然局限于几个明确界定的公共利益方面。[243] 因此，可以得出这样的结论：在每一种情况下，破釜沉舟地进行的私有化改革导致新的运营公司被正式和明确要求履行主要的公共国际义务，与此同时，改革后的政府间

---

[241] 值得注意的是，政府间组织事实上也需要某些授权机制进行运营，或许也受其成员国的监督——通过多边条约和规章，而不是单一国家的许可程序。类似地，《外空条约》第 6 条和第 13 条（见上文脚注 18）一起明确了在第 9 条规定的有关事项上，成员国需要进行磋商。考虑到有时政府间组织是国家活动的一个"框架"，并不是独立的活动方，因此其责任应当与其成员国进行区分。

[242] 《外空条约》第 6 条，见上文脚注 18。进一步参见"上册第二章三（一）1"部分内容。

[243] 《国际电信卫星组织协定》第 1 条第 j 款，第 3 条第 b 款，第 5 条，第 7 条第 a 款，见上文脚注 86；《国际移动卫星组织公约》第 3 条，第 4 条，第 8 条第 b 款，第 10 条第 1 款，见上文脚注 114；同时参见《公共服务协议》第 2 条，第 15 条，见上文脚注 116；《欧洲通信卫星公约》修订本第 1 条第 1 款，第 2 条第 d 款，第 3 条，第 5 条第 b 款，第 9 条第 a 款、第 b 款和第 d 款，见上文脚注 141。同时参见 F. G. von der Dunk, Crossing a Rubycon? The International Legal Framework for ISOs - Before and After Privatisation, in The Transformation of Intergovernmental Satellite Organisations (Eds. P. K. McCormick & M. J. Mechanick) (2013), 224 ff., esp. 238 - 42; further Ospina, *supra* n. 79, 340 - 4。

组织还拥有实质性的法律和司法手段，以确保相关要求的遵守。

商业利益与一般公共利益之间的冲突更能通过法律途径得到解决，而不是在国际政治（成员国）层面处理，如果仅从这个角度来看，明确这些公共义务并在私有化中保持这些义务的必要性对各政府间组织、前政府间组织以及国际空间法的拓展而言都是一次有意义的发展。尽管如此，美国、英国和法国仍然是国际通信卫星组织公司（Intelsat）、国际海事卫星组织公司（Inmarsat）和欧洲通信卫星组织公司（Eutelsat）所有业务合法性问题的主要承担国，并对第三国负责。

2. 《营救协定》

私有化进程的主要结果在《营救协定》的反映是，根据《营救协定》第6条规定，私有化后三个卫星系统的实际运营主体即使是在理论上也不再享有向发射当局直接主张恢复和返还的权利。[244] 此外，根据国际空间法，在救援、恢复和返还问题上，对任何可能违反相关义务的行为也不负直接责任。但是，正如所讨论的那样，在可能违反空间法规则的情况下，根据《外空条约》，就政府间卫星组织而言，其成员国总会有存续的责任（residual responsibility），因此这方面的差异不是很大。[245]

3. 《责任公约》

三个原始的政府间卫星组织中，欧洲通信卫星组织（EUTELSAT）是唯一声明接受《责任公约》规定的权利和义务的机构。[246] 随着欧洲通信卫星组织机构（EUTELSAT IGO）替代了原欧洲通信卫星组织（EUTELSAT），声明的效力也随

---

[244] 参见"上册第二章三（二）2"部分内容。三个国际卫星组织（ISOs）没有一个符合《营救协定》第6条的规定，上文脚注222。

[245] See further in general von der Dunk, *supra* n. 243, 242 ff., esp. 246-7.

[246] 1987年11月30日。参见《联合国外层空间条约和原则及大会有关决议》之附录《截至2009年1月1日与外层空间活动有关的国际协议的状况》（United Nations treaties and principles on outer space and related General Assembly resolutions, Addendum, Status of international agreements relating to activities in outer space as at 1 January 2009), ST/SPACE/11/Rev. 2/Add. 2, at 16. 同时参见 N. Jasentuliyana, The Future of International Telecommunications Law, in Legal Visions of the 21st Century: Essays in Honour of Judge Christopher Weeramantry (Eds A. Anghie & G. Sturgess) (1998), 399 at n. 26.

之转移。㉔ 私有化过程中任何可能引发适用《责任公约》的行为已经转移给欧洲通信卫星组织公司（Eutelsat），这一事实的意义仍有待观察。

就发射国的定义而言，辩护方认为只有当欧洲通信卫星组织机构（EUTELSAT IGO）代表欧洲通信卫星组织公司（Eutelsat）"促成"另一颗卫星的发射，公约才会适用。㉘ 然而，这种情况极不可能出现，因为推动政府间卫星组织私有化的主要立法努力要求私营运营主体在监管的公共实体之外可以独立运营。在欧洲，1994 年《欧盟卫星指令》要求私有化已经成熟的政府间卫星组织通过去除任何特殊或排他性权利、国家补助以及任何可以使政府间组织从其地位中获益的形式。㉙ 同样，美国 2000 年《为优化国际通信之开放市场重组法》（ORBIT Act）㉓ 为使私有化后的政府间组织与普通私营运营商可以公平竞争，要求实行全面私有化，例如泛美卫星公司（PanAmSat）曾大力游说美国政府确保在这些方面具有公平竞争环境。㉕

在"索赔一方"，根据《责任公约》第 22 条，欧洲通信卫星组织机构（EUTELSAT IGO）仍有资格成为一个享有《责任公约》规定的权利和义务的政

㉔ 并不能在《欧洲通信卫星公约》的修订本（见上文脚注 141）中找到建议所有经营活动和相关资产从欧洲通信卫星组织转移至欧洲通信卫星组织公司的规定。存留的欧洲通信卫星组织机构已经或将采取行动拒绝欧洲通信卫星组织 1987 年的宣言。

㉘ 值得注意的是，有关"促进"的定义还没有统一意见。参见 M. Gerhard, The State of the Art and Recent Trends in the Development of National Space Law, in *Nationales Weltraumrecht/National Space Law*（Eds. C. Brünner & E. Walter）（2008），67 – 8；M. Chatzipanagiotis, Registration of Space Objects and Transfer of Ownership in Orbit, 56 *Zeitschrift für Luft – und Weltraumrecht*（2007），235。同时参见"上册第二章三（三）"，特别是"上册第二章三（三）1"部分内容。

㉙ 《卫星指令》第 2 条，第 3 条，见上文脚注 81；《将电信服务市场竞争的委员会指令适用于卫星部门》（applying Commission Directive on the competition in the markets of telecommunications services to the satellite sector），90/388/EEC, June 28, 1990, OJ L 192/10（1990）。进一步参见 S. Ospina, International Satellite Service Providers, in Proceedings of the Project 2001 Workshop on Telecommunication（2000），155 – 6；Ungerer, *supra* n. 81, 13 – 6。

㉓ 《开放市场重组法案》第 2 条，第 601 ~ 602 条，第 622 ~ 625 条，第 641 ~ 643 条，第 661 条，见上文脚注 82。进一步参见 McCormick, *supra* n. 60, 99 ff. ；Salin, *supra* n. 64, esp. 509 – 10；Lyall & Larsen, *supra* n. 37, 341 – 2, 351, 383 – 5。

㉕ See P. A. Salin, An Illustration of the Privatization Process of Outer Space, 50 Zeitschrift für Luft – und Weltraumrecht（2001），217 – 36；further Bohlmann, Schrogl and Zilioli, *supra* n. 109, 218 – 9；P. A. Salin, Impact of Recent US Legislation and Regulations on International Satellite Communication Regulations, 48 Zeitschrift für Luft – und Weltraumrecht（1999），52 – 5；Salin, *supra* n. 64, 202 ff. , 487 – 9。

府间组织。但正如所讨论的那样，是否有权就所遭受的损害提出索赔，将取决于成员国。唯一的区别在于，倘若欧洲通信卫星组织机构（EUTELSAT IGO）是遭受损害的一方（在业务私有化之后，通过其监督的私营运营商，如同通过代理人一样），那么任何欧洲通信卫星组织机构（EUTELSAT IGO）的成员国都可以代表机构提出索赔。但是，如果这种损害不能在法律上加以解释，从而导致实施《欧洲通信卫星组织声明》，那么只有法国（作为欧洲通信卫星组织公司的国籍国）才有权提出索赔。⑥²

因此，如果欧洲通信卫星组织公司（Eutelsat）的卫星根据《责任公约》造成了损害，作为许可的一部分，欧洲通信卫星组织公司将承担赔偿责任。这是由于《法国空间活动法》和《外空条约》均规定任何空间运营必须取得许可，并对发射阶段结束后造成的损失以许可的赔偿为限承担责任。⑥³

同样，国际海事卫星组织公司（Inmarsat）今后也需要英国当局颁发许可证，其中涉及英国可能对国际海事卫星组织公司（Inmarsat）促成的发射承担责任，通常来说这确保了当局对这些活动的技术、运营、经济、社会和生态质量的控制。⑥⁴

对国际通信卫星组织公司（Intelsat）通过许可实施第三方国际责任安排是不太可能的（许可制度本身就是《外空条约》第6条的建议，并且也是《商业空间发射法》规定的义务）。⑥⁵ 显然，美国当局认为仅凭国际通信卫星组织公司（Intelsat）的卫星运营活动造成的损害，并不能引发《责任公约》提出的赔偿请求，甚至不能

---

⑥² See further e. g. von der Dunk, *supra* n. 243, 251 – 61.

⑥³ 《法国空间活动法》（Loi relative aux opérations spatiales, French Law on Space Operations）第14条和第17条，Loi n° 2008 – 518 du 3 juin 2008；unofficial English version 34 Journal of Space Law (2008), 453。进一步参见"上册第三章三（三）1"部分内容。

⑥⁴ 《英国外层空间法》（UK Outer Space Act），第3~6条，1986年7月18日，1986 Chapter 38, National Space Legislation of the World, Vol. I (2001), at 293；Space Law – Basic Legal Documents, E. I；36 Zeitschrift für Luft – und Weltraumrecht (1987), 12。进一步参见"上册第三章三（二）3"部分内容。

⑥⁵ See von der Dunk, *supra* n. 243, 254 – 5; *cf.* also e. g. P. Vorwig, Regulation of Satellite Communications in the United States, in National Regulation of Space Activities (Ed. R. S. Jakhu) (2010), 422 – 3.

构成《外空条约》第6条的国际不法行为造成损害赔偿的一部分。㉕

从政府间组织跨入私营运营商的门槛也意味着，今后三个运营商在遭受损害并希望通过《责任公约》来弥补时，只能依赖于其各自的国籍国。无论出于何种原因，倘若美国、英国或法国不考虑根据《责任公约》代表国际通信卫星组织公司（Intelsat）、国际海事卫星组织公司（Inmarsat）或欧洲卫星组织公司（Eutelsat）就其卫星受到损害而提起诉讼，那么这些私营运营商的唯一选择很可能是以独立的身份在"发射国"的法院提起起诉。㉕

4.《登记公约》

《登记公约》第7条第1款允许政府间组织成为与在《责任公约》基本制度下相同的事实缔约方。㉕ 但是，这不适用于国际通信卫星组织（INTELSAT）、国际海事卫星组织（INMARSAT）或欧洲通信卫星组织（EUTELSAT），目前也不适用于国际电信卫星组织（ITSO）、国际移动卫星组织（IMSO）以及欧洲通信卫星组织机构（EUTELSAT IGO）。

因此，就《登记公约》而言政府间组织向私营运营商的过渡具有不同的结果。政府间组织的卫星注册相当简单直接，任何"促使"卫星发射或使用其"运载工具"发射卫星的成员国都可以代表组织进行注册。㉕ 然而，就转型后的国际海事卫星组织公司（Inmarsat）和欧洲通信卫星组织公司（Eutelsat）而言，这变得更加简单直接。英国认为自己是国际海事卫星组织公司（Inmarsat）"促成"发射的任何卫星的"发射国"，㉕从而有义务确保卫星进行适当的登记；同样，这也适用于法国和欧洲通信卫星组织公司（Eutelsat）；㉕ 而国际通信卫星组

㉕ *Cf.* on this issue in general e. g. F. G. von der Dunk, Liability Versus Responsibility in Space Law: Misconception or Misconstruction?, in Proceedings of the Thirty – Fourth Colloquium on the Law of Outer Space（1992），363 – 71.

㉕ 对国际通信卫星组织公司而言，理论上卢森堡（国际通信卫星组织公司总部的注册地）也可以在国际上提出索赔。然而，国际通信卫星组织公司与卢森堡没有实际的业务联系，也没有任何相关的许可，这种情况可能将卢森堡成功实施制裁的可能性降至最低。

㉕ 《登记公约》第7条第1款的规定（见上文脚注223）仅关涉公约项下的实质性权利和义务，而不是诸如签署（第8条第1款）、批准（第8条第2款）和修正（第9条）等程序性内容。进一步参见"上册第二章三（四）3"部分内容。

㉕ 通常情况下，出于实际原因，由政府间组织的东道国做出。

㉕ 参见《英国外层空间法》第1条第a款，上文脚注254。

㉕ 参见《法国空间活动法》第2条第3款，上文脚注253。

织公司（Intelsat）的情况则不相同，有权利和义务完成登记的一国或多国因个案而异，甚至不一定包括美国。㉒

5. 国际电信联盟体制

在国际电信联盟制度范围内，特别是其协调无线电频率使用和相应轨道或轨道上点位的占用程序中，㉓ 这种无线电频率使用和轨道（点位）占用由"主管部门"负责。㉔ 但该术语专指有关国家机关，因为主管部门的定义是"任何负责履行《国际电信联盟章程》《国际电信联盟公约》《行政规则》中规定义务的政府部门或服务机构"。㉕

因此，政府间组织在国际电信联盟程序中没有任何正式的独立发言权，甚至也不能在国际电信联盟中请求分配。他们需要由某个国家首先进行分配，然后再将相应的频率指派给他们，以便能够在国际电信联盟系统下使用这些频率。

国际电信联盟的成员国明确承担"由其授权建立和运营电信业务的机构，并从事国际业务或运营能够对其他国家的无线电业务造成有害干扰的电台的"电信活动的国际责任。㉖ 这里的机构指的是"运营机构"。《国际电信联盟组织法》附件中将"运营机构"定义为"个人、公司、合伙企业或政府机构"，并应理解为包括"国际（多个）政府机构"。㉗

因此，政府间卫星组织和私营卫星运营商在获得国际电信联盟频率使用权的唯一区别在于：对于政府间组织来说，至少在法律上任何政府间组织的成员国均可以根据需要提议分配频段，并代表该政府间组织要求有效分配特定频率；对于私营运营商来说，通常只有一个主管机构——相关公司的国籍国（公司的注册和

㉒ 参见"上册第五章十（三）3"部分的论点。

㉓ 进一步参见"上册第八章二（三）"和"上册第八章二（四）"部分内容。

㉔ 参见《无线电规则》第 1 条第 17 款，上文脚注 67。

㉕ 《无线电规则》第 1 条第 2 款，见上文脚注 67。同时参见《国际电信联盟组织法》附件第 1002 号，上文脚注 21。

㉖ 《国际电信联盟组织法》第 6 条第 2 款，见上文脚注 21；同时参见《外空条约》第 6 条，上文脚注 18，基本上规定了类似的国际责任水平。

㉗ 《国际电信联盟组织法》附件第 1007 号，见上文脚注 21。

总部所在国）负责这些事务。㉘

在实践中，这种区别并不重要。在国际电信联盟中，考虑到效率和连贯性的因素，国际通信卫星组织（INTELSAT）、国际海事卫星组织（INMARSAT）和欧洲通信卫星组织（EUTELSAT）的事务分别由各自的东道国美国、英国和法国负责。更准确地说，私有化后这些国家将代表国际通信卫星组织公司（Intelsat）、国际海事卫星组织公司（Inmarsat）和欧洲卫星组织公司（Eutelsat）继续发挥同样作用，㉙ 甚至包括在国际电信联盟的决策过程中争取其他国家对国际通信卫星组织（INTELSAT）、国际海事卫星组织（INMARSAT）和欧洲通信卫星组织（EUTELSAT）的支持；由于国际电信卫星组织（ITSO）、国际移动卫星组织（IMSO）以及欧洲通信卫星组织机构（EUTELSAT IGO）的存在，美国、英国或法国通常会对私营运营商给予支持，其成员国仍普遍关切私营运营商的成功。

6. 在国际空间法的框架下评议政府间组织的私有化结果

总之，政府间卫星组织私有化的主要成果是对其运作期间法律框架的一次碎片化和多样化。在国际上，相比以往的政府间卫星组织，私营运营商对他们的东道国将更为依赖。即便他们仍可从国际电信卫星组织（ITSO）、国际移动卫星组织（IMSO）和欧洲通信卫星组织机构（EUTELSAT IGO）中获取支持，但这些政府间组织只对运营商的特定活动存有兴趣，并承担有限责任（limited responsibilities）和更为有限的赔偿责任（limited liabilities）。毕竟，私有化进程背后的理念是——除了一些应该保障的公共职责之外，运营商应该尽可能多地在商业上自由行事。这意味着新的政府间组织可能不那么广泛和积极地关注他们正在监督的特定运营商的成功。

就《责任公约》下有关损害赔偿问题或《营救协定》下卫星追回问题，私营运营商必须诉诸本国的管理当局，因为这已成为国内法的问题。该问题为适用制度的多样化打开了大门，除非卫星通信市场固有的全球性进一步促进国际协调。

㉘　这里可能要重申的是，划分通常在两年或三年一度的国际电信联盟世界无线电大会上由国际电信联盟全体成员国处理；而有关分配的请求是成员国各自向无线电管理局提出。进一步参见"上册第八章二（三）"部分内容。

㉙　参见《国际电信卫星组织协定》第12条，上文脚注86。

最后，政府间组织私有化进程破釜沉舟的努力，与其说具有严格意义上的法律特征，不如说具有实际的、经济的和政治的特征，虽然法律框架除了反映相关实际的、经济和政治范式的变化，同时带来了制度的司法化和责任义务分配的精确化。此外，国际通信卫星组织（INTELSAT）、国际海事卫星组织（INMARSAT）和欧洲通信卫星组织（EUTELSAT）在各自私有化进程中所遇问题不尽相同，其法律框架的多样化和碎片化随处可见。从这个角度来看，这三个政府间组织私有化后，国际卫星通信世界从法律上也毫无疑问地发生了深刻变化。

十一、结语

总的来说，与一般公法相比，政府间组织在制定国际空间法的具体领域方面发挥了更重要的基础作用。由于空间活动的国际性，该领域"全球共有"的地位以及在实践中空间活动特殊的成本、风险和科技，制定国际合作规范的需求不断增加，进而成立了一些政府间组织，在发展空间活动方面发挥了核心作用，并间接影响了空间法的发展。

特别是具有全球视野但侧重于某一特别领域卫星应用的运营组织以及有着不同侧重点的区域性组织，为国际空间法勾勒出一幅多样的图景。它们同样是空间活动的主要参与者，与各成员国和私营实体一起在相同的空间法的法律框架下运营；它们也同样是国际空间法从软法到习惯法进而到条约法形成的主要平台。

与此同时，三个政府间组织同时经历了严格的私有化进程，尽管在一定程度上仍需政府直接监管。这就证明，设立政府间组织可以将空间活动的好处带给世界大部分人口——包括大多数不可能进行此类活动的国家（真正的空间大国除外）以及商业目的进行此类活动的私营部门。

迄今为止，这些发展仍然局限于卫星通信——这一空间技术和基础设施最重要的地面应用领域。但可以预料，一旦足够成熟，其他空间领域也可能在适当的时候出现类似的发展，并会产生更加商业化和私有化的环境。

第六章　外空军事利用法律问题

法比奥·特隆凯蒂（Fabio Tronchetti）　著◇

一、引言

自从空间时代开启以来，空间活动就具有浓厚的军事色彩。[①] 基于军事情报需求，人类第一颗卫星及相关应用随之产生。目前，各航天国家在军事领域内对卫星的利用急剧增多。一方面，卫星在军事作战中承担着关键角色；另一方面，卫星也是科技强国的国家安全战略的重要组成部分。[②]

外空军事利用一直是政治博弈和学术争论的热点话题之一，外空军事活动的合法性和限制措施尤其受到关注。[③] 外空军事利用的争论焦点主要为以下四个方面：①外空军事利用的相关话题高度敏感，各国并不情愿接受法律上的限制或禁止；②目前规制外空中军事活动的法律繁多，包括一般国际法、国际人道法和国际空间法，缺乏一个统一的法律框架；③上述法律并不能对某些关键术语和概念做出解释；④运载火箭等领域的空间技术和卫星等空间物体一般具有双重属性，即同时具有民用和军用的潜力。

联合国外空条约对外空军事活动做出了基础性规定，尤其是 1967 年《外空

---

① See K. U. Schrogl & J. Neumann, Article Ⅳ, *Cologne Commentary on Space Law* (Eds. S. Hobe, B. Schmidt – Tedd & K. U. Schrogl) Vol. Ⅰ (2009), 71.

② *Cf.* E. S. Waldrop, Integration of Military and Civilian Space Assets: Legal and National Security Implications, 55 *Air Force Law Review* (2004), 157 – 231; W. Rathgeber & N. L. Remuss, *Space Security: A Formative Role and a Principled Identity for Europe*, *ESPI Report*, January 2009.

③ See generally on this point F. Lyall & P. B. Larsen, *Space Law – A Treatise* (2009), 499 – 532; Schrogl & Neumann, *supra* n. 1, 71 – 2; Peaceful and Military Uses of Outer Space: Law and Policy (2005), www. e-parl. net/pages/space_hearing_images/BackgroundPaper% 20McGill% 20Outer% 20Space% 20Uses. pdf, last accessed 5 November 2013.

条约》④ 和1979 年《月球协定》⑤，这两个条约规定了若干限制外空军事利用的宽泛条款，尽管这些规定相当模糊。然而，各外空条约并未建立一个综合性法律架构来规制所有的外空军事利用活动。因此，外空军事利用活动只能依据其他国际法的相关条款和原则，尤其是《联合国宪章》⑥ 所确立的原则。另外，军控条约和裁军协定虽然并没有专门规定外空活动，但是也包含外空相关议题。⑦ 同时，军用或两用物品国际贸易相关的国际和国内规定与外空军事利用活动相关。⑧

简而言之，目前缺乏规范外空军事活动的清晰的综合性法律框架。尽管某些特定种类的外空军事利用活动受到很好的规制，其他类型活动却基本没有涉及，而且争议很大。因此，本章用一个广泛的视角详细分析外空军事利用法律框架，并就争议问题阐述观点。

二、外空军事化 vs 外空武器化

在讨论外空军事利用法律框架之前，有必要了解外空军事活动的具体内涵，明确外空军事化和外空武器化两个概念之间的区别，这两个概念不能混淆或者混同。

至少在外空的语境下，"军事活动"是指通过空间能力来支撑地面上的作战任务。由于天基系统能够提供精确的导航、实时的天气数据、全球即时

---

④ 《关于各国探索和利用包括月球和其他天体在内外层空间活动的原则条约》（以下简称《外空条约》），伦敦、莫斯科和华盛顿，1967 年 1 月 27 日通过，1967 年 10 月 10 日生效；610 UNTS 205；TIAS 6347；18 UST 2410；UKTS 1968 No. 10；Cmnd. 3198；ATS 1967 No. 24；6 ILM 386 (1967)。进一步参见"上册第二章三（一）"部分内容。

⑤ 《关于各国在月球和其他天体上活动的协定》（以下简称《月球协定》），纽约，1979 年 12 月 18 日通过，1984 年 7 月 11 日生效；1363 UNTS 3；ATS 1986 No. 14；18 ILM 1434 (1979)。进一步参见"上册第二章三（五）"部分内容。

⑥ 《联合国宪章》，旧金山，1945 年 6 月 26 日通过，1945 年 10 月 24 日生效；USTS 993；24 UST 2225；59 Stat. 1031；145 UKTS 805；UKTS 1946 No. 67；Cmd. 6666 and 6711；CTS 1945 No. 7；ATS 1945 No. 1。进一步参见"上册第六章四""第六章五（一）"和"上册第六章五（二）"部分内容。

⑦ 进一步参见"上册第六章四"部分内容。

⑧ 进一步参见"上册第六章六"和"上册第七章五（一）和（二）"部分内容。

通信、导弹威胁预警，可以搜集情报和执行监视、侦察任务，其已经成为当前战争中的关键所在。⑨ 上述在陆地军事作战中对空间系统的应用一般是指"外空军事化"。⑩ 尽管少数学者坚称这种外空军事化违背了外空法律规定，但是绝大多数的学者认为其符合外空法律规定。⑪ 各国实践也表明该种外空军事利用是合法的。

实际上，"武器化"是指在外空部署攻击性武器，或者在地面部署该类武器但是打击目标位于外空的相关活动。⑫ 由于上述活动违背了国际公法和外空法的基本原则，大多数国家和法律学者均对其合法性予以否认。⑬ 尽管当前的外空尚未被"武器化"，但是由于现代社会在军事上和民事上都越来越依赖空间系统，而且基于保护这些系统安全的需要，外交界和法律界以及很多国家都担心外空武器化时代即将来临。最近几年，防止外空武器化的各项努力已在实施。⑭

---

⑨ 卫星在现代战争中的重要性在"伊拉克自由行动"中得以清楚地证明。比如，联军之间的所有安全通信都是通过外空传输，空间系统监测到 26 枚从伊拉克境内发射的火箭，"捕食者"无人机使用空间系统平台进行数据传输。参见 M. N. Schmitt, International Law and Military Operations in Space, 10 *Max Planck Yearbook of United Nations Law* (2006), 90 - 1; M. Bourbonnieère & R. J. Lee, Legality of the Deployment of Convention on Weapons in Earth Orbit: Balancing Space Law and the Law of Armed Conflict, 18 *European Journal of International Law* (2007), 873 - 901。

⑩ 关于外空军事化和武器化的区分，参见 C. M. Petras, The Debate Over the Weaponization of Space – A Military – Legal Conspectus, 28 *Annals of Air and Space Law* (2003), 171; A. G. Quinn, The New Age of Space Law: The Outer Space Treaty and the Weaponization of Space, 17 *Minnesota Journal of International Law* (2008), 475; J. Su, The Peaceful Purposes Principle in Outer Space and the Russia – China PPWT Proposal, 26 *Space Policy* (2010), 81。

⑪ 进一步参见"上册第六章三（一）"部分内容。

⑫ See e. g. J. Monserrat, Acts of Aggression in Outer Space, *Proceedings of the Forty – Fourth Colloquium on the Law of Outer Space* (2002), 365 – 75; M. C. Mineiro, The United States and the Legality of Outer Space Weaponization: A Proposal for Greater Transparency and a Dispute Resolution Mechanism, 32 *Annals of Air and Space Law* (2008), 441.

⑬ 比如，2010 年 12 月 8 日《联合国大会关于防止外空军备竞赛的第 65/44 号决议》在第 65 届联合国大会中 179 票赞成，0 票反对，2 票弃权，https://gafc-vote. un. org/UNODA/vote. nsf/91a5e1195dc97a630525656f005b8adf/b99a05476cf36ca1852577f2007991e9? OpenDocument&ExpandSection = 3#_Section3, last accessed 14 April 2014。

⑭ 进一步参见"上册第六章七"部分内容。

三、外空军事利用法律框架：联合国空间条约

联合国五大外空条约为人类的外空活动提供了法律基础。⑮ 其中，只有《外空条约》和《月球协定》存在专门规定限制外空的军事利用，剩下的三个外空条约仅对外空军事利用存在一些非直接的影响。

（一）《外空条约》

《外空条约》第4条一般被认为是整个条约中规范外空军事利用的关键所在，该条实际上包含军控相关规定，并为在外空中从事军事活动的可能性设定了一些界限。⑯

第4条规定：

各缔约国保证：不在绕地球轨道放置任何携带核武器或任何其他类型大规模毁灭性武器的实体，不在天体配置这种武器，也不以任何其他方式在外层空间部署此种武器。

各缔约国必须把月球和其他天体绝对用于和平目的。禁止在天体建立军事基地、设施和工事；禁止在天体试验任何类型的武器以及进行军事演习。不禁止使用军事人员进行科学研究或把军事人员用于任何其他的和平目的。不禁止使用为和平探索月球和其他天体所必需的任何器材设备。

上述第一款禁止在绕地球轨道上放置核武器以及其他任何大规模杀伤性武器。在体会上述含义时，我们应当准确理解条文中所使用的术语。尽管本段并不准备界定"核武器"和"大规模杀伤性武器"，但是对这两个术语的准确解释可

---

⑮ 除了《外空条约》（见上文脚注4）和《月球协定》（见上文脚注5），还包括1968年《营救协定》[《营救宇宙航行员、送回宇宙航行员和归还发射到外层空间的物体的协定》，伦敦、莫斯科和华盛顿，1998年4月22日通过，1968年12月3日生效；672 UNTS 119；TIAS 6599；19 UST 7570；UKTS 1969 No.56；Cmnd. 3786；ATS 1986 No.8；7 ILM 151（1968）]、1972年《责任公约》[《空间物体所造成损害的国际责任公约》，伦敦、莫斯科和华盛顿，1972年3月29日通过，1972年9月1日生效；961 UNTS 187；TIAS 7762；24 UST 2389；UKTS 1974 No.16；Cmnd. 5068；ATS 1975 No.5；10 ILM 965（1971）]、1975年《登记公约》[《关于登记射入外层空间物体的公约》，纽约，1975年1月14日通过，1976年9月15日生效；1023 UNTS 15；TIAS 8480；28 UST 695；UKTS 1978 No.70；Cmnd. 6256；ATS 1986 No.5；14 ILM 43（1975）]。

⑯ See further Schrogl & Neumann, *supra* n.1, 71 ff.

以依据 1969 年《维也纳条约法公约》第 31 条至第 33 条规定,⑰ 这些规定体现了国际习惯法原则,⑱《外空条约》作为国际法上的条约应当适用上述规定。因此,条约解释的基本标准是条文术语在其语境下根据其目标和目的而应当具有的一般含义。⑲ "武器"的一般含义是"在战斗中用于攻击或者防御的装置"。⑳

第 4 条第 1 款仅明确禁止两种类型的武器,即核武器和其他大规模杀伤性武器。一些学者认为,只有实际上造成大规模杀伤性后果的核武器不能被放置在绕地球轨道上,其他不具备大规模杀伤性的武器例外。㉑ 按照该思路理解,部署外空迷你核地雷或者核动力源武器不在禁止之列,只要对它们的使用并不造成大规模杀伤性后果。然而,以上解释明显与第 4 条第 1 款制定时的历史背景和目的不符,㉒ 因为该条款实际上禁止在外空部署任何种类的核武器。以上观点也获得了《部分禁止核试验条约》相关条款的支持,其禁止在外空中从事任何核爆炸活动。㉓ 然而,需要注意的是,并非所有形式的核"反应"活动都不允许在太空进行。比如,用于航天器推进的小型原子弹材料是被允许的,因为该种类型的航天器并非核武器,其主要目标是在外空中运载乘客和物品。但是,该条款禁止所有的核"武器",因为所有类型的核武器都被认为是大规模杀伤性武器。

"大规模性杀伤性武器"的通用含义较难界定。一般来讲,该种武器是指目的在于引起大范围破坏和伤亡的武器,尤其是指化学武器、生物武器和核武器。㉔ 在外空的特定语境下,"大规模杀伤性武器"即指在外空中使用但能够对地球造成大规模直接破坏的武器,也指在外空中使用但能够导致地球上武器爆炸

---

⑰《维也纳条约法公约》,维也纳,1969 年 5 月 23 日通过,1980 年 1 月 27 日生效;1155 UNTS 331;UKTS 1980 No. 58;Cmnd. 4818;ATS 1974 No. 2;8 ILM 679 (1969)。

⑱ 关于《维也纳条约法公约》比较分析,参见 Vienna Convention on the Law of Treaties: A Commentary (Eds. O. Dörr & K. Schmalenbach) (2011)。

⑲ 参见《维也纳条约法公约》第 31 条第 1 款,上文脚注 17。

⑳ See The Free Dictionary; www. thefreedictionary. com/weapon, last accessed 16 March 2014.

㉑ See B. Cheng, Studies in International Space Law (1997), 530.

㉒ Cf. Schrogl & Neumann, supra n. 1, 72.

㉓《禁止在大气层、外层空间和水下进行核武器试验条约》第 1 条,墨西哥,1963 年 8 月 5 日通过,1963 年 10 月 10 日生效;480 UNTS 43;TIAS No. 5433;14 UST 1313;UKTS 1964 No. 3;ATS 1963 No. 26。

㉔ Cf. The Free Dictionary, www. thefreedictionary. com/nuclear + weapon, last accessed 16 March 2014; cf. also Schrogl & Neumann, supra n. 1, 78.

进而引起地球上大规模破坏性后果的武器。㉕ 通过以上对核武器和大规模杀伤性武器的解释，很明显可以看出，反卫星武器等常规武器和军事卫星并不在禁止行列。因此，常规武器和军事卫星可以合法地放置在绕地球轨道之上。

第 4 条第 1 款不仅禁止在绕地球轨道上放置核武器和大规模杀伤性武器，还禁止在天体上配置该种武器以及通过其他任何形式在外空部署该种武器。

首先，必须对"在绕地球轨道上放置"这一术语进行宽泛解释，禁止在近地轨道、地球静止轨道以及其他各种轨道上放置核武器和大规模杀伤性武器。然而，仅仅通过洲际弹道导弹在外层空间运输大规模杀伤性武器并不在本条款的禁止行列，因为洲际弹道导弹在外空中飞行时间较短，并不是被"放置"在外空中。㉖ 同样，《外空条约》也没有明确禁止核武器和大规模杀伤性武器的实际使用，禁止的仅仅是其在外空中的放置状态。㉗ 因此，根据第 4 条第 1 款，外空可以被利用为用于地面任务的武器的运输区域。

其次，第 4 条第 1 款禁止在天体上配置核武器和大规模杀伤性武器。因此，国家不得在太阳系的天体表面，乃至天体表面之下的空间内放置该种武器。关于"配置武器"在本条款中的含义，一些人认为是"为了使用而在天体上放置武器"。㉘ 然而，也有一些人认为，如果某国在天体上放置了武器，但是声明其并不打算使用该武器，那么该种行为应当被允许。其他国家一般不会接受乃至相信以上解释，该种解释方法是非常难以接受的。

最后，第 4 条第 1 款第 1 项禁止在外空部署核武器和大规模杀伤性武器，也不得以任何其他方式在外空部署该武器。由于条文所禁止的事项是在外空和天体上部署核武器和大规模杀伤性武器，"部署"的内涵似乎比"在绕地球轨道上放置"的内涵更宽泛。虽然没有明确阐述，但是此处需要指出的是，月球属于第 4

㉕ See Schrogl & Neumann, *supra* n. 1, 77.

㉖ See Petras, *supra* n. 10, 184; S. Gorove, Arms Control Provisions in the Outer Space Treaty: A Scrutinizing Reappraisal, 3 *Georgia Journal of International and Comparative Law*（1973），115.

㉗ *Cf.* Schrogl & Neumann, *supra* n. 1, 79.

㉘ *Cf.* Gorove, *supra* n. 26, 117; Schrogl & Neumann, *supra* n. 1, 80.

条第 1 款的适用范围。"天体"的含义一般包括月球。㉙ 可以预测到，未来可能有两种武器被部署在外空中，一种是以地面为打击目标的武器，另一种是以其他外空物体为打击目标的武器，比如反卫星武器和卫星杀手。只要这些武器不是核武器和大规模杀伤性武器，对该种武器的使用就不为第 4 条所禁止。

简而言之，《外空条约》第 4 条仅在外空中禁止部分武器，国家有权在外空中部署侦查、通信、导航、气象和其他任何种类的军用卫星，有权通过外空运送洲际弹道导弹，理论上还有权在外空测试和使用常规性武器。然而，必须注意的是，以上必须根据经过广泛认可的国际法原则进行解释，其中包括《联合国宪章》所确立的原则。㉚

相较而言，第 4 条第 2 款规定的是对月球和其他天体的使用，要求"绝对用于和平目的"，而并没有提及"外空"这一术语，也没有强调各天体之间的空间区域。㉛ 对该条款准备工作文件（traveaux pré – paratoires）的分析证明，以上忽略是故意为之，因为各国当时意欲保留基于军事目的开展侦查等若干空间活动的权利。㉜

第 4 条第 2 款构建了月球和其他天体绝对用于和平目的的制度。尽管《外空条约》若干次提及外空利用的"和平目的"，但是并没有对该术语做出解释。㉝ 因此，关于该术语的解释引起了较大的争论，一种观点将其解释为"非军事化"，㉞

㉙　See P. G. Dembling & D. M. Arons, The Evolution of the Outer Space Treaty, 33 *Journal of Air Law & Commerce* (1967), 419; C. Q. Christol, The 1979 Moon Agreement: Where Is It Today?, 27 *Journal of Space Law* (1999), 1.

㉚　进一步参见"上册第六章五"部分内容。

㉛　See Cheng, *supra* n. 21, 257.

㉜　See Petras, *supra* n. 10; C. Q. Christol, *The Modern International Law of Outer Space* (1982), 24 ff.

㉝　参见《外空条约》序言第 2 段、第 4 段和第 8 段，以及第 3 条，上文脚注 4。

㉞　支持该观点的作者包括: M. G. Markoff, Disarmament and Peaceful Purposes Provisions in the 1967 Outer Space Treaty, 4 *Journal of Space Law* (1976), 3; I. A. Vlasic, Disarmament Decade, Outer Space and International Law, 6 *Annals of Air and Space Law* (1981), 26; C. Q. Christol, The Common Interest in the Exploration, Use and Exploitation of Outer Space for Peaceful Purposes: The Soviet – American Dilemma, 18 *Akron Law Review* (1984), 193。

另一种观点将其解释为"非侵略性"。㉟

"非军事化"的观点认为，对非和平目的的行为的禁止实际上是禁止"任何"基于军事目的利用外空的行为。支持该种观点的学者经常对比 1959 年《南极条约》，该条约将"和平目的"实际上等同于"非军事化"。㊱ 尽管作为法律学说，"非军事化"的理论比较受欢迎，但其与各国的实践相矛盾。㊲ 如上所述，对《外空条约》准备工作的分析并不能支撑该观点。㊳

"非侵略性"的观点认为，《联合国宪章》第 2 条第 4 款规定的禁止使用威胁或武力，只要在外空的军事活动根据以上条款实施，其就符合国际法的要求。㊴ 美国尤其支持该观点，而且该观点逐步为更多国家所接受。越来越多的国家展示了允许侦察和监视等被动性军事利用外空的意愿，也因此合法化了该军事活动。另外，需要注意的是，《联合国宪章》特别预先规定了禁止使用武力的两种例外情形，即自卫和联合国安理会根据《联合国宪章》第 7 章授权采取的干预行动。根据以上任何一种情形而在外空中使用武力应当被视为合法行为。㊵

值得关注的是，欧洲过去对外空的军事利用一直比较保守。比如，根据《欧洲空间局公约》，欧洲空间局的目的在于"提供和促进欧洲国家间在绝对用于和平目的的空间研究和技术以及空间应用方面的合作，以应用于科学研究和使用中

㉟ 支持"非侵略性"观点的作者如：Dembling & Arons, *supra* n. 29, 434; A. Meyer, Interpretation of the Term Peaceful in the Light of the Space Treaty, 18 *Zeitschrift für Luftund Weltraumrecht* (1969), 28, 34。

㊱ 参见《北极公约》序言，华盛顿，1959 年 12 月 1 日通过，1961 年 6 月 23 日生效；402 UNTS 71; TIAS 4780; 12 UST 794; UKTS 1961 No. 97; Cmnd. 913; ATS 1961 No. 12。

㊲ 外空的军事化利用基本上与外空时代早期同时开始。美国在 20 世纪 50 年代主张"非军事化"，但是随后很快转为了"非侵略性"的主张。参见 US Senate Comm. on aeronautical & space sciences, Documents on international aspects of the exploration and use of outer space, 1954 – 62, 88th Cong., 1st Sess。苏联早期一方面官方支持"非军事化"原则，另一方面以科学研究为幌子开展外空军事活动。也可参见"上册第一章一至四"部分内容。

㊳ 在条约谈判期间，印度提议将《外空条约》第 4 条第 2 款规定的"绝对用于和平目的"的适用范围拓展到外空的所有领域。由于美国和苏联都不希望对"和平目的"做出最终定义，以避免对两国未来的空间利用带来限制，这项提议遭到了拒绝。参见 U. N. Doc. A/AC. 105/PV. 3, of 20 March 1962, 63。

㊴ Art. 2 (4), UN Charter, *supra* n. 6, 规定："各会员国在其国际关系上不得使用威胁或武力，或以与联合国宗旨不符之任何其他方法，侵害任何会员国或国家之领土完整或政治独立。"

㊵ 进一步参见"上册第六章五（一）"部分内容。

的空间应用系统"。㉛ 以上对"绝对用于和平目的"这一术语的使用，目的在于表明欧洲空间局活动的和平属性，以及其在法律上不允许介入军事和安全相关外空项目的情况。然而，欧洲空间局最近转而采取了一个更加宽松的路径，使其可以在一定程度上介入与军事和国防相关的安全事务中。㉜

不管《外空条约》其他成员国对"和平"这一术语如何解释，第4条第2款将其和"绝对"这一术语组合使用，意义重大。实际上，该条款讨论的是使用月球和其他天体的两个层面，要么"绝对用于和平目的"，要么非"绝对用于和平目的"。按照该解释，只要某一活动是用于和平目的的，则该活动就是合法的；一旦存在非和平的因素，该活动的合法性随即丧失。简而言之，不得通过任何形式对月球和其他天体进行军事利用活动。

第4条第2款的前两句话禁止在天体上建立任何军事基地、设施和工事，并禁止在天体试验任何类型的武器以及进行军事演习。然而，该条款的后两句话也同时规定了以上两个禁止性条款的例外情形，明确允许使用军事人员进行科学研究，或把军事人员用于任何其他的和平目的。以上两种例外情形的准确含义并没有在条款中予以阐述，因此只能依赖于对"和平目的"这一术语的解释。而且，国家可以"使用为和平探索所必需的任何器材设备。"㉝

总之，第4条第2款完全使月球和其他天体非军事化，禁止放置和测试任何种类的武器，禁止建设军事装置和设施，禁止任何种类的军事演习。然而，为了科研和和平活动而对军事人员和设施的利用则被允许。

除了《外空条约》第4条规定外，第9条规定也与上文的分析存在特定的关联性，因为该条规定间接限制了外空的军事活动。如果缔约国认为其或其国民在外层空间（包括月球和其他天体）计划进行的活动或实验，会对本条约其他缔约国和平探索和利用外层空间（包括月球和其他天体）的活动，造成潜在的有害干扰，则在实施这种活动或实验前，有义务进行适当的国际磋商，这同时也意味着

㉛ 《欧洲空间局公约》第2条，巴黎，1975年5月30日通过，1980年10月30日生效；UKTS 1981 No. 30；Cmnd. 8200；14 ILM 864 (1975)；*Space Law – Basic Legal Documents*, C. I. 1。

㉜ 关于欧洲空间局在安全相关领域的活动参与具体情况，参见 F. G. von der Dunk, Europe and Security Issues in Space: The Institutional Setting, 4 *Space and Defense* (2010), 71–99。

㉝ 《外空条约》第4条第2款第4句话，见上文脚注4。

该国或其国民很可能在开展外空军事利用活动。⑭ 据说，中国在 2007 年开展的反卫星试验是目前唯一违反该义务的活动（原文如此，但观点妥当性有待进一步探讨——译者注）。⑮

总结而言，第 4 条并未能就所有的外空军事利用活动提供一个综合性的法律制度，对该条的解释和实际运用也存在矛盾之处。

（二）《月球协定》以及其他外空条约相关规定

关于外空军事利用的影响，《外空条约》之外最重要的条款是 1979 年《月球协定》相关规定。《月球协定》第 3 条第 2 款对《外空条约》第 4 条第 2 款规定的禁止条款进行了扩展和补充，其禁止任何在月球上威胁或者使用武力的行为，禁止任何在月球上的敌对行为或者威胁从事敌对行为。⑯《月球协定》第 3 条第 3 款规定比《外空条约》第 4 条的规定更进一步，其不仅禁止在月球上放置携带核武器的物体以及任何种类的大规模杀伤性武器，同时也禁止在绕地球轨道和其他轨道上放置以上武器。另外，需要强调的是，当我们说月球的时候，依据《月球协定》的规定，其同时包括其他天体。⑰

1968 年《营救协定》并没有关于营救军事人员的特别规定。1975 年《登记公约》要求发射国就其发射到地球轨道的任何外空物体向联合国登记，并提供该外空物体的具体信息，其中包括外空物体的一般功能信息。⑱ 然而，理论上讲，军事利用可以解释为外空物体"一般功能"的一部分，并不要求将军事利用相关的具体信息予以登记。

---

⑭　《外空条约》第 9 条第 3 句话，见上文脚注 4。

⑮　关于中国反卫星实验，参见上文脚注 186。关于中国反卫星实验和《外空条约》第 9 条之间的关系，参见 F. G. von der Dunk, Target Practising in a Global Commons: The Chinese ASAT Test and Outer Space Law, 10 *The Korean Journal of Air and Space Law* (2007), 181 - 99; M. C. Mineiro, FY - 1C and USA - 193 ASAT Intercepts: An Assessment of Legal Obligations under Article 9 of the Outer Space Treaty, 34 *Journal of Space Law* (2008), 321。

⑯　On this see V. S. Vereshchetin, Limiting and Banning Military Uses of Outer Space: Issues of International Law, in *Essays in International Law in Honour of Judge Manfred Lachs* (Ed. J. Makarczyk) (1984), 671 - 84.

⑰　参见《月球协定》第 1 条第 1 款，上文脚注 5。

⑱　分别参见《登记公约》第 2 条和第 4 条第 1 款，上文脚注 15。

四、外空军事利用法律框架：其他相关国际制度

如前所述，联合国外空公约，尤其是《外空条约》，虽然对外空军事利用做出了限制性规定，但是仍有很多其他重要问题未得到解决。因此，为了部分弥补外空公约解释和适用方面的空白，我们应当考虑其他法律文件的规定。必须指出，尽管这些法律文件并非空间法律相关的专门规定，但是其对空间活动的开展和实施有着直接的影响，裁军和军控相关的公约和双边或多边协议更是如此。

按时间顺序来讲，1963 年《部分核禁试条约》⑭ 可以称为外空军控领域的第一个国际条约，因为它在允许在陆地开展的军事活动、禁止在大气层和外层空间开展的军事活动之间做出了明确的区分。从这点上讲，《部分核禁试条约》从未打算对外空公约相关规定予以补充，因为这些外空公约毕竟都是在《部分核禁试条约》生效后谈判的，但是它开启了对外空军事利用进行法律规制的时代。

根据《部分核禁试条约》第 1 条规定，禁止在大气层及以上空间，包括外层空间，从事任何类型的核试验和核爆炸活动。缔约国还应避免在以上环境中引起、鼓励和参与任何核试验和核爆炸活动。⑮ 只要不对其他国家领土带来影响，《部分核禁试条约》并不禁止地下核试验。⑯ 很明显，《部分核禁试条约》第 1 条规定是《外空条约》第 4 条第 1 款规定的灵感来源。

尽管《部分核禁试条约》的规定与外空军事化利用相关，但是其也存在一些弊端。第一，《部分核禁试条约》并不禁止在外层空间放置或使用核武器本身，而只是禁止在某些特定物理环境中对这种武器进行试验。第二，《部分核禁试条约》并没有规定任何程序来核查条约遵守情况，导致整个条约的法律地位比较薄弱。第三，《部分核禁试条约》第 4 条允许缔约国在"非常事件"中退出条约，通知期限是三个月。由于该条约没有对"非常事件"做出任何界定，缔约国实际

---

⑭ 《部分核禁试条约》，见上文脚注 23，也被称为《限制核试验条约》。

⑮ 参见《部分核禁试条约》第 1 条第 2 款，上文脚注 23。

⑯ *Cf.* US Department of State, Narrative of the Partial Test Ban Treaty, www. state. gov/t/isn/ 4797. htm, last accessed 17 March 2014.

上是退出公约与否事件中的唯一裁判者。⑫

根据《部分核禁试条约》，美国和苏联都宣布了不再于外层空间部署任何携带核武器或其他大规模杀伤性武器的决定。该决定后来也被写进了 1963 年 10 月 17 日的第 1884（XⅧ）号决议。㉝

《禁止为军事或任何其他敌对目的使用改变环境的技术的公约》（以下简称《禁止改变环境技术公约》）于 1977 年签署，并于 1978 年生效。㊴ 目前，公约有 76 个缔约国，其中包括美国、俄罗斯和中国等航天强国。《禁止改变环境技术公约》适用于基于军事或敌对目的而蓄意操纵自然进程的活动。㊳ 《禁止改变环境技术公约》的适用范围比《部分核禁试条约》等其他条约广泛，其禁止缔约国基于军事或任何其他敌对目的而使用能够对外层空间等特定区域带来广泛、持续或严重影响的环境改变技术。㊱《禁止改变环境技术公约》第 2 条规定，"'环境改变技术'是指任何通过蓄意操纵自然进程而改变生物群、岩石圈、水系统、大气层或者外层空间等地球物理构成、组成部分和结构的技术"。然而，《禁止改变环境技术公约》明确授权基于和平目的使用环境改变技术。㊲

《禁止改变环境技术公约》与禁止外空军事化具有较强的关联性，因为其可能对外空中某一特定武器，即反卫星武器的使用造成一定限制。使用大规模破坏性、击杀式的反卫星武器将对外空环境带来有害影响，这已经通过 2007 年中国反卫星武器试验得到证实，卫星的损毁造成了大量的空间碎片。空间碎片一旦形

㊼　See P. G. Alves, *Prevention of an Arms Race in Outer Space: A Guide to the Discussions in the Conference on Disarmament* (1991), 56 – 7.

㊽　Question of general and complete disarmament, UNGA Res. 1884（XⅧ）, of 17 October 1963; UN Doc. A/RES/18/1884.

㊾　《禁止为军事或任何其他敌对目的使用改变环境的技术的公约》（以下简称《禁止改变环境技术公约》），日内瓦，1977 年 5 月 18 日通过，1978 年 10 月 5 日生效；1108 UNTS 151; TIAS No. 9614; 31 UST 333; 31 UST 333; UKTS 1979 No. 24; Cmnd. 6985; ATS 1984, No. 22; 16 ILM 88 (1977)。

㊿　See generally M. Benkö, The Problem of Space Debris: A Valid Case Against the Use of Aggressive Military Systems in Outer Space?, in *Space Law: Current Problems and Perspectives for Future Regulation* (Eds. M. Benkö & K. U. Schrogl) (2005), 167 ff.

㊱　参见《禁止改变环境技术公约》第 1 条，上文脚注 54。

㊲　参见《禁止改变环境技术公约》第 3 条，上文脚注 54。

成，将会在轨道上无期限保留，对空间物体的安全带来威胁。[58] 使用反卫星武器将对外空环境带来广泛的、持久的、严重的影响，因此，该行为适用《禁止改变环境技术公约》第2条规定。

然而，《禁止改变环境技术公约》对部署反卫星武器或者这些武器的特定用途而设置法律障碍的能力被公约本身所使用的措辞有所削弱。只有符合如下情况，才会适用公约，即：一国为了对抗另外一国而军事利用或者敌对使用环境改变技术。中国对自己卫星的损害，很难适用《禁止改变环境技术公约》中的禁止性规定。实际上，中国的反卫星试验不是在军事对抗过程中进行的，也并不打算对任何特定国家产生敌对影响。因此，尽管《禁止改变环境技术公约》对能够对环境产生持续性破坏影响的武器使用予以一定程度的限制，但是其似乎并不能制止对空间物体造成高度威胁的活动，即击杀型反卫星武器的试验。

尽管第2625（XXV）号决议——所谓的1970年10月24日《友好关系宣言》[59] 不是一项国际公约，但是其与我们当前讨论的内容相关。该宣言重申了《联合国宪章》规定的基本原则，规定国家"不得采取任何可能使情况恶化而危及维护国际和平和安全的行动，而且应当根据联合国宗旨和原则行事"。[60] 因此，各国应当避免开展任何对国际和平和安全造成威胁的外空军事利用或活动。

1996年《全面禁止核试验条约》[61] 超越了1963年《部分核禁试条约》的规定，因其禁止在所有的环境中用于民事和军事目的的核爆炸。根据该公约，缔约国不得以任何方式从事或者鼓励核武器试爆或其他任何形式的核爆炸，缔约国应当禁止和防止在其管辖内的任何区域从事任何此类核爆炸。[62]

重要的是，《全面禁止核试验条约》设立了一个核查其遵守情况的制度。该制度以最少侵扰的方式运作，并以各缔约国提供的客观信息为基础。该条约于

---

[58] 进一步参见"下册第四章二（一）"部分内容。

[59] United Nations Declaration on Principles of International Law concerning Friendly Relations and Co-operation among States in accordance with the Charter of the United Nations，UNGA Res. 2625（XXV），of 24 October 1970；UN Doc. A/8028.

[60] Princ. 2（4），UNGA Resolution 2625（XXV），*supra* n. 59.

[61] 《全面禁止核试验条约》，纽约，1996年9月24日通过，尚未生效；Cm. 3665；35 ILM 1439（1996）；S. Treaty Doc. No. 105-28（1997）.

[62] 参见《全面禁止核试验条约》第1条，上文脚注61。

1996 年 9 月 24 日开放签字；截至 2014 年 3 月，共有 162 个国家批准了该条约，另有 21 个国家签署了该条约。⑥³ 印度、朝鲜和巴基斯坦三个拥核国家没有签署该条约。另外，中国、伊朗、以色列和美国⑥⁴签署了该条约，但是尚未批准。

外空军事利用相关的另外一个重要的法律文件是《防止弹道导弹扩散的国际行为准则》（《海牙行为准则》）。⑥⁵ 该法律文件的重要性不仅来源于载有核弹头的弹道导弹穿越外层空间的事实，还因为这种导弹可以被修改用途作为运载火箭⑥⁶和反卫星武器。《海牙行为准则》的宗旨在于阻止弹道导弹的扩散。成员国承诺不向涉嫌发展核武器、生物武器和化学武器的国家提供弹道导弹项目的支持。⑥⁷另外，这些成员国被要求在帮助其他国家发展空间发射项目时保持"必要的警惕"，因为空间发射项目可能被用于给弹道导弹项目提供伪装。⑥⁸《海牙行为准则》要求缔约国提交年度声明，提供其弹道导弹政策纲要，并就弹道导弹和空间运载工具的发射提供预发射的通知。⑥⁹

《海牙行为准则》并不是一个公约，而是典型的所谓的"软法"文件，这些软法文件不具有约束力，因此在本质上具有自愿性。尽管缺乏强制性，其规定并不能被完全忽视，因为该准则具有相当大的政治权威。值得注意的是，该行为准则具有包括美国和俄罗斯在内的 133 个成员国。然而，在弹道导弹领域活跃的几个主要国家，比如朝鲜、伊朗、中国、巴西、俄罗斯和沙特阿拉伯，并非该行为准则的成员国。因此可以看出，北非和东亚的大多数国家并没有参与该行为准

---

⑥³　See http://en. wikipedia. org/wiki/Comprehensive_Nuclear – Test – Ban_Treaty，last accessed 14 April 2014；关于条约的基本信息和更新情况，参见 www. ctbto. org，last accessed 14 April 2014。

⑥⁴　美国参议院在 1999 年拒绝批准该公约；参见 www. armscontrol. org/act/1999_09 – 10/ctbso99，last accessed 14 April 2014。

⑥⁵　关于《海牙行为准则》的文本，参见 www. armscontrol. org/documents/icoc，last accessed 14 April 2014。关于《海牙行为准则》的相关分析，参见 L. Marta, The Hague Code of Conduct Against Ballistic Missile Proliferation: 'Lessons Learned' for the European Union Code of Conduct for Outer Space Activities, 34 *ESPI Perspectives*（June 2010）。

⑥⁶　比如，苏联质子火箭设计之初是为了携带核弹头，现在用于入轨的重型发射服务。

⑥⁷　参见《海牙行为准则》第 3 条第 5 款，上文脚注 65。

⑥⁸　参见《海牙行为准则》第 3 条第 4 款，上文脚注 65。

⑥⁹　参见《海牙行为准则》第 4 条第 1 款，上文脚注 65。进一步参见 J. Robinson, The Role of Transparency and Confidence-Building Measures in Advancing Space Security, 28 *ESPI Report*（September 2010），21 – 2。

则。这严重损害了该行为准则作为普遍安全工作文件的可行性。

还有一些其他的双边协定规定了军备限制或裁军措施，并以这种方式对外空军事利用产生影响。有人认为，尽管这些协定具有双边性质，但是其有可能在整个国际社会成为多边协议或者外层空间法的惯例，因为这些双边协定是在当时最相关的两个航天强国——美国和苏联之间达成的。⑦ 在这方面，最重要的双边协定当属 1972 年《反弹道导弹条约》⑦，因为它是自《外空条约》之后，加强外空非军事化的第一个具体的法律措施。《反弹道导弹条约》禁止试验和部署以海洋、空中、外空为基地的弹道导弹系统及其组成部分。

《反弹道导弹条约》第 5 条规定："双方保证不研制、试验或部署以海洋、空中、空间为基地的以及陆地机动的反弹道导弹系统及其组成部分。"该条约还禁止反卫星武器，其规定"每方保证不干扰另一方根据本条第 1 款使用的国家核查技术手段"。⑦ 而且，该条约规定"每方保证不采取蓄意的隐蔽措施来妨碍用国家技术手段核查遵守本条约的条款的情况"。⑦ 随着 2002 年美国的退出，该条约正式失效。这对空间物体和外空整体的安全带来了极其负面的影响，因为，我们可以认为目前已经没有公约禁止大规模杀伤性武器和核武器以外的其他外空武器的试验和部署活动。⑦

《反弹道导弹条约》之后经过 7 年的长时间谈判，最终于 1979 年在维也纳签署了《第二阶段削减战略武器条约》。⑦ 该公约限制了战略核运载工具（洲际弹道导弹、潜射弹道导弹和重型轰炸机）、多弹头分导重返大气层运载工具以及战

---

⑦ *Cf.* Rathgeber & Remuss, *supra* n. 2, 16.

⑦ 《苏美关于限制反弹道导弹防御系统的条约》（以下简称《反弹道导弹条约》），莫斯科，1972 年 5 月 26 日通过，1972 年 10 月 3 日生效，2002 年 6 月 13 日失效；944 UNTS 13；TIAS No. 7503；23 UST 3435。

⑦ 《反弹道导弹条约》第 12 条第 2 款，见上文脚注 71。

⑦ 《反弹道导弹条约》第 12 条第 3 款，见上文脚注 71。

⑦ See J. Dean, Future Security in Space: Treaty Issues, *INESAP Information Bulletin* 20（2002），21 July 2002；www. inesap. org/sites/default/files/inesap_old/bulletin20/bul20art03. htm, last accessed 14 April 2014；T. Hitchens, *Future Security in Space – Charting a Cooperative Course*, Center for Defense Information（2004），83.

⑦ 《美利坚合众国和苏维埃社会主义共和国联盟关于限制战略武器的条约》（以下简称《第二阶段削减战略武器条约》），维也纳，1979 年 6 月 18 日签订，尚未生效；UST LEXIS 220；18 ILM 1112（1979）；S. Exec. Doc. Y, 96 - 1。

略攻击性武器的数量。该公约也禁止新建路基弹道导弹，并将其纳入核查规定。

由于一些问题没有得到解决，《第二阶段削减战略武器条约》从未生效。然而，1991 年 7 月宣布了双边的《第一阶段削减战略武器条约》。[76] 该双边条约呼吁对运载工具进行特别限制，这也是美国和苏联第一次实际性削减核武器的举措。2010 年 4 月，奥巴马和梅德韦杰夫总统签署了一项新的《战略武器限制协定》，取代了 1991 年的《第一阶段削减战略武器条约》。[77] 2010 年的协定同意将部署核弹头的数量削减为 1550 枚，将运载工具（洲际弹道导弹、潜艇和重型轰炸机）数量削减为 800 个（《第一阶段削减战略武器条约》原为 1600 个）。[78] 以上国际公约方面的进展对空间活动产生了一定影响，因为洲际核弹头运载工具可以被改装为能够运载有效载荷到外层空间的发射器。从这一点上来说，一个重要的法律问题是，将洲际核弹头运载工具改装为外空发射器的行为是否构成公约要求的削减行为。

最后，值得提及的是《国际电信联盟组织法》和《国际电信联盟公约》，虽然严格来讲它们并非本部分所讨论的武器相关的公约，但是其规定与外空的军事利用相关，尤其是在对军事卫星的使用方面。[79] 这两个文件为成员国使用地球静止轨道和其他卫星轨道上频谱构建了框架。[80] 关于军用无线电装置的使用，[81]《国际电信联盟组织法》第 48 条第 1 款规定："各成员国对于军用无线电设备保留其

---

[76] 《美利坚合众国和苏维埃社会主义共和国联盟关于削减和限制战略武器的条约》（以下简称《第一阶段削减战略武器条约》），莫斯科，1991 年 7 月 31 日通过，尚未生效；S. Treaty Doc. No. 102 -20。

[77] See http://abcnews. go. com/topics/news/world/strategic-arms-reduction-treaty. htm，last accessed 14 April 2014。

[78] 参见《美利坚合众国和俄罗斯联邦关于进一步削减和限制攻击性战略武器的条约》第 2 条第 b 款和第 c 款，布拉格，2010 年 4 月 8 日通过，2011 年 2 月 5 日生效；Treaty Doc. 111 – 5，www. state. gov/documents/organization/140035. pdf，last accessed 14 April 2014。

[79] 《国际电信联盟组织法》，日内瓦，1992 年 12 月 22 日通过，1994 年 7 月 1 日生效；1825 UNTS 1；UKTS 1996 No. 24；Cm. 2539；ATS 1994 No. 28；Final Acts of the Additional Plenipotentiary Conference，Geneva，1992（1993），at 1, resp.《国际电信联盟公约》，日内瓦，1992 年 12 月 22 日通过，1994 年 7 月 1 日生效；1825 UNTS 1；UKTS 1996 No. 24；Cm. 2539；ATS 1994 No. 28；Final Acts of the Additional Plenipotentiary Conference，Geneva，1992（1993），at 71. 自从 1992 年通过之后，《国际电信联盟组织法》和《国际电信联盟公约》先后于 1996 年 1 月 1 日、2000 年 1 月 1 日、2004 年 1 月 1 日经过全权代表大会（东京，1994；明尼阿波利斯，1998；马拉喀什，2002）修订。进一步参见 www. itu. int/net/about/basic – texts/index. aspx，last accessed 17 March 2014。

[80] 关于国际电信联盟制度的分析，进一步参见"上册第八章二"部分内容。

[81] See also Schmitt, *supra* n. 9, 89 –125.

完全的自由权。”对该项的理解，必须结合本条的第 2 款规定：“但是，这种设备必须按照其业务性质，尽可能遵守有关遇险时给予援助和采取防止有害干扰的措施的法定条款，并遵守行政规则中关于按其所提供业务的性质而使用发射方式和频率的条款。”这一限制符合对国际电信联盟成员国的更广泛义务的要求，即根据《国际电信联盟组织法》第 45 条规定，避免对其他成员国的无线电业务或通信造成有害干扰。[82]

五、外空军事利用法律框架：一般性国际公法

（一）《联合国宪章》禁止使用武力的例外情形

外空活动必须遵守国际公法的基本规则，尤其是《联合国宪章》规定的基本规则。《外空条约》第 3 条的规定是外空活动适用国际公法的法律依据，其规定从事空间活动必须“遵守国际法和联合国宪章，以维护国际和平与安全”。[83] 因此，《外空条约》中军事利用相关规定，尤其是上文讨论的第 4 条规定，必须根据《联合国宪章》予以解释，《联合国宪章》应当比其后续制定的《外空条约》等公约具有优先效力。[84]

联合国的主要目标之一是维护国际和平与安全。[85] 为了实现该目标，联合国成员国同意采取集体措施防止和消除对和平的威胁，压制侵略行为。联合国体制的基础是《联合国宪章》第 2 条第 4 项规定，该规定禁止在国际关系中威胁或使用武力。[86] 这些规定一般被认为具有国际法强制性规范属性，[87] 对《联合国宪章》

---

[82] 《国际电信联盟组织法》（见上文脚注 79）第 45 条第 1 款规定：“所有电台，不论其用途如何，在建立和使用时均不得对其他会员、经认可的业务经营机构，或其他经正式核准开办无线电业务并按照《无线电规则》操作的业务经营机构的无线电业务或通信造成有害干扰。”

[83] 关于国际公法对航天活动的适用范围的类似规定，《月球协定》（见上文脚注 5）第 2 条有所涉及。

[84] 《联合国宪章》第 103 条，见上文脚注 6。关于《联合国宪章》的具体分析，包括其优先于其他国际条约效力相关内容，参见 B. Simma et al., *The Charter of the United Nations: A Commentary* (3rd edn., 2000)。进一步参见，比如，“第二章一（一）”部分内容。

[85] 参见《联合国宪章》第 1 条第 1 款，上文脚注 6。

[86] See C. Gray, *International Law and the Use of Force* (2nd edn., 2004); A. Belatchev, *Prohibition of Force Under the UN Charter*, A Study of Art. 2 (4) (1991).

[87] 参见《维也纳条约法公约》第 53 条，上文脚注 17。关于“强制性规范”特征的阐述，参见 A. Cassese, *International Law* (2005), 168。

中其他原则给予指导。根据第 2 条第 4 项规定，各国必须根据《联合国宪章》第 2 条第 3 项规定和第 33 条规定解决可能危及国际和平与安全的争端。⑧

《联合国宪章》对在国际关系中禁止使用武力原则预留了两种例外，即：安理会根据《联合国宪章》第 7 章授权有关国家使用武力，或者根据《联合国宪章》第 51 条采取个人或集体自卫权。《联合国宪章》第 7 章和第 51 条构成了所谓的"诉诸战争权"的法律基础，即诉诸军事力量的合法情形。⑧

关于第一种例外情形，安理会在《联合国宪章》确立的以共同安全为中心的体系中扮演着关键角色。⑨ 首先，安理会有权决定是否存在和平威胁、破坏和平或者侵略行为等情形，并据此提出相关建议（根据第 39 条），决定应当依据第 41 条（非武力措施）和第 42 条（军事行动）采取何种强制措施。在非武力措施中，"无线电及其他交通工具之局部或全部停止"可能包括空间资产。⑨

军事行动是最后的手段，只有在安理会认为不使用武力不能解决问题时才可以考虑。⑨ 只有在这种情况下，安理会才能自己采取武力措施维护和恢复和平。⑨ 根据《联合国宪章》第 43 条，国家应当根据一项或多项协议向安理会提供供其使用的部队。然而，上述协议从未达成，实际上安理会并没有任何通过武力执行集体安全任务的途径。因此，安理会逐步发展了授权个别国家使用武力的做法。一般情况下，各国通知安理会他们使用武力恢复和平和安全的意图或意愿，并请

---

⑧ 《联合国宪章》第 33 条，见上文脚注 6，规定："一、任何争端之当事国，于争端之继续存在足以危及国际和平与安全之维持时，应尽先以谈判、调查、调停、和解、公断、司法解决、区域机关或区域办法之利用，或各当事国自行选择之其他和平方法，求得解决。二、安全理事会认为必要时，应促请各当事国以此项方法，解决其争端。"

⑧ See R. J. Lee, The jus ad bellum in spatialis: The Exact Content and Practical Implications of the Law on the Use of Force in Outer Space, 29 *Journal of Space Law* (2003), 93; S. Mosteshar, Militarization of Outer Space: Legality and Implications for the Future of Space Law, in *Proceedings of the Forty - Seventh Colloquium on the Law of Outer Space* (2005), 473 ff.; N. O. Ruiz & E. Salamanca - Aguado, Exploring the Limits of International Law Relating to the Use of Force in Self - defence, 16 *European Journal of International Law* (2005), 499; N. Deller, *Jus ad Bellum*: Law Regulating Resort to Force, 30 *Human Rights* (2003), 8; Y. Dinste in *War, Aggression and Self - Defence* (3rd edn., 2001).

⑨ See D. Schweigman, *The Authority of the Security Council Under Chapter VII of the UN Charter: Legal Limits and the Role of the International Court of Justice* (2001).

⑨ 《联合国宪章》第 41 条，见上文脚注 6。

⑨ 《联合国宪章》第 42 条，见上文脚注 6。

⑨ 参见《联合国宪章》第 43～46 条，上文脚注 6。

求安理会对此授权。[94]

关于禁止使用武力的第二种例外情形,《联合国宪章》第 51 条承认联合国成员国 "在受武力攻击时具有单独或集体自卫之自然权利"。对自卫权的解释和具体适用引起了许多争论,对何时可以行使该权利的判断,是争论的主要问题。最典型且最被接受的解释是对《联合国宪章》第 51 条进行严格解释。[95] 根据该理论,某一国家只有在受到武装攻击之后才可行使自卫权。国际法院在尼加拉瓜案中也采取了该观点。[96]

然而,另一种观点认为,国家具有先发制人的自卫权,即在发生攻击之前采取自卫行动的权利。[97] 该观点的支持者声称,在《联合国宪章》制定之前的一段时间里,国际习惯法上存在着先发制人的自卫权,《联合国宪章》并没有对此予以修改或修订。根据美国时任国务卿韦伯斯特提出的并被美国 "加洛林案" (Caroline case) 所采用的著名论述,行使先发制人自卫权必须在 "迫切的、压倒一切的,并无别的选择,而且也没有时间来进行周密的考虑" 之情况下进行。[98] 另外,所采取的行动必须是相对称的。[99] 简而言之,只有在遵守严格标准的情况下才能行使先发制人自卫权,比如,对一个国家的领土或军队存在着已被确认且紧迫的威胁,并且缺乏军事防御行动之外的切实可行的替代方法。

无论对第 51 条规定做何解释,任何自卫行动都必须遵守必要性和对称性原

---

[94] See N. Blokker, Is the Authorization Authorized? Powers and Practice of the UN Security Council to Authorize the Use of Force by Coalitions of the Able and Willing, 11 *European Journal of International Law* (2000), 541; R. A. Falk, What future for the UN Charter System of War Prevention?, 97 *American Journal of International Law* (2003), 590; M. Reisman, Criteria for the Lawful Use of Force in International Law, 10 *Yale Journal of International Law* (1985), 279.

[95] See Dinstein, *supra* n. 89, 182 ff.; J. O'Brien, *International Law* (2002), 682.

[96] *Case Concerning Military and Paramilitary Activities in and Against Nicaragua* (*Nicaragua v United States of America*), Merits, June 26, ICJ Reports 1986, pp. 14 – 150, para. 195.

[97] See Simma et al., *supra* n. 84, p. 678; I. Brownlie, *International Law and the Use of Force by States* (1963), 275.

[98] Note of Daniel Webster of 24 April 1841, http://avalon. law. yale. edu/19th _ century/br-1842d. asp#web2, last accessed 14 April 2014. 对 "加洛林案" 的概要,参见 M. N. Shaw, *International Law* (6th edn., 2008), 1131.

[99] 关于对自卫权的综合分析,参见 D. Kretzmer, The Inherent Right to Self - Defence and Proportionality in Jus Ad Bellum, 24 *European Journal of International Law* (2013), 235。

则。[100] "必要性"是指武力措施对于防御攻击是必要的。[101] "在先发制人的自卫权的情况下，使用该规定必须对攻击可能性相关的条件和意图进行评估；或者，在攻击已经发生的情况下，必须对是否无法通过和平手段恢复和平、赶走攻击者进行评估。"[102] 只有在和平手段无法解决争端的时候，诉诸武力才有可能因此合法。[103] 显然，如果武装攻击已经发生，就会符合"必要性"的要求，被攻击的国家可毫无疑问地实施自卫权。

对称性与行使自卫权的最终目的密切相关，其并不是为了惩罚或者报复，而是对武装攻击或者即将发生的威胁做出回应或者预防措施。无论是自卫行为的目的还是措施方面，任何自卫行为都不得超越引起该自卫行为事件的程度，自卫行为必须与攻击行为相对称。

（二）外空禁止使用武力的两种例外情形的适用

如上所述，《联合国宪章》规定了禁止使用武力的两种例外情形，分别为经过联合国安理会授权的军事干预和自卫权的行使。根据《外空条约》第3条规定，国际法，尤其是《联合国宪章》，与外空活动具有一定关联性，以上两种例外情形也适用于外空领域。因此，尽管一般情况下禁止在外空使用武力，但是如果受到联合国安理会授权，或者依法行使自卫权的时候，可以在外空使用武力。[104]

目前为止，安理会从未真正讨论过授权某些国家在外空使用武力；然而，考虑到空间资产日益增长的重要性，该种可能性并不能被完全排除。安理会对外空使用武力的授权似乎无法引起任何具体的法律问题，因为其可能被认为属于《联合国宪章》第7章规定的内容，并通常被认为与第7章的适用条件相同。唯一的问题可能是，安理会常任理事国具有否决权，导致安理会的决策一直存在困难。[105] 这使得人们对安理会在外空危机中有效维护和恢复国际和平与安全的能力提出了质疑。

---

⑩⑩ 此概念已经在尼加拉瓜案（Nicaragua Case）中由国际法院予以确认，参见 *Military and Paramilitary Activities*（*Nicaragua v. US*），1986 I. C. J. 14，at 103。

⑩⑩ *Cf.* A. C. Arend & R. J. Beck, *International Law and The Use of Force*（1993），72.

⑩⑩ O. Schachter, The Right of States to Use Armed Force, 82 *Michigan Law Review*（1984），1635.

⑩⑩ 同上，第1635页。

⑩⑩ 对此观点的一般概述，参见 Lee, *supra* n. 89, 93。

⑩⑩ 参见《联合国宪章》第23条第1款，第27条第3款，见上文脚注6。

关于安理会对自卫权的行使，有些专家对该权利在外空的适用性提出了质疑，⑩ 但主流观点认为各国可以行使这一权利保护其空间资产。⑩ 对自卫权是否可以适用于外层空间这一问题应当从文义上对其严格解释还是宽松解释，尽管目前尚没有统一观点，但总体上倾向于严格解释。然而，无论选择何种解释，自卫权在外空的适用性似乎都有问题。⑩ 其中，最具有争论性的问题是引发外空自卫权的事件的性质，以及各国可能采取的自卫措施的性质。

针对上述第一个方面，通过发射动能武器等方式故意破坏卫星将构成"武装攻击"，相关国家也会因此根据对《联合国宪章》第 51 条的严格解释获得授权，在外空中行使自卫权。而且，有人认为，对由某一国家登记的空间物体进行攻击构成对该国"领土"的袭击。⑩ 这种假设符合当前的国际法律原则，尤其是国际海洋法原则，如果对行驶在公海领域的悬挂某一国旗的船只进行攻击，则构成对该国旗国"领土"的攻击。

然而，如果仅仅是在外空放置未被《外空条约》第 4 条禁止的武器，很难说其构成了一种"对其他国家领土的武装攻击行为"，而更像是地面部队的转移行为。另外，在未对卫星造成武力损害的情况下，比如在网络袭击中，更加难以确定的是对卫星的"攻击"状态。显然，对卫星的网络袭击将会授权某一国家对此做出应对措施，但是该应对措施的程度和规模由如下因素决定：网络袭击的目的、袭击的重复程度以及与其他地面军事活动的关联性。⑩

针对上述第二个方面，由于外空环境非常脆弱，某些军事行为可能危及其他

---

⑩ *Cf.* I. Vlasic, Space Law and the Military Applications of Space Technology, in *Perspectives on International Law* (Ed. N. Jasentuliyana) (1995), 394; A. Hurwitz, *The Legality of Space Militarization* (1986), 72.

⑩ See C. M. Petras, The Use of Force in Response to Cyber Attack on Commercial Space Systems – Reexamining 'Self – Defense' in Outer Space in The Light of the Convergence of US Military and Commercial Space Systems, 67 *Journal of Air Law & Commerce* (2002), 1213; G. Zhukov, *International Space Law* (1976), 89; J. E. S. Fawcett, *International Law and The Use of Outer Space* (1968), 39.

⑩ See D. Goedhuis, Legal Implications of the Present and Projected Military Uses of Outer Space, in *Maintaining Outer Space for Peaceful Purposes* (Ed. N. Jasentuliyana) (1984), 253, 260 – 4; Schmitt, *supra* n. 9, 89.

⑩ 需要注意的是，《外空条约》（见上文脚注 4）第 8 条规定，空间物体一旦登记，登记国就对该物体具有准领土管辖权。

⑩ *Cf.* e. g. Petras, *supra* n. 107, 1220.

国家空间物体的安全，也可能损害外空环境，各国应当限制这些外空军事活动。外空是一个非常特别的环境，一项活动可能给所有其他相关的领域造成负面影响。在地球上，某一军事袭击的影响和破坏效果仅限于敌人的设施或领土，然而外空与地球存在很大区别。比如，如果某卫星被动能武器摧毁，因此产生的空间碎片将会在很长的一段时间内对其他卫星造成威胁。⑪

对于国家可以在多大程度上在外空行使自卫权，当前并没有明确的法律限制。有观点认为，根据《外空条约》第9条规定，原则上国家不得对其他国家的外空活动或者外空环境造成有害干扰，但是该规定并不适用于战时。⑫ 因此，如果针对自卫权采取严格解释的方法，其行使过程中最大障碍可能是对称原则的适用。如果遭遇地面攻击，该国不得通过袭击他国卫星进行报复，因为该结果与其遭受的攻击不相称，并会对第三方造成消极后果。另外，如果某国空间物体遭受武力袭击，该国应当尽量对该袭击者的地面设施采取反制措施，尽管法律上并没有明确禁止对敌人卫星的袭击行为。

如果对自卫权采取宽松解释，对称原则的相关性则会更强。事实上，如果对一国卫星实施预防性打击，将会对该国主要目标带来非对称性的影响，因为该打击行为不仅损害了空间环境，也危及了第三方的空间活动。从这个角度来讲，对自卫权的行使还有另外一个争论的余地，即各国应当采取最大努力，不在外空使用能够引起碎片云等破坏效果的杀伤性武器，而采取激光、无线电干扰、网路袭击等替代性措施。

（三）国际人道法和外空

另外，在处理在外空使用武力相关议题上，必须考虑战时法（jus in bello）或者国际人道法等一系列规则的相关性和可适用性。⑬ "国际人道法"是指规定

---

⑪ 比如，在 2013 年 1 月 22 日，一枚名为"外空中的球透镜（Ball Lens in the Space，BLITS）"遭受空间碎片袭击，该碎片来自 2007 年中国的反卫星测试。参见 www. space. com/20138 - russian - satellite - chinese - space - junk. html，last visited 18 March 2014。

⑫ See L. T. Tate, The Status of the Outer Space Treaty at International Law During 'War' and 'Those Measures Short of War', 32 *Journal of Space Law* (2006)，177；M. Bourbonnière, *Jus in Bello Spatialis*，Space Studies Institute Paper Series (1999)，143.

⑬ 本部分内容仅概述了国际人道主义规则对外层空间的适用性。对该问题的深入分析超出了本章的讨论范围。

如何进行战争的法律。国际人道法主要由日内瓦体系⑭和海牙体系⑮两部分构成。日内瓦体系主要规定的是在武装冲突期间维护人员安全和尊严。海牙体系则更关注敌对行动的方式和手段的合法性。国际人道法的基本原则是对称性、人道性、非歧视性和军事必要性。

幸运的是，外空中尚未出现敌对行为；然而，不能排除某一天外空成为战场的可能性。尽管国际人道法相关规则并非专门为监管外空武力的使用而制定，但是其对外空的适用性不容置疑。然而，这并不意味着这些规则完全适用于外空冲突，也不意味着这些规则的措辞能够对所有可能的外空使用武力的行为做出适当的规定。根据国际人道法规则，在外空、从外空或者针对太空使用武力相关的最大问题是，这种武力只能针对合法的军事目标行使。⑯ 由于大部分商业卫星具有

---

⑭ 日内瓦体系由四个日内瓦公约和三个附加议定书组成，包括：《改善战地武装部队伤者病者境遇之日内瓦公约》（《日内瓦第一公约》），日内瓦，1949 年 8 月 12 日通过，1950 年 10 月 21 日生效；75 UNTS 31；TIAS No. 3362；6 UST 3114；ATS 1958 No. 21。《改善海上武装部队伤者病者及遇船难者境遇之日内瓦公约》（《日内瓦第二公约》），日内瓦，1949 年 8 月 12 日通过，1950 年 10 月 21 日生效；75 UNTS 85；TIAS No. 3363；6 UST 3217；ATS 1958 No. 21。《关于战俘待遇之日内瓦公约》（《日内瓦第三公约》），日内瓦，1949 年 8 月 12 日通过，1950 年 10 月 21 日生效；75 UNTS 135；TIAS No. 3364；6 UST 3316；ATS 1958 No. 21。《关于战时保护平民之日内瓦公约》（《日内瓦第四公约》），日内瓦，1949 年 8 月 12 日通过，1950 年 10 月 21 日生效；75 UNTS 287；TIAS No. 3365；6 UST 3516；ATS 1958 No. 21）。《1949 年 8 月 12 日日内瓦四公约关于保护国际性武装冲突受难者的附加议定书》（以下简称《第一附加议定书》），日内瓦，1977 年 6 月 8 日通过，1978 年 12 月 7 日生效；1125 UNTS 3；UKTS 1999 No. 29；Cm. 4338；ATS 1991 No. 29；16 ILM 1391（1977）；72 AJIL 457（1978）。《1949 年 8 月 12 日日内瓦四公约关于保护非国际性武装冲突受难者的附加议定书》（以下简称《第二附加议定书》），日内瓦，1977 年 6 月 8 日通过，1978 年 12 月 7 日生效；UKTS 1999 No. 30；Cm. 4339；ATS 1991 No. 30；16 ILM 1442（1977）；72 AJIL 502（1978）。《1949 年 8 月 12 日日内瓦四公约关于采用新增标志性徽章的附加议定书》（以下简称《第三附加议定书》），日内瓦，2005 年 12 月 8 日通过，2007 年 1 月 14 日生效；Cm. 6917；S. Treaty Doc. No. 109 - 10（2006）；2005 WL 4701955）。这些公约是在 1864—1949 年制定的，重点是为了保护平民和那些不在武装冲突中继续作战的人。这三个议定书分别于 1977 年（《第一附加议定书》和《第二附加议定书》）和 2005 年（《第三附加议定书》）制定，这些议定书对上述公约的某些内容进行了修订。关于各公约和前两个议定书的文本，参见 *Documents on the Laws of War*（Eds. A. Roberts & R. Guelff）（2000）。

⑮ 海牙体系包括在荷兰海牙国际和平会议中协商通过的两个国际公约：在 1899 年举行的第一次海牙会议中，通过了《和平解决国际争端公约》，1899 年 7 月 29 日通过，1900 年 9 月 4 日生效；ATS 1901 No. 130。在 1907 年的第二次海牙会议中，通过了《和平解决国际争端公约》，1907 年 10 月 18 日通过，1910 年 1 月 26 日生效；ATS 1997 No. 6。这两个公约的文本可参见 *Documents on the Laws of War*, *supra* n. 114。

⑯ See M. Bourbonniére, National Security Law in Outer Space: The Interface of Exploration and Security, 70 *Journal of Air Law & Commerce*（2005），3。

两用能力，而且经常有军事客户，因此在外空中确定合法的军事目标是非常复杂的。⑰ 原则上讲，如果通信、遥感和导航等某些两用卫星被应用在军事作战中，将构成合法的军事目标。相反，如果仅仅因为某一民用目标具备被敌人使用的潜在价值而对其展开攻击，则是非法的。

可以肯定的是，在某些特定情形下，两用卫星可能成为攻击目标，但以下两个问题需要解决：如何对这些卫星实施攻击，如何限制附带性损害。关于第一个问题，攻击行为可以通过反卫星导弹动能杀伤性武器来实施，或者通过干扰、扭曲和使用激光等类似手段，来摧毁目标。作为攻击手段的选择标准，应当诉诸该手段所可能带来的附带性损害。如上所述，外空是一个特殊的环境，对卫星的杀伤性袭击不仅会危及其他国家卫星的运行和生命，而且在给受攻击卫星"所有人"带来损失的同时还会对地面上的"用户"产生消极影响。因此，国家应当选择非动能武器，或者只对其地面站设施进行攻击；无论在何种情况下，各国所采取的攻击方式均应当尽最大可能减少在外空相关的作战行动中对平民的附带性损害或意外伤害，尤其可以通过逐步排除的方法，将摧毁卫星作为最后选择。

然而，上述内容只是建议，目前并没有外空作战相关的一致国际规则。正因如此，有人建议制定外空战争法（jus in bello spatialis），规定外空军事冲突的一系列详细规则，从而对在外空中使用武力予以限制。⑱ 该观点的提议者认为，当前的国际人道法规则，尤其是《日内瓦第一附加议定书》，应当进行适当的修订，以使其更加明确和确定地适用于外空领域。

六、影响外空军事活动的其他法律制度

外空活动还受其他一系列国际和国内具体制度的影响，比如不扩散核武器相

---

⑰　See M. Bourbonniére, National Security Law in Outer Space: The Interface of Exploration and Security, 70 *Journal of Air Law & Commerce* (2005), 49.

⑱　See M. Bourbonniére, Law of Armed Conflict (LOAC) and the Neutralisation of Satellites or Ius in Bello Satellitis, 9 *Journal of Conflict and Security Law* (2004), 43; F. Tronchetti, The Applicability of Rules of International Humanitarian Law to Military Conflicts in Outer Space: Legal Certainty or Time for a Change, in *Proceedings of the International Institute of Space Law* 2012 (2013), 357; S. R. Freeland, The Applicability of the Jus in Bello Rules of International Humanitarian Law to The Use of Outer Space, in *Proceedings of the Forty - Ninth Colloquium on the Law of Outer Space* (2007), 338.

关规则和规制发射、携带和使用核武器相关技术和货物的市场规则。

虽然从表面上看，一些国家扩散核武器和相关技术的行为与空间活动并不相关，但是他们的关联性体现在这些技术的两用属性上。一般情况下，用于建造和携带相对复杂的武器（比如弹道导弹）与民用航天项目（比如发射卫星进入轨道）所需的技术虽然并非完全一样，但具有相似性。由于某些具体制度禁止或限制这些技术或货物的国际转让，一方面，意欲发展民用航天项目的各国之间的关系日益紧张；另一方面，意欲阻止卫星军事物品流通的国家正在逐步增加。发展中国家对此一直表示失望，认为出口管制制度限制了他们进入和使用外空，但技术发达国家则认为对危险军事物品的贸易限制是正当的，是为了维护国家安全和实施外交政策。

（一）导弹及其技术管控制度

1987 年，世界上主要的工业国家通过了"导弹及其技术控制制度"[19] 来协调各成员国之间的出口管制制度，进而控制核扩散。[20] 1968 年《核不扩散条约》建立早期的核不扩散制度，但是该制度明显不足，[21] 因此，"导弹及其技术控制制度"最初的 7 个倡议国在彼此交换信件中非正式地达成一致意见，[22] 通过对武器运输系统的出口管制来应对全球核扩散问题，而非对核材料和技术进行管制，以便对载人飞机以外的核武器运输系统相关物品的转让进行控制。[23]

需要指出的是，《"导弹及其技术控制制度"协议》并非一项公约，而是相

---

[19] 《关于弹道相关设备和技术转让准则的协定》（以下简称《"导弹及其技术控制制度"协议》），1987 年 4 月 16 日通过；26 ILM 599（1987）。关于导弹及其技术控制制度的更多信息，参见 www. mtcr. info/english/index. html, last accessed 5 November 2013。导弹及其技术控制制度中与发射活动相关的内容，参见"上册第七章五（一）1"部分内容。

[20] See M. Fitzpatrick, Note, Arms Control: Export Controls on Missile Technology, 29 *Harvard International Law Journal* (1988), 145 – 6.

[21] 《核武器不扩散条约》（以下简称《核不扩散条约》），伦敦/莫斯科/华盛顿，1968 年 7 月 1 日通过，1970 年 3 月 5 日生效；729 UNTS 161；TIAS 6839；21 UST 483；UKTS 1970 No. 88；Cmnd. 3683；ATS 1973 No. 3；7 ILM 809（1968）。

[22] "导弹及其技术控制制度"的原始成员国是 G–7 国家，即：加拿大、德国、法国、意大利、日本、英国和美国。

[23] See Canada – France – Federal Republic of Germany – Italy – Japan – United Kingdom – United States: Agreement on Guidelines for the Transfer of Equipment and Technology Related to Missiles, Exchange of letters, announced 16 April 1987; 26 ILM 599 (1987).

关国家之间的一系列自愿安排。"导弹及其技术控制制度"相关国家根据《导弹及其技术控制制度——导弹相关敏感物品转让准则》对共同协商制定的清单（《导弹及其技术控制制度——设备、软件和技术附件》）内物品适用共同的出口管制政策。[124]

"导弹及其技术控制制度"对民用航天项目中使用的空间运载工具、部件和生产技术的出口实施严格控制。根据《"导弹及其技术控制制度"协议》，所有导弹相关的技术可以分为两种类型，将极其严格管控的物品与一般严格管控的物品分开。

第一类是极其严格管控的物品，即"弹道导弹系统、空间运载车辆和探空火箭等完整的火箭系统、某些范围内的无人驾驶飞行器系统以及专门为这些系统设计的生产设备。"[125] 空间运载工具、部件和生产设备等第一类技术的转让是"导弹及其技术控制制度"中极其严格管控的对象。针对第一类物品的出口，该制度还规定了一项"强烈的否定性推定"，该推定只有在接收转让的国家保证"该物品仅用于其声明的目的，未经允许并不会被转让给其他国家"的条件下才可被推翻。[126] 另外，需要注意的是，军用"导弹"和民用"空间运载工具"并没有明确的界限。实际上，早期的民用航天项目一般直接使用军用技术。

第二类物品包括可能在"导弹及其技术控制制度"管控项目中使用的两用技术，涉及范围广泛，比如，推进部件、推进剂、结构性材料、通信设备、航空电子设备和某些类型的计算机。[127] 只要这些物品并不属于"关注项目"行列，其转让就被假定允许。[128] 是否属于"关注项目"根据每个物项的具体情况判断，主要通过评估核扩散风险、接受转让国导弹和空间项目的状态、该转让是否有助于某一运载系统的研发、该物项的最终目的以及其他"相关多边协议"综合

---

　　[124]　参见《导弹及其技术控制制度——设备、软件和技术附件》（以下简称《MTCR 附件》），2012 年 10 月 23 日，www. mtcr. info/english/annex. html，最后访问日期为 2014 年 3 月 17 日。

　　[125]　《MTCR 附件》简介、定义、术语、第 2 条，见上文脚注 124。

　　[126]　《导弹及其技术控制制度——导弹相关敏感物品转让准则》（以下简称《MTCR 准则》）第 2 条，www. mtcr. info/english/guidetext. htm，最后访问日期为 2013 年 11 月 5 日。

　　[127]　参见《MTCR 附件》第 2 类，见上文脚注 124。

　　[128]　See R. H. Speier, The Missile Technology Control Regime, in *Chemical Weapons & Missile Proliferation* (Ed. T. Findlay) (1991), 120.

判断。㉙

　　每一个"导弹及其技术控制制度"成员国应当就"导弹及其技术控制制度"附件中规定的弹道导弹、巡航导弹、无人驾驶车辆、空间运载工具、无人机、遥控驾驶车辆、探空火箭和潜在的零部件和技术制定国家出口管制政策。㉚ 由于"导弹及其技术控制制度"在享有共同利益的各国政府之间不具条约效力，并没有正式机制保障其规定的实施，因此，《导弹及其技术控制制度——导弹相关敏感物品转让准则》和《导弹及其技术控制制度——设备、软件和技术附件》只能由各国根据其国内法律法规施行。

　　尽管《导弹及其技术控制制度——导弹相关敏感物品转让准则》"并不准备阻碍各国航天项目或这些项目国际合作的发展，只要这些项目并不会推动核武器运载体系"，㉛ 但是该准则也没有将纯民用或非攻击性军事项目明确排除在管控范围之内。"导弹及其技术控制制度"中极其严格的第一类管控制度在空间运载工具领域得到了美国等国家的严格实施。㉜ 值得注意的是，两用物品出口审批，美国国务院防务贸易管制事务处负责军需品出口审批，美国导弹技术出口管制小组作为政府间的跨部门小组，负责对商务部负责的两用物品以及国务院国防贸易管制事务处（DDTC）负责的军需品出口许可证申请进行审查。该小组的建议很少被推翻。在不扩散领域，美国自 1993 年开始实施《国家不扩散政策》㉝，表明美国不支持在非"导弹及其技术控制制度"成员国研发或者购买"导弹及其技术控制制度"第一类物品，其中包括空间运载工具；不鼓励（1987 年前为不支持）"导弹及其技术控制制度"成员国新建空间运载工具项目。美国 2010 年《国家空间政策》指出："美国各部门应当在保障国家安全需求的同时提升美国空间工业基地的竞争力。"㉞ 美国政府将考虑根据《国际武器贸易条例》和其他相关法律、

　　㉙　《MTCR 准则》第 3 条，见上文脚注 126。

　　㉚　See www. armscontrol. org/factsheets/mtcr，last accessed 17 March 2014.

　　㉛　《MTCR 准则》，见上文脚注 126。

　　㉜　关于美国《国际武器贸易条例》，参见"上册第六章六（三）""上册第七章五（一）4"和"上册第七章五（二）3"部分内容。

　　㉝　President Clinton Fact Sheet on Nonproliferation And Export Control Policy，27 September 1993，www. rertr. anl. gov/REFDOCS/PRES93NP. html，last accessed 14 April 2014.

　　㉞　Intersector Guidelines，Effective Export Policies，2010 National Space Policy of the United States of America，28 June 2010.

条约和法规，通过个案判断的原则逐一为空间活动相关的出口行为颁发许可证。⑬

目前，"导弹及其技术控制制度"的成员国有 34 个，另有若干国家虽未加入该制度但是宣称遵守该制度规则：以色列、罗马尼亚、斯洛伐克全部已经承诺根据该制度实施自己的出口管制制度。印度和中国等拥有并使用导弹技术的其他几个大国却不受"导弹及其技术控制制度"的约束。美国多年施压，要求这些国家加入"导弹及其技术控制制度"并且削减导弹及其技术的售卖行为。中国于 2000 年 11 月宣布其将不再帮助其他国家发展用于运送核武器的弹道导弹。尽管中国并不愿成为"导弹及其技术控制制度"成员国，但其对"核导弹"的定义与"导弹及其技术控制制度"中的定义相同。⑭

（二）《瓦森纳协定》

《关于常规武器和两用物品及技术出口控制的瓦森纳安排》是由 41 个成员国参与的出口管制多边制度。⑮ 该协议的目的在于通过在常规武器和两用货物与技术方面提升透明度和责任感，来防止这些物品的不稳定性的增加，进而促进区域和国际安全与稳定。《瓦森纳协定》继承了"多边战略物资出口管制统筹委员会（COCOM）"的做法。在冷战期间，西方国家政府实施由"多边战略物资出口管制统筹委员会"做出的管制决策。当这一安排由于冷战的结束而变得过时之时，人们意识到，仍然需要一个国际组织来协调国家对常规武器和两用物资与技术转让的管制，而且该国际组织的管辖范围应当比"多边战略物资出口管制统筹委员会"更广泛。于是，"多边战略物资出口管制统筹委员会"启动了谈判进程，致力于建设一种新的安排，即《瓦森纳协定》。该协定于 1996 年开始生效。

《瓦森纳协定》制定了成员国应当适用的出口管制项目清单。成员国政府通过国家政策实施这些管制措施，确保受管制物项的转让不会帮助发展或提升有悖

---

⑬ See Intersector Guidelines, Effective Export Policies, 2010 National Space Policy of the United States of America, 28 June 2010.

⑭ See http://nuclearforces. org/country – profiles/china, last accessed 14 April 2014.

⑮ 《关于常规武器和两用物品及技术出口控制的瓦森纳安排》（以下简称《瓦森纳协定》），瓦森纳，1995 年 12 月 19 日通过，1996 年 7 月 12 日生效；www. wassenaar. org, last accessed 17 March 2014; also www. armscontrol. org/factsheets/mtcr, last accessed 14 April 2014 and www. wassenaar. org/introduction/index. html, last accessed 14 April 2014. 关于《瓦森纳协定》的更多描述，参见"上册第七章五（一）2"和"上册第七章五（二）1"部分内容。

于协议目标的军事能力，并保证这些物项不会被转用于支撑此类军事能力。但是，批准或者否决某一物项转让的决定完全是各成员国的职责。⑱

《瓦森纳协定》成员国每六个月相互交换其向七个类别的非成员国转让导弹或导弹系统等相关常规武器的信息。⑲ 根据各国国内程序，《瓦森纳协定》的实际执行情况各不相同。美国仍然是最严格执行出口管制的国家，但其他成员国也根据《瓦森纳协定》对常规武器和两用物品的出口实施着相当精准的管制措施。

近年来，《瓦森纳协定》成员国已经同意进一步利用"区域意见"机制，即对不同的地区实施不同的重点管制，并继续积极努力，使当前的管制清单更容易被理解且更方便许可证颁发机构和出口商使用，确保及时发现理应被拒绝或者不受欢迎的出口物项。⑳ 航天器和被动反监视设备等若干领域的出口管制也逐步得到加强。《瓦森纳协定》成员国对《瓦森纳清单》进行了综合且系统的审查，并因此于2012年12月通过了修订后的清单。㉑

《瓦森纳协定》的宗旨在于补充和加强现有的大规模杀伤性武器及其运载系统的管制制度，以及其他国际公认的旨在提升透明度和减少因武器或敏感的两用物品和技术的转让而对国际和地区和平与安全造成威胁的措施，因为这些威胁一般被认为是地区和平与安全的最大威胁。㉒ 然而，《瓦森纳协定》与其他不扩散制度之间的关系可能存在一定冲突，比如"导弹及其技术控制制度"。事实上，尽管"导弹及其技术控制制度"规定的主要是武器和军需品（外空术语：导弹、运载工具），但是《瓦森纳协定》试图涉及更多类型的两用物品、服务和技术（显然包括外空领域的卫星），这导致某一特定的物品不知适用哪种制度最好，这或许也与《瓦森纳协定》的军需品管制清单相关联。然而无论如何，这两个国际

---

⑱ 参见《瓦森纳协定》第2条第3款，上文脚注137。

⑲ 参见《瓦森纳协定》第4条第2款，上文脚注137。

⑳ See Public Statement of the 2012 Plenary Meeting of the Wassenaar Arrangement on Export Controls for Conventional Arms and Dual Use Goods and Technology, www. wassenaar. org/publicdocuments/2012/ WA%20Plenary%20 Public%20Statement%202012. pdf, last accessed 4 November 2013.

㉑ 修订的管控清单参见www. wassenaar. org/public documents/index_PS_PC. html, last accessed 4 November 2013。

㉒ See Wassenaar Arrangement on Export Controls for Conventional Arms and Dual Use Goods and Technology, Basic Documents, compiled by the Wassenaar Arrangement Secretariat, January 2013, 9, www. wassenaar. org/public documents/2013/Basic%20Documents%202013. pdf, last accessed 17 March 2014.

制度具有自愿性特点，各国也具有制定和维持自己的出口管制制度自主权，使公众并不太关注这两种制度的冲突。⑭

总之，尽管《瓦森纳协定》并非为了对抗任何国家或者国家集团，也并非为了阻碍合法的民事交易，但是由于该协议对火箭和弹道导弹交易市场施加限制，这可能会阻碍空间项目和空间活动的发展，对某些发展中国家而言更是如此。

（三）美国《国际武器贸易条例》

《国际武器贸易条例》（ITARs）由规范《美国军需品清单》（USML）内军事相关的货物与服务的一系列政府规章构成。⑭《国际武器贸易条例》由美国国务院国防贸易管制事务处负责解释和执行。⑮《美国军需品清单》所定义的经营国防物品、国防服务或相关技术数据的所有美国制造商、出口商和经纪公司都必须根据《国际武器贸易条例》向美国国务院注册。注册是美国政府了解某些生产和出口活动相关主体信息的主要手段。虽然注册并非意味着任何出口权利或特权，但是它是获得任何出口许可证或者审批的先决条件。

根据《国际武器贸易条例》规定，除非获得外交部授权或者特别豁免权，《美国军需品清单》中的国防和军事技术相关的信息和材料都只能共享或者出售给美国人。⑯根据《国际武器贸易条例》规定，准备将《美国军需品清单》中的物项出口给"外国人"⑰的"美国人"必须事前获得美国国务院的授权。⑱

---

⑭ *Cf.* F. G. von der Dunk, A European Equivalent to United States Export Controls: European Control of International Trade in Dual – Use Space Technologies, 7 *Astropolitics* (2009), 107.

⑭ 《国际武器贸易条例》之《美国军需品清单》第 121 条，最后修订于 2013 年 8 月 26 日。《美国军需品清单》是美国联邦政府发布的关于"国防和外空相关的"物品、服务和技术清单。该清单的法律依据是《1976 年武器出口管制法》［22 U. S. C. 2778 and 2794 (7)］。这些物品、服务和技术属于美国国务院（外交部）出口和临时进口的管辖范围。关于《美国军需品清单》更新版本，参见 http://pmddtc. state. gov/regulations _ laws/documents/official _ itar/2013/ITAR _ Part _ 121. pdf, last accessed 17 March 2014。

⑮ 参见《国际武器贸易条例》第 120 条"目的和定义"第 1 款"一般机构和资格"第 a 项。

⑯ See US Department of State, Directorate of Defense Trade Control, http://pmddtc. state. gov/licensing/index. html, last accessed 17 March 2014.

⑰ 参见《国际武器贸易条例》第 120 条"目的和定义"第 1 款"一般机构和资格"第 c 项，其规定"美国公民可以根据本章规定获得许可证或其他许可"。

⑱ 参见《国际武器贸易条例》第 120 条"目的和定义"第 1 款"一般机构和资格"第 c 项第 iii 分项，第 122 条"制造商和出口商登记"，第 123 条"国防物项出口许可证"，第 125 条"出口技术数据和涉密国防物项许可证"，第 129 条"经纪人注册和许可"。

出口授权可以为如下方式：

· 外国军售（Foreign Military Sales，FMS）：在该情况下，美国政府直接向外国政府出售《美国军需品清单》中的物项；⑭

· 出口许可证：该许可证暂时性或者永久性允许向外国人出口国防物品或技术数据（但是不包括技术协助和国防服务）；⑮

· 仓库和分销协议（Warehouse and Distribution Agreement，WDA）：该协议允许为从美国出口的国防物品建立仓库或者分销点，以便随后分销到已经过批准的销售地区的实体；⑯

· 技术协助协议（Technical Assistance Agreement，TAA）：该协议授权美国制造商和服务提供者向外国人提供国防服务；⑰

· 制造许可协议（Manufacturing License Agreement，MLA）：该协议允许美国制造商向外国人提供国防物项相关的生产技术。⑱

《国际武器贸易条例》也规定了外国人就《美国军需品清单》中的物项进行再转让的相关条款。除非在出口授权中获得再转让的特别授权，《美国军需品清单》中的物项禁止外国人再转让（或者称为"再出口"）。如果美国人（包括组织）未经授权或者未获得适当的豁免，而向外国人提供《国际武器贸易条例》所保护的国防物品、服务或技术数据，可能面临重罚。值得注意的是，美国政府自 1999 年以来大幅增加了对违反《国际武器贸易条例》的个人和组织的处罚。⑲最值得注意的执法案例是 ITT 公司于 2007 年未经过授权而将夜视技术再转让给中国，受到了 1 亿美元的处罚。⑳

由于美国从 1999 年开始将所有类型的卫星、运载工具和相关物品列入《美国军需品清单》，《国际武器贸易条例》对美国空间活动，尤其是空间技术和商

---

⑭ 参见《国际武器贸易条例》第 126 条 "一般政策和规定" 第 6 款 "外国军用飞机和海军舰艇以及外国军售计划"。

⑮ 参见《国际武器贸易条例》第 123 条 "出口国防物项许可证"。

⑯ 同上。

⑰ 参见上文，第 123 条第 22 款 "出口许可证的归档、保留和退回，以及出口信息的归档"。

⑱ 同上。

⑲ See http://military. wikia. com/wiki/International_Traffic_in_Arms_Regulations，last accessed 5 November 2013.

⑳ 同上。

品的国际贸易有着巨大影响。[156] 这意味着所有类型的商业通信卫星都将属于《国际武器贸易条例》的适用范围，这遭到了美国卫星行业从业者的强烈批评，他们认为该行为损害了他们的商业利益。[157]

重要的是，美国政府似乎已经注意到该情况的负面影响，并采取措施进行修正。奥巴马总统于 2013 年 1 月签署的《2013 年国防授权法》[158] 实际上有一条规定将商业卫星及其部分部件的出口管制的授权返还给总统。简而言之，这意味着美国政府有权在国会的监督下将商业卫星从《美国军需品清单》转移到更加灵活的《军民两用产品和技术清单》（CCL）。截止到本部分内容撰写之时，美国政府尚未完成该种清单之间的转移。

但这并不意味着美国政府没有在外空领域采取其他重大措施。2009 年 4 月 22 日，毕格罗宇航公司透漏，美国国务院国防贸易管制事务处已经接受毕格罗宇航公司（Bigelow Aerospace）的"商品管辖权"要求，取消国防部根据《国际武器贸易条例》对该公司空间站允许外国国民使用进行规制的管辖权。[159]

在国务院国防贸易管制事务处做出该决定之前，根据《国际武器贸易条例》，毕格罗空间站允许外国人使用或进入将被认为是空间技术的"视同出口"行为，因此必须从国防贸易管制事务处获得许可证，同时这也制造了许多其他监管负担。在类似的情况下，毕格罗公司将面临很多障碍，因其开放外国人登上毕格罗空间站的行为而向国防贸易管制事务处申请许可证的过程非常昂贵而且费时。值

---

[156] 做出该决定的原因在于三次发射的失败，即中国长征运载火箭未能将美国通信卫星载荷 Intelsat - 708，Optus - B and Apstar - 2 成功发射。由 Christopher Cox（R - CA）作为主席的国会专责委员会于 1998 年 6 月成立，负责调查此事。该调查发现，美国卫星制造商违反了美国出口管制法规，在发射失败的调查过程中（以技术协助和/或数据的形式）非法将技术转移给中国公民。此外，有人认为，美国卫星制造商可能协助了中国运载火箭工程师解决与各自运载火箭故障相关的技术异常。该委员会发现，这种技术协助不仅帮助中国人改进了商业运载火箭，而且还帮助中国人改进了核弹道导弹，特别是基于潜艇的弹道导弹整流罩。调查得出一种结论，即所有的卫星和相关技术都应当在美国国务院（外交部）的管控下予以收回。

[157] 关于《国际武器贸易条例》对美国卫星产业的影响，重点参见"上册第七章五（二）3"部分内容。

[158] H. R. 4310（112th）；National Defense Authorization Act for Fiscal Year 2013，112th Congress，2011—2013. Text as of 28 December 2012，www. govtrack. us/congress/bills/112/hr4310/text，last accessed 18 March 2014.

[159] See M. J. Sundahl, Bigelow Aerospace's Commodity Jurisdiction Request under ITAR and its Impact on the Future of Private Spaceflight, in *Proceedings of the International Institute of Space Law* 2009 (2010), 462 ff.

得注意的是，毕格罗公司通过"商品管辖权"请求，成功移除了发展障碍，这在私营航天飞行工业领域产生了巨大反响。国防贸易管制事务处的决定还意味着其可能放开私营航天飞行的监管，允许外国人参与任何一个私营航天飞行。从更广泛的视角看，毕格罗公司"商品管辖权"请求的成功经验意味着将《国际武器贸易条例》适用于空间技术的做法将有所转变。

（四）欧盟出口管制制度

在很长的一段时间内，欧洲层面并没有常规武器和两用物品的出口管制制度，该领域所有出口管制的决定由欧盟各成员国自主做出。这是因为欧共体或者欧盟限制其成员国对国防和安全相关活动的干预。同样，欧洲空间局（ESA）也被禁止参与军事和国防相关空间活动。[160]

在 20 世纪 90 年代中期，欧盟通过多个公约拓展了自身的权能，逐步实现了欧洲国防和安全议题协调统一的目标，欧盟也因此逐步参与武器和两用物品出口管制相关监管活动。在立法上，欧洲的第一个重大举措是通过了 1998 年《欧盟武器出口行为准则》。[161] 两年后，通过了建立欧共体两用物项和技术管制制度的《第 1334/2000 号条例》。[162] 经过多次更新之后，《第 1334/2000 号条例》先后由《第 428/2009 号条例》[163] 和《第 388/2012 号条例》[164] 予以修订并取代，成为当前规定欧盟两用物项出口管制的法律。

尽管这两个文件为欧盟出口管制制度提供了法律基础，但是他们并非直接关联，而是欧盟在整体上处理该问题的不同方式。根据这些文件，欧盟出口管制政

---

[160] 关于欧共体、欧盟和欧洲空间局，参见"上册第四章"；另参见 von der Dunk, *supra* n. 42。

[161] EU Code of Conduct on Arms Exports, agreed by European Union (EU) Foreign Ministers on 25 May 1998; formally adopted at the EU Council of Ministers, 8–9 June 1998; see www. consilium. europa. eu/uedocs/cmsUpload/08675r2en8. pdf, last accessed 17 March 2014. The full text of the Code of Conduct on Arms Exports and its Operative Provisions is available at http://ec. europa. eu/external_relations/cfsp/sanctions/codeofconduct. pdf, last accessed 5 November 2013.

[162] Council Regulation setting up a Community regime for the control of exports of dual–use items and technology, No. 1334/2000/EC, of 22 June 2000; OJ L 159/1 (2000).

[163] Council Regulation setting up a Community regime for the control of exports, transfer, brokering and transit of dual–use items, No. 428/2009/EC, of 5 May 2009; OJ L 134/1 (2009).

[164] Regulation of the European Parliament and of the Council amending Council Regulation (EC) No 428/2009 setting up a Community regime for the control of exports, transfer, brokering and transit of dual–use items, No. 388/2012/EU, of 19 April 2012; OJ L 129/12 (2012).

策细分了常规武器（比如军需品）和两用物品两种类型。由《欧盟武器出口行为准则》规制的常规武器的出口并非欧盟的权能范围，欧盟成员国可以豁免武器的制造和贸易行为适用欧洲的共同市场规则。[165] 虽然极其敏感的两用物品的贸易出口仍然由各国控制，但是一般的两用物品的出口管制属于欧盟的职权范围，欧盟有权要求"所有的成员国就出口清单上的物品规定许可证要求，对违反规定的行为进行适当的处罚，并通过有效制度执行相关法律法规"。[166]

《欧盟武器出口行为准则》在英国为轮值主席国时于 1998 年 6 月 8 日通过，包括一项《军用设备共同清单》，该清单于 2000 年协商一致，后续经过多次例行更新。[167] 一般而言，除非另有规定，成员国武器禁运范围应当至少包括《军用设备共同清单》所列物项。《欧盟武器出口行为准则》就包括软件和技术在内的常规武器出口向欧盟成员国规定了下列 8 个标准，以使成员国在审查是否批准某一武器出口许可证申请时予以遵守：

（1）出口物品与出口商给联合国、欧盟或者欧洲安全与合作组织[168]武器禁运的国际承诺的一致性；[169]

（2）出口物品用于内部镇压或者接收国严重侵犯人权活动的风险；[170]

（3）出口物品挑起或者延长武装冲突的风险；[171]

（4）接收国利用出口物品来破坏区域和平和安全的风险；[172]

（5）出口物品对友好国家和盟国国防和国家安全利益的影响；[173]

---

[165] 参见《欧盟运行条约（综合版本)》(《经过里斯本条约（修订欧洲联盟条约和建立欧洲共同体条约的里斯本条约）修订的欧盟条约》，里斯本，2007 年 12 月 13 日修订，2009 年 12 月 1 日生效；OJ C 115/1 (2009)）第 346 条。

[166] A. Wetter, *Enforcing European Union Law on Exports of Dual – Use Goods* (2009), 49.

[167] 清单规定在 2000 年 6 月 13 日的理事会声明。该清单是在《欧盟武器出口行为准则》之《军用设备共同清单》（见上文脚注 161；2000 OJ C 191）通过之时发布的。

[168] 欧洲安全与合作组织（OSCE）的成立可以追溯至《欧洲安全与合作会议赫尔辛基最后文件》，赫尔辛基，1975 年 8 月 1 日通过；Cmnd. 6198，www. osce. org/mc/39501? download = true，last accessed 17 March 2014。

[169] 参见《欧盟武器出口行为准则》（上文脚注 161），标准 1。

[170] 同上，标准 2。

[171] 同上，标准 3。

[172] 同上，标准 4。

[173] 同上，标准 5。

（6）购买方对打击恐怖主义和维护国际法的承诺；⑭

（7）将出口物品转移给第三方或恐怖组织的风险；⑮

（8）出口物品危及接受国可持续发展的风险。⑯

《欧盟武器出口行为准则》还规定了拒绝的通知程序。如果欧盟部分成员国允许某一物项的出口，而其他成员国选择拒绝该物项的出口，在前者可能危及后者的利益时，前者应当就该武器买卖向后者进行咨询。成员国应当通过外交途径传递拒绝出口许可相关的信息和原因，成员国在授予许可之前应当向之前拒绝给同一交易颁发许可的国家进行咨询。

需要强调的是，上述 8 项标准以及《欧盟武器出口行为准则》都只是欧盟的政治性文件，在成员国之间并不具备法律效力。《欧盟武器出口行为准则》对欧盟成员国施加道义上的责任来执行相关规定。

1998 年《欧盟武器出口行为准则》对于在武器出口领域构建秩序和展现可预测性方面产生了积极影响，正如欧盟理事会所指出的："无论是在拒绝的通知和咨询程序方面，还是在促进更高程度的透明度和开放的文化方面，该准则都直接或间接地增加了成员国在常规武器相关政策方面的相互理解。"⑰ 但是，该准则的几个缺点必须予以指出。

第一，欠缺对最终用户进行出口武器核查的规定。⑱ 因此，该准则没有办法监视和防止受让国将武器再出口给原本没有获得许可证的国家。⑲

第二，虽然每个欧盟成员国应根据准则中的 8 个具体标准来决定是否颁发出口许可证，但该准则也明确指出"转让或者拒绝转让任何军用设备的决定是每个成员国的自主权利。"⑳ 因此，每个成员国有权根据自己的判断，自主地决定某

---

⑭ 参见《欧盟武器出口行为准则》（上文脚注 161），标准 6。

⑮ 同上，标准 7。

⑯ 同上，标准 8。

⑰ First Annual Report according to Operative Provision 8 of the European Union Code of Conduct on Arms Exports, OJ C 315, 3 November 1999.

⑱ 《欧盟武器出口行为准则》（见上文脚注 161），标准 7，该准则处理了该设备由买方国家在不良的运营情况下将其转移或者再出口的风险，但是这些规定仅涉及设备销售前的时间段，并没有任何验证最终用户身份和性质的规定。

⑲ 参见《欧盟武器出口行为准则》（上文脚注 161），标准 7。

⑳ 《欧盟武器出口行为准则》（见上文脚注 161），实施规定 3。

一项军售行为是否符合准则的规定。

第三，准则第 8 条执行条款要求每一个成员国向其他成员国提供关于其国防出口和其对准则执行情况的非公开性的年度报告。[181] 这些报告将在成员国的年度会议上进行讨论，其中还包括对准则执行情况的审查，并且可以向欧盟理事会提交任何"改进"建议。随后，根据每个成员国提交的报告，最终将制作出一份公开报告。尽管该公开报告会根据准则第 8 条执行条款的要求提供出口国许可武器出口的总价值和实际交付武器的总价值，但是该公开报告并不对欧盟成员国武器出口的细节进行完整公示。另外，欧盟成员国却可以根据自己的意愿选择在其年度报告中尽可能多或者尽可能少地披露相关信息。

第四，该准则仍然是一个不具备法律效力的文件。尽管有团体想努力改变该准则的法律地位，但是迄今为止都以失败告终。[182]

关于欧盟对两用物品的管制，《第 428/2009 号条例》[183] 是主要的法律依据。《第 428/2009 号条例》经常被称为《两用条例》，自 2009 年 8 月 27 日生效，取代了关于建立欧盟两用物项和技术出口管制制度的《第 1334/2004 号条例》。《第 428/2009 号条例》不仅对物项清单进行了更新，而且对该制度进行了一次彻底的改革，因为条例大幅扩大了该制度的适用范围。

这次改革引进了对两用物品经纪服务[184]和国际服务的管制制度。另外，该条例还对之前的物项清单进行了更新，并就附件 1 的修订部分给出了总结说明（不

---

[181] 参见《欧盟武器出口行为准则》（上文脚注 161），标准 8、实施规定 8 规定："每个欧盟成员国将秘密地向其他欧盟伙伴发布本国国防出口及其执行《欧盟武器出口行为准则》状况的年度报告。这些报告将在欧盟共同外交与安全政策（CFSP）框架下的年度会议上讨论。该年度会议还将审查《欧盟武器出口行为准则》的运行状况，明确进一步的改进措施，并根据成员国的贡献向理事会提交综合报告。"参见 http://ec. europa. eu/external_relations/cfsp/sanctions/codeof conduct. pdf，last accessed 5 November 2013。

[182] European Parliament Resolution of 13 March 2008 on the EU Code of Conduct on Arms Exports – Failure of the Council to adopt the Common Position and transform the Code into a legally binding instrument, http://eur – lex. europa. eu/LexUriServ/LexUriServ. do? uri = OJ：C：2009：066E：0048：0049：EN：PDF, last accessed 17 March 2014.

[183] *Supra*, n. 163.

[184] 《第 428/2009 号条例》第 2 条第 5 款将"经纪服务"界定为："从第三国购买、出售和供应两用物体到任何其他第三国的交易谈判或安排，或出售、购买位于第三国的两用物品并将其转让给其他第三国的行为。"

具法律效力)。

《第428/2009号条例》还就该条例新规定的条款与其取代的《第1334/2000号条例》的部分条款制定了一个对比表格。如上所述,《第428/2009号条例》附件1规定的两用物项清单被《第388/2012号条例》修订。[185]

《第428/2009号条例》规定的主要原则是受管制的物项在收到出口授权之前,不得离开欧盟的关税领土。受管制物项清单规定在条例的附件1中,共分为10类,比如,第9类规定的是推进系统、空间运载工具和相关设备。每一类又细分为5个小类:A类(设备);B类(测试和检验设备);C类(材料);D类(软件);E类(技术)。该项受管制物项清单是根据国际出口管制制度制定的,这些国际制度包括"澳大利亚集团""核供应国集团"、《瓦森纳协定》和"导弹及其技术控制制度"。

该条例规定了4种类型的出口授权:第一种是欧共体通用出口许可(Community General Export Authorisation, CGEA),适用于向美国、加拿大、日本、澳大利亚、新西兰、瑞士和挪威这七个国家出口管制物项的大多数情形;第二种是国家一般出口许可,该许可由各成员国根据条例第9条规定颁发;第三种是全球许可,该许可授权给某一出口商,适用于该出口商向某一些国家或者用户出口的若干物项;第四种是单一许可,该许可授权给某一出口商,适用于该出口商向某一特定用户的出口行为。

根据《第428/2009号条例》第9条和附件2的规定,附件1中所列的两用物项需要获得欧共体通用出口许可。所有其他类型的出口都需要根据条例获得许可,该许可由出口商所在成员国的主管部门授予,许可的类型根据出口商成立基础(全球的、一般的、单一的)的不同而不同。[186]重要的是,欧共体通用出口许可的适用范围并不包括附件2的第二部分所列物项,即附件4规定的物项和其他敏感物项。附件4所列物项非常敏感,以致从某一成员国出口到另一成员国之前,也必须获得许可。[187]

---

[185] *Supra*, n. 164.

[186] 参见《第428/2009号条例》(上文脚注163)第9条。

[187] *Cf.* Wetter, *supra* n. 166, 54.

通信卫星及其相关零部件被附件 1 归属为两用物项。[188] 因此，从欧盟向外出口通信卫星需要获得出口许可。[189] 出口许可应当由出口商住所地成员国的相关部门授予。[190] 出口商应当向相关部门提供申请单或者全球出口许可所需的所有信息，尤其是终端用户相关信息、出口目的国、出口商品的最终用途。[191] 最终是否授予出口许可可能受到最终用途声明或其他的出口核查机制的影响。[192]

在决定是否授予出口许可时，欧盟成员国应当对某些因素予以充分考虑，包括国际上的非扩散制度或出口管制安排、国家对外政策和国家安全政策，[193] 后者包括 2008 年 12 月 8 日欧盟理事会关于军用技术和设备出口管制的《第 2008/944/CFSP 号共同立场准则》。[194] 另外，国家颁发的授权不得与既存的欧共体通用出口许可相冲突。

实际上，欧盟成员国根据自己国家法律法规实施出口许可，这些法律法规需符合欧盟的政策和条例。他们将卫星和其他与外空相关的物品划分为军需品或者两用物品两类。对于没有列入《第 428/2009 号条例》的物项类别的出口许可由各国自行决定。

在得出本章结论之前，必须探讨欧洲空间局在安全相关活动的方面角色，其不同于欧盟制度。一般而言，根据《欧洲空间局公约》，欧洲空间局不得参与军事或者国防相关的空间活动。[195] 而且，欧洲空间局不得以任何方式干扰其成员国

---

[188]　参见《第 388/2012 号条例》（上文脚注 164）附件 1 "两用物项清单" "航天器" "定义" "第 5 类电信和信息安全"。Telecommunications and Information Security.

[189]　See Art. 3, Regulation 428/2009, *supra* n. 163.

[190]　See Art. 9（2），Regulation 428/2009, *supra* n. 163.

[191]　See Art. 9（2）and Annex Ⅲ, Regulation 428/2009, *supra* n. 163.

[192]　同上。

[193]　See Art. 12（1. a），Regulation 428/2009, *supra* n. 163.

[194]　Council Common Position 2008/944/CFSP, of 8 December 2008, defining common rules governing control of exports of military technology and equipment；OJ L 335/99（2008）；see Art. 12, Regulation 428/2009/EC, *supra* n. 163.

[195]　根据《欧洲空间局公约》第 2 条规定，欧洲空间局应该 "基于绝对的和平目的，在欧洲各国之间提供和促进空间研究和技术，以及空间应用方面的合作，以期将这些研究、技术和应用用于科学研究和正在运行的空间系统之中"。

的国家安全事务。⑲

然而，对欧洲空间局的如上限制最近也在逐渐松绑。欧洲空间局对军事和国防活动的参与一般是通过欧盟委员会的政治和立法活动间接进行的。尤其是欧洲空间局一直负责伽利略（Galileo）和全球环境与安全监视（GMES）两个空间系统的技术和运行活动。

伽利略是提供卫星定位、导航和授时服务的系统，并完全由欧盟控制。⑲ 随着欧盟和欧洲空间局成员国逐步接受伽利略项目提供的全部服务，《欧洲空间局公约》对"绝对用于和平目的"的解释方法已经发生改变。⑲ 从广义解释出发，至少可能考虑允许欧洲空间局参与纯粹防御性质或者联合国层面的制裁等安全相关活动。⑲

欧洲第二个主要的空间项目是全球环境与安全监视系统，目前被重命名为哥白尼系统（Copernicus）。⑳ 该项目致力于在泛欧领域内促进全球地球观测系统（GEOSS）的建设，后者通过卫星技术在全球范围内提升环境保护水平。全球环境与安全监视（GMES）系统相关活动并非仅涉及环境保护，同时也涉及安全问题。本书对"安全"这一概念做广义解释，以使其更广泛地涉及传统军事和国防因素，这超越了政治安全领域的"民事安全"的概念。㉑

七、最新进展

近年来，在外交和学术领域内，人们非常重视外空武器化问题。显然，在外空放置和使用防御性和进攻性武器可能破坏稳定。幸运的是，绝大多数国家似乎都意识到了外层空间逐步武器化带来的风险；为了限制该种趋势，目前也都采取了很多法律措施限制。

---

⑲ 关于欧洲空间局项目，《欧洲空间局公约》第 3 条第 1 款规定，"如果成员国认为此类通信不符合其自身安全利益或将违反与第三方的协议要求，或者达不到获取此类信息的条件要求，则有权不提供在欧洲空间局框架之外获取的任何信息"。

⑲ 进一步参见，比如，"上册第四章四（四）1"和"下册第一章二（二）3"部分内容。

⑲ 也可参见"上册第六章三（一）"部分内容。

⑲ *Cf.* von der Dunk, *supra* n. 143, 110; also von der Dunk, *supra* n. 42, 76.

⑳ 进一步参见"上册第四章四（四）2"和"上册第九章四（三）3"部分内容。

㉑ See von der Dunk, *supra* n. 143, 110.

值得注意的是，关于防止外空武器化的议题已经在联合国讨论了 30 多年。自 1981 年以来，联合国大会每年通过一项决议，敦促各国积极为防止外空军备竞赛而努力，并避免采取任何违背该目标的行动。[202] 与大会的一般决议一样，这些决议并不具备法律效力，仅仅施加相当程度的政治和道义责任。

在联合国裁军会议和联合国大会的相关讨论中，逐步形成了处理外空军事利用的两种主要的理论上的方法：硬法和软法。[203]

前种方法建立在如下假设之上，即：阻止外空武器化的唯一有效路径是通过具有法律约束力的文件，也就是一项禁止在外空放置或使用武器的条约。该方法的支持者认为，该条约的强制性是维护外空和平的最强有力因素。2008 年 2 月，中国和俄罗斯共同向裁军会议提交了一份《防止在外空放置武器、对外空物体使用或威胁使用武力条约草案》（《PPWT 草案》），[204] 这是目前该领域内最详尽的硬法提案。该项草案旨在通过对成员国的特定要求，防止外空武器化，即：不得在绕地球轨道上放置任何种类的武器；不得在其他天体装置该种武器，并不得在外空通过任何方式放置该武器；不得对外空物体采取或威胁采取武力；不得协助或诱导其他国家、国家集团或者国际组织参与本条约所禁止的活动。[205]

《PPWT 草案》经过了多层次审查，迄今为止尚无国家接受、签署或者批准，其对武器的概念界定过于模糊，[206] 而且仅关注天基武器而不能禁止地基反卫星武器的研发、测试和部署（比如 2007 年的中国反卫星武器试验），并因此广受批

---

[202] Part C, Prevention of an arms race in space, UNGA Res. 36/97, of 9 December 1981; UN Doc. A/36/97.

[203] 关于外空武器化相关的硬法和软法分析，参见 F. Tronchetti: A Soft Law Approach to Prevent the Weaponization of Outer Space, in *Soft Law in Outer Space* (Ed. I. Marboe) (2012), 361 – 86; see also T. Hitchens, *Saving Space: Threat Proliferation and Mitigation* (2009), www. icnnd. org/research/ Hitchens_Saving_Space. pdf, last accessed 5 November 2013。

[204] 《防止在外空放置武器、对外空物体使用或威胁使用武力条约草案》（以下简称《PPWT 草案》），2008 年 2 月 12 日提交给裁军会议，www. cfr. org/space/treaty – prevention – placement – weapons – outer – space – threat – use – force – against – outer – space – objects – ppwt/p26678，最后访问日期为 2014 年 3 月 18 日。

[205] 参见《PPWT 草案》（上文脚注 206）第 2 条。

[206] 《PPWT 草案》（见上文脚注 206）第 1 条第 c 项将"武器"界定为："在外空的武器"系指位于外空、基于任何物理原理，经专门制造或改造，用来消灭、损害或干扰在外空、地球上或大气层物体的正常功能，以及用来消灭人口和对人类至关重要的生物圈组成部分或对其造成损害的任何装置。

评。[207] 目前，由于中国和俄罗斯后续并没有对原始草案采取任何根本性的修改，也没有解决其他国家的关切，《PPWT 草案》的进展似乎已陷入僵局。

相较而言，软法的方法建立在如下假设之上：由于公约协商和正式生效面临较大的困难，而且耗时较长，最佳解决方法是通过一项软法性文件，即不具法律效力的文件。该方法的支持者指出，软法已经成为制定空间法所使用的最普遍的模式，通过一项不具有法律约束力的文件可以对后续通过法律文件起到推动作用。最重要的软法提案是欧盟提出的《外空活动国际行为准则（草案）》（以下简称《准则》）。[208]《准则》最初在 2008 年 12 月公布，已经历经若干版本，当前是 2014 年 3 月 31 日发布的版本。

《准则》的特点是其广泛的适用范围，既包括外空的军事运行活动，又包括民事运行活动。鉴于外空活动的危险性和采取预防措施的有效性，《准则》要求国家实施相关政策和程序来减少外空事故的可能性，减少空间物体碰撞或任何形式的有害干扰，同时要求各国在外空操作空间物体时应当采取一切合理措施降低碰撞的风险。[209] 而且，各国应当避免故意破坏空间物体，并不得从事任何可能带来长久性空间碎片的活动。[210]

在空间安全方面，《准则》要求各国不得采取"任何可能会直接或者间接地造成外空物体损害的有意活动，除非该活动是为了减少空间碎片，或该活动是基于安全考量而必须实施的"。[211] 虽然《准则》是提升空间活动安全方面的一个重大进展，但是其也存在一定弊端。[212] 比如，《准则》并没有对关键术语进行界定，这使得在条文解释和适用上存在着很大的不确定性。虽然《准则》第 4 条第 2 款规定了具体的碎片减缓准则，但是该条第 3 款则减损了上述准则的效力，允许从事相关操作活动，只要其采取相关措施将碰撞风险降到最低。另外，国家安全特

---

[207] See Hitchens, *supra* n. 205, 15.

[208] 《外空活动国际行为准则》可参见 http://www.eeas.europa.eu/non – proliferation – and – disarmament/pdf/space_code_conduct_draft_vers_31 – march – 2014_en.pdf，最后访问日期为 2014 年 10 月 14 日。See further W. Rathgeber, N. L. Remuss & K. U. Schrogl, Space Security and the European Code of Conduct for Outer Space Activities, 4 *Disarmament Forum* (2009), 34 – 41。

[209] 参见《外空活动国际行为准则》（上文脚注 210）第 4 条第 1 款第 3 项。

[210] 参见《外空活动国际行为准则》（上文脚注 210）第 4 条第 2 款。

[211] 参见《外空活动国际行为准则》（上文脚注 210）第 4 条第 2 款。

[212] See Rathgeber & Remuss, *supra* n. 2, 64.

权并非允许制造空间碎片的合理理由，这也是某些国家认为《准则》不可接受的方面之一。

欧盟起草《准则》的目标之一是实现该准则的广泛适用，或者至少应当在欧盟之外的国家广泛地适用。然而，美国政府拒绝加入《准则》，㉓ 并明确表示起草其自己的《外空行为准则》的意愿，这给欧盟《准则》上述目标的实现带来了巨大障碍。总之，即使目前对外空武器化的风险有非常清醒的认识，但是形成一个可以被主要航天强国接受的法律和外交方案似乎还有很长的路要走。

八、结论

外空军事活动是空间法中最主要且最有争议的议题之一。自从外空时代开始以来，各国都已经意识到外空军事利用的价值。多年来，由于技术的发展，外空军事利用水平得到显著提升。如今，空间资产已经成为大多数国家的国家安全战略的组成部分。

迄今为止，规范人类外空活动，尤其是军事活动的法律制度已经成功使外层空间免于军事对抗活动。然而，由于存在一些关键性的弊端，比如，欠缺在外空部署和试验常规武器以及外空自卫行为的合法性相关规定，现行制度可能在未来几十年内无法继续满足该目标要求。由于现代社会越来越依赖于空间应用，各国可能会试图通过武力保护其宝贵的空间物体。

因此，现在需要尽快补充外空军事利用相关法律规范，确保更好地维护空间物体安全，保持外空环境的和平属性。当前的国际谈判已经停滞不前，主要的航天强国之间是否会达成一致解决方案仍有待观察。然而，各国和国际组织应当继续努力防止外空军备竞赛，并避免月球和其他天体的军事利用。

㉓ See www.thespacereview.com/article/2018/1, last accessed 18 March 2014.

第七章　发射服务和航天运输法律问题

彼得·范·费内马（Peter van Fenema）　著◇

一、简介

在外层空间发射航天器或从事航天运输，是通信、导航、遥感和科学等领域开展所有现代卫星活动所必不可少的第一步。实际上，这促使卫星和地面设备制造业等相关产业得以发展。换言之，如果没有（商业）航天运输，这些产业及其产品销售市场根本不会存在。①

最初只有苏联和美国这两个国家出于民用与军用目的开展航天发射活动，自20世纪80年代初以来，其他航天国家也加入这一行列，同时私营发射服务提供商也踏进了这一领域。目前，发送卫星入轨已形成一个行业，这一行业主要由美国、俄罗斯、欧洲、中国和参与程度较低的日本、印度等国提供全球发射服务并互相竞争。② 但这些竞争对手所处的市场并非自由市场，因为政府更倾向于优待本国发射提供商，且该市场的运作还存在其他障碍。

---

① 美国联邦航空管理局商业航天运输办公室（现为美国联邦航空管理局）的一份报告提供了以下数据，以显示这一功能的重要性：2009年，美国运载火箭制造和服务业在美国的经济活动总额为8.28亿美元。同年，这类与发射相关的产业和发挥作用的（如卫星）产业总产值为2083亿美元。参见 The Economic Impact of Commercial Space Transportation on the U. S. Economy in 2009, Report, FAA office of Commercial Space Transportation, September 2010, at 2 and 6（图1，"商业航天运输和扶持型工业"）。

② See M. Harr & R. Kohli, *Commercial Utilization of Space* (1990), 33 – 4, 65；P. L. Meredith & G. S. Robinson, *Space Law: A Case Study for the Practitioner* (1992), 307 – 14；H. P. van Fenema, Cooperation and Competition in Space Transportation, 19 Air & Space Law (1994), 81 – 6；J. M. Lightfoot, Competitive Pricing for Multiple Payload Launch Services: The Road to Commercial Space, 10 Space Policy (1994), 121 ff.；H. P. van Fenema, Cooperation and Competition in Space Transportation, in *The High ways of Air and Outer Space over Asia* (Eds. C. J. Cheng & P. M. J. Mendes de Leon) (1992), 288, 293 – 4；H. Huikang, Space Law and Expanding Role of Private Enterprises, with Particular Attention to Launching Activities, 5 *Singapore Journal of International & Comparative Law* (2001), 55 – 62.

值得注意的是，这是一项"高科技"活动：无论过去还是现在，很少有国家掌握从零开始开发运载火箭的科学和技术专长。战后洲际弹道导弹（ICBMs）的发展为美国和苏联提供了必要的技术支持。③ 这让落后于他们的国家奋力追赶，并在很大程度上减缓了国际发射产业进入成熟期的发展速度。

无论有无载荷，发射火箭至今还不算可靠。这是所有航天活动中最脆弱的阶段：2011 年，全球实施的 84 次发射中有 6 次（占 7%）以失败告终。2012 年共进行 78 次发射，4 次失败（加上一次局部失败，因有效载荷最终确实到达了预定轨道）。在过去的 16 年里，平均有 5% 的发射失败。④ 空间飞行的（极端）危险性从一开始就主导了联合国和平利用外层空间委员会⑤及其法律小组委员会的讨论，并促成了该类活动所产生的国家职责和因此造成损害所引起的国家责任等规则的制定。⑥

但是，谁是从事这些"业务"的参与者呢？总体来说，可分为三类：①发射服务的提供商；②发射服务的客户；③发射设备和航天发射中心。上述各方国籍与性质（政府机构或私营实体）的确定与适用何种国内外的法律法规有关。在这方面，空间法主要涉及国家的权利和义务，而私人空间参与者的到来在某种程度

---

③ 美国总统艾森豪威尔（Eisenhower）在第二次世界大战中的军事经验以及他对苏联在战后时期意图的看法，使他成为发展洲际弹道导弹的坚定支持者，这可以通过向千里之外的目标运送弹头来起到遏制核攻击的作用。因此，在 1952 年他就职后的几年里，美国空军（USAF）开发了第一个洲际弹道导弹，即阿特拉斯系统（1955 年试射，1959 年投入运行）。土卫六（Titan）和中程雷神（Thor）导弹紧随其后。美国空军也被允许开发"民兵"号，这是一种轻巧、燃料为固体的洲际弹道导弹。在沃纳·冯·布劳恩（Wernher von Braun）领导的以德国工程师为主的团队的努力之下，美国陆军在第二次世界大战 V－2 技术的基础上，研制了自己的导弹——木星（Jupiter）。最后，美国海军在 1956 年开发了北极星，这是一种用于潜艇的固体燃料的中程弹道导弹。

与此同时，苏联在德国 V－2 工程师的协助下，也开始研制导弹，从一开始就决心在洲际弹道导弹的力量和射程上击败美国竞争对手。1957 年 Sputnik－1 号的发射也间接显示了他们在导弹领域的优越性。参见 H. P. van Fenema, The International Trade in Launch Services (1999), 35－6 (referring to R. D. Launius, NASA: A History of the U. S. Civil Space Program (1994), Chapter 1 passim).

④ 见本章附录，《1997—2012 年发射记录》。

⑤ 联合国和平利用外层空间委员会首先作为一个特设委员会成立，然后作为联合国大会处理国际空间活动的科学、技术和法律方面问题的常设委员会而存在。参见 Question of the peaceful use of outer space, UNGA Res. 1348（XIII）, of 13 December 1958; Resolutions adopted on the reports of the First Committee, General Assembly－Thirteenth Session, at 5; International cooperation in the peaceful uses of outer space, UNGA Res. 1472（XIV）A, of 12 December 1959; Resolutions adopted on the reports of the First Committee, General Assembly－Fourteenth Session, at 5.

⑥ 进一步参见"上册第二章三（一）1"和"上册第二章三（三）"部分内容。

上使相应规则的解释与适用变得复杂。⑦

二、参与者的主要类别及其法律关系

（一）发射服务提供商

在航天飞机发展的早期，航天运输或发射服务的提供商是政府机构。一方面，苏联和美国将探索和利用外层空间的军事或战略与地缘政治的重要性相结合；另一方面，技术与使用"火箭"的军事（洲际弹道导弹）起源，几乎不可避免地导致国家对该类活动的垄断。

1. 美国

在美国，传统上由国防部和国家航空航天局两个政府机构负责航天器发射活动。国防部（Department of Defense，DOD），主要由美国空军负责与军事和国家安全相关的发射活动；美国国家航空航天局（NASA，以下简称美国宇航局）负责所有民用（非政府）发射。⑧ 政府并不制造运载火箭，而是从通用动力、马丁·玛丽埃塔和麦克唐纳·道格拉斯等美国私营运载火箭制造公司采购。换句话说，私营企业提供硬件设施，而政府在该企业的帮助下，为满足自身所需从其所有的发射设施进行实际的发射。

1972 年，美国总统尼克松宣布了发展航天飞船的决定，计划并设计满足所有美国公共和私人的发射需求。⑨ 在 1981 年第一次飞行后不久，人们意识到，为满足美国的发射需求（与欧洲阿里安航天公司竞争），商用一次性运载火箭（ELV）有充分的战略与商业理由独立作业。因此，交通部（Department of Transportation，DOT）内成立了商业航天运输办公室（Office of Commercial Space Transportation，OCST），作为国内私营发射行业中进行监管（包括许可证

---

⑦ 进一步参见"上册第二章三（二）3"部分内容。

⑧ *Cf.* National Aeronautics and Space Act, Public Law 85 – 568, 85th Congress, H. R. 12575, 29 July 1958, as amended regularly; esp. Secs. 102（b）, 203.

⑨ "美国应该立即着手发展一种全新的航天运输方式，旨在帮助将 20 世纪 70 年代的空间前沿转变为熟悉的在 20 世纪八九十年代人类能够轻易进入的领域。它将通过例行改造，使交通进入近太空的方式发生革命性的变化"。参见 the White House, Statement by the President, 5 January 1972, reprinted in Launius, *supra* n. 3, at 232.

发放）的牵头机构。⑩ 尽管里根政府的政策支持并推动航天业作为航天飞机的重要选择，但后者仍然是进入外层空间的首选工具，而且与航天发射公司直接竞争国内外客户。

1986 年 1 月"挑战者号"航天飞机的灾难彻底转变了这一尴尬的政策。美国政府突然面临发射能力长期严重不足的问题，这也是由国防部阿特拉斯（Atlas）系统故障（以及阿里安运载火箭的问题）所造成的，并意识到自身在该方面的脆弱性。因此，1988 年美国通过了一项国家空间政策的总统令，为发展私营发射产业，该法令将航天飞机从国际商用发射市场移除。⑪ 由于航天飞机主要限于载人航天飞行和其他特殊的飞行任务，因此在国际商用发射市场中，美国的发射产业目前在为卫星运营商提供服务这一领域致力于与阿里安航天公司竞争。

最近，美国联邦航空局商业航天运输办公室（FAA Office of Commercial Space Transportation，FAA/AST）⑫ 发表的年度报告列举了隶属于该机构监管的美国发射服务提供商。这些公司包括波音、洛克希德·马丁、海上发射（Sea Launch）、轨道科学（Orbital Sciences Corporation，OSC）以及太空探索技术

---

⑩ See Commercial expendable launch vehicle activities，Executive Order 12，465 of 24 Feb. 1984，49 FR721. 美国国会对一次性运载火箭的有序商业化表现出浓厚的兴趣，并出台了立法，为交通部及其新办公室明确其在这一领域应当承担的职责，参见 the Commercial Space Launch Act，Public Law 98 – 575，98th Congress，H. R. 3942，30 October 1984；98 Stat. 3055；Space Law – Basic Legal Documents，E. Ⅲ. 3；later codified as Commercial Space Launch Activities，51 U. S. C.，Subtitle IX，Chapter 509。在交通部内部重组后，该办公室最初附属于交通部秘书办公室，现在隶属联邦航空管理局，即被称为联邦航空商业航天运输办公室。它为美国所有商业空间发射和重返活动以及非联邦发射和重返大气层的运作发放许可证并进行监管。进一步参见"上册第三章三（一）1""下册第三章三（四）2"和"下册第三章三（四）3"部分内容。

⑪ 总统的空间政策和商业空间倡议将于下一世纪开始，白宫新闻秘书办公室在 1988 年 2 月 11 日的实况报道，宣布并解释总统于 1988 年 1 月 5 日签署的《国家安全决定指令》。

⑫ 《商业航天运输：2010 年回顾》，联邦航空局商业航天运输办公室，2011 年 1 月；《商业航天运输：2011 年回顾》，联邦航空局商业航天运输办公室，2012 年 1 月；《商业航天运输：2012 年回顾》，联邦航空局商业航天运输办公室，2013 年 1 月，www. faa. gov/about/office_org/headquarters_offices/ast/，最后访问日期为 2014 年 1 月 14 日。2010 年在全世界进行的 74 次发射中，有 15 次（4 次商业发射，11 次非商业性发射）是美国发射的（由政府和私人产业双方进行）。2011 年的数据是：全球一共发射了 84 次，其中美国发射了 18 次，且全部为非商业性发射。2012 年的数据：全球一共发射了 78 次，其中 13 次（2 次商业，11 次非商业性）是美国发射的。

（SpaceX）等公司，均为私营性质。⑬

　　根据《外空条约》第 6 条的规定，⑭ 联邦航空局商业航天运输办公室监管美国私人航天发射活动。《商业航天发射法》及相关的执行规定⑮禁止未经许可从事此类活动，除非与相关外国另有约定，否则这些规定对任何人在美国领土内和美国公民在美国以外从事的发射活动都适用。⑯ 美国联邦航空局商业航天运输办公室对许可（一次性或可重复使用的运载火箭及发射场）、实验许可（可重复使用的亚轨道火箭）和安全认证（用于商业发射作业）进行了区分。⑰

---

　　⑬　美国发射公司及其运营的运载火箭：波音公司——使用德尔塔发射器；洛克希德·马丁公司——使用阿特拉斯发射器；联合发射联盟（波音与洛克希德·马丁公司）——使用德尔塔和阿特拉斯发射器（仅适用于美国政府）；联合空间联盟（波音与洛克希德·马丁公司）——使用航天飞机（仅限美国政府），直至 2011 年 7 月退役；海上发射公司［自 2011 年起总部设于瑞士，俄罗斯（占 95%）所有的与波音公司的合资企业］使用乌克兰 Zenith3SL 发射器（从太平洋奥德赛平台发射）；波音公司和挪威 Kvaerner 最初分别持有 40% 和 20% 的股份，但 2011 年，这些股份的持有量减少到 5%（波音公司与挪威 Akerr ASA，拥有 kvaerner 24% 的股份）；联邦航空局现在批准美国特拉华州的注册公司也即俄罗斯所有的子公司——美国公司能源物流有限公司，是获得许可的发射运营商；轨道科学公司（OSC）——使用（空气发射）Pegasus、Taurus-xl 和 Minotaur vehicles 发射器；太空探索技术公司（SpaceX）——使用 Falcon 发射器；2012 年 5 月和 10 月，它利用龙太空舱成功发射了首次货运航班飞往国际空间站。随着航天飞机的退役，它与轨道科学公司竞争美国宇航局根据所谓 COTS 和 CRS 计划，为国际空间站的日常活动和其他政府采购的发射合同，并成功地获得了该合同——它是第一家在国际空间站之间运营无人再利用车辆的私营美国公司；参见《联邦航空局商业航天运输办公室 2012 年回顾报告》，2013 年 1 月 13 日。

　　⑭　《关于各国探索和利用包括月球和其他天体在内外层空间活动的原则条约》（下称《外空条约》）1967 年 1 月 27 日在伦敦、莫斯科、华盛顿签署，并于 1967 年 10 月 10 日生效；610 UNTS 205；TIAS 6347；18 UST 2410；UKTS 1968 No. 10；Cmnd. 3198；ATS 1967 No. 24；6 ILM 386（1967）。

　　⑮　参见《商业空间发射法》第 50901 条第 23 款，上文脚注 10；《联邦法规汇编》第 14 编第三章（FAA/AST Regulations）。

　　⑯　《商业空间发射法》第 5904 节（对发射、运行和重新进入的限制）规定，见上文脚注 10。根据本章颁发或转让的许可证，需要：（1）一个人在美国境内发射运载火箭或运营发射场或再入场地，或重新进入飞行器。（2）美国公民（如本法第 5902 节第 1 条 A 或 B 款所界定）在美国境外发射运载火箭或运营发射场或再入场地，或重新进入该飞行器。（3）美国公民（根据本法第 5902 节第 1 条 C 款的定义）发射运载火箭或运营发射场或再入场地，或在美国境外重新进入飞行器，除非美国政府与外国政府之间有一项协议，规定外国政府对发射、运营或再入境拥有管辖权。（4）美国公民（根据本法第 5902 节第 1 条 C 款的定义），可在外国境内发射运载火箭或运营发射场或再入场地，或在美国政府与外国政府之间有协议的情况下可以进入外国领土，条件是美国政府对发射、运营或重新入场拥有管辖权。

　　⑰　See www. faa. gov/about/offic_org/headquarters_offices/ast/licenses_permits/, last accessed 23 January 2013。进一步区分了"发射或重入特定许可证"和"运营商许可证"：前者只许可特定的发射或重返活动，而后者则允许经营者进行同一特定的发射或重新入境活动或类似类型。发射或重返大气层的飞行器也称为"一次性"和"可再利用"飞行器。许可证申请程序的步骤适用于所有类别：申请前咨询、政策审查和批准、安全审查和批准、有效载荷审查和确定、财务责任确定、环境审查和许可证发放后的合规监测。

从空间法的角度来看，上述经营者和经营活动有三点值得注意："航天飞机""跨国"公司海上发射和轨道科学公司"飞马座"火箭。

由美国宇航局研发的航天飞机是第一个因其操作方式而在航天律师和航空律师中引发对其法律地位讨论的航天器。这与各空间条约中缺乏对"空间物体"的明确定义和航空法中对航空器是"任何能够通过空气的反作用力从大气中获得动力的装置"这一定义有关。⑱ 由于航天飞机在着陆阶段利用机翼滑翔返回地面，因此至少在该阶段可以将其视为飞机，原则上可以适用国内和国际航空法的规则，如责任领域。由于美国出于监管目的将航天飞机视为一种政府特有（sui generis）的空间物体，且未出现质疑其法律地位的案件，所以这只是一个理论范畴内讨论的问题。但是，由于空间法对其规范对象缺乏明确的法律规定，它也强调了航空法和空间法中存在差距与冲突的可能性。因此，对航天飞机的讨论是对"航空航天物体"⑲ 的法律地位和法律适用进行探讨的前奏，包括后一阶段如维珍银河公司的"太空船一号"等亚轨道飞行器。⑳ 后者的飞行性能和预定的临时目的地（略高于100千米），重新引发了人们对外层空间的定义、界限与空中和航天交通管理问题的兴趣。㉑

对于海上发射，从美国许可的视角来看，㉒ 这一公司最初在开曼群岛注册成立，根据《外空条约》第6条的规定，原则上由英国对其行为负责。但是，鉴于波音在公司中的重要权益［包括股份（40%）和与发射有关的业务］，美国在与

---

⑱ 参见《国际民用航空公约》（以下简称《芝加哥公约》），于1944年12月7日在芝加哥签署，并于1947年4月4日生效；15 UNTS 295；TIAS 1591；61 Stat. 1180；Cmd. 6614；UKTS 1953 No. 8；ATS 1957 No. 5；ICAO Doc. 7300；附件2，《空中规则》第1章定义。该定义"除了空气对地球表面的反应之外"继续将气垫船排除在其范围之外。

⑲ 在联合国外空委员会中，通过问卷调查收集的关于航空航天物体的讨论和各国对此的意见与外层空间的定义和定界问题密切相关。参见 UN Doc. A/AC. 105/865 and Add. 11, and A/AC. 105/889/Add. 10 as referred to in Report of the Legal Sub - Committee on its fifty - first Session, Vienna, 19 - 30 March 2012, UNDoc. A. AC. 105/1003 of 10 April 2012, at 12 - 15。

⑳ 进一步参见"下册第三章三（二）至（三）"部分内容。

㉑ 进一步参见"上册第七章四"部分内容。

㉒ 进一步参见"上册第七章二（三）"部分内容。对于海上发射公司的公海发射平台和轨道科学公司的空中发射所构成的法律挑战，鉴于《责任公约》的适用性取决于用于发射的国家主权领土或设施［《空间物体所造成损害的国际责任公约》，1972年3月29日在伦敦、莫斯科、华盛顿签署，并于1972年9月1日生效；961 UNTS 187；TIAS 7762；24 UST 2389；UKTS 1974 No. 16；Cmnd. 5068；ATS 1975 No. 5；10 ILM 965（1971）］。

英国磋商后，为符合国家利益，决定对该公司适用本国法律和政策，从而适用美国法规对其进行国家监管。㉓ 海上发射公司后来并入美国，但在 2010 年重组之后，成为在瑞士伯尔尼注册的俄罗斯控股公司（95%）。尽管根据《外空条约》第 6 条的规定，瑞士原则上（也）可以要求对其"负责"，或对该国家航天活动承担责任，但实际上，美国联邦航空局继续对海上发射公司发放运营许可证，声称美国能源物流有限公司（Energia Logistics Ltd.）是俄罗斯所有的子公司，是获得许可的发射运营商。

尽管海上发射公司在复兴后再次成为卫星所有者候选的发射提供商，但该公司因非美国所有、注册以及使用乌克兰运载火箭而被美国政府禁止发射：美国的空间法和相关政策禁止由外国发射公司或在外国运载火箭上发射的政府有效载荷的发射活动。㉔

2. 欧洲

在欧洲，由于其 20 世纪 60 年代初期的空间事业基本上依赖与美国宇航局签订的发射合同，因此英国和法国为开发本国运载火箭（基于弹道导弹技术）而做出的努力很快为一项多国倡议所取代，即《建立欧洲发展和建造空间发射装置组织公约》。欧洲发射发展组织（European Launcher Development Organisation，ELDO）㉕，这一政府间国际组织后来与其姊妹研究机构欧洲空间研

㉓ See i. a. DOT FAA docket No. 29208 Proposed Finding of No Significant Impact（重新对海上发射进行环境评估）：联邦航空局商业航天运输办公室确定［海上发射］是一个由美国公民控制的外国实体。由于它提议在［美国］或外国领土以外的国际水域发射，［海上发射］必须获得联邦航空局的发射许可证。参见 F. R. Vol. 63, No. 78（20240 – 20243），April 23, 1998. See also the licence requirements as per Sec. 50904 (a), Commercial Space Launch Act, as quoted *supra* n. 10, sub (3)。其中提到第 50902 节第 1 条中"美国公民"的定义：（A）是美国公民的个人；（B）根据联邦或州的法律组织或存在的实体；（C）根据外国法律组织或存在的实体，控制权益（由交通部长界定）由（A）或（B）所述的个人或实体持有（着重部分由作者标明）。

㉔ 参见"上册第七章五（三）1"部分内容。

㉕《建立欧洲发展和建造空间发射装置组织公约》（《欧洲发射发展组织公约》）于 1962 年 3 月 29 日在伦敦签署，并于 1964 年 2 月 29 日生效，1980 年 10 月 30 日届满；507 UNTS 177；UKTS 1964 No. 30；Cmnd. 2391；ATS 1964 No. 6。进一步参见"上册第四章二（一）"部分内容。

究组织（European Space Research Organisation，ESRO）[26] "合并" 为目前的政府间组织——欧洲空间局（European Space Agency，ESA，以下简称欧空局）。[27]

1973 年，欧空局的成员国决定要 "独立自主"，这意味着需要安全、独立地进入太空，并以此为目的开发阿里安运载火箭。这款新型运载火箭在 1979 年第一次发射升空。1980 年，阿里安航天公司成立，为欧空局和各成员国提供了欧洲发射器，并在国际卫星发射市场上争取到了发射合同。[28]

许多协议和合同都涉及法属圭亚那航天中心（French – European Guiana Space Centre）运营的阿里安、织女星运载火箭（欧空局研发的发射器）以及联盟号宇宙飞船等因开发所涉的各种任务分配与责任问题，即欧空局、阿里安航天公司、法国和俄罗斯因发射造成损害所产生的责任及赔偿问题等。[29]

1985 年，在与美国航天飞机和私人运营商竞争的情况下，阿里安的发射业务已经占据了国际通信卫星发射市场的 50%。迄今为止，在法国注册成立的阿里安公司一直是欧洲唯一一家提供地球同步转移轨道（Geostationary Transfer Orbit，GTO）和较低轨道服务的欧洲大型发射公司，其发射装置系列由重型阿里安 – 5、

---

[26] 《建立欧洲空间研究组织公约》（《欧洲空间研究组织公约》）于 1962 年 6 月 14 日在巴黎签署，并于 1964 年 3 月 20 日生效，于 1980 年 10 月 30 日届满；158 UNTS 35；UKTS 1964 No. 56；Cmnd. 2489. 进一步参见 "上册第四章二（一）" 部分内容。

[27] 欧洲空间局是根据《建立欧洲空间局公约》（《欧洲空间局公约》）设立的，该公约于 1975 年 5 月 30 日在巴黎签署，并于 1980 年 10 月 30 日生效。UKTS 1981 No. 30；Cmnd. 8200；14 ILM 864（1975）；Space Law – Basic Legal Documents，C. I 1. 进一步参见 "上册第四章二（二）至（五）" 部分内容。

[28] 参照《某些欧洲国家政府关于阿里安发射器生产阶段的声明》（以下简称《阿里安航天宣言》），1980 年 1 月 14 日签署，并于 1981 年 10 月 15 日生效；6 Annals of Air and Space Law（1981），723。1990 年 10 月 4 日完成续约，1992 年 5 月 21 日生效。阿里安航天公司的股东包括法国航天局、法国国家空间研究中心、欧洲宇航公司和所有欧洲航天公司，代表 10 个欧洲国家。参见 www. arianespace. com，last accessed 14 January 2014. See further e. g. K. Iserland，Ten Years of Arianespace，6 Space Policy（1990），341 – 3；V. Kayser，*Launching Space Objects：Issues of Liability and Future Prospects*（2001），134 ff.

[29] 参见《阿里安航天宣言》（见上文脚注 28）及其自 2009 年以来的后续宣言、某些欧洲国家政府关于圭亚那空间中心阿里安、维加和联盟号发射器开发阶段的宣言（下称《发射器开发宣言》），《最后文件》，2007 年 3 月 30 日在巴黎签署；参见 www. official – documents. gov. uk/document/cm80/8049/8049. pdf. last accessed 26 June 2013. 关于不同安排的详细情况，参见 "上册第四章二（六）1" 和 "上册第三章三（三）1" 部分内容。关于航天发射场，参见 "上册第七章二（三）" 部分内容。

中型升力俄罗斯联盟号和轻型升力织女星组成。㉚

3. 俄罗斯

在苏联，研发、制造、发射等各方面均由政府主导。目前俄罗斯两大运载火箭和火箭发动机制造商是克鲁尼契夫公司（Khrunichev）和能源号公司（Energia），前者是 100% 国有公司，后者是一家有限责任公司，其 38.2% 的股份由俄罗斯联邦所持有。㉛ 这些公司与其他俄罗斯公司给本国政府和外国客户提供从轻型到重型的多种发射服务。㉜

㉚ 根据阿里安航天公司的说法，阿里安 – 5 能够向地球同步转移轨道上发射 10 吨重物品，能向低地球轨道发射多达 20 吨重物品；俄罗斯联盟号自 2011 年从法国 – 欧洲圭亚那发射场运行以来，向地球同步转移轨道发射多达 3150 千克重物品，向太阳同步轨道运载 4900 千克物品，而织女星运载火箭能够将 1500 千克物品送入 700 千米的圆形极地轨道。出售发射服务的其他欧洲公司（外国制造的发射器）：Eurockot of Bremen, Germany，由 EADS Astrium（51%）和 Russian Khrunichev Space Center（49%）所共有，该中心使用俄罗斯小型火箭发射器（源自俄罗斯 SS – 19 洲际弹道导弹）从俄罗斯北部普列谢茨克航天基地向低地球轨道发射多达 2 吨的有效载荷；阿里安航天公司附属公司 Starsem（法国）与 Astrium、Roscosmos 和 Samara 空间中心建立了合资伙伴关系，提供从俄罗斯拜科努尔航天基地发射的联盟号。2010 年在全世界进行的 74 次发射中，6 次（均为商业性）是欧洲阿里安 5 号发射。2011 年的数据为：总计发射 84 次，其中 7 次（4 次商业性，3 次非商业性）来自欧洲法属圭亚那的发射（5 次阿里安发射，2 次联盟发射）。2012 年的数据为：总计 78 次发射，其中 10 次欧洲发射（7 次阿里安号、2 次联盟号和 1 次织女星号发射）。参见 FAA/AST Year in Review documents, *supra* n. 12。

㉛ 关于 S. P. Korolev 火箭和 Energia 航天公共公司的信息，1994 年 6 月 6 日成立，见 2011 年年度报告，参见 www. energia. ru，最后访问日期为 2014 年 1 月 14 日。今天的克鲁尼契夫国家研究和生产空间中心，简称克鲁尼契夫空间中心，其历史可以追溯到 1916 年，根据 1993 年的联邦法令，该中心成了国家企业。

㉜ 俄罗斯主要的发射公司和运载火箭：国际航天公司（ISC）Ksmotras，这是一家成立于 1997 年的股份公司，旨在将基于 SS – 18 洲际弹道导弹的第三代轻型运载火箭 Dnepr 商业化。该公司 50% 的股份为 7 家俄罗斯公司所有，另 50% 的股份为 2 家乌克兰公司所有。参见 www. kosmotras. ru/en/，最后访问日期为 2013 年 5 月 28 日。国际发射服务公司（ILS），原洛克希德·赫鲁尼切夫能源国际（LKEI），在 1995 年洛克希德公司与马丁·马里埃塔（MM）合并后，出售重型质子发射器，更名为 ILS，销售质子号和 MM 阿特拉斯火箭。2006 年，马丁·马里埃塔将其在国际发射服务公司的股份出售给了航天运输公司，2008 年 5 月，克鲁尼契夫成为总部设在美国弗吉尼亚州雷斯顿的国际发射服务公司的大股东。参见 www. ilslaunch. com，最后访问日期为 2013 年 5 月 28 日；另参见 www. khrunichev. ru，最后访问日期为 2013 年 5 月 28 日。

俄罗斯萨马拉的国家研究和生产空间火箭中心（TsSKB – Progres）是一家 100% 国有的联邦统一企业，生产多功能联盟号运载火箭，参见 www. samspace. ru，最后访问日期为 2013 年 5 月 28 日。联盟火箭通过阿里安航天公司及其子公司 Starsem 在俄罗斯联邦境外出售给外国用户，参见上文脚注 30。

火箭发射器由位于德国不来梅的 Eurockot Launch Services GmbH 销售，该公司是 EADS Astrium（51%）和 Khrunichev 航天中心（49%）的合资企业；它首次于 2000 年发射；参见上文脚注 30。截至 2013 年 5 月，它进行了 16 次发射，其中 14 次成功，参见 www. eurockot. com，最后访问日期为 2013 年 5 月 23 日；参见上文脚注 30。

2010 年在全世界进行的 74 次发射中，有 31 次（13 次商业性，18 次非商业性）由俄罗斯进行。2011 年，在执行的 84 次发射中，有 31 次（10 次商业性，21 次非商业性）是俄罗斯发射的；2012 年的数据是：全世界共发射 78 次，其中 24 次是俄罗斯发射的［12 次由联盟号发射（其中 8 次是国际空间站的专门飞行任务），11 次由质子号发射，1 次由呼啸号发射）。参见 FAA/AST Year in Review documents, *supra* n. 12。

传统上，俄罗斯的发射活动只为政府服务，但 1993 年与美国签订"发射贸易协定"后，俄罗斯发射服务运营商步入了国际商用发射市场。㉝ 与洛克希德的合资公司促成了这一开端，由此产生的美国洛克希德·赫鲁尼切夫能源国际公司（Lockheed Khrunichev Energia International，LKEI）向国际客户销售俄罗斯质子运载火箭，从而在市场与销售方面开创了俄罗斯发射产品的国际合作趋势。㉞

根据 1993 年俄罗斯《空间活动法》，俄罗斯联邦履行《外空条约》第 6 条规定的义务。㉟ 该法要求俄罗斯联邦的组织、公民或者俄罗斯管辖范围的外国组织和公民从事大部分的空间活动都需要取得许可，包括发射活动。

4. 中国

中国 1979 年第一次进行"官方"发射。㊱ 中国政府紧紧地控制着一切与航天相关的活动。现在这种情况也没有发生改变。中国长城工业集团有限公司是一家官方国有企业，给国内外卫星发射提供长征火箭。传统上，中国的发射活动仅为国家政府服务，但挑战者号失事后，由于受到美国卫星制造商的压力，中国政府迫切地想要提高发射能力，促使了 1989 年中美发射贸易协定的签订，尽管该协定是暂时的，且有很多附加条件，但是它为美国卫星以及卫星组件的国际商业发射市场打开了中国的大门。㊲

中国有多种长征系列运载火箭，通过三个发射中心发射至低地轨道（Low

㉝ 另参见"上册第七章五（四）2"部分内容。

㉞ 更多有关这种合作和相关的美俄政治战略框架的细节，参见 Van Fenema, *supra* n. 3, 240 – 51。

㉟ 《俄罗斯联邦空间活动法》（以下简称《俄罗斯空间活动法》），No. 5663 – 1，1993 年 8 月 20 日制定，1993 年 10 月 6 日生效；National Space Legislation of the World, Vol. I (2001), at 101；进一步参见"上册第三章三（一）2"部分内容。详细许可证要求载于 2006 年《空间活动许可法》和《空间业务许可法》中。该法指出，私营部门参与俄罗斯空间活动是可能的，但尚未更详细地加以处理。

㊱ See www. cgwic. com/LaunchServices/LaunchRecord/LongMarch. html, last accessed June 2013.

㊲ 关于发射贸易协定，进一步参见"上册第七章五（四）1"部分内容；关于美国卫星出口管制，进一步参见"上册第七章五（二）3"部分内容。

Earth March，LEO）或者地球同步转移轨道。㊳ 中国长城工业集团有限公司也希望为国外客户提供发射服务，但多年来，中国与美国的复杂关系一直限制其发射服务的市场营销和商业用途，其服务对象仅限于那些非美国制造且组件不受任何美国出口法律和政策约束的卫星。㊴

中国有许多规制航天活动的法律法规；迄今为止，发射许可、空间物体登记等重要事项都已通过行政法规进行规范，但近期可能会通过一项全面的空间法加以规范。㊵

5. 日本

作为一个第二次世界大战后缺乏导弹技术的国家，日本在 20 世纪 80 年代初决定停止依赖美国进口三角洲发射装置硬件和技术，自行制造运载火箭，从此日本开始了长达十余年的"艰苦努力"，最终在 1994 年，本土制造的 H－2 运载火箭㊶完成了首次发射。从那时起，日本开始进一步研发其他运载火箭。这些运载火箭大多用于国内卫星发射，但也向国际空间站运送物资。在国际发射市场中，日本迄今在频率、可靠性和价格方面的竞争性报价上被外国竞争对手所限制。日本宇宙局（Japan Aerospace Exploration Agency，JAXA）是负责日本所有航天任务的"独立行政机构"。㊷

㊳ 长征 2D、3A、3B、3C、4B、4C，3B 为重载冠军。2010 年在全球范围内进行的 74 次发射中，有 15 次是中国进行的非商业性发射。2011 年，相关数据为：在全球 84 次发射中，中国进行了 19 次发射（17 次非商业性发射，2 次商业性发射）；2012 年的数据：共 78 次发射，中国发射 19 次（17 次非商业性，2 次商业性），使用 8 种不同类型的长征火箭，从长征 2C（3200 千克到低地球轨道、1000 千克到地球同步转移轨道）到长征 3B（13562 千克至低地球轨道、4491 千克至地球同步转移轨道）。参见 FAA/AST Year in Review documents, *supra* n. 12；also www.cgwic.com/LaunchServices/LaunchRecord/LongMarch.html，last accessed June 2013。

㊴ 下文将讨论这些管制和其他国家和国际出口管制对发射服务国际贸易的影响，参见"上册第七章五（一）至（二）"部分内容。

㊵ 进一步参见"上册第三章三（五）"部分内容。

㊶ See Van Fenema, *supra* n. 3, 29. 基于日本的发射记录所得以下数据：2010 年进行了 2 次 H－ⅡA 运载火箭的非商业性发射（全球共 74 次）；2011 年进行了 2 次 H－ⅡA 运载火箭和 1 次 H－ⅡB 运载火箭的非商业性发射（全球共 84 次）；2012 年全球共发射 78 次，而日本进行了 2 次发射［1 次 H－ⅡA 运载火箭（载荷能力为携带 11730 千克进入近地轨道、5800 千克进入地球同步转移轨道）和 1 次 H－ⅡB 运载火箭（载荷能力为携带 19000 千克进入低地轨道、8000 千克进入地球同步转移轨道）］，参见 FAA/AST Year in Review documents, *supra* n. 12。

㊷ 参见 www.jaxa.jp，最后访问日期为 2013 年 5 月 29 日；Epsilon－1 运载火箭是日本运载火箭系列的最新成员。

《日本空间基本法》规定了日本空间活动的指导原则，但尚未制定适用于（私人）发射的具体许可条例；这项工作目前正在进行中。[43]

6. 印度

作为政府机构，印度空间研究组织（Indian Space Research Organization，ISRO）负责印度的空间发射活动，这些活动主要满足国内需求，但也进行国际销售。印度于 1980 年首次成功发射，并因此成为航天发射国专属俱乐部的第七个成员。[44] 印度有两种运载火箭，即极轨卫星运载火箭（Polar Satellite Launch Vehicle，PSLV）和地球同步卫星运载火箭（Geostationary Satellite Launch Vehicle，GSLV）。[45]

印度虽然已经对一些空间活动进行了规制，同时也考虑到印度私人卫星的运营和所有权，但是目前尚无全面的空间法，也未对（私人）发射服务的许可证发放进行管制。[46]

7. 其他国家

除了以上提到的"发射国"外，其他许多国家也已成功实施了一次或多次发射活动，比如以色列、伊朗、韩国和朝鲜。[47] 巴西试图引进卫星运载火箭，但多次的发射失败降低了它加入俱乐部的可能性。巴西现在在阿尔坎塔拉（Alcantara）向外国发射提供商提供发射设施。[48]

需要注意的是，在现阶段，与国际航空运输业和国际民用航空等其他运输方式不同的是，发射活动或航天运输产业，无论是在贸易组织中的产业层面还是政府

---

[43] 另参见"第三章三（六）"部分内容。

[44] See http://isro.org, last accessed June 2013.

[45] 印度空间研究组织在 2010 年进行了 3 次非商业性发射（全球共 74 次），2 次是地球同步卫星运载火箭（均发射失败），1 次是极轨卫星运载器。2011 年进行了 3 次非商业性的极轨卫星运载器发射（全球共 84 次）；2012 年的数据：2 次极轨卫星运载器非商业性发射（全世界共 78 次）将 2 颗遥感卫星送入太阳同步轨道；极轨卫星运载器的载荷能力为 2100 千克，进入近地轨道；极轨卫星运载器 XL 携带 1800 千克进入近地轨道，另携带 1140 千克进入地球同步转移轨道。参见 FAA/AST Year in Review documents, *supra* n. 12。

[46] 进一步参见"上册第三章三（五）"部分内容。

[47] 关于这些国家最近的发射活动，参见 FAA/AST Year in Review documents, *supra* n. 12；另参见本章附录表。

[48] 关于巴西空间发射的国家章程，参见"上册第三章三（六）"部分内容。

间国际组织中，尚未在全球范围内达成共识。其原因有：国际市场的参与者数量有限（主要是美国、欧洲和俄罗斯）；航天活动不涉及同一地平面上的国境跨越；所用（导弹）技术的敏感性。[49] 如果在安全管理或者许可标准等领域没有一个国际论坛或者商定的共同目标，那么相关"参与者"大多会遵循自己的规则行事。

（二）发射客户

许多客户都需要上述发射提供商的服务。它们可以分为两大类——政府类客户（自航天概念出现后最稳定的客户群）和私人客户。[50]

这种区分与《责任公约》[51] 和《登记公约》[52] 有关。这两个条约都适用于"发射国"，即发射空间物体的国家、促使空间物体发射的国家以及从其领土或设施发射空间物体的国家。[53]"发射国"必须在国家登记处登记其空间物体，并就此向联合国秘书长提出国际登记报告，[54]"发射国"需要对其发射的空间物体所造成的相关损害承担责任。[55] 这一体系建立在国家是航天活动主要践行者的基础之上。

与外国政府发射提供商订立发射合同的国家（机关）促成发射，从而成为"发射国"（仅次于实际执行发射的国家）。[56] 关于"促使"一词的讨论涉及不同语言中该词的字面意义或最适当的含义，也涉及选定的含义对解释"发射国"概念的影响，尤其是私营公司"促成"这一项目的情况下。"促使"在英美法律用语中的含义是"取得、购买产品或服务"，换句话说，即"购买"发射服务。在法语中，"促使发射"被翻译为"fait procéder au lancement"（大意是：进行或者

㊾ 关于后者的更多讨论，参见"上册第七章五（一）至（二）"部分内容。

㊿ 关于包括国际组织在内的公共和私人客户名单，参见 FAA/AST Year in Review documents, *supra* n. 12；另参见本章附录表。

51 《责任公约》，见上文脚注 22。

52 《关于登记射入外层空间物体的公约》（以下简称《登记公约》）1975 年 1 月 14 日在纽约签署，并于 1976 年 9 月 15 日生效；1023 UNTS 15；TIAS 8480；28 UST 695；UKTS 1978 No. 70；Cmnd. 6256；ATS 1986 No. 5；14 ILM 43（1975）。

53 分别参见《责任公约》第 1 条第 c 款，上文脚注 22；《登记公约》第 1 条第 a 款，上文脚注 52。

54 参见《登记公约》第 2～4 条，上文脚注 52。

55 参见《责任公约》第 2～5 条，上文脚注 22。

56 参见《责任公约》第 1 条第 c 款第 i 项，上文脚注 22。

开始发射活动）；荷兰语是"doen lanceren"（与法语含义相似）；德语是
"veranlasst"（大意为：启动）；俄语为"organizuyet"（大意为：组织、安排）；
西班牙语中是"promueva el lanzamiento"（大意为：促进发射）；中文"促使"
意为推动。《责任条约》有中文、英文、法文、俄罗斯文和西班牙文等版本，这
些版本也因此成为理解和解释该术语的主要渊源，但不能最终解决这一问题。

像欧洲卫星公司（SES-Astra）这样的私营卫星运营商所签订的合同不能视
作促使发射的声明。它能否根据《外空条约》第6条[57]的规定，因其注册国是卢
森堡而取得发射国的地位？上文提到的两个条约并未对该问题提出令人信服的解
释。这些公约的缔约国如果不是《外空条约》的缔约国，则可能有额外的理由不
接受"卢森堡许可欧洲卫星公司的Astra"，因此"卢森堡促使了欧洲卫星公司
Astra的发射"在空间法中尚未达成共识。[58] 如果欧洲卫星公司Astra和私营公司
海上发射签订合同并从太平洋执行发射，该如何处理？表面上看，以上三类发射
国都不能发挥作用。[59]

解决此问题的部分方法（为《责任公约》正式术语所建立的赔偿责任体系

---

[57] 《外空条约》，见上文脚注14。

[58] Cf. e. g. A. Kerrest de Rozavel, Launching Spacecraft from the Sea and the Outer Space Treaty: the Sea Launch Project, 23 *Air & Space Law* (1998), 18. 根据《外空条约》第7条和第6条，私营实体开展的活动被视为由责任国［原文如此］开展。该国不仅负有责任，即有义务授权和控制具有其国籍的非政府实体进行的任何空间活动，而且发射国也对空间物体造成的任何损害负有直接责任，就好像是它对空间物体所造成的任何损害一样。从前面提到的规则来看，法人的国籍（在这种情况下是海上发射公司）使这种国籍国成为"发射国"。

[59] Cf. e. g. Kerrest de Rozavel, *supra* n. 58, 19, 其中指出，"考虑到海上发射的商业目的，采购发射的实体可以是国家，也可以是使其具有发射国资格的私营公司"。上文脚注58和上文引用的这两个有些令人困惑的文本表明，Kerrest de Rozavel扩大了上文脚注22《责任公约》中"发射国"的定义，增加了两类国家，即公司的所在国基于《外空条约》第6条是应当负责任的，见上文脚注14，以防该公司发射或促使发射空间物体。另一位作者似乎直接在《公约》文本中沿用了后一种解释：公约将"发射国"定义为从其领土发射物体的国家或从其购买发射物体的国家（或其发射国国民实施）；R. J. Tremayne – Smith, U. K. Registration Policy & Practices, in *Proceedings of the Project* 2001 *Plus Workshop*: *Current Issues in the Registration of Space Objects* (Eds. S. Hobe, B. Schmidt – Tedd & K. U. Schrogl) (2005), 59. 荷兰的立场似乎是，本国公司的发射采购并不能使荷兰成为"发射国"；参见 Dutch Space Activities Act 2008, Explanatory Memorandum to the Bill, Parliamentary Papers Ⅱ 2005/06, 30609, no. 3, 5 – 7（对"发射国"一词的解释："如果荷兰自己负责发射或委托（采购）发射，荷兰可以被定性为发射国）。另参见 Netherlands' registration practice and accompanying statements, e. g. UN Doc. A/AC. 105/963, of 21 April 2010, and A. AC. 105/1002, of 22 November 2010 (re. Technical University Delft's Delfi C3 satellite launched by India).

中的空白）是采取某些国家或地区的政策，即任何自愿接受"发射国"立场的公司，根据《外空条约》第 6 条制定的国家立法而取得该国从事航天活动的许可，并在发射过程中对第三方造成了损害。英国就采取了这一立场。[60]

到目前为止，发射服务的客户主要是国家或者促成卫星发射的私营公司，在可预见的未来，也可能是为自己买票的乘客：正如在空运或海运中，运载的可以是乘客，也可以是货物。在俄罗斯联盟号上，前往国际空间站（来回）的个人实际上是付费的乘客，如果乘客未预订，发射也会照常进行。但是，如果航班基于付费乘客才存在，情况可能有所不同：假设没有乘客，维珍银河（Virgin Galactic）就不会发射，那么乘客或者他们的"旅行社"——预订航班并向乘客出售座位的公司，可能促使了飞行。

在这方面，航空业中对定期和非定期（或包机）服务[61]所做的区分可以说明：购买定期航班座位票的旅客与航空公司签订运输合同，但无论是旅客个人还是该特定航班上的所有旅客，都不能"促成"该航班，因为定期服务的基本特征

---

⑥⑩ 英国的登记政策和做法间接表明了英国的立场：英国在 2001 年 3 月 16 日的一份普通照会中按照《登记公约》向联合国秘书长提供了资料，见上文脚注 52。鉴于该事实，根据该公约，只有"发射国"可成为特定卫星的"登记国"，英国政府澄清了直布罗陀一家公司运营的一颗卫星的登记信息。它以前如下接受［英国］空间物体登记政策："直布罗陀注册公司"没有促成空间物体的发射，因此英国不是"登记国"。相反，如果该公司获得了发射许可，英国将接受"发射国"的地位（成为"登记国"的必要条件）：它获得了许可证，因此，它认为发射是"采购的"，参见 UN Doc. ST/SG/SER. E/389, of 28 March 2001, referring to ST/SG/SER. E/378。请注意，直布罗陀是英国海外领土（与西班牙存在领土争议）。另参见上文脚注 58 和 59。英国不认为自己是在轨卫星的"发射国"，其发射是由一家私营运营商在该公司成为英国公司之前购买的，荷兰也采取了同样的立场；分别参见向联合国秘书长提供的英国注册资料，UN Doc. ST/SG/SER. E/417/Rev. 1, of 3 December 2001, re Inmarsat satellites；and Netherlands' Note Verbale to the UN Secretary General, UN Doc. A/AC. 105/824, of 16 March 2004, re NSS/Intelsat – 513。自国际海事卫星公司成为英国注册公司以来，英国一直以"登记国"的身份例行提供关于国际海事卫星组织卫星的信息，采购发射，但须获得英国的许可；参见向联合国秘书长提供的英国注册资料，UN Doc. ST/SG/SER. E/555。

⑥⑪ 《芝加哥公约》（见上文脚注 18）区分了"定期航班"（第 6 条）和"非定期航班"（第 5 条）。公约本身没有提供定期航空服务的定义，但通过大会关于这一问题的一系列决议（并通过实践），制定了以下说明："向公众开放和供公众使用的航空服务是根据公布的时间表以及以这样一个规则频率来使它构成一个易于识别的系统的航班"。相反，除定期航班外，任何航空服务都被视为非定期业务，包括但不限于包机业务。请注意，"非定期"是公法术语，而"租赁"是航空公司与租赁人（如旅游经营者）之间合同的、有关私法的术语；然而，这些术语现在已经开始以互换的方式使用。参见 Manual on the Regulation of International Air Transport, ICAO Doc. 9626, 2nd ed. (2004), Chapter 5. 3 Air Services。

是，原则上该航班的运营与个人预订无关。非定期航班通常以旅行社的形式购买，即把特定航班的飞机总承载量出售给一群人（主要与酒店住宿相结合），这可以看作"促成"该航班，因为如果没有旅行社和相关航空公司之间的包租合同、没有足够的客户从旅行社购买行程，后者就不会发生：如果旅行社未成功将其产品销售给客户，只需取消旅行，并将未使用的航班"返还"给航空公司，航空公司因此而无法运营。

（三）发射设备与航天发射基地

上述两个条约对"发射国"的定义包括"从其领土或者设施"发射物体的国家。[62] 海空发射出现前，这是一个基本上令人满意的全面规定（发射活动一贯在国家的领土上进行）。海上发射公司和美国飞马座就是两个特例。

经过翻新的挪威石油钻井平台（后来成为奥德赛发射平台）位于太平洋，私营公司"海上发射"在该平台上运营，但它既不属于一国领土也不是某国的设施。它是类似于组装和移动发射控制船的海上发射公司总指挥中心，是在利比里亚注册的私有财产，也并非两个公约的缔约国。[63]

美国轨道科学公司研制了飞马座运载火箭。对于依附于航空器然后利用自己的火箭引擎起飞的飞马座火箭来说，只有发射的航空器在某一特定国家的主权领空飞行时才能知道其"国家领土"。尽管在美国注册的私人飞机是否可以称为美国国家设施备受争议，但如果不是这样的话，人们就认为这架飞机是发射设施。在美国，联邦发射中心与州立、私人发射中心或航天发射基地之间的区别与这种争议无关。因为在空间法中，美国"领土"是确定法律后果的共同标准，而不是确定发射中心在该领土内的地位。

俄罗斯主要使用两个发射中心：一个位于俄罗斯的普列赛茨克（Plesetsk）；另一个位于哈萨克斯坦的拜科努尔（Baikonur）。俄罗斯根据哈萨克 - 俄罗斯的

---

[62] 《责任公约》第 1 条第 c 款 ii 项，见上文脚注 22。

[63] See www.shipspotting.com/gallery/photo.php（Odyssey – IMO 8753196），last accessed 14 April 2014；and www.fleetmon.com/en/vessels/Sea_Launch_Commander_55110, last accessed 14 April 2014；also Los Angeles Times，2 June 1999（针对卫星公司的船舶注册争端）。关于联合国空间条约缔约方，参见 UN Doc. A/AC. 105/C. 2/2013/CRP. 5，*Status of International Agreements relating to activities in outer space as at 1 January 2013*，8。

租赁协议使用拜科努尔发射中心，就两项公约的适用而言，相应的发射被认定为在俄罗斯（"设施"）和哈萨克（"领土"）进行。

圭亚那航天中心位于法国境内，是法属圭亚那库鲁（Kourou, French Guyana）的法欧航天基地，阿里安航天中心就是从这里开始运作的。它是法国的一个"海外部门"或者说是"海外地区"。[64] 鉴于欧空局对这个航天基地的大力支持和（财政）资助，人们把它作为欧空局的设施。这与《责任公约》的潜在适用有关，因为欧空局通过一项声明成为受该公约约束的主体。[65]

另一个由俄罗斯在库鲁建造的联盟号发射中心，由阿里安航天公司用于联盟号的商业发射，同时俄罗斯联盟号的运营商也在此执行"国家"发射。就公约的适用而言，它也算是俄罗斯的发射设施。[66]

巴西在靠近赤道的地方开发了像库鲁这样的阿尔坎塔拉（Alcantara）发射基地，并为外国运载火箭的运营商提供了这些发射设备。到目前为止，尚未完成实际的外国发射，部分原因在于美国出于对导弹扩散的考虑干预了巴西的国际营销活动。[67]

三、现行监管框架

综上所述，人们已经关注到适用于航天发射（某些方面）的条约。和其他章节一样，这些空间条约，包括对空间活动、发射和航天运输条款的分析，已经引起热议，为了避免相关规定的重复，此处不再赘述涉及发射和运输方面的有关规

---

[64] See http://europa.eu/abc/maps/regions/france/mer_en.htm, last accessed 7 June 2013.

[65] Declaration of 23 September 1976；International Organisations and Space Law（1999），33；Space Law – Basic Legal Documents, A. III. 2, at 1；进一步参见"上册第二章三（三）8"部分内容。

[66] 关于包括美国、日本、中国、印度、以色列和巴西在内的所有（其他）航天国家的国家航天基地和发射设施的概述，see FAA/AST Year in Review documents, *supra* n. 12。

[67] 2000 年巴西－美国技术保障协议允许在严格的条件下，美国从阿尔坎塔拉发射美国卫星。由于相关条款的严重性，巴西国民议会拒绝批准该协议，从而有效地排除了美国参与使用卫星发射场的情况。参见 J. Monserrat & V. Leister, Brazil – USA Agreement on Alcantara Launching Center, in Proceedings of the Forty – Third Colloquium on the Law of Outer Space（2001），328 ff.；J. Monserrat & V. Leister, The Discussion in the Brazilian National Congress of the Brazil – USA Agreement on Technology Safeguards Relating to the Use of Alcantara Spaceport, Proceedings of the Forty – Fourth Colloquium on the Law of Outer Space（2002），377 ff.

定。⑥⑧ 国家或政府航天活动的历史反映在 20 世纪 50 年代末至 70 年代末制定的空间规范和条约中。因此，大多数约束航天（发射）活动的条款都涉及国家的权利和义务。⑥⑨

《外空条约》第 6 条是一项关键性条款，引起了激烈的争论，该条款确认了国家在国家空间活动中的责任，并确立了国家法规对该类活动进行监管的必要性：本国或外国发射国家卫星必须通过国家立法加以规范。⑦ 发射是具有风险的活动：《外空条约》第 7 条（关于赔偿责任）所述并在《责任公约》和《登记公约》中加以界定的"发射国"概念，⑦ 将所有发射活动与一国紧密相连，并使所有参与国承担采取必要国家管制（许可）措施的全部责任。

在美国开创非政府发射公司和私营卫星运营商之前，没有一个相关国家在此有理论或实践经验。这就引发了两类讨论，即条约的解释以及国家对需要澄清的事项进行管理的必要性。但问题在于哪些国家的空间法单独处理发射事务，以及应如何处理。⑦ 根据《外空条约》第 6 条至第 9 条及其他公约，国家空间立法中涉及的发射事项包含以下内容：

· 运营和安全要求（常通过许可进行规范）；⑦

· 市场准入和竞争问题，包括出口管控（通过各类法律文件进行规范）；⑦

· 《外空条约》第 7 条和《责任公约》规定的责任和保险（主要通过许可

---

⑥⑧ 关于联合国五大空间条约的基本情况，参见"上册第二章三"部分内容。

⑥⑨ 例如，《外空条约》第 3 条，见上文脚注 14，各国在从事空间活动时，有义务按照国际法，包括《联合国宪章》（《联合国宪章》，1945 年 6 月 26 日在旧金山签署，并于 1945 年 10 月 24 日生效；USTS 993；24 UST 2225；59 Stat. 1031；145 UKTS 805；UKTS 1946 No. 67；Cmd. 6666 and 6711；CTS 1945 No. 7；ATS 1945 No. 1）。《外空条约》第 4 条，禁止各国在外层空间使用大规模杀伤性武器或将月球"军事化"；《外空条约》第 5 条，责成各国在发生事故时向航天员提供援助；《外空条约》第 6 条，使各国负责国家私人空间活动；《外空条约》第 7 条，规定发射国造成损害的赔偿责任；《外空条约》第 8 条，规定了登记义务和《外空条约》第 8 条和第 9 条的合作和协商职责。

⑦ 《外空条约》第 6 条，见上文脚注 14，特别呼吁"授权和继续监督""非政府实体在外层空间的活动"。

⑦ 分别参见《责任公约》第 1 条第 c 款，上文脚注 22 和《登记公约》第 1 条第 a 款，上文脚注 52。

⑦ 参见"上册第三章三"部分内容。

⑦ 进一步参见"上册第七章四"部分内容。另参见"上册第三章二（一）"部分内容。

⑦ 进一步参见"上册第七章五"部分内容。

进行规范);⑦

·《和平利用外层空间委员会空间碎片减缓指南》规定的碎片减缓（逐渐通过许可方式进行规范);⑦

·根据《外空条约》第 8 条和《登记公约》的规定，在国家登记处进行登记。⑦

尽管如此，卫星制造和发射领域内的众多关系主要通过合同进行规范：

·卫星的销售（涉及卫星制造商、买方和运营商）；

·卫星的发射（涉及卫星所有者、运营商和发射公司）；

·卫星的销售和发射，或是"在轨交付"（涉及卫星制造商、买方、运营商和发射公司）；

·发射保险和在轨运营（涉及保险公司和上述各方）；

·卫星的使用（涉及卫星的所有者、运营商和使用者）；

·卫星的融资（涉及卫星的买方、运营商、制造商和银行）。

一般而言，在上述合同关系中，有关各方只在某些情况下或在某些问题上依赖空间法的规定，并间接地通过国家授权许可证的要求和条件。

四、发射安全和航天交通管理的法律问题

与发射有关的问题在过去几年变得越来越重要，但这些问题在目前的空间法中尚未解决，因此发射安全和航天交通管理问题需要单独的国际或国家法律与政策解决。

国际航天交通管理规则的缺失，原因在于目前既没有政府间国际组织或专门机构，也没有任何贸易协会对建立"规则"负责。另外由于"国家"空间发射通常不涉及进入外国领空，航天国只会注意本国的国家安全，并将包括导航标准在内的标准应用于政府或私人的发射活动。直到最近，对这些国家规则和政策进

---

⑦ 对这些问题的详细论述，参见"上册第二章三（一）1""上册第二章三（三）""上册第三章二（三）"和"上册第三章三"部分内容。

⑦ 进一步参见"下册第四章三（二）1"和"下册第四章三（二）2"部分内容。

⑦ 对这些问题的详细论述，参见"上册第二章三（一）1""上册第二章二（三）4""上册第三章二（二）"和"上册第三章三"部分内容。

行国际协作的需求才凸显，更不用说协调彼此间的规范与政策了。

由于一系列备受瞩目的事件，包括中国的反卫星（ASAT）测试[78]、（近期的）事故、宇宙（Cosmos）和铱星（Iridum）两颗卫星的碰撞[79]及碎片对国际空间站的威胁，各国和各空间机构现在越来越重视对空间的认识、减少空间碎片、国家措施是否足以应付日益增加的碰撞风险、干扰和其他威胁安全与持续使用轨道等问题。

在此，我们应对航天运输进行区分，它一方面是卫星在轨道上的发射或交付，另一方面与卫星的（轨道）运行有关。[80] 这种区分一定程度上也体现在保险公司提供的保险种类和成本上，这部分会在本书下册的保险一章中进一步讨论。[81] 通常，保险合同涵盖发射阶段，而其他的则处理卫星运行中产生的责任问题。

规则必须解决空间活动两个阶段所涉及的不同危险或风险。我们必须认识到，不同的实体都参与其中（例如，卫星的所有者或运营商不执行发射），因此每个阶段（安全或运营）的责任可能由不同的实体承担。由于运营的阶段或时刻不同，适用的机制也不同。

相关各方始终把发射作为航天活动中最危险的阶段。

（一）《外空条约》及发射中的安全与责任

《外空条约》载有若干条款，可据此要求航天国采取安全措施并承担责任。

---

[78] 2007年1月11日，中国人民解放军在低地球轨道约530英里处进行了首次反卫星武器试验，用弹道导弹摧毁了自己的一颗空间气象卫星。爆炸造成了数千个金属颗粒的碎片云，给在低地球轨道运行的大约700个航天器制造了碰撞风险。参见 China's Anti-Satellite Weapon Test, CRS Report for Congress, RS 22652, of 23 April 2007。

[79] 2009年2月10日，俄罗斯一颗不活动的通信卫星 Cosmos-2251 与一颗由总部设在美国的由 Iridium 卫星有限责任公司运营的活动商业通信卫星 Iridium-33 在低地球轨道约500英里的高度相撞；碰撞还导致绕地球运行的碎片大量增加，至少有2000块可跟踪的碎片（10厘米或更大）；参见 Secure World Foundation report Space Sustainability - a practical guide (2012), 8, http://swfound.org/media/100822/SWF_Space_Sustainability_booklet_updated_2012_web.pdf, last accessed June 2013。

[80] 请注意，运输部商业航天运输办公室的职责仅限于管制飞行器的发射和返回，并不包括运载到空间的有效载荷（卫星）的运行阶段。"航天交通管理"的定义是"一套促进安全进入外层空间、在外层空间的运作和在没有物理或无线电频率干扰的情况下从外层空间返回地球的技术和条例规定"；参见 Cosmic Study on Space Traffic Management, International Academy of Astronautics (IAA) (2006), 10。

[81] 关于空间保险公司的观点，参见 Swiss Re, Space Debris: On Collision Course for Insurers? (2011)；另参见"下册第八章"。

相关原则旨在反映探索和使用自由，禁止国家拨款，如果计划中的空间活动对其他国家的活动可能造成潜在的有害干扰，该类原则要求适当考虑各方的相应利益并进行磋商。[82] 第 6 条要求各国确保属于其责任范围的私营公司采取相应的行动。一个国家参与外层空间探索与使用的自由受到其他国家从事类似活动所应遵循的限制。

如果发射某物体进入外空对他人造成损害，受害人可以通过《责任公约》要求赔偿。[83] "发射国"在发生不测时需要付出代价，这既激励相关国家采取适当的预防措施，也是对（潜在）受害者的一种安抚，但关键在于，要让所有利益相关者采取安全措施并承担相应的职责，把出错的可能性降到最低。各空间条约并未在此方面规定具体规则。国际宇航学会在 2006 年的研究中列出了空间条约中的空白，其中大多数与缺乏在轨行为的相关规则有关。[84]

（二）发射阶段的交通管理

我们一方面有必要在现阶段（再次）明确区分在轨卫星和轨道以外卫星的运行，另一方面也要区分这些卫星（或者其他载荷）进入轨道或太空的运输及相关航天器的返回问题。从交通管理的角度来看，后两种方式带来了不同的挑战：在轨运行可能会对其他空间活动造成有害干扰，这些活动的发射和返回阶段会占用空域，可能干扰到正在飞行的航空器，它们的运行受到国际和国家航空法的管制，也可能受到国家空中交通管理机构、国际民航组织（ICAO）专门机构的干预[85]，如果在

---

　　[82] 参见《外空条约》第 1 条、第 2 条和第 9 条，上文脚注 14。

　　[83]《责任公约》，见上文脚注 22；进一步参见"上册第二章三（三）2"部分内容。

　　[84] 如缺乏统一的许可要求、发射前和发射后的信息交流、防止卫星之间碰撞的措施（尽管国际电联有防止无线电频率干扰的规则）、具有约束力的空间碎片预防和减缓受空中交通或航天交通管制等限制区域的识别和分离；参见 Cosmic Study on Space Traffic Management，*supra* n. 80，passim。《责任公约》在序言第 3 段中指出，"虽然从事发射空间物体的国家及国际政府组织将采取各种预防性措施，但是这些实体仍会偶然造成损害"；公约没有规定任何此类措施。《登记公约》（见上文脚注 52）部分是为了协助受害国识别"发射国"，但不要求各国提供发射前信息。《海牙行为准则》[参见"上册第七章五（一）6"部分内容]原则上至少在一定程度上可以填补这一空白，但不具有约束力。此外，有关国家认为这一信息的一部分与国家安全有关，因此对自由分享或分发数据犹豫不决。迄今为止，国际发射业和卫星运营商都没有达成有效的数据交换安排。

　　[85] 国际民航组织是根据《芝加哥公约》设立的，见上文脚注 18，特别是第 2 部分第 43 条至 66 条，是有关国际民用航空组织的内容。参见 Annexes 17，Security：Safeguarding International Civil Aviation Against Acts of Unlawful Interference；Annex 9，Facilitation；Annex 11，Air Traffic Services。

欧洲，也会受到欧洲航空安全局（EASA，针对航空安全）⑧ 和欧洲空中航行安全组织（Eurocontrol，针对航空导航）的干涉。⑧

在讨论航天器与航空器干扰的合法性之前，我们有必要对问题的紧迫性提出质疑。有证据表明，轨道运行正日益受到空间碎片的威胁，因此，碎片缓减理所当然成为"热门话题"，目前还未发生过运载火箭或返程航天器与飞行中的航空器相撞的事故。此外，我们还应该区分大气阻力和地球撞击中幸存下来的空间碎片在受控返回上的不同。

在讨论国际上解决这一问题可行的方式时，另一个需要犹豫的原因在于，发射主要在国家领土的发射基地上进行，这涉及国家领空的使用及该国航空和航天当局的内部协调问题。在美国，每次发射时，美国宇航局和私营发射公司都会与美国联邦航空局⑧联系，且根据发射基地的位置对航空交通提前预警和保护。

实际参与或许可私营公司（在领土内）执行发射的国家仍十分有限，以欧洲为例，跨国公司作为一个发射"国"，将海上发射分配给美国，其子公司陆地发射分配给俄罗斯，总计 12 个发射国。过去的 16 年，它们在环绕地球的轨道上留下了无数危险的空间碎片。产生这一结果，只需要 1146 次发射，在发射阶段，理论上平均每年对航空器造成 72 次潜在干扰（总数为 1146 次，其中包括海上发射公司在位于太平洋的浮动发射平台上执行的 33 次发射，这些发射与最近的机

---

⑧ 欧洲航空安全局是根据欧洲议会和理事会 2002 年 7 月 15 日关于民用航空领域共同规则的条例设立的，并设立了欧洲航空安全机构，No. 1592/2002/EC, of 15 July 2002；OJ L 240/1（2002）；后来被欧洲议会和理事会关于民用航空领域共同规则的条例和设立欧洲航空安全机构的条例所取代，并废除了 Council Directive 91/670/EEC, Regulation（EC）No 1592/2002 and Directive 2004/36/EC, No. 216/2008/EC, of 20 February 2008；OJ L 79/1（2008）. See further e. g. J. B. Marciacq et al. , Accommodating Sub – Orbital Flights into the EASA Regulatory System, in Space Safety Regulations and Standards（Eds. J. N. Pelton & R. S. Jakhu）（2011），188，209。

⑧ 欧洲空中航行安全组织是根据《关于合作促进空中航行安全的公约》（以下简称《欧洲空中航行安全组织公约》）设立的，1960 年 12 月 13 日在布鲁塞尔签署，并于 1963 年 3 月 1 日生效；523 UNTS 117；UKTS 1963 No. 39；Cmnd. 2114。经 1960 年 12 月 13 日《欧洲管制促进空中航行安全合作国际公约的议定书》修正，1981 年 2 月 12 日在布鲁塞尔签署，并于 1986 年 1 月 1 日生效；430 UNTS 279；Cmnd. 8662。经各种修正的 1960 年 12 月 13 日《欧洲控制促进空中航行安全合作国际公约议定书》，1997 年 6 月 27 日在布鲁塞尔签署，但尚未生效。Eurocontrol Revised Convention, Sept. 1997 edition at Eurocontrol. See further e. g. I. H. P. Diederiks – Verschoor, An Introduction to Air Law（8th ed. , 2006），57 ff.

⑧ 关于联邦航空局在监管美国商业空间方面的作用，进一步参见"上册第三章三（一）1"和"下册第三章三（四）2"部分内容。

场或飞行中的航空器保持了合理距离）。

（三） 受制于航空交通管理的发射？

个人、国家或外国航空公司在领空内的飞行活动必须严格、详尽地遵守相关规定。所有的运营者都要知悉这些规则；至少原则上，它们在国际民航组织所有191个成员国中是相同的。这是通过《国际民航组织标准和建议措施》（ICAO Standards and Recommended Practices，SARPs）实现的，它写入了《芝加哥公约》的附则，成员必须尽最大可能遵守，并通过国家执行立法，将其适用于其领空内的所有航班和航空器。[89] 军用航空器不能自动成为国际民航管制的对象，[90] 但实践中，通过军用和民用航空管制机构的密切协作，军用航空器同样遵循"安全第一"的标准。所以，国际民航的安全等级很高。[91]

运载火箭作为空域中相对危险的新来客，如果不加以管制，可能会威胁到这一安全记录：无论是航空器机长还是空中交通管理人员都不习惯或无法在没有适当程序的情况下，处理空间物体在空域中对飞机运行可能造成的干扰。各国有责任确保其领空能够安全行驶航空器。[92] 但是，航空规则并不能自动适用于航天器：这些规则仅适用于"任何能在大气中受到空气反作用力支撑的航空器"。[93] 运载火箭使用火箭推进，并不利用大气层空气的反作用力，因此不能认为是航空器。这就使得不同飞行器在同一空气空间内运行。

我们可以想出解决这个问题的两种方案——现实的方法和法律的方法。现实

---

[89] 参见《芝加哥公约》第12条，上文脚注18（《空中规则》）每一缔约国承诺采取措施，确保在其领土内飞行或机动的每一架飞机和每架带有国籍标志的飞机，不论这些飞机在何处可适用，都应遵守与在那里有效的飞机的飞行和机动有关的规则和条例。每一缔约国承诺尽最大可能使本国在这些方面的规章与根据本公约不时制定的规章保持一致。在公海上，现行规则应为本公约规定的规则。每一缔约国承诺对所有违反适用条例的人进行起诉。相关航空交通规则详细规定在《芝加哥公约》附件2当中，Rules of the air, and Annex 11, Air Traffic Services. On SARPs in general see also Arts. 37 – 38, Chicago Convention。

[90] 参见《芝加哥公约》第3条第a款与第b款，上文脚注18。

[91] 2011年，每27万次航班发生一起事故（西方制造的飞机），2012年，这一数据下降到每500万次航班发生一次。参见 Tony Tyler's State of the Industry Speech, 3 June 2013, fn. 2, at www.iata. org/pressroom/speeches/Pages/2013 – 06 – 03 – 02. aspx, last accessed 28 June 2013。

[92] 参见《芝加哥公约》第28条，见上文脚注18。

[93] 关于完整的定义，见《芝加哥公约》若干附件（例如，定义部分在附件2和附件8），上文脚注18。

的方法关注相关国家机构间的（持续）协作，而法律的方法致力于对航空器的定义进行修正，包括运载火箭或将航空局的职责扩至运载火箭业务。只要目前发射国的数量和实际发射数量平稳增长，现实的方法可能是未来最好的解决方法。当航空和航天交通的增长使协调的有效性降低或协调过程中的管理问题威胁到国内外用户的空域安全时，法律解决方案便应运而生。

在国际政府组织（民航组织）的层面上，鉴于这一重要变化所产生的重大后果、这一措施的潜在受益者寥寥无几且成员国缺失紧迫感，我们不能期望法律方法会得到很多支持。2005 年，国际民航组织理事会根据这次会议编写了一份工作文件，但并未采取后续行动。[94] 当联合国外空委法律小组委员会要求小组委员会在外层空间的定义与划界的框架内就目前和可预见的民航业务做一次全面介绍时，国际民航组织秘书处特别强调供 2010 年会议审议的这些行动应有上限，因此此次会议仅限于提及上述工作文件。[95]

在国家层面上，民用航空局的权限更容易延伸到发射器的运行。此外，随着私人与商业航天飞行的增加，这种做法也是非常合理的。《德国航空法》正式采纳了这一做法，其规定："航天器、火箭和类似的飞行物体只要在空域中即被视为航空器。"[96]

美国联邦航空局商业航天运输办公室 2001 年的一项研究将此转化为一个整合模型："从（国家空域系统）服务提供商的角度看，航空和航天运行必须无缝

[94] 为理事会第 175 届会议编写的民航组织秘书处研究报告题为"亚轨道飞行的概念"，其结论是："《芝加哥公约》适用于国际空中航行，但目前的商业活动设想亚轨道在同一地点起飞和降落的航班，可能不需要跨越外国领空。然而，如果穿越外国领空，并最终确定亚轨道飞行将受国际航空法的约束，《芝加哥公约》的相关附件原则上将服从其监管"；ICAO Working Paper C – WP/12436 of 30/05/05, reprinted in H. P. van Fenema, Suborbital Flights and ICAO, 30 Air & Space Law（2005）404 – 11. See also R. Abeyratne, 'ICAO's Involvement in Outer Space Affairs – A Need for Closer Scrutiny', 30 Journal of Space Law（2004）, 185 – 202。

[95] See UN Doc. A/AC. 105/C. 2/2010/CRP. 9, of 19 March 2010.

[96] I. e. 'Raumfahrzeuge, Raketen und ähnliche Flugkörper gelten als Luft – fahrzeuge, solange sie sich im Luftraum befinden': German Aviation Code（Luftverkehrsgesetz）, Chapter 1, Subch. Ⅵ, Arten von Luftfahrzeugen（'types of aircraft'）, www. gesetze – im – internet. de/luftvg/index. html, last accessed 14 April 2014.

衔接，从而为所有国家空域系统的用户提供高效服务。"[97] 这一概念文件在此方法中运用的原理如下：

历史上，在沿海联邦靶场进行的商业发射仅使用超轻型运载火箭。然而，由于这些空间运行不频繁且离岸轨迹不佳，对国家空域系统运行的影响也微乎其微。但是在美国大部分地区，商业发射和再入活动不断增加，极大促进了国家空域系统用户对空域的争夺。因此，联邦航空局现在必须考虑建立一个"航空航天交通管理系统（Space and Air Traffic Management System，SATMS）"，以系统、综合的方式公平地支持不断发展的商业航天运输业和航空业。[98]

如果其他航天国当局采取类似的行动，在今后一段时间内，似乎就不需要修订国际航空法或新的空间法来解决运载火箭和航空器联合使用所造成的空域空间安全问题了。只有当计划和实际跨越国家领空边界（承诺）的航天行动成为惯例时，这种情况才可能改变。

（四）从航空交通管理到航天交通管理

在正确看待运载火箭对航空构成的威胁及通过国际管制解决这些威胁的紧迫性等问题时，我们有必要探讨空间轨道活动中交通管理的规范问题。

空中交通管理对航空和航天飞行安全活动有着重要作用，但从字面上看，是"在某一点上"。这一点可以也可能是领空与外层空间的确切界限。然而，这样的边界在法律上并不存在。[99] 这是空间法及其律师们关注的问题，主要是出于国家安全和国防的考虑。1944 年芝加哥会议中盟国联手制定战后的国际民用航空规则，则不属于航空法律师关注的问题。一国空域主权的概念取得一致认可，以确保国家出于国防、安全和经济或商业目的继续维护其领空的主权。[100] 这样，各国不论出于何种理由，也不论从领海在内的国家领土向上延伸飞越的垂直高度有多

---

⑨⑦ *Concept of Operations for commercial space transportation in the National Airspace System*, Version 2.0, of 11 May 2001, FAA – Office of the Associate Administrator for Commercial Space Transportation, at 1.0 (Introduction).

⑨⑧ 同上，第 1 页。

⑨⑨ 另参见"上册第二章三（一）3"部分内容。

⑩⑩ 参见《芝加哥公约》第 1 条，上文脚注 18，它重申了《关于规范空中航行的公约》第 1 条（《巴黎公约》），1919 年 10 月 13 日在巴黎签署，并于 1922 年 7 月 11 日生效；11 LNTS 173；UKTS 1922 No. 2；ATS 1922 No. 6。

高，都能对任何外国航空器表示"禁止擅自进入"。在这些边界内，各国为维护取得许可的所有航空器运营商的利益，守护着空域的秩序和安全。

1. 经国家领空的航天发射

按照这一原理，各国在其领空内对运载火箭进行监督的潜在利益随着运载火箭自身与附近航空器的巡航高度之间的距离增加而逐渐减少。此外，它监管的能力也会降低。换句话说，在航空器不能飞行且干扰距离变远的情况下，空间飞行器的管理责任可以从国家空中交通管理部门移交至国家航天交通管理部门。这种转换发生的高度可能大大低于空间法文献中为界定外层空间而建议的 100 千米或 110 千米。[100]

例如，美国国家空域系统的上限为 18.3 千米（当今客机的最大巡航高度约为 11.3 千米）。[102] 当美国航天器从外空返回时，它约在 18 千米的高空进入受美国监管和控制的美国领空。但是为了能给附近飞行的航空器提供及时的引导措施，相关的交通管理中心需要返航航天器初期下降阶段的速度和轨道数据。这些信息应该由航天交通管理员和航天器的运营者提供。

航天器的特点会影响其发射和再入阶段的机动性，也能确定是否以及在多大

---

[100] 总体情况，可参见"上册第二章三（一）3"部分内容。另进一步讨论，可参见 F. Lyall & P. B. Larsen, Space Law – A Treatise (2009), 163 – 72, 提到苏联的提案（关于 110 千米）和比利时的提案（关于 100 千米）分别于 1979 年和 1976 年在联合国和平利用外层空间委员会法律小组委员会中提出。参见 UN Doc. A/AC. 105/889/Add. 10 ["关于外层空间定义和划界的问题：成员国的答复"，第 5 页（俄罗斯联邦）。See also Australian Space Activities Act（An act about space activities, and for related purposes, No. 123 of 1998, assented to 21 December 1998; National Space Legislation of the World, Vol. I (2001), at 197] of 1998 as amended in 2002, 仅适用于在海拔 100 千米以上实施或打算实施的空间活动（澳大利亚强调，在该法中确定 100 千米的高度并不是澳大利亚的企图，即：界定或限制"外层空间"），参见 UN Doc. A/AC. 105/865/Add. 1, of 20 March 2006 ['National legislation and practice relating to definition and delimitation of outer space – replies received from member States', at 2 – 4 (Australia)]. 各国关于对此问题更多的观点，参见 'Documents relating to the work of the Working Group on the Definition and Delimitation of Outer Space of the [UN COPUOS Legal Sub – Committee]', at www. oosa. unvienna. org/oosa/en/COPUOS/Legal/wg – ddos/index. html, last accessed 13 June 2013。下文《关于常规武器和两用物品及技术出口控制的瓦森纳安排》第 119 条包含以下对"航天"产品或物品的定义："为满足在 100 千米以上海拔发射、部署卫星或高空飞行系统所需的特殊电气、机械或环境要求而设计、制造和测试的产品"；参见"上册第七章五（二）1"部分内容。欧盟实施《瓦塞纳协定》，理事会条例为管制两用物品的出口、转让、经纪及过境设立共同体制度，参见 No. 428/2009/EC, of 5 May 2009；OJ L 134/1 (2009)，包含同一语言，对欧盟成员国具有约束力；参见"上册第七章五（二）2"部分内容。

[102] 由美国空军运营的 U – 2 高空侦察机"龙夫人"的高度达到 21.3 千米。相比之下，最低的卫星近地点约为 160 千米，而 1957 年的 Sputnik 1 在 224 千米，国际空间站在 330 千米的高度。探空火箭的高度低至 48 千米，或高达 1280 千米（全部近似）。另一步参见"上册第二章三（一）3"部分内容。

程度上应对其运行进行管理，即它是否能够适用空中交通管制（ATC）许可指令。美国联邦航天局 2001 年的文件中对发射与过渡至外空进行了区分，平行（飞机类型）起飞为空中交通管制的放行提供了时间和机会，而垂直发射没有；当空间物体重新返回着陆点时，只有动力飞行为空中交通管制的放行提供了足够的时间和机会，无动力飞行或弹道返回则没有。[103]

如果相关航天器不能遵守空中交通管制指令，那么使其与航空器保持安全距离的唯一方法是建立一个保留空域或"禁飞区"。[104] 但是，这可能导致附近机场的空中交通严重中断。

在航天飞机时代，率先关闭返程空域会使大量交通受到影响。相应地，联邦航空局决定，只要有一个运行计划，就得提前通知空域的使用者，并向空中交通管制员提供必要的信息以妥善处理潜在的事故，返程航天飞机以下的空域就应保持开放，以便空中交通合理运行。[105] 为此，联邦航空局选择向宇航员发出通知，根据美国宇航局提供的弹道数据，在发生意外事故的情况下，它将向领空内的用户通报，距标准的再入轨道两侧 25 海里任一空域将容易受到航天飞机碎片的影响。而不管使用的发射场或着陆点情况如何，都可以对商业航天发射活动采取类似的方法。

2. 经国际空域的发射

到目前为止，我们关注的重点是在国家空域内的空中交通和航天交通管理问题；然而，国际空域，主要是公海上空的空域，也为运营国际航班的航空公司广泛使用。从国家境内发射的运载火箭，可能在进入外层空间之前离开国内空域并经过国际领空。航天发射也可能只经过国际领空，例如，海上发射公司在其公海发射平台运营，或像飞马座的航天器一样从飞行中的航空器上发射。

国际空域与外层空间一样是公共财产，不受属地管辖权的控制。但是，空中交通管理规则的确要予以适用，且各国必须确保"无论处于哪个位置，携有国籍标志

---

[103] 参见国家空域系统商业航天运输业务概念，上文脚注 97。

[104] 根据《芝加哥公约》第 9 条，见上文脚注 18，"在非常情况下，或在紧急时期内，或为了公共安全，缔约各国也保留暂时限制或禁止航空器在其全部或部分领土上空飞行的权利并立即生效，但此种限制或禁止应不分国籍适用于所有其他国家的航空器"。

[105] See D. P. Murray & M. Mitchell, Lessons Learned in Operational Space and Air Traffic Management, FAA, AIAA 2010 – 1349, 4.

的航空器均应遵循该地有关飞行和航空器操作的各种法律法规"。⑩ 因此，一套关于飞行计划、巡航高度、通行权、位置报告、通信和其他防碰撞措施等事项的统一规则适用于所有在公海上空飞行的航空器并为其所遵守。在这里，运载火箭可能被视为入侵者，尽管目前为止这一范围非常有限，但它仍可能干扰原本安全的航空环境。

在没有领土管辖权的情况下，可根据《外空条约》第 6 条和第 8 条的规定⑩援引一国的个人管辖权，以确保发射活动不会干扰国际航空秩序。换句话说，获得许可证的国家航天局有责任通过其国家民航或空中交通管理当局，就发射时航空器在发射区内或发射区附近作业的危险，向该国际空间的所有用户发出警告。但是，为了航空安全，在发射区上方的国际航空空域设立"禁飞区"将与海洋法中普遍适用的公海上空"飞越自由"这一原则产生冲突，⑩ 因此，这一问题必须由国际民航组织处理。

为规范航空器和航天器的共同飞行，在国际空域中为国家空中交通管制奠定法律基础的另一种方法是建立所谓的"区域空中航行协定"。在此基础上，一国负有向公海上方特定空域提供国内空中交通服务的职责。国际民航组织理事会是批准这类协定的机构。⑩

五、市场准入与竞争的法律问题

制定专门的法律和政策处理发射与空间运输的另一个主要领域涉及市场准入和竞争问题，而这些问题又包括出口管制、政府采购及其他与贸易和竞争有关的事项。国际空间法并没有规制商业和市场准入的规则。《外空条约》有确立航天

---

⑩ 《芝加哥公约》第 12 条，见上文脚注 18。该条款还规定："在公海上空，有效的规则应为根据本公约制定的规则。"国际民航组织理事会已多次确定，该公约附件 2"空中规则"是标准，即它们无一例外地适用于公海上空的空气空间，并且由 191 个国际民航组织成员国负责，机长驾驶本国航空公司的飞机应严格遵守这些规定。对此问题，可详见 chs. 2. 2. 5（'provisions of air law'）and 2. 3. 1（'air traffic'），IAA, Cosmic Study on Space Traffic Management（2006）。

⑩ 参见"上册第二章三（一）1"和"上册第二章三（四）"部分内容。

⑩ 参见《联合国海洋法公约》第 87 条第 1 款，1982 年 12 月 10 日在蒙特哥贝签署，并于 1994 年 11 月 16 日生效；1833 UNTS 3 and 1835 UNTS 261；UKTS 1999 No. 81；Cmnd. 8941；ATS 1994 No. 31；21 ILM 1261（1982）；S. Treaty Doc. No. 103 - 39；"公海自由除其他外包括飞越自由"。关于国家空域中的"禁飞区"，见上文脚注 104。

⑩ 关于《航天交通管理的宇宙研究》，见上文脚注 106。

国家间合作的条款。⑩ 但实际上,合作是自由利用外层空间的指导原则之一。合作航天项目,如美苏阿波罗联盟号于 1975 年 7 月连接并联合执行科学任务和近日国际空间站的行动,都表明出于意识形态或政治、科学和财政等方面的原因,航天国已经找到了共同探索和利用外层空间的方式。

然而,由于涉及敏感的军事技术,运载火箭的开发或操作等领域的合作十分复杂。国际不扩散准则和(国家间)出口管制条例阻碍了这种合作,担心共享技术将会应用于大规模杀伤性导弹的研发。这种担忧会带来其他意外后果,例如,事故的调查(结果)会因此掌握在国家手中,而外国航天保险公司将在独立确定致损(保险单是否承保)故障的原因时面临困难。如果火箭工程师在会议讨论中与外国同事交谈,可能会面临严重的法律问题。

在国际发射市场中,发射公司之间的竞争也同样受到指导方针和国家立法与政策的阻碍,这些法律和政策利用国家安全、外交政策和经济与商业用语来证明限制该领域自由竞争的正当性。

(一) 出口管制:导弹出口管制影响运载火箭和相关技术的销售

1.《导弹及其技术控制制度》

《导弹及其技术控制制度》(Missile Technology Control Regime,MTCR)是一个非正式和自愿的国家联盟制度,旨在防止可运载大规模杀伤性武器的导弹和无人驾驶航空飞行器及相关技术的扩散。⑪ 其成员或伙伴致力于协调国家出口许可工作,目的在于防止导弹和导弹技术被一些有野心的国家及"9·11"袭击后的恐怖组织或个人掌握。该制度于 1987 年由七国集团(加拿大、法国、德国、意大利、日本、英国和美国)建立,现在它已有 34 个成员。⑫ 成员国之间的火

---

⑩ 例如《外空条约》第 1 条、第 3 条、第 9 条、第 10 条,上文脚注 14。

⑪ 参见《与导弹有关的设备和技术转让准则协定》(以下简称《导弹及其技术管制制度协定》)1987 年 4 月 16 日签署;26 ILM 599 (1987);经《关于转让与导弹有关的设备和技术的准则协定》修正,1993 年 1 月 7 日生效;32 ILM 1298 (1993)。

⑫ 这些国家包括阿根廷、澳大利亚、奥地利、比利时、巴西、保加利亚、加拿大、捷克、丹麦、芬兰、法国、德国、希腊、匈牙利、冰岛、爱尔兰、意大利、日本、卢森堡、荷兰、新西兰、挪威、波兰、葡萄牙、韩国、俄罗斯、南非、西班牙、瑞典、瑞士、土耳其、乌克兰、英国和美国;See The Missile Technology Control Regime, Frequently asked questions (FAQs), www. mtcr. info/english/FAQ – E. html, last accessed 20 June 2012。

箭贸易原则上也受到同样的出口限制。⑬ 该制度以所谓的《导弹及其技术控制制度》指南的形式建立了一项共同的出口政策，适用于管制物品清单、《导弹及其技术控制制度》设备、软件和技术附件。附件分为两部分，包括一类和二类。

一类项目包括：完整的火箭和无人飞行器系统（包括弹道导弹、航天运载火箭、探空火箭、巡航导弹、目标无人机和无人侦察机）（可将至少 500 千克的有效载荷传送到至少 300 千米的范围内），它们主要的完整子系统（如火箭阶段、发动机、制导装置和再入飞行器）和相关软件与技术，以及为这些项目专门设计的生产设备。⑭

根据《导弹及其技术控制制度》，无论出口的目的如何，这些物品的出口都必须无条件地予以拒绝，只有在极少数情况下才能获得出口许可。除此之外，这些产品的生产设备也被绝对禁止出口。⑮

二类项目包括其他低敏感、与两用导弹有关的部分："只要这些项目不用于大规模杀伤性武器的运载系统，这份指南就不会阻碍国家航天项目或此类项目中的国际合作。"⑯ 这似乎区分了导弹和导弹研发领域的国际合作（强烈反对）与民用政府或商业超轻型运载火箭合作（允许和平利用外层空间的合作）。但现实情况是，这两种情况下采用的技术几乎无法保证"这种合作不利于"大规模毁灭性武器运载系统。因此，《导弹及其技术控制制度》和相应的国家出口管制不仅减缓或减少了国际导弹扩散，而且还促进了运载火箭的硬件与专有技术的传播。⑰

---

⑬ 参见《与导弹有关的敏感转移准则》，第 1 段，参见 www. mtcr. info/english/guidetext. htm，最后访问日期为 2014 年 1 月 15 日。"本准则，包括所附附件，构成控制向政府管辖或控制范围以外任何目的地转让［受管制物项］的依据；还有《导弹及其技术控制制度》常见问题解答，问题 14"对合作伙伴的出口是否与对非合作伙伴的出口区别对待？答："导弹技术控制制度准则没有区分对合作伙伴的出口和对非合作伙伴的出口。此外，导弹技术控制制度伙伴明确申明，加入该制度没有从另一个伙伴获得技术的权利，也没有提供技术的义务"；参见 The Missile Technology Control Regime, Frequently asked questions (FAQs), *supra* n. 112。

⑭ See MTCR Guidelines and the Equipment, Software and Technology Annex, www. mtcr. info/english/guidelines. html, last accessed 13 June 2013.

⑮ 参见《导弹及其技术控制制度》常见问题解答，上文脚注 112。

⑯ 参见《与导弹有关的敏感转让准则》，上文脚注 113，第 1 段。

⑰ See B. G. Chow, Emerging National Space Launch Pro - grams - Economics and Safeguards, National Defense Research Institute, RAND, USA (1993), mentioning e. g. South Africa, Brazil, Argentina and India, as referred to in Van Fenema, *supra* n. 3, ch. 2, n. 273；关于《导弹及其技术控制制度》对其他国家运载火箭或导弹发展愿景影响的讨论，参见本文献第 147～158 页。

从国际安全的角度看，这应该予以鼓励。但是，在考察全球发射服务提供商的数量、质量以及当前航天运输价格的影响时，人们可能会认为，这一制度对航天运输及因此而进行的空间探索与利用没有帮助。[118]

2. 《瓦森纳协定》

1995 年的《关于常规武器和两用物品及技术出口控制的瓦森纳安排》（简称《瓦森纳协定》）[119]，是一套无约束力的多边出口管制制度，如果某区域的局势或一国行为是，或成为参与国十分关切的原因，那么该制度旨在加强各加入国之间的合作，防止为军事目的购买军备和敏感的两用物品。通过交换国家出口信息，《瓦森纳协定》致力于强调其成员国在向"有关国家"出口武器或两用货物和技术时的职责。

《瓦森纳协定》有两份控制项目清单，一项涉及常规武器，即《弹药清单》；一项涉及两用商品和技术，即《两用清单》；后者包括计算机、电子产品、传感器和激光等九类受控商品与技术，包括"航空与推进"的第九类，以及"敏感清单"和"非常敏感清单"两个附件，并对参与国的出口产品规定了相应的警戒级别。第九类包含"航天运载工具和航天器"的子类别，将各种火箭推进系统和部件列为受控物品。[120]

原则上，《瓦森纳协定》不应控制已经由诸如《导弹及其技术控制制度》控

---

[118] 2005 年为军备控制协会撰写文章列举了该制度的以下缺陷：（1）该制度缺乏适当的成员，例如，中国、朝鲜、伊朗和巴基斯坦迄今一直待在外面。（2）导弹技术控制制度针对当时的关键先进技术；到 1989 年，这项工作已基本完成，但今天的技术（低端、"无处不在"的飞毛腿技术、高端固体燃料技术和现代火箭制导系统）更难以抑制。（3）成员努力保护自己喜欢的出口活动（法国、英国：巡航导弹；美国：向盟国转让弹道导弹防御能力），这削弱了该制度的信誉。参见 A. Karp, *Going Ballistic? Reversing Missile Proliferation*, Arms Control Association, www. armscontrol. org/act/2005_06/Karp, last accessed 22 June 2012。

[119] 《关于常规武器和两用货物及技术出口管制的瓦森纳协定》，1995 年 12 月 19 日在瓦森纳签署，并于 1996 年 7 月 12 日生效，see www. wassenaar. org/，最后访问日期为 2014 年 1 月 15 日。《瓦森纳协定》是 1950 年多边出口管制协调委员会的继承物，是冷战时期为了防止社会主义国家获得西方制造的敏感的生产与军事有关的货物和技术的一种合作协议。在具体的国家出口方面，委员会的每个成员都拥有否决权。但它在 1994 年不复存在。

[120] See Dual - Use List - Category 9 - aerospace and propulsion, sub - categories 9. A. 4 - 9. A. 10, Wassenaar Arrangement, *supra* n. 119, WA - LIST（12）1 of 12 - 12 - 2012, see www. wassenaar. org/controllists/, last accessed 14 April 2014.

制的出口物品，但该规则存在例外。⑫ 在这方面，还应指出，《瓦森纳协定》的
成员国⑫与《导弹及其技术控制制度》的成员国之间存在着大量的重叠。

3. 欧盟

在欧盟中，应将国家安全和国防事务（由各成员国牢牢掌握）与属于欧盟职
权范围内的贸易事务加以区分。就出口管制而言，这种区别反映在两种不同的体
制中，即 2008 年修订的 1998 年《欧盟武器出口行为规范》（简称《行为规
范》）⑫ 和 2009 年的《理事会条例》⑫，该条例基本上是对 1334/2000 号条例⑫的
修订，且是欧洲首次处理两用技术出口方面的成果。

根据《行为规范》及其 2008 年的后续文件，基准协议反映在标准一："如果
批准与以下事项不符，则应拒绝颁发出口许可证：……它们在……《导弹及其技
术控制制度》和《瓦森纳协定》框架内的承诺。"⑫《行为规范》提醒欧盟成员
国遵守其在各种多边制度和协定中所做的承诺，但不能视为硬法。因此，包括导
弹在内的武器出口仍然是各国政府在上述机制下对其承诺所做的解释。欧盟并不
处理这些问题。

根据欧盟理事会第 428/2009/EC 号条例中"建立管制两用物品出口、转让、

---

⑫ 参见"选择两用物品的标准"，由另一制度控制的项目通常不符合《瓦森纳协定》的控制条件，除非根据《瓦森纳协定》的目的证明有必要提供额外保险，或者问题和目标不相同。参见 www. wassenaar. org/controllists/2005/Criteria_ as _ updated _ at _ the _ December _2005 _ PLM. pdf, last accessed 15 January 2014。

⑫ 目前，下列国家是《瓦森纳协定》的成员国：阿根廷、澳大利亚、奥地利、比利时、保加利亚、加拿大、克罗地亚、捷克、丹麦、爱沙尼亚、芬兰、法国、德国、希腊、匈牙利、伊拉克、意大利、日本、拉脱维亚、立陶宛、卢森堡、马耳他、墨西哥、荷兰、新西兰、挪威、波兰、葡萄牙、韩国、罗马尼亚、俄罗斯、斯洛伐克、斯洛文尼亚、南非、西班牙、瑞典、瑞士、图基、乌克兰、英国和美国；参见 www. wassenaar. org/，最后访问日期为 2014 年 1 月 15 日。关于《导弹技术控制制度》的成员国，见上文脚注 112。

⑫ 《欧盟武器出口行为规范》，EU Council 8675/2/98, Brussels, 5 June 1998（OR. en）；See http://ec. europa. eu/external_relations/cfsp/sanctions/codeofconduct. pdf，最后访问日期为 2014 年 1 月 15 日。2008 年 12 月 8 日理事会《共同立场》（2008/944/CFSP）对《行为规范》进行了更新和升级，该立场确定了管制军事技术和设备出口的共同规则，参见 http://eur - lex. europa. eu/legal - content/EN/TXT/? qid =1414437765226&uri = CELEX：32008E0944。

⑫ Regulation 428/2009, *supra* n. 101.

⑫ 关于建立共同体两用物品和技术出口管制制度的理事会条例，No. 1334/2000/EC, of 22 June 2000；OJ L 159/1（2000）. See infra, n. 127, for later versions。

⑫ 《导弹及其技术控制制度》，见上文脚注 112。《瓦森纳协定》，见上文脚注 119。

中间商交易和过境的共同体制度",为出口目的,会员国不视为武器的物品可视为两用物品和技术。[127] 该条例的原则在于,成员国的主管部门未授予出口许可证时,列出的物品不能离开欧盟海关:

上述第 428/2009 号条例的附件一确定了该条例第 3 条所述的两用物品共同清单,该清单执行国际商定的两用管制。这些管制措施是在参加澳大利亚集团、《导弹及其技术控制制度》、核供应国集团、《瓦森纳协定》和《化学武器公约》的背景下进行的。[128]

附件一的清单分为十类受控项目。"航空航天与推进"的第九类列出了航天运载火箭和航天器、各种火箭推进系统和发动机、"射程至少 300 千米"的探空火箭、再入飞行器、发射支持设备以及组成部件和技术。[129] 考虑到成员国承诺其赞成上述集团或制度的变动,这份清单必须定期更新。

在欧盟内部,原则上成员国(的公司)之间销售或购买军民两用物品不存在贸易壁垒。高敏感物品清单(附件四)是一个例外,未经授权不得转让给其他成员国。这些物品包括上述第九类清单中的《导弹及其技术控制制度》物品(运载工具、探空火箭、组件和技术等)。[130]

---

[127] Regulation 428/2009, *supra* n. 101;最近,欧洲议会和理事会条例修订了受控物品清单,修订了理事会第 428/2009 号条例的内容,建立了两用物品的管制出口、转让、中介和过境的联合制度。No. 388/2012/EU, of 19 April 2012, OJ L 129/12 (2012). 该条例第 2 条第 1 款,将两用物品界定为"可用于民用和军用目的的物品,包括软件和技术,并应包括可用于非爆炸用途和以任何方式协助制造核武器或其他核爆炸装置"。

[128] 这涉及澳大利亚集团,这是一个非正式的国家间的论坛,自 1985 年以来一直寻求确保出口不会促使化学或生物武器的发展;协调和统一国家出口管制措施有助于包括欧洲联盟委员会在内的 41 名与会者履行《化学武器公约》(《关于禁止发展、生产、储存和使用化学武器及销毁此种武器的公约》,1992 年 9 月 3 日在纽约签署,并于 1997 年 4 月 29 日生效;1974 UNTS 45;S. Treaty Doc. No. 103 – 21)和《生物武器公约》[《关于禁止细菌逻辑(生物)及毒素武器的发展、生产和储存以及销毁此种武器的公约》,1972 年 4 月在伦敦、莫斯科、华盛顿签署,并于 1975 年 3 月 26 日生效;26 UST 583;11 UKTS, Cmd. 6397,参见 www. australiagroup. net/en/index. html,最后访问日期为 2013 年 6 月 4 日]。1975 年核供应国集团(47 个参与国)通过执行两套关于核出口和与核武器有关的出口的准则,为不扩散核武器做出了贡献,参见 www. nuclearsuppliersgroup. org/,最后访问日期为 2013 年 6 月 4 日。

[129] See Regulation 388/2012, *supra* n. 127, Annex I, Category 9, sub – categories 9A004 – 9A120.

[130] According to Art. 22 (1), Regulation 428/2009, *supra* n. 101,"共同体内部转让附件四所列两用物品,必须获得授权"。附件四第一部分使用分散重量标准来确定那些需要对欧洲联盟内部的转让实行出口管制的第 9 类导弹技术管制次级类别,例如,能够将至少 500 千克有效载荷交付至少在一定范围内的运载火箭。300 千米(9A004)和探空火箭,能够将至少 500 千克有效载荷送入至少 300 千米的射程(9A104)。欧空局与成员国空间机构之间以及这些空间机构之间的转让不受上述附件四管制的约束,参见附件四第一部分,"豁免"。

该条例是"硬性法律"，适用于所有成员国之间，由欧盟委员会执行。换句话说，通过其相应的附件，欧盟对上述国际制度中的两用物品实施了出口管制，并将这些非约束性协定转化为具有约束力的且适用于欧盟 28 个成员国的法律。《行为规范》及其最新条例对导弹、推进系统、航天运载火箭和相关技术的出口表现出强烈的偏见。

4. 美国

根据《美国武器出口管制法》（US Arms Export Control Act）[131] 和《国际武器贸易条例》（International Traffic in Arms Regulations，ITARs），美国国务院控制国防用品和国防服务等武器出口。《国际武器贸易条例》包括《美国军需品清单》（United States Munitions List，USML）[132]，在其第四类中，将"发射火箭和火箭"列为严格的出口管制对象。[133] 这里的"出口"包括向外国人披露或转让技术数据。[134]

根据《美国出口管理法》[135] 及其《出口管理条例》（Export Administrative Regulations，EARs）的规定，商务部控制军民两用物品的出口。《出口管理条例》包括《商业管制清单》（Commerce Control List），[136] 在其第九类中，将推进装置（包括部件）列为出口管制对象。[137]

---

[131] See Arms Export Control Act of 1976，22 U. S. C. 2751. 关于出口管制的军事方面，另参见"上册第六章六"部分内容。更多详见 P. Vorwig，Regulation of Private Launch Services in the United States，in *National Regulation of Space Activities*（Ed. R. S. Jakhu）（2010），416 – 9；M. J. Kleiman，J. K. Lamie & M. V. Carminati，*The Laws of Spaceflight*（2012），141 ff.

[132] 关于《国际武器贸易条例》，参见 www. pmddtc. state. gov/regulations_laws/documents/official_itar/2013/ITAR_Part_120. pdf，最后访问日期为 2014 年 4 月 14 日；《美国军需品清单》（USML），22 C. F. R. 121，最后修订日期为 2008 年 4 月 1 日。

[133] 参见《美国军需品清单》，上文脚注 132。《美国军需品清单》，第四类运载火箭、制导导弹、弹道导弹、火箭、鱼雷、炸弹和地雷。

[134] "出口是指：… （4）披露（包括口头或视觉披露）或向外国人转让技术数据，无论是在美国还是在国外"。参见 ITARs，*supra* n. 132，at 120. 17，'Export'。

[135] See Export Administration Act of 1979；Public Law 96 – 72，96th Congress；50 U. S. C. 2401；93 Stat. 503.

[136] Commerce Control List（CCL），15 C. F. R. 774，last revised 1 January 2008.

[137] 第 9 类航空航天和推进装置；具体包括第 9 类 A004 项中的空间运载火箭和航天器以及第 9 类 A104 项中的探空火箭，《商业管制清单》是指美国国务院基于《国际武器贸易条例》和《美国军需品清单》而制定的管制内容；属于这一类别的其他部件则由商务部进行管制。参见《商业管制清单》，上文脚注 136，第九类。

5. 其他国家

所有 34 个《导弹及其技术控制制度》合作伙伴都通过国家出口管制来实施《导弹技术控制制度指南》和控制清单。《导弹及其技术控制制度》的成员表示，越来越多的非成员也遵守该国际出口管制标准，并接受了相应的立法或政策。[138] 与此同时，所有这些国家的行为及其实施的法规和政策都对出口运载火箭及相关技术和专门知识产生了强烈的偏见。

6.《海牙行为准则》

《防止弹道导弹扩散海牙行为准则》 (The Hague Code of Conduct against Ballistic Missile Proliferation，HCOC，简称《海牙行为准则》)[139] 使 "缔约国" 承诺在研制、试验和部署能够运载大规模毁灭性武器的弹道导弹时实行最大限度的克制，进而补充《导弹及其技术控制制度》的出口管制制度。它不是阻碍导弹出口，而是为所有国家建立处理或对抗导弹扩散问题的道德规范或行为标准。它不是禁止这些国家拥有该类武器，而是为其制定规则，特别是通过公开并采取信任措施来建立互信。

《海牙行为准则》试图实现这一目标的方式之一，是明确区分导弹和运载火箭，并要求相关国家对此公开，下文将进一步讨论。各国将该措施体现的思想载于以下原则：

（e）确认其对 1996 年 12 月《联合国空间利益宣言》[140] 的承诺；

（f）认识到不应将国家排除在和平利用空间利益之外，而要在取得该利益并进行相关合作时，不扩散可运载大规模毁灭性武器的弹道导弹；

（g）认识到航天运载火箭项目不应用于隐藏弹道导弹项目；

（h）认识到对弹道导弹项目和航天运载火箭项目采取透明措施的必要性，

---

[138] See Plenary meeting of the MTCR, Buenos Aires, Argentina, 13 – 15 April 2011, press release of 20 April 2011；www. mtcr. info/english/Press% 20 Release% 20April% 202011. html, last accessed 14 April 2014. 例如，中国不是《导弹技术管制制度》的成员，但通过 2002 年《中华人民共和国导弹及相关物项和技术出口管制条例》，对《导弹技术管制制度》进行了受导弹技术管制管理的国家导弹出口管制。

[139] 有关文本和一般信息，参见 www. hcoc. at，最后访问日期为 2014 年 1 月 15 日。

[140] 《关于开展探索和利用外层空间的国际合作，促进所有国家的福利和利益，并特别考虑到发展中国家的需要的宣言》，UNGA Res. 51/122, of 13 December 1996；UN Doc. A/RES/51/122。

以增强信任并保障不扩散弹道导弹和弹道导弹技术。[141]

目前 135 个缔约国[142]被要求遏制和防止弹道导弹的扩散，"在弹道导弹的研制、试验和部署方面实行最大限度的克制"并"在考虑向任何其他国家的航天运载火箭方案提供援助时保持必要的警惕，以防止对大规模毁灭性武器的运载系统提供援助，因为此类方案可能被用于隐藏弹道导弹项目"。[143]

他们还同意实施两套"透明措施"：每年公布弹道导弹和航天运载火箭计划，包括实际发射导弹和运载火箭的情况；交换弹道导弹、航天运载火箭发射和试飞的发射前通知（pre - launch notifications，PLNs）等信息。[144]

《导弹及其技术控制制度》和《海牙行为准则》是不具有约束力的协议。国家实施的立法和政策在范围和效力上有所不同。同时，双边关系中的政治重点可能不同或有所变化。因此，有关国家根据对接受国的战略和经济关系，实际遵守各自准则和规范的程度尚有争议。[145]

在这一点上，《海牙行为准则》要求的"发射前通知"值得特别关注。《海牙行为准则》规定了有意义的透明化措施。但它也对《登记公约》中的登记义务进行了有效补充。众所周知，该公约责成发射国"在发射空间物体时"将该物体在其国家登记册中登记，并"在切实可行的范围内"尽快向联合国秘书长提供有关此类已登记空间物体的信息。[146]

实际上，这一要求促使了事后报告制度的产生，有时事后报告在发射数月以后才发布，[147]从航天交通管理的角度来看，这并不利于识别发射期间或发射后的风险。"发射前通知"承诺，如果有能力发射的缔约国都忠实地遵守其承诺，那

---

[141] 《海牙行为准则》，见上文脚注 139，第 2 段。

[142] See www. hcoc. at，last accessed 15 January 2014.

[143] 《海牙行为准则》，见上文脚注 139，第 3 段。

[144] 同上，第 4 段 a 项。

[145] D. Gormley，Making the Hague Code of Conduct Relevant，www. nti. org/analysis/articles/making - code - conduct - relevant/，最后访问日期为 2012 年 6 月 21 日，该文提到损害守则有效性的三个问题：朝鲜、伊朗、印度和巴基斯坦的签署；美国和俄罗斯没有执行报告要求（年度申报和发射前通知），从而为其他签署国树立了不好的榜样，而且守则的职权范围内没有巡航导弹。关于 2010 年美国宣布的新政策，参见下文脚注 149。

[146] 分别是《登记公约》第 2 条第 1 款和第 4 条第 1 款，见上文脚注 52。

[147] Cf. e. g. Y. Lee，Registration of Space Objects：ESA Member States' Practice，22 Space Policy (2006)，42 - 51.

么这一情况将得到改善。但事实并非如此。从 2002 年的《海牙行为准则》开始，美国就从未通过《海牙行为准则》提供"发射前通知"，而选择仅在单独的双边安排下与俄罗斯联邦交换此类信息。⑭ 法国、日本、挪威、乌克兰和英国确实发出了通知，但两大导弹和运载火箭运营商未能遵守该准则，严重损害了其透明度和识别目标的一般纪律（和有效性）。⑭

本次审查的目的不是要遏制导弹扩散方面的有效性，而是要警惕《导弹及其技术控制制度》和《海牙行为准则》，导弹和运载火箭的技术是可互换的，而这两个制度使得专门技术的交流遇到了严重阻碍，更不用说发射服务的发展或运营领域方面的国际合作了。

（二）出口管制：卫星（技术）出口管制

上述出口管制制度因其使用技术具有敏感性与军事性，从而涉及运载火箭，也涉及卫星，因为卫星不仅可以为民用，也会有军事用途。于民用目的，例如，很大程度上基于上述国际制度，商业通信卫星和相关技术的出口也受到国家限制。

1.《瓦森纳协定》

正如上面所讨论的，《瓦森纳协定》⑮ 涉及两个管制物品清单，一个是涉及常规武器的《军需品清单》，一个是规定军民两用物品和技术的《两用清单》。⑮ "航天器"被定义为"主动和被动卫星及空间探测器"（因此原则上包括所有商业通信卫星），归在《两用清单》内，⑯ 所以不鼓励参与国向"关注国"出口这些卫星。但是，《瓦森纳协定》的成员国没有对哪些国家属于"关注国"达成

---

⑭ See W. Boese, Russia Halts Missile Launch Notices, Arms Control Association, March 2008, www. armscontrol. org/print/2773, last accessed 25 June 2012.

⑭ 在 2010 年 6 月出版的《新闻简报》中，军备控制协会报告说，美国国务院在 5 月 28 日的采访中审查了其关于发射前通知的政策，并决定发布此类商业和美国宇航局空间发射通知，以及大多数洲际和潜射弹道导弹发射利用《海牙行为准则》方式。在罕见的情况下，美国会隐瞒某些弹道导弹或太空运载火箭的发射信息。由于《海牙行为准则》会议是保密的，故不清楚美国是否对这一宣布采取了实际的后续行动，也不清楚俄罗斯是否也采取了后续行动。

⑮ 参见"上册第七章五（一）2"部分内容。

⑮ 进一步参见"上册第六章六（二）"部分内容。

⑯ Category 9. A. 4. "空间运载火箭"和"航天器"；航天器的定义可在《两用清单》末尾的"这些清单中使用的术语的定义"中找到，见上文脚注 119。

共识。

2. 欧盟

《瓦森纳协定》的《两用清单》在欧盟通过定期修订的理事会第 428/2009 号条例执行，[153] 考虑到《瓦森纳协定》《导弹及其技术控制制度》和其他可适用的国际体制，该条例要求成员国对欧盟以外国家出口其规定的所有物品进行管控。对理事会条例的遵守取决于各个成员国，但欧盟委员会负责法规的执行并调查涉嫌侵权的行为。该条例与上述《瓦森纳协定》的《两用清单》使用相同的术语和定义，故对欧盟成员国从事卫星和卫星零件的出口具有法律约束力。[154]

3. 美国

直到 20 世纪 80 年代末，美国的出口法规区分为军事、国防和国家安全目的而建造的通信卫星与民用或商用卫星，并执行严格的国家安全措施（《国际武器贸易条例》）或更多面向工业（《出口管制条例》）的两用出口管制。美国政府的行政部门决定某种特定类型的卫星将在哪一类出口体制下被淘汰。

中美关系的紧张局势改变了这一局面。1989 年，美国和中国签订了发射贸易协定，允许中国在严格的条件下发射数量有限的美国制造卫星，并接受美国的出口管制。[155] 同年晚些时候，1989 年"政治风波"导致美国对中国的出口计划中长征发射卫星的三个许可证被立即吊销，更重要的是，国会通过了对中国的贸易制裁。这些措施包括禁止向中国出口《国际武器贸易条例》中所列的所有国防用品（"武器"）和服务，并特别禁止中国发射美国制造的商业通信卫星（除非美国总统豁免）。[156]

---

⑤ Regulation 428/2009, *supra* n. 101；Regulation 388/2012, *supra* n. 127；进一步参见"第七章五（一）3"部分内容。

⑤ 欧盟条例附件中的管制清单提到受管制货物的类别；第 9A0044 类指的是"空间运载火箭和空间飞行器"；见第 428/2009 号条例，参见 Regulation 428/2009, *supra* n. 101。

⑤ 参见"第七章五（四）1"部分内容。

⑤ Departments of Commerce, Justice, and State, the Judiciary and Related Agencies Appropriations Act, Fiscal Year 1990；Public Law No. 101 - 162, 610；103 Stat. 988, 1038；of 21 November 1989。本法划拨的任何款项不得用于恢复或批准任何出口许可证申请，以便在苏联或中国建造的运载火箭上发射卫星，除非总统根据第 610 条第 b 款或 c 款。b 款要求提交一份报告，说明中国解除戒严令释放政治犯的情况；c 款请总统宣布"这符合美国的国家利益"。1990 年的这项禁止性内容同时规定在 1990 和 1991 财政年度的《对外关系授权法案》中，22 U. S. C. 2151；Public Law 101 - 246 para. 902；of 16 February 1990；and again in years thereafter.

此后的几年，通常出于"国家利益"而给予豁免（解读：为美国卫星制造商的利益，他们要求中国为其客户提供廉价的发射服务）。[157]

这种情况在 1998 年发生了变化，当时中国发射的一颗由美国制造的通信卫星遭遇失败，并且据称，事故发生后美国制造商劳拉尔（Loral）和长征运营商之间的联络促使美国卫星发射工具的接口技术转让给中国同行，从而提高了中国人民解放军对导弹相关知识的了解。[158] 美国国会的一份报告（考克斯报告），无论其正确与否，[159] 支持了这一指控，美国国会迅速通过了一项严厉的法案，该法案对美国向中国出口的卫星附加了众多条件，这些条件几乎难以符合。《斯特罗姆·瑟蒙德法案》[160] 以两种形式对出口中国的通信卫星增加了额外的限制。

首先，该法考虑到：

因为相关技术的军事敏感性，美国的卫星和相关物品在美国的法律和实践中适用军火的出口管制是符合美国国家安全利益的……于本法颁布之日，《出口管制条例》（《美国联邦法规》第 15 章第 730 部）中两用物品清单上的所有卫星和相关项目应移交至《军需品清单》，并根据《武器出口管制法》第 38 条（《美国法典》第 22 条第 2778 款）加以管制。[161]

因此，所有通信卫星毫无例外地成为用于出口的军需武器，它们基于《国际武器贸易条例》自动受到美国国务院的强制管制，而且也受国防物品、服务出口的禁令约束。

---

⑰ 因此，1989 年 12 月，总统报告说，批准三颗美国制造的供中国人发射的卫星的出口许可证符合美国的国家利益；参见 Van Fenema, *supra* n. 3, ch. 3, n. 80。

⑱ 1998 年 6 月 7 日，《华盛顿邮报》报道说，美国空军国家航空情报中心（NAIC）早在 1997 年 3 月就在一份机密报告中得出结论，洛罗尔和休斯提供了专门知识，帮助中国改进了关于其弹道导弹的制导系统，使得美国国家安全受到损害。参见 Van Fenema, *supra* n. 3, para. 4. 1. 2. 4, at n. 41。

⑲ 斯坦福大学的一份报告对国会考克斯委员会报告的调查结果提出质疑，参见 M. C. Mineiro, An Inconvenient Regulatory Truth：Divergence in US and EU Satellite Export Control Policies on China, online 3 November 2011,（text to）n. 13。

⑳ See Secs. 1511 – 1516, Strom Thurmond National Defense Authorization Act for Fiscal Year 1999；22 U. S. C. 2778；Public Law 105 – 261（1998）. 在美国卫星制造业的激烈游说之后，该法案被布什政府推翻了一项措施，但由克林顿政府于 2006 年 11 月正式采取行动，将商业通信卫星的许可从国务院转移到商务部。事实上，"中国事件"引发了一场高度党派争论，民主党总统被共和党反对者指控挥霍美国国家安全利益，以换取可疑的短期经济收益。

㉑ 《斯特罗姆·瑟蒙德法案》第 1511 条与第 1513 条，见上文脚注 160。

　　《斯特罗姆·瑟蒙德法案》的字面意义及其精神不仅影响到对中国的卫星出口，也影响到对其他国家的卫星出口。这部法案的"卫星出口许可证的国家安全控制"⑩²涉及国防部批准的技术控制转移计划，在外国发射时，由同一部门进行强制监控，包括技术讨论、卫星处理、发射准备、测试和与发射失败或延误及发射失败后调查有关的活动，以及发射失败后调查的国务院强制许可。尽管北约成员国和美国的主要非北约盟友免于遵守上述第 1514 条的管制，但实际上，这些国家在面对外国客户时也面临美国卫星行业极为谨慎的态度。即使在今天，该行业仍有外国客户担心与《国际武器贸易条例》相关的交易，甚至与美国卫星制造商进行谈判时，其涉及的成本和时间所产生的竞争性影响。

　　其次，在《中华人民共和国发射卫星出口报告》⑩³中，该法案为免除"天安门事件"对中国出口卫星的限制增加了许多条件。这些附加条件将在向国会提交的报告中详细说明，它们不仅涉及美国的国家安全问题（"为什么中国提议发射卫星要符合美国的国家安全利益？"），也包括以下事项：

　　·拟议中的出口对美国就业的影响；

　　·如果未获得出口许可证，现有的美国就业岗位将会流失的数量；

　　·拟议中的出口对中美间的贸易平衡及减少目前两国贸易逆差的影响；

　　·拟议中的出口对中国从非市场经济向市场经济过渡和其长期经济利益对美国的影响，以及对中国减少正式和非正式贸易壁垒意愿的影响。⑩⁴

　　在涉及美国卫星、卫星组件或卫星技术的情况下，这些额外的要求使得中国发射业重返国际发射市场的所有努力都化为虚幻。

　　后一个方面值得进一步考虑。即使在 20 世纪 90 年代后期，美国仍是最大的通信卫星出口国，欧洲和亚洲制造的卫星通常含有美国制造的重要卫星组件，这些组件使该卫星受到了美国出口管制。近十年来，这都使得中国长征公司无法在国际商业发射市场上取得发射合同。上一次此类发射是在 1999 年，直到 2009

---

⑩² 《斯特罗姆·瑟蒙德法案》第 1514 条，见上文脚注 161。
⑩³ 《斯特罗姆·瑟蒙德法案》第 1515 条，见上文脚注 161。
⑩⁴ 《斯特罗姆·瑟蒙德法案》第 1515 条第 a 款，见上文脚注 161。

年，中国才重返该市场，并为印度尼西亚发射了由欧洲（泰雷兹阿莱尼亚宇航公司）制造的通信卫星。[165]

与此同时，欧洲卫星制造商越来越意识到他们对美国零部件的依赖，因此，对《斯特罗姆·瑟蒙德法案》的出口管制，他们认为主要是出于政治和贸易保护主义的考虑，并非国家安全的担忧。因此，欧洲工业已经开始（从他们的通信卫星）设计不受《国际武器贸易条例》出口管制的美国部件，使他们的卫星"不受《国际武器贸易条例》的限制"。[166]

基于《导弹及其技术控制制度》和《瓦森纳协定》，欧盟的相关法规将用于出口的通信卫星定义为两用物品（而不是武器），使得欧洲制造商从《国际武器贸易条例》的束缚中解脱出来，并使他们相对美国的竞争对手，在所有购买其卫星的外国客户、包括被中国的发射价格所吸引的客户之中更具竞争优势：没有任何法律阻止欧洲制造商向中国出售商业通信卫星或将这些卫星出口到中国以便在中国运载火箭上发射。

在 2009 年中国商用火箭为印度尼西亚发射成功后，2011 年，中国再次进行了两次商业发射，其中一次是为欧洲通信卫星组织（Eutelsat）发射不受《国际武器贸易条例》限制的通信卫星。[167]

这就使讨论陷入了尴尬的局面（尤其是对美国工业而言），没有国际协议（无论是多边协议还是仅与欧盟或欧空局达成协议）就无法引起相关国家的共鸣。美国政府已经失去了适应中国或其他国家出口政策的能力，从而无法考虑到纯欧洲通信卫星以及中国发射卫星的可用性：自《斯特罗姆·瑟蒙德法案》颁布

---

[165] See *Commercial Space Transportation: 2009 Year in Review*, Federal Aviation Administration, Office of Commercial Space Transportation（FAA/AST），January 2010, at 8, 25; also UN Doc. ST/SG/SER. E/602, of 12 October 2010（Chinese registration info to the UN Secretary – General），at 12.

[166] 对于受新规则影响的非美国卫星制造商而言，"设计"是一种合乎逻辑且可预测的反应，采用《斯特罗姆·瑟蒙德法》后几乎立即得到欧洲和美国卫星工业以及美国政府的认可；参见 Van Fenema, *supra* n. 3, para. 4. 1. 2. 4,（text at）nn. 76 and 77。

[167] See *Commercial Space Transportation: 2011 Year in Review*, *supra* n. 12, at 14, 24 – 5. 当年中国的另一次商业发射涉及由尼日利亚通信卫星公司中国卫星制造商制造的一颗通信卫星。2010 年，中国进行了 15 次发射，均为非商业性质。2012 年，中国再次进行了两次商业发射，再次表明国际市场上有不受《国际武器贸易条例》限制的卫星，参见 *Commercial Space Transportation: 2012 Year in Review*, *supra* n. 12, at 17, 29 and 32。

以来，它不再具有决定通信卫星是否作为国防物品或两用物品的自由裁量权。简单来说："这是对行政自由裁量权的例外解除。"⑯ 这些收紧的管制措施影响了美国卫星产业的竞争地位。美国卫星工业协会（SIA）的报告显示：

2003 年至 2006 年因《国际武器贸易条例》损失的合同价值为 23.5 亿美元……1995 年，美国卫星制造商在全球市场中占有 75% 的份额；10 年后，这一比例下降到 41%，此后一直徘徊在 35% ~ 50%。《国际武器贸易条例》已经成为我们竞争对手的市场区分器……自 2009 年 4 月以来，欧洲"不受《国际武器贸易条例》限制"的卫星数量已从 6 颗跃升到 13 颗，另有 7 颗已售出或正在建造。⑯

多年来，美国产业界为了管控出口，一直要求恢复行政部门区别常用物品与敏感卫星发射物品或技术的权力（像对待美国其他技术一样）；换句话说，这是为了避免对卫星出口的过度监管。为此，国会提出了一系列的法案。⑰

美国国务院和国防部 2012 年向国会提交的报告指出，美国仍然是唯一将所有商业卫星及相关物品（包括技术）作为军需项目进行控制的航天大国，"这种控制对保护美国国家安全并不奏效，因为一些两用卫星和相关技术可从非美国供应商处获得。"该报告认为，应把合理管制卫星与航天物品出口的权力交还总统。⑰

---

⑯ Mineiro, *supra* n. 159, para. 2.2. 正如美国卫星产业协会（SIA）在 2012 年 2 月的国会听证会上所指出的：卫星是国会授权作为美国军需品清单（USML）下的军需品进行一揽子处理的唯一产品。美国军需品清单第十五类中的每一个项目"航天器系统和相关设备"在法律上都必须作为军需品加以管制，无论该物品有多过时或交易多么广泛。最普通的螺栓与最敏感的成像技术应进行相同的管控。Written Testimony for Patricia A. Cooper, President SIA before the House Foreign Affairs Committee Hearing on export controls, arms sales, and reform: balancing U. S. interests（Part Ⅱ）, of 7 February 2012（hereafter SIA testimony 2012）.

⑯ SIA testimony 2012, *supra* n. 168.

⑰ 2011 年，H. R. 3288，即"2011 年美国卫星领导和安全法的保障"。美国卫星产业协会认为，它将纠正历史上对卫星出口的过度监管，同时保留对关键技术的保护。但首先，美国政府必须按照《2010 财政年度国防授权法》（《公共法》111 - 84）第 1248 条的要求，编写一份关于将卫星和相关物品从美国军需品清单（第十五类）上除名的国家安全风险的完整报告。2012 年 4 月 18 日，国防部和国务院编写了提交国会的《最后报告》，即"美国空间出口管制政策风险评估"。它总体上支持上述调查结果和对美国卫星产业协会的批评，并建议将确定卫星和与空间有关的物项适当出口管制状况的权力归还总统。它还得出结论认为，大多数通信和性能较低的遥感卫星和相关部件可以从美国军需品清单转移到管制清单，而不会损害国家安全，参见 DOD News Release No. 268 - 12, of 18 April 2012.

⑰ Final Report, *supra* n. 170, 1, see also（iii）.

该报告最终为 2012 年 12 月通过的 2013 年《国防授权法》奠定了基础，该法案确实恢复了上述行政权力，从而使总统有可能归还更多"无辜"的物品，如大多数商业通信和某些遥感卫星及其组件，因其为两用物品和技术从而受商务部管制。[172]

这项立法在采取进一步的行政措施之后，将导致美国卫星制造业与其出口已受两用类型管制的国际竞争对手更加一致。一个重要的竞争差异在于：无论是由中国企业所有还是发射，都禁止美国制造的商业卫星和相关物品出口到中国。[173]但是，新法规一旦实施，必将改变国际客户的现有观念（即出口管制使得购买或发射美国卫星既耗时、昂贵，又有风险）；这将有助于为美国及其卫星和发射行业，以及他们的国际竞争对手创造公平的竞争环境。[174]

---

[172] See the National Defense Authorization Act for Fiscal Year 2013 （H. R. 4310 as approved by the US Senate on 17 December 2012）（hereafter NDAA 2013）, TITLE XII, Subtitle E labelled 'Authority to remove satellites and related components and technology from the United States Munitions List', Secs. 1261 – 1267. The Bill became Public Law No. 112 – 239 on 2 January 2013 （date of Pres. Signature）; 126 Stat. 1633, www. gpo. gov/fdsys/pkg/PLAW-112publ239/pdf/PLAW-112publ239. pdf, last accessed 15 January 2014. Entry into force of actual changes is foreseen for November 2014.

[173] Cf. Sec. 1261 （1）, NDAA 2013, supra n. 172. 一般来说，除第（3）款另有规定外，任何卫星或相关物品均不受本条（a）款制定后的"出口管理条例"（15 CFR part 730 et seq.）的约束，不论是否列举在商业控制清单上 –（A）可以直接或间接地出口，再出口或转让给（i）第（2）款所述的任何国家的政府；或（ii）所述国家发射，或作为该国政府或在该政府、实体或个人中或代表该政府、实体或个人或代表该政府、实体或个人行事的任何实体或个人拥有、运营或制造的运载火箭的一部分。（2）描述的国家。第（1）款所述国家如下：（A）中华人民共和国；（B）朝鲜；（C）资助恐怖主义的任何国家。（3）豁免。总统可以在不迟于 30 天之前逐案放弃第（1）款中的禁令：（A）确定这样做符合美国的国家利益；（B）将此决定通知国会。

[174] 在没有新的执行规则和政策的情况下，卫星部件出口方面的问题仍可能影响市场：泰雷兹阿莱尼亚宇航公司自 2012 年年初以来一直卷入与国务院的争端，因为据称它为土库曼斯坦的国营通信系统建造并由中国发射的卫星中包含《国际武器贸易条例》所规定的部件，而该公司坚持认为，该卫星完全不受《国际武器贸易条例》的限制。该公司最终在 2013 年 6 月 22 日决定选择一家非中国发射提供商，并选择美国 SpaceX 公司及其运载火箭 Falcon – 9 完成这项工作；参见 SpaceX to launch Turkmenistan's first satellite, www. forbes. com/sites/alexknapp/2013/06/22/spacex – to – launch – turkmenistan – satellite – originally – to – be – launched – by – china/, 最后访问日期为 2013 年 6 月 25 日。据认为，近几个月来，美国国务院增加了以前未列入美国军需品清单的新部件，从而使泰雷兹阿莱尼亚宇航公司在短期内几乎不可能生产不受《国际武器贸易条例》限制的卫星；参见 Space News, 24 June 2013, at 6; www. spacenews. com, 最后访问日期为 2013 年 6 月 26 日。

（三）政府采购发射服务

1. 飞行的美国

自 20 世纪 80 年代末以来，美国一直采取一贯的总统政策来促进民间政府机构使用国内商业发射服务。虽然首要原因在于让这些发射公司免受"航天飞机"的竞争，但进一步的法规和政策表明，这些措施也意在帮助国家的发射产业与外国发射公司竞争。

1990 年总统颁布的《商业航天发射政策》是其行动之一：除非总统特别豁免，否则美国政府的卫星将在美国制造的运载火箭上发射。[175] 同年，国会通过的《发射服务采购法案》正式规定了美国商业发射服务的优先权，其规定："除本节另有规定外，（美国宇航局）在活动过程中需要此类服务时，应从商业提供商处购买其主要载荷的发射服务。[176] 该法令还重申了禁止向航天飞机发射商业有效载荷的规定，此后，美国宇航局使用商业发射服务而非自己的运载工具或国防部的发射器，使用国内服务而非国外服务。

克林顿政府 1994 年制定的《国家航天运输政策》确认了"飞行的美国"这一政策，具体如下：

"美国政府机构应尽最大可能去购买符合市场需要的商业性美国航天运输产品和服务，除非因国家安全或公共安全，不得从事妨碍或阻止商业航天活动的商业应用活动。……在可预见的将来，除非获得总统或其委任代表的豁免，否则美国政府的有效载荷将在美国制造的航天运载火箭上发射。"[177]

虽然布什在 2006 年的《航天政策》中对这一特定问题保持沉默，[178] 但奥巴

---

⑦⑤ Office of the Press Secretary, NSPD – 2 'Commercial Space Launch Policy', Presidential Directive, NASA Historical Reference Collection (File：12605), 5 September 1990.

⑦⑥ Launch Services Purchase Act, Secs. 201 – 205；Public Law 101 – 611 (NASA Authorization Act 1991)；of 16 November 1990), at Sec. 204 (a) – (b).

⑦⑦ See *National space transportation policy*, Fact Sheet, The White House, Office of Science and Technology Policy, of 5 August 1994), paras. Ⅳ（"商业航天运输准则"）and Ⅵ（"使用外国运载火箭、部件和技术"）.

⑦⑧ 布什的政策确实要求美国各部门和机构在最大程度上使用美国的商业航天能力和服务；参见 Commercial Space Guidelines, U. S. National Space Policy, of 31 August 2006, www. au. af. mil/au/awc/awcgate/whitehouse/ostp_space_policy06. pdf, last accessed 15 January 2014。

马政府在其 2010 年《国家航天政策》和 2013 年《国家航天运输政策》中都确认了"美国制造的运载火箭"这一状况。[79]

至于"飞行的美国"这一政策的立法部分，1998 年《商业航天法》[80] 对上述 1990 年的《发射服务采购法案》进行了修订，对美国宇航局从美国商业提供商处购买发射服务的要求扩展到整个联邦政府，包括美国国防部与美国空军，但出于国家安全的考虑，到目前为止它们可以使用自己的运载火箭。换言之，这项法律要求联邦政府使用美国商业发射服务提供商，而总统则要求使用美国制造的运载火箭。

出于国家安全的考虑，可能把某些类别的卫星发射掌握在国家手中，如执行军事或国家安全相关任务的卫星。限制美国国家航空航天局（美国宇航局）或美国国家海洋和大气管理局向国家发射公司发射民用有效载荷的国家安全论站不住脚。这样的想法在于保护美国发射业免受外国竞争。美国公司在 1993 年国会关于"发射服务的国际竞争"的听证会上坚决主张维持这一状态："为确保我国有能力执行重要任务，我们应该继续执行当前政策，要求美国政府的有效载荷（无论是军用还是民用）都必须在美国的运载火箭上发射。这样，充分且可预测的业务基础将

---

⑦ 即"美国政府的有效载荷应在美国制造的发射器上发射，除非得到国家安全顾问和主管科学和技术的总统助理兼科学和办公室主任的豁免"；2010 年 6 月 28 日美利坚合众国国家空间政策：《部门间准则——基础活动和能力：加强进入空间的能力》。2013 年 11 月 21 日的《国家航天运输政策》在"国际合作"标题下使用几乎相同的语言。因此，无论是使用乌克兰/俄罗斯运载火箭的"海上发射"，还是国际发射服务公司，还是阿里安航天公司都不符合资格。后一项政策中的一项特别规定允许美国政府在政府与政府之间的合作协议、二级技术示范器或没有美国发射服务的科学有效载荷的情况下使用外国运载火箭在不属于美国政府的航天器上提供和托管有效载荷安排。这一现有政策的适用实例见美国国防部提交国会的报告，调查结果显示，向盟国和最亲密的伙伴出口与空间有关的物品对国家安全的风险较低，应比出口到其他国家的限制少："最近，欧洲的阿里安航天公司将美国空军的第一个商业托管有效载荷送入地球静止转移轨道"；参见 Sec. 1248, National Defense Authorization Act for Fiscal Year 2010（Public Law 111-84）-Risk assessment of United States space export control policy, Departments of Defense and State, Report to Congress, at 3-4。2013 年政策还允许在个案基础上使用外国部件或技术。在进一步通知之前，这使得洛克希德·马丁公司和联合发射联盟（见上文脚注 13）能够使用阿特拉斯运载火箭进行美国国防部的发射，尽管其第一阶段是由俄罗斯 Energomash 公司制造的 RD-180 火箭发动机提供动力的；同样，轨道科学公司（见上文脚注 13）可在此基础上继续使用俄罗斯 Kuznetsov 公司出售的 NK-33 发动机，用于 Taurus-Ⅱ/Antares 运载火箭的发射。

⑧ See Commercial Space Act, Public Law 105-303, 105th Congress, H. R. 1702, 27 January 1998; 42 U. S. C. 14731, at Title 11, 'Federal acquisition of space transportation services', Secs. 201-206.

确保我们国内发射产业的生存力。"⑱ 在听证会上，经常提到外国（欧洲、俄罗斯、中国、日本）将政府有效载荷保留在国家发射装置上的实践：

"毫无疑问，这是确保在高度补贴的国际竞争中生存下去的唯一可行政策……这是世界上所有国际发射系统参与者的标准。我们不能强迫欧洲人要求美国进入欧洲政府的（航天发射）任务。同样的道理适用于日本、中国和俄罗斯。欧洲的政策是仅在阿里安发射政府卫星。"⑱

同样："世界上每一个有发射能力的国家，都将政府的有效载荷限制在他们之前资助的运载火箭上。阿里安董事会最近要求欧洲国家的政府和商业卫星都要通过阿里安公司进行发射。"⑱

那么，欧洲的故事是怎样的呢？

2. "飞行的欧洲"——阿里安航天公司的宣言

欧洲的情况并不像美国一样清晰，首先，应在欧空局与各个成员国之间进行区分。

作为国际政府组织的欧空局促进并支持欧洲独立进行空间活动，这是其航天应用和研究计划的必然前提。⑱ 它为改进现有的发射器并开发新的发射装置系统而进行投资，并认为在世界市场上继续保持商业上的成功对确保其航天项目发射的可承受性至关重要。

阿里安的发射国际市场包括：①欧空局；②各个成员国，如发射国内通信或气象卫星的国家。在这方面，欧盟与欧空局在 2007 年的联合文件《欧洲空间政策》中指出："相对较小且开放的国内市场使欧洲发射行业在商业市场上出现了明显的高峰和低谷，整个行业处于危险之中。"⑱ 这个评价反映了两个事实：首先，各成员国军事或民用的发射需求都非常低；其次，相关国家不承担使用欧洲

---

⑱ See 'International competition in launch services', Hearing before the Subcommittee on Space, House Committee on Space, Science and Technology, 103rd Cong., 1st Sess., 19 May 1993 (hereafter Launch Hearing), at 34 (Martin Marietta Space Group statement).

⑱ See Launch Hearing, *supra* n. 181, at 157 (McDonnell Douglas statement).

⑱ 同上，第 173 页（General Dynamics statement）。

⑱ 关于欧洲空间局，进一步参见"上册第四章二（二）至（五）"部分内容。

⑱ European Space Policy, Communication from the Commission to the Council and the European Parliament, COM (2007) 212 final, Brussels, 26 April 2007, para. 4.3, 'Access to space'.

发射提供商或运载火箭的义务。

至于欧空局，欧空局理事会于 2005 年制定了一项欧空局发射服务采购政策，即除非在可靠性或任务适用性方面不可行，未来欧空局卫星或任务的设想应至少与一个欧空局开发的发射器或圭亚那航天中心（CSG）联盟号发射器的性能相兼容。[186]

除了对欧空局局长施加义务之外，还增加了一项要求，即在进行此类欧空局的任务时，应优先考虑发射，并按照下列优先顺序：

· 欧空局研发的发射器；

· 在比较非欧空局研制的发射器执行欧空局任务时，由圭亚那航天中心运营的联盟号发射；

· 其他发射器。[187]

尽管过去在预算限制的情况下，计划发射日期中如果没有合适的阿里安运载器，或仅为国际合作空间项目的外国发射，欧空局会选择非欧洲发射器，但现在欧空局的任务只通过阿里安航天公司执行。[188] 在这方面，应该指出的是，出于国际合作航天项目的考虑，美国也将"飞行的美国"这一政策作为例外。

就国家发射需求而言，自 20 世纪 80 年代初阿里安项目开始以来，对参加阿里安计划以四处寻找最佳发射交易的欧空局成员国来说，其自由受到了"阿里安偏好声明"的约束。最新版的《发射器使用声明》内容如下：

双方在确定和执行其国家方案及参与的欧盟和其他国际方案时，要考虑欧空局开发的发射器和由圭亚那航天中心运营的联盟号（Soyuz）发射器，除非与其他发射装置或航天运输工具相比，在预期的时间内，其成本、可靠性或任务适用性方面存在不合理的劣势。各缔约方应按下列优先顺序：

· 欧空局研发的发射器；

---

⑱　Resolution on the Evolution of the European Launcher Sector – ESA/C – M/CLXXXV/Res. 3（Final），of 6 December 2005，ESA Bulletin 125（February 2006），59 – 65，para. IV，'Launch – service procurement policy for ESA missions'，subpara. 23；see www. esa. int/esapub/bulletin/bulletin125/bul125a_council. pdf，last accessed 26 June 2013.

⑱　Resolution on the Evolution of the European Launcher Sector，*supra* n. 186.

⑱　For examples，see Van Fenema，*supra* n. 3，at 275，（text at）n. 209.

·在比较非欧空局研制的发射器执行欧空局任务时，由圭亚那航天中心运营的联盟号发射；

·其他发射器。⑱⑨

过去，成员国不时地使用声明及其前身中的例外情况，并选择了阿里安使用过的非欧洲运载火箭。最后一例是 2009 年利用海上发射天顶 3 SL 发射意大利的军事通信卫星（Sicral 1B）到地球同步转移轨道。⑲ 该"优先性"段落涉及国际竞争条款："双方同意共同支持框架的建立，管理欧洲机构项目发射服务的采购，并确保欧洲在全球发射服务市场上能够公平竞争。"⑲ 后半部分显然是指其他国家更为严格的"国家发射器"法律和政策，在欧空局看来，这是一种扭曲的竞争行为。⑫

通过察看这些年发布的数据，我们或许可以解释为何阿里安航天公司和它的股东们在竞争中处于劣势：在 1997—2012 年，它的两个主要竞争对手，即美国和俄罗斯（的发射公司）执行了大量政府有效载荷的发射，也就是所谓的"非商业性发射"，而阿里安航天公司在这方面严重滞后。至于美国，在总计 345 次发射中，253 次是非商业性发射，92 次是商业发射；俄罗斯在总计 426 次发射中，287 次是非商业性发射，139 次是商业发射；阿里安航天公司在总计 124 次发射中，19 次是非商业性发射，105 次是商业发射。⑲ 因此，对等开放受保护的政府发射市场，对欧洲的发射公司而言显然是一个有吸引力的提议。

---

⑱⑨ 某些欧洲国家政府关于圭亚那空间中心阿里安、织女和联盟号发射器使用阶段最后文件的声明，巴黎，2007 年 3 月 30 日，参见"上册第一章八"，参见 www. official – documents. gov. uk/ document/cm80/8049/8049. pdf，最后访问日期为 2013 年 6 月 26 日。本发射器使用声明自 2009 年 1 月起生效。自那时以来，欧空局绝大多数成员国已通知欧空局总干事接受声明。以前的版本具有类似的语言。在 1980 年《阿里安生产宣言》中，参加阿里安公司的国家同意"在确定和执行其国家方案时考虑到阿里安发射装置，并优先考虑其使用。但优先使用除外，如果这种使用［与使用在设想时间可获得的其他发射器或航天运输手段相比，存在不合理的缺点］"。

⑲ 关于前面的例子（如 1991 年德国的 Kopernikus 通信卫星，1990 年英国国防部的 Skynet 卫星），以及独立的欧洲电信卫星组织和欧洲气象卫星应用组织启动采购政策的做法；参见 Van Fenema, *supra* n. 3, 270 – 5. In October 2011 the Chinese launched Eutelsat's Thales Alenia Space – built 'ITAR – free' Eutelsat W3C communications satellite into GEO。

⑲ 参见《阿里安生产宣言》，上文脚注 189，第 I. 9 部分内容。

⑫ 欧空局和欧盟就这一问题与美国达成协议的努力，参见"上册第七章五（四）3"部分内容。

⑲ See infra, Appendix, Launch Record 1997—2012.

(四) 与贸易和竞争有关的其他方面：双边发射贸易关系

迄今为止，发射服务贸易缺乏国际法规：没有任何多边协议，为国家或私人发射公司提供适用于合作或竞争的发射"规则"。既没有一个政府间国际组织来处理有关国家的权利和义务，也没有一个国际贸易协会来促进该行业的利益。

像美国和俄罗斯联邦这样的"发射国"，出于国家安全的考虑，抵制这项活动纳入世贸组织或《关贸总协定》，[194]并考虑到如果这些服务贸易自由化，那么其发射服务提供商将面临竞争，国家发射产业的保护也会因此受到损害。[195]这很大程度上源于火箭技术的军事战略意义，这些理由足以浇灭这些国家在近期改变立场的希望。首先，只有利用专业航天飞行器进行大规模定期商业客运业务才能改变人们的看法，使这些飞行器受到两用出口而不是与导弹有关的管制。这使得市场可能只对国家计划进行管制。迄今为止，在这一领域的双边协议中，唯一的例子美国，可追溯到 20 世纪 80 年代末和 90 年代初，中国、俄罗斯和乌克兰都是美国的双边合作伙伴。

1. 中美

挑战者号事故发生后（1986—1988 年）美国人造卫星发射设施短缺，美国政府与中国政府达成一项协议，该协议将首次允许中国长征火箭发射"西方"卫星。由于这些卫星和部件大部分在美国制造，并且相关技术在大多数情况下都受到《国际武器贸易条例》的限制，因此，出口到中国并在中国领土发射需要取得美国国务院的出口许可证；没有这种许可证，中国就不可能发射卫星。[196]

由此达成的 1989 年贸易协定包含了两个重要限制，以保护备受关注的美国商业发射产业的利益（该行业已面临阿里安航天公司的激烈竞争），该限制即容量（防止中国大量的长征火箭涌入发射市场）和价格（防止这种"非市场经济"

---

[194] 世界贸易组织（世贸组织）是根据《建立世界贸易组织协定》（以下简称《世贸组织协定》）设立的，1994 年 4 月 15 日在马拉喀什签署，并于 1995 年 1 月 1 日生效；1867 UNTS；UKTS 1996 No. 57；ATS 1995 No. 8；33 ILM 1125, 1144 (1994)。另见《服务贸易总协定》（以下简称《服贸总协定》），1994 年 4 月 15 日在马拉喀什签署，并于 1995 年 1 月 1 日生效；UKTS 1996 No. 58；Cm. 3276；ATS 1995 No. 8。

[195] 进一步参见"下册第六章二（二）4"部分内容。

[196] 美国公司 Hughes Aircraft Corporation 向澳大利亚的 Aussat 公司以及由英国和中国共有的 Asiasasat 公司出售通信卫星，引发了中国的发射问题。对于出口许可证的要求为中国进入国际发射市场达成更广泛的交易提供了必要的谈判筹码。

的价格倾销严重削弱"西方"的发射价格）。⑲

这项由美国贸易代表代表总统签署的协议，作为一项执行协议，不能、也不打算搁置美国出口管制的法律和法规。相反，协定与单独的会谈都强调，中国每次发射时都要全面适用《国际武器贸易条例》中出口美国卫星或有关卫星组件的标准和程序。⑱ 多年来，两国之间复杂而棘手的关系导致一系列出口许可证经历了发放、暂停、撤回或拒绝，这些曲折是美国所谓的对中国侵犯人权或武器和导弹扩散活动的制裁。⑲ 1999 年通过《斯特罗姆·瑟蒙德法案》后的十年时间里，

---

⑲ 在协议有效期内，即 1989 年 3 月 16 日至 1994 年 12 月 31 日，中华人民共和国不能为国际客户（包括 2 颗 Aussat 和 1 颗 Asiasat 卫星）发射 9 颗以上的通信卫星，这种发射承诺必须在相关期间按比例分配。在定价方面，中国的发射合同必须包含"与国际同类商业发射服务市场上的价格、条款和条件相当"的价格、条款和条件；《美利坚合众国政府和中华人民共和国政府关于国际贸易商业启动服务的协定备忘录》，1989 年 1 月 26 日在华盛顿签署，并于 1989 年 3 月 16 日生效；28 ILM 599 (1989)。由美国贸易代表签发的谅解备忘录执行指南，请参见 54 Fed. Reg. No. 19, of 31 January 1989, 4931-3。该谅解备忘录附有 1988 年 12 月已经签署的另外两个双边谅解备忘录：《卫星技术保障协定》[《美利坚合众国和中华人民共和国政府卫星技术保障协定备忘录》，1988 年 12 月 17 日在华盛顿签署，并于 1989 年 3 月 16 日生效；28 ILM 604 (1989)] 和《发射责任协定》（《美利坚合众国政府与中华人民共和国政府之间的卫星责任协定备忘录》）（下称《责任备忘录》），1988 年 12 月 17 日在华盛顿签署，并于 1989 年 3 月 16 日生效；28 ILM 609 (1989)。关于这一协议以及与俄罗斯和乌克兰签订的另外两项发射贸易协议，参见 Van Fenema, supra n. 3, ch. 3, 183-301. Further e. g. L. F. Martinez, The Future Dimensions of East - West Space Markets, in Legal Aspects of Space Commercialization (Ed. K. Tatsuzawa) (1992), 4 ff.; W. B. Wirin, Policy Considerations of Launching U. S. Origin Satellites in the People's Republic of China, in Proceedings of the Thirty - Seventh Colloquium on the Law of Outer Space (1995), 173 ff.

⑱ 参见《美利坚合众国政府和中华人民共和国政府关于商业发射服务国际贸易的协定备忘录》第 5 条第 2 款，上文脚注 197："关于出口许可证，任何申请美国出口许可证将根据美国法律和法规逐案审查。本协议的任何内容均不得解释为美国受到限制，不得根据美国法律和法规对任何美国出口许可证采取任何适当行动。"

⑲ 1995 年，双方根据类似的数量和价格条件缔结了一项新的 7 年协议，但也载有为中国人进入近地轨道发射市场创造前景的措辞，该协议计划使用 Iridium 和 Globalstar 卫星星座，将需要大量的发射；《美利坚合众国政府和中华人民共和国政府关于商业发射服务国际贸易的协定备忘录》，1995 年 1 月 27 日签署，并于 1995 年 3 月 13 日生效；1998 BDIEL AD LEXIS 12, www. jaxa. jp/library/space_law/chapter_4/4-2-2-13/index_e. html，最后访问日期为 2013 年 6 月 27 日。该协定于 2001 年失效。尽管有后天安门广场制裁立法，但根据"国家利益"，例行批准放弃其中所载的出口限制（在 1998 年之前，约 20 个卫星项目共 13 项豁免）。1998 年的《斯特罗姆·瑟蒙德法案》结束了这种做法，中国发射美国卫星和零部件成为历史。上一次发射是在 1999 年。这种情况一直持续到 2009 年，当时中国重新进入商业发射市场，发射了泰莱斯·阿莱尼亚空间公司制造的印尼帕拉帕通信卫星——该卫星是在没有美国控制部件的情况下建造的。关于 2011 年实施的一次相似的商业发射活动，参见上文脚注 190。另关于 1995 年签署的协议，参见 D. J. Burnett & D. Lihani, Developments in US Bilateral Launch Service Agreements - An Update, 21 Air & Space Law (1996), 101。

中国实际上被禁止向国际客户提供发射服务。如前所述，在美国通过的 2013 年《国防授权法》中，对卫星出口管制的法规维持了美国向中国出口卫星和相关物品的禁令。因此，鉴于美国产业将继续在卫星组件市场上占据主导地位，除非"设计"成为主导规则，否则在可预见的未来，中国在国际商业发射市场中的地位极其受限。

2. 美俄与美乌

美国和俄罗斯 1993 年 9 月签署的发射贸易协定，[200] 以及美国和乌克兰 1996 年 2 月签署的协议[201]中都包含了和中国相同的条件。虽然两国双边关系的地缘政治考虑和特殊性有所不同，[202] 但各非西方发射商逐步进入国际商业发射市场的想法是一致的。这些新来客意味着要与美国发射行业和欧洲同行阿里安航天公司进行竞争，也为卫星制造商及其客户提供了更多选择。

---

[200] 《美利坚合众国政府和俄罗斯联邦政府关于商业空间发射服务国际贸易的协定》，1993 年 9 月 2 日在华盛顿签署，并于 1993 年 9 月 2 日生效。Treaties in Force 1994, US Dept. of State. See further S. Gorove, *United States Space Law*, *national and international regulation*, at I. A. 4（a－2）. *Cf.* also Burnett & Lihani, *supra* n. 199, 101－2.

[201] 《美利坚合众国政府和乌克兰政府商业空间发射服务国际贸易协定》1996 年 2 月 21 日签署，并于 1996 年 2 月 21 日生效；24 Journal of Space Law（1996），187；www. jaxa. jp/library/space_law/chapter_4/4－2－2－15/index_e. html, last accessed 27 June 2013。

[202] 以俄罗斯为例，苏联的解体引起了美国的关注，担心苏联先进的太空发射和导弹技术，如果不加以利用，最终会落入"令人担忧的国家"手中。而俄罗斯已经在向印度出售导弹和技术。它承诺遵守导弹技术管制制度的标准，停止向印度交付技术，这有助于达成这一协议。洛克希德公司在此期间与俄罗斯 Khrunichev 和能源公司组建了合资企业，向俄罗斯质子号运载火箭进行营销，这一事实使俄罗斯成为美国的强大盟友。1996 年 1 月 30 日对该协定进行了修正，增加了发射拨款；美利坚合众国政府与俄罗斯联邦政府关于修正《美利坚合众国政府和俄罗斯联邦政府关于商业空间发射服务的国际贸易协定》的协定于 1996 年 1 月 30 日在华盛顿签署，并于 1996 年 1 月 30 日生效；参见 24 Journal of Space Law（1996）at 183；for text www. jaxa. jp/library/space_law/chapter_4/4－2－2－14/index_e. html, last accessed 27 June 2013. *Cf.* also Bur－nett & Lihani, *supra* n. 199, 102－3.

就乌克兰而言，见上文脚注 201。除了类似的导弹扩散问题外，新的跨国发射公司"海上发射"也发挥了重要作用，波音公司和乌克兰 Zenith 3SL 火箭制造商 Yuznoye 公司也将进行合作。协定扩大了乌克兰的发射津贴（除分配给乌克兰的 5 颗卫星外，还有 11 颗卫星），条件是发射须由该公司进行。该协定第 5 条第 1 款 a 项和 b 项规定："此外，乌克兰空间发射服务提供商可在本协定有效期内向综合空间发射服务提供商提供空间运载火箭，以便向静止地球轨道或地球同步转移轨道发射 11 个主要有效载荷。"这个被强调的实体被定义为"包括乌克兰和美国公司并提供商业空间发射服务或商业空间运载火箭的合资企业"。该企业附加的其他条件：（a）该企业获得美国运输部颁发的商业发射许可证；（b）美国合伙人对合资企业和美国在任何空间发射中所使用的货物和服务的很大一部分的来源保持相当大的股权和实际控制权。在《协定议定书》中，双方得出结论认为，"海上发射"符合这些条件。

20 世纪 90 年代中期，众多昂贵的多卫星 LEO 卫星星座出现，比如铱星和全球星，有能力的运载火箭运营商也较为缺乏，这就促使美国政府 1995 年通过了一项协议修正案，放宽对中国的数量限制。[203] 俄罗斯和乌克兰的协议也都反映了这一新内容。

美国与俄罗斯的协议在 2000 年 12 月 31 日到期。2000 年 6 月，克林顿政府终止了与乌克兰将于 2001 年年底到期的协议，以此作为对乌克兰防扩散的奖励。[204] 美国和中国的协议也在 2001 年年底到期。

3. 美欧

美国及其他竞争者，日本、印度特别是欧洲，从未就适用于国际商业发射服务市场的竞争行为应遵循的相关规则达成一致。大约在 1982 年至 1986 年，美国向国内外发射客户提供了政府航天飞机，[205] 并且国外客户与阿里安航天公司存在竞争关系。同一时期，美国的私营发射公司为进入同一国际发射市场做出了不懈努力，从而与阿里安和"航天飞机"项目展开了竞争，国内形势日益严峻。尽管里根政府宣扬了私有化发射业的优势，国会也通过了 1984 年《商业航天发射法》，[206] 但对这一由国防部监管的新服务业提供了法律确定性，"航天飞机"的定价政策也得以维持，这也证实"航天飞机"项目发挥了主要作用，为新人提供了宝贵的"起飞"空间。[207]

同年，美国的准上市公司 TCI 向美国贸易代表办公室（USTR）控告阿里安航空公司受到欧空局成员国、特别是法国的补贴，并在美国市场倾销发射服务，

---

⑳ 见上文脚注 199。

⑳ 新闻稿写道："总统声明——我高兴地宣布，今天美国终止了与乌克兰的商业空间发射贸易协定。"这一决定取消了发射配额，并使美国公司有更多机会不受限制地与乌克兰伙伴进入商业空间发射合资企业，这反映了乌克兰对国际不扩散准则的坚定承诺。The White House, Office of the Press Secretary（Kiev, Ukraine），5 June 2000. 乌克兰于 1998 年成为导弹技术管制制度的伙伴。

⑳ *Cf.* National Space Policy, Presidential Directive/NSC – 42, 18 Weekly Comp. Pres. Docs 894 – 898（1982）。航天飞机计划方案的优先事项是使该系统充分运作，并具有成本效益，以便对空间进行例行访问的飞行器运营由〔美国〕政府继续进行，直到航天飞机计划足以满足其需求和义务。

⑳ Commercial Space Launch Act, *supra* n. 16.

⑳ See 'Shuttle pricing for foreign and commercial users'〔NSDD 181 of 30 July 1985, Fact Sheet（1 August 1985）〕。关于经美国国家航空航天管理局商业化的航天飞机与受联邦航空管理局商业空间运输办公室支持的地面发射运载火箭产业之间的政治和经济博弈的内容，参见 Van Fenema, *supra* n. 3, 73 – 7。

损害了新生的美国发射产业。[208] 经过漫长和全面的调查，得出结论：由于发射服务没有合理的国际标准，美国贸易代表办公室只能将欧空局的行为和美国的行为与合理的商业行为做比较。由于欧空局的做法与美国（尤其是"航天飞机"）的做法没有太大的不同，"因此他们当时不需要美国采取肯定的行动"。[209]

总统令补充道："因为我决定将美国的一次性发射服务商业化……美国将来可能会与其他感兴趣的国家接触，并就商业卫星发射服务的准则达成国际共识。"[210]

美国和欧洲就这一问题进行了探讨。但不同阵营的目标不尽相同：欧空局质疑美国为其国内公司保留了众多维护政府（民用或军事的）卫星发射市场的政策，这实则是一种间接补贴，而美国则持续给阿里安航空公司"不公平"的补贴以及更普遍的公平贸易原则，这些原则可与美方后来和中国、俄罗斯和乌克兰签署的发射贸易协定中的原则相媲美。

美欧非正式的探索性讨论始于 1987 年，他们的目的是为共同的行为准则找到谈判的基础。这一讨论在 1988 年扩大，当时美国告知欧空局其允许中国（受限制地）进入发射市场的计划。欧空局不同意美国拟议的容量条款（太慷慨）和定价规则（太模糊），但 1990 年阿拉伯卫星通信组织的事件使欧空局意识到，美国有自己的优先规则。[211] 1990 年和 1991 年的谈判并未促使双方在"规则"或行为准则方面达成一致。[212]

而俄罗斯将根据美国规定的条件进入发射市场，促使欧洲对美国 1992 年提出的邀请做出了积极回应，美国与俄罗斯的谈判变成了三方谈判，并达成了一项

---

[208] 对这一案件及其结果进行更深入的讨论，参见 Van Fenema, *supra* n. 3, 79 – 86。

[209] Determination under Section 301 of the Trade Act of 1974, The President, Memorandum for the [USTR] of 17 July 1985, 50 Fed. Reg. 29631, of 22 July 1985.

[210] Determination under Sec. 301 of the Trade Act of 1974, *supra* n. 209. 在 1993 年国会启动的听证会上，美国贸易代表奥尔盖耶（Allgeier）指出："尽管如此，这一决心并不支持欧洲的做法，并注意到在发射服务市场缺乏政府行为的国际标准以及缺席造成的问题。"参见 Van Fenema, *supra* n. 3, 281, n. 214。

[211] 参见"上册第七章五（四）4"部分内容。

[212] 美国贸易代表的代表报告说："1991 年年底，[欧空局] 和欧洲共同体委员会未能解决欧洲内部问题，从 1990 年夏季和秋季开始，为就政府参与商业空间发射市场的标准达成协议作出了重大努力，但这一努力在 1991 年年底出现了动摇，这些组织在商业空间发射政策方面的责任存在差异"；参见 Van Fenema, *supra* n. 3, 283。

多边协议。但欧洲和美国不可调和的分歧在筹备双边谈判的过程中暴露出来，并最终阻碍了三边化协议的实现。1993 年，美国指出：

[欧洲] 对达成协议兴趣不足，该协议将有助于解决我们在发射活动各个阶段（开发、生产和运营）建立政府支持标准的核心目标。欧洲人还将"规则"协议与美国的政府发射采购协议联系起来……欧洲对多边协议可能产生的所有兴趣都集中在严格限制俄罗斯进入市场上。

在我们与欧共体和欧空局达成的任一协议中，欧洲人在重要的普遍市场原则上敦促我们撤回向俄罗斯提出的限制补贴，并采用其他以市场为导向的要素，因为他们无法接受。遗憾的是，欧洲立场的转变在短期内似乎没有任何变化。㉓

欧盟委员会在其 1996 年"欧盟和航天"的交流会上提出了这件事，并对中国、俄罗斯和乌克兰提供的发射能力呈不稳定增长趋势表示担忧，其价格有时极低，这对欧洲发射产业至关重要：

"维护和发展欧洲航天发射服务的基本条件是，类似于欧盟所提供的市场准入程度和公平贸易条件的存在……关于这些规则的谈判应包括美国（其产业受益于政府支持和军事项目）、俄罗斯、乌克兰和中国等新兴的供应商。"㉔

由于成员国在这些问题上缺乏可行的谈判授权，委员会的蓝图无法实现。2007 年的《欧洲航天政策》提到了以下与发射有关的行动计划："在 2007 年，委员会将在主要航天合作伙伴的会谈中，评估对等开放公共市场的好处。"但到目前为止，这方面似乎没有任何进展。㉕

因此，有两个问题继续困扰美国和欧洲之间的发射贸易关系：对各自行业进行（不公平的）直接或间接补贴和给提供政府的航天发射服务附带国籍条件（政府采购国家发射服务）。对于这两个问题，我们都没有快速简单的解决方案。

㉓ See Van Fenema, *supra* n. 3, 285; this concerned The European Union and Space: Fostering applications, markets and industrial competitiveness, Communication from the Commission to the Council and the European Parliament, COM (96) 617 final, of 4 December 1996.

㉔ 委员会认为，启动系统和推进装置也受益于军事和民用部门之间的重要溢出效应。长期以来，由于美国军事空间预算是欧洲的 40 多倍，美国工业长期以来一直受益于商业市场的这种溢出效应；进一步参见 Van Fenema, *supra* n. 3, n. 231。

㉕ European Space Policy, *supra* n. 185, Annex I, 'Key actions', at 8.

4. 欧俄

阿里安航天公司和欧空局对 1989 年中美发射贸易协定不满，阿里安航天公司认为与其具有竞争关系的中国发射公司和阿拉伯卫星通信组织达成的合同违反了该协定的等价条款，阿里安航天公司与欧空局向美国贸易代表办公室提出了抗议。但美国政府对该投诉的不合作及美俄之间达成的协议增加了欧洲的担忧，即这两个非市场经济体可能在公司唯一的市场，即国际商业发射市场，对阿里安构成不公平竞争。因此，欧洲空间局理事会于 1992 年建议与其他航天国政府达成协议，以"确保发射器市场的公平"。[216]

欧空局后续要求欧洲委员会与俄罗斯谈判一个包含严格的市场容量和定价条件的发射贸易协议，以遏制俄罗斯成为独立于美国之外的竞争威胁。后来，欧盟贸易理事的确与俄罗斯达成了一项协议，但由于政治与法律方面的原因，贸易部长理事会并没有对该提案采取措施，因而该协议一直未能生效。[217]

六、结论

将发射服务发展成为可与国际航空运输相媲美的定期国际贸易，会持续受到有关"高科技"运载工具和敏感技术的军事来源与国家安全的阻碍。仅有少数国家和私营企业在提供这些服务方面有所作为，而且大多数相关业务并不涉及跨越国家边界，这阻碍了可专门在安全和可持续方面进行监管的政府间国际组织的创建。迄今为止，该行业一直无法在联合国外层空间委员会及其法律小组委员会这样的论坛上达成一致。

在未来，该领域的监管将主要来自国内政府，以国家立法、政策和措施及双边协定的形式呈现，并在一定程度上受到软法的影响。除非常规的客运航天运输和利己主义（空间碎片）以单独和联合的方式迫使行业和相关政府采取共同行动，否则这一情况可能不会改变。

---

[216] See Resolution on the implementation of the European long – term space plan and programmes, Chapter V ('European Launcher Policy'), ESA Council Meeting at Ministerial level, Granada, 10 November 1992.

[217] Commission Proposal for a Council Decision concerning the conclusion of an Agreement between the [EEC] and the Russian Federation on Space Launch Services, COM (93) 355 final, of 22 July 1993. 法律论点的依据是对委员会缔结服务贸易协定的所谓"专属权限"的怀疑。1994 年 12 月，欧洲法院裁定，这一权限不是排他性的，而是与成员国分享的权限；参见 Opinion 1/94 re. the Uruguay Round Treaties (1995), 1 CMLR 205。

附录

表 7A.1　1997—2012 年发射记录

	2007 年		2008 年		2009 年		2010 年		2011 年		2012 年		1997—2012 年总计	
	comm.	(non-c)	comm.	(non-c)	comm.	(non-c)	comm.	(non-c)	comm.	(non-c)	comm.	(non-c)	comm.	(non-c)
美国	3	(16)	6	(9)	4	(20)	4	(11)	—	(18)	2	(11)	92	(253)
欧盟	6	—	5	(1)	5	(2)	6	—	4	(3)	6	(4)	105	(19)
俄罗斯	12	(14)	11	(15)	10	(19)	13	(18)	10	(21)	7	(17)	139	(287)
乌克兰	—	—	—	—	—	—	—	—	—	—	—	—	1	—
中国	—	(10)	—	(11)	1	(5)	—	(15)	2	(17)	2	(17)	13	(120)
日本	—	(2)	—	(1)	—	(3)	—	(2)	1	(3)	—	(2)	—	(34)
海上发射公司	1	—	6	—	—	—	—	—	1	—	3	—	33	(1)
陆上发射公司	—	—	1	—	3	—	—	—	1	—	—	—	5	—
以色列	—	(1)	—	—	—	(1)	—	(1)	—	—	—	—	—	(5)
巴西	—	—	—	—	—	—	—	—	—	—	—	—	—	(2)
印度	1	(2)	—	(3)	—	(2)	—	(3)	—	(3)	—	(2)	1	(25)
伊朗	—	—	—	—	—	(1)	—	—	—	(1)	—	(3)	—	(6)
朝鲜	—	—	—	(1)	—	(1)	—	—	—	—	—	(2)	—	(3)
韩国	—	—	—	—	—	(1)	—	(1)	—	—	—	—	—	(2)
总计发射	23	(45)	29	(41)	23	(54)	23	(51)	18	(66)	20	(58)	389	(757)

续表

	2007年		2008年		2009年		2010年		2011年		2012年		1997—2012年总计	
	comm.	(non-c)	comm.	(non-c)	comm.	(non-c)	comm.	(non-c)	comm.	(non-c)	comm.	(non-c)	comm.	(non-c)
总计商业发射	68		70		77		74		84		78		1146	
非商业发射														
失败	3		2		3		4*		6°		5+		60 = 5.2%	
商业收益	15.5亿美元		19.7亿美元		24.9亿美元		24.5亿美元		19亿美元		24亿美元		308.6亿美元	
总有效载荷	117		106		111		110		133		139		1804	
商业有效载荷	30		24		26		33		35		27		732	

* 静地卫星运载火箭(GSLV-2)
罗老号(KSLV-1)
质子-M
静地卫星运载火箭(GSLV-2)
=5.4%

° 罗克特号
金牛座-XL
质子-M
长征2号(2C)
联盟号-U
联盟号-Z
=7.1%

+ 质子 M
质子 M(partial)
信使号(2x)
银河3号

注:"comm."表示商业的,开放与国际竞争的;

"non-c"表示非商业的,政府的或成为国家发射的。

来源:www.faa.gov(年度发射报告,联邦航空管理局商业太空运输办公室),最后访问日期为2013年6月26日。

第八章 卫星通信法律问题

弗兰斯·冯·德·邓克（Frans von der Dunk） 著◇

一、引言：概念定义

在空间领域及其下游应用领域，卫星通信仍然是目前规模最大和商业化水平最高的活动。① 一般而言，"通信（电信）"在具体操作层面包括两种完全不同的概念，尽管这两种概念都需要使用无线电波（或者通过电缆和电线等其他与卫星通信不相关的方式），但是在技术或者操作层面中，两者的界限经常混淆，因此它们的本质区别经常被忽视，即双向点对点通信（传统方式的电话、传真、电报、电子邮件等相关类型②）和单向点对多点通信（无线电和电视等广播）。③ 单向点对多点通信尤其受制于某些单独的规则，更加广泛地适用电信（广义）领域

---

① See e. g. C. Venet, The Economic Dimension, *in Outer Space in Society, Politics and Law* (Eds. C. Brünner & A. Soucek) (2011), 55 ff. ; N. Frischauf, Satellite Telecommunication, in Outer Space in Society, Politics and Law (Eds. C. Brünner & A. Soucek) (2011), 134 – 46; further R. T. McNutt, The Future of Satellite Communication, in *Heaven and Earth: Civilian Uses of Near – Earth Space* (Eds. D. G. Dallmeyer & K. Tsipis) (1997), 117 ff. ; P. L. Meredith & G. S. Robinson, Space Law: A Case Study for the Practitioner (1992), 31; F. Lyall & P. B. Larsen, Space Law: A Treatise (2009), 199 ff. , 245 ff. , 319 –23; B. Cheng, Studies in *International Space Law* (1997), 541 ff.

② See e. g. P. A. Salin, Satellite Communications Regulations in the Early 21st Century (2000), 9 – 10; F. Lyall, Law and Space Telecommunications (1989), 2 – 17; J. M. Smits, Legal Aspects of Implementing International Telecommunication Links (1991), 1 – 30.

③ *Cf.* e. g. Lyall, *supra* n. 2, 381 – 2 [该文献甚至声明："严格来讲，广播卫星并不属于一般性的电信领域，无论终端用户直接从卫星接收信号，还是通过某些中继点用电缆传送给用户，广播卫星都与大规模信息传播密切相关"（此处予以强调）]; Salin, *supra* n. 2, 42, also ff. ; McNutt, *supra* n. 1, 121.

中的各种制度。④

另外，卫星通信的以下两种方式必须予以区分：①仅仅通过无线电信号与遥感卫星、深空望远镜或者人造太空船等外空物体进行往返通信形式的卫星通信；②与通过某一专门设计的卫星作为传送信息的中继设施的卫星通信，无论该通信为双向点对点通信，还是单项点对多点通信。第二种卫星通信中所传送的"信息"还包括卫星遥感⑤和卫星导航的电子数据集等类似信息；⑥虽然卫星遥感和卫星导航这两种活动一般不同于卫星通信，但是也属于卫星和无线电相关制度的范围之内，这种制度一般被称为"卫星通信法律制度"。

尽管卫星遥感和卫星导航这两种活动也是本章所要强调的内容，但不会过于详细地涉及相关制度细节，对运载火箭指引、遥测技术、对各种用途卫星的追踪和控制、与载人宇宙飞船的通信等空间频率相关的活动也是如此。

因此，本章将首先详细介绍国际电信联盟（以下简称"国际电联"）的职责，以及空间通信中无线电频率使用相关的法律框架。其次，卫星直播相关的某些特定议题也将在本章中予以讨论，其中包括联合国框架下所强调的地球同步轨道相关议题。

近年来，自 1997 年《服务贸易总协定第四议定书（基础电信协议）》制定之后，⑦世界贸易组织及其致力于全球自由贸易的《服务贸易总协定》体系已经对卫星通信领域产生法律影响。其中，最重要的影响就是各国际卫星组织的私有化，这反过来也在多国法律上造成了一个严重的后果，即欧共体/欧盟在很大程度上的同质化发展。

---

④ *Cf.* e. g. Cheng, *supra* n. 1, 563 - 4；S. Courteix, International Legal Aspects of Television Broadcasting, in *Legal Aspects of Space Commercialization* (Ed. K. Tatsuzawa) (1992), 102 ff.；D. I. Fisher, Prior Consent to International Direct Satellite Broadcasting (1990)；M. L. Stewart, To See the World (1991)；上述文献讨论的均是双向通信之外的广播相关（法律）问题。

⑤ 参见"上册第九章"。

⑥ 参见"下册第一章"。

⑦《服务贸易总协定第四议定书（基础电信协议）》，日内瓦，1997 年 4 月 15 日通过，1998 年 2 月 5 日生效；WTO Doc. S/L/20 of 30 April 1996 (96 - 1750)；2061 UNTS 209；ATS 1998 No. 9；33 ILM 1167 (1994)；36 ILM 354 (1997)。

然而，对欧共体同质化发展的讨论分散在空间服务国际贸易⑧、国际空间法⑨和欧盟空间法⑩所涉及的国际组织等相关的章节中。换言之，本章将重点介绍相关国际制度，重点强调卫星通信涉及的技术和业务问题，而不仅仅讨论政治、经济和商业方面的议题。

二、国际电联制度和卫星通信

（一）基于通信目的使用卫星的一般特点

根据亚瑟·克拉克爵士（Sir Arthur Clarke）1945 年关于地外继电器方面的文章，⑪ 至少从理论上可以认为，绕地卫星能够对基于无线电频率的无线电通信网络形成有效补充。向卫星播发无线电信号（"上行链路"），通过卫星转发器改变频率（以赫兹为单位），然后将信号下传到地球上的不同点（"下行链路"），这些活动的运行都与卫星运行的"地理"位置存在明显的关联性。

亚瑟·克拉克爵士所说的轨道就是所谓的"地球同步轨道"，是一个在地球上方约 35 786 千米的轨道，卫星可以在该轨道上与陆地保持"固定"位置。⑫ 在该种高度上，地球引力与使卫星保持稳定轨道的离心力之间要保持的平衡，是以精确的速度实现的，卫星的转速与地球角速度相同——每 24 小时完成一个完整的循环。换言之，卫星因地球引力在外空中"不断地滑向地球"，然而从该位置开始就可以克服地球引力一直保留在同一个地方。因此，就地球同步轨道而言，

---

⑧ 参见"下册第六章"，尤其是"下册第六章四"部分内容。

⑨ 参见"上册第五章"，尤其是"上册第五章四至六"部分内容。

⑩ 参见"上册第四章"，尤其是"上册第四章三（二）2"部分内容。

⑪ A. Clarke, Extra – Terrestrial Relays, *Wireless World* (Oct. 1945), 305 – 8. See further on this e. g. M. L. Smith, *International Regulation of Satellite Communication* (1990), 5 – 10; R. L. White & H. M. White, *The Law and Regulation of International Space Communication* (1988), 9; Lyall, *supra* n. 2, 322; Cheng, *supra* n. 1, 541.

⑫ See e. g. http://en. wikipedia. org/wiki/Geostationary_orbit, last accessed 12 March 2014; further also M. Williamson, Technical Issues and Empowerment of the ITU, in *International Regulations of Space Communications* (Ed. M. Hofmann) (2013), 33; White & White, *supra* n. 11, 9 – 16; Lyall, *supra* n. 2, 248 – 50; I. B. R. Supancana, *The International Regulatory Regime Governing the Utilization of Earth-Orbits* (1998), 11 – 6; McNutt, *supra* n. 1, 132; Cheng, *supra* n. 1, 542. 准确地说，地球静止轨道更像是一个虚拟的管状区域，这些管状区域具备某些物理特性；一旦某一卫星有漂移出管状区域之外的风险，就必须对其进行细微的修正，进而使该卫星继续在特定的地球轨道上良好运行。

并不能说卫星占用了整个绕地轨道，而是该轨道上的某一个位置（"时段"）。

该轨道上卫星的静止特性给卫星通信带来了明显的优势，路基天线一般可以因此持续性地指向同一个方向。另外，在地球同步轨道上仅仅需要3颗卫星就可以覆盖全球，尽管极地地区由于无线电波与地平线的角度太小，影响到了无线电波的自由传输，但是极地地区也并没有多少通信需求。然而，从另一方面讲，无线电波不得不穿越长远距离（来回约为7万千米），需要相当大的传输能力，这造成了在进行跨大西洋对话时存在时间延迟。

一旦技术发展到足够先进，就可以实现持续地接收移动卫星的信号，可以通过运行整个卫星系统，同时实现卫星间通信和对地通信，这时其他的轨道也将开始变得有用。一般而言，轨道可以区分为低地球轨道（LEOs）[13]和中地球轨道（MEOs）[14]，这两种轨道的区分并无任何法律意义，甚至在非法律层面也没有一致的标准。

低地球轨道能够使卫星通过较小的电力输入处理较大数量的电子数据，因此，其在商业卫星通信领域尤其受欢迎。[15] 中地球轨道仅由很小一部分的卫星通信系统所使用，[16] 全球定位系统和伽利略卫星导航系统等卫星导航系统则对该轨道更加青睐，因为在该种轨道上的卫星功率更大且卫星数量更少。最后，需要注意的是，对于某些遥感系统的运行来讲，如果运行人只对处于轨道近端（高度最多几百千米）时的地球全貌感兴趣，而且也不介意卫星飞行到4万千米以外的轨

---

[13] 低地球轨道的高度一般可以达到数百千米，甚至几千千米，而且最低的轨道一般是在100千米高度的位置；*cf. e. g.* http://en. wikipedia. org/wiki/Low_Earth_orbit, last accessed 12 March 2014. See further e. g. Lyall, *supra* n. 2, 245 – 7; McNutt, *supra* n. 1, 132 – 3; Supancana, *supra* n. 12, 16 – 23.

[14] 中地球轨道的高度一般在几千千米到25000千米，高于25000千米的轨道基本上不可用；参见 http://en. wikipedia. org/wiki/Medium _ Earth _ orbit, last accessed 12 March 2014. See further e. g. McNutt, *supra* n. 1, 133; Lyall, *supra* n. 2, 245 – 7; Supancana, *supra* n. 12, 23 – 5.

[15] 提议建设的 Teledesic 卫星系统原本计划发射上千个小卫星来构建"空中互联网"；参见 http://nl. wikipedia. org/wiki/Teledesic, last accessed 12 March 2014. Other well – known major operators in LEO included Iridium（http://en. wikipedia. org/wiki/Iridium_satellite_constellation, last accessed 12 March 2014）and Globalstar（http://en. wikipedia. org/wiki/Globalstar, last accessed 12 March 2014）。

[16] 一个比较著名的案例是 ICO Global Communications，也就是目前的 Pendrell 公司；参见 http://en. wikipedia. org/wiki/Pendrell_Corporation, last accessed 12 March 2014；也可参见"上册第五章五（二）"部分内容。

道远端，则在低地球轨道之外，高椭圆轨道也是一个很好的选择。[17]

（二）国际电联概况

1. 历史演进

国际电联是最早成立的几个政府间组织之一，前身是 1865 年成立的国际电报联盟，电报是当时唯一能够进行远距离电子通信的设备。[18] 一旦其他类型电子通信方式变得可行，它们就被适当纳入国际电联的管辖范围：1885 年，电报被纳入管辖范围；[19] 1906 年，无线电通信也被纳入国际电联的管辖范围。[20] 随着科技环境的不断变化，国际电报联盟在 1932 年被重新命名为国际电信联盟，[21] 该名称被保留至今。国际电联最近的重大改革是在 20 世纪 90 年代进行的。技术的快速和持续发展，国际电联成员国数量的增加，[22] 导致电信公约在迭代版本的生效方面越来越延缓。有时候某一个特定的公约生效时，就已经过时了，而制定新版本的工作必须立即开展。[23] 因此，1992 年国际电联决定将其结构方面的永久性特征与日常运行方面的波动性和技术主导性特征相区分。第一次大幅度改革的是《国际电信联盟组织法》，[24] 第

---

[17] See http://en. wikipedia. org/wiki/Highly_elliptical_orbit, last accessed 12 March 2014.

[18] 国际电联最早成立依据是《国际电报公约》，1865 年 5 月 17 日通过，1866 年 1 月 1 日生效；130 CTS 198；56 BFSP 295. See further e. g. F. Lyall, *International Communications – The International Telecommunication Union and the Universal Postal Union* (2011), 23 – 8；Lyall, *supra* n. 2, 313 ff. ；White & White, *supra* n. 11, 30 ff。

[19] See e. g. Lyall, *supra* n. 18, 38；White & White, *supra* n. 11, 33；Lyall, *supra* n. 2, 313 – 4.

[20] 依据是《国际无线电电报公约》，柏林，1906 年 11 月 3 日通过，1908 年 7 月 1 日生效；37 Stat. 15665, TS 608203 CTS 101；99 BFSP 321；see further e. g. Lyall, *supra* n. 18, 48 – 56；White & White, *supra* n. 11, 33 – 6；Lyall, *supra* n. 2, 314 – 8。

[21] 依据是《国际电信公约》，马德里，1932 年 12 月 9 日通过，1934 年 1 月 1 日生效；151 LNTS 5；USTS 867；61 Stat. 1180；ATS 1934 No. 10；see further e. g. Lyall, *supra* n. 18, 76 – 81；White & White, *supra* n. 11, 46 – 9；Lyall, *supra* n. 2, 319 – 20。

[22] 国际电联是几乎拥有普遍性成员数量的少数几个国际组织之一；截至 2014 年，国际电联共有 193 个成员国；see www. itu. int/en/about/Pages/membership. aspx, last accessed 12 March 2014。

[23] *Cf.* Lyall & Larsen, *supra* n. 1, 204 – 6；also Salin, *supra* n. 2, 54 – 5；Lyall, *supra* n. 2, 325 – 6；R. S. Jakhu, International Regulation of Satellite Telecommunications, in *Legal Aspects of Space Commercialization* (Ed. K. Tatsuzawa) (1992), 81 – 2.

[24] 《国际电信联盟组织法》，日内瓦，1992 年 12 月 22 日通过，1994 年 7 月 1 日生效；1825 UNTS 1；UKTS 1996 No. 24；Cm. 2539；ATS 1994 No. 28；Final Acts of the Additional Plenipotentiary Conference, Geneva, 1992 (1993), at 1。

二次是《国际电信联盟公约》,㉕ 两者(第一版)都在 1994 年生效。㉖

从此以后,需要予以考虑的重大改革是私营商业运营商在卫星通信领域活动方面的迅速且持续增长的影响。虽然国际电联仍然是一个"经典"的政府间组织,只有国家才是《国际电信联盟组织法》和《国际电信联盟公约》的缔约方,㉗ 但是也必须在实际决策和政策制定过程中,制定一种机制允许私营运营商参与其中。

因此,1994 年在京都全权代表大会(Kyoto Plenipotentiary Conference)上通过了第一修正案,㉘ 允许非政府实体参与国际电联的会议,允许"小型"成员机构获得充分的知情权和咨询信息。㉙

四年后,在 1998 年明尼阿波利斯全权代表大会(Minneapolis Plenipotentiary Conference)上又采取了进一步措施:在该会议上通过的修正案㉚允许私营运营商成为国际电联下设部门的成员,㉛ 进而与有关国家平等参加国际电联于 1992 年

㉕ 《国际电信联盟公约》(以下简称《国际电联公约》),日内瓦,1992 年 12 月 22 日通过,1994 年 7 月 1 日生效;1825 UNTS 1;UKTS 1996 No. 24;Cm. 2539;ATS 1994 No. 28;Final Acts of the Additional Plenipotentiary Conference, Geneva, 1992(1993), at 71。

㉖ Cf. also e. g. A. A. E. Noll, ITU Constitutional and Conventional Amendments, *Multi - Media und Recht*(2000), 270 ff.

㉗ 参见《国际电信联盟组织法》(见上文脚注 24)第 2 条、第 3 条、第 8 条、第 10 条。卫星运营商相关的术语"运营机构"如果不是指国家公共机构本身,就是指经国家授权基于各种目的使用国际无线电频谱的相关机构。

㉘ 《关于国际电联组织法(日内瓦,1992)的修订案》,京都,1994 年 10 月 14 日通过,1996 年 1 月 1 日生效;Cm. 3447;ATS 1996 No. 10;Final Acts of the Plenipotentiary Conference, Kyoto, 1994(1995), at 1;《关于国际电联公约(日内瓦,1992)的修订案》,京都,1994 年 10 月 14 日通过,1996 年 1 月 1 日生效;Cm. 3447;ATS 1996 No. 10;Final Acts of the Plenipotentiary Conference, Kyoto, 1994(1995), at 23。

㉙ 参见《国际电信联盟组织法》(上文脚注 25,1994 年修订)第 19 条。

㉚ 分别是《关于 1992 年 12 月 22 日国际电联组织法(1994 年 10 月 14 日修订)的修订案》,明尼阿波利斯,1998 年 11 月 9 日通过,2000 年 1 月 1 日生效;ATS 2000 No. 8;《关于 1992 年 12 月 22 日国际电联公约(1994 年 10 月 14 日修订)的修订案》,明尼阿波利斯,1998 年 11 月 9 日通过,2000 年 1 月 1 日生效;ATS 2000 No. 8。

㉛ 参见《国际电信联盟组织法》(上文脚注 24,1998 年修订版)第 2 条和第 3 条;进一步参见"上册第八章二(二)2"部分内容。另参见 A. A. E. Noll, The Space Law Related Role, Activities and Contributions of the International Telecommunication Union(I. T. U.)in the Last Decade of the 20th Century, in *International Organisations and Space Law*(Ed. R. A. Harris)(1999), 119 - 20;U. M. Bohlmann, K. U. Schrogl & I. Zilioli, Report of the 'Project 2001' Working Group on Telecommunication, in '*Project* 2001' - *Legal Framework for the Commercial Use of Outer Space*(Ed. K. H. Böckstiegel)(2002), 210 - 2。此部分内容,参见"上册第八章二(二)2"部分内容。

设立的三个下属部门的事务。

2. 基本架构

在1992年国际电联体制彻底改革之后，《国际电信联盟组织法》和《国际电信联盟公约》成为该组织的最高效力的两个文件，《无线电规则（2012年版）》成为最高级别层次中具有法律约束力的第三份文件，[32] 详细规定了协调无线电频谱国际使用的全球性方案。

国际电联的两个主要机构分别是理事会[33]和秘书处[34]。该组织主要通过全权代表大会和世界无线电通信大会（WRCs）开展具体运作。正如上文所述的在京都和明尼阿波利斯举办的全权代表大会[35]大致每四年召开一次，负责处理一般性制度问题，讨论国际电联整体运行事务，也可能提起修订《国际电信联盟组织法》和/或《国际电信联盟公约》的动议。另外，世界无线电通信大会[36]在1992年体制改革之前名为世界无线电行政大会，该行政大会也大致四年召开一次，主要是希望就无线电频率国际使用协调方面达成一致意见。

最后，国际电联于1992年被细分为三个部门：无线电通信部门，[37] 负责无线

---

[32] 《无线电规则（2012年版）》（以下简称《无线电规则》），www. itu. int/pub/R – REG – RR – 2012，最后访问日期为2014年4月15日；也可参见《国际电信联盟组织法》第4条，上文脚注24。进一步参见 F. Lyall，The Role of the International Telecommunication Union，in *Outlook on Space Law over the Next 30 Years*（Eds. G. Lafferranderie & D. Crowther）（1997），255 – 6；Lyall & Larsen，*supra* n. 1，206 – 7；C. Koenig & J. D. Braun，The International Regulatory Framework of EC Telecommunications Law：The Law of the WTO and the ITU as a Yardstick for EC Law，in *EC Competition Law and Telecommunications*（2002），24 – 8。

[33] 参见《国际电信联盟组织法》第10条，上文脚注24，《国际电信联盟公约》（见上文脚注25）第4条，规定了理事会的具体职责。Further e. g. Lyall & Larsen，*supra* n. 1，215 – 6.

[34] 参见《国际电信联盟组织法》第11条，上文脚注24，《国际电信联盟公约》（见上文脚注25）第5条，规定了秘书处的具体职责。进一步参见 Lyall & Larsen，*supra* n. 1，217；Koenig & Braun，*supra* n. 32，21。

[35] 参见《国际电信联盟组织法》第8条和第9条，上文脚注24，《国际电信联盟公约》第1条，上文脚注25。进一步参见 Lyall & Larsen，*supra* n. 1，215；Supancana，*supra* n. 12，72 – 8；Koenig & Braun，*supra* n. 32，20 – 1。

[36] 参见《国际电信联盟组织法》第13条，上文脚注24，《国际电信联盟公约》第7条和第9条，上文脚注25。进一步参见 Lyall & Larsen，*supra* n. 1，225 – 7；Supancana，*supra* n. 12，79 – 104；Koenig & Braun，*supra* n. 32，21 – 2。

[37] 参见《国际电信联盟组织法》第12条至第16条、第44条，上文脚注24；关于无线电通信部的运行模式，参见《国际电信联盟公约》第7～12条，上文脚注25。进一步参见 Lyall & Larsen，*supra* n. 1，224 ff.；Lyall，*supra* n. 32，257 – 8；Koenig & Braun，*supra* n. 32，21 – 2。

电频谱的使用，也因此是目前最重要的部门；电信标准化部门，㊳ 负责技术的协调与发展；电信发展部门，㊴ 负责执行国际电联作为联合国政府间国际组织所应执行的任务，以支持发展中国家加入和/或继续融入国际电信大家庭。

（三）关于国际频率使用的协调和监管

1. 国际电联和国际频率管理

一般来讲，国际电联针对国际电信相关议题开展工作，尤其是通过技术和法律手段最大限度减少以无线电波为基础的各种电信模式之间非故意的跨境干扰。国际电联开展上述工作的主要目的在于：

（1）保持和扩大所有国际电联成员国之间的国际合作，以改进和合理使用各种电信；

……

（3）促进技术设施的发展及其最有效的运营，以提高电信业务的效率，增强其效用并尽量使之为公众普遍利用。㊵

这些法律手段最显著的作用在于其构成了无线电活动所用的无线电频率协调体系，以确保获得授权的单一（政府或其他）用户能够无干扰地使用某些频率。为此，国际电联特别注重：

（1）实施无线电频谱的频段划分、无线电频率的分配和无线电频率指配的登记，……以避免不同国家无线电台之间的有害干扰；

（2）协调各种努力，消除不同国家无线电台之间的有害干扰，改进无线电通信业务中无线电频谱的利用，改进对地静止卫星轨道及其他卫星轨道的利用。㊶

该条款已经为无线电频率的划分、分配和指配这三步的复杂程序制定了蓝图，以最终实现各无线电运营人使用某些频率时不相互干扰。《无线电规则》对

㊳ 参见《国际电信联盟组织法》第17~20条，上文脚注24；关于电信标准化部门运行模式的具体内容，参见《国际电联公约》第13~15条，上文脚注25。进一步参见 Lyall & Larsen, *supra* n. 1, 222-4；Lyall, *supra* n. 32, 258；Koenig & Braun, *supra* n. 32, 22。

㊴ 参见《国际电信联盟组织法》第21~24条，上文脚注24；关于电信发展部门运行模式的具体内容，参见《国际电联公约》第16~18条，上文脚注25。进一步参见 Lyall & Larsen, *supra* n. 1, 218-21；Lyall, *supra* n. 32, 258；Koenig & Braun, *supra* n. 32, 22。

㊵ 参见《国际电联公约》第1条第1款，上文脚注25。

㊶ 参见《国际电联公约》第1条第2款（此处予以强调），上文脚注25。

该种制度做了详细规定，[42]《无线电规则》也是与国际电联角色和职能相关的第三个重要的法律文件，它对国际电联成员国具有法律约束力。[43]

《无线电规则》对上述制度进行了简要总结，见表8.1。

表8.1　《无线电规则》第5条第1款关键术语矩阵表

频率分属对象	中文	法文	英文	西班牙文
业务	划分	Attribution （attribuer）	Allocation （to allocate）	Atribución （atribuir）
地区或国家	分配	Allotissement （allotir）	Allotment （to allot）	Adjudicación （adjudicar）
电台	指配	Assignation （assigner）	Assignment （to assign）	Asignación （asignar）

来源：《无线电规则》第5条"引言"。

《国际电信联盟组织法》对此规定了如下主要原则：

在使用无线电业务的频段时，各会员应牢记，无线电频率和对地静止卫星轨道是有限的自然资源，必须依照《无线电规则》的规定合理而有效率地节省使用，以使各国或国家集团可以在照顾发展中国家和某些国家的地理位置的特殊需要的同时，公平地使用无线电频率和对地静止卫星轨道。[44]

甚至更具体讲，"各会员应努力将所使用的频率数目和频谱宽度限制到为足以满意地开放必要业务所需的最低限度；为此，须尽早采用最新的技术发展成果。"[45]

国际电联关于国际频率管理的其他重要原则包括避免对其他经过认可的无线电业务经营机构造成有害干扰的原则，[46]遇险呼叫和电报优先的原则，[47]军用无

---

[42] *Supra*, n. 32.

[43] 再次参见《国际电信联盟组织法》第4条第3款，上文脚注24；"行政规章"指的是《无线电规则》和《国际电信规则》。关于《无线电规则》的更多信息，参见 Lyall & Larsen, *supra* n. 1, 230 –5.

[44] 《国际电信联盟组织法》第44条第1款，上文脚注24。

[45] 《国际电信联盟组织法》第44条第1款，上文脚注24；《无线电规则》第4条第1款，上文脚注32；参见《国际电信联盟组织法》第38条第1款。

[46] 参见《国际电信联盟组织法》第45条，上文脚注24。

[47] 参见《国际电信联盟组织法》第46条，上文脚注24。

线电设备排除适用国际电联规定的原则,[48] 有权切断危及国家安全的私务电信活动的原则,[49] 以及国家有义务在其管辖权和管控权内保护和维护其所控制的信道的原则。[50]

2.《无线电规则》和第一步:划分

频率管理国际制度的第一步就是上文所述的"划分",是指在国际层面上将特定频段"预留"给使用无线电波的特定业务种类。《无线电规则》将"(频段的)划分"界定为"频率划分表中关于某一具体频段可供一种或多种地面或空间无线电通信业务或射电天文业务在规定条件下使用的记载。该名词亦适用于所涉及的频段"。[51]《无线电规则》目前认可和划分了 42 种以上的特定服务种类。[52]

无线电频段的划分工作一般通过每两年或三年举办一次的世界无线电通信大会来完成,其前身是世界无线电行政大会(WARCs)。[53] 在世界无线电通信大会上,国际电联的成员国"可以部分地,或在特殊情况下全部地修订无线电规则"。[54] 上述规定实际上意味着,技术、经济和其他方面的发展改变了其对某些带宽的需求,通过世界无线电通信大会做出决定为某些特定服务种类"预留"新

---

[48] 参见《国际电信联盟组织法》第 48 条第 1 款,上文脚注 24。尽管如此,这种军用"设备必须按照其业务性质,尽可能遵守有关遇险时给予援助和采取防止有害干扰的措施的法定条款,并遵守行政规则中关于按其所提供业务性质而适用发射方式和频率的条款"(《国际电信联盟组织法》第 48 条第 2 款),而且,事实上也非常鼓励它们遵守这些规则,因为根据物理规律,如果其他民用电信设备在相同地区使用非常类似的频率,它们的无线电通信将会遭受白噪声的影响。

[49] 参见《国际电信联盟组织法》第 34 条第 2 款,上文脚注 24。

[50] 参见《国际电信联盟组织法》第 38 条第 3 款和第 4 款,上文脚注 24。

[51]《无线电规则》第 1 条第 16 款,上文脚注 32。另参见 Meredith & Robinson, *supra* n. 1, 161, Lyall & Larsen, *supra* n. 1, 231; Salin, *supra* n. 2, 48。关于频率划分表相关内容,参见"上册第八章二(三)3"部分内容。

[52]《无线电规则》第 1 条第 19 款至第 60 款,上文脚注 32。当然,其中一半是"空间服务";进一步参见"上册第八章二(四)2"部分内容。

[53] 参见《国际电信联盟组织法》第 13 条第 1 款和第 2 款,上文脚注 24。关于世界无线电行政大会的运行模式在《国际电联公约》第 7 条中予以规定,上文脚注 25。也可参见《无线电规则(第三卷)》中秘书处的注释:"作为《国际电信联盟组织法》和《国际电联公约》的有效补充,《无线电规则》的修订吸收了 1995 年、1997 年、2000 年、2003 年、2007 年和 2012 年的世界无线电通信大会的决议。《无线电规则》的大部分规定都自 2013 年 1 月 1 日开始生效。"

[54]《国际电信联盟组织法》第 13 条第 1 款,上文脚注 24;参见《国际电信联盟公约》第 7 条第 2 款第 1 项第 a 分项,上文脚注 25。《国际电信联盟公约》第 32 条规定了表决程序,一般需要达成共识,但是如果确有必要,简单多数就可以批准修正案。

的频段，和/或将某些明显不再符合需求的带宽予以"移除"，以求更合理地、高效地和经济地使用无线电频率。㊹

上述决定应该提前做好准备："这种（世界无线电通信大会的）议程的大致范围应在 4~6 年前预先制定，而最后的议程应由理事会在大会召开两年前征得多数电联会员的同意后制定。"㊺ 显然，为实现多数成员国对某些特定服务划分额外频段或移除某些现存频段等议题的支持，这段时间在实践中也会被用来进行深入的分析、讨论和谈判。㊻

然而，为了尽可能适应国际电联成员国之间的潜在利益冲突、优先事项和偏好等，上述程序也会做一些微调。

首先，国际电联将全球划分为三个主要的区域，原则上允许不同的区域遵循不同的方法进行频率管理，因为在某一区域使用某一特定频率不会对其他区域使用同样频率造成干扰。需要注意的是，鉴于卫星通信对地球静止轨道的大量使用，国际电联非常关注赤道以上的外层空间区域，上述三个区域的划分正好能够使各区域获得相同部分的地球静止轨道弧度。这三个区域分别为主要由欧洲和非洲组成的第一区，美洲组成的第二区以及亚洲、澳大利亚和太平洋地区组成的第三区。㊼ 由于地理或政治原因，俄罗斯的全部领土被划分在了第一区，尽管这样划分使第一区延伸到了太平洋地区。㊽ 另外，《无线电规则》还在区域层面划分

㊹ 《国际电信联盟组织法》第 44 条第 2 款，上文脚注 24。也可参见《无线电规则》第 59 条第 2 款，上文脚注 32，规定"经 WRC－95 修改的关于新的或修改的频率划分（包括适用于各现有划分的任何新的修改的条件）的本规则的条款……应自 1997 年 1 月 1 日起临时实施"（此处予以强调）。

㊺ 参见《国际电信联盟公约》第 7 条第 2 款第 2 项，上文脚注 25。

㊻ 议程的制定必须经过大多数成员国的同意，修订议程的动议需要四分之一以上成员国同意，然后议程修订的最终通过还需要大多数成员国的同意；see Art. 7 (2), (3), ITU Convention, *supra* n.25。世界无线电通信大会上关于《无线电规则》的决议，也需要大多数成员国的同意才能通过；《无线电规则》是《国际电信联盟组织法》和《国际电信联盟公约》的有效补充，对《国际电信联盟组织法》和《国际电信联盟公约》的修订适用绝对多数决规则［分别参见《国际电信联盟组织法》（上文脚注 24）第 55 条和《国际电信联盟公约》（上文脚注 25）第 42 条］，在世界无线电通信大会上对《无线电规则》的修订也适用该绝对多数决规则。

㊼ 参见《无线电规则》第 5 条第 2 款，上文脚注 32，规定了一个小型的示意地图；具体细节参见第 5 条第 3 款至第 9 款。当然，国际电联用此种方法管理所有的无线电通信问题，卫星通信只是其中的一个组成部分；进一步参见"上册第八章二（四）"部分内容。

㊽ 参见《无线电规则》第 5 条第 3 款，上文脚注 32。

了若干更加详细的子区域，比如非洲广播区、欧洲广播区、欧洲水上地区和热带区。[60]

其次，通过列举若干业务种类和划分，《无线电规则》在向某些区域划分特定频率方面提供了更多的灵活性，进而尽可能地尊重各国主权和优先权权益。第一，《无线电规则》区分了"主要业务"和"次要业务"，次要业务：①不应对业经指配或将来可能指配频率的主要业务电台产生有害干扰；②对来自业经指配或将来可能指配频率的主要业务电台的有害干扰不能要求保护；③但是，可要求保护不受来自将来可能指配频率的同一业务或其他次要业务电台的有害干扰。[61]

第二，也可以通过"脚注"的方式划分频段，但这只针对某一或某一组特定国家。[62] 如果该种划分属于"附加划分"，则这些频段基本上享有与"脚注"所指向国家的主要业务相同的权利；如果这种划分属于"替代划分"，则这些频段享有的是这些国家次要业务同等权利。[63]

第三，各业务甚至有可能轻松地适用"无有害干扰，则无不受抗干扰保护"制度。[64]

3. 频率划分表

世界无线电通信大会根据上述程序和原则进行的频段划分，最终被频率划分表予以确定下来，体现在《无线电规则》第5条第4部分的规定，总共136页。[65] 在这之前的第3部分，包括第5条第46~52款，简要地规定了"频率划分表的说明"。

频率划分表本身包含了实践中通信所用的所有频率，目前的范围为8.3千赫~

---

[60] 参见《无线电规则》第5条第10款至第21款，上文脚注32。

[61] 参见《无线电规则》第5条第29款至第31款，上文脚注32；也可参见第5条第23款至第28款。

[62] 参见《无线电规则》第5条第32款至第33款，上文脚注32。

[63] 参见《无线电规则》第5条第34款至第41款，上文脚注32，尤其是第36款和第40款。

[64] 参见《无线电规则》第5条第43款至第43A款，上文脚注32。

[65] 参见《无线电规则》第5条第53款至第565款，上文脚注32，第43页至第178页。

275 吉赫，⑥ 为了管理便利，这些频率被划分为多个频段。频率划分表明确了适用主要分配和次要分配的业务种类，某些也标明了该频段位于国际电联第几区。然后通过脚注说明该频段的附加划分、国家等相关信息，有时候这些信息非常详细。

尽管频率划分表本身通过以千赫、兆赫、吉赫计量的频率确定频段，但是实践中频率范围已经组合成更广泛的频段，并通过简单的数字或首字母缩略词供快速参考。首先，《无线电规则》就提供了一个通用的九段分割法，具体请参阅表 8.2。

表 8.2　《无线电规则》第 2 条第 1 款规定的 9 个频段

频段序号	符号	频率范围（下限除外，上限包括在内）	相当于米制的细分	频段的米制缩写
4	VLF	3 kHz 至 30 kHz	万米波	B. Mam
5	LF	30 kHz 至 300 kHz	千米波	B. km
6	MF	300 kHz 至 3000 kHz	百米波	B. hm
7	HF	3 MHz 至 30 MHz	十米波	B. dam
8	VHF	30 MHz 至 300 MHz	米波	B. m
9	UHF	300 MHz 至 3000 MHz	分米波	B. dm
10	SHF	3 GHz 至 30 GHz	厘米波	B. cm
11	EHF	30 GHz 至 300 GHz	毫米波	B. mm
12		300 GHz 至 3000 GHz	丝米波	

注 1："频段 N"（N + 频段序号）的范围从 0.3×10^N Hz 至 3×10^N Hz。

注 2：词头：k = 千（10^3），M = 兆（10^6），G = 吉（10^9）。

注 3：关于字母缩写的含义和相关波长的其他信息，以及在其他四个高级频段（TLF、ELF、SLF 和 ULF）之外再增加缩写为 THF 的频段并分配波段序号 12，这些相关信息也可参见 http://en. wikipedia. org/wiki/Radio_spectrum，最后访问日期为 2014 年 3 月 12 日。进一步参见 Williamson, *supra* n. 12, 34 – 5。

来源：《无线电规则》第 2. 1 条。

---

⑥ 8.3 千赫以下的频段未划分，270~3000 吉赫的频段也未划分；《无线电规则》第 32 条、第 43 条和第 178 条，上文脚注 32。

请注意，频段 4 中位于 3 ~ 8.3 千赫范围的频率以及频段 11 和 12 中位于 275 ~ 3000 吉赫范围的频率目前并非通过国际电联体系进行划分，但是我们可以很明确地预计未来将会对这些频率进行划分。

另外，在第二次世界大战之前，传统的频段是通过其他一套字母来表示的。目前与国际电联体系不一致且最权威的是由美国电气与电子工程师协会（IEEE）制定的体系，其最新的版本是 2002 年版（见表 8.3）。[67]

表 8.3　IEEE 标准 521—2002 规定的 12 个频段

频段名称	频率范围	名称来源
HF 段	3 ~ 30 MHz	高频（High Frequency）
VHF 段	30 ~ 300 MHz	甚高频（Very High Frequency）
L 段	1 ~ 2 GHz	长波（Long wave）
S 段	2 ~ 4 GHz	短波（Short wave）
C 段	4 ~ 8 GHz	S 和 X 之间的折中
X 段	8 ~ 12 GHz	"二战"中用于火控（X 代表着十字线）
Ku 段	12 ~ 18 GHz	短之下（Kurz - under）
K 段	18 ~ 27 GHz	短（Kurz）
Ka 段	27 ~ 40 GHz	短之上（Kurz - above）
V 段	40 ~ 75 GHz	
W 段	75 ~ 110 GHz	V 之后为 W
G 段	110 ~ 330 GHz	

4.《无线电规则》和第二步：分配

确保国际高效使用无线电频谱的第二步是"分配"，是指将特定频率"预留"给各国，使其能够提供特定种类的无线电通信业务。

《无线电规则》将"（射频或无线电频道的）分配"界定为"经有权的大会批准，在一份议定的频率分配规划中，关于一个指定的频道可供一个或数个主管部门在规定条件下，在一个或数个经指明的国家或地理地区内用于地面或

---

[67]　IEEE 标准 521 - 2002：雷达频带的标准字母标识；see http://en. wikipedia. org/wiki/Radio_ spectrum，last accessed 12 March 2014。

空间无线电通信业务的记载"⑱。此处的"主管部门"是指"负责履行《国际电信联盟组织法》《国际电信联盟公约》和行政规则内所规定的义务的任何政府部门或机关"⑲。

为了确保在对频率进行分配时不对国际电联框架下其他国际上合法使用的频谱造成有害干扰，每一次毫无干扰地适用某一或某一组频率都需要一个有效的协调程序。国际电联中监测该种协调程序的关键机构是无线电规则委员会（Radio Regulations Board，之前叫国际频率登记委员会），由某些个人专家组成，这些专家"不是代表各自的会员国或某一区域，而应作为国际公共托管物的管理人进行工作"，因此，这些专家"不得干预与专家自己的主管部门直接有关的决定"。⑳

无线电规则委员会分别在世界无线电行政大会和世界无线电通信大会期间持续收到各国关于无线电频率分配的请求。㉑ 显然，各国关于频率分配的请求必须符合频率划分表中的法定参数，在某一业务种类之内请求分配该业务种类范围之外的频率将自始至终不会被接受，除非该种频率分配请求并不会造成任何有害干扰，而且同时接受其他经过正式授权所分配频率的任何干扰。㉒ 比如，如果规划的卫星系统计划用于无线电导航业务，则所请求的特定频率必须位于划分给该种类型业务的频段范围之内。

5. 《无线电规则》和第三步：指配

如果所分配的无线电频率实际上由相关国家自己使用，比如说政府部门的公共运营商，"指配"一般都会自动地根据国内规则和原则汇聚到"分配"这一步。换句话讲，"指配"是指将符合特定业务用途的特定频率"预留"给运营

---

⑱ 参见《无线电规则》第 1 条第 17 款，上文脚注 32。另参见 Salin, *supra* n. 2，48。

⑲ 参见《无线电规则》第 1 条第 2 款，上文脚注 32。

⑳ 参见《国际电信联盟组织法》第 14 条第 3 款第 1 项，上文脚注 24。

㉑ See further e. g. Lyall & Larsen, *supra* n. 1，227 ff. ; Meredith & Robinson, *supra* n. 1，188 ff.

㉒ 参见，尤其是《无线电规则》第 4 条第 4 款，上文脚注 32，其要求管理机关"不应给电台指配任何违背本章中频率划分表或本规则中其他规定的频率，除非明确条件是这种电台在使用这种频率指配时不对按照《国际电信联盟组织法》《国际电信联盟公约》和本规则规定工作的电台造成有害干扰并不得对该电台的干扰提出保护要求"。关于国际电联的协调程序，参见"上册第八章二（四）4"部分内容。

商，上文中关于分配的许多条款实际上也都适用于指配。[73]

相比之下，如果运营商实际上是一个政府间国际组织或者私营主体，它们都无权单独请求无线电频率的"分配"，"指配"将有效地成为第三步，获得频率分配的国家也通过该步骤正式地许可这些运营商使用相关频率，正如《无线电规则》规定的："（射频或无线电频道的）指配"是指"由某一主管部门对给某一无线电台在规定条件下使用某一射频或无线电频道的许可"。[74] 如果运营商是政府间国际组织，则该组织的东道国负责上述许可；[75] 如果是私营运营商，则该运营商的（领土）管辖权国负责上述许可。[76]

上述制度在实践中意味着，国家既可以基于政府自身用途，也可以基于对某一私营或者政府间国际组织运营商，在某一特定时间的要求对某些特定频率进行分配。这种事情显然属于国家主权范畴，不受上述国际电联框架下的协调程序和相关义务等任何国际义务的约束。

6. 国际频率登记总表

进入协调程序后，如果国际电联的其他成员国并没有提出合理的请求认为新系统可能存在对其通信运营造成干扰的风险，那么该新系统所申请的频率将以国际频率登记总表中的"通告请求"（Notification Request）的方式进行分配/指配，并因此受到法律保护，免受他人干扰。

国际频率登记总表记录了各国所通告的按照上述协调程序和国际电联规则进行的频率指配情况，这些频率因此在国际上得到法律上的承认，进行通告的国家获得不受限制和免受干扰地按规划使用这些频率的权利。[77] 因此，国际频率登记总表实际上构成了一个永久性但持续更新的经过授权的频率登记簿，并进一步记载了有关的技术数据。只有在协调程序表明没有国家在拟议的网络运营对其分配的频

---

[73] See e. g. Lyall & Larsen, *supra* n. 1, 232 – 3；Meredith & Robinson, *supra* n. 1, e. g. 162；Salin, *supra* n. 2, 48.

[74] 《无线电规则》第1条第18款对"管理机关"术语的提及，清楚地表明这种指配是在国家层面进行的，上文脚注32。

[75] 关于国际卫星组织与此相关的内容阐述，参见"上册第五章四至八"部分内容。

[76] 关于国际空间法对私营空间活动运营主体的一般性描述，参见，比如，"上册第二章一（二）""第二章二（二）3"和"第二章三（一）1"部分内容；"上册第三章"。

[77] 参见《无线电规则》第11条，上文脚注32。

率造成潜在干扰风险方面提出有效的反对意见之后，该种数据才能被登记在国际频率登记总表中。

（四）国际电联和卫星通信

1. 国际电联和空间服务：频率、地球同步轨道和其他轨道

上述整个频率管理体系原则上适用于所有国际层面上的无线电通信。在Sputnik－1之前，将太空中的一个中继站作为通过使用某些频率来进行无线电的上行和下行传输的无线电通信网络的组成部分，都一直是科幻小说中的情节，或者至少如亚瑟·克拉克爵士的提议一样，其也只是一种理论，但是苏联的小卫星却从根本上改变了这一状况。从 Sputnik－1 之后，无线电通信很明显将会使卫星作为整个网路的组成部分，并且为这些空间设备预留出频率。

由国际电联提供适当的平台来讨论卫星通信过程中的频率使用和无线电干扰相关事项，是十分必要和理所应当的事情。实际上，早在 1959 年在日内瓦召开的世界无线电行政大会就基本上决定了空间通信相关事项，并决定了有关的频率使用事项，也应当由国际电联负责处理。[78]《无线电规则》从此以后将"空间无线电通信"界定为"涉及利用一个或多个空间电台或者利用一个或多个反射卫星或空间其他物体所进行的任何无线电通信"。[79]

然而，卫星通信不仅像地面无线电运营一样，需要频率协调程序，还需要针对外空卫星物理位置方面的协调程序。之前，国际电联成员国并没有正式向国际电联授予"许可"或"授权"某些国家在全球范围内占用轨道位置的权力，如根据频率划分的方式划分轨道或者地球静止轨道。[80]

同时，卫星无相互干扰的使用频率与卫星所占用的轨位这两者之间存在内在联系：在相邻轨位上使用相同频率将在两个不同运营人之间引起白噪声，但是如

---

78 See e. g. Lyall, *supra* n. 18, 110; Lyall, *supra* n. 2, 324; White & White, *supra* n. 11, 113 – 5; Meredith & Robinson, *supra* n. 1, 170 – 1; Smith, *supra* n. 11, 59; Supancana, *supra* n. 12, 79.

79 《无线电规则》第 1 条第 8 款，上文脚注 32。此处的"空间站"并不是指国际空间站等人造空间站，而是指在外空运行的发射台；参见 Lyall, *supra* n. 18, 110, fn. 133.

80 请注意，外层空间是一个"全球公域"，以自由探索和利用外层空间为基本制度，只有国际社会才能够对此予以监管。国际电联应当可以根据国际社会的授权对轨位做出规定，就像国际民航组织根据国际社会的"授权"（另一个全球公约）对公海之上的空域做出"规定"一样；参见 N. Grief, *Public International Law in the Airspace of the High Seas* (1994)。然而严格来讲，迄今为止，外空卫星轨道并非如此。也可参见"上册第五章二（三）"部分内容。

果卫星位于地球静止轨道的两端，就将不会存在相互干扰的风险。因此，国际电联在其频率协调的过程中也会私下地考虑到各卫星轨道位置，一开始只考虑地球静止轨道，后来随着进展也考虑其他轨道。

在使用无线电业务的频带时，各会员应牢记，无线电频率和对地静止卫星轨道是有限的自然资源，必须依照《无线电规则》的规定合理而有效率地节省使用，以使各国或国家集团可以在照顾发展中国家和某些国家的地理位置的特殊需要的同时，公平地使用无线电频率和对地静止卫星轨道。⑧

因此，上面讨论的国际电联相关程序既是确保无线电频率在国际上正常使用的关键因素，也是实现"实施无线电频谱的频带划分，无线电频率的分配，以及无线电频率指配和对地静止卫星轨道的相关轨道位置的登记，以避免不同国家无线电电台之间的有害干扰"⑧ 和"协调各种努力，消除不同国家无线电电台之间的有害干扰和改进无线电通信业务中无线电频谱及对地静止卫星轨道的利用"⑧的关键因素。

2. 国际电联框架下的空间服务

1959 年世界无线电行政大会基本上认为空间通信服务由两种新类型的服务构成，分别是"空间服务"（上行）和"地面服务"（下行），并将第一频段分配给这些服务使用。⑧ 然而，随着对空间的利用持续增多，一个上行链路和一个下行链路业务这种简单概念必须持续完善，必须划分更多的带宽，频率划分和分配的指导原则也必须加以改进。

因此，1963 年召开的无线电特别行政会议（Extra‐ordinary Administrative Radio Conference，EARC）专门讨论了空间通信的问题，其中将"先到先得"原则确立为空间系统运营中频率使用的首要原则，并为此设立了提交、咨询和协调

---

⑧ 《国际电信联盟组织法》第44条第2款，上文脚注24。
⑧ 《国际电信联盟组织法》第1条第2款第a项，上文脚注24。
⑧ 《国际电信联盟组织法》第1条第2款第b项，上文脚注24。
⑧ See Lyall, *supra* n. 18, 110, fn. 133；White & White, *supra* n. 11, 113；Lyall, *supra* n. 2, 359；Meredith & Robinson, *supra* n. 1, 170；Smith, *supra* n. 11, 59；Supancana, *supra* n. 12, 79.

的特别程序。[85] 比如，除了卫星运行所需的频率之外，还要求将相关轨位和轨道的各自信息列入预先出版物中。[86]

在1971年的世界无线电行政大会中，各方继续致力解决空间通信相关问题，会议在1971年决定将"空间业务"划分为卫星固定业务（FSS）、卫星移动业务（MSS）和卫星广播业务（BSS），并为各业务确定了适当数量（越来越多）的带宽。[87]

截至2012年，在42项业务中，至少有21种独立的特定空间业务被《无线电规则》确定，其中大部分是广义上的卫星相关业务，包括：

1.21 **卫星固定业务**：利用一个或多个卫星在处于给定位置的地球站之间的无线电通信业务；该给定位置可以是一个指定的固定地点或指定地区内的任何一个固定地点；在某些情况下，这种业务包括亦可运用于卫星间业务的卫星至卫星链路；卫星固定业务亦可包括其他空间无线电通信业务的馈线链路。

1.22 **卫星间业务**：在人造卫星间提供链路的无线电通信业务。

1.23 **空间操作业务**：仅与空间飞行器的操作，特别是空间跟踪、空间遥测和空间遥令有关的无线电通信业务。上述空间跟踪、空间遥测和空间遥令功能通常是空间电台运营业务范围内的功能。

1.25 **卫星移动业务**：在移动地球站与一个或多个空间电台之间的一种无线电通信业务，或在这种业务所利用的各空间电台之间的无线电通信业务；或利用一个或多个空间电台在移动地球站之间的无线电通信业务。这种业务亦可以包括其运营所必需的馈线链路。

1.27 **卫星陆地移动业务**：其移动地球站位于陆地上的一种卫星移动业务。

1.29 **卫星水上移动业务**：其移动地球站位于船舶上的一种卫星移动业务；救生艇电台和应急示位无线电信标电台亦可参与这种业务。

---

[85] See e. g. White & White, *supra* n. 11, 116 – 28；Lyall, *supra* n. 2, 360 – 4；Meredith & Robinson, *supra* n. 1, 171 – 3；Smith, *supra* n. 11, 59 – 60；Supancana, *supra* n. 12, 79 – 80. 进一步参见"上册第八章二（四）3"部分内容。

[86] *Cf.* White & White, *supra* n. 11, 121 – 4；also e. g. Meredith & Robinson, *supra* n. 1, 172.

[87] *Cf.* e. g. White & White, *supra* n. 11, esp. 138 – 52；Lyall, *supra* n. 2, 364 – 71；Meredith & Robinson, *supra* n. 1, 174 – 7；Smith, *supra* n. 11, 61；Supancana, *supra* n. 12, 80 – 1.

1.35 卫星航空移动业务：其移动地球站设在航空器上的卫星移动业务；救生艇电台与应急示位无线电信标电台亦可参与此种业务。

1.36 卫星航空移动（R）业务：保留给主要与沿国内或国际民航航线的飞行安全和飞行正常有关的通信使用的卫星航空移动业务。（R 指"航线"）

1.37 卫星航空移动（OR）业务：供主要是国内和国际民航航线以外的通信使用的卫星航空移动业务，包括那些与飞行协调有关的通信。（OR 指"航线外"）

1.39 卫星广播业务：利用空间电台发送或转发信号，以供一般公众直接接收的无线电通信业务。在卫星广播业务中，"直接接收"一词应包括个体接收和集体接收两种。

1.41 卫星无线电测定业务：涉及利用一个或多个空间电台进行无线电测定的无线电通信业务。这种业务亦可以包括其作业所必需的馈线链路。

1.43 卫星无线电导航业务：用于无线电导航的卫星无线电测定业务。这种业务亦可以包括其作业所必需的馈线链路。

1.45 卫星水上无线电导航业务：其地球站设在船舶上的卫星无线电导航业务。

1.47 卫星航空无线电导航业务：其地球站设在航空器上的卫星无线电导航业务。

1.49 卫星无线电定位业务：用于无线电定位的卫星无线电测定业务。这种业务亦可以包括其作业所必需的馈线链路。

1.51 卫星地球探测业务：地球站与一个或多个空间电台之间的无线电通信业务，并可包括空间电台之间的链路。在这种业务中：

由地球卫星上的有源遥感器或无源遥感器获得有关地球特性及其自然现象的资料，包括有关环境状况的数据；

从航空器或地球基地平台收集同类资料；

此种资料可分发给有关系统的地球站；

可包括平台询问。

这种业务亦可以包括其作业所需的馈线链路。

1.52 卫星气象业务：用于气象的卫星地球探测业务。

1.54 **卫星标准频率和时间信号业务**：利用地球卫星上的空间电台开展的与标准频率和时间信号业务相同目的的无线电通信业务。这种业务亦可以包括其作业所需的馈线链路。

1.55 **空间研究业务**：利用空间飞行器或空间其他物体进行科学或技术研究的无线电通信业务。

1.57 **卫星业余业务**：利用地球卫星上的空间电台开展的与业余业务相同目的的无线电通信业务。

1.58 **射电天文业务**：涉及射电天文使用的一种业务。[88]

有趣的是，这些业务中还包括射电天文业务（上述1.58），但严格来讲，射电天文业务并不主动地"使用"无线电频率，而仅仅"被动地"接收无线电波，通过超新星、死亡星和黑洞等类似星体发出的无线电波分析，以抽取出宇宙和银河相关信息。然而，将射电天文学视为一种业务种类，则可以在主要业务或次要业务层面对其划分某些频率，进而使得射电天文学家的科研活动不受某些潜在"活跃"用户使用这些频率而受到干扰。

在20世纪90年代后期，Iridium和Globalstar等类似公司计划研发近地轨道多卫星通信项目，射电天文学界对此种大功率卫星系统所带来的干扰极为担忧，在经合组织大科学论坛（OECD Megascience Forum）和欧洲科学基金会射电天文频率委员会（ESF - CRAF）的支持下，它们发起运动迫使这些公司调整部分计划进而持续保障射天天文业务相关频段免受干扰。[89]

3. 从"先占先得"到优先划分

《国际电信联盟组织法》第44条第2款要求合理、高效和经济性地使用无线电频率，"先占先得"自然就成为频率使用中存在潜在竞争关系或者过剩需求情况时的默认性原则。毕竟，如果某一频率不能每天都得到充分利用将会是一种无法弥补的损失。

在同等发达且技术水平大致相当的自由市场经济体之间，该原则在本质上被

⅘ 《无线电规则》第5条，上文脚注32。另参见 White & White, *supra* n. 11，xxii - xxiv.

⅙ See also F. G. von der Dunk, Space for Celestial Symphonies? Towards the Establishment of International Radio Quiet Zones, 17 *Space Policy* (2001)，265 - 74.

认为是公平的；在地球静止轨道并不拥挤的情况下，该原则也不会被视为一种负担。然而，随着越来越多的卫星发射入轨，越来越多的发展中国家和最不发达国家对卫星通信所带来利益的兴趣持续增加，上述情形将会开始转变。

地球静止轨道将会被逐渐用完，至少在发展中国家和最不发达国家自己有技术和经济实力发射卫星之时，那些最好的轨位和频率已经被占用，这是非常令人担忧的问题。另外，还涉及政治和意识形态问题，一旦地球静止轨道被发达的西方世界控制，世界也将因此变成一个由西方控制通信，并且由西方占据全球广播文化优势的世界。[90]

在 1963 年召开的无线电特别行政会议上，当讨论到最原始的三个种类的空间服务时，上述政治气息格外明显：卫星广播业务尤其被发展中国家认为是发达国家"强行"传播其文化和社会价值观的一个工具。发展中国家也因此对未来运营自己的系统更加感兴趣，以减少帝国主义的上述影响，然而，发展中国家受制于一直采用的"先占先得"原则，这种原则因此开始遭到猛烈批评。[91]

1973 年的全权代表大会各方就此初步达成妥协，在高效和经济性原则（一旦某国对某一频率非常感兴趣之时就着手分配）之外，公平获得原则（在发展中国家发射准备完成之前就通过某种途径保障其使用权）也将开始纳入考虑。[92]

在 1977 年的世界无线电行政大会上，各方妥协的方案最终达成，即针对卫星广播业务，在国际电联的三个全球区域中的两个区域（欧洲和非洲区，亚洲、澳大利亚和太平洋地区）内分别实行所谓的先验（apriori）规划原则，对美洲区还是继续实行"先占先得"原则。先验规划原则是指为每一个国家预留一些卫星轨位和相关的频率，而无论这些国家立即使用与否。[93]

---

[90] 这些担忧在卫星电视广播方面也存在，某些联合国成员国并不愿意接受内容毫无约束的卫星电视广播，想对广播内容做出一些限制，从而制定了《各国利用人造地球卫星进行国际直接电视广播所应遵守的原则》；进一步参见"上册第八章三"部分内容。

[91] See Supancana, *supra* n. 12, 79；Lyall, *supra* n. 2, 361 – 4；White & White, *supra* n. 11, 123 – 4, 128 – 9；Meredith & Robinson, *supra* n. 1, 172 – 3.

[92] See e. g. Smith, *supra* n. 11, 61 – 2, 77 – 86；White & White, *supra* n. 11, 152 – 3；Meredith & Robinson, *supra* n. 1, 177 – 8；*cf.* also Supancana, *supra* n. 12, 72, 80 – 1.

[93] See Smith, *supra* n. 11, 63 – 4；Lyall, *supra* n. 2, 382 – 5；White & White, *supra* n. 11, 159 – 62；Meredith & Robinson, *supra* n. 1, 178 – 9.

在 1985 年召开的地球静止卫星轨道利用和规划的世界无线电行政大会
（WARC－ORB85）上，各方致力于解决空间业务相关问题，一些划分给卫星固
定业务的频段也被用于先验规划的分配；尽管国际电联在 1971 年做出重要决定
将卫星移动业务与其他业务区分开，但是 1987 年世界无线电行政大会第一个频
段实际上就被划分给了卫星移动业务。[94]

关于"先占先得"原则和先验规划原则之间的讨论一直持续到 1988 年召开
的以地球静止卫星轨道利用和规划为主题的世界无线电行政大会。在该会议中，
卫星固定业务项下的某些频段和轨位被预留给了某些国家，但其他的频段和轨位
继续适用"先占先得"原则；针对卫星广播业务，起草了一个先验规划规则；但
是，卫星移动业务继续使用"先占先得"原则。[95]

简而言之，最终在 1992 年的世界无线电行政大会上，再次额外分配给了空
间通信（相对于地面通信）大量的频段，而且该次分配还首次包括非地球静止轨
道，这是十分值得庆祝的。[96] 2000 年的世界无线电行政大会和 2003 年的世界无
线电行政大会反而主要致力于为未来的卫星导航系统，尤其是欧洲伽利略卫星导
航系统，划分更多的频段。[97]

4. 用于国际卫星服务的国际频率使用协调

卫星通信在整个通信领域具有特殊性，比如其需要处理卫星轨位和轨道问
题，有鉴于此，在国际电联的框架下建立了一个特殊的协调程序。该协调程序由
无线电规则委员会主持，处理频率、卫星系统和服务等系列事项，该程序首先将
所申请的卫星系统及其所需的轨位/轨道和频率予以提前公布，并进行正式备
案。[98] 该申请不得早于规划中的卫星系统开始运行日期的 7 年之前提交给国际电

---

[94] See Smith, *supra* n. 11, 63 – 4；Lyall, *supra* n. 2, 382 – 5；White & White, *supra* n. 11, 159 –
62；Meredith & Robinson, *supra* n. 1, 178 – 9.

[95] See e. g. Meredith & Robinson, *supra* n. 1, 184；Supancana, *supra* n. 12, 83 – 8；Smith, *supra*
n. 11, 117 – 56.

[96] See e. g. Noll, *supra* n. 31, 113 – 4；Meredith & Robinson, *supra* n. 1, 185；Supancana, *supra*
n. 12, 89 – 91；Salin, *supra* n. 2, 56.

[97] *Cf.* Salin, *supra* n. 2, 464 – 5.

[98] 参见《无线电规则》第 9 条第 1 款，上文脚注 32。另参见 Meredith & Robinson, *supra* n. 1,
187 ff. ；Salin, *supra* n. 2, 47 – 9。

联（以防止某些频率和轨位/轨道被过长时间地"预留"导致浪费），但最好也不迟于运行日期的 2 年之前。[99]

上述相当长的预留期间导致了"纸上卫星"的问题，尽管研发和建造卫星的计划还没最终确定，但是为了尽早"排队"，一些国家提前提交申请。[100] 另外，国际电联体系有很多提议最终都没能实现，浪费了宝贵的人力和其他资源。为了减少上述体制弊端，国际电联启动了"行政尽职调查"制度。[101]

在某一成员国提交分配/指配申请后，除该国之外的所有其他国际电联成员国都可以就该申请可能给它们的系统或者它们所管辖的运营人造成干扰的潜在风险提交报告，而无论这些干扰针对的是已运行的系统，还是计划中的系统，当然此处的计划中的系统必须在上述某一成员国申请提交之前就已经启动了国际电联的申请程序。[102]

如果有报告指出新申请会造成潜在干扰，则该申请国有义务做出回应，一般需要重新申请其他频率，也就意味着基本上需要从头开始申请程序，或者也可以采用其他方式规避该种干扰。[103]

国际电联的无线电通信部门负责监督协调程序，主要职责包括：搜集和处理各国关于《无线电规则》适用情况的信息；适用《程序规则》解决可能出现的冲突；有秩序地记录和登记频率指配和相关的轨道特性；不断更新国际频率登记

---

[99] 参见《无线电规则》第 9 条第 1 款，上文脚注 32。另参见 McNutt, *supra* n. 1, 133 – 5, on the problems arising for industry from such time frames。

[100] 更多详细情况，参见 P. Stubbe, New Definition of 'Bringing Into Use' in the Radio Regulations, in *International Regulations of Space Communications* (Ed. M. Hofmann) (2013), 91 – 3; Lyall & Larsen, *supra* n. 1, 236 – 44; H. Wong, The 'Paper Satellite' Chase: The ITU Prepares for its Final Exam in Resolution 18, 63 *Journal of Air Law & Commerce* (1998), 849 – 79; *cf.* also Williamson, *supra* n. 12, 37 – 9。

[101] 这意味着只有在某些卫星制造和/或发射合同签订后，并且交存行政费用押金后，才允许提交申请；进一步参见 Noll, *supra* n. 31, 117 – 22; Bohlmann, Schrogl & Zilioli, *supra* n. 31, 213 – 4; Lyall & Larsen, *supra* n. 1, 236 – 7; Salin, *supra* n. 2, 458 – 9; F. Lyall, The Radiocommunication Assembly (RA – 12) and the World Radio Conference (WRC – 12), Geneva, 2012: Progress (?), in *Proceedings of the International Institute of Space Law* 2012 (2013), 583 – 4。

[102] *Cf.* e. g. Meredith & Robinson, *supra* n. 1, 187 – 8; Lyall & Larsen, *supra* n. 1, 232 – 3.

[103] *Cf.* e. g. Lyall & Larsen, *supra* n. 1, 229.

总表；根据需求帮助解决有害干扰的案例。[104]

至今，针对所有的空间系统以及频段划分、频率分配和指配，空间网络系统（SNS）数据库[105]除了包括对《无线电规则》所规定的空间业务和相关数据的一般信息的简要概述外，还收录了 10600 余份地球静止轨道卫星的申请，1070 余份非地球静止轨道卫星的申请和 7900 余份地球站的申请。我们可以通过一个具有自由导航界面的查询系统，对该数据的某些特定信息进行检索。[106]

（五）国际电联制度在卫星通信领域所面临的挑战

虽然国际电联协调卫星频率和相关轨位或轨道使用的制度体系目前仍在有效运转，但是私营商业运营主体的数量逐步增加，国际电联作为一个政府间机构已经显得有些"传统"，有时甚至更像一种"君子协定"（不落实在纸面上而仅口头承诺——译者注），国际电联面临的各方面的压力逐步增加。[107] 鉴于形势发展迅速，这里不可能对每一种发展，乃至威胁，对国际电联在卫星通信方面造成的影响一一探讨，但是要对某些具体的案例和形势进行简要分析，至少说明这些发展的一般性和广泛性特征。

所有的案例和形势都证明通信卫星所面临的环境正在进行着一个非常广泛的范式变化，最终导致参与主体越来越多，它们的活动也越来越商业化，使国际电联"君子协定"式的制度体系面临的压力越来越大，尽管目前该制度体系已经相当成功地在全球范围内规范着各种技术和业务的发展进步。地球静止轨道地区的拥挤，导致某些国家和运营主体在政治、经济和商业利益的驱使下，轻易绕过国际电联的协调程序开展活动。[108]

---

[104] 参见《国际电联公约》第 12 条第 2 款，上文脚注 25。关于国际电联争端解决的一般性描述，也可参见 Supancana, *supra* n. 12, 189-90；进一步参见"下册第十章二（二）"部分内容。

[105] At www. itu. int/sns, last accessed 12 March 2014.

[106] At www. itu. int/sns, last accessed 12 March 2014.

[107] *Cf.* also e. g. Lyall, *supra* n. 2, 415-6；Lyall & Larsen, *supra* n. 1, 235 ff.

[108] 随着技术进步，越来越多的轨位和频率获得高效利用，我们很难预测外空可以放置卫星的最大数量，但是就某些特定轨位和频率的使用经常产生纠纷，这表明轨位上的某些区域的当前承载能力不能满足更多潜在运营商的利益诉求。另参见 Williamson, *supra* n. 12, 40-3；Stubbe, *supra* n. 100, 83-4；McNutt, *supra* n. 1, 127-31, 135；Lyall & Larsen, *supra* n. 1, 249-52；Salin, *supra* n. 2, 52-3；early on Smith, *supra* n. 11, 13-4.

1. 汤加卫星公司事件

首先映入眼帘的最著名案例是汤加卫星公司（Tongasat）事件对国际电联制度体系的挑战。[109] 汤加王国意识到南太平洋地区的通信状况十分糟糕且昂贵，一个美国企业和已退休的卫星专家在 1987 年说服汤加王国利用先验规划制度，[110] 申请"预留"给汤加和本地区其他国家的轨道位置。为了能够使国际电联分配、指配和登记位于地球静止轨道上的轨位，并与南太平洋地区的其他国家设立合资企业建造和运营卫星，汤加政府于 1988 年 4 月授权上述美国企业设立一家名为"汤加卫星公司"的汤加公司作为汤加政府的独家代理机构。[111]

美国企业与汤加政府的协议中并没有要求汤加政府出资，但是却允许汤加政府获得公司一半的收益；新公司筹建的所有资金都来自美国企业。尽管汤加的总人口仅为 10 万多点，汤加政府作为汤加卫星公司的代表向国际电联提交了 16 个轨位申请；汤加卫星公司实际上计划将分配/指配的轨位予以出售或者出租来获得利润，而不是将这些轨位实际用于自己的卫星通信。这违反了"君子协定"当时的规定，即只有实际上由自己使用的频率和轨位才可以登记。[112]

美国等六个国家向国际电联投诉，认为汤加的申请远远超越了其实际需求，称其不遗余力地利用漏洞来攫取空间资源。接下来的几年内，汤加卫星公司是否能够成功申请一直存在疑问；但是《国际电信联盟组织法》和《国际电信联盟公约》的规定都没有明确禁止利用先验规划制度赋予的权利将申请的轨位予以出

---

[109] 然而，对于类似案件的讨论，参见 Lyall & Larsen, *supra* n. 1, 238, fn. 157；Salin, *supra* n. 2, 52。

[110] 参见"上册第八章二（四）3"部分内容。

[111] See generally e. g. Salin, *supra* n. 2, 51 – 2；Meredith & Robinson, *supra* n. 1, 167 – 9；J. C. Thompson, Space for Rent：The International Telecommunication Union, Space Law and Orbit/Spectrum Leasing, 62 Journal of Air Law & Commerce（1996），279 – 311；D. Riddick, Why does Tongasat Own Outer Space?, 19 Air & Space Law（1994），15 – 29.

[112] See e. g. Thompson, *supra* n. 111, 281 – 2, referring to the 'warehousing' of spectrum；Salin, *supra* n. 2, 51 – 3；Meredith & Robinson, *supra* n. 1, 168. 也可参见"上册第八章二（三）和（四）"部分内容，其描述了监管制度，允许国家及其运营商在某些特定的轨位或者轨道上通过特定频率运营卫星，并使其尽量不受干扰。

售或者出租，而不是实际使用，⑬ 国际电联相关规定之前从没有预测到这种事件，但其宗旨应当决不允许这种事件发生。

在"协商"的过程中，汤加卫星公司首先将其申请削减为 6 个轨位，国际电联最终于 1991 年 3 月批准该申请；半年后汤加卫星公司将其两个轨位登记在联通卫星公司（Unicom Satellite Corporation）名下作为其第一个执照持有人。⑭ 后来，汤加卫星公司获得了其第 7 个轨位，目前汤加卫星公司的申请共包括 9 个地球静止卫星轨道位置和一些非静止轨道。⑮ 汤加所处位置十分关键，其连接了美国西海岸和亚洲地区，是世界上最重要的交通通道，有着 35 亿人口的覆盖范围。

该事件在诸多方面引起了不安，汤加卫星公司对国际电联制度体系中缺乏法律准确性的文件的滥用，大大有助于国际电联制度进行更广泛的复议和改革进程，其中包括"行政尽职调查"制度的引入，尝试通过这种制度在未来将基于真正运行卫星系统意图的申请在一系列的复杂情况下筛选出来。⑯

2. 无线电通信频率的拍卖

其次，各国面临着一个"拍卖"的问题：在 20 世纪 90 年代，很多无线电通信技术领先的国家认为，从商业角度出发，由负责颁发频率执照的政府机构拍卖某些频段并向中标者收取大量费用这一频率分配模式是非常有价值的。⑰

尽管国家有权根据国家主权原则选择其自己认为合适的方式分配频率相关权利，但是一旦这些被分配的权利源于国际授予的权利，如根据国际电联制度获得

---

⑬ 也有人认为，正如为南太平洋国家所预留那些轨位一样，与其假装使用轨位但实际使其闲置若干年，还不如将轨位予以出售或出租，这实际上也是"合理地、有效地和经济地使用"；《国际电信联盟组织法》第 44 条第 2 款，上文脚注 24。另参见 Thompson, *supra* n. 111, 285 [指的是《国际电信公约》（马拉加 – 托雷莫里诺斯，1973 年 10 月 25 日通过，1975 年 1 月 1 日生效；28 UST 2495）的前期版本]，also 299 – 300；differently however Salin, *supra* n. 2, 52 – 3；Lyall & Larsen, *supra* n. 1, 238, fn. 158；Supancana, *supra* n. 12, 63。

⑭ 由于联通卫星公司后续并未获得所需融资，汤加卫星公司注册了 Rimsat Ltd 公司，该公司因此占用了汤加卫星公司的三个轨位，并且还有权继续使用其他两个轨位。1994 年，汤加卫星公司将一个轨位授权给亚太卫星公司（APT Satellite Company）使用，后者是一个由中国政府三个部门所有的在中国香港地区注册的公司。进一步参见 Salin, *supra* n. 2, 52；Thompson, *supra* n. 111, 300 – 2。

⑮ See www. tongasat. com/services/index. htm, last accessed 22 March 2014.

⑯ 参见"上册第八章二（四）4"部分内容；另参见 Lyall & Larsen, *supra* n. 1, 238 ff.

⑰ *Cf.* e. g. Bohlmann, Schrogl & Zilioli, *supra* n. 31, 214 – 5；S. Mosteshar, Comments on Frequency Management, in Proceedings of the Workshop on Telecommunications（2000），117.

的卫星频率，或者这些被分配的权利会产生其他国际影响，那么很明显这些国际性因素将会大大地限制卫星频率拍卖这种行为。行政机构在国际电联的制度体系下申请某些特定的卫星频率分配，这些频率（本来就）是交给申请中的特定卫星（系统）使用的，然而将这些频率指配给协调程序之时毫不相识的出价最高的竞标者的做法，至少是非常值得怀疑的。[⑱]

3. 卫星通信贸易

随着卫星通信的不断商业化和私营化，国际贸易规则对全球卫星通信领域来讲自然而然地变得非常重要，但是国际电联很明显并不能很好地处理这些问题。然而，因为世界贸易组织之前处理过这些问题，[⑲] 这可能导致人们认为世界贸易组织本应该可以处理这些问题；国际电联并不太考虑商业利益，而是更加关注技术问题和发展中国家的权益，电信发展部门也在发展中国家的见证下成立，[⑳] 这使得西方国家倾向于通过世界贸易组合制度体系提升其（商业运营主体的）在国际电联框架下的利益。这些情况都可能减损国际电联的宗旨，即为全球提升包括卫星通信在内的无线电通信福祉，这引起了国际电联的严重担忧。[㉑]

1997 年，在国际电联的推动下，全球个人卫星移动通信系统（GMPCS）备忘录签订，这是国际电联对上述提到的那些范式变化予以部分回应的一种表现。[㉒] 该备忘录的思路是，个人卫星通信终端设备的自由跨境移动，既关乎贸易，又具有可操作性，使得国际电联制度体系下的一些应用性措施也会在国际贸易体系中得到确认。虽然约有 125 个国家和非国家机构签订了该备忘录，但是该备忘录没有法律约束力，其并不能与服务贸易总协定/世界贸易组织（GATS/WTO）相提并论，因为后者代表着贸易管制制度，更加基础，也更加具有法制特点。[㉓]

---

⑱ *Cf.* also Bohlmann, Schrogl & Zilioli, *supra* n. 31, 214 – 5.

⑲ 进一步参见"下册第六章四"部分内容。

⑳ 也可参见"上册第八章二（二）2"部分内容。

㉑ *Cf.* e. g. P. K. McCormick, Neo - Liberalism: A Contextual Framework for Assessing the Privatisation of Intergovernmental Satellite Organisations, in The Transformation of Intergovernmental Satellite Organisations（Eds. P. K. McCormick & M. J. Mechanick）(2013), 21 – 5; Bohlmann, Schrogl & Zilioli, *supra* n. 31, 210 – 2.

㉒ See e. g. Salin, *supra* n. 2, 454 – 6; Bohlmann, Schrogl & Zilioli, *supra* n. 31, 218.

㉓ 关于 GATS/WTO 制度对卫星通信服务国际贸易的全面开放（这与仅仅强调终端设备的流通不同），参见"下册第六章四"部分内容。

通过努力，20世纪90年代越来越多的（商业性）非国家主体参加到国际电联的议事议程,[124] 但国际电联典型的政府间国际组织的性质最终得以保留。国际电联制度体系很难进行彻底改变，私营主体陆续发现国际电联并不能代表和满足它们的特定需求，国际电联变得越来越效率低下，官僚主义和政治主导色彩增加，而非变得更加务实、经济和商业化。[125]

4. 知识产权和卫星通信

国际电联制度体系备受压力的另一方面是，其需要通过各种努力将知识产权相关规则适用到卫星通信领域，以排除实现某些类型的无线电通信业务（卫星通信中非常关键的技术领域）垄断的各种法律障碍。

最"臭名昭著"的案例就是TRW案，美国TRW公司声称该公司的某项技术已经应用于某个特定轨道之上，而该公司对该技术具有专利权，企图通过在美国法院的诉讼来完全禁止其他运营主体使用上述轨道。[126] 该案最终在庭外解决，但是如果该公司在法院的诉讼获得成功，那么某一个单一运营主体就可以利用美国国内专利法规避国际电联关于轨道和频率授权使用的国际性制度体系。[127]

然而，上述案例也说明，由于商业化和私营化对国际贸易和知识产权等法律制度带来冲击，卫星通信法律过于分散所带来的内在风险，挑战和超越了国际电联的传统领导力。

5. 卫星通信是"国际公共物品"或"国际公共服务"

国际电联的效率和未来值得担忧的另一方面，简要来讲就是卫星通信是一种国际版本的"公共物品"或"公共服务"这一特性。"公共服务"的一种定义方式是"由政府提供或者帮助提供的为普通公众带来便利和利益的服务"。[128] 更广

---

[124] 也可参见"上册第八章二（二）1"部分内容。

[125] *Cf.* also broadly McCormick, *supra* n. 121, 2 ff.

[126] See B. L. Smith & E. Mazzoli, Problems and Realities in Applying the Provisions of the Outer Space Treaty to Intellectual Property Issues, in *Proceedings of the Fortieth Colloquium on the Law of Outer Space* (1998), 169 –76; B. L. Smith, Recent Developments in Patents for Outer Space, in *Proceedings of the Forty – second Colloquium on the Law of Outer Space* (2000), 190 – 4; S. Mosteshar, Satellite Constellation Patent Claim, 4 Telecommunications and Space Journal (1997), 251 – 5, *cf.* also Lyall & Larsen, *supra*, n. 1, 124 – 6; Bohlmann, Schrogl & Zilioli, *supra* n. 31, 207 – 8.

[127] *Cf.* Smith, *supra* n. 126, 193 – 4.

[128] *Black's Law Dictionary* (Ed. B. A. Garner) (8th edn. , 2004), 1268.

泛地说,"公共"是指"关系或者属于整个社区"和/或者"开放或可供给每个人使用、分享或享用"。[129]

具体到空间活动语境下,卫星通信的公共物品属性尤其是指如下一般性要求:"探索和利用外层空间……应为所有国家谋福利和利益,而不论其经济或科学发展程度如何,并应在全人类的开发范围。"[130]

显然,成立国际电联的宗旨之一就是确保能够通过摒除技术、运行和干扰等方面的障碍,实现对卫星频率等无线电频率的最佳使用,进而使包括"经济和社会发展"欠发达国家在内的"全人类""受益"。[131]

为了给其他国家提供指引,发达国家尤其是其私营企业不可避免地起着主导作用,尽管这种情况从很多方面讲也是必要的,但是发达国家在拓展卫星频率和轨道的使用方面开展活动的时候,也应当平衡与其他国家的利益,使其有机会分享该种利益。

很多观察家认为,该种利益平衡局面越来越存在被打破的风险,其原因在于如下方面:国际电联并不能在某些争端和利益划分中从根本上摒除国家主权方面的影响,[132] 卫星频率的商业化利用越来越多于这些频率在公共事务和低盈利领域的使用,[133] 世贸组织被越来越多地作为卫星通信领域设立国际法律和监管标准的平台,[134] 某些主要的政府间国际组织卫星运营商的私有化,使其开始同时提供国际公共产品和国际公共服务,典型代表就是国际通信卫星组织(INTELSAT),[135]

---

⑫⑨ 见上文脚注 128,第 1264 页。

⑬⓪ 《关于各国探索和利用包括月球和其他天体在内外层空间活动的原则条约》(以下简称《外空条约》)第 1 条,伦敦、莫斯科和华盛顿,1967 年 1 月 27 日通过,1967 年 10 月 10 日生效;610 UNTS 205;TIAS 6347;18 UST 2410;UKTS 1968 No. 10;Cmnd. 3198;ATS 1967 No. 24;6 ILM 386 (1967)。

⑬① 进一步参见"上册第八章二(三)1"部分内容。

⑬② 一个有说服力的例子是关于代表国际空间通信组织(INTERSPUTNIK)的通知行政机关 (Notifying Administration) 的争议;参见"上册第五章七(二)"部分内容。

⑬③ 这方面之前有一个比较有趣的案例,人们担心低轨道卫星运营商可能会对射电天文活动产生干扰,尽管该担心因这些低轨道运营商未成功开展活动而不复存在;see supra, text at n. 89. Cf. further e. g. Lyall, supra n. 101, 586。

⑬④ 进一步参见"下册第六章四"部分内容。

⑬⑤ 也可参见"上册第五章四(一)"部分内容。

它之前的宗旨只是提供卫星通信领域全球公共基础设施。[136]

然而，上述情形基本上没有一个简单的单一解决方案。随之而来的商业化、自由化和势不可当的全球化所带来的影响都不能简单地消除，或许也不应当消除。实际上，全球化最终不仅仅使发展中国家能够了解卫星通信商业企业的运营方式，甚至还可能将该种商业运行方式深深地融入其社会发展中。更有趣的是，非洲的发展正处于巨大飞跃阶段，该地区很多国家的移动通信的普及程度正在超越传统且欠发达的电信基础设施的普及程度，现在已经普及成为一般经济增长的催化剂。该种发展未来可能很快就会涉及卫星通信领域。

尽管如此，很多商业主体都不太愿意提供公共卫星服务，包括射电天文学、基于基础通信系统的远程医疗[137]和远程教育，这需要政府确保这些公共服务能够在阳光下持续运行，[138]使其自动与私营商业利益保持一定距离。

（六）国际电联制度总结

如上所述，尽管过去十年间卫星通信领域的基本范式做出了某些调整，但是国际电联仍然是一个典型的政府间国际组织，并没有转化为与国家地位平等的非政府间国际组织或私营主体。国际电联一直重点关注技术和运营方面，其在领域内的传统领导力越来越受到其他国际和国内法律制度的挑战。

类似于汤加卫星公司的"事件"和频率拍卖的"情景"在细节和后果方面可能相对特殊，但是它们也证明了国际电联在空间活动和空间法方面的独特性。虽然国际电联在卫星频率和轨道使用等方面的空间活动领域做出了重大贡献，但

---

[136] 对此种担忧的一般描述，参见 Salin, *supra* n. 2, 435 – 84; Lyall & Larsen, *supra* n. 1, esp. 385 – 7 (under the heading of 'The World Public Interest'), also 235 – 44; McCormick, *supra* n. 121, 21 – 5。

[137] See e. g. S. Rooke, SATMED: Legal Aspects of the Physical Layer of Satellite Telemedicine, in 34 *Michigan Journal of International Law* (2012), 209 – 47.

[138] 此处涉及的一个问题是，某些发展中国家担心《空间资产议定书》对公共服务存在潜在影响；参见 M. J. Stanford, The UNIDROIT Protocol to the Cape Town Convention on Matters Specific to Space Assets, in *Proceedings of the International Institute of Space Law* 2012 (2013), 164; G. Catalano Sgrosso, Last Comments on the Text of the Draft Protocol to the Convention on International Interests in Mobile Equipment on Matters Specific to Space Assets, in *Proceedings of the International Institute of Space Law* 2012 (2013), 217 – 20。也可参见"下册第七章四（三）"部分内容。

是国际电联及其成员国并未能将经常违背《外空条约》第 1 条所规定的利用外空为全人类谋利益的各种非技术和非运营方面的因素予以排除，尽管这些因素有时有利于卫星运营，有时也可能不利于卫星运营，但是从未使整个外空体系变得简单明了。

从空间法的视角来看，国际电联制度体系在起源和角色方面完全不同于联合国各项外空条约。国际电联制度的形成远在各项外空条约制定和人类进入外空之前，而且当时国际电联也不重点关注外空活动，但是国际电联如今变得对所有的外空活动至关重要。幸运的是，目前国际电联和联合国外层空间事务厅之间的工作关系十分和谐，保证了电信法和空间法在卫星通信领域的交叉领域并没有严重的分歧和不兼容性。然而，国际电联日益受到上述其他各方面的压力。[139]

最后一个需要注意的有趣现象是，考虑到国际电联在卫星轨道和频率登记方面的长期经验，它被"请求"担任国际统一私法协会《空间资产议定书》的监督机构。[140] 截至目前，国际电联是否同意该请求尚无明确答案。尽管该项新任务与国际电联的核心业务存在很大区别，但是如果国际电联有意向接受该项新任务，至少能够确保其"国际频率登记总表"和《空间资产议定书》中的"国际登记制度"相互兼容，甚至很可能使两者在技术方面达成一致。[141]

三、联合国关于卫星直播的法律制度

(一) 联合国关于卫星直接电视广播的各项原则

从政治上讲，联合国机构，也就是联合国和平利用外层空间委员会，在卫

---

[139] 关于国际电联和联合国外空委之间的关系，参见 Stubbe, *supra* n. 100, 83 – 4；F. Tronchetti, *Fundamentals of Space Law and Policy* (2013)，40；White & White, *supra* n. 11, 236 ff. ; in extenso Salin, *supra* n. 2, 11 ff. , 45 ff. ; 对他们各自角色的一般描述，参见 Lyall & Larsen, *supra* n. 1, 561 – 5。

[140] 关于国际统一私法协会《空间资产议定书》的更多信息，参见"下册第七章四"部分内容；另参见 Stanford, *supra* n. 138, 165 – 6。

[141] 参见"上册第八章二 (三) 6"部分内容；另参见 S. Marchisio, Space Assets Protocol and Compliance with International and Domestic Law, in *Proceedings of the International Institute of Space Law* 2012 (2013)，187 – 8；P. B. Larsen, The Space Protocol to the Cape Town Convention and the Space Law Treaties, in *Proceedings of the International Institute of Space Law* 2012 (2013)，205。

星直播领域最明显的活动是关于地球静止轨道的地位以及若干赤道国家为了在地球静止轨道上获得特殊权利的相关讨论。⑭ 然而，从法律效果上讲，关于直播卫星使用的法律原则和规则的相关讨论，则是上述机构做得最具有深远意义的事情。

卫星直播一般对应国际电联所使用的"卫星直播业务"，⑭ 其是广义卫星通信这一概念中最具有政治色彩的领域，很多发展中国家所担心的"文化帝国主义"就是因为这些发展中国家没有能够使用和资助这种卫星运营的相关技术。⑭

另外，无论是共产主义国家还是阿拉伯国家，它们都分别通过各自的INTERSPUTNIK 卫星⑭和 ARABSAT 卫星⑭构建了自己的广播卫星体系。国际上关于是否针对卫星直播制定一套专门的规则的讨论始于 1972 年，主要表现为：联合国教科文组织通过了一项关于通过直播卫星来促进信息流通、教育和文化交流的决议；⑭ 在经过数年讨论后，联合国第 2916（ⅩⅩⅦ）号决议呼吁在该领域达成一项国际协议。⑭

---

⑭　此议题可进一步参见"上册第二章三（一）3"部分内容。

⑭　参见"上册第八章二（四）2"部分内容。关于"直接"这一术语，可以参考《无线电规则》第 1 条第 39 段的定义，其将"直播业务"定义为"利用空间电台发送或转发信号，以供一般公众直接接收的无线电通信业务。在卫星广播业务中，'直接接收'一词应包括个体接收和集体接收两种"。因此，该术语包括所谓的直接到户（Direct – To – Home，DTH）服务以及向有限网络和分发器播送信号两种。

⑭　See e. g. Meredith & Robinson, *supra* n. 1, 205；Fisher, *supra* n. 4, 2 ff. ；Lyall & Larsen, *supra* n. 1, 258 – 60；McNutt, *supra* n. 1, 124 – 5；Cheng, *supra* n. 1, 563 – 4.

⑭　进一步参见"上册第五章七"部分内容。

⑭　进一步参见"上册第五章八"部分内容。

⑭　Guiding Principles on the Use of Satellite Broadcasting for the Free Flow of Information, the Spread of Education and Greater Cultural Exchange, Res. 4, of 15 November 1972, UNESCO General Conference, 17th Sess. （1972）, UN Doc. A/AC. 105/109, 3 ff. （1973）, see further F. Koppensteiner, The 1982 Principles Governing the Use by States of Artificial Earth Satellites for International Direct Television Broadcasting, in *Soft Law in Outer Space*（Ed. I. Marboe）（2012）, 165 – 6；Fisher, *supra* n. 4, 58 – 60；Lyall & Larsen, *supra* n. 1, 261 – 2.

⑭　UNGA Res. 2916（ⅩⅩⅦ）, of 9 November 1972, A/8730, Suppl. No. 30；see further Fisher, *supra* n. 4, 109 – 17；on the preceding discussions within the United Nations, 83 – 108；also Lyall & Larsen, *supra* n. 1, 260 – 1.

《联合国关于各国利用人造地球卫星进行国际直接电视广播所应遵守的原则》[149] 最终使得两项基本的国际（空间）法原则在 1982 年开始达成妥协。西方国家尤其主张将信息的自由流动（既包括信息的接收又包括信息的播发）作为国际法上的一般原则，[150] 在外空领域对应的是在国际法范围内自由利用外空的原则。[151] 相反，发展中国家尤其主张基于国家领土主权原则，对领土范围内所有的事情都具有管辖权，其中包括在领土范围内的信息广播。[152]

上述两种原则都在第 37/92 号决议中予以体现。比如，卫星直播活动"应当不侵犯各国主权，包括不违反不干涉原则，并且不得侵犯有关联合国文书所载明的人人有寻求、接受和传递情报和思想的权利"[153]。同时，这些活动还应当促进信息和知识的自由传播和相互交流，尊重文化融合。[154] 更加突出的规定是要求各国为相关活动承担国际责任。[155]

然而，上述两方面的原则并未能解决深层次的困境：某些国家可否基于其主权原则限制或者阻止其他国家及其主体向这些国家领土范围内进行广播？或者，

---

[149] 《联合国关于各国利用人造地球卫星进行国际直接电视广播所应遵守的原则》（以下简称《卫星电视直播原则》）UNGA Res. 37/92, of 10 December 1982；UN Doc. A/AC. 105/572/Rev. 1, at 39. See further e. g. Koppensteiner, *supra* n. 147, 161 – 81；Fisher, *supra* n. 4, 45 – 54, 149 ff. ；Lyall & Larsen, *supra* n. 1, 263 – 9；White & White, *supra* n. 11, 250 – 1；Meredith & Robinson, *supra* n. 1, 205 – 6；very extensively Stewart, *supra* n. 4。

[150] 参见《世界人权宣言》第 19 条，巴黎，UN GA Res. 217 A（Ⅲ）of 10 December 1948；A/RES/217；《公民及政治权利国际公约》第 19 条第 2 款，纽约，1966 年 12 月 16 日通过，1976 年 3 月 23 日生效；UKTS 1977 No. 6；Cm. 6702；6 ILM 368（1967）。See further e. g. I. Brownlie, *Principles of Public International Law*（8th edn. , 2012), 636 ff. , esp. 643 – 4；M. N. Shaw, *International Law*（6th edn. , 2008), 265 ff. ；P. Rainger et al. , *Satellite Broadcasting*（1985), 247 – 54.

[151] 参见《外空条约》第 1 条，上文脚注 130；也可参见"上册第二章一（一）"部分内容。进一步参见 Koppensteiner, *supra* n. 147, 173 – 7；Stewart, *supra* n. 4, 14 – 7；Fisher, *supra* n. 4, 120 – 3, 171 – 86；White & White, *supra* n. 11, 249 – 50；Lyall & Larsen, *supra* n. 1, 263。

[152] 《外空条约》（见上文脚注 130）实际上遵守了国际法，其中包括《联合国宪章》（旧金山，1945 年 7 月 26 日通过，1945 年 10 月 24 日生效；USTS 993；24 UST 2225；59 Stat. 1031；145 UKTS 805；UKTS 1946 No. 67；Cmd. 6666 and 6711；CTS 1945 No. 7；ATS 1945 No. 1），尊重了国际合作和国家间的友好关系（参见第 1 条和第 3 条），尊重了国家主权。此处的主权概念被认为也越来越多地指向"文化主权"，即拒绝受到任何被认为从根本上与国家文化相对立的东西的影响。进一步参见 Koppensteiner, *supra* n. 147, 171 – 3；Stewart, *supra* n. 4, 14 – 7, 21 – 4；Fisher, *supra* n. 4, 120 ff. ；131 – 2, 152 – 70；White & White, *supra* n. 11, 249 – 50；Lyall & Larsen, *supra* n. 1, 263。

[153] 《卫星电视直播原则》原则 1，上文脚注 149。

[154] 参见《卫星电视直播原则》原则 2、原则 4、原则 5、原则 6 和原则 11，上文脚注 149。

[155] 参见《卫星电视直播原则》原则 8 和原则 9，上文脚注 149。

某些国家可否基于信息和思想自由传播的原则向其他国家，甚至向对此持反对意见的国家进行广播？

严格来讲，《联合国关于各国利用人造地球卫星进行国际直接电视广播所应遵守的原则》甚至都没有明确是否需要被广播国家"事先同意"这一问题。首先，在某一国际直接电视广播卫星服务范围内的任何广播国或收视国如经同一服务范围内的其他任何广播国或收视国要求协商，应当迅速就其利用卫星进行国际直接电视广播的活动同要求国进行协商，但这种协商将不影响这些国家同其他任何国家就此问题可能进行的其他协商。⑯

其次，"拟议设立或授权设立国际直接电视广播卫星服务的国家应将此意图立即通知收视国，如有任一收视国提出协商要求，并应迅速与之协商。"⑰

然而，上述协商的义务与被协商的权利是否已经构成一种行为义务或者结果义务尚不清楚："国际直接电视广播卫星服务的建立，必须事先满足上文第 13 项规定的条件，并根据国际电信联盟有关文书规定的协议和（或）安排以及遵照本文件各项原则进行。"⑱ 一旦进行磋商，无论是在广播国家选择继续开展活动的情况下，还是收视国家在磋商期间表达的意愿得到兑现的情况下，第 13 项原则的条件究竟是否会继续得到遵守？

对该项条款的普遍解释为"接受卫星直播信号的收视国家可以在其领土范围内封锁未经其事先同意的卫星直播业务"，也就是说，与收视国达成等同于事先同意效力的某一特定的卫星广播业务协议是必须的，⑲ 鉴于此，主张广播自由的

---

⑯ 《卫星电视直播原则》原则 10，上文脚注 149。另外，根据原则 12，该种活动必须报告给联合国秘书长。

⑰ 《卫星电视直播原则》原则 13，上文脚注 149。

⑱ 《卫星电视直播原则》原则 14，上文脚注 149。

⑲ Lyall & Larsen, *supra* n. 1, 265; see also e. g. Fisher, *supra* n. 4, 141 – 51, 187 – 200; Meredith & Robinson, *supra* n. 1, 205; Stewart, *supra* n. 4, 28 – 31; Tronchetti, *supra* n. 139, 15; Rainger et al., *supra* n. 150, 243. 然而，不太支持将"事先同意"作为主要原则的观点包括，比如，Koppensteiner, *supra* n. 147, 167 – 9; S. Hobe, Space Law – An Analysis of its Development and its Future, in *Outer Space in Society*, *Politics and Law* (Eds. C. Brünner & A. Soucek) (2011), 480。

国家对此并不满意，该项决议的通过也遭到了很多国家的投票反对。[⑩] 因此，至少对于那些投反对票的国家来讲，该项决议并没有太多习惯法上的法律意义；联合国大会本身也不具备法律上的意义。有趣的是，这与四年后的《关于从外层空间遥感地球的原则》[⑩] 形成对比，后者也在各国之间分成了两派，即呼吁遥感自由的国家和呼吁尊重国家主权的国家。[⑩] 在这种情况下，需要在各方协商一致的情况下通过一种决议，然后将该决议作为国际习惯法的起点。[⑩]

（二）联合国各项原则之外的卫星广播

国际法在卫星直播领域仍旧十分模糊：关于是否需要收视国家的"事先同意"，或者信息的自由流动优先于其他所有原则这一问题，国际社会并没有达成一致意见，各国的国内法和某些有约束力的多边协议将持续使该项制度中法律和义务的结构复杂化。

上述多边协议已经在有意向的国家之间达成，包括 1974 年《发送卫星传输节目信号布鲁塞尔条约》[⑩] 等条约，甚至包括一些早于空间时代的条约，比如 1936 年《关于在和平事业中利用广播的国际公约》。[⑩]

1974 年《布鲁塞尔条约》要求各国防止将卫星直播业务和其他信号转播给非目标用户，并在转播过程中对隐私和知识产权进行保护。因此，该公约并没有

---

⑩ 投票结果是 107 票赞成，13 票反对，17 票弃权；*United Nations Resolutions*（Ed. D. J. Djonovich），Ser. I, Vol. XXI，1982 - 1983（1986），at 127. See further Lyall & Larsen, *supra* n. 1，263 - 4；Fisher, *supra* n. 4，45 - 6；Koppensteiner, *supra* n. 147，170；White & White, *supra* n. 11，251。

⑩ 《关于从外层空间遥感地球的原则》，UNGA Res. 41/65, of 3 December 1986；UN Doc. A/AC. 105/572/Rev. 1, at 43；25 ILM 1334（1986）。

⑩ 进一步参见"上册第九章四（一）2"部分内容。

⑩ See e. g. J. I. Gabrynowicz, The UN Principles Relating to Remote Sensing of the Earth from Outer Space and Soft Law, in *Soft Law in Outer Space*（Ed. I. Marboe）（2012），183 - 93；进一步参见"上册第九章四（一）2"部分内容。

⑩ 《发送卫星传输节目信号布鲁塞尔公约》（以下简称《布鲁塞尔条约》），1974 年 5 月 21 日通过，1979 年 8 月 25 日生效；1144 UNTS 3；TIAS 11078；ATS 1990 No. 30；13 ILM 1444（1974）。See further e. g. C. Q. Christol, The 1974 Brussels Convention relating to the Distribution of Program - carrying Signals Transmitted by Satellite：An Aspect of Human Rights, 6 *Journal of Space Law*（1978），19 - 35.

⑩ 《关于在和平事业中利用广播的国际公约》，日内瓦，1936 年 9 月 23 日通过，1938 年 4 月 2 日生效；186 LNTS 301；1938 UKTS, Cmd. 1714；*American Journal of International Law*（1938）Supp. 113；see further Lyall & Larsen, *supra* n. 1，268；Fisher, *supra* n. 4，160 - 2.

强调收视国同意和/或事先同意的问题，这也反映了西方国家对信息传播自由的理解。该公约由联合国教科文组织推动制定，宗旨在于保护和促进传播自由，各谈判国因此拒绝任何关于收视国"事先同意"权的提议。⑯

1974 年《布鲁塞尔条约》并没有对卫星信号的直接接收做出规定，⑯ 这使得发展中国家可以自主决定是否通过中央转播设备管控不符合其意愿的信息，或者直接允许个人接收卫星直播信号，唯一需要确保的只是相关知识产权受到充分保护。⑯ 抵制盗版相关规章的起草和执行仍然是各成员国主权事项。⑯

1936 年《关于在和平事业中利用广播的国际公约》更加强调对"煽动某一领土内群众从事'危及国家内部秩序和安全的行为'的广播"的禁止。⑰ 该项公约颁布于若干局部军事冲突正在演变为第二次世界大战之时，在是否需要规定"事先同意"的讨论中，该项公约可以被视为支持该种观点的一个特别论据，因为禁止煽动外国人使用武力这一原则已经（被推定）成为国际习惯法。⑰

鉴于上述法律观点如此分散，发展中国家是否能够越来越多地获得基本的卫星和其他形式的通信与互联网技术及服务仍有待观察，这种特殊的政治辩论最终也将过时，那些仍然希望管控公民信息获取的国家将不得不借助于其他法律手段来实现这种管控。

四、结论

作为空间活动中最广泛、最重要和商业化程度最高的应用，卫星通信遵循的国际法律制度有时环环相扣，有时又显得毫无关联。本书下册第六章讲述了卫星通信的贸易，下册第七章讲述了卫星通信的融资，下册第九章讲述了卫星通信的

---

⑯ See Christol, *supra* n. 164, 20 ff., also 33 – 5; further Lyall & Larsen, *supra* n. 1, 263; Rainger et al., *supra* n. 150, 255 – 60.

⑯ 依据是《布鲁塞尔条约》第 3 条，上文脚注 164；参见 Rainger et al., *supra* n. 150, 257; Lyall & Larsen, *supra* n. 1, 263。

⑯ *Cf.* Christol, *supra* n. 164, 30 – 1.

⑯ See e. g. Rainger et al., *supra* n. 150, 259.

⑰ Fisher, *supra* n. 4, 161, quoting Art. I, International Convention on the Use of Broadcasting in the Cause of Peace, *supra* n. 165.

⑰ *Cf.* Fisher, *supra* n. 4, 161, *i. a.* referring to J. Evensen, Aspects of International Law Relating to Modern Radio Communications, 115 *Recueil des Cours* (1965), 557 – 61.

知识产权，下册第十章涉及了卫星通信的争端解决机制的部分内容，本章只关注了国际卫星通信法的基础知识。

国际卫星通信法的基础知识主要分为两部分。技术或运营方面的事项一般在国际电联的框架下处理，主要业务范围为无线电频率的划分、分配和指配以及相关轨位或轨道的分配，同时促进技术和运营方面的协调和标准化、发展中国家在全球通信领域的融入和参与。另外，尽管国际卫星广播和其他领域一样都位于国际电联技术或运营制度框架内，但由于其自始至终具有高度的政治色彩，其一直是联合国决议内容的重点讨论对象。尽管随着时间的推移，上述问题已经随着形势的深入发展失去了时间的紧迫性，但是当前关于国际广播的各项原则已经不能再很好地解决这些问题了。

同时，广播领域内发达国家和发展中国家之间的区别已经不再构成严格意义上的政治挑战了，反而是私营主体在卫星通信等国际电信领域的全面参与构成了更广泛意义上的严重挑战。由于越来越多的人认为国际电联并不能很好地满足他们特定的意愿和需求（快速的解决方案、务实和商业化导向以及尽量少的监管负担），以世贸组织制度为代表的替代方案逐渐显现。只有如此，才有可能在不牺牲卫星通信公共价值的基础上，保障私营企业的切实利益并充分发挥其潜在贡献。

第九章 卫星遥感法律问题

法比奥·特隆凯蒂 (Fabio Tronchetti) 著◇

一、引言

通过卫星感测地球是外层空间最广泛的应用之一。在空间活动早期，国家就将卫星用于侦测和其他相关军事目的。如今，随着技术进步和空间活动参与者数量增加，遥感产品在土地监测和灾难管理等领域内广泛应用。由于遥感活动的社会政治环境逐步改变，遥感活动运营及其数据获取、分配和使用相关的法律问题也逐步呈现。

国际法、国内规章和数据政策的交错结合共同构成了规制遥感系统运营的法律框架，但其已经不再连贯高效。其原因主要有二：一是联合国框架内协商而成的国际法律规则没有涉及遥感运营的私有化和商业化；二是尽管各国遥感规则和数据政策具体规制着遥感活动及其产品和数据的商业分配，但是它们彼此的战略和标准并不相同。这最终导致遥感产品的可用性、可靠性、使用和复制遵守着不同的规则条件。总体来讲，尽管理论上存在大量的图片和信息可用，但是限制遥感信息和数据流动的障碍却越来越多，这显得十分矛盾。

本章通过分析有关的国际、国内规则和政策，以及遥感运营主体实践活动的若干事例，来探讨遥感活动相关的复杂法律问题。

二、空间遥感：特点和应用

（一）遥感技术

遥感是通过不直接接触的方式收集遥远物体信息的一种方式。[①] 遥感技术通过传感器实现，这种传感器所利用的是被感测物体发出、反射和折射出的电磁波的特性。[②] 科学家可以通过反射或发出的能量对物体进行识别和分类。[③]

感测可以分为被动和主动两种方式，前者是指感测装置只收集目标物体自然发出的电磁或者其他形式的辐射（比如所反射的太阳辐射），摄影是被动辐射的典型代表；后者是指感测装置电磁照射目标，并分析该照射的发射情况，雷达的使用是主动辐射的典型代表。

摄影式的遥感通过安装在气球和飞机上的照相机收集信息。相机发明之后不久，人类在 1858 年就已经通过安装在气球上的相机对地球表面进行了拍摄。[④] 系统性的空中摄影在第一次世界大战期间予以研发用来进行军事监视和侦测，该项技术在冷战中发展到顶峰。

20 世纪后半叶人造卫星的发明使得遥感活动能够在全球范围内进行，并应用到更广泛的目的，尤其是民事目的。与使用胶卷的相机不同，如今的遥感利用电子感光传感器以数字格式予以拍摄。通过该种方式获得的每一条数据都被赋予一种数字价值，通过无线电通信链路发送到地面站，并将其转换为可用信息和可读图像。与空中摄影相比，卫星遥感具有以更简单和更少限制的方式重复观察某一地区的优势，特别是其不受国界的限制。[⑤] 另外，即使在夜间，雷达等主动式

[①]　See P. J. Gibson, *Introductory Remote Sensing: Principles and Concepts* (2000), 1; NPA Group, *Final Report BNSC Sectors Studies Programme Application of Earth Observation to Legal Sector* (2001), 16.

[②]　《关于从外层空间遥感地球的原则》，UNGA Res. 41/65, of 3 December 1986; UN Doc. A/AC. 105/572/Rev. 1, at 43; 25 ILM 1334 (1986)。

[③]　See A. Ito, *Legal Aspects of Satellite Remote Sensing* (2011), 4.

[④]　See L. Schmidt, New Tools for Diplomacy: Remote Sensing in International Law, http://earthobservatory. nasa. gov/Features/Diplomacy/, last accessed 15 April 2014; F. Lyall & P. B. Larsen, *Space Law-A Treatise* (2009), 413.

[⑤]　See further Ito, *supra* n. 3, 4; Lyall & Larsen, *supra* n. 4, 418.

传感器也能进行监测，其能够穿透云层，并几乎不受天气影响。⑥

（二）遥感工作原理为何

为了获得遥感数据，卫星需要被放置在某一绕地球轨道上。⑦ 一般情况下，遥感通过地球静止轨道⑧和低地球轨道（LEO）这两种轨道进行。根据卫星所在轨道高度的不同，被观测物体的大小也会有所变化，即轨道高度越低，可辨识的物体越小。

因此，评估卫星能力的一个关键因素是其分辨率，即在图像中可辨别物体的最小尺寸。在一个一米分辨率图像中，每个像素代表一乘一的区域。显然，具有较高分辨率的图像将能够给用户提供相关区域和物体的更加具体的信息。然而，分辨率也并非决定遥感能力的唯一因素，时间分辨率、光谱分辨率和幅宽等因素都需要被考虑在内。⑨

重要的是，卫星搜集的数据需要在地球上予以解释，以便产生有用信息。该过程涉及不同的领域，需要通过若干步骤进行。一旦通过卫星收集到数据，这些数据就会被送到地面站通过计算机予以处理以供人们观察和解释。然后，每个地面站都将对数据详细说明，进而获取某一"认证"产品。⑩ 一旦该产品准备就绪，其就会被分析出来有用信息。

联合国《关于从外层空间遥感地球的原则》将数据分为三类：原始数据、已

---

⑥ See K. J. Markowitz, Legal Challenges and Market Rewards to the Use and Acceptance of Remote Sensing and Digital Information as Evidence, 12 *Duke Environmental Law and Policy Forum*（2000），230.

⑦ See D. H. Staelin & J. Kerekes, Remote Sensing Capabilities, in *Heaven and Earth*：*Civilian Uses of Near Earth Space*（Eds. D. G. Dallymeyer & K. Tsipis）（1996），169.

⑧ 地球静止轨道是位于赤道上空 35786 千米的圆形轨道，在该轨道上卫星绕地球旋转一圈的时间是 23 小时 56 分 4 秒，这与地球自转周期同步。因此，对地球上的观察者来讲，发射到地球静止轨道上的卫星是赤道上空某一个不动的点。因此，该轨道通常被称为"地球静止轨道"。

⑨ 时间分辨率是可以获取目标数据的频率，其取决于轨道、感测能力和遥感卫星的周期性。光谱分辨率是用于扫描的无线电频带范围，其可以辨别相似尺寸但不同材料的物体。与空间分辨率相关的是条带宽度，也就是卫星轨迹下方地球表面的宽度，卫星的传感器可以在该宽度范围内的任何时刻进行观测。

⑩ 每一个接收站都可以对任何数据类型进行认证，比如 Radarsat 卫星数据的数据认证就持续一年左右，其向分销商提供蓝色、银色和金色认证级别。每一个接收站都具有一组不同处理阶段程序以生成认证产品。更多信息参见 Final Report BNSC Sectors Studies Programme Application of Earth Observation to Legal sector, *supra* n. 1，31.

处理数据和经过分析的信息。⑪ 然而，实践中遥感运营主体也使用很多其他数据，比如，用于主要数据中的"原始数据"或"未增强数据"，以及经过分析的信息中的"派生产品"和"增值产品"。不同系统产生数据产品的方式也不尽相同。

（三）遥感应用

由于空间感测具有很大优势，遥感数据及其图像和地图等衍生产品得到广泛应用。遥感相关应用包括地图绘制、气象、自然资源管理、土地使用、城市规划、边界划分、军事侦察和索赔的核查。⑫ 另外，卫星遥感还在环境保护和监测方面发挥重要作用。⑬ 事实上，卫星遥感为土地、大气和海洋状况的研究提供了重要信息。通过前后数据的对比，可以对滥伐森林、土地荒漠化、极地冰川融化以及大气和海洋污染的程度做出评估。卫星图像也可以用于某些特定地区环境污染的验证。

遥感产品可以提供地震、洪水、火灾和山体滑坡方面的信息，因此其在灾害管理中用处很大。另外，这些产品也可以衡量自然或人为事件造成损害的程度，对于救援行动的协调和执行至关重要。⑭ 同时，卫星在气象领域也发挥着重要作用。气象卫星可以感测地球大气，并预报天气；还可以对飓风、暴风雪和海啸提供警报，从而方便人们撤离，有助于其他减少人员伤亡行动的实施。

近年来，在国内和国际法庭中将遥感数据作为证据使用的实践也有所增加，尽管该种做法仍然存在争议。⑮ 为了获得法庭认可，遥感数据必须符合适用于"科学数据"的一般要求，比如可靠性，或者监管和安全链条方面的要求。不同

---

⑪ 见上文脚注2。根据联合国《关于从外层空间遥感地球的原则》，① "原始数据"是指"空间物体所载遥感器取得的并从空间以遥测方式用电磁信号播送或以照相胶卷、磁带或任何其他手段传送到地面的粗泛数据"；② "已处理数据"是指为了能利用原始数据而对这种数据进行处理所得到的产物；③ "经过分析的信息"是指对处理过的数据和从其他来源获得的数据和知识进行解释所得到的资料，分别参见原则1第b项、第c项和第d项。

⑫ See Staelin & Kerekes, *supra* n. 7.

⑬ See H. Ginzky, Satellite Images as Evidence in Legal Proceedings Relating to the Environment-A US Perspective, 25 *Air and Space Law*（2000），114；C. Davies, S. Hoban & B. Penhoet, Moving Pictures：How Satellites, the Internet andInternational Environmental Law Can Help Promote Sustainable Development, 28 *Stenson Law Review*（1999），1091.

⑭ 进一步参见"上册第九章四（三）3"部分内容。

⑮ 关于遥感产品在法律程序中的可采纳性，参见 R. Macrory & R. Purdy, The Use of Satellite Images as Evidence in Environmental Actions in Great Britain, 51 *Droit et Ville*（2001），70；*Evidence from Earth Observation Satellites*（Eds. R. Purdy & D. Leung）（2012）.

的法庭可能采用不同的标准和要求。卫星图像也用来验证环境协议的执行和遵守情况。[16]

三、遥感活动的演变

在空间遥感早期，只有少数几个国家能够运营遥感卫星并从所获得的数据中获益，然而目前不仅越来越多的国家能够运营遥感卫星并受益于遥感产品，政府间国际组织[17]和私营主体也逐渐参与到该领域。尤其重要的是，某些企业所处理的数据是由国有和/或国家运营的空间系统所提供的；[18] 其他的一些企业已经开始发射它们自己的卫星，并与一些国家签订合同来提供遥感服务。[19] 总体而言，当前可以总结出遥感的三个主要特征：参与者的多样性、遥感产品的广泛可用性和用户数量递增性。这主要是因为目前很多遥感产品都是基于商业需求予以发布的。

遥感活动的发展历程大体可以分为如下四个阶段：将遥感用于侦察和天气预报的时期（1957—1972 年）；开始将遥感用于民用土地观测的时期（1972—1986年）；航天国家的民用遥感活动时期（1986 年至 20 世纪 90 年代中期）；商业遥感时代（20 世纪 90 年代末期至今）。

（一）将遥感用于侦察和天气预报的时期

与其他大部分空间技术类似，[20] 空间遥感也直接源于军事用途和需求。在空间时代早期，美国[21]和苏联这两个超级大国基于国防规划和情报收集等防务和安

---

⑯　See N. Peter, The Use of Remote Sensing to Support the Application of Multilateral Environmental Agreements, 20 Space Policy（2004），189；M. Onoda, Satellite Earth Observation as Systematic Observation in Multilateral Environmental Treaties, 31 *Journal of Space Law*（2005），339.

⑰　尤其是指欧洲气象卫星组织；参见"上册第四章二（六）3"部分内容。

⑱　参见"上册第九章三（三）"和"下册第六章五（二）1"部分内容对 EOSAT 和 SpotImage 公司的描述。

⑲　See e. g. J. I. Gabrynowicz, The Perils of Landsat from Grassroots to Globalization：A Comprehensive Review of US Remote Sensing Law with a Few Thoughts for the Future, 6 *Chicago Journal of International Law*（2005），45.

⑳　See e. g. K. U. Schrogl & J. Neumann, Article Ⅳ, in *Cologne Commentary on Space Law*（Eds. S. Hobe, B. Schmidt-Tedd & K. U. Schrogl）Vol. Ⅰ（2009），70.

㉑　美国开展"Corona"侦察计划一直到 1972 年。根据该计划获取的第一个视频胶片可以追溯到 1960 年。进一步参见 D. A. Day, J. M. Logsdon & B. Latell, *Eye in the Sky：The Story of the Corona Spy Satellite*（1998）。

全相关意图开发了遥感技术。在整个冷战期间，苏联和美国通过侦察卫星持续观测对方的领土，从而凸显了军事领域内卫星的优势。

除军事应用外，遥感卫星在空间活动前十年中的另一个用途是天气预报。卫星遥感技术改变了天气预报学科，使其可以提前好几天对天气做出预报，并可以更加准确地了解天气状况。美国在 1960 年发射了其第一颗气象卫星——"电视和红外观察卫星（TIROS-1）"。[22] 20 世纪 70 年代末期，地球静止轨道气象卫星发射成功，自此以后气象卫星开始更加广泛地应用。[23]

（二）开始将遥感用于民用土地观测的时期

民用土地观测始于 1972 年，该年美国地球资源技术卫星，通常称为 Landsat-1 号卫星，发射成功，其遥感数据在土地使用、自然资源管理、农业和环境监测等领域得到应用。美国政府是 Landsat-1 号卫星的主要用户，但是数据接收是通过与其他国家的协议在这些国家的领土上进行的。比如，在 20 世纪 70 年代早期，位于加拿大、日本、意大利和其他国家的地面站就已经从 Landsat-1 号卫星接收到了原始数据。[24]

Landsat-1 号卫星发射之时，美国只有一个与遥感相关的国家政策，没有任何正式的法律。该政策以非歧视性获取原则为基础，所有数据向任何请求获取的主体开放，只要它们也保证会非歧视性地提供数据。[25] 该政策的灵感起源于冷战外交政策，即对盟友产生影响，并证明自己的技术能力。

---

[22] See further TIROS I-50th Anniversary of the First Weather Satellite, www. lib. noaa. gov/collections/TIROS/tiros. html, last accessed 15 April 2014.

[23] See The History of Geostationary Weather Satellites, in *NOAA Celebrates* 200 *Years of Science*, *Service*, *and Stewardship*, http://celebrating 200years. noaa. gov/foundations/satellites/welcome. html # geo, last accessed 15 April 2014.

[24] 关于 NASA 与国外地面站达成协议的做法，参见 M. A. Roberts, US Remote Sensing Data from Earth Observation-Law and Practice, in *Proceedings of the Thirty-ninth Colloquium on the Law of Outer Space* (1997), 111; P. A. Salin, LANDSAT Contracts Signed by US Agencies with Foreign Ground Stations: Commercial Remote-Sensing from NASA Scientific Experiments to EOSAT Private Endeavours, 41 *Zeitschrift für Luftund Weltraumrecht* (1992), 165 ff。

[25] See further on Landsat-1 and its non-discriminatory access policy https://directory. eoportal. org/web/eoportal/satellite-missions/l/landsat-1-3, last accessed15 April 2014; NOAA Advisory Committee for Commercial Remote Sensing, Open Access Meeting Summary, 2005; www. nesdis. noaa. gov/CRSRA/files/ACCRES_6_Meeting_Minutes_020205. pdf, last accessed 15 April 2014.

（三）航天国家的民用遥感活动时期

自 20 世纪 80 年代早期，许多国家和政府间国际组织开始实施民用遥感项目。在该种情况下，美国－苏联双重垄断遥感活动的时代迅速结束。

加入"遥感俱乐部"的第一个国家是法国，其在 1986 年发射了 SPOT－1 号卫星。[26] 随后不久，日本在 1987 年发射了海洋观测卫星 MOS-1 号，用来观测海洋。[27] 印度在 1988 年发射了其第一颗遥感卫星 IRS-1A 号，该卫星由印度空间研究组织（ISRO）研发。[28] 另外，欧洲空间局在 1991 年发射了其第一颗对地观测遥感卫星 ERS-1 号。[29] 加拿大在 1995 年发射了其第一颗遥感卫星 Rasarsat-1 号。[30]

直到 20 世纪 80 年代中期，航天国家都一直将遥感视为用于满足国内需求的政府活动。遥感项目都由政府的空间管理局管理，用户也主要限于政府机构。然而，到了 80 年代末期，上述情况发生了重大变化，即遥感活动首次迈出了商业化的步伐，政府所有的遥感卫星产生的数据开始了交易进程。[31] 比如，SPOT-1 号卫星的对地观测数据在 1987 年由 SpotImage 在市场上予以销售。[32] 另外，俄罗斯军事侦察卫星的某些数据在 20 世纪 90 年代早期也可以买到。

在 20 世纪 80 年代中期，美国做出了商业化 Landsat 的尝试，并为此专门颁布了一部联邦法律，即《陆地遥感商业法》。[33] 然而，该种尝试最终以失败告终，

---

[26] SPOT 由法国航天局 CNES 研发，其曾经是 Landsat 的竞争对手。See further http://eoedu. belspo. be/en/satellites/spot. htm, last accessed 18 March 2014, www. cnes. fr/web/CNES-en/1415-spot. php, last accessed 15 April 2014.

[27] See further www. jaxa. jp/projects/sat/mos1/index_e. html, last accessed 15 April 2014.

[28] See further www. fas. org/spp/guide/india/earth/irs. htm, last accessed 18 March 2014；www. isro. org/, last accessed 15 April 2014.

[29] See further on ERS-1 https：//earth. esa. int/web/guest/missions/esaoperational-eo-missions/ers, last accessed on 4 January 2014.

[30] See further www. asc-csa. gc. ca/eng/satellites/radarsat1/, last accessed 15 April 2014；also T. Gillon, Regulating Remote Sensing Space Systems-New Legislation for a New Era, 34 *Journal of Space Law* (2008), 19.

[31] See R. Bender, *Launching and Operating Satellites, Legal Issues* (1997), 220；H. de Santis, *Satellites, Alliance, Relations and Developing World, Commercial Observation Satellites and International Security* (1990), 78.

[32] 当时 SpotImage 是由法国国家空间研究中心控制的准私营实体，现在它是欧洲宇航防务集团旗下的私营公司。

[33] Land Remote-Sensing Commercialization Act, Public Law 98－365, 98th Congress, H. R. 5155, 17 July 1984；98 Stat. 451；*Space Law-Basic Legal Documents*, E. Ⅲ. 4.

Landsat 系统于 20 世纪 90 年代早期被归还给了公共部门。在该过程中，美国颁布了第二部联邦法律，即《陆地遥感政策法》，对上部法律做出了修订，将其适用范围扩大到私营主体，并将高分辨率卫星技术予以解密，使其能够商业化利用，或者用于环境相关活动。[34]

总体来讲，该时期一个重要的进步是，逐步将各种政府数据分发给私营主体。然而，直到 90 年代中期，虽然美国、法国和印度政府致力于遥感产品的商业化目标，但是政府一直是遥感数据的主要用户。

（四）商业遥感时代

进入 21 世纪，遥感商业化时代显然已经到来，遥感数据交易和用户都不再局限于政府部门，而是延伸到了更广泛的主体。其原因之一就是市场上遥感产品的质量得到提升。实际上，随着图像分辨率的提升，[35] 对地观测[36]数据也开始具有更高的商业价值。

商业化时代的到来理所应当地意味着私营主体在遥感领域参与度的提升。比如，空间影像公司（Space Imaging）、数字地球公司（Digital Globe）和轨道影像公司（OrbImage）等私营主体在 20 世纪 90 年代开始发射高分辨率卫星。[37] 另外，越来越多的国家开始认识到遥感数据的作用，它们也开始寻求获取遥感数据。一些国家开始请求外国私营制造商研发遥感卫星并由自己运营，[38] 其他国家则开始

---

[34] Land Remote Sensing Policy Act, Public Law 102 – 555, 102nd Congress, H. R. 6133, 28 October 1992; 15 U. S. C. 5601; 106 Stat. 4163.

[35] 在 1999 年，空间影像公司成为第一家发布 1 米空间分辨率图像的公司。更多参见 www. fas. org/irp/imint/space_ imaging. htm, last accessed 15 April 2014; also D. G. Clarke, Access Control of Remote Sensing Satellites, in *Commercial Satellite Imagery and United Nations Peacekeeping* (Eds. J. F. Keeley & R. N. Huebert) (2004), 171。

[36] "对地观测" 是指 "通过遥感技术并辅之以地球测量技术收集地球物理、化学和生物系统相关信息的活动，包括数据的收集、分析和展示"; European Plate Observing System (EPOS), www. epos-eu. org/community/disciplinary-data-providers. html#。UskSs7-A3IU, last accessed 18 March 2014。

[37] See further Ito, *supra* n. 3, 12.

[38] 这些国家包括土耳其、巴基斯坦和泰国。比如，土耳其第一个高分辨率对地观测卫星 Gökturk-2 号就是于 2012 年 12 月 18 日从中国酒泉卫星发射中心用长征 2D 号运载火箭发射的。关于 Gökturk-2 号卫星的详细情况，参见 http://cn. cgwic. com/gk2/english/index. html, last accessed 18 March 2014。

发射和运营自己国产的卫星。⑨ 这些国家的遥感政策也大致以促进商业和环境保护为目标。⑩

近年来，公私伙伴关系（PPP）模式在对地观测卫星的融资方面越来越受欢迎。比如，Black Bridge 公司（前身是 RapidEye 公司）就通过公私伙伴关系发射了五颗激光对地观测卫星，TerraSAR-X 号高分辨率卫星就是由德国航天局和欧洲宇航防务集团 - 阿斯特里厄姆公司（EADS-Astrium）共同投资的。⑪ 加拿大政府也进行了类似改革，自 Radarsat-2 号卫星开始，提升了私营主体在其遥感项目中的参与程度。⑫ 由于 Radarsat-2 号由私营主体投资，因此其所适用的收集和传播数据的相关规则也被要求重新制定。其他方面的进步还包括小卫星的发展⑬和卫星协同服务的出现。⑭ 卫星协同服务在环境领域特别有用，不同的卫星运营商将他们各自的资源予以整合，为环境保护和灾害管理提供相应必要的数据。

（五）当前遥感活动状况

目前遥感活动所处的环境十分复杂，主要体现在参与主体多样化以及数据的产生和分配过程这两方面。与空间遥感的早期相比，当前卫星运营商的数量急剧增加，已有 30 余个国家拥有了遥感卫星。⑮ 另外，政府间国际组织和私营主体也在运营遥感卫星。这最终使大量的数据和产品可供用户使用。

---

⑨ 这些国家包括中国、尼日利亚、伊朗和韩国等。

⑩ See for example D. H. Kim, Korea's Space Development Programme: Policy and Law, 22 *Space Policy*（2005），112; Y. Zhao, National Space Legislation, with Reference to China's Practice, in *Proceedings of the Space Law Conference* 2006, *Asian Cooperation in Space Activities*, *A Common Approach to Legal Matters*（2006），51 – 64.

⑪ See further on BlackBridge http://blackbridge. com/rapideye/index. html, last accessed 18 March 2014; on TerraSAR-X M. Gerhard & B. Schmidt-Tedd, Germany Enacts Legislation on the Distribution of Remote Sensing Satellite Data, in *Proceedings of the Fiftieth Colloquium on the Law of Outer Space*（2008），411 – 6; F. G. von der Dunk, European Satellite Earth Observation: Law, Regulations, Policies, Projects, and Programmes, 42 Creighton Law Review（2009），432 – 3; also www. dlr. de/eo/en/desktopdefault. aspx/tabid-5725/9296_read-15979/, last accessed 15 April 2014.

⑫ 参见"上册第九章四（二）4"部分内容。

⑬ 目前国际上尚没有针对"小卫星"的定义达成统一意见。然而，小卫星一般是指质量小于1000千克的卫星；更多情况，参见 www. daviddarling. info/encyclopedia/S/satellite_mass_categories. html, last accessed 15 April 2014。

⑭ 基于遥感的协同服务能够通过国际合作从整合后的系统提供数据。协同服务可以通过使用一组卫星或者几个独立运行的卫星之间的组合来实现。

⑮ See Ito, *supra* n. 3, 12.

遥感活动的另一个重大变化是数据的产生和供应过程变得越来越精细。目前，主要包括数据收集、处理、增值和分配这四个主要阶段。数据生产商、图像处理批发商、增值服务提供商和分销商这四种不同的主体负责上述不同的阶段。数据生产商负责运营卫星并收集数据。图像处理批发商负责将数据细化到更高级别。增值服务提供商对原始数据做进一步增强，以获得最终用户更加可用的终端产品，比如地图。分销商将产品分配给最终用户。⑯ 根据不同类型的数据和用户，数据和派生产品实行不同的定价方式。遥感数据的所有人和生产者单独决定其数据的获取和定价条件，这些条件一般被称为"数据政策"。⑰ 另外，用户群也已经获得极大扩展，不仅包括政府机构，还包括私人用户。

考虑到对地观测数据生产和分配相关环境的重大变化，有必要对当前法律制度是否可以充分适应迅速变化的遥感活动进行评估。经过总体评估，发现了如下影响遥感数据获取和传播的几个问题。

第一，目前对遥感数据流动和利用的限制越来越多。一方面，如上所述，数据政策对遥感数据和产品的获取和定价做出规定，一些限制就是这些政策做出的；另一方面，遥感相关的国家规定对遥感做出了进一步限制。根据这些规定，遥感数据的获取可能由于国家安全的原因受到限制。国家也可以保留在紧急情况下优先获取这些数据的权利。⑱

第二，每个数据供应商都有权针对自己的数据集制定数据政策，并没有统一的机制来确保数据的完整性和真实性以及信息的可靠性。这导致了一个额外的问题，即由于数据及其衍生产品的供应、使用和滥用所引起的职责和责任问题。实际上，错误的数据可能对终端用户和第三方主体造成损害。目前，数据政策大都没有强调上述问题，这引起了极大的不确定性。

第三，数据供应商的权利。由于数据在网络上极易获取，它的使用和复制可能会侵犯供应商的知识产权。⑲ 另外，通过合同合法获取数据的终端用户面临着

---

⑯ For such data chains, see Crowsey Incorporated, *Legal Assistant Guide to Legal Applications for Geospatial Information*, 10 June 2002, 24.

⑰ 参见"上册第九章四（三）"部分内容；关于"数据政策"中版权申请相关内容，也可参见"下册第九章二"部分内容。

⑱ 参见"上册第九章四（二）"部分内容。

⑲ 进一步参见"下册第九章二"部分内容。

一系列的限制。比如，他们一般不被允许将数据出售给第三方。

考虑到上述法律问题及其对遥感数据供应和使用方面的影响，下文将对当前遥感活动的法律框架进行详细分析。

四、遥感活动的法律框架

遥感活动的法律框架包括国际或国内法律和规章，一方面包括一般性的国际空间法律原则和遥感领域专门的法律文件，另一方面包括各国用来协调和监管本国空间活动主体的国内法律和规章，并通过遥感数据生产商制定的各种用以管理数据产品分配的数据政策予以补充。

（一）国际空间法

国际空间法包括联合国外空委框架下谈判达成的各种有约束力或者没有约束力的法律文件。[50] 有约束力的文件是指 1967 年《关于各国探索和利用包括月球和其他天体在内外层空间活动的原则》、[51] 1968 年《营救宇宙航行员、送回宇宙航行员和归还发射到外层空间的物体的协定》、[52] 1972 年《空间物体所造成损害的国际责任公约》、[53] 1975 年《关于登记射入外层空间物体的公约》[54] 和 1979 年《关于各国在月球和其他天体上活动的协定》，[55] 它们共同构成了外空活动的法律基础，规范着外空利用和探索相关的主要法律问题；没有约束力的法律文件是指

---

[50] 也可参见"上册第二章二和三"部分内容。

[51] 《关于各国探索和利用包括月球和其他天体在内外层空间活动原则的条约》（以下简称《外空条约》），伦敦、莫斯科和华盛顿，1967 年 1 月 27 日通过，1967 年 10 月 10 日生效；610 UNTS 205；TIAS 6347；18 UST 2410；UKTS 1968 No.10；Cmnd. 3198；ATS 1967 No.24；6 ILM 386（1967）。

[52] 《营救宇宙航行员、送回宇宙航行员和归还发射到外层空间的物体的协定》（以下简称《营救协定》），伦敦、莫斯科和华盛顿，1968 年 4 月 22 日通过，1968 年 12 月 3 日生效；672 UNTS 119；TIAS 6599；19 UST 7570；UKTS 1969 No.56；Cmnd. 3786；ATS 1986 No.8；7 ILM 151（1968）。

[53] 《空间物体所造成损害的国际责任公约》（以下简称《责任公约》），伦敦、莫斯科和华盛顿，1972 年 3 月 29 日通过，1972 年 9 月 1 日生效；961 UNTS 187；TIAS 7762；24 UST 2389；UKTS 1974 No.16；Cmnd. 5068；ATS 1975 No.5；10 ILM 965（1971）。

[54] 《关于登记射入外层空间物体的公约》（以下简称《登记公约》），纽约，1975 年 1 月 14 日通过，1976 年 9 月 15 日生效；1023 UNTS 15；TIAS 8480；28 UST 695；UKTS 1978 No.70；Cmnd. 6256；ATS 1986 No.5；14 ILM 43（1975）。

[55] 《关于各国在月球和其他天体上活动的协定》（以下简称《月球协定》），纽约，1979 年 12 月 5 日通过，1984 年 7 月 11 日生效；1363 UNTS 3；ATS 1986 No.14；18 ILM 1434（1979）。

一系列的宣言和原则，适用于各种具体空间应用相关的法律问题。⑥

1. 联合国空间条约

联合国空间条约并没有专门规定空间遥感的问题，但它们的大部分规则和原则至少都可以间接地适用于遥感活动，或者能够为遥感活动指引方向。

1967年《外空条约》建立在空间活动自由原则的基础之上。⑤ 根据该原则，外空向所有人开放，每个国家都有开展外空活动的自由；任何国家的外空活动有权不受阻碍，无须任何预先授权。如果将如上原则适用于遥感领域，意味着每个国家都有权向外空发射遥感卫星，并不受任何其他国家非法干涉。当然，遥感活动必须遵守国际法原则，其中包括《联合国宪章》。⑧ 然而，1967年《外空条约》并没有对外空的利用做出任何特别限制，遥感活动的开展在理论上可以基于科学、军事或者商业等各种目标。

需要注意的是，开展空间活动的私营主体需要从其国家获得授权。⑨ 因此，如果某一私营主体希望发射遥感卫星，其必须向1967年《外空条约》中的某一相关成员国申请授权。一旦颁发授权，该国家就有义务对所授权的活动进行秩序监管。

当某一私营主体决定开展遥感活动时，可能会出现一种现象，即由于所在国家并没有相关法律或者许可制度等原因，其无法获得任何授权。根据1967年《外空条约》第6条第1句的规定，国家在任何情况下都应对本国的空间活动负责，而无论该活动是由政府还是私营主体开展的。

私营主体所开展的活动包括本国私营主体从事的活动，还包括其他国家私营主体在本国领土内开展的活动。私营主体所开展的活动不仅包括发射活动，还包括卫星通信和遥感活动。因此，某一国家将对其私营主体所从事的活动承担国际义务，并对空间活动所引起的损害承担赔偿责任，而无论这些活动是否已经获得

---

⑥ 参见"上册第二章二（一）1"和"上册第二章二（一）3"部分内容。

⑤ 参见《外空条约》第1条，上文脚注51；也可参见"上册第二章三（一）2"部分内容。

⑧ 参见《外空条约》第3条，上文脚注51，该条规定尤其参考了《联合国宪章》，旧金山，1945年6月26日通过，1945年10月24日生效；USTS 993；24 UST 2225；59 Stat. 1031；145 UKTS 805；UKTS 1946 No. 67；Cmd. 6666 and 6711；CTS 1945 No. 7；ATS 1945 No. 1。

⑨ 参见《外空条约》第6条，上文脚注51；也可参见"上册第二章三（一）1"部分内容。

许可。⑥⓪

如果某一国家欠缺针对私营遥感运营活动的授权制度，那么该国将无法对这些活动进行有效的监督，无法确保它们遵守 1967 年《外空条约》的规定⑥①，这将减损国家安全。为了保障自身权益，国家可以通过某些手段就其所承担的损害赔偿责任向私营主体进行追偿。如果没有具体的法律规定，国家可以根据合同法、侵权法或者过错责任的相关原则尝试向非政府主体追偿。然而，如果损害的原因是私营主体在刑法意义上的作为或不作为，刑事诉讼将更加恰当。⑥②

另外值得注意的是，国家也可以将那些本不直接适用于空间活动的许可制度扩展适用于遥感卫星领域。比如，如果某国存在通信相关立法，这些立法规定了通信卫星许可颁发相关的规定，那么该立法也可以扩大适用于私营遥感活动。

无论如何，如果某国意识到其私营主体有意向开展遥感活动，其就应当构建相关制度对非政府主体开展的私营空间活动进行授权和监管。授权和监管制度的欠缺还有可能会导致"许可买卖"的现象，因为私营主体可能会从其他国家申请获得遥感活动的授权。

发射到外空的每一个物体都必须进行妥善登记。⑥③ 根据 1975 年《登记公约》，空间物体登记义务主体是"发射国"，即如下四类国家：①发射空间物体的国家；②促使发射空间物体的国家；③从其领土上发射空间物体的国家；④从其设备上发射空间物体的国家。⑥④

由于一个空间物体只能有一个登记国，如果存在多个"发射国"，由这些国家自行确定登记空间物体的国家。⑥⑤ 与发射地点这一判断标准相比，各国实践

---

⑥⓪ 关于责任，参见《外空条约》第 7 条，上文脚注 51；《责任公约》第 1 条至第 5 条，上文脚注 53。进一步参见"上册第二章三（一）1"和"上册第二章三（三）2"部分内容。

⑥① 参见《外空条约》第 6 条第 2 句话，上文脚注 51。

⑥② 关于责任的一般描述，参见"上册第二章三（三）""上册第三章二（三）"和"下册第八章二"部分内容。

⑥③ 参见《登记公约》第 2 条第 1 款，上文脚注 54；也可参见"上册第二章三（四）"部分内容。进一步参见 F. G. von der Dunk, Beyond What? Beyond Earth Orbit?..! The Applicability of the Registration Convention to Private Commercial MannedSub-Orbital Spaceflight, 43 *California Western International Law Journal*（2013），269。

⑥④ 参见《登记公约》第 1 条第 a 项，上文脚注 54；《责任公约》对"发射国"做了相同界定，参见"上册第二章三（三）1"部分内容。

⑥⑤ 参见《登记公约》第 2 条第 2 款，上文脚注 54。

更加倾向于根据促使发射与否确定登记国。㉖ 比如，美国并非对所有在其领土上发射的空间物体进行登记，而只登记由美国私营主体或者政府机构所有或者控制的空间物体。因此，在自己领土内提供商业发射服务的国家是发射国，但其可能并不当然是登记国，比如以他国名义发射遥感卫星的国家就符合该种情形。

另外，根据 1975 年《登记公约》的规定，登记国需要对所登记的空间物体进行管控，尽管其允许通过特别协议由发射国对该空间物体进行管辖和控制。㉗然而如何对空间物体进行管控并不明确。但是该问题在遥感领域却十分重要，因为该种管控是否包括数据的分配和数据使用过程中所造成的损害赔偿，也不明确。㉘

1972 年《责任公约》将空间物体在地球和外空造成损害的赔偿责任完全归咎于"发射国"。然而，1972 年《责任公约》规定的"损害"并不包括遥感活动相关的损害，比如由不精确、错误或者未能成功传输的数据造成的损害。㉙

2.《关于从外层空间遥感地球的原则》

《关于从外层空间遥感地球的原则》（以下简称《原则》）㉚ 是空间遥感领域唯一一个专门的国际法律文件。《原则》为各种遥感活动提供了基本的法律框架，尤其规定了相关主体在开展遥感活动时的权利和义务，并在国际层面上规定了数据获取和分配的规则。《原则》为近 30 年来的遥感活动提供了指导，具有重大意

㉖ See B. Schmidt-Tedd & M. Gerhard, Registration of Space Objects: Which Are the Advantages for States Resulting from Registration?, in *Space Law*: *Current Problems and Perspectives for Future Regulation* (Eds. M. Benkö & K. U. Schrogl) (2005), 132.

㉗ 参见《登记公约》第 2 条第 2 款，上文脚注 54。

㉘ 重要的是，加拿大、德国和美国这些国家的遥感立法已经对"管控"这一术语进行详细阐述，其中包括了对地面站的管控和市场影响等方面的因素；关于加拿大的相关规定，参见《空间遥感系统法》（以下称为《加拿大遥感空间系统法》）第 2 条、第 8 条第 d 项和第 e 项，2005 年 11 月 25 日通过，2007 年 4 月 5 日生效；S. C. 2005, c. 45；关于德国相关规定，参见《德国关于防止利用高分辨率航空影响危害德国安全的法律》（以下简称《德国卫星数据安全法》）第 11 条和第 12 条，2007 年 11 月 28 日通过，2007 年 12 月 1 日生效；Federal Gazette (BGBl.) Year 2007 Part I No. 58, of 28 November 2007；关于美国相关规定，参见《陆地遥感政策法》第 C 编第 3 条和第 4 条，上文脚注 34。

㉙ 参见《责任公约》第 1 条第 a 项关于"损害"的定义，上文脚注 53；也可参见"上册第二章三（三）2"部分内容。进一步参见上文脚注 3, 194, 303。

㉚ 见上文脚注 2。

义，但也存在一些重大缺陷，尤其在于定义模糊，遥感数据的可用性、准确性、提供和使用等方面规制不够。

（1）《原则》现状。《原则》经 1986 年 12 月 3 日的联合国大会第 41/65 号决议通过。联合国大会决议并没有法律效力。具有法律效力的法律文件需要执行和批准，比如公约；经过批准后，该文件就会成为批准国可予以适用的强制法律。联合国大会决议无须批准，其执行力也主要是取决于各国的意愿。[71]

根据内容性质的不同，联合国大会决议的地位也存在很大差异。是否一致通过等联合国大会决议通过的过程以及随后的国家实践，都会影响该决议的地位。为此，许多学者认为，《原则》中的大多数原则都构成了国际习惯法。[72] 根据《国际法院规约》[73] 第 38 条规定，国际习惯是普遍原则，被接受为法律的证据。一般认为，习惯由如下两部分构成：一般做法或者通用做法；这些做法与法律（法律意见）具有相同的信念。[74]

首先，《原则》在各国国家实践中获得广泛肯定。实际上，在过去的 20 年内各国和私营主体都在遵守这些原则。比如，就空间遥感无须事前同意这一原则而言，各国在从事遥感活动之前都没有从其他国家或者其他机构获得许可。[75] 鉴于《原则》已经在实践中执行了很长一段时间，也经常在各国国内、双边和多边法

---

[71] 关于联合国大会决议不具有法律约束力的阐述，参见 V. Kopal, The Role of the United Nations Declarations of Principles in the Progressive Development of Space Law, 16 *Journal of Space Law* (1988), 5; A. T. Guzman & T. L. Meyer, *Explaining Soft Law* (2009); F. Tronchetti, Soft Law, in *Outer Space in Society, Politics and Law* (Eds. C. Brünner & A. Soucek) (2011), 621 –3。

[72] 联合国《关于从外层空间遥感地球的原则》的习惯法属性在如下文献中有所讨论：B. Cheng, *Studies in International Space Law* (1997), 136; S. Marchisio, Remote Sensing for Sustainable Development in International Law, in *Outlook on Space Law over the Next 30 Years* (Eds. G. Lafferranderie & D. Crowther) (1997), 338 –40; J. I. Gabrynowicz, The UN Principles Relating to Remote Sensing of the Earth from Outer Space and Soft Law, in *Soft Law in Outer Space* (Ed. I. Marboe) (2012), 183 –93。

[73] 参见《国际法院规约》第 38 条第 1 款第 b 项，旧金山，1945 年 6 月 26 日通过，1945 年 10 月 24 日生效；156 UNTS 77; USTS 993; 59 Stat. 1031; UKTS 1946 No. 67; ATS 1945 No. 1。

[74] 国际法院在 1969 年北海大陆架案（ICJ Reports, 1969, p. 3）和 1986 年尼加拉瓜案（ICJ Reports, 1986, pp. 76, 98）中确定了构成国际习惯的要素。关于国际习惯的一般表述，参见 I. Brownlie, *Principles of Public International Law* (7th edn., 2008), 6 ff.; 也可参见"上册第五章九（一）"部分内容。

[75] *Cf.* V. S. Vereschetin & G. M. Danilenko, Custom as a Source of International Law of Outer Space, 13 *Journal of Space Law* (1985), 121.

律文件中予以提及，因此，有理由探讨《原则》的国际习惯属性。⑦ 然而，由于国际法院从未将联合国大会决议明确认定为国际习惯法，所以需要谨慎看待该类观点，并通过事实和法律上的证据予以证明。

其次，遥感运营商大都是在自发的基础上遵守《原则》，这有利于证明《原则》等同于法律的这一信念。《原则》最终的文稿综合了各代表团提交的草案，获得联合国大会的一致通过。⑦

（2）《原则》适用范围。在讨论《原则》内容之前，有必要对其适用范围进行探讨，了解可以适用《原则》的遥感相关应用、活动和数据的类型。《原则》与仅有的几个遥感民事应用相关，尤其是自然资源管理、土地利用和环境保护。⑦ 由此可以推断，遥感军事应用并不在《原则》的适用范围之内。但是，对于同时具备民事和军事两种用途的两用卫星，比如用于全球环境和安全监测计划（GMES）的卫星，可否适用《原则》存在争议。⑦ 另外，"原则一"所列举之外的商业活动是否适用《原则》也存在很大争议。

上述问题在今天尤为重要，因为遥感卫星在自然资源管理、土地利用和环境保护之外的领域也得到了广泛应用，比如灾害管理、城市规划、农业和确认核查领域。基于这些目的对数据的使用有可能在《原则》的适用范围之外，相关的法律问题可能并不能在当前的法律框架内予以解决。⑧

《原则》适用于遥感活动，包括遥感系统的运营、原始数据的收集和储存站的运营、数据处理、数据分析以及数据和产品的分配。需要特别注意的是，虽然数据处理和分配相关活动完全在地面进行，但是其也在《原则》的适用范围

---

⑦ 比如，"非歧视性"这一术语出现在国际数据交换相关文件中，比如美国国家航空航天局和欧洲空间局之间的数据政策以及世界气象组织决议，包括世界气象组织第40号决议 CG-XII。

⑦ See Ito, *supra* n. 3, 56; A. D. Terekhov, UN General Assembly Resolution and Outer Space Law, in *Proceedings of the Fortieth Colloquium on the Law of Outer Space* (1998), 98; Kopal, *supra* n. 71, 18.

⑦ See Princ. I, Remote Sensing Principles, *supra* n. 2.

⑦ 关于全球环境和安全监测系统（GMES）使用相关法律问题，参见 F. G. von der Dunk, The 'S' of 'Security': Europe on the Road to GMES, 2 *Soochow Law Journal* (2007), 1. Generally on GMES see J. Aschbacher & M. P. Milagro-Pérez, The European Earth Monitoring (GMES) Programme: Status and Perspectives, 120 *Remote Sensing of Environment* (May 2012), 3。

⑧ See J. Monserrat, A Remote Sensing Convention for the Advancement of Space Law, in *Proceedings of the Forty-Sixth Colloquium on the Law of Outer Space* (2004), 63.

之内。

最后一个问题，在私营主体对遥感活动的参与方面，《原则》实际上保持了沉默，其唯一涉及该问题的规定是"原则十四"，该原则通过《外空条约》第 6 条描述了国家活动和私营主体活动之间的关系。⑧ 这意味着：一方面国家对其授权和许可私营主体从事的空间遥感活动，负有国际责任；另一方面，私营主体受其活动所受管辖国家法律规定的约束。然而，《外空条约》第 14 条和《原则》都没有规定对非政府主体具体进行授权和监管的方式。

（3）《原则》主要内容。《原则》规定了空间遥感活动的基本规则和原则，⑧ 尤其规定了遥感运营和数据获取、分配和使用相关的责任（职责）问题。《原则》的内容相当笼统，有时可以对其做出灵活甚至是有争议的解释。⑧

《原则》的主要内容可以分为三类：遥感自由相关规定、被感测国家权利和利益相关规定、数据相关的具体规则。

对于第一类型规定而言，"原则四"具有重大意义，因为它构建了一个基本概念，即空间遥感自由。"原则四"的第一句话规定"进行遥感活动应遵守关于各国探索和利用包括月球和其他天体在内外层空间活动的原则条约第一条所载的原则"。《外空条约》第 1 条规定了外空探索和利用的自由原则，⑧ "原则四"至少间接性地以该规定为基础规定了各国从外空使用卫星对全球进行感测的权利。

---

⑧ 联合国《关于从外层空间遥感地球的原则》（见上文脚注 2）原则十四规定："根据关于各国探索和利用包括月球和其他天体在内外层空间活动的原则条约第六条，操作遥感卫星的国家应对其活动承担国际责任，并确保此类活动的实施符合这些原则和国际法规范，不论此类活动是由政府实体或非政府实体进行的，还是通过该国所参加的国际组织进行的。这条原则不妨碍国际法关于遥感活动的国家责任的规范的适用。"

⑧ 关于联合国《关于从外层空间遥感地球的原则》的详细阐述和讨论，参见 S. M. Williams, Reflections and Suggestions on Remote Sensing and International Law, 50 *Zeitschrift für Luftund Weltraumrecht* (2001), 409; C. Q. Christol, Remote Sensing and International Space Law, 16 *Journal of Space Law* (1988), 21; G. Catalano Sgrosso, International Legal Framework for Remote Sensing, Workshop on legal remote sensing issues Project 2001, 5; R. S. Jakhu, International Law Governing the Acquisition and Dissemination of Data, 29 Journal of Space Law (2003), 65; F. G. von der Dunk, United National Principles on Remote Sensing and the User, in *Earth Observation Data Policy and Europe* (Ed. R. Harris) (2002), 29 - 40。

⑧ *Cf.* S. M. Williams, The UN Principles on Remote Sensing Today, in *Proceedings of the Forty-eighth Colloquium on the Law of Outer Space* (2006), 2 ff.

⑧ 关于在卫星直播领域与该原则相关内容的讨论，参见"上册第八章三（一）"部分内容。

在《原则》的谈判过程中，"原则四"获得了西方国家的强力支持，其赋予所有国家外空数据收集的权利。[85] "原则四"详细阐明了数据收集规则，包括：①遥感前无须获得事前同意、通知或咨询；②被遥感国对在其领土感测的行为没有否决权；③不得对空间和时间分辨率等感测能力施加条件；④不得基于地理方面的理由要求对某些区域免除感测。[86]

第二类规定通过"原则四"的第二句话予以规定，其规定了被遥感国家的国家主权。该条款规定：

> 进行这些活动时应尊重所有国家和人民对其财富和自然资源享有完全和永久主权的原则，同时应适当顾及其他国家及其管辖下的实体依照国际法享有的权利和利益。这种活动的进行不得损及被感测国家的合法权利和利益。

被感测国家的法律地位在《原则》制定过程中存在广泛争议。然而，"原则四"的最终文本模棱两可，没有澄清国家主权原则和被感测国家的合法权利在实践中的具体内容；而且，"原则四"也没有规定被感测国家与感测国家对遥感活动的共同参与问题。[87] 而且，不得损及被感测国家的合法权利和利益这一要求似乎只适用于遥感活动本身，而不包括数据传播之后的情况。

通常情况下，领土数据的使用和滥用关乎被感测国家的利益；然而，"原则四"似乎没有对该种利益做出保护，其并没有对感测国施加任何特定义务（比如，感测国家因为数据滥用而造成损害的赔偿责任），也没有赋予被感测国家任何特定权利（比如，对自然资源数据获取和分配的管控）。由于遥感活动的商业化以及遥感数据和产品获取途径更加简化，以上问题显得更加突出。

最后，数据规则通过"原则十二"予以规定，其确定了遥感数据获取和分配的一般性规定："有关被感测国管辖下领土的原始数据和处理过的数据一经制就，该国即得在不受歧视的基础上依照合理费用条款取得这些数据。"[88] 该规定意

---

[85] See further e. g. S. Gorove, *Developments in Space Law* (1991), 295.

[86] See S. M. Williams, Observing the Earth from Space in Light of the Principle of Sovereignty, 82 *Revista Brasileira de Direito Aeroespacial* (April 2001).

[87] See G. Catalano Sgrosso, Prevention and Management of Natural Disasters, in *Outlook on Space Law over the Next 30 Years* (Eds. G. Lafferranderie & D. Crowther) (1997), 299; Ito, *supra* n. 3, 60.

[88] 联合国《关于从外层空间遥感地球的原则》原则十二，见上文脚注2。

味着：

第一，数据传播之前无须获得事前同意。被感测国家对其领土信息的传播并没有任何否决权或者管制权。因此，至少从理论上讲，被感测国家既不能选择对谁披露领土信息，也不能决定相关数据传播的类型和质量。[89] 第二，被感测国家没有对其领土数据或信息的优先获取权，既没有绝对性获取权，也没有优先权。另外，被感测国家对这些数据和信息也没有任何经济特权，比如，无法要求免费或者以低于其他国家价格的方式获得这些数据。"合理费用条款"的含义并不明确，其既可以指"边际成本"，也可以指在特定时刻的市场条件下的"商业市场价格"。第三，根据"原则十二"所规定的非歧视获取原则，虽然感测国家具有向被感测国家提供图像的一般义务，但感测国家一般只基于它们之间的信任向被感测国家提供数据。[90] 并不存在法律机制强制感测国家提供数据。重要的是，"原则十二"并没有根据数据的使用目的来对数据的提供方式予以区分。

另一个关键的议题是基于遥感数据分析出来的信息的获取。"原则十二"存在一个法律漏洞，尤其是考虑到其规定"被感测国亦得按同样基础和条件取得任何参与遥感活动的国家所拥有的关于其管辖下领土的分析过的资料"。从字面意思来讲，上述规定可能并不包括如下情形：比如，经过分析的信息并不归任何国家所有，而是由私营公司所有。另外，提供经过分析的信息的义务可能并不适用于数据处理批发商等个人或者法人，这可能会导致理论和实践做法的不一致。各国数据政策关于数据获取规定并不一致，上述不确定性正是其原因之一。

尽管《外空条约》有时也可直接适用于空间遥感，但是《原则》所规定的其他原则大都是对《外空条约》规定的重复。[91] 需要特别注意的是，如果将遥感用于环境和灾害管理，根据"原则十"和"原则十一"的规定，在环境灾害发

[89] See von der Dunk, *supra* n. 82, 33; J. I. Gabrynowicz, Expanding Global Remote Sensing Services, in *Proceedings of Workshop on Space Law in the Twenty-first Century* (2000), United Nations, ST/SPACE/2, 101.

[90] See L. J. Smith & C. Doldirina, Remote Sensing: A Case for Moving Space Data Towards The Public Good, 24 *Space Policy* (2008), 22.

[91] 联合国《关于从外层空间遥感地球的原则》所强调的内容包括：国际法的适用性（原则二和三）、加强国际合作（原则五）和国际合作模式的构建（原则六、七和八）。

生或者即将发生之时，国家有义务及时发出警告，并尽快将相关信息提供给有关国家。

还有一个重要的问题是国际责任。国家对数据传播等遥感活动负有国际责任，这一原则非常明确，但是国家对由其或者第三方主体遥感活动所造成的后果是否负有责任，存在一定争议。从字面意思讲，《原则》只对接收图像和/或从事数据处理活动的国家，或者使用这些数据的第三方主体的国家施加责任，并不包括那些没有从事卫星运营活动的国家或者实体。这构成了《原则》的重大漏洞，尤其是考虑到遥感产品和应用的用户数量不断增加，该漏洞越发明显。

总之，《原则》是空间法的重要内容和发展，确定了空间遥感和相关运营活动的基本规范。这些原则建立了遥感卫星运营的基本条件，规定了感测国家的一般性职责。然而，《原则》语言模糊，并没有充分强调数据生产商和终端用户等遥感活动相关参与主体的权利和义务，也没有强调数据的所有权、可用性和可访问性，还欠缺数据精确性和验证方面的规定。[②] 整体而言，《原则》并不能有效管理现代化的遥感活动，不能有效处理所有相关的法律问题。

无论如何，我们需要理解的是，《原则》制定于20世纪80年代，其也只能反映当时的政治、利益和其他相关问题。实际上，当时只有少数几个感测国家，其他大都是被感测国家，《原则》所关注的主要是它们之间的关系。当前的形势已经发生了变化，不仅感测国家的数量增加了，私营主体也在运营卫星。另外，遥感产品的用户和应用数量都大幅增加。因此，现在关注的焦点在于数据提供商、数据接收方和第三方主体的权利和义务，这些问题在《原则》起草之时都不是优先考虑的对象。鉴于这些新问题愈发突出，其已经由遥感数据生产商以个案形式在各国国内层面获得广泛回应和解决。

（二）遥感相关国内立法

1. 简介

在过去的20年中，越来越多的国家制定了自己的空间法律法规。其原因有

[②] See Smith & Doldirina, *supra* n. 90, 25；Ito, *supra* n. 3, 65.

二：一为遵守和执行外空公约规定的国际义务；二为组织、监督和管理其管辖范围内的空间活动。国家空间立法的法律基础是《外空条约》第6条，其规定国家对其政府机构和非政府主体开展的空间活动负国际责任，要求国家对非政府主体的活动进行持续监管。[93]

虽然各国空间法律法规的内容不尽相同，但是通常都包含如下几方面的内容：①空间活动的授权和许可，尤其是针对私营主体；②对所授权活动的监督管理；③空间物体发射和发射设施的运营；④空间物体的运营；⑤在外空从事的活动；⑥空间物体的损害责任；⑦空间物体的登记。[94]

一旦某一国家对其发射到外空的物体进行了登记，该国将保持对该物体的管辖和控制。[95] 以上方面对遥感来讲特别重要，因为卫星获得的信息将对被感测国的国家利益和整个国际社会造成影响。因此，具备遥感能力的国家以及参与遥感卫星发射和运营的国家越来越通过法律和政策来对遥感运营主体进行监管，对数据收集和分配方式进行管制和规范。

2. 遥感相关国内法：概评

国家卫星遥感规定对商业遥感卫星相关活动施加限制，尤其是在数据收集和/或传播方面。政府如此管制的目的主要有两方面：一是通过禁止或者限制信息的获取来维护国家安全；二是在危急时刻保障政府对遥感系统的优先使用权限。

随着私营和商业遥感卫星的逐步出现，许多国家都制定了与遥感相关的国家规定。然而，各国所采取的方式不尽相同。美国、加拿大、德国和法国等国家制定了正式的、特别的和具有透明度的遥感立法，或者至少具有遥感相关的明确条

---

[93] 关于《外空条约》第6条和各国国内空间立法之间关系的详细分析，参见 F. G. von der Dunk, The Origins of Authorisation: Article Ⅵ of the Outer Space Treaty and International Space Law, in *National Space Legislation in Europe* (Ed. F. G. von der Dunk) (2011), 3 – 28; also e. g. E. Back Impallomeni, Article Ⅵ of the Outer Space Treaty, in *Proceedings of the United Nations/Republic of Korea Workshop on Space Law-Actions at the National Level* (2004), United Nations, ST/SPACE/22, 73 – 6; M. Gerhard, Article Ⅵ, in *Cologne Commentary on Space Law* (Eds. S. Hobe, B. Schmidt-Tedd & K. U. Schrogl) Vol. Ⅰ (2009), 106 ff., esp. 120 – 2。也可参见"上册第二章三（一）1"部分内容。

[94] 关于国内空间立法的一般性分析，参见"上册第三章"。

[95] 参见《外空条约》第8条，上文脚注51。

款；澳大利亚⑨⑥和阿根廷⑨⑦等国家制定了一般性的空间法律法规，适用于遥感和数据相关活动。中国和印度等其他国家在数据收集和传播方面制定了某些特别政策。⑨⑧

以下内容将详细探讨各主要国家的（商业）遥感相关的法律和政策，最终重点对各国遥感活动相关立法趋势进行总结。

3. 美国

美国遥感立法一直不断发展，以应对技术进步、市场发展和社会需求。⑨⑨ 与其他国家立法相比，美国法律重点关注数据政策和国内主体竞争力的维护等实际问题。通过对美国遥感法律和政策的一般性分析发现，美国的目的在于保持其在遥感领域的领导力，并维护国家安全和外交政策利益。⑩⑩

Landsat 系统自 1972 年由美国国家航空航天局管理和运营，到了 20 世纪 70 年代末期，美国开始尝试将该系统私营化。该种私营化政策被编入 1984 年《陆地遥感商业法》。⑩⑩ 该政策最初计划通过数据销售缓慢推进 Landsat 系统的商业化，并在后期以私营主体为主来推动 Landsat 相关项目。然而，由于数据价格的上涨，以及法国政府资助的 SPOT 带来的强力竞争夺走了巨大的市场份额，以上

---

⑨⑥ 关于澳大利亚空间法的分析，参见 S. R. Freeland, Reshaping Australia's Space Policy and Regulation, 61 *Zeitschrift für Luftund Weltraumrecht* (2012), 97; N. Siemon & S. R. Freeland, Regulation of Space Activities in Australia, in *National Regulation of Space Activities* (Ed. R. S. Jakhu) (2010), 37 – 59。

⑨⑦ 关于阿根廷空间活动立法的分析，参见 J. Hermida, *Legal Basis for a National Space Legislation* (2004), 185 ff.; J. Hermida, Regulation of Space Activities in Argentina, in *National Regulation of Space Activities* (Ed. R. S. Jakhu) (2010), 23 – 35。

⑨⑧ See e. g. on India R. Kaul & R. S. Jakhu, Regulation of Space Activities in India, in *National Regulation of Space Activities* (Ed. R. S. Jakhu) (2010), 153 – 98.

⑨⑨ 关于美国空间法的综合分析，参见 J. I. Gabrynowicz, 2010 One-Half Century and Counting: The Evolution of U. S. National Space Law and Three Long-term Emerging Issues, 4 *Harvard Law & Policy Review* (2010), 901; P. S. Dempsey, Overview of the United States Space Policy and Law, in *National Regulation of Space Activities* (Ed. R. S. Jakhu) (2010), 373 – 404。

⑩⑩ 关于美国遥感法律的表述，参见 Gabrynowicz, *supra* n. 19, 45; E. Sadeh, Policies and Regulation of Earth Observation Services in the United States, in *National Regulation of Space Activities* (Ed. R. S. Jakhu) (2010), 443 – 58; Ito, *supra* n. 3, 75 – 82。

⑩⑩ 见上文脚注 33。

商业化方案并未能按计划进行，[⑩] Landsat 系统重新改为完全由政府管控的模式。后来，美国在 1992 年颁布《陆地遥感政策法》，取代了《陆地遥感商业法》。[⑩] 《陆地遥感政策法》将 Landsat 系统的运营转移给国防部和国家航空航天局，但是由商务部负责向国家海洋和大气管理局颁发许可。

《陆地遥感政策法》的重要目标之一在于，增强公众对 Landsat 数据价值和效用的了解，促进这些数据的分配和使用。[⑩] 该法取消了市场价格所带来的成本弊端，简化了非增值数据的最低价格标准，尤其是对于政府机构或者由美国政府提供财政支持的政府项目来讲。[⑩] 为了刺激商业市场的发展，Landsat-7 的数据产品的发行权不再固定交由某一单独主体，而是由私营主体相互竞争。

《陆地遥感政策法》对私营遥感系统的运营许可做出了规定。该法预测到，在未来几年，商业主体将运营 Landsat 之外的遥感系统，并分发这些系统的遥感数据。因此，该法规定，美国管辖和控制的公民或实体运营私营遥感系统之前必须获得许可。[⑩] 为了维护美国国家安全，许可将对运营活动施加一些限制，比如，只能向他国政府提供非增强数据，向商务部部长报备系统特性以及与他国缔结协议的意图。如果运营主体不遵守许可所载条件，将会对其处以每天最高 1 万美元的罚款。[⑩]

《陆地遥感政策法》目前仍然是美国规制遥感相关活动的主要法律文件，并通过一系列政策和法规予以补充。由于认识到其他国家遥感能力的出现以及确保美国在遥感领域的全球领导地位的需求，美国于 1994 年发布第 23 号总统指令（PDD-23）。[⑩] 为此，该指令：①主要通过分散参与遥感活动的政府机构之间的任务，放宽了对数据销售的限制；②明确了 Landsat 的运营制度，比如美国主体可以销售精度在 1 米之内地面分辨率的图像；③将国家安全因素确定为许可颁发的

---

⑩ 关于 Landsat 系统的商业化意图，参见 C. C. Joyner & D. R. Miller, Selling Satellites: The Commercialization of Landsat, 26 *Harvard International Law Journal* (1985), 63。

⑩ *Supra*, n. 34.

⑩ 参见《陆地遥感政策法》第 5601 条第 1 款，上文脚注 34。

⑩ 参见《陆地遥感政策法》第 5601 条第 13 款，上文脚注 34。

⑩ 参见《陆地遥感政策法》第 5622 条第 b 项，上文脚注 34。

⑩ 参见《陆地遥感政策法》第 5658 条，上文脚注 34。

⑩ Presidential Decision Directive 23, US Policy on Foreign Access to Remote Sensing Capability, 9 March 1998 (PDD-23).

考量条件。[109]

对于上面第三种做法，指令使用了"快门控制"规定，这意味着美国政府为了保护国家安全、外交利益和遵守国际义务，可以关闭某一卫星的运营。在该方面，《1997 年国防授权法》规定，许可持有人不得传播比国外商业主体所能提供的更加详细的图像。[110] 目前，空间分辨率是通过如下两个层次予以限制的。0.5米分辨率的电光图像可以在市场上销售，但是高于 0.25 米分辨率的图像则只能由经过美国政府个别授权的主体获取。[111] 在这种情况下，美国国务院（外交部）授权之前，必须首先确保未经美国政府许可的图像不得提供给外国政府。

由于认识到遥感在商业上仍不具备盈利能力，美国政府积极向本国的遥感活动主体提供支持。为此，美国政府于 2003 年颁布了《商业遥感政策》。[112] 该政策取代了之前的第 23 号总统指令，旨在通过降低对空间、光谱和辐射等方面分辨率的限制，支持国家遥感产业，来提高本国遥感活动主体的竞争力。2003 年《商业遥感政策》的关键之处在于美国政府意欲增加各领域对美国商业遥感能力的依赖程度。该政策指出，美国政府将"最大限度地依赖美国商业遥感空间能力满足其在影像和地理空间方面的需求"[113]。这意味着，美国政府打算成为美国私营遥感系统的主要用户。

最后，为了实施 1992 年《陆地遥感政策法》，并将其适用于私营主体，美国在 2006 年颁布了《私营陆地遥感系统许可条例》。[114]《私营陆地遥感系统许可条例》详细规定了许可条款和条件、审查程序和监管合规方面的程序。根据该规定，私营遥感系统受到严格监管，并且需要经过年度审计。如果许可持有人需要

---

[109] See A. Florini & Y. A. Dehqanzada, No More Secrets? Policy Implications of Commercial Remote Sensing Satellites, Carnegie Paper no. 1 (July 1999), 6.

[110] Kyl-Bingaman Amendment to the 1997 National Defense Authorization Act, 15 U. S. C. 5621. See also Public Law 104－201 div. A, Title X, Sec1064, September 23, 1996, 110 Stat. 2653.

[111] J. C. Kessler, *Leadership in the Remote Sensing Satellite Industry-US Policy and Foreign Competition* (2008), 8.

[112] 美国《商业遥感政策》，2003 年 4 月 28 日。另参见 W. von Kries, The US Commercial Remote Sensing Policy of April 28, 2003: Some Comments, 52 *Zeitschrift für Luftund Weltraumrecht* (2003), 555。

[113] 《商业遥感政策》第 2 条，上文脚注 112。

[114] 《私营陆地遥感系统许可条例》，Federal Register Vol. 71, No. 79, 2006 年 4 月 25 日生效，15 CFR Part 960。

与外国主体签订协议，其必须提出修改许可证的申请，并通知协议签订时间。[115]

在数据政策方面，《私营陆地遥感系统许可条例》根据系统资金来源模式将遥感系统划分为如下三种：①非美国政府资助的系统；②由美国政府部分资助的系统；③由美国政府完全或者主要资助的系统。针对非美国政府资助的系统、由美国政府完全或者主要资助的系统，被许可人可以在合理的商业条款或者条件下获取非增强的数据，还需遵守向被感测国家提供数据的要求。针对由美国政府部分资助的系统，被许可人需要在充分考量美国利益的基础上根据非歧视原则对数据的获取进行个案判断。针对由美国政府完全或者主要资助的系统，被许可人需要根据非歧视原则分发数据。[116]

4. 加拿大

加拿大遥感相关立法在很大程度上是受到美国经验的启发，但是其也根据自己的国家利益做出了一些调整。[117] 这些立法包括《加拿大遥感空间系统法》[118] 和《空间遥感系统规定》，[119] 对本国遥感活动进行全方位的监管。另外，加拿大和美国还签署了商业卫星遥感系统运营相关的双边协议，给遥感的监管提供了补充规定。[120]

加拿大颁布《加拿大遥感空间系统法》和《加拿大空间遥感系统规定》的原因之一在于存在对私营主体参与遥感活动做出规范的需求。《加拿大遥感空间系统法》的适用范围非常广泛，包括公共、私营和公私合营的空间遥感系统。[121] 因此，该法律的适用对象不仅包括商业卫星，还包括加拿大航天局和其他政府主体运营的卫星。卫星的预期用途与该法律的适用范围无关，加拿大管辖下的所有

---

[115] 参见《私营陆地遥感系统许可条例》第 960 条第 8 款，上文脚注 114。

[116] 参见《私营陆地遥感系统许可条例》第 960 条第 12 款第 c 项，上文脚注 114。

[117] 关于加拿大遥感立法的分析，参见 Gillon, *supra* n. 30, 19 – 32; Ito, *supra* n. 3, 82 – 6; also B. W. Mann, First License Issued under Canada's Remote Sensing Satellite Legislation, 34 *Journal of Space Law* (2008), 67 – 87. 关于加拿大空间活动监管的更广泛意义的表述，参见 R. S. Jakhu, Regulation of space activities in Canada, in *National Regulation of Space Activities* (Ed. R. S. Jakhu) (2010), 81.

[118] *Supra*, n. 68.

[119] 《空间遥感系统规定》（以下称为《加拿大空间遥感系统规定》），2007 年 3 月 29 日通过；SOR/2007 – 66。

[120] 《加拿大政府和美国政府关于商业遥感卫星系统运营的协定》，华盛顿，2000 年 6 月 16 日通过，2000 年 6 月 16 日生效；2000 CTS No. 2000/14。

[121] 参见《加拿大遥感空间系统法》第 2 条，上文脚注 68。

空间遥感系统都必须遵守外交部部长制定的数据分配管制规定。

"遥感卫星"包括光学雷达以及热红外、多光谱和其他类型的传感器,该定义的宽泛性也能体现出《加拿大遥感空间系统法》的广泛适用性。[122] 另外,该法律的适用范围不仅限于加拿大境内,也适用于加拿大境外的高分辨率卫星和运营。需要注意的是,尽管该法律理论上适用于大部分的遥感卫星相关活动,但是外交部部长可以基于个案或者个别类型的原则,免除任何人员、卫星系统或数据所有的或者某些方面的许可要求。[123] 这是为了避免加拿大政府对由其他国家主要负责的运营活动行使管辖权。

《加拿大遥感空间系统法》通过许可制度、持续监管和执法机制对遥感活动进行规制和管理,尤其针对私营主体从事的遥感活动。[124] 加拿大管辖范围之内的任何人从事遥感活动都必须获得许可。[125] 外交部负责许可的颁发和修改,有权对许可做出长达 90 天的暂停决定,还可以根据政府的决定撤销许可。[126]

许可制度的主要任务是确保遥感卫星的运营安全。[127] 换言之,根据《加拿大遥感空间系统法》,政府需要确保对卫星执行任务的全部阶段和运营终止之时的积极管控,确保以减缓轨道碎片风险的方式处理外空飞船的退役,确保外空飞船安全地脱离轨道。

加拿大遥感制度的另一个重要方面是对遥感产品和原始数据的收集和分发进行监管。《加拿大遥感空间系统法》对如下三个概念进行了区分:"原始数据(以 1 和 0 为格式的电子信息)""数据转化(数据处理——将 1 和 0 的格式转化为某一图像,使该图像无法通过反向工程重新生成原始数据)"和"遥感产品(通过数据转化产生的最终产品,比如凸显或者数字仰角模型)"。[128] 原始数据,

---

[122] 参见《加拿大遥感空间系统法》第 2 条,上文脚注 68。

[123] 参见《加拿大遥感空间系统法》第 4 条第 3 款,上文脚注 68。

[124] On this point see Mann, *supra* n. 117, esp. 76 ff.

[125] 参见《加拿大遥感空间系统法》第 11~13 条,上文脚注 68。

[126] 比照《加拿大遥感空间系统法》第 11~13 条,上文脚注 68。

[127] See Gillon, *supra* n. 30, 27.

[128] 参见《加拿大遥感空间系统法》第 2 条,上文脚注 68。

尤其是通过高分辨率合成孔径雷达（SAR）系统获取的原始数据，⑫⑨ 需要予以管制。该种管制十分重要，有助于避免极度敏感信息落入敌对分子手中用来对抗加拿大或者加拿大友国及盟友。另外，在颁发许可之前，政府需要与许可申请人通力合作，来了解申请许可运营的系统的具体性质。⑬⑩ 因此，许可所要求的审查并不局限于技术方面，还包括很多其他方面的因素，比如，申请人的商业模式以及系统参与者或者客户的构成，包括系统运营主体是谁、系统所有权人是谁、敏感信息如何管理。⑬①

《加拿大遥感空间系统法》的大部分内容都是在规定遥感系统运营中被许可人的义务和政府的权利，尤其是对遥感活动的监管和数据分发的管控。一方面，被许可人可能会被限制传播原始数据以及将遥感产品分发给许可人之外的主体。⑬② 另一方面，政府可以发出指令对被许可人已经获得授权的运营行为做出某些限制。⑬③ 这些限制措施可以是暂停或取消许可，或者中断服务和优先获取权。另外，加拿大政府有权基于国际关系和国防利益的目的要求优先获取数据。⑬④

《加拿大遥感空间系统法》也规定了政府如何对许可活动进行有效的监管和管理。部长任命的监察员可以在任何合理的时间进入和检查被许可人所有或者管控的任何场所。⑬⑤

被许可人如果违反《加拿大遥感空间系统法》的规定，将可能会带来如下两种后果：违规或者犯罪。违规并不构成犯罪行为，被许可人可以针对关于违规的通知在30天内进行回应；犯罪则相反，其是一种刑事行为，无须被许可人的任何回应。⑬⑥《加拿大遥感空间系统法》规定了如下四种犯罪行为：①未经许可运营卫星系统；②让加拿大境外的主体控制卫星；③不遵守暂停或者吊销许可的规

---

⑫⑨　合成孔径雷达系统可以提供与光学系统不同的其他类型影像，因为它们的传感器能够收集到从卫星本身发出的反射能量，但不收集来自地球的光波形式的反射能量，光学传感器无法过滤后者。因此，合成孔径雷达系统可以穿透云层，并在夜间成像。

⑬⑩　参见《加拿大遥感空间系统法》第8条，上文脚注68。

⑬①　参见《加拿大遥感空间系统法》第9条，上文脚注68。

⑬②　参见《加拿大遥感空间系统法》第8条第4款第d项，上文脚注68。

⑬③　参见《加拿大遥感空间系统法》第14条，上文脚注68。

⑬④　参见《加拿大遥感空间系统法》第15条，上文脚注68。

⑬⑤　参见《加拿大遥感空间系统法》第18条，上文脚注68。

⑬⑥　参见《加拿大遥感空间系统法》第38条和第39条，上文脚注68。

定；④不遵守部长要求中断服务的命令。[137] 个人违规可被处以 5000 加元以内的罚款；其他情况的违规则可被处以 25000 加元以内的罚款。上述罚款以天为单位计算，直至违法行为终止。对从事犯罪行为的自然人，可以处以 50000 加元以内的罚款和/或 18 个月的有期徒刑。对从事犯罪行为的法人，可以处以 250000 加元以内的罚款。[138]

5. 德国

与加拿大类似，德国也没有规范整个空间活动的综合性国内立法；相反，德国制定了空间遥感相关的专门规定。[139] 直到最近几年之前，德国一直没有制定国家空间法的紧迫需求。然而，随着高分辨率遥感卫星的发展和私营主体的参与，情况开始有所变化。实际上，德国遥感专门立法进程始于对地观测领域第一个大型的公私伙伴关系项目的实施，即 TerraSAR-X。《德国卫星数据安全法》于 2007 年 12 月 1 日生效。[140] 该法律允许德国政府对高分辨率卫星数据的收集和传播进行管控，进而降低威胁本国和其他国家的国家安全的风险。[141]

《德国卫星数据安全法》适用于高等级遥感系统的运营以及该系统生成的数据的处理。[142] 因此，可以说该法律的适用范围并不包括低分辨率的卫星。需要注意的是，该法律所适用的必须是德国国民（自然人和法人）、总部位于德国的外国法人或者外国组织所从事的，或者从德国境内进行控制的高等级对地遥感卫星的运营及其生成数据的处理。[143]

《德国卫星数据安全法》将遥感运营商和数据提供商两个概念进行区分，并

---

[137] 参见《加拿大遥感空间系统法》第 5 条、第 16 条第 1 款、第 13 条和第 14 条，上文脚注 68。

[138] 参见《加拿大遥感空间系统法》第 38 条，上文脚注 68。

[139] 关于德国对地观测活动的监管，包括许可、数据处理和分发，参见 B. Schmidt-Tedd & M. Kroymann, Current Status and Recent Developments in German Remote Sensing Law, 34 *Journal of Space Law*（2008），97 – 114；S. Hobe & J. Neumann, Regulation of Space Activities in Germany, in *National Regulation of Space Activities*（Ed. R. S. Jakhu）（2010），142 –5；Ito, *supra* n. 3, 86 –90。

[140] 见上文脚注 68。

[141] 关于对该法律的表述，参见 Schmidt-Tedd & Kroymann, *supra* n. 139, 105 –14。

[142]《德国卫星数据安全法》将"高等级遥感系统"界定为"一个包括地面站在内的基于空间运输或轨道的系统，地球相关数据通过该系统的传感器本身或通过与其他传感器组合生成包含大量信息的内容"；《德国卫星数据安全法》第 2 条第 1 款，上文脚注 68。

[143]《德国卫星数据安全法》第 1 条第 1 款，上文脚注 68。

对其适用不同类型的授权许可。[144] 其他国家的法律并没有做出如上区分，通常对一个系统运营商只使用一种类型的许可。[145]《德国卫星数据安全法》顺应了实践中将运营阶段和产品分发阶段予以区分的发展趋势。

根据《德国卫星数据安全法》，遥感系统运营商需要获得"批准"，但是数据分销商需要获得许可证（执照）。[146] 获得批准和许可的主体的义务相同，比如，获得授权后及时向主管机构通报运营活动的更改，允许监察员对其场所进行调查。但是，对系统运营商和数据分销商在文档方面的要求存在区别。[147] 整体而言，数据分销商的义务范围更加严格和细致，这也是合理的。比如，数据分销商有义务对其每个交易细节进行记录。

数据分销商在根据数据请求分发数据前，必须经过"敏感调查"，对数据内容、被感测的地址、数据购买主体、分销目的国、数据获取和数据请求之间的间隔等信息进行综合考虑。[148]"敏感调查"一般分两阶段：第一阶段由数据分销商执行，第二阶段由联邦经济和出口管制办公室以个案为基础进行审查。[149] 数据分销商不能任意评估数据请求的敏感性，而是依据一套强制性程序。[150]

如果数据请求被评估为"非敏感"，数据分销商则被允许分发数据，而无须再经过政府的批准。[151] 相反，如果数据分销商将该数据请求评估为"敏感"而又想分销该数据，则必须获得联邦经济和出口管制办公室的许可。联邦经济和出口管制办公室对数据相关风险进行审查，只有在该数据不危及国家安全的情况下才许可该数据分销。如果数据分销存在风险，许可可能会附带一些条件，比如降低数据空间分辨率、延迟分销时间，以及降低数据处理的质量。[152] 需要注意的是，

---

[144] 参见《德国卫星数据安全法》第 3 条、第 11 条，上文脚注 68。

[145] 此处指的是《加拿大遥感空间系统法》，上文脚注 68。另参见上文脚注 3，第 87 页。

[146] 参见《德国卫星数据安全法》第 1 条第 1 款，上文脚注 68。

[147] 参见《德国卫星数据安全法》第 5 条、第 18 条、第 19 条，上文脚注 68。

[148] 参见《德国卫星数据安全法》第 17 条，上文脚注 68。

[149] See Schmidt-Tedd & Kroymann, *supra* n. 139, 108.

[150] 参见《德国卫星数据安全法》第 17 条，上文脚注 68。

[151] 比照《德国卫星数据安全法》第 17 条，上文脚注 68；另参见 Schmidt-Tedd & Kroymann, *supra* n. 139，109。

[152] 参见《德国卫星数据安全法》第 17 条，上文脚注 68。

大约99%的数据请求都被授予了许可。⑬

在国家安全受到威胁等紧急情况下，数据生产商和分销商都必须保障德国政府对数据获取的优先权。⑭

《德国卫星数据安全法》通过某些制裁措施保证执行力。对该法律的违反分为严重违反和非严重违反，罚款的数额也取决于违反的严重程度。对于严重违反行为，比如未经许可运营遥感系统或者未经许可分销数据，可能会被处以500000欧元以下的罚款，也有可能被处以监禁。对非严重违反行为，比如未能进行安全检查，可能会被处以50000欧元以下的罚款。

6. 法国

一些国家并没有遥感专门立法，而是在一般性的国家航天法中对遥感活动做出规定，法国就是这些国家之一。⑮ 2008年《空间活动法》⑯在其第7章对遥感运营和数据分销做出规定。⑰ 由于该章规定非常抽象，法国而后通过法令的形式对其进行了补充。比如，2009年6月6日的法令⑱就针对第7章规定了具体规则。

《法国空间活动法》适用于从事遥感卫星运营或者空间遥感数据收集的法国自然人或法人。⑲ 因此，从上述适用范围看，数据分销商和增值服务提供商并非该法律的适用对象。另外，军事卫星的数据或者以国防部名义收集的数据也在《法国空间活动法》的适用范围之外。⑳ 遥感数据的分销必须向由国防秘书长指

---

⑬ See Schmidt-Tedd & Kroymann, *supra* n. 139, 113.

⑭ 参见《德国卫星数据安全法》第21条，上文脚注68。

⑮ 关于法国空间法的描述，参见 P. Achilleas, Regulation of Space Activities in France, in *National Regulation of Space Activities* (Ed. R. S. Jakhu) (2010), 109 – 22; more specifically on the remote sensing aspects P. Achilleas, French Remote Sensing Law, 34 *Journal of Space Law* (2008), 1 – 9; Ito, *supra* n. 3, 90 – 4.

⑯ 《空间活动法》(以下称为《法国空间活动法》); Loi n° 2008 – 518 du 3 juin 2008; unofficial English version 34 *Journal of Space Law* (2008), 453.

⑰ 《法国空间活动法》第7编，上文脚注156，规定了"天基数据"的问题。

⑱ Décret No. 2009 – 643 relatif aux autorisations délivrées en application de la loi no. 2008 – 518 du 3 juin 2008 relative aux opérations spatiales (以下称为《法国遥感法令》); Journal Officiel de la République Française, 10 June 2004, text 30 of 154.

⑲ 参见《法国空间活动法》第1条，上文脚注156。

⑳ 参见《法国空间活动法》第26条，上文脚注156。

定的行政监管局进行事前申报。[161] 而且，事前申报必须在分销开始的两个月前提交。

需要注意的是，法国对遥感活动的管控通过申报的程序进行，而非许可制度。[162] 与许可制度相比，申报制度的管制效力较弱，其更接近于通知而非授权，而且无法拒绝。

从《法国空间活动法》第 7 章的规定可以看出，其已经考虑到通过对遥感活动主体进行限制以保护国家利益的需要。行政监管局必须确保空间遥感数据活动主要参与主体不损害国家的重大利益。[163] 实践中，法国已经通过 GIRSPOT 建立了一个具体的制度来管制数据的商业分销行为，GIRSPOT 是一个部际工作小组，其根据个案进行判断决定是否需要提交启动限制性措施。[164] 尽管《法国空间活动法》并没有对上述限制性措施做出具体规定，但是可能包括：暂停某一有限时间段内的数据分销，延迟数据分销，永久性禁止向特定地区分销数据。[165]

《法国空间活动法》也规定了执法机制，如果某人分销数据但未事前申报或者没有遵守数据限制性规定，则可以对其处以 200000 欧元以内的罚款。[166] 上述罚款是一种民事处罚，并不区分自然人或法人等其他主体。很明显，《法国空间活动法》的立法宗旨并非促进遥感产业，而是保证政府对遥感活动和数据分销的管控。

实践表明，法国的民用遥感政策推动了以非歧视原则为基础的全球空间图像市场的发展。为了积极参与上述市场，法国成立了 SpotImage 私营公司，负责 SPOT 的数据分销，提供高于外国类似系统分辨率的数据。SpotImage 公司不仅销售 SPOT 卫星数据，还销售 QuickBird、Ikonos 和 Radarsat 等外国系统的数据。[167]

7. 其他国家

其他国家虽然一般没有针对遥感活动的专门立法，但是制定了数据分发相关

---

[161] 参见《法国空间活动法》第 23 条，上文脚注 156；《法国遥感法令》第 2 条，上文脚注 158。

[162] 参见《法国遥感法令》第 3 条，上文脚注 158。

[163] 参见《法国遥感法令》第 5 条和第 6 条，上文脚注 158。

[164] See Achilleas, French Remote Sensing Law, *supra* n. 155, 5.

[165] 参见《法国遥感法令》第 2 条，上文脚注 158。

[166] 参见《法国空间活动法》第 25 条，上文脚注 156。

[167] See Achilleas, French Remote Sensing Law, *supra* n. 155, 2.

政策。其原因在于在高性能遥感卫星发射之后，需要通过数据分发政策来对其衍生产品进行管理。这些国家的典型代表包括中国、印度和日本。

中国[168]对其高分辨率产品的分发和使用实行非常严格的管控措施。比如，北京一号[169]高分辨率卫星采集的中国领土的 4 米分辨率的数据不得提供给中国以外用户。另外，中国有官方的地图制作单位，但是中国政府授权用户只能获取 1∶100 万比例以内的地图。上述限制与遥感相关，因为地图的制作一般依赖于卫星遥感数据。

中国也已经采取各项举措推动共享遥感数据，最大限度地向社会各领域开放利用。中巴地球资源卫星系统由一系列的遥感卫星组成，这些卫星致力满足用户对地球资源应用方面的需求，而且免费向用户提供数据和产品。实际上，中巴地球资源卫星系统在巴西境内收到的图像通过互联网向巴西公民免费提供，[170] 在中国境内收到的图像免费向中国的用户提供。另外，巴西用户还可以使用高质量的图像处理软件 SPRING。中巴通过 1998 年签订的双边协定进行合作，[171] 并在 2009 年签订了一个补充议定书。[172]

印度也有对地观测数据方面的综合性政策，[173] 即颁布于 2001 年的《遥感数据政策》，其规定了一套许可机制和准则，用来管制遥感数据的传播。在许可制度下，在印度境内运营遥感系统以及获取或分发遥感数据，需要获得印度航天部（Department of Space）的许可或允许。[174] 印度航天部向如下两个主体颁发运营许

---

[168] 关于中国空间立法的总体分析，参见 Y. Zhao, Regulation of Space Activities in China, in *National Regulation of Space Activities*（Ed. R. S. Jakhu）（2010），247 – 65。

[169] 北京一号卫星在 2005 年发射，属于国际灾害监测星座（DMC）的组成部分。国际灾害监测星座由来自不同国家和实体的卫星组成，在该星座成员之间相互交换 32 米地面分辨率的数据；参见 www. dmcii. com/, last accessed 15 April 2014。

[170] 自 2004 年开始，在巴西境内已经免费发布了 50 万余张图像。进一步参见 J. Monserrat, Regulation of Space Activities in Brazil, in *National Regulation of Space Activities*（Ed. R. S. Jakhu）（2010），61 – 80。

[171] 《中华人民共和国和巴西联邦共和国政府关于和平利用外层空间科学技术合作框架协议》，北京，1994 年 11 月 8 日通过，1998 年 6 月 29 日生效；2036 UNTS 335。

[172] 《关于中巴地球资源卫星保持持续性、扩大合作及其应用的议定书》，2009 年 5 月 19 日，由中国国家航天局与巴西航天局（AEB）签署。该议定书的目的在于支持扩大空间应用、卫星研发和其他领域的合作。

[173] See ISRO：EOS：Policy-01：2001, Remote Sensing Data Policy.

[174] 参见《遥感数据政策》第 2 条，上文脚注 173。

可：国家遥感中心，负责在印度境内采集或者分发遥感数据；Antrix 有限公司，负责向印度境外的数据采集或分发颁发许可。[175] 在数据传播方面，根据分辨率的不同适用不同的标准。[176] 分辨率在 5.8 米到 1 米之内的数据在经过敏感区域信息处理后，可以提供给用户。高于 1 米分辨率的数据的分发规则取决于用户的类型。虽然提供给政府用户时，该数据并不需要进一步的敏感信息处理，但是如果提供给其他类型用户，则需要由 "高分辨率图像清除"（High Resolution Image Clearance）这一机构进行个案审查。

日本虽然是遥感领域里的一个比较重要的国家，但是其并没有一个正式的、详细的适用于所有遥感卫星的数据政策。[177] 日本空间活动委员会（Space Activities Commission）颁布的 "准则" 在日本航天主管机构——日本宇航局（JAXA）框架下扮演着重要角色，其负责促进包括遥感数据在内的数据和产品的传播。原则上讲，所有的数据都可供公共获取，而无须考虑特定的空间分辨率的限制。

数据的访问权限根据其所属卫星种类的不同而不同。决策者可以对数据请求的主体身份和原因进行询问，进行内部讨论。所有的数据只能用于和平目的，日本宇航局保留对这些数据的知识产权。这些数据的用户可以分为三种类型：公共用户、国家安全相关用户和其他用户。公共用户主要指那些能够提升数据利用率的用户，他们在支付复制费用后就可以获得数据，这意味着在网络上对这些数据的进一步传播行为几乎是免费的。[178] 包括商业用户在内的其他用户可以通过一个很低的价格获取数据，但是价格不得低于私营公司的出价。国家安全相关数据属于保密数据，其来自日本情报搜集卫星（Information Gathering Satellite, IGS）。[179]

2008 年 8 月，日本第一个国家空间立法《空间活动基本法》生效，标志着

---

[175] 参见《遥感数据政策》第 3 条，上文脚注 173。

[176] 参见《遥感数据政策》第 4 条，上文脚注 173。

[177] 关于日本空间活动相关组织的分析，参见 S. Aoki, Current Status and Recent Developments in Japan's National Space Law and its Relevance to Pacific Rim Space Law and Activities, 35 Journal of Space Law (2009), 363 ff.; also S. Aoki, Regulation of Space Activities in Japan, in *National Regulation of Space Activities* (Ed. R. S. Jakhu) (2010), 199–223。

[178] See J. I. Gabrynowicz, The Land Remote Sensing Laws and Policies of National Governments: A Global Survey, 18; www. spacelaw. olemiss. edu/resources/pdfs/noaa. pdf, last accessed 15 April 2014.

[179] Gabrynowicz, *supra* n. 178, 18.

日本在空间法领域取得重大进展。⑱ 然而，《日本空间基本法》并没有对遥感活动做出规定，没有规定遥感运营商许可和数据分发政策，但是该种局面可以第二部国家空间立法的方式予以改变，新的立法应该包括卫星运营商监管和授权标准以及数据分发相关的规定。⑱

除上述国家之外，遥感政策和法律的主要推动因素在于对卫星技术和小卫星任务的负担能力。这些任务的实施得以产生对数据获取和分发规则制定的需求。以上模式的典型国家包括哥伦比亚、尼日利亚和南非。尽管某些国家并没有颁布国家空间法，但是其私法规定和交易对象所在国家的卫星运营许可相关规定也会对交易予以规制。比如，在波兰和阿拉伯联合酋长国，如果没有相关法律和政策的话，本国数据需求主体和外国卫星数据提供商之间的合同则是该数据分发活动唯一的法律基础。⑱

8. 结论

总之，越来越多的国家开始运营遥感卫星并从中受益。这种趋势使得许多国家通过了遥感活动和数据分发相关的法律和政策。经过对当前形势的全面分析，卫星遥感法律框架存在如下五点特征：

第一，与遥感相关的国家法律数量有限，相关国家政策多于国家法律，这也是最根本的一点。

第二，法律和政策的透明度都很低，但是最近有些许提升。虽然美国、加拿大、德国和法国等国家以国家法典的形式对其法律和政策予以公布，或者通过互联网予以公布，但是其他国家，尤其是发展中国家，缺少该种透明度。这主要与各国法律体系的不同以及国家对信息公开的消极态度有关。一些发展中国家甚至将该种透明度视为发达国家攻击自己的一种武器。另外，语言障碍有时也存在，并不能轻易获得这些法律和政策的官方英文译本。然而，互联网的出现提升了国

---

⑱ 《空间活动基本法》（以下称为《日本空间基本法》），Law No. 43，2008，2008 年 5 月 21 日通过，2008 年 8 月 27 日生效；34 *Journal of Space Law* 471（2008）。关于《日本空间基本法》的总结描述，参见 S. Aoki, Introduction to the Japanese Basic Space Law of 2008, 57 *Zeitschrift für Luftund Weltraumrecht*（2008），589。

⑱ See S. Aoki, Japanese Space Activities Act in the Making, 61 *Zeitschrift für Luftund Weltraumrecht*（2012），111.

⑱ See Gabrynowicz, *supra* n. 178，8.

家法律和政策的获取和传播程度。

第三，国家遥感立法是规范非政府活动和公私合营遥感运营活动的一种手段。一般情况下，这些立法提供了授权和监管遥感活动的机制，并赋予了政府在紧急情况下中断服务的权利和优先权。

第四，遥感数据获取和分发方面的限制越来越多。尽管非军用天基遥感活动产生的数据理论上应当基于非歧视原则对被感测国家等主体开放，但是实践证明数据获取和分发存在大量的限制措施，尤其是针对高分辨率数据。另外，国家安全利益优先于一般的数据获取权限，政府在实践中一般都在实施"权限管控"制度。加拿大等国家通过采取限制被感测国家在其领土数据和资源管理数据方面的权利等方式，对联合国《关于从外层空间遥感地球的原则》一般做限缩解释。同时，所有的国家都采用了"快门控制"制度。

第五，各国立法重心从数据"商业化"走向数据"使用"的趋势正在呈现。各国法律和政策的目标逐渐从遥感数据的商业化走向数据在实践中的利用。这主要是考虑到遥感卫星运营成本如此巨大，需要让社会对其充分利用。实际上，除美国之外，一般的遥感法律并不是要达到促进遥感活动的目的，而是为了对其进行适当管理和规范。但这并非意味着无须保障或者促进商业利益。比如，我们能够注意到，政府机构一般很少基于国家安全因素对非政府主体的活动做出过多限制。然而，商业利益也绝不能损害公共利益。

（三）数据政策

1. 一般考量

现代社会高度依赖基于遥感数据的大量应用，并且对遥感产品的需求逐步旺盛。然而，当前的空间法律并不足够应对如此需求，数据获取、分发、使用和验证等问题的规则并不确定，也缺乏一致性。

联合国《关于从外层空间遥感地球的原则》也没有实现上述目标。原则十二规定了数据的获取，但是其将适用范围限制在感测国家、被感测国家和其他对数据感兴趣的相关国家的范围之内。另外，联合国《关于从外层空间遥感地球的原则》也没有规定在救灾等基于公共利益情况下的数据免费开放政策。[⑱] 而且，联合国《关于从外层空间遥感地球的原则》的数据定价政策存在争议，并不令人满意。"合理费用条款"确实含混不清，给不同解释留下了空间。此外，联合国《关于从外层空间遥感地球的原则》并没有对数据生产商的权利做出规定，比如知识产权、数据使用的条件，忽略了数据的准确性、完整性和可靠性等问题。[⑲]

因此，目前遥感数据的获取、分发和使用的规则由供应商根据各种政策依据个案判断。从法律上讲，也就是数据供应商可以根据其数据知识产权和其他财产权利使用的相关规定对交易数据的处理方式做出单方面的规定。

2. 数据政策的重要性

最近几年，遥感数据市场大幅扩张。仅有少数政府的空间机构将它们的数据保留给自己内部使用，或者根据边际成本模式开放数据。而通过商业模式对数据进行分销则显得十分常见。[⑳] 同时考虑到私营主体所有或运营遥感卫星、公私伙伴关系、国家在遥感系统（包括多国参与的卫星星座）运营方面的合作，数据政策相关问题显得十分重要。

数据政策对数据提供者和接收者的权利和义务做出规定。[㉑] 有效的数据政策能够确保用户以一种及时的方式在合适的时间接收到所需信息。理论上讲，一个好的数据政策应当能够确保用户获得高质量的产品，同时供应商能够行使数据相关权利。然而，由于数据生产商一般基于自身利益独立制定数据政策，这些政策往往因具体情况的不同而存在差别，如影像数据获取的条件以及供应商、终端用户和第三方的权益。

[⑱] 此议题的讨论可进一步参见"上册第九章四（一）2"部分内容。

[⑲] See Ito, *supra* n. 3, 200; von der Dunk, *supra* n. 82, at 33.

[⑳] See L. J. Smith & C. Doldirina, Remote Sensing Data: Some Critical Comments on the Current State of Regulation and Reflection on Reform, in *Proceedings of the Forty-ninth Colloquium on the Law of Outer Space* (2007), 253 – 63.

[㉑] 关于数据政策特点的深入研究，参见 A. Ito, Improvement to the Legal Regime for the Effective Use of Satellite Remote Sensing Data for Disaster Management and the Protection of the Environment, 34 *Journal of Space Law* (2008), 45 ff.; R. Harris & R. Browning, *Data Policy Assessment for GMES Final Report*, EVK2-CT-2002-80012-DPAG, University of London (2004).

3. 数据政策的主要区别：获取权限和定价

现有的数据政策可以通过其在获取权限和定价方面的不同而加以区分。[187] 关于获取权限，政府部门一般采用如下两种方式中的一种：开放式获取（尤其是对美国而言）与管控式获取（尤其是对欧洲而言）。

开放式获取一般允许用户自由获取和访问数据，或者至少以一种边际成本的模式获取，而无论用户的类型以及数据的最终用途。比如，经过矫正的 Landsat 卫星数据（Orthorectified Landsat Data）就可以通过文件传输协议（FTP）免费获取。[188] 美国国家航空航天局（NASA）允许基于科研和教育目的免费获取 Quick SCAT 数据。[189] 这反映了美国的联邦政策，即联邦或者使用联邦资金收集的数据适用信息自由流动的原则。

相比之下，欧洲空间局和加拿大航天局更加倾向于采用管控式获取方式，对用户种类进行区分。比如，Envisat 数据政策对 1 类用户和第 2 类用户做出区分，前者是指研究和应用研发用户，后者是指业务层面使用和商业层面使用等其他用途用户。[190] 地球之眼（GeoEye）公司和数字地球公司等运营遥感系统的私营主体大都通过商业模式分销数据。这些数据生产商只将其数据分销给商业用户这一单一类型，但有特别协议的除外，比如，基于减灾目的而免费提供数据。

如前所述，政府部门通过国家立法和政策对数据获取和分发做出快门控制和优先获取等方面的限制，数据相关主体必须遵守这些规则。[191] 在美国、加拿大、德国和法国管辖下的运营主体必须严格遵守各自国家通过立法和规章施加于它们身上的义务。印度和中国等其他国家通过特别政策的颁布，根据空间分辨率的不同对数据分发做出了某些限制。因此，这些国家的用户在获取遥感数据时面临着各种限制。在接下来的几年里，随着高分辨率卫星的发射，该种趋势将会加强。

---

[187] See further e. g. Ito, *supra* n. 3, 202.

[188] *Cf.* further www. landsat. org, last accessed 15 April 2014.

[189] See Harris & Browning, *supra* n. 186, 35.

[190] See F. G. von der Dunk, *Non-discriminatory data dissemination in practice*, *Earth Observation Data Policy and Europe*（Ed. R. Harris）（2002），44.

[191] 参见"上册第九章四（二）3""上册第九章四（二）4"和"上册第九章四（二）5"部分内容。

关于数据的定价政策，会根据卫星种类及其产品的不同而存在差别。尤其对如下两种主体做出区分：基于免费或者根据边际成本定价政策采取开放式获取方式提供服务的企业，以及根据成本回收定价政策采取管控式获取方式提供服务的企业。

上述第一种企业大都在美国从事运营活动，它们通过"边际成本"定价，也就是"在基本地面设施成本之外提供数据所产生的成本"。[192] 比如，美国国家航空航天局在 Landsat 数据的销售中适用如下定价机制，即"在实施用户请求中所产生的成本"；满足用户需求[193]所产生的所有边际成本都被计入产品价格之内。一般而言，新收集数据的成本大约为每个场景 600 美元，[194] 存档数据为每个场景 20 ~ 25 美元。

相反，采取管控获取方式的企业一般根据不同的用户种类采取不同的定价方式。对于有多种类型用户的企业来讲，只针对基于内部、教育和人道主义等公共用途的数据适用优惠条件分发，要么免费，要么根据边际成本定价。比如，欧洲空间局将类型 1 和类型 2 的数据予以区分：类型 1 数据包括用于研究和研发的数据，其根据边际成本的定价方式，也就是复制数据所产生的成本予以分配。[195] 如果某国航天局的数据类型还包括商用数据，则该数据将根据商业原则予以分发。私营商业企业的目标用户是商业用户，因此，私营商业数据生产商根据商业原则销售其数据。地球之眼公司等高分辨率卫星数据生产商完全依据商业定价方式销售其数据。比如，60 厘米空间分辨率的数据一般卖到 10 美元/平方千米。[196] 因此，采取开放式获取方式提供服务的企业和采取管控式获取方式提供服务的企业之间存在明显的区别。

欧盟全球环境与安全监测计划，即哥白尼计划，就是一个典型案例，该计划致力于根据不同的数据来源为个人或者私人用户提供整合后的信息以监测地

---

[192] Ito, *supra* n. 3, 202.

[193] 关于这一观点的详细情况，参见 G. Schreier, Data Policy Implications on Archive Design, *Earth Observation Data Policy and Europe*（Ed. R. Harris）（2002），175。

[194] See R. Harris, Comparison of Regime：ESA, NASA and NOAA, in *Proceedings of the International Conference：Satellite Remote Sensing in Aid of Development：Legal Considerations*（2003），37。

[195] ESA/PB-EO（97）57 rev. 3, 4 – 6. See also F. G. von der Dunk, *supra* n. 41, 397.

[196] For further information, see www. glcf. umd. edu/library/guide/Orbview3 _ Product _ Guide _ 25jan06. pdf, last accessed 15 April 2014.

球环境。⑲ 虽然最终的数据政策尚未确定，但是预计将通过若干协调措施来确保提供方便用户和高性价比的服务。事实上，预计未来很大一部分的信息将免费提供。⑲

　　总体而言，影响卫星图像及其衍生产品最终价格的因素很多。数据的精确性、质量水平和可靠性都显然在定价过程中起着关键作用，高空间分辨率的数据或者增值后的数据比低分辨率或者低增值属性的数据的价格更高。然而，国家政策、数据生产商的类型、卫星建造和管理的财政模式（要么完全或者部分由公共资金资助，要么完全由私营资金资助）等数据之外的其他因素也将影响遥感产品的价格。商业企业一般将价格设定在某一水平以使其足以覆盖卫星制造、发射和运营的成本。简而言之，由于多种因素都对遥感产品的获取方式和定价政策产生影响，对所有卫星产品的获取实施单一政策并不可行。

　　但需要指出的是，近年来，在环境监测和自然灾害应对领域，对用户有利的普遍获取原则和定价政策逐步建立起来。欧洲通过颁布环境信息获取相关指令的形式确定了环境信息的公共获取权限。⑲ 该指令规定了数据请求者通过合理成本且无须披露使用目的而获取公共环境信息的权利。该指令的适用范围还包括私营企业生产的对地观测数据，只要这些数据是用于环境相关的公共服务目的。

　　另外，欧盟正致力建立空间信息分发和使用相关的公共基础设施，其《欧洲空间信息基础设施建设（INSPIRE）指令》（以下简称《INSPIRE 指令》——编者注）的通过就是上述项目实施的一个关键节点。⑳《INSPIRE 指令》的适用范围限于环境相关领域，以及与欧洲某一特定地点或者区域有直接或者间接联系的

---

⑲　关于 GMES，也可参见"上册第四章四（四）2"部分内容。

⑲　See e. g. Communication from the Commission to the European Parliament and the Council Global Monitoring for Environment and Security (GMES): Establishing a GMES capacity by 2008-Action Plan 2004—2008, COM (2004) 65 final, 6.

⑲　Directive of the European Parliament and of the Council on public access to environmental information and repealing Council Directive 90/313/EEC, 2003/4/EC, of 28 January 2003; OJ L 41/26 (2003).

⑳　《欧洲空间信息基础设施建设（INSPIRE）指令》（以下简称《INSPIRE 指令》），2007/2/EC, of 14 March 2007; OJ L 108/1 (2007). See also F. Tronchetti, Access and Distribution of Earth Observation and Spatial Data in the European Context: The Impact of the European Directive INSPIRE, in *Space Law in the Era of Commercialization* (Ed. S. Bhat) (2010), 167 – 87.

任何卫星数据和产品。[200] 重要的是,《INSPIRE 指令》既适用于公共机构所有的空间数据,但也可能与个人或者私营企业相关。在定价政策方面,向公共部门提供的空间数据以边际成本提供,而因履行欧盟法律义务所提供的网络服务和数据则免费提供。

在利用遥感数据应对自然灾害方面,近来最重要的进展是《在发生自然和技术灾害时协调使用空间设施的合作宪章》的通过与实施。[202] 该宪章于1999年由欧洲空间局和法国航天局(CNES)发起,目的在于提升各国航天机构利用卫星数据在灾害中或灾害过后危机管理领域的合作。发起该宪章的原因在于,遥感卫星可以更有效地应对灾害,促进救援行动的协调。

目前,已经有15个空间组织和多个商业性的数据提供商(比如数字地球和地球之眼)开放其空间资源,用来在世界范围内帮助危机管理人员应对自然和人为灾害。[203] 具体来讲,当发生重大自然或人为灾害时,在救灾和重建工作过程中,终端用户要求启动宪章的适用后,航天机构应当评估所能提供的卫星数据资源和档案检索能力,并确定航天器执行任务的适当优先层级。数据按照预定的级别进行处理(比如GIS就绪数据集),并在适当情形下启动商业数据的增值融合。[204]

值得注意的是,根据《空间和重大灾害国际宪章》,不同来源的数据免费提供给所有的受灾国,只要它们能够遵守宪章所规定的程序。该宪章在过去的十年中不断地取得成功。[205]

---

[200] 《INSPIRE 指令》第4条,上文脚注200。

[202] 《在发生自然和技术灾害时协调使用空间设施的合作宪章》(以下简称《空间与重大灾害国际宪章》);www. disastercharter. org/, last accessed 19 March 2014;see also Ito, *supra* n. 3, at 317. Further A. Ito, Issues in the Implementation of the International Charter on Space and Major Disasters, 21 *Space Policy* (2005), 141 – 9;F. G. von der Dunk, Legal Aspects of Using Space-Derived Geospatial Information for Emergency Response, with Particular Reference to the Charter on Space and Major Disasters, in *Geospatial Information Technology for Emergency Response* (Eds. S. Zlatanova & J. Li) (2008), 21 –40.

[203] See www. disastercharter. org/web/charter/members, last accessed 15 April 2014. *Cf.* further Ito, *supra* n. 3, 202.

[204] See Smith & Doldirina, *supra* n. 90, 24.

[205] See at www. disastercharter. org/web/charter/map, last accessed 15 April 2014.

4. 数据分配以及供应商和用户的权利

大多数的遥感数据生产商并不以无法管控的方式开放数据，而是通过合同安排，即与用户签订许可协议。通过该种方式，供应商可以对分发后的数据和产品保持管控。广泛意义上讲，一项许可授权某一第三方主体开展特定活动并针对特定产品行使某些权利，如果没有许可而开展这些活动将是非法的。卫星数据和产品相关的许可一般规定了数据供应商的权利，以及数据使用者被允许开展的活动。

被许可人有义务支付许可费（License Fee），一般称为"使用费"（Royalty），以换取许可进而行使原本属于许可人的权利。就卫星图像而言，许可费和使用费存在区别：前者由用户支付以获取数据的费用，后者是数据分销商和增值服务转销商在销售产品过程中支付给卫星所有权人或者运营商的费用。另外，用户必须遵守许可人在许可中所设定的使用条件。遵守这些条件是颁发许可的前提条件。[206]

许可条款包括允许和禁止从事的活动。尽管许可条款不尽相同，但是也可以根据条款的架构总结出共同的模式。允许的活动包括产品的复制，产品的内部使用，以被许可人名义对产品使用进行分包，生产衍生和增值产品；禁止从事的活动包括向第三方主体分发产品、销售产品以及未经通知和授权而转授许可。[207]

除非被许可人是经过授权的增值服务经销商，否则对数据的商业转售行为是无论如何都不被允许的。禁止从事的活动的范围取决于许可人的决定，这使得数据传播方式也不相同。一些实体对数据的进一步分发采取非常严格的处理方式，而其他实体可能不那么严格。比如，根据数字地球公司颁发的许可，终端用户可以通过联合项目的方式与其关联实体分享数据，只要它们同意遵守许可条款，并且同意关联实体在项目完成后并不继续保留这些数据。[208]

总体而言，数据生产商一般都对将数据进一步分发和共享给第三方的行为加以限制。在多用户共享数据的情况下，数据生产商收取更高的费用就是一个很好的证明。这种做法对于环境保护和灾害管理尤其不利，因为该做法可能会对基于

---

[206] See Smith & Doldirina, *supra* n. 90, 27.

[207] 同上。

[208] See http://nsidc.org/data/barrow/digitalglobe_license_form.html, last accessed 15 April 2014.

运营商和用户之间的数据共享原则而实施的某些项目带来障碍。

数据生产商一般通过知识产权来保护其产品上的权益。[209] 遥感数据和产品需要大量的财政投入和技术成果；因此，数据生产商用知识产权来保护自己的工作成果和资产是可以理解的。一般而言，数据的所有权由数据生产商持有，而且他们还对其产品享有知识产权。

数据知识产权不可避免地对数据的获取和分发产生一定影响。知识产权会阻碍数据和信息的自由流动，并对增值服务领域的发展制造某些障碍。上述情形在欧洲尤其明显，公共机构对其生产的数据主张知识产权，并不总是将其拥有的数据和信息当作公共产品。[210] 尽管实践中数据生产商一直在主张其知识产权，但是该做法是否真正地保护了他们的权利值得怀疑。事实上，对数据的流动进行绝对的控制基本上是不可能的，尤其是考虑到信息和产品实时传播的各种手段的存在。[211]

此外，互联网上的某些图片和产品可以在不遵守知识产权规定的情况下很容易地使用和复制。每一数据供应商都受到有权管辖国家知识产权的约束。很多国家的法律都要求存在人类智力因素的介入才可以认定知识产权的成立，因此，原始数据和经过处理的数据是否具有知识产权也是有疑问的。[212]

虽然数据获取和定价政策都是由数据生产商单独决定，但是对知识产权的确定和保护则依赖于遥感活动所适用的当前法律制度，尤其是卫星图像保护相关的知识产权规则的适格性，以及当前法律制度与数据生产商实践之间的差距。[213]

另一个在当前法律框架内并没有得到解决，却严重影响着数据生产商和终端用户之间关系的法律问题是遥感活动所引起的损害赔偿责任。国际空间法确立了

---

[209] 进一步参见，尤其是"下册第九章二"部分内容。

[210] Cf. Smith & Doldirina, *supra* n. 90，28.

[211] See further M. Mejia-Kaiser, Proprietary Rights in Remote Sensing Images, in *Proceedings of the Thirty-eighth Colloquium on the Law of Outer Space* (1996)，30 ff.；M. Mejia-Kaiser, The 1989 Berlin Court Decision on Copyright to a Space Remote Sensing Image, in *Proceedings of the Forty-seventh Colloquium on the Law of Outer Space* (2005)，91 ff.

[212] Cf. M. Mejia-Kaiser, Satellite Remote Sensing Data in Databases Copyright or sui generis Protection in Europe?，22 *Annals of Air and Space Law* (1997)，496.

[213] 这一问题以及与卫星图像和产品应用知识产权规则相关的问题，将在"下册第九章二"部分内容阐述，此处不再赘述。

"发射国"对其空间物体或其零部件在外空或者地球造成的损害承担国际责任的制度。这当然也适用于遥感卫星坠落在地球表面并引起损害的情形。㉔但是，目前尚无法律可以适用卫星遥感相关的其他类型的损害，比如由于数据不准确和/或滥用数据所造成的损害。无论是自然人还是法人，所有人和国家都可能面临承担该种赔偿责任的风险。由于不准确的指示造成援助人员损害，或者因为所提供数据不准确导致用户遭受损害时，数据供应商存在承担赔偿责任的风险。另外，如果用户因滥用数据造成数据供应商或者第三方主体的损失，则用户存在承担赔偿责任的风险。

当前的法律体系并不明确，受害方可能会面临某些不利后果。用户或许并不能就其遭受的损失获得赔偿。数据生产商往往倾向于免除数据使用相关的任何责任。在某些情况下，数据使用和损害之间的因果关系也很难证明。这导致用户在使用数据进行事关自身或第三方利益的重大决策时信心不足。同时，数据供应商也因责任的不确定性面临着某些不必要的诉讼成本。这使得数据供应商尤其不愿意在自愿的基础上提供某些数据。

与此相关的一个法律原则是著名的"好撒玛利亚人"原则，尤其是在《空间与重大灾害国际宪章》的背景下。该原则在不同的法域内应用广泛，但是具体理解有所不同。㉕但基本上都认为该原则意在"使在灾害中自愿对受害人施救者免于就其'国外'起诉。其目的在于避免人们因害怕在救助过程中产生过错承担法律责任而不愿意救助陌生人。"㉖

然而，"好撒玛利亚人"原则在《空间与重大灾害国际宪章》的含义为何，其主要标准和内容是否被《空间与重大灾害国际宪章》予以否定，这些都值得进一步探讨。比如，该原则一般被认为只适用于没有特定法律义务的人实施的救援。具有救援信息或者能够通过技术手段轻易获得这些救援信息的国家或政府机构是否有义务共享信息？换言之，《空间与重大灾害国际宪章》的成员是否可以被称为"好撒玛利亚人"进而在诉讼中援引该原则予以抗辩？

总之，尽管遥感数据分发和使用相关的现有政策已经基本上保障遥感产品全

㉔ 也可参见"上册第二章三（三）"，尤其是"上册第二章三（三）2"部分内容。

㉕ See e. g. Ito, *supra* n. 3, 177 – 80, 193 – 4, 266 – 7; von der Dunk, *supra* n. 202, 31.

㉖ See http://pa. essortment. com/goodsamaritanl_redg. htm, last accessed 15 April 2014.

球范围的流动，但是该领域政策存在一些问题，在很多方面都欠缺法律精确性和明确性。事实上，这些政策阻碍了信息获取，对某些用户存在歧视，减少了商业机会，在因数据使用造成损害的情况下并不能有效保障用户的权益，也并没有在侵犯遥感数据知识产权的情况下提供足够的法律救济。尽管某些问题从理论上讲可以通过数据生产商和终端用户之间的双边协议予以解决，但是最理想的方案是在国际层面上予以解决。㉗ 国际层面的解决方案虽然可取，但在遥感活动相关的经济和政治利益方面也面临着一系列的障碍。

五、结论

空间遥感影响着重大决策，并影响着全世界数百万人的生活。遥感卫星的使用已经改变了我们对地球气候的认知，改善了对陆地、海洋和自然资源的管理。

近年来，对遥感数据的应用既增加了遥感卫星运营商的数量，也使得对遥感产品的获取和使用方面的需求更加广泛。遥感活动相关的现有法律规范对上述问题的处理显得有些矛盾：一方面，这些法律使得政府和非政府主体都可以发射和运营遥感卫星系统，并在世界范围内分发相关数据和产品；另一方面，这些法律既未能在遥感产品获取和使用方面避免产生一些障碍，也没有在数据生产商、经销商和用户之间权利与义务方面达成一致做法。

值得注意的是，尽管遥感数据和产品的商业化已经成为既定目标，但是在数据和产品获取方面的障碍似乎正在增加。这使得学者们要求对遥感产品分发和使用相关的国际规则予以重新制定。尽管如此，在过去的十年中，由于认识到遥感衍生产品的应用带来巨大的社会和公共利益，空间活动主体已经开展行动来分享其空间资源并促进他们的产品自由分发给需求用户，尤其是欠发达国家。上述情况在自然灾害管理和救援行动中尤其明显，《外空条约》第1条规定，"探索和利用外空……应当为所有国家谋福利和利益"，空间遥感也因此可以视为该条规定的最好实践领域之一。

㉗ *Cf.* also Ito, *supra* n. 3, 64.

《空间法专论》主要名词、术语、公约

A	
Absolute Liability	绝对责任
Act Concerning Limited Liability for Spaceflight Activities	《航天飞行活动有限责任法》
Active Debris Removal（ADR）	空间碎片主动清除
Ad Hoc Committee	临时委员会
Aeronautical Mobile – Satellite Service	卫星航空移动业务
Aerospace	航空航天
Aerospatiale	法国宇航公司
African Space Agency	非洲空间局
Agreement Between the United States of America and the Union of Socialist Soviet Republics on the Limitation of Anti – Ballistic Missile Systems（ABM Treaty）	《苏美关于限制反弹道导弹防御系统的条约》（《反弹道导弹条约》）
Agreement Establishing Interim Arrangements for a Global Commercial Communications Satellite System, and Relative Special Agreement	《建立全球商业通信卫星系统临时安排的协定和相对特别的协定》
Agreement Establishing the World Trade Organization	《建立世界贸易组织的协定》
Agreement Governing the Activities of States on the Moon and Other Celestial Bodies（Moon Agreement）	《关于各国在月球和其他天体上活动的协定》（《月球协定》）
Agreement on the Rescue of Astronauts, the Return of Astronauts and the Return of Objects Launched into Outer Space（Rescue Agreement）	《营救宇宙航行员、送回宇宙航行员和归还发射到外层空间的物体的协定》（《营救协定》）

Agreement on Trade – Related Aspects of Intellectual Property Rights（TRIPS Agreement）	《与贸易有关的知识产权协定》（《知识产权协定》）
Aircraft Protocol to the Cape Town Convention	《开普敦公约关于航空器问题的议定书》
Air Law	航空法
Air Navigation Service Providers（ANSP）	空中航行服务提供商
Air Space	空气空间
Air Traffic Control（ATC）	空中交通管理
Air Transportation	航空运输
Allocation	划分
Allotment	分配
Amateur – Satellite Service	卫星业余业务
Amiable Compositeur	友好调解人
Antarctic Treaty System	南极条约体系
Antarctic Treaty	《南极条约》
Anti – Ballistic Missile Systems（ABMS）	反弹道导弹系统
Anti – Satellite Test（ASAT）	反卫星试验
Apollo	阿波罗
Arab Organization of Satellite Communications（ARABSAT）	阿拉伯卫星通信组织
Arab Satellite Communications Organization（ARABSAT）	阿拉伯卫星通信组织
Arianespace	阿里安航天公司
Arianespace Convention	《阿里安航天公司章程》
Arianespace Declaration	《阿里安航天公司声明》
Artificial Earth Satellite	人造地球卫星
Asean Free Trade Area（AFTA）	东盟自由贸易区
Asean Space Organization	东南亚国家联盟空间组织（东盟空间组织）
Asian Space Agency	亚洲空间局

续表

Asia – Pacific Regional Space Agency Forum （APRSAF）	亚太区域空间机构论坛
Asia – Pacific Space Cooperation Organization （APSCO）	亚太空间合作组织
［法］ Asociación de Empresas de Telecomunicaciones de la Comunidad Andina （ASETA）	安第斯共同体电信企业协会（电信企业协会）
Assignment	指配
Association of Southeast Asian Nations （ASEAN）	东南亚国家联盟（东盟）
Asteroid	小行星
Astronauts	宇航员
Augmentation System	增强系统
Australian Space Activities Act	《澳大利亚空间活动法》
Australian Space Activities Regulation	《澳大利亚空间活动条例》
Australian Space Licensing and Safety Office （SLASO）	澳大利亚空间许可与安全办公室
Austrian Law on Space Activities	《奥地利空间活动法》
Authorization	授权批准
Automated Systems	自动系统
Automated Transfer Vehicle （ATV）	自动运载飞船
Autonomous Systems	自控系统
B	
Ballistic Missile	弹道导弹
Basis of Liability	责任基础
Beidou Navigation Satellite System	北斗卫星导航系统
Beidou – 2	北斗二号
Beidou – 1	北斗一号
Belgian Law on the Activities of Launching, Flight Operations or Guidance of Space Objects （Belgian Space Law）	《关于空间物体的发射、飞行操作或指导空间物体的比利时法》（《比利时空间法》）

Berne Convention for the Protection of Literary and Artistic Works（Berne Convention）	《保护文学和艺术作品伯尔尼公约》（《伯尔尼公约》）
Brazilian Space Agency	巴西航天局
Breach of Warranty	违反担保义务
British National Space Centre（BNSC）	英国国家空间中心
Broadcasting Satellite Service（BSS）	卫星广播业务
'Buy European' Policy	"欧盟采购"政策
C	
Canadarm	加拿大机器人手臂
Canadian Aeronautics Act	《加拿大航空法》
Canadian Aviation Regulation	《加拿大航空条例》
Canadian Remote Sensing Space Systems Act	《加拿大遥感空间系统法》
Canadian Remote Sensing Space Systems Regulation	《加拿大遥感空间系统条例》
Canadian Space Agency Act	《加拿大空间局法》
Celestial Bodies	天体
［法］Centre Natioanl d'Etudes Spatiales（CNES）	国家空间研究中心（法国）
Centre Spatial Guyanais（CSG）	圭亚那航天中心
Certification	认证
Chang'e	嫦娥
Chemical Weapons Convention	《化学武器公约》
China – Brazil Earth Resources Satellite System（CBERS）	中巴地球资源卫星系统
China Great Wall Industry Corporation（CGWIC）	中国长城工业集团有限公司
China's Lunar Exploration Programme	中国探月计划
Chinese National Space Administration（CNSA）	中国国家航天局
Civil Code of the Russian Federation	《俄罗斯联邦民法典》
Code of Conduct on Arms Exports	《武器出口行为规范》（欧盟）
Cold War	冷战
Colombian Commission of Space（CEE）	哥伦比亚空间委员会

Columbus Laboratory	哥伦布实验室
Commerce Control List（CCL）	《商业管制清单》（美国）
Commercial Expendable Launch Vehicles（ELVs）	商用一次性运载火箭
Commercialization	商业化
Commercial Orbital Transportation Services（COTS）	商业轨道运输服务
Commercial Service（CS）	商业服务
Commercial Space Act	《商业航天法》
Commercial Space Launch Act	《商业航天发射法》
Commercial Space Launch Amendments Act	《商业空间发射修正法案》（美国）
Commission on Science, Technology, and Industry for National Defense（COSTIND）	国防科学技术工业委员会（中国）
Committee on Radio Frequencies（CRAF）	无线电频率委员会
Committee on Space Research（COSPAR）	空间研究委员会
Committee on the Peaceful Uses of Outer Space（COPUOS）	和平利用外层空间委员会
Common Heritage of Mankind	人类共有遗产
Common Market for Eastern and Central Southern Africa（COMESA）	东部和中南部非洲共同市场
Common Market	共同市场
Communication, Navigation, Surveillance/Air Traffic Management（CNS/ATM）Systems	通信、导航、监视/空中交通管理系统
Community General Export Authorisation（CGEA）	欧盟通用出口许可
Consensus	协商一致
Consolidated Operations and Utilization Plan（COUP）	综合操作使用计划
Constitutional Treaty	《欧洲宪法条约》
Constructive Total Loss	推定全损
Continuously Operating Reference Stations（CORS）	连续运行基准站

续表

Contractual Liability	合同责任
Convention Establishing the European Telecommunications Satellite Organization（EUTELSAT Convention）	《确立欧洲通信卫星组织的公约》（《欧洲通信卫星公约》）
Convention for the Establishment of a European Space Agency（ESA Convention）	《欧洲空间局公约》（《欧空局公约》）
Convention for the Protection of Industrial Property（Paris Convention）	《保护工业产权的公约》（《巴黎公约》）
Convention of the High Seas	《公海公约》
Convention on International Civil Aviation（Chicago Convention）	《国际民用航空公约》（《芝加哥公约》）
Convention on International Interests in Mobile Equipment（Cape Town Convention）	《移动设备国际利益公约》（《开普敦公约》）
Convention on International Liability for Damage Caused by Space Objects（Liability Convention）	《空间物体所造成损害的国际责任公约》（《责任公约》）
Convention on Registration of Objects Launched into Outer Space（Registration Convention）	《关于登记射入外层空间物体的公约》（《登记公约》）
Convention on the Grant of European Patents（European Patent Convention）	《授予欧洲专利公约》（《欧洲专利公约》）
Convention on the Prohibition of Military and Other Hostile Use of Environmental Modification Techniques（ENMOD Convention）	《禁止为军事或任何其他敌对目的使用改变环境的技术的公约》（《禁止改变环境技术公约》）
Convention on the Regulation of Antarctic Mineral Resources（Wellington Convention）	《南极矿产资源活动监管公约》（《威灵顿公约》）
Convention on Third Party Liability in the Field of Nuclear Energy	《核能领域第三方责任公约》
Convention Supplementary to the Paris Convention of 29 July 1960 on Third Party Liability in the Field of Nuclear Energy	《补充1960年7月29日〈核能领域第三方责任巴黎公约〉的公约》

Coordination Scientific Information Centre（KNITs）	科技信息协调中心
Copernicus Satellite System	哥白尼卫星系统
［拉］Corpus Juris Spatialis Internationalis	国际空间法
Cosmos	宇宙卫星（俄罗斯）
COSPAS – SARSAT	全球搜救系统
Council of Europe	欧洲委员会
Court of Justice of the EU	欧盟法院
Crew	机组
CubeSat	立方星
Customary International Law	习惯国际法
Customary International Space Law	国际空间习惯法
D	
Database Directive	《数据库指令》
Data Generators	数据生成器
Data Policies	数据政策
Daughter Entity	附属企业
Decision	决议
Declaration of Legal Principles Governing the Activities of States in the Exploration and Use of Outer Space	《各国探索和利用外层空间活动的法律原则宣言》
Declaration on International Cooperation in the Exploration and Use of Outer Space for the Benefit and in the Interest of All States, Taking into Particular Account the Needs of Developing Countries	《关于开展探索和利用外层空间的国际合作，促进所有国家的福利和利益，并特别要考虑到发展中国家的需要的宣言》
Deep Seabed Hard Mineral Resources Act	《深海固体矿产资源法》（美国）
Deep Seabed	深海海底

Deep Space Industries	深空工业公司
［西］De Facto	实际上
De – orbit	脱离轨道
Department of Commerce（DOC）	商务部（美国）
Department of Defense（DOD）	国防部（美国）
Department of Transportation（DOT）	交通部（美国）
Derived Products	衍生产品
Design Defect	设计缺陷
Digital Globe	数字地球公司
Directive	指令
Directorate of Defense Trade Controls（DDTC）	国防贸易管制事务处（美国）
Dispute Settlement Body（DSB）	争端解决机构
Distributors	分销商
Dobson Units	多布森单位
Draft Articles on International Liability for Injurious Consequences Arising out of Acts not Prohibited by International Law	《关于国际法不加禁止的行为引起损害结果的国际责任条款草案》
Draft Articles on the Prevention of Transboundary Damage from Hazardous Activities	《关于预防危险活动造成跨界损害的条款草案》
Draft Articles on the Responsibility of States for Internationally Wrongful Acts	《关于国家对国际不法行为的责任条款草案》
Draft Guidelines for a Model Law on National Space Legislation	《关于国家空间立法示范法的准则草案》
Draft International Code of Conduct for Outer Space Activities	《外层空间活动国际行为准则草案》
DraftPrinciples on the Allocation of Loss in the Case of Transboundary Harm Arising out of Hazardous Activities	《关于危险活动造成跨境损害案件中损失分配原则草案》
Draft Treaty on the Prevention of the Placement of Weapons in Outer Space and of the Threat or Use of Force against Outer Space Objects（Draft PPWT Treaty）	《防止在外空放置武器、对外空物体使用或威胁使用武力条约草案》（《防止外空放置武器条约草案》）

续表

Dragon Spacecraft	龙飞船
Drift Manoeuvres	在轨位置调整
Dual System of Allocation	双重分配制度
Dual – Use Goods	两用商品
Dumping	倾销
Dutch Law Incorporating Rules Concerning Space Activities and the Establishment of a Registry of Space Objects (Dutch Space Law)	《规定空间活动相关规则和建立空间物体登记制度的荷兰法》（《荷兰空间法》）
E	
Early Bird Satellite	晨鸟号卫星
Earth Exploration – Satellite Service	卫星地球探测业务
Earth Orbit	地球轨道
Earth Remote Sensing	地球遥感
EGNOS Data Access Service (EDAS)	欧洲地球同步导航重叠系统数据服务
End – user	终端用户
Energia Logistics Ltd.	能源物流公司
Equal	平等的
Equitable	公平的
EU Council of Ministers	欧盟部长理事会
Eurasian Patent Convention	《欧亚专利公约》
Eurocontrol	欧洲空中航行安全组织（欧控）
European Aviation Safety Agency (EASA)	欧洲航空安全局
European Centre for Space Law (ECSL)	欧洲空间法中心
European Civil Aviation Conference (ECAC)	欧洲民航会议
European Code of Conduct on Arms Exports	《欧洲武器出口行为准则》

European Communication Satellite（ECS）	欧洲通信卫星
European Community（EC）	欧洲共同体（欧共体）
European Cooperation for Space Standardization（ECSS）	欧洲标准化空间合作组织
European Council	欧盟理事会
European Economic Community（EEC）	欧洲经济共同体
European Flagship Project	欧洲旗舰项目
European Galileo System	欧洲伽利略系统
European Geostationary Navigation Overlay System（EGNOS）	欧洲地球同步导航重叠系统
European Guaranteed Access to Space（EGAS）Programme	确保欧洲进入太空项目
European Launcher Development Organisation（ELDO）	欧洲运载火箭发展组织
European Organisation for the Exploitation of Meteorological Satellites（EUMETSAT）	欧洲气象卫星应用组织
European Satellite Services Provider（ESSP）	欧洲卫星服务提供商
European Science Foundation（ESF）	欧洲科学基金会
European Space Agency（ESA）	欧洲空间局（欧空局）
European Space Operations Centre（ESOC）	欧洲空间运营中心
European Space Policy	欧洲空间政策
European Space Products Liability Scheme（ESPLS）	欧洲航天产品责任机制
European Space Programme	欧洲空间项目
European Space Research Organisation（ESRO）	欧洲空间研究组织
European Tripartite Group（ETG）	欧洲三方团体
European Union（EU）	欧洲联盟（欧盟）
European Union Law	欧盟法
Europe Telecommunications Satellite Organization（EUTELSAT）	欧洲通信卫星组织
［拉］Ex Aequo Et Bono	公平合理原则
Expansion Band	扩展频段

Expendable Launch Vehicles （ELVs）	一次性运载火箭
Experimental Permit	实验许可
Export Administration Regulations （EAR）	《出口管理条例》（美国）
Extraordinary Administrative Radio Conference （EARC）	无线电特别行政会议（日内瓦）
Extraterrestrial Mining	地外采矿
Extraterrestrial Properties	地外财产
F	
FAA Office of Commercial Space Transportation	美国联邦航空局商业航天运输办公室
Fair Return	合理回报
Fault – Based Liability/Fault Liability	过错责任
［法］Fédération Aéronautique Internationale	国际航空联合会
Federal Aviation Administration （FAA）	联邦航空管理局（美国）
Federal Communications Commission （FCC）	联邦通信委员会（美国）
Federal Mission Oriented Program （FMOP）	联邦任务导向计划（俄罗斯）
Federal Republic of Germany's Act on the Interim Regulation of Deep Sea Bed Mining	《联邦德国深海海底采矿临时规定》
Federal Torts Claims Act of 1946	《1946 年联邦侵权赔偿法》（美国）
File Transfer Protocol （FTP）	文件传输协议
First – Come, First – Served	先占先得
First – to – File – or – Ferfect Rule	优先权规则
'First – to – File' Principle	先申请原则
'First – to – Invent' Principle	先发明原则
Fixed – Satellite Service	卫星固定业务
Flight Participants	飞行参与者
Foreign Military Sales （FMS）	对外军事销售制度

Framework Agreement Between the European Community and the European Space Agency (Framework Agreement)	《欧共体和欧空局框架协议》（《框架协议》）
Freedom of Navigation	航行自由
French – European Guiana Space Centre	法国–欧洲圭亚那航天中心
French Law on Space Operations	《法国空间活动法》
French National Supervisory Authority (NSA)	法国国家监管机构
French Space Agency (CNES)	法国航天局
Friendly Relations Declaration	《友好关系宣言》
Full Operational Capability (FOC)	全面运营阶段
Future Air Navigation Systems (FANS)	未来航行系统
G	
Galileo Joint Undertaking (GJU)	伽利略共同体
Galileo	伽利略（卫星导航系统）
General Agreement on Tariffs and Trade (GATT)	《关税与贸易总协定》
General Agreement on Trade in Services (GATS)	《服务贸易总协定》
General Clauses and Conditions for ESA Contracts	《欧洲空间局合同一般条款和条件》
General Jurisdiction	普遍管辖权
Geneva System	日内瓦体系
Geo Eye	地球之眼公司
Geographical Distribution	地域分配
Geo – Politics	地缘政治
Geostationary Orbit (GEO)	地球静止轨道
Geostationary Satellite Launch Vehicle (GSLV)	地球同步卫星运载火箭
Geostationary Transfer Orbit (GTO)	地球同步转移轨道
German Act on Satellite Data Security	《德国卫星数据安全法》
German Aviation Code	《德国航空法》
Global Commons	全球公域
Global Earth Observation System of Systems (GEOSS)	全球综合地球观测系统

Global Maritime Distress and Safety System（GMDSS）	全球海难与安全系统
Global Mobile Personal Communications by Satellite（GMPCS）	全球个人卫星移动通信系统
Global Monitoring for Environment and Security（GMES）	全球环境与安全监视项目
Global Navigation Satellite Systems（GNSS）	全球卫星导航系统
GLObalnaya NAvigatsionnaya Sputnikovaya Sistema（GLONASS）	格洛纳斯卫星导航系统
Global Positioning System（GPS）	全球定位系统
Global Public Systems	全球公共系统
G－7 Meeting	七国集团峰会
GNSS Supervisory Authority（GSA）	全球卫星导航系统管理局
GNSS－2	全球卫星导航系统二代
GPS－Aided Geo Augmented Navigation（GAGAN）	GPS 辅助静地轨道增强导航（印度）
Green Eye in the Sky	空中绿眼
Green Paper	绿皮书
Gross National Product（GNP）	国民生产总值
Ground－Based Augmentation Systems（GBAS）	地基增强系统
Gulf Cooperation Council（GCC）	海湾合作委员会
H	
Hague Code of Conduct against Ballistic Missile Proliferation	《海牙防止弹道导弹扩散行为准则》
Hague System	海牙体系
Haves and Have－Nots	富国与穷国
Highly Elliptical Orbit（HEO）	大椭圆轨道
High Precision（HP）	高精度
High Resolution	高分辨率
High Seas	公海

续表

'Hold – harmless' Clause	免责条款
Huygens Module	惠更斯空间舱
I	
ICAO Standards and Recommended Practices（SARPs）	《国际民航组织标准和建议措施》
Image – Processing Wholesalers	图像处理批发商
Indian Regional Navigation Satellite System（IRNSS）	印度区域卫星导航系统
Indian Space Research Organisation（ISRO）	印度空间研究组织
Information Gathering Satellite（IGS）	情报搜集卫星（日本）
Infrared Space Observatory（ISO）	红外空间观测台
Innocent Passage	无害通过
In – Orbit Insurance	在轨保险
In – Orbit Validation（IOV）	在轨验证
In – Orbit	在轨
INSPIRE（Infrastructure for Spatial Information in Europe）Directive	《欧洲空间信息基础设施建设指令》
Institute of Electrical and Electronics Engineers（IEEE）	电气与电子工程师协会（美国）
Insurance Broker	保险经纪人
Insurance Trigger	保险理赔事由
Intellectual Property Rights（IPR）	知识产权
INTELSAT Agreements	《国际通信卫星组织协定》
INTELSAT Operating Agreement	《国际通信卫星组织业务协定》
Inter – Agency Space Debris Consultative Committee（IADC）	机构间空间碎片协调委员会
Intercontinental Ballistic Missiles（ICBMs）	洲际弹道导弹
Interface Control Document（ICD）	接口控制文件

续表

Intergovernmental Agreement on the ISS	《国际空间站政府间协议》
Intergovernmental Agreement Relating to the International Space Station	关于国际空间站的政府间协议
Intermediate – Range Nuclear Forces Treaty （INF）	《中程导弹条约》
International Academy of Astronautics （IAA）	国际宇航学会
International Astronautical Federation （IAF）	国际宇航联合会
International Charter for Space and Major Disasters	《空间与重大灾害国际宪章》
International Civil Aviation Organization （ICAO）	国际民用航空组织
International Code of Conduct against Ballistic Missile Proliferation （ICOC）	《防止弹道导弹扩散的国际行为准则》（《海牙行为准则》）
International Code of Conduct for Outer Space Activities （Code of Conduct）	《外层空间活动国际行为准则》（《行为准则》）
International Convention on Civil Liability for Oil Pollution Damage	《国际油污损害民事责任公约》
International Convention on the Establishment of an International Fund for Compensation for Oil Pollution Damage	《设立国际油污损害赔偿基金的国际公约》
International Convention on the Use of Broadcasting in the Cause of Peace	《关于在和平事业中利用广播的国际公约》
International Customary Law	国际习惯法
International Governmental Organization/Intergovernmental Organization （IGO）	政府间国际组织
International Humanitarian Law	国际人道法
International Institute for the Unification of Private Law （UNIDROIT）	国际统一私法协会
International Institute of Space Law （IISL）	国际空间法学会
International Law Association （ILA）	国际法协会
International Law Commission （ILC）	国际法委员会（联合国）

International Maritime Organization（IMO）	国际海事组织
International Maritime Organization Protocol of 1992 to Amend the International Convention on Civil Liability for Oil Pollution Damage of 29 November 1969	《修订 1969 年 11 月 29 日签订的〈国际油污损害民事责任公约〉的 1992 年国际海事组织议定书》
International Maritime Organization Protocol of 1992 to Amend the International Convention on the Establishment of an International Fund for Compensation for Oil Pollution Damage of 18 December 1971	《修订 1971 年 12 月 18 日签订的〈设立国际油污损害赔偿基金的国际公约〉的 1992 年国际海事组织议定书》
International Maritime Satellite Organization（INMARSAT）	国际海事卫星组织
International Mobile Satellite Organization （IMSO）	国际移动卫星组织
International Obligation	国际义务
International Organization for Standardization （ISO）	国际标准化组织
International Responsibility/Liability	国际责任
International Seabed Authority	国际海底管理局
International Space Law	国际空间法
International Space Station （ISS）	国际空间站
International Telecommunications Satellite Organization （INTELSAT）	国际通信卫星组织
International Telecommunication Union （ITU）	国际电信联盟
International Traffic in Arms Regulations （ITAR）	《国际武器贸易条例》（美国）
Inter – Satellite Service	星间服务
INTERSPUTNIK Operating Agreement	《国际卫星空间通信组织运营协定》
INTERSPUTNIK	国际卫星空间通信组织

续表

[拉] Ipso Facto	事实上
Iridum	铱星（美国）
ISS Crew Code of Conduct	《国际空间站宇航员行为准则》
ISS Principles Regarding Processes and Criteria for Selection, Assignment, Training and Certification of ISS（Expedition and Visiting）Crewmembers	《国际空间站关于筛选、任命、培训和认证国际空间站（考察和访问）机组人员的原则》
Italian Space Agency	意大利航天局
ITU Constitution	《国际电信联盟组织法》
J	
Japan Aerospace Exploration Agency（JAXA）	日本宇航局
Japanese Basic Space Law（2008）	《日本空间基本法》
Jurisdiction	管辖权
[拉] Jus Cogens	强行法
[拉] Jus in Bello	战争法
[拉] Jus in Bello Spatialis	外空战争法
K	
Kármán Line Theory	卡门线理论
Kazakhstan Law on Space Activities	《哈萨克斯坦空间活动法》
Korean Space Development Promotion Act	《韩国空间开发促进法》
Korean Space Liability Act	《韩国空间责任法》
L	
Informed Consent	知情同意
[法] Laissez – Faire	放任自由
Land Mobile – Satellite Service	卫星陆地移动业务
Land Remote – Sensing Commercialization Act	《陆地遥感商业法》
Land Remote Sensing Policy Act	《陆地遥感政策法》
Latin American Space Agency	拉丁美洲空间局

Launch Agency	发射机构
Launching State	发射国
Launch Insurance	发射险
Launch Operator	发射运营商
Launch Risk Guarantee（LRG）	发射风险担保
Launch Service Providers	发射服务提供商
Launch Services Purchase Act	《发射服务购买法案》
Launch Trade Agreement	《发射贸易协定》
Launch Vehicle	发射工具/发射载体
Law of Outer Space	外层空间法
Law of the Forum（Lex Fori）	法院地法
Legal Personality	法律人格
Legal Status	法律地位
Legal Sub – Committee of the UN Committee on the Peaceful Uses of Outer Space（UN COPUOS）	联合国和平利用外层空间委员会法律小组委员会
［拉］Lex Rei Sitae	物之所在地法
［拉］Lex Specialis Derogat Legi Generali	特别法优于一般法原则
Licensing of Private Land Remote Sensing Systems Regulations	《私营陆地遥感系统许可条例》（美国）
Local Area Augmentation System（LAAS）	局域增强系统
Lockheed Khrunichev Energia International（LKEI）	洛克希德·赫鲁尼切夫能源国际公司
［拉］Locus Regit Actum	侵权行为地法
Long March Rocket	长征火箭
Low Earth Orbits（LEOs）	低地球轨道
Lunar	月球
M	
Manned Mars Mission	载人登陆火星任务
Manned Spaceflight	载人航天

续表

Manufacturer's Liability/Product Liability	制造人责任/产品责任
Manufacturing Defect	制造缺陷
Maritime Mobile – Satellite Service	卫星水上移动业务
Mars Express	火星快车
Master Control Center（MCC）	主控中心
Master Control Station（MCS）	主控站
Master International Frequency Register	国际频率登记总表
Medium Earth Orbits（MEOs）	中地球轨道
Memorandum of Understanding（MOUs）	谅解备忘录
Meteorological Satellite Center（MSC）	卫星气象中心
Meteorological Satellite Service（MSS）	卫星气象服务
Meteosat Second Generation（MSG）Programme	第二代欧洲气象卫星项目
Militarization of Outer Space	外空军事化
Military Usesof Outer Space	外空军事化利用
Mir Station	和平号空间站
Missile Technology Control Regime（MTCR）	导弹技术控制制度
Missile Technology Export Control Group	导弹技术出口管制小组（美国）
Mobile Satellite Service（MSS）	移动卫星服务
Modular Space Station	模块化空间站
Monitor Stations（MS）	监测站
Most Favored Nation Treatment（MFNT）	最惠国待遇
MTCR Equipment, Software and Technology Annex	《导弹及其技术控制制度——设备、软件和技术附件》
MTCR Guidelines for Sensitive Missile – Relevant Transfers	《导弹及其技术控制制度——导弹相关敏感物品转让准则》
MTSAT Satellite Augmentation System（MSAS）	多功能运输卫星增强系统
Multifunctional Transport Satellites（MTSAT）	多功能运输卫星

续表

Multilateral Control Board（MCB）	多边管控委员会
Multipurpose Laboratory Module（MLM）	多功能实验舱
N	
National Aeronautics and Space Act	《国家航空航天法》（美国）
National Aeronautics and Space Administration（NASA）	国家航空航天局（美国）
National Airspace System（NAS）	国家空域系统（美国）
National Defense Authorization Act	《国防授权法》（美国）
National Executive Committee for Spaced – Based PNT	国家天基定位、导航和授时执行委员会
National Geodetic Survey（NGS）	国家海岸和大地测量局（美国）
National Law	国内法
National Space Policy	《国家空间政策》（美国）
National Treatment（NT）	国民待遇
Nationwide Differential GPS System（NDGPS）	全国差分全球定位系统
Navigational Aids	助航
Near Earth Object（NEO）	近地轨道
Necessity	必要性（原则）
New International Economic Order	新国际经济秩序
Non – Aggressive	非侵略性
Non – Appropriative Principle	不得据为已有原则
Non – ContractualLiability	非合同责任
Non – Discrimination	非歧视原则
Non – Governmental Organization（NGO）	非政府间组织
Non – Military	非军事化
North American Free Trade Agreement（NAFTA）	北美自由贸易协议
Nuclear Non – Proliferation Treaty	《核不扩散条约》
Nuclear Power Source（NPS）	核动力源
Nuclear Suppliers Group	核供应国集团

续表

O	
Office for Outer Space Affairs（OOSA）	外层空间事务厅（联合国）
Office of Commercial Space Transportation	商业航天运输办公室（隶属于美国联邦航空局）
One State，One Vote	一国一票
On – Orbit Satellite Servicing（OOS）	在轨卫星服务
Open Service	开放服务
Operating Agreement on the International Maritime Satellite Organization（INMARSAT Operating Agreement）	《国际海事卫星组织运营协定》
Operating Agreement Relating to the European Telecommunications Satellite Organization（EUTELSAT Operating Agreement）	《欧洲通信卫星组织运营协定》
［拉］Opinio Juris Generalis	一般法律确信
［拉］Opinio Juris	法律确信
Optional Programme	选择性项目
Optional Rules for Arbitration of Disputes Relating to Outer Space Activities	《外层空间活动相关争端仲裁任择规则》（《外空争端任择规则》）
Orb Image	轨道影像公司
Orbital Sciences Company（OSC）	轨道科学公司
Orbital Spaceflight	轨道航天飞行
Orbital Space Tourism	外空轨道旅游
Organization for Security and Co – operation in Europe（OSCE）	欧洲安全与合作组织（欧安组织）
Outer Space Law	外层空间法
Outer Space Treaty	《外空条约》
Outer Space	外层空间
P	
［拉］Pacta Sunt Servanda	条约必须信守

Panel of Legal Experts on the Establishment of a Legal Framework with Regard to GNSS（LTEP）	关于建立 GNSS 法律框架的法律专家组
Paper Satellites	纸上卫星
Parallel System	平行开发制度
［拉］Par in Parem Non Habet Jmperium	平等者之间无管辖权
Patent Cooperation Treaty	《专利合作条约》
Peaceful Purposes	和平目的
Pegasus	飞马座
Permanent Committee	常设委员会
Permanent Court of Arbitration（PCA）	常设仲裁法院
Personal Accident	人身事故
Personal Jurisdiction	属人管辖
Planetary Resources	行星资源公司
Plan for European Cooperating States（PECS）	欧洲合作国计划
Polar Satellite Launch Vehicle（PSLV）	极轨卫星运载火箭（印度）
Posteriori Method	后验制度
Precise Positioning Service（PPS）	精确定位服务
Pre－Launch Insurance	发射前保险
Pre－Launch Notification（PLN）	发射前通知
Prevention of an Arms Race in Outer Space（PAROS）	防止外层空间军备竞赛
Primary EU Law	欧盟基本法
Primary/Raw Data	原始数据
Principles Governing the Use by States of Artificial Earth Satellites for International Direct Television Broadcasting	《各国利用人造地球卫星进行国际直接电视广播所应遵守的原则》
Principles Relating to Remote Sensing of the Earth from Outer Space	《关于从外层空间遥感地球的原则》

Principles Relevant to the Use of Nuclear Power Sources in Outer Space	《关于在外层空间使用核动力源的原则》
Priori Method	先验制度
Privatization	私有化
Processed Data	已处理数据
Proportionality	比例（原则）
Proposal for a Council Regulation on the Community Patent	《共同体专利理事会条例提案》
Protocol on Environmental Protection to the Antarctic Treaty（Madrid Protocol）	《〈南极公约〉环境保护议定书》（《马德里议定书》）
Protocol on the Amendments to the Agreement on the Establishment of the 'INTERSPUTNIK' International System and Organization of Space Communications	《关于对国际卫星通信组织协定进行修订的议定书》
Protocol to the Convention on International Interests in Mobile Equipment on Matters Specific to Railway Rolling Stock（Rolling Stock Protocol）	《移动设备国际利益公约关于铁路车辆特定问题的议定书》（《铁路车辆议定书》）
Protocol to the Convention on International Interests in Mobile Equipment on Matters Specific to Space Assets	《移动设备国际利益公约关于空间资产特定问题的议定书》
Province of All Mankind	全人类的事情
Public International Law	国际公法
Public – Private Partnership（PPP）	公私合作伙伴关系
Public Regulated Service（PRS）	公共特许服务
Public Telecom Operators（PTO）	公共电信运营商
Public Voice Telephone Services	公共语音电话服务
Q	
Quasi – Zenith Satellite System（QZSS）	准天顶卫星导航系统
R	
RadioAstronomy Service	射电天文业务
Radio Determination – Satellite Service	卫星无线电测定业务

Radio Location – Satellite service	卫星无线电定位业务
Radio Navigation – Satellite Service	卫星无线电导航业务
Radio – Navigation	无线电导航
Radio Regulations Board	无线电管理委员会
Radio Regulations	《无线电规则》
〔法〕Raison D'être	存在的理由
〔拉〕Ratione Materiae	属物事由
Reciprocating States Regime	互惠国家制度
Regional Satellite Navigation Systems（RNSS）	区域卫星导航系统
Regulations Governing the Registration of Space Facilities in Ukraine	《乌克兰空间设施登记管理条例》
Regulation	规章/条例
Remote Sensing Space Systems Act	《空间遥感系统法》（加拿大）
Remote Sensing Space Systems Regulations	《空间遥感系统规定》（加拿大）
〔拉〕Res Communis Omnium	全人类共有财产
〔拉〕Res Communis	公共财产
Rescue Coordination Centre	营救协调中心
Research & Development（R&D）	研发
Residual International Intergovernmental Satellite Orgnization	政府间国际卫星余留组织
〔拉〕Res Ipsa Ioquitur	事实自证规则
〔拉〕Restitutio In Integrum	恢复原状
Reusable Launch Vehicle（RLV）	可重复使用运载器
Right of Self – Defence	自卫权
Risk Management	风险管理
Russian Federal Space Programme	俄罗斯联邦航天计划
Russian Law on Space Activities	《俄罗斯空间活动法》

Russian Space Agency	俄罗斯航天局
Russian Space Fund	俄罗斯航天基金
S	
Safety Approval	安全认证
Safety – of – Life Service（SOL）	生命安全相关服务
Salyut – 1	礼炮 1 号（空间站）
Samara Space Centre	萨马拉航天中心（俄罗斯）
Satellite – Based Augmentation Systems（SBAS）	星基增强系统
Satellite Communications	卫星通信
Satellite Navigation	卫星导航
Satellite Operator	卫星运营商
Satellite Positioning Research and Application Center（SPAC）	卫星定位研究和应用中心
Satellite Positioning Service（SAPOS）	卫星定位服务
Satellite Remote Sensing	卫星遥感
Scientific and Technical Sub – Committee（STSC）	科技委员会
Seabed Mining	海底采矿
Sea Launch	海上发射（公司）
Search and Rescue（SAR）	搜寻援救
Secondary EU Law	欧盟次级法
Secretariat Study Group（SSG）	秘书处研究组
Selective Availability（SA）Policy	选择可用性政策
Sensitivity Check	敏感调查
Signal in Space（SiS）	空间信号
Single European Act	《单一欧洲法》
Skylab	天空实验室（空间站）
［法］Société Européenne des Satellites（SES）	欧洲卫星公司
Sofia Guidelines for a Model Law on National Space Legislation	《关于国家空间立法示范法的索菲亚准则》

Soft Law	软法
South African Space Affairs Act	《南非空间事务法》
Southern African Development Community（SADC）	南部非洲发展共同体
Soviet Union	苏联
Soyuz	联盟号（俄罗斯）
Soyuz Launch Vehicles	联盟号运载火箭
Space Activities Commission	空间活动委员会（日本）
Space Adventures	太空探险公司
Space Advisory Group	空间咨询小组
Space and Air Traffic Management System（SATMS）	航空航天交通管理系统
Space Assets Protocol to the Cape Town Convention	《开普敦公约空间资产议定书》
Space Competence	空间权能
Space Council	空间理事会
Spacecraft	航天器
Space Debris Mitigation Guidelines of the United Nations Committee on the Peaceful Uses of Outer Space（Space Debris Mitigation Guidelines）	《联合国和平利用外层空间委员会空间碎片减缓指南》（《空间碎片减缓指南》）
Space Debris	空间碎片
Spacefaring Pioneers	航天先驱
Spacefaring States	航天国家
Space Flight Informed Consent Act	《航天飞行知情同意法》（美国）
Space Flight Liability and Immunity Act	《航天飞行责任和豁免法》（美国）
Space Flight Participant	空间飞行参与者
Space IGO	政府间空间国际组织

续表

Space Imaging	空间影像公司
Space Launch System	空间发射系统
Space Law	空间法
Space Network Systems（SNS）	空间网络系统
Space Object	空间物体
Space Operation Service	空间操作业务
Space Operator	空间运营商
Spaceport	航天发射中心
Space Product Liability Insurance	空间产品责任保险
Space Research Service	空间研究业务
Space Resource	空间资源
Space Shuttle	航天飞机
Space Surveillance Network（SSN）	空间监视网
Space Tourism	外空旅游
Space Tourists	外空游客
Space Traffic Management	空间交通管理
Space Transportation	航天运输
Space Vehicle	航天运载工具
Sputnik – 1	斯普特尼克 1 号卫星
Standard Frequency and Time Signal – Satellite Service	卫星标准频率和时间信号业务
Standard Positioning Service（SPS）	标准定位服务
Standard Precision（SP）	标准精度
State – Centricity	国家中心论
State of Registry	登记国
State Responsibility	国家责任
Statute of the International Court of Justice	《国际法院规约》
Strategic Arms Limitation Agreement	《战略武器限制协定》

续表

Strategic Arms Limitation Treaty（SALT Ⅱ）	《第二阶段削减战略武器条约》
Strategic Arms Reduction Treaty（START）	《削减战略武器条约》
Strict Liability	严格责任
Sub – Orbital Flight	亚轨道飞行
Suborbital Space Tourism	亚轨道旅游
Sub – Orbital Vehicles	亚轨道飞行器
Subrogation Rights	代位求偿权
Sui Generis	独特的
Supranational Organisation	超国家组织
Swedish Act on Space Activities	《瑞典空间活动法》
Swedish Decree on Space Activities	《瑞典空间活动法令》
Systems Operations Panel（SOP）	系统操作面板
T	
Table of Frequency Allocations	频率划分表
Technical Assistance Agreement（TAA）	《技术支持协议》
Telecommunication Services	通信服务
Telemetry，Tracking，and Command（TT&C）Service	遥测、跟踪和指挥（TT&C）服务
Territorial Jurisdiction	属地管辖权
［拉］Territorium Extra Commercium	商业外领土
Thales Alenia Space	泰雷兹阿莱尼亚宇航公司（法国）
The Act on Launching Objects from Norwegian Territory into Outer Space（Norwegian Act on Launching）	《关于从挪威领土发射物体进入外空的法案》（《挪威发射法》）
Third – Party Liability Insurance	第三方责任保险
Third – Party Liability	第三方责任

Tongasat	汤加卫星公司
［法］Traité – Lois	条约法
Treaty Banning Nuclear Weapon Tests in the Atmosphere, in Outer Space and Under Water（Partial Test Ban Treaty）	《禁止在大气层、外层空间和水下进行核武器试验条约》（《部分禁止核试验条约》）
Treaty of Lisbon	《里斯本条约》
Treaty on Principles Governing the Activities of States in the Exploration and Use of Outer Space, including the Moon and Other Celestial Bodies（Outer Space Treaty）	《关于各国探索和利用外层空间包括月球与其他天体活动所应遵守原则的条约》（《外空条约》）
Treaty on the Functioning of the European Union	《欧盟运行条约》
Tripartite Agreement	《三方协议》
Two – Tier Liability Regime	双剃度责任制度
U	
UK Outer Space Act	《英国外层空间法》
Ukrainian Law on Space Activities	《乌克兰空间活动法》
Ukrainian National Space Agency	乌克兰国家航天局
UK Space Agency	英国航天局
UN Charter	《联合国宪章》
UN Committee on the Peaceful Uses of Outer Space	联合国和平利用外层空间委员会
UN Conference on Disarmament	联合国裁军会议
UNGA Resolution	联合国大会决议
Uniform Commercial Code（UCC）	《统一商法典》（美国）
UN Institute for Disarmament Research（UNIDIR）	联合国裁军研究所
United Nations Convention on the Law of the Sea（UNCLOS）	《联合国海洋法公约》
United Nations General Assembly	联合国大会

United Nations（UN）	联合国
United States Air Force（USAF）	美国空军
United States Munitions List（USML）	《美国军需品清单》
United States Trade Representative（USTR）	美国贸易代表办公室
Universal Copyright Convention	《世界版权公约》
UN Principles on Direct Television Broadcasting by Satellite	《联合国关于各国利用直接电视广播所应遵循的原则》
UN Resolution	联合国决议
UN Security Council	联合国安理会
UN Space Treaties	联合国外空条约
Upload Stations	上行站
US Arms Export Control Act	《美国武器出口管制法》
US Commercial Space Launch Act	《美国商业空间发射法》
US Communication Act	《美国通信法》
Use of Force	使用武力
User Operations Panel（UOP）	用户操作面板
US Export Administration Act	《美国出口管理法》
US Export Administrative Regulations（EARs）	《美国出口管理条例》
US National Oceanic and Atmospheric Administration（NOAA）	美国国家海洋和大气管理局
US Patents in Space Act	《美国空间专利法》
US Satellite Industry Association	美国卫星工业协会
V	
Value – Added Products	增值产品
Value – Added Service Providers	增值服务提供商
［葡］Veículo Lançador De Satélites	卫星运载火箭
Vega	织女星运载火箭

续表

Vienna Convention on Civil Liability for Nuclear Damage	《核损害民事责任维也纳公约》
Vienna Convention on the Law of Treaties	《维也纳条约法公约》
Virgin Galactic	维珍银河（公司）
W	
Warehouse and Distribution Agreement （WDA）	《仓储配送协议》
Waring and Instruction Defect	警示或指示缺陷
Warsaw Convention	《华沙公约》
Wassenaar Arrangement on Export Controls for Conventional Arms and Dual－Use Goods and Technologies （Wassenaar Arrangement）	《关于常规武器和两用物品及技术出口控制的瓦森纳安排》（《瓦森纳协定》）
Weaponization of Outer Space	外空武器化
Western European Union Treaty	《西欧联盟条约》
Western European Union （WEU）	西欧联盟
Wide Area Augmentation System （WAAS）	广域增强系统（美国）
World Administrative Radio Conference （WARC）	世界无线电行政会议
World Intellectual Property Organization Copyright Treaty （WIPO Copyright Treaty）	《世界知识产权组织版权条约》（《版权条约》）
World Intellectual Property Organization （WIPO）	世界知识产权组织
World Radio Conferences （WRCs）	世界无线电通信大会
World Trade Organization （WTO）	世界贸易组织（世贸组织）

后　记

　　《空间法专论》一书于 2015 年出版，并于当年荣获国际宇航科学院的年度社科图书奖。该书并非国际空间法学领域内的首本专题论著，但是却囊括了外层空间法发展的一些最新进展和研究，如外空旅行、空间资源的开发与利用、卫星导航等法律问题，而正是这些新兴的领域给诞生自 20 世纪 60 年代至 70 年代的国际空间法律条约和制度带来了新的冲击与挑战。

　　2015 年年底，通读全书后，我们认为有必要将这样一本空间法领域的专论书籍翻译并引介至中国，以供国内空间法学界和对空间法感兴趣的同仁一同学习，共同进步。然而，愿望总是好的，但仅凭一腔热血，该书的翻译出版之路并非一帆风顺，其中最大的障碍还是时间和出版经费问题。本书内容丰富且篇幅很长，我们三人都是在完成自己本职工作之余，抽出时间无偿做这件事情，可是版权费用、出版社的出版费用等核算下来还是一笔不小的数目。对于初次接触国内出版流程的我们，面对一次次的碰壁，想过放弃，但看到已经翻译过半的书稿，最后还是咬咬牙撑了下来。

　　有时候，我们也会打趣地说，翻译文章比自己写文章的难度要大很多，前者费时费力的程度是后者的两倍甚至更多。对"信""达""雅"的纠结，几乎体现在每个字斟句酌的过程中，既要通达作者的本意，又要深谙汉语的语言表达习惯，还要对论题本身有一定的研究和了解。由于该书由多名专家学者的文章汇编而成，每位作者的行文风格迥异，语言习惯不同，在翻译过程中，我们会经常在一起讨论一些翻译文意、语意上的问题。然而由于我们水平有限，疏谬在所难免，也恳请读者朋友不吝赐教，批评指正！

　　在本书付梓之际，我们要感谢西北政法大学学术著作出版基金的支持，特别感谢西北政法大学郑斌航空与空间法研究所所长王瀚教授在我们为出版资金问题感到"山重水复疑无路"之际，给予的极大支持，使我们迎来了"柳暗花明又一村"！我们还要感谢英文版原著主编弗兰斯·冯·德·邓克（Fans von der Dunk）教授协助联系外方出版社落实了版权事宜以及对我们翻译工作的大力支持。另外，我们要特别提及北京理工大学法学院院长、空间法研究所所长李寿平教授以及中国政法大学航空与空间法研究中心的前辈们，对我们青年学者的支持与鼓励。感谢上海交通大学博士生邵辉，重庆大学博士生张宗师，北京大成（西安）律师事务所何园园律师，中国政法大学博士生钱江涛、蔡亚琦，中国政法大学硕士生靳豆豆、李子艺，武汉大学法学院硕士生周佳妮对本书部分章节翻译的校对、修订与协助工作。感谢知识产权出版社齐梓伊主任、唱学静编辑对本译著的细心编校，她们对学术译著出版事业的热心和认真负责的精神，令人感佩。

本书由西北政法大学国际法学院的张超汉副教授、中国政法大学国际法学院的孔得建博士、国际空间大学的吕卓艳博士共同翻译完成，并由张超汉副教授进行统一校对和整合。具体分工如下：

张超汉：上册第二章、第三章、第七章；下册第六章、第七章、第八章、第十章。

孔得建：上册第四章、第六章、第八章、第九章；下册第一章、第二章、第五章。

吕卓艳：上册第一章、第五章；下册第三章、第四章、第九章。

最后，希望本书也可以为中国空间法学的研究和发展贡献一点点力量，期望在所有同仁的共同努力下，我国空间法事业蒸蒸日上！

译者

2020 年 3 月 29 日